한국사회의
다문화현상
이해

김 승 일 지음

글누리 HNU

머 / 리 / 말

문화적 존재인 사람이 국경을 넘어 다른 사회로 이주를 하게 되면 이주민을 수용하는 그 사회는 필연적으로 다문화현상을 마주하게 됩니다. 서로 다른 문화적 존재가 만나 하나의 사회를 구성하게 되면서 구성원들 간에 문화 접변이 일어나고 다문화현상이 진행됩니다. 이와 동시에 서로의 문화를 상호 존중하고 문화적 존재인 서로를 함께 살아가는 같은 사회 구성원으로 인정하고 배려하며 효과적으로 소통할 때 그 사회는 문화적 다양성과 함께 역동적이고 풍요로워질 수 있습니다. 그러므로 다문화사회에서 문화적 존재인 다양한 사람들이 구성원으로서 같은 유대감 혹은 평등의 관계성을 형성하고 공존하며 새로운 문화를 함께 창조하고 성장합니다. 이처럼 다문화사회는 긍정의 사회이고 발전의 사회이어야 합니다.

2025년 현재 한국은 다문화사회로의 많은 진전과 더불어 체류외국인 300만 명 시대를 곧 앞두고 있습니다. 2005년 이후 정부의 정책적 관심과 내국인의 다문화사회에 관한 관심이 증가하면서 모두 함께 발전적이고 긍정의 다문화사회를 만들어 가기 위해 노력해 오고 있습니다. 그러면 현재 한국 사회의 다문화현상은 언제부터 본격적으로 진행되었을까?

대한민국은 1948년 건국 이후 1980년대 중반까지 대체로 다른 사회로의 유출 이민이 지속적으로 진행되었지만 냉전체제 영향과 더불어 유입 이민이 거의 없어서 타문화를 매우 제한적으로 접촉할 수 밖에 없었습니다. 그리고 건국 이후 제도적으로 단일민족 사상교육이 이루어져 왔기 때문에 대부분의 한국 사람들의 관념 속에 단일민족, 단일문화는 깊이 자리 잡게 되어 타문화 또는 다른 문화적 존재에 대한 이해가 매우 부족한 상태였습니다. 그리고 한국은 1980년대 중후반 86아시안게임, 88올림픽과 같은 국제종합스포츠 대회 및 문화축제를 통해 세계에 알려졌고, 이를 계기로 많은 타문화권 사람들이 한국사회를 경험하고 갔습니다. 그리고 국제사회의 화해 분위기가 진전되면서 국가간의 교류가 활발해졌고, 다양한 문화적 존재인 외국인노동자, 외국국적동포, 결혼이민자들이 여러 경로를 통해 한국사회로 유입되기 시작했습니다. 이렇게 한국이 이민 수용국으로 전환하면서 한국사회에 다문화현상이 조금씩 발생하기 시작한 것입니다.

그러나 현재 한국사회 다문화현상을 이해하려면 다각적인 접근이 필요합니다. 우선 다문화에 대한 전반적인 이해가 필요하고, 다문화사회로의 진전에 대한 시기별 배경과 현상에 대한 이해, 그리고 다문화사회 구성원들에 대한 이해가 필요합니다. 그러므로 이 책은 한국사회의 다문화현상을 독자들이 보다 쉽게 이해하고 나아가 전문적인 수준까지 도달할 수 있도록 다음과같이 구성되어 있습니다.

제1장은 다문화를 쉽게 이해하고 접근할 수 있도록 필자가 다문화 현장에서 자주 사용하고 질문을 받았던 것들을 중심으로 필자가 임의대로 주제를 선택하고 설명하였습니다. 첫째 필수적인 용어를 주제별 분류하여 개념 정리를 하였습니다. 둘째 다문화사회 이슈에서는 최근 한국사회의 다문화적 상황에서 가장 주목받고 있는 7가지 이슈를 중심으로 설명했습니다. 셋째 정책과 이론에서는 각각의 개념 정리와 꼭 알아야할 이론들을 소개하고 보다 전문성 있게 접근했습니다.

제2장은 오늘날 한국사회의 다문화현상과 직접적인 연관성이 높은 개항기 전부터 출발하여 시기별로 나누고 각 시기마다 주요 관련 주제들을 중심으로 접근했습니다. 첫째 타문화 접촉과 해외이주 (개항기 전후부터 815해방)로 타문화와의 접촉, 대규모로 진행되었던 간도지역과 연해주지역 이주, 미주지역 이주, 일본 이주 그리고 이주 한인들의 삶, 당시 사람들의 관념을 지배했던 주요 사상, 둘째 현대 이민의 시작(815해방부터 1980년대 중반)으로 정부수립 전후하여 출입국관리 상황, 한국전쟁과 연관된 이주, 해외이주법 전후의 한국인의 해외이주, 국제관계 변화 속에 타문화 접촉 사건, 셋째 이민자들의 유입 시작(1980년대 후반부터 1999년)은 이민자의 유입, 산업연수생 제도, 재일한인, 시민단체들의 반응, 넷째 정책 도입기(2000년~2009년)는 이민·다문화 관련 법제도의 제정 및 개편, 새로운 유입 이민자들, 다섯째 정책 발전기(2010~2019)와, 여섯째 정책 전환기(2020~2025)는 다문화가족지원 정책과 외국인정책을 중심으로 살펴보았습니다.

제3장은 한국의 다문화사회 구성원인 다문화가족, 북한이탈주민, 외국국적 동포, 외국인유학생, 외국인노동자, 난민에 대해 그 특성과 현황 그리고 정책 등을 중심으로 접근했습니다.

이 책은 다문화를 배우고자 하는 학생들의 교재로, 그리고 다문화사회 교양도서로 누구나 다문화를 기초부터 전문적인 분야까지 접근할 수 있으며, 다문화사회 현장 실천가들에게 지침이 될 수 있도록 구성하였습니다. 나아가 필자가 다문화 현장에서 오랜 기간 활동하면서 경험한 것을 바탕으로 구성하였기에 모든 관련 전문가나 연구자에게 도움이 되리라 기대합니다.

목차

제1장 다문화 이해를 위한 접근

목차

제2장 시기별 한국사회의 다문화 현상

목차

목차

목차

제3장 다문화사회 구성원

목차

한국사회의 다문화현상 이해

The Multicultural Phenomenon in Korean Society

제 1 장

다문화 이해를 위한 접근

1. 용어와 개념
2. 다문화사회 이슈
3. 정책과 이론

제 1 장

다문화 이해를 위한 접근

사람은 사회적 존재로서 자신이 속한 사회 안에서 서로 관계를 맺으면서 영향을 주고받습니다. 그리고 사람은 그 사회 속에 들어가 생활하면서 자신의 삶에 유용하도록 문화를 창조하고 그 문화를 누리고 발전시키며, 새롭게 변형시키고 전파합니다. 문화의 전파는 인류의 역사와 함께 시작된 사람의 이주에 의해 발생하여 왔으며, 이것은 현재도 여전히 진행되고 있습니다. 사람들의 이주는 자연재해·노동·결혼·학업 등 다양한 요인으로 발생하며 다양한 사회로 문화를 전파하고 그 결과 다문화현상을 일으킵니다.

하지만 오늘날 과학 문명의 발달로 전자통신 수단 및 메스컴 등을 통해 인간의 직접적인 이주가 없어도 문화는 빠르게 전파되고 문화접변이 일어납니다. 무엇보다 다른 사회로의 문화 전파는 그 사회에서 다문화현상을 일으키고 있다는 사실입니다. 문화적 존재인 사람의 이주와 정보통신 수단의 발달 및 메스컴 등은 우리가 속한 사회를 빠르게 다문화사회로 이끌고 있습니다.

그러므로 현재 다문화적 상황의 사회 속에서 살고 있는 우리에게 자신의 삶을 더 나은 인간다운 삶으로 이끌고 윤택한 삶을 만들어 가기 위해 심도 있는 다문화 이해가 요구되는 것은 당연합니다. 즉 이번 단원에서는 다문화 이해를 위해 꼭 필요한 기초적인 용어와 개념, 이슈, 이론 등에 접근하고 있습니다.

1. 용어와 개념

다문화현상이 일어나는 사회에서 이주민은 문화적, 종교적, 언어적, 인종적 경계 등의 차이를 만나고 이주민이라는 점 때문에 인종주의, 소수자 등의 차별, 혐오, 편견, 갈등 등을 경험하기도 합니다. 그들의 이러한 경험은 이주민을 받아들이는 수용국에서는 사회문제화로 이어집니다. 그러므로 이주민 수용국은 대체로 조정과 통제를 통해 이주민 사회통합을 이루기 위해 노력하고 있으며, 이주민을 보내는 송출국에서는 정치, 경제, 사회, 문화 등 다양한 영역에서 영향을 받게 됩니다.

이렇듯 다양한 문화적 배경의 사람들이 함께 살아가는 다문화사회에서 그리고 이를 묘사하기 위해 사용되는 다문화 관련 용어는 매우 다양합니다. 그런데 우리는 이러한 용어들을 쉽게 접하고 사용하면서도 개념들이 모호한 상태로 사용하므로 다문화에 대해 바르게 접근하고 이해하는 데 혼란을 가져옵니다. 그러나 우리가 관련 용어들을 분별없이 혼용하기보다는 일관되게 사용한다면 다문화 사회통합에 밝은 미래를 이끌 수 있지 않을까? 전망합니다.

그러므로 여기서는 독자들의 다문화 이해를 위해 도움이 될 수 있는 필수적이고 기초적인 용어들을 몇몇 선택하여 개념 정리를 시도하였습니다. 용어는 필자가 다문화 현장에서 혹은 학생들을 가르치면서 자주 접하고 질문을 받았던 것들을 제한적으로 선택하였으며, 용어의 그 사용 및 개념적 특성에 따라 “국적, 노동, 문화, 이주, 인간안보”로 분류하여 정리했습니다. 그리고 여기서 소개되지 않은 일부 용어들은 필요에 따라 다른 단락에서도 조금씩 좀 더 상세하게 다루고 있습니다.

1) 국적

국적 (Nationality)이란 한 개인과 국가를 법적으로 연결하는 중요한 개념입니다. 다시 말하면 한 개인이 어느 특정 국가의 구성원 즉 개별국가의 법률에 따라 국민이 되는 자격 또는 신분을 말합니다.[1)] 그리고 한 개인이 어느 특정 국가의 국적을 부여받아 그 나라의 구성원이 된 국민은 국가가 부여하는 권리와 의무를 갖게 됩니다. 즉 국적을 가진 해당 개인에게 국가는 참정권, 사회보장, 거주 및 이전의 자유 등 다양한 권리를 보장합니다. 반대로 국적을 부여받은 개인은 해당 국가의 법률 준수, 납세, 국방의 의무, 외교적 보호[2)] 등 국가에 대한 의무를 이행해야 합니다.

대한민국 「헌법」 제2조에서는 "대한민국의 국민이 되는 요건은 법률로 정한다." 라고 규정하여 법률에 위임하고 있으며, 국적에 대한 전반적으로 규율하는 단일법으로 「국적법」 (1948.12.20. 제정)"이 있습니다.

● 개별국적주의 (Individual Nationality Principle)

부부나 가족 구성원 각각 자신의 국적을 다르게 가질 수 있다는 원칙입니다. 한 개인의 국적취득이나 상실이 다른 가족 구성원의 국적에 자동으로 영향을 미치지 않습니다. 대한민국 「국적법」은 개인의 자유로운 국적 선택을 존중하며, 개별국적주의를 기본 원칙으로 하고 있습니다.

---

1) 「헤이그협약」 (1930.4.12. 채택)은 「국적법」의 저촉 문제에 관한 협약 (Convention on Certain Questions Relating to the Conflict of Nationality Laws)으로 '제1조 자국의 법률에 의하여 국적을 가지는 자는 다른 국가의 법률에 의하여도 동시에 그 국적을 가지는 경우, 어느 국가도 그자를 자국에서만 자국민으로 간주할 수 있다.'라고 규정하여, 한 개인의 '국민 됨'의 결정은 개별국가의 법률에 따른다고 하겠습니다.

2) 국제사법재판소 (ICJ, 1955년)의 Nottebohm case는 '국적 부여와 외교적 보호 권한'에 대한 주요 판례로 명목상의 국적만으로 국가의 외교적 보호를 행사할 수 없고, 사회적 사실로서의 결속 즉 개인과 국가 간의 실질적인 연결 (Genuine Link)의 중요성을 강조했습니다. 즉 이것은 한 개인의 형식적인 국적취득 요건이 단순한 편의 수단으로 이용되는 것을 방지하고, 국적의 의미와 국제사회에서 외교적 보호범위를 엄격히 해석하는데 기여했습니다.

국민처우 (National Treatment)

국민이 아닌 외국인은 수용국에서 자국의 국민에게 부여하는 것 이상의 법적 보호를 기대할 수 없습니다. 그 나라의 국민이 아닌 자는 주권 국가가 국민이 아닌 외국인을 처우할 때 지켜야 하는 국제적으로 인정된 국제최소기준 (Minimum International Standards)에 의해 단지 국제적으로 직접 규정하는 권리들의 적용을 받을 수 있을 뿐입니다.[3] 따라서 한국 국적과 외국 국적을 함께 가지게 된 복수국적자가 국내에 체류하는 동안 대한민국 국민으로 처우 받기를 원하는 경우 출입국 시 일정한 서류를 갖추어 해당 업무 관할 사무소장 또는 출장소장에게 국민처우 신고를 통해 국민으로서 처우 즉 권리와 의무를 갖습니다. 복수국적자는 원칙적으로 대한민국 내에서는 대한민국 국민이므로 외국인등록 대상이 아니며 외국인으로서 지위를 주장할 수 없습니다. 다만 "외국국적불행사서약"[4] 을 통해 외국 국적을 포기하지 않고도 복수국적을 유지하면서 대한민국 국민으로 처우 받을 수 있습니다.

국적상실 (Loss of Nationality)

국적상실은 대한민국 국민이 더 이상 대한민국 국적을 소유하지 않게 되는 법적인 절차이며 그 결과입니다. 국적상실 신고는 이미 상실된 국적에 대한 사후 보고 절차입니다. 국적상실 절차로는 본인 또는 대리인의 신고, 법무부 장관의 결정, 관보 공고로 이루어집니다. 국적상실에는 자동 국적상실, 국적 선택 불이행, 국가에 의

---

3) 「거주국의국민이아닌개인의인권에관한선언」 (1985.12.3. 채택)은 「세계인권선언」 및 국제인권규약에서 보장하는 권리를 체류 국가의 국민이 아닌 자(외국인)로서 누릴 권리를 명시하고 있습니다.

4) 「국적법」 제10조는 '대한민국 국적을 취득한 외국인이 외국국적을 그대로 소유하고 있는 경우 대한민국 국적을 취득한 날부터 1년 이내 그 외국 국적을 포기'하도록 하고 있으나 예외적으로 그 외국의 법률과 제도 때문에 외국 국적을 포기하기 어려운 사람은 '외국국적불행사서약'을 통해 복수국적을 유지할 수 있습니다. 즉 선천적 복수국적자는 일정기간 내에 하나의 국적을 선택해야 하지만, 그가 대한민국 국민으로서 권리와 의무를 행사하려면 외국국적을 포기하거나, 「국적법」에 따른 국적선택 절차를 따라야 합니다.

한 일방적인 국적 박탈 등이 있는데 한국 「국적법」에는 국민 자신의 의사로 외국 국적취득에 의한 국적상실 (「국적법」 제15조), 법무부 장관의 국적상실 결정 (「국적법」 제16조), 국적 선택 불이행에 의한 국적상실 (「국적법」 제12조, 제13조)을 규정하고 있습니다. 「세계인권선언」(1948) 15조에는 "어느 누구도 자의적으로 자신의 국적을 박탈당하지 아니하며, 자신의 국적을 변경할 권리가 부인되지 아니한다."라고 합니다.

국적이탈 (Expatriation)

국적이탈은 대한민국 국적과 외국의 국적을 동시에 소유하고 있는 복수국적의 한 개인이 대한민국 국적을 포기하고 외국 국적을 선택하는 능동적인 과정입니다. 주로 출생하면서 선천적으로 복수국적을 소유한 경우입니다. 남성의 경우 병역의무 이행에 관한 특별한 규정의 적용으로 만 18세가 되는 해의 3월 31일까지 국적이탈 신고를 해야 하며, 여성은 만 22세 되기 전까지 국적이탈 신고를 할 수 있습니다.

국적취득 (Acquisition of Nationality)

국적취득은 외국인이 한국 국적을 소유하게 되는 법적인 절차입니다. 국적취득 방법에는 "부모양계혈통주의에 따른 출생에 의한 국적취득, 한국 국민인 부 또는 모의 신고를 통한 인지 (Recognition)에 의한 국적취득, 외국인의 귀화에 의한 국적취득, 외국인이 한국 국적 취득시 대한민국 민법에 따른 미성년자녀 (만 19세 미만)가 부수적으로 국적을 취득하는 수반취득, 과거 대한민국 국적을 상실했던 사람이 다시 국적을 취득하고자 할 때 국적회복에 의한 국적취득"이 있습니다.

국적 포기 (Renunciation of Nationality)

대한민국 국민이 자신의 국적을 소멸시키는 법적인 절차로 더 이상 대한민국 국적을 소유하지 않게 되는 것을 의미합니다. 여기에는 국적이탈과 국적상실이 있습니다.

국적회복 (Restoration of Nationality)

「국적법」 제9조에 의하면 과거에 대한민국 국적을 소유했던 경험이 있는 사람이 국적상실 또는 국적이탈 등의 이유로 대한민국의 국적 없이 지내다가 일정한 요건을 갖추어 다시 국적을 재취득하는 절차입니다.

단일국적주의 (Single Nationality)

대한민국 「국적법」은 원칙적으로 단일국적주의를 채택하고 있습니다. 대한민국 국민이 자진하여 외국 국적을 취득하면 대한민국 국적은 자동으로 상실됩니다. 하지만, 2010년 「국적법」 개정을 통해 예외적으로 제한적 복수국적을 허용하는 경우도 있습니다.

디아스포라 (Diaspora)

특정 민족 또는 집단이 자신들의 고향이나 본토를 떠나 타국 혹은 여러 지역으로 흩어져서 공동체를 이루고 살아가는 현상 또는 그러한 공동체를 의미하는 말입니다. 원래 유대인들이 바벨론 포로기 이후 전세계로 흩어져 살게 되면서 이방 세계에 살고 있는 유대인을 가리켰던 용어로써 이후 팔레스타인 밖에 사는 기독교인들에게 적용되었고 그들의 사회적인 불안정, 소외, 종교적인 정체성, 뿌리 등 암시하도록 만들어진 개념입니다. 만약 Diaspora가 Diasporas로 사용되면 자기 나라를 자발적으로 혹은 강제적으로 떠나는 이주민 모두를 의미합니다. Diaspora는 이산, 퍼짐, 흩어짐 등으로 번역되는 헬라어이며, 전치사 Dia (바깥에, 경유, 관통)와 동사 Speiro (씨를 뿌리다) 에서 파생한 용어입니다. 이것은 근래에 와서 개인 혹은 집단의 흩어짐, 일시적 혹은 영구적으로 다른 나라에 거주하기 위해 자신의 나라를 떠나는 이동 및 이주와 관련하여 다양하게 쓰이고 있으며, 출신국을 떠났으나 다양한 모습으로 본국과 여전히 관계를 유지하고 있는 개인, 집단, 네트워크, 협의체, 공동체, 소수자 등을 가리킵니다. 초기에는 대체로 종교적 박해 혹은 정치적인 이유로 인한 강제 이주의 의미가 강했지만, 이후 그 의미가 확장되어 경제적인 이유, 자발적인 이민 등 다양한 요인으로 본국을 떠나 다른 나라에 정착한 사람들과 그 후손들까지 포함하게 되었습니다. 그리고 최근에는 단순히 지리적인 분산을 넘어, 본국과의 연결성을 유지하려는 노력, 체류 국가에서 새로운 정체성 형성, 그리고 여러 국가에 걸친 네트워크 형성 등 복합적인 특징을 갖습니다. 이것은 개인과 집단의 삶에 많은 도전과 기회를 동시에 제공하며, 경제적·사회적·문화적 교류, 과학 기술의 이전과 기술 순환 등의 경로가 될 수 있습니다. 따라서 이주 및 다문화에서 초국가적 공동체 용어보다 디아스포라라는 용어 사용을 선호하는 편입니다. 현재 한국 사회에 거주하는 수많은 이주민과 그 공동체들은 각각의 디아스포라로서 이주사와 다양한 문화를 이해하는 중요한 개념입니다.

복수국적 (Multiple nationality)

한 사람이 두 개 이상의 국가의 국적을 동시에 소유한 상태를 말하며, 이민자의 다중 정체성을 인정하는 제도입니다. 대한민국은 원칙적으로 복수국적을 허용하지 않지만, 예외적인 경우로 복수국적을 허용하기도 합니다. 즉 선천적 복수국적자, 국적회복 허가를 받은 자 중 특정 대상, 특별귀화자 중 특정 대상 (대한민국에 특별공로가 있는 사람) 등이 여기에 해당합니다.

속인주의 (혈통주의, Jus Sanguinis / Right of Blood)

자녀가 출생할 당시 부모 중 한 명 또는 양쪽 모두가 해당 국가의 국적에 따라 자녀의 국적이 결정되는 원칙으로 독일, 오스트리아 등과 같이 국민국가의 전통적 또는 종족적 모델과 관련이 있습니다. 대한민국은 혈통주의를 원칙으로 합니다. 1948년 「국적법」이 제정된 이후 1976년 12월 22일 제3차 개정 당시 "부계혈통주의"의 기본 골격을 유지하므로 1998년 6월 13일 이전까지는 "부계혈통주의"를 따랐고, 이후부터 "부모양계혈통주의"로 전환됩니다.[5] 대한민국에서 부계혈통주의의 출발은 사실상 미군정 시기부터라고 하겠습니다. 즉 일제 식민 시절 한반도를 떠났던 한

---

5) 한국 정부는 유엔의 「여성에대한모든형태의차별철폐에관한협약」에 가입 (1984.12.27.)하였었고, 1990년대 여러 가지 사유로 한국 사회에는 많은 외국인의 유입과 함께 한국 여성 중에는 외국인 남성을 배우자로한 국제결혼 가정이 생겨나기 시작했는데 그 가정에서 자녀가 출생하였을 경우 한국 호적에 올릴 수 없어서 성차별 논란이 심각하게 제기되었습니다. 더불어 헌법재판소의 위헌 심판 결과로 「국적법」을 개정 (1997.12.13.) 하였습니다.

국인의 귀국과 관련된 미군정청 (United States Military Government in Korea, USAMGIK) 군정법령 제214호 (1948.7.30. 공포)가 있습니다. 미군정청은 "남조선 과도정부 외무처령 제1호"로 제정하였는데 여기에서 국민과 외국인을 정의하고 무국적자를 외국인으로 규정하고 있으며, 국민의 국적을 "부계혈통주의"를 채택하였습니다.

● 속지주의 (출생지주의, Territorial Principle / Jus Soli)

자녀의 출생 당시 부모의 국적과 관계없이 출생한 국가의 영토에 따라 자녀의 국적이 결정되는 원칙입니다. 대체로 하나의 영토에 다양한 인종 집단이 편입된 프랑스, 영국 등 혹은 미국, 캐나다, 호주, 뉴질랜드 등 이민자 중심 국가와 관련이 있습니다. 한국은 무국적 아동 방지를 위해 제한적 범위에서 속지주의를 채택하고 있습니다.

● 시민권 (Citizenship)

시민권과 국적은 거의 같은 개념으로 사용되며, 한국에서 국적취득은 곧 한국 시민이 되는 것을 의미합니다. 그러나 엄밀히 말하면 둘은 동일한 개념은 아닙니다. 국적은 특정 국가의 국민 됨을 나타내는 법률상의 지위이지만 시민권은 국민국가의 구성원으로서 국적 소유자에게 부여되는 정치적·사회적 권리를 포괄하고 있습니다. 유럽의 각각의 나라, 일본, 중국, 대한민국 등은 국적제도를 운영하고 있으며, 미국, 캐나다, 호주와 같은 이민국가는 시민권제도를 운영하고 있습니다.

● 에스니시티 (Ethnicity)

Ethnicity는 인종, 민족, 국민, 국적 등을 의미하는 그리스어 "ethnos"에서 유래했습니다. 하지만 이들은 명확히 구분되는 개념입니다. 인종 (Race)은 주로 피부색, 얼굴 특징 등 신체적인 특징에 기반한 생물학적 분류에 가까운 용어이며, 민족[6]은 언어, 문화, 역사, 인종 등에서 같은 전통을 가지며 공통된 정체성을 가진 집단

---

6) 한국에서는 민족을 주로 Nation으로 번역하지만 사실상 Ethnicity에 더 가까운 의미로 쓰여지고 있습니다.

을 의미합니다. 국민 (Nation)은 특정 영토 내에서 정치적으로 조직된 공동체를 가리키며, 국적 (Nationality)은 특정 국가의 법적인 구성원임을 나타내는 용어입니다. Ethnicity는 문화적, 사회적 속성에 중점을 두고 있으며, Ethnic 집단이 국민을 형성하는 기초가 되기도 하지만 하나의 국민 안에 여러 Ethnic 집단[7] 이 존재할 수 있습니다. Ethnicity는 공통의 문화적 유산, 역사적 요소, 언어, 종교, 혈통, 지리적 기원 등 또는 공유된 기억을 가진 집단으로서 인식하고 다른 집단과 구별 짓는 정체성의 한 형태를 의미하여 그 집단은 특정 사회의 하위집단이나 소수자로 이해됩니다. Ethnicity는 시기별로 그 개념이 조금씩 변합니다. 근대 민족국가의 출현과 더불어 국가 또는 국민과 동일시되었고 20세기에 와서는 학습된 특성들이 중요해지기 시작했습니다. 그리고 최근에는 정치적·경제적 요인과의 관련이 점점 중요하게 인식되는 특성이 있습니다. 이처럼 세계화와 이주가 활발해지면서 현대사회에서 Ethnicity는 고정불변의 개념이 아니라 사회, 역사, 개인의 경험에 따라 더욱 복잡하고 다층적인 의미를 가지며, 동적인 개념으로 이해되고 있습니다. 따라서 오늘날 다문화사회에서 에스닉시티를 "문화적 특성을 중심으로 혹은 정치적·경제적 가치를 담지하여 접근하느냐"는 다문화정책의 강조점과 방향이 달라질 수 있습니다.

영주권 (Permanent Residence)

외국인이 수용국의 국민은 아니지만 외국 국적을 유지한 채 기한의 제한 없이 합법적으로 거주하고 취업 등 경제활동을 할 수 있는 권리입니다. 자국민과 유사한 수준의 자유를 누리는 영주권자 (Permanent Resident)는 수용국으로부터 그 나라에 영구적으로 체류할 수 있는 권리를 부여받은 외국인입니다. 한국은 일반귀화 신청

7) 민족적 자립과 독립을 지향하고 있는 개별 인간집단, 일반적인 인간집단 혹은 인종집단을 의미합니다. Ethnic 집단은 미국에서 1960년대 후반부터 일반적으로 사용되기 시작한 것으로 원래 미국의 동화·융합정책 (Melting Pot)에도 불구하고 영국계 이민과는 다른 언어와 문화적 전통을 유지하여 온 비영어계 이민집단을 가리키는 것이었습니다.

자를 대상으로 현재 "영주권전치주의"[8] 를 도입하고 있습니다. 영주권 전치주의 제도는 외국인이 귀화하기 위하여 영주 자격을 먼저 취득한 후 일정 요건을 갖춘 뒤 국적 신청을 할 수 있도록 하는 제도입니다. 대한민국 정부는 2009년 6월 22일 보도자료를 통해 "결혼이민자가 국민으로서의 정체성이 없는 상태에서 체류만을 위한 무분별한 국적취득을 제한하기 위해 영주권전치주의 제도 도입 적극 검토"라고 발표하였으나 2017년 「국적법」 개정 이후 현재는 일반귀화자에게만 적용하고 있습니다.

외국인 (Foreigner / Alien)

「출입국관리법」 제2조에 의하면 대한민국 국적을 가지지 않은 모든 사람을 외국인이라고 할 수 있습니다. 대한민국 내에서 외국인은 헌법과 법률이 정하는 범위 내에서 권리와 의무를 갖습니다. 영어에는 "Foreigner"와 "Alien" 두 단어로 표현되는데 특히 "Foreigner"는 일반적인 의미로 다른 나라 사람을 일컫는 중립적 용어입니다. "Alien"은 법률 및 규정에서 비시민을 지칭하는 주요 공식 용어입니다. 하지만 "불법 외국인"과 같은 맥락에서 사용은 종종 부정적이거나 비인간적인 의미로 해석됩니다. 법무부는 2021년부터[9] 외국인등록증의 외국인 영문 표기를 "Alien Registration Card" 대신 "Residence Card"로 변경하였는데 사유는 "Alien"이라는 용어가 외계인 또는 이방인 등 부정적이고 배타적인 감정을 유발할 수 있다는 의견 때문이었습니다.

---

8) 대한민국은 「국적법」 개정 (2017.12.19.)을 통해 외국인의 한국 내 체류와 국적취득 절차를 명확히 하였습니다. 제5조는 외국인이 일반귀화를 신청하기 위해서는 반드시 먼저 "5년 이상 계속하여 대한민국에 주소가 있고 영주자격(F-5)을 가지고 있어야 한다"라고 규정하고 있습니다.

9) 2020년 11월 5일 입법예고 하였고 「출입국관리법」 시행규칙의 별지 제67호 서식이 개정되어 시행되었습니다.

초국가주의 (Transnationalism)[10)]

세계화와 더불어 국경을 넘는 이주가 활발히 진행되면서 사람들의 삶과 관계망은 이러한 경계를 넘어서 확장되고 있습니다. 이에 초국가주의는 국가의 경계가 물리적, 제도적으로 여전히 존재하지만, 개인, 집단, 조직, 자본, 문화, 사상 등이 국가의 경계를 넘어 활발하게 이동하고 영향을 주고받는 관계망을 확립하거나 유지하는 상호작용 현상을 포괄합니다. 이주자는 거주국에 정착하면서도 모국과의 긴밀한 사회적, 경제적, 문화적 관계를 유지하는 경우가 많습니다. 통신 기술과 교통수단의 급속한 발전은 사람들의 이동성을 증가시켜 이주자로 하여금 출신 지역 즉 더 이상 단일한 국민국가에만 소속감을 느끼지 않고, 여러 국가나 지역, 혹은 초국가적인 연결망에 동시에 소속감을 가질 수 있습니다. 그러므로 초국가주의는 국가 중심의 사고방식을 넘어선 복잡하고 다층적인 연결망을 강조합니다. 초국가주의는 국경을 넘어서면서도 영토적인 선호가 존재하기 때문에 특정 지역 또는 국가의 제한적인 사회적·지리적 공간 속에서 발생하는 현상이며, 종종 국가의 역할을 과소평가하거나 사회 불평등 문제를 간과한다는 비판에 직면할 수도 있습니다.

2) 노동이주

현대 사회는 더 나은 여건의 취업을 목적으로 국경을 넘는 노동이주 (Labour Migration)가 증가하고 있습니다. 노동이주는 전 세계적으로 보편화된 현상이며, 개인이나 집단이 경제적인 목적, 즉 임금 상승이나 더 나은 노동 조건 등을 찾아 다른

---

10) Randolph Boune(1886~ 1918)은 초국가적 미국 (Transnational America)이라는 용어를 도입하였으며, Transnational America(1916)에서 '우리 모두는 이주민으로서 기존 이주민이고 새로운 이주민이다. 독특한 미국문화는 없다. 모든 국가의 초국가성을 지니며 거대한 용광로인 미국에 이주민이 동화되기보다는 자유를 찾아 미국에 온 이주민 각자의 다양한 삶은 존중받아야 한다.'라고 주장하고 있습니다.

국가로 이동하는 현상을 의미합니다. 따라서 이주자 개인, 송출국, 수용국 모두에게 경제적, 사회적, 문화적으로 다양한 영향을 미치게 됩니다.

이주자 개인에게는 긍정적인 면에서 높은 소득, 새로운 기술과 경험의 습득, 사회적 신분 상승 기회 획득 등이 있으며, 부정적인 면에서 차별과 인권침해, 언어 및 문화의 장벽 경험, 가족과의 분리, 불안정한 지위 등이 있습니다. 송출국에게는 긍정적인 면에서 외환수입 증대, 실업률 감소, 선진 기술과 지식 유입 등이 있으며, 부정적인 면에서 인재 유출, 가족해체, 사회적 유대 약화 등이 있습니다. 그리고 수용국에게는 긍정적인 면에서 노동력부족 해소, 경제성장 촉진, 문화다양성 증대 등이 있으며, 부정적인 면에서 내국인 일자리 잠식, 사회통합문제, 외국인 혐오, 사회적 서비스 부담 등이 있습니다.

노동이주의 발생에는 다양한 요인이 작용하고 있습니다. 그중에 몇 가지만 살펴보면, 첫째, 경제적 요인입니다. 송출국에서 낮은 임금이나 일자리 부족으로 임금, 고용 기회, 생활 수준의 향상 등 양질의 경제적인 기회를 수용국에서 얻기 위함입니다. 이에 수용국은 저출산과 고령화, 특정 산업의 내국인 노동력 기피 등으로 노동력부족, 특정 기술을 가진 인력이 부족한 경우, 경제성장이 지속 가능하도록 송출국으로부터 대체 노동력을 유입하게 됩니다. 둘째, 사회적·정치적 요인입니다. 전쟁, 정치적 박해, 인권침해와 같은 사회적 차별, 기후 변화에 따른 자연재해 등을 피하거나 더 나은 교육과 의료서비스를 찾아 이주합니다. 셋째, 개인적인 요인입니다. 가족이나 친구 등 기존 이주자들로부터 정보와 도움을 받아 새로운 경험, 자아실현, 더 나은 삶을 찾아 노동시장의 수요에 따라 일시적 또는 장기적 체류를 목표로 이주하기도 합니다.

한국은 1960년대 「해외이주법」(1962.3.9. 제정)을 기점으로 국가적 차원에서 해외로 많은 노동자를 파견하기 시작하여 외화를 벌어들이는 노동력 송출국이 되었습니다. 예를 들면 서독으로의 간호사 및 탄광 광부, 남미 지역으로의 농업이민 그리고 기술이민, 베트남전 당시 베트남으로 진출했던 한국기업의 기술노동자, 중동의 오일쇼크와 더불어 대규모 건설사업에 투입된 노동자 등이 있습니다.

그러나 1980년대 후반부터 제조업을 중심으로 임금상승과 노동력부족이 심화되었고, 외국인노동자들이 유입되면서 노동력 수용국으로 변화했습니다. 86아시안게임 및 88올림픽과 같은 대규모 국제종합스포츠대회를 계기로 방문했던 운동선수 및 관계자들의 재방문과 체류, 외국국적 동포의 친척 방문 등의 이유로 유입과 체류 등이 불법취업으로 이어졌고, 1990년대 이르러 "산업기술연수생제도"를 통해 외국인노동자들이 유입되었습니다. 그리고 2004년 8월 "고용허가제 및 방문취업제도"를 도입하면서 정부가 직접 외국인노동자를 관리하고 국내사업장에 연결하는 시스템을 구축하였습니다. 고용허가제는 아시아지역 국가들과 MOU를 맺고 쿼터제로 외국인노동자를 유입시키고 있으며, 방문취업제는 중국동포 및 CIS지역 동포들을 중심으로 동포노동력을 유입시키고 있습니다. 그리고 최근에는 계절노동자제도를 통해 외국인노동자를 수용하고 있으며, 지방대학과 연계하여 외국인유학생의 졸업 후 지방정착을 적극 유도하고 지역의 고급 노동력으로 활용하는 정책을 펼치고 있습니다.

현재 "대한민국과 아시아 국가들 간의 인적교류 중 최고의 동력은 노동이주"라고 할 수 있습니다.

강제노동 (Forced or Compulsory Labour)

국제노동기구(ILO) 협약 (1930년) 제29호는 전 세계적으로 강제노동을 금지하는데 기반이 되고 있습니다. 제2조에서 '강제노동'을 "어떠한 자가 처벌의 위협하에서 강요받거나 임의로 제공하는 것이 아닌 모든 노무를 말한다."라고 정의하고 있습니다. 그리고 강제노동에 포함되지 않는 것으로 "군사적 성격의 의무적인 병역법에 따라 요구되는 노무, 완전한 자치 국가의 시민이 통상적인 시민적 의무의 일부를 구성하는 모든 노무, 법원의 유죄 판결의 결과로 어떤 사람에게 요구되는 모든 노무, 전쟁·재해·재난의 위협이 있는 경우, 그리고 주민 전체 혹은 일부의 생존 혹은 복지를 위협하는 비상 상황에서 이뤄지는 노무, 통상적인 시민적 의무로 간주 될 수 있는 소규모 공동체 구성원의 노무"를 제시하고 있습니다. 강제노동은 어떤 사람에게 본인의 의지와는 상관없이 협박 등에 의한 노동력 착취 또는 강제적으로 행해지는 모든 비자발적 노동을 의미합니다. 과거에는 노예제, 농노제, 부역 등이 있었고, 현대에 와서 인신매매, 채무노동, 계약노동의 악용, 아동 노동착취 등입니다. 강제노동 방지를 위한 국제적 노력에는 국제노동기구(ILO)의 「강제노동 협약」(제29호), 「강제노동철폐협약」(제105호), 「강제노동 근절을 위한 추가적인 조치를 담은 의정서 채택(1930년 강제노동협약에 대한 2014년 의정서, 2014.6.11.) 등이 있습니다. 그리고 UN은 「인신매매방지의정서」(2000.11.15. 채택)를 통해 강제노동 문제를 다루고 있습니다.

계약노동 (Contract Labour)

노동자와 사용자 간의 법적으로 기본 의무를 가진 계약에 기반하여 이루어지는 현대 사회에서 가장 일반적인 노동 형태입니다. 노동자는 특정한 노동기간, 노동방식, 임금 등에 대해 사용자와 계약을 통해 고용되어 노동을 제공하고, 사용자는 그 대가로 임금을 지급하는 것을 핵심 내용으로 합니다. 한국에서 계약노동은 노동 조건 기준, 근로계약[11], 임금, 노동 시간, 휴무, 휴가, 해고 등에 관한 기본적인 사항을 규정한 「근로기준법」, 기간제 및 단시간 근로자의 차별 금지 및 고용 안정 등을 규정한 「기간제및단시간근로자보호등에관한법률」, 최저 임금 수준을 규정한 「최저임금법」, 안전한 작업 환경 조성과 산업재해 예방에 관한 사항 등을 규정한 「산업안전보건법」, 노동 3권을 보장하고 노동관계를 규정한 「노동조합및노동관계조정법」 등과 같은 법규의 적용을 받습니다.

계절이주노동자 (Seasonal Migrant Worker)

「모든이주노동자와그가족의권리보호에관한국제협약」[12] (International Convention on the Protection of the Rights of All Migrant Workers and Members

---

11) 대한민국 「근로기준법」에 따르면 근로계약은 근로자가 사용자에게 근로를 제공하고 사용자는 이에 대해 임금을 지급하는 것을 목적으로 합니다.

12) 1990년 12월 18일 채택되었고, 2003년 7월 1일 발효되었습니다. 대한민국은 현재 미가입국입니다.

of Their Families) 제2조에서 "계절노동자란 그의 작업이 성질상 계절 조건에 의존하며, 연중 일정한 기간 동안 수행되는 이주노동자를 말한다."라고 정의합니다. 다양한 국가에서 계절이주노동자를 유입하는 주된 이유는 주로 농업 및 어업과 같이 계절의 영향을 크게 받는 산업에서 내국인 노동력으로는 수요를 충당하기 어려운 계절적 인력 부족 문제를 해결하기 위함입니다. 대한민국은 2015년 9월부터 오랫동안 지속되어 온 농촌과 어촌의 인력 부족 문제를 해소하기 위하여 계절이주노동자 제도를 3차에 걸쳐 시범 운영하였고[13], 이후 2017년부터 지자체와 외국 지자체 간의 업무협약 등을 통해 계절이주노동자를 지속적으로 확대 도입하고 있습니다. 이들은 대개 5개월 이내 취업이 가능하지만 법무부는 "외국인 계절근로제 개선 방안" 브리핑 (2023.5.30.)을 통해 최대 8개월까지 취업이 가능하도록 하였습니다.

고용변동신고

「외국인근로자의고용등에관한법률」 (2003.8.16. 제정)"에 따라 외국인노동자를 고용한 사업주는 외국인노동자의 고용 상태 변화 시 즉 근로계약의 해지, 사망, 출국, 소재불명, 사업주 혹은 근무처 변경, 그 외 고용허가서에 기재된 사항 중 중요한 변경이 발생하면 그 사실을 알게 된 날부터 15일 이내에 관할 지방고용노동관서의 장에게 신고해야 합니다. 이것은 외국인노동자의 효율적인 관리, 외국인 노동력 관련 통계를 정확하게 관리, 불법고용방지, 외국인노동자보호 등을 목적으로 합니다.

---

13) 2015년 충북 괴산군에서 최초로 이루어졌고, 2차 시범 사업은 2016년 상반기에 단양군, 보은군, 강원도 양구군에서 이루어졌습니다. 그리고 2016년 하반기에 3차 시범사업으로 충북 음성군, 충남 서천군, 경기도 포천시, 전북 진안군에서 실시되었습니다. 계절이주노동자의 도입방식은 세가지 형태가 있는데 첫째 한국의 기초자치단체와 외국의 지자체와 양해각서(MOU)를 맺고 단기취업 형태(C-4, 30세~55세)로 외국의 지자체 주민을 초청하는 방식, 둘째 관내 결혼이민자의 본국 가족 4촌 이내 및 그 배우자 중에서 선정하여 단기취업 형태 (C-4, 30세~55세)로 초청하는 방식, 그리고 셋째 결혼이민자가 그의 부모 등 가족을 초청하여 국내에 체류하고 있는 분들에게 기존 체류자격 외 활동 허가(20세~55세)를 통해 계절노동을 하는 방식이 있습니다. 현재는 사증 E-8제도를 운영하고 있습니다.

국경노동자 (월경노동자, Frontier Worker)

「모든이주노동자와그가족의권리보호에관한국제협약」 제2조에서 "월경노동자란 그 상거소를 인접국에 두고 통상 매일 또는 적어도 매주 한 번은 귀가하는 이주노동자를 말한다."라고 정의하고 있습니다.

귀국비용보험 (Return Cost Insurance)

대한민국에서 비전문취업(E-9) 또는 방문취업(H-2) 체류자격으로 입국한 외국인 노동자가 체류 기간 만료 등의 사유로 본국으로 돌아갈 때 필요한 비용을 마련할 수 있도록 근로계약 효력발생일로부터 3개월 이내 (2014.7.29.부터 80일 이내에서 3개월 이내로 변경)에 의무적으로 가입하여야 하는 보험입니다. 이것은 불법체류를 예방하고 외국인 노동자의 안정적인 출국을 유도하기 위한 제도입니다. 보험금은 노동자가 고용센터에 출국 예정 신고 후 "출국 예정 사실 확인서"를 발급받으면 보험사업자에게 청구하여 수령할 수 있습니다. 2024년 12월 16일부터는 근로 개시일이 해당 날짜 이후인 경우, 완전 출국 및 체류자격 변경 시 보험금이 자동으로 지급되는 제도가 시행되었습니다.

본국송금 (Repatriation of Funds)

외국인노동자가 이주한 나라에서 본국의 가족이나 친지에게 보내는 모든 금전의 이동 행위를 의미합니다. 이것은 이주노동자 개인에게는 가족의 생계를 지원하는 주요 경제활동 중 하나이며, 수신 국가에서는 경제 발전을 위한 외화 수입에 기여하는 중요한 자금 흐름입니다. 대한민국은 "외국환거래법"에 따라 해외송금 시 연간 미화 10만 불을 초과하여 송금하면 국세청에 자동 통보됩니다. 그러나 외국인 노동자의 경우 국내에서 취득한 소득임을 증빙하는 서류를 제출하면 한도 제한과 별개로 소득 범위 내에서 송금이 가능합니다.

사업장변경신청

주로 비전문취업(E-9) 또는 방문취업(H-2) 외국인노동자는 처음 고용허가를 받은 사업장에서 계속 근로를 해야 하지만 근로계약의 해지, 근로계약이 만료된 후 갱신되지 않은 경우, 휴·폐업 등 노동자의 책임이 아닌 사유로 근로를 계속하기 곤란한 경우, 상해·질병으로 근로를 계속하기 곤란한 경우, 사용자의 근로 조건 위반·부당대우 등으로 근로를 계속하기 어려운 경우 등 법에서 정한 일정한 사유에 해당하면 고용지원센터를 통해 다른 사업장으로 변경 신청이 가능하도록 이직을 지원하는 제도입니다. 외국인노동자(E-9)의 사업장 변경은 최초 3년의 취업활동 기간 동안 3회, 재고용을 통해 1년 10개월의 기간이 연장되면 연장기간 동안 2회까지 사업장 변경이 허용됩니다.

외국인노동자 상해보험 (Accident Insurance)

대한민국에서 비전문취업(E-9) 및 방문취업(H-2) 체류자격으로 일하는 외국인노동자는 각종 상해 사고에 대비 근로계약 효력발생일로부터 15일 이내에 주로 고용허가제 관련 보험 업무를 담당하는 보험사 (현재는 삼성화재)를 통해 의무적으로 가입해야 합니다. 이것은 외국인노동자가 한국에서 일하는 동안 예상치 못한 사고로 인해 발생할 수 있는 다양한 위험으로부터 보호받을 수 있도록 하는 기본적인 안전장치입니다.

숙련이주자 (Skilled Immigrant)

숙련이주자는 특정의 숙련된 기술, 경험, 지식 등을 소유한 전문성과 경쟁력을 갖춘 인재로 간주하여 수용국으로부터 입국허가, 체류, 가족 재결합, 직장 변경 등에서 특별대우를 받습니다. 숙련이주자의 유치는 수용국의 경제 활력, 기술 혁신, 인구 구조 변화 대응 등 다양한 측면에서 중요한 의미를 갖습니다. 한국에서 숙련이주자의 비자 유형에는 E-1(교수), E-2(회화강사), E-3(연구원), E-4(기술지도자), E-5(전문직), E-6(예술흥행, 일부제외), E-7(특정활동)가 있습니다. E-7(특정활동) 중 E-7-4(점수제 숙련기능인력)의 경우 학력, 경력, 자격증, 한국어 능력, 소득, 연령, 가점 항목 등을 종합적으로 평가하는 점수제를 통해 대상자를 선발합니다.

순회노동자 (Itinerant Worker)

「모든이주노동자와그가족의권리보호에관한국제협약」 제2조에는 "순회노동자란 어느 한 나라에 상거소를 갖고 직업의 성격상 단기간 다른 나라들을 돌아다닐 필요가 있는 이주노동자를 말한다."라고 정의하고 있습니다. 순회노동자의 이주는 세계화와 국가 간의 경제적 불균형으로 인해 전 세계적으로 나타나는 현상 중 하나이며, 대체로 계절적이거나 임시적인 노동 수요가 있는 분야에서 일하는 경우가 많습니다.

임금체불보증보험

「외국인근로자의고용등에관한법률」 (2003.8.16. 제정)"에 따라 외국인노동자를 고용하는 사업주가 해당 노동자의 임금체불 상황 발생을 대비하여 근로계약 효력발생 일로부터 15일 이내에 서울보증보험 (SGI서울보증)을 통해 의무적으로 가입하는 보증보험입니다. 외국인노동자가 근로하는 동안 최소한의 임금 보호를 받을 수 있도록 하는 체불임금의 보장 한도는 최대 400만 원입니다.

초청노동자 (Guest Worker)

IOM의 이주용어사전(2011)에 의하면 "일반적으로 일정 기간의 체류와 고용을 위해 모집된 경제적 이주자를 의미하며, 이 용어는 보통 1950~60년대 이루어진 이주 흐름을 가리키는 것으로 더 이상 사용되지 않는다."라고 정의하고 있습니다. 1950년대 중반 서독은 심각한 노동력부족으로 다른 나라와 협정을 맺고 외국인노동자(Gastarbeiter)를 모집 채용하기 시작하였으며, 사용자의 필요에 따라 외국인노동자를 활용하다가 언제든지 다시 돌려보낼 수 있는 초청노동력으로만 취급하였습니다. 하지만 그들의 가족 결합 또는 정주를 막지 못하였고 석유 위기와 함께 주거, 교육, 의료 등 사회적 비용 문제가 급증하고 경제적으로 어려워지면서 모집을 중단하였습니다. 한국에서 고용허가제로 들어오는 외국인노동자를 넓은 의미에서 초청노동자라고 할 수 있으며, 이들은 기업 혹은 기관의 필요에 따라 고용 계약을 맺고 한국으로 입국하여 근로를 제공하는 외국인노동자들입니다.

출국만기보험

대한민국의 고용허가제(EPS)를 통해 고용된 외국인노동자의 퇴직금 지급을 보장하기 위해 사업주가 월 통상임금의 8.3%에 해당하는 금액의 의무적으로 가입하는 보험으로 외국인노동자가 1년 이상 근무 후 퇴직 시 지급합니다. 이것은 외국인노동자의 불법체류를 방지 및 출국 유도, 본국 귀환 시 안정적인 목돈마련 지원, 사업주의 퇴직금 일시지급에 따른 경제적 부담 완화 등을 위한 제도입니다.

외국인노동자전용보험

외국인노동자(E-9, H-2 체류자격)의 전용보험에는 사용자가 가입하는 출국만기보험과 임금체불 보증보험, 외국인노동자가 가입하는 귀국비용보험, 상해보험이 있습니다. 그리고 외국인노동자는 4대 사회보험 즉 산업재해보상보험, 고용보험, 국민건강보험, 국민연금에 가입해야 하며, 단국민연금의 경우 해당 국가와의 관계에 따라 상호주의 원칙이 적용되고 있습니다.

3) 문화

유네스코는 「문화다양성선언」 (UNESCO, Universal Declaration on Cultural Diversity, 2001)에서 “문화(Culture)는 사회와 사회구성원들의 특유한 정신적·물질적·지적·감성적 특징의 총체로 간주되어야 하며, 문화는 예술 및 문학뿐 아니라 생활양식, 함께 사는 방식, 가치체계, 전통과 신념을 포함한다. 문화라는 것은 시공간에 여러 형태로 나타나며, 각 문화가 지닌 다양성은 각 집단의 정체성과 독창성을 구현하는 인류의 공동 유산이다.”라고 합니다. 그리고 “상호 신뢰와 이해의 여건 속에서 문화의 다양성, 관용, 대화 및 협력을 존중하는 것이 국제 평화와 안전을 가장 확실하게 보장하는 것이고, 문화의 풍성한 다양성을 진흥하고 보존하기 위해 유엔체제 안에서 유네스코에 부여된 특별한 임무”라고 명시하고 있습니다.

문화는 특정 사회나 집단의 구성원들이 공유하고 있는 가치관, 관습, 신념, 상징, 언어, 규범, 지식, 기술, 예술, 물질적 산물 등 총체적인 생활양식과 그를 통해 만들어낸 모든 결과물을 총칭하는 매우 포괄적인 개념입니다. 인간 사회의 근간으로서 문화는 세대를 거쳐 학습되고 발전 ·전달됩니다. 그리고 사회 구성원들의 사고방식, 행동양식, 사회적 상호작용 방식 등에 깊숙이 영향을 미치는 다층적인 현상입니다. 문화는 일반 사람들에게 공유되고 학습되어진 생활양식으로써 문화의 의미는 고정불변하는 것이 아니라 끊임없이 생성, 소멸, 변화를 반복하는 역동적인 특성을 가집니다.

문화를 영어로 Culture라고 쓰며, 라틴어 Cultus, Cultura (경작하다, 가꾸다)에서 기원했습니다. Culture의 사용 초기에는 동·식물의 재배 (Cultivation)와 종교적 숭배(Cult)에 관련 있습니다. 로마의 M. T. Cicero는 "animae cultura (정신의 경작 혹은 영혼의 함양)"이라는 비유적인 의미로 문화를 사용하여 "교육 및 철학을 통해 인간의 정신세계를 발전시키는 과정"을 의미했습니다. 13세기 말에는 경작된 땅을 의미로, 16세기 초에는 경작 행위의 의미로, 16세기 중반에는 "능력을 발전시키려는 행위"의 은유적 의미로, 18세기 프랑스 계몽주의에서는 Civilization(문명화)와 유사하게 사용되어 "교양이 있다 (Cultured)와 교양이 없다 (Having No Culture)"의 표현을 볼 수 있습니다. 19세기 K. H. Marx (1818~ 1883)는 문화를 인간의 행위나 사회제도를 설명해 주는 독립변수가 아닌 "각 사회제도나 역사 발전 과정에서 영향을 받은 경제적 종속변수"로 보았습니다. 영국의 인류학자 E. B. Tylor (1832~ 1917)는 문화에 민족학적 개념을 처음 도입하여, "문화 또는 문명화는 사회 구성원으로서 인간이 습득한 지식, 믿음, 예술, 교육, 권리, 관습, 다양한 능력 또는 관행들을 포함하는 복합적 총체다."라고 했습니다.

20세기에 이르러 미국의 문화진화론자 Leslide Alvin White (1900~ 1975)는 "인간은 상징 (Symboling)을 할 수 있는 유일한 동물로 이것이 문화의 기초(문화의 개념, 1977)"라고 총체론적인 전망으로 이해했고 구조주의 인류학자 Ward Hunt

Good Enough (1919~ 2013)는 관념론적인 전망으로 "문화란 사람의 행위나 구체적인 사물 그 자체가 아니라 사람들의 마음속에 있는 모델이며, 그 구체적인 형상으로부터 추출된 하나의 추상에 불과한 것"으로 보았습니다. 인류학자 A. L. Kroeber과 C. Kluckhohn은 문화에 대해 1952년 당시까지의 문헌을 정리하여 164개에 달하는 정의를 제시하여, "기술적 정의, 역사적 정의, 규범적 정의, 심리학적 정의, 구조적 정의, 발생론적 정의로 구분하였습니다.

무엇보다 20세기에는 국가와 국가 사이 비슷한 문화가 규격화되어 전이되는 현상이 뚜렷해지면서 Modern Culture는 Modernism에서 Post-modernism으로, 구조주의 (Structuralism)에서 포스트구조주의로 (Post-structuralism) 등의 연구를 발판 삼아 포스트모던문화 (Post-modern Culture)로 이어집니다.

게토화 (Ghettoization)

1516년 이탈리아 베네치아에서 처음 사용되기 시작한 Ghetto는 유럽 각 지역에서 외부인으로 여겨졌던 유대인들을 보호하기 위해 격리한 수용구역을 가리킵니다. 유대인들은 수용구역 안에서 제한된 자유를 누리며 자신들의 종교와 문화를 유지하였습니다. 이러한 수용구역은 13세기 모로코에서 처음 등장하였으며, 베네치아의 유대인 Ghetto의 경우는 비교적 부유한 유대인 수용구역이었지만 다른 곳의 유대인 Ghetto는 대체로 극심한 빈곤의 고립된 장소였습니다. 가장 비극적인 형태의 Ghetto는 나치 독일이 유대인 말살 정책의 일환으로 동유럽 점령지에 설치한 Ghetto였으며, 바르샤바 Ghetto가 대표적인 예입니다. 그리고 현대에 와서 Ghetto는 문화와 관련해서 주류사회와의 단절된 경계, 특정 인구 계층의 밀집지역, 내부 공동체의 네트워크 강화, 열악한 주거 및 교육환경·높은 범죄율·부족한 공공서비스 등과 같은 사회적 문제들의 특징을 갖습니다. 따라서 Ghetto는 소수인종, 민족. 종교, 문화 집단 등이 거주하는 도시 내의 하층민 지역을 의미합니다. 따라서 사회적 불안과 갈등으로 이어지게 되는 게토화란 소수집단, 인종, 종족, 종교, 문화 집단이 지역적으로 분리되고 배제되어 섬처럼 따로 거주하면서, 사회적·경제적으로 소외와 차별, 빈곤 등을 경험하는 상황을 나타내는 문화적 의미를 지닙니다.

구조주의 (Structuralism)

구조주의는 1950년대 프랑스에서 발전한 사상조류로 표면에 발생하여 인식되는 다양하고 독특한 사회문화 현상들을 이해하기 위해서는 표면 아래 숨겨진 구조화된 심층을 들여다봄으로써 인간과 세계를 이해하려는 접근방식으로 역사적인 변화나 과정보다는 현재의 구조적인 맥락을 중요시합니다. 구조주의의 공통된 특성은 언어론적 변환, 근대적 주체의 해체, 진보주의 역사관 비판 등입니다. 구조주의는 의미를 지지, 작동, 규제하는 언어의 구조와 관련 있으며, 언어라는 것은 이미 존재하는 현실을 단순히 이름을 지어 붙이는 것이 아니라 현실을 구성하고 조직하는 즉 언어를 조합된 구조로 보고 있습니다. 그리고 문화주의의 토대인 경험이란 언어와 문화의 효과이며 언어·문화와 의미의 관계는 구성된 것으로 봅니다.

다문화공생

1990년대 이후 일본사회에 이주민들이 급증하면서 서로 다른 인종들이 서로의 문화적 차이를 인정하고 존중하며 지역사회에서 함께 살아가는 것을 의미합니다. 일본 중앙정부 차원에서 정책으로서 "다문화공생 추진계획"이 수립된 것은 2005년부터 이입니다. 그러나 그 이전부터 지방자치단체를 중심으로 다문화공생 시책을 추진하고 있었습니다.

대중문화 (Popular Culture)

대중문화는 불특정 다수의 사회구성원들이 쉽게 접근하고 소비하며 향유하는 문화로 현대산업사회에서는 대중매체를 통해 대량으로 생산되고 유포됩니다. 예전에는 대중이 중심되는 문화의 의미로 Mass Culture를 많이 사용했으나 최근에는 사회 다수의 취향을 반영한다는 의미의 Popular culture로 표현하고 있습니다.

모더니즘 (Modernism)

모더니즘은 일반적으로 19세기 말부터 20세기 중반에 걸쳐서 서구사회를 중심으로 문화, 예술, 철학 등의 분야에서 일어난 사조이며, 전통적인 사고나 제도, 양식 등으로부터 벗어나 주관적인 경험, 인간 내면의 의식, 무의식의 세계 등을 중요하게 다루고 내용보다는 형식, 재료, 기법 등에 대한 현대성을 탐구하고자 했던 광범위한 문화운동입니다.

문화다원주의 (Cultural Pluralism)

문화다원주의[14] 는 주류사회로 동화를 추구하는 동화이론을 거부하며, 하나의 사회 내에서 다양한 문화 집단이 각각의 고유한 문화적 정체성과 가치를 유지하면서도 상호 존중 및 공존하는 상태 또는 그러한 이상을 지향하는 사상으로 현대 다문화사회의 중요한 특징 중 하나입니다. 이는 단순히 여러 문화가 물리적으로 함께 존재하는 것을 넘어 소수 문화와 주류문화 간에 상호 존중을 바탕으로 사회통합에 기여할 수 있다고 보는 적극적인 개념입니다. 그러므로 다양한 이민자들이 함께 모여 사는 다문화사회에서 쉽게 찾아볼 수 있는 국가의 정책 중 하나이며, 각 문화의 고유성을 인정하고 사회의 기본적인 법과 질서 안에서 조화로운 공존과 사회통합을 추구합니다. 이것은 주류사회로의 동화를 거부하며, 비록 개념의 차이는 다소 있지만 종종 여러 인종, 여러 민족이 각자 고유의 문화적 특성을 유지하면서 조화를 이루는 다문화사회를 묘사하는 Salad Bowl Model, Orchestra Model, Mosaic Model 등으로 표기되기도 합니다.

---

14) 1915년 칼렌 (H. M. Kallen)이 네이션지에 기고했던 논문 'Democracy versus the Melting-Pot: Part II'에서 언급되고 있습니다. 칼렌은 논문에서 용광로 이론의 반대와 함께 문화적 다원주의로 '민주적 이상 및 가치의 유지'를 주장하였습니다. 그리고 유네스코의 문화다양성선언(2001) 제2조에서 '문화다원주의는 문화다양성을 정책적으로 구체화하기 위한 것이다. 민주 체계로부터 분리할 수 없는 문화다원주의는 문화교류와 공공의 삶을 유지하는 창조적인 역량을 풍성하게 하는 데 이바지한다.'라고 명시합니다.

문화변용 (Acculturation)

문화변용은 서로 다른 문화를 가진 둘 이상의 집단이 직접적 혹은 지속적으로 접촉하면서 문화접변(Cultural Contact)을 통해 서로의 문화 체계의 구성 요소들에 변화가 일어나는 현상을 의미합니다. 즉 인간의 이주와 교역을 통해 다른 문화 집단과 직접적이고 지속적인 접촉으로 사상·언어·가치·표준·행동·제도 등 문화 관습에 변화가 발생하는 현상입니다. 이것은 접촉하는 집단들 간에 힘의 균형, 새로운 문화에 대한 수용 의지 등에 따라 다양한 형태로 나타날 수 있으며, 문화공존(Cultural Pluralism/Coexistence), 문화동화 (Cultural Assimilation), 문화융합(Cultural Integration/Hybridization), 문화분리 (Cultural Separation), 문화주변화 (Marginalization), 문화통합 (Cultural Integration) 등입니다. 그러므로 "문화가 무엇이냐? 보다 문화를 어떻게 보는가?"가 중요합니다. 문화변용은 새로운 문화의 창조와 확장에 기여할 수도 있지만, 동시에 전통문화의 약화나 정체성 혼란과 같은 문제를 야기할 수도 있습니다.

문화사대주의 (문화열등주의)

문화사대주의는 자신의 문화에 대해 열등감을 갖고 다른 특정 문화를 더 우월하게 맹목적으로 믿고 숭상하는 태도나 주의를 포괄합니다. 다른 특정 문화에 대해 무비판적으로 받아들이며, 수용 태도가 주체적이지 못해 자기 문화에 대한 정체성을 잃기 쉽습니다.

문화상대주의 (Cultural Relativism, 문화개별주의)

Herskovits는 "문화상대주의는 각 사회가 그 성원의 생활을 이끌기 위해 만들어 낸 가치를 인정하고, 모든 관습에 내재하는 존엄과 자신의 것과는 다른 전통을 관용할 필요성을 강조하는 철학이다."라고 했습니다. M. J. Herskovits (1895~1963)는 문화상대주의 본래 의미를 생각하는 주요 지점에서 "문화의 학습"이라는 측면을 강조합니다. Claude Lévi-Strauss (1908~1991)는 문화상대주의 관점에서 서구 문명을 철저하게 상대화하였으며, "하나의 문화가 다른 문화에 비해 저속하다거나 고상하다고 판단할 절대적인 기준이 없음을 인정한다. 왜냐하면 하나의 문화 구성원은 그 문화 안에서 관찰자일 뿐만 아니라 또한 행위자이기 때문이다. 인류사의 진보란 주사위 눈과 같은 것으로써 필연적인 것도 연속적인 것도 아니다. 운에 맡기고 주사위를 던지는 놀이와 비슷하다."라고 했습니다. 그리고 Franz Boas (1858~1942)는 "개별의 문화는 독자적인 총체를 표상하며 절대적·보편적 잣대로 사용될 수 없는 문화적 상대성이 있다."라고 보고 "각 문화는 환경과의 관계나 이주 경험, 인접한 타문화로부터의 차용 등 나름의 고유한 역사가 쌓여 형성되는 것이므로 단순히 진화 도식으로 자리매김할 수 없다."라고 했습니다. 19세기 서구 중심적인 문화 진화론 (Cultural Evolution)에 대한 비판으로 등장한 문화상대주의는 "절대적인 기준이나 잣대로 다른 문화를 평가할 수 없다는 관점을 갖고 있으며, 모든 문화는 그 자체로 존중받아야 하고 고유한 가치와 의미 체계를 가지고 있으므로 그 사회의 특수한 환경, 역사, 사회적 맥락 속에서 고려되어야 한다."라는 입장입니다. 사람이 판단을 내릴 때 문화에 관계되고 학습된 문화에 의존하게 되는데 "무엇을 학습하였는가?"는 자문화(민족)중심주의와 직결됩니다. 사람들은 문화화 과정에서 학습되어진 익숙한 문화에 따른 자기 경험의 의미를 이해하며, 그가 내리는 판단에는 그의 익숙한 문화가 깊이 반영되어 있습니다. 그러므로 사람은 각각의 고유한 가치와 내용을 가지고 있는 다른 문화를 색안경 없이 그 개별문화의 특정한 환경, 역사 및 사회적 상황을 고려하면서 이해하여야 하며, 문화 간의 차이와 그 고유한 가치를 인정하고 존중하고 자문화에 대한 깊이 성찰하는 자세가 필요합니다.

● 문화제국주의 (Cultural Imperialism, 문화종속)

문화제국주의는 문화식민주의와 비슷한 개념으로 정치적, 경제적으로 지배적인 위치에 있는 국가혹은 집단이 자신의 문화를 다른 피지배적인 국가나 집단에 강압적이거나 일방적으로 전파하여 해당 지역의 고유문화를 약화 또한 대체하려는 현상입니다. 이것은 문화적 다양성을 위협하며 문화적 지배-종속 질서를 영구화하는 등 약소국의 문화적 주체성을 약화 및 사장 시킵니다.

● 문화의 속성

문화의 속성에는 "사회 구성원들에 의해 공유되는 공유성, 학습에 의해 얻어지는 학습성. 언어와 문자 등을 사용하여 저장하고 발전 혹은 전승하는 축적성, 각각의 요소들은 상호 유기적으로 관련을 맺고 전체적 통합되는 총체성. 그리고 시간이 흐르면서 그 형태나 내용·의미가 변하는 변동성"이 있습니다.

● 문화주의 (Culturalism)

Richard Hoggart (1918~2014), Raymond Williams (1921~1988), Edward Palmer Thompson (1924~1993)은 "문화란 민중의 경험에서 배어 나오는 표현 양식"이라는 전제를 공유하였는데 그들이 공유한 비평적 전제들을 Richard Johnson (Stuart Hall의 후계자)이 설명하기 위해 1979년에 만든 신조어입니다. 이것은 영국에서 발생한 대중문화 담론이며, 대중들이 문화를 능동적으로 소비하는 것을 강조하며, 문화의 적극적·능동적 역할을 강조합니다. 이것은 사회 변화의 동인으로서 인간의 능동적 실천을 강조하고 '산(he lived)' 경험을 특권화하며, 문화가 표현적이고 특정 계급 및 공동체의 산 경험의 진정한 의미를 파악하는 데 이용될 수 있다고 봅니다. 즉 의식과 조건이 교차하는 산 경험이 토대이며, 인간의 경험을 강조하고 결정적 역할을 부여한 것은 문화주의의 한계입니다.

● 문화진화론 (Cultural Evolution)

19세기 서구의 지배적 패러다임이었던 문화진화론은 다윈의 생물학적 진화론처럼 인류 문화도 원시적 차원에서 진화하여 고차원으로 옮겨간다는 논리입니다. 서구문화를 가장 진화된 형태로 보고 다른 문화를 열등하거나 미개한 단계로 간주하는 논리입니다. 인류학자 E. B. Tylor (1982~1917)는 Primitive Culture (1871)에서 인류의 발달 과정을 야만 (Savagery, 애니미즘), 미개 (Barbarism, 다신교), 문명 (Civilization, 일신교)의 3단계로 보았습니다.

문화화 (Enculturation)

문화화란 한 개인이 태어나서 자라면서 그리고 늙어가면서 사회의 생활양식, 가치관, 규범, 신념 체계 등을 몸에 익히고 내면화하는 과정입니다. 예를 들면, 자녀가 가정에서 부모로부터 식사 예절을 익히는 것, 청소년이 또래 집단에서 특정한 유행어를 사용한다거나 특정 유행하는 헤어스타일 또는 패션스타일을 추구하는 것, 이주민이 체류국의 사회적 관습에 적응해 가는 문화접변 과정 등이 있다. 개인은 이러한 문화화를 통해 정체성을 형성하며 사회의 구성원으로서 기능하며 통합됩니다.

민속문화 (Folk Culture)

민속문화는 어느 한 동질적인 집단에 의해 오랫동안 자연스럽게 형성되고 일반 대중에게 전승되어 온 전통적인 문화이며, 한 사회의 기층문화를 아우르는 개념입니다. 민속문화는 인간 삶의 뿌리이자 정체성을 형성하는 중요한 요소입니다. 예를 들면 한국의 민속문화에는, 의식주에서 한복과 짚신·김치와 한과·한옥과 온돌, 명절에서 설날 세배와 떡국·추석날 차례와 송편, 놀이에서 씨름과 윷놀이, 예술에서 판소리와 탈춤, 민간신앙에서 장승과 서낭당, 그리고 한지공예 등이 있습니다.

반문화 (Counterculture, 대항문화)

반문화란 주류문화의 가치관, 규범, 신념, 생활양식에 반대 혹은 저항하면서 대안적인 문화를 추구하는 현상 즉 대항문화입니다. 예로 1960년대 히피문화, 1970년대 펑크 문화, 그리고 성차별적 문화나 성소수자 억압적 문화에 도전하며 대안으로 평등과 인권을 주장하는 움직임, 1970~1980년대 청바지·장발 문화·대학가 탈춤문화 등이 있습니다.

은둔문화 (Covert Culture)

은둔문화는 외부와의 사회적 관계를 끊고 자신만의 공간에 머무르는 현상 즉 외부에서 손쉽게 파악할 수 없는 감추어진 문화입니다. 이것은 전체 문화의 일부분을 차지하고 있으며, 문화의 내부나 하부에 존재하는 가치관, 내세관 등을 의미합니다. 이것은 내재한 문화라고도 하며, 겉으로 나타내 보이지 않지만, 인간의 행동과 사고에 크게 영향을 미칩니다.

자문화중심주의 (자민족중심 주의, Ethnocentrism)

사회학자 William G. Sumner (1840~1910)가 Folkways (1906)에서 처음으로 사용한 것으로 자신이 속한 집단이 모든 것의 중심이고 옳으며, 타 집단은 자신이 속한 집단과의 관계에 의해 측정되고 평가됩니다. 이것은 문화상대주의와는 반대되는 개념으로 문화를 평가하는 주요 메커니즘입니다. 자신이 어떤 사회에서 생애주기별로 자연스럽게 학습한 문화는 "바람직하다. 옳다"라고 긍정하지만 다른 문화에 대해서는 무언가 불편스러운 거부감을 갖습니다. 그리고 자신이 속한 집단의 문화만이 우월하다고 긍정하고 선하게 여기지만 타문화에 대해서는 편견, 차별, 경멸, 멸시 등을 통해 갈등을 가져올 수 있습니다.

주변문화 (Marginal Culture)

사회 구성원 다수가 향유하는 주류문화와 대비되는 개념으로 소수의 특정 집단이 공유하는 문화를 의미합니다. 이것은 문화의 중심부에서 멀리 떨어져 특정 문화의 영역 경계선 지역에 위치하여 문화의 특질을 적게 지녔거나 다른 문화의 특질도 가질 수 있어 문화 혼합 형태를 보이기도 합니다. 예를 들면, 소수자 집단 문화, 특정 지역의 고유한 풍습, 특정 세대나 계층의 독자적인 문화 등이 있습니다.

포스트모더니즘 (Postmodernism)

건축학에서 먼저 사용된 포스트모더니즘[15) 은 제2차 세계대전 이후 근대 문명에

---

15) Peter Brooker(1999) "포스트모더니즘은 이 시기의 문화적 조건과 그와 관련된 예술 및 일상생활의 특정 양식들을 지칭합니다. 예컨대 포스트모던 건축은 절충주의적 특징을 보이는데, 하나의 건물이나 일련의 건물들 안에 르네상스·조지아·근대 등 상이한 시기의 양식들이 결합되어 있습니다."

대한 회의와 반성 속에서 1970년대 본격적으로 사용되었으며, 1980년대에 크게 유행했습니다. 근대성 (Modernity)과 Modernism에 대한 "비판과 해체"하려는 시도에서 출발했습니다. 이것은 포디즘 (세계적으로 표준화된 즉 맥도날드처럼 세계적인 체인의 규격화된 상품이듯이 문화적 지배와 관련 있다)에서 포스트포디즘으로의 전환되는 서구 자본주의의 변화와 관련이 있습니다. 서구적 대표 가치관인 계몽주의적 가치관에 대한 안티테제 (Antithesis) 즉 이성 중심주의에 대해 근본적인 회의를 내포하고 있는 사상적 경향의 총칭으로 이해할 수 있습니다.[16] 근대 서구에서 과학은 혼돈에서 어떤 법칙을 찾아내어 원심력에 의한 질서 형성을 목표로 하였지만 포스트모더니즘은 의도적으로 원심력에 의한 질서 파괴를 지향합니다. 개별적이고 단편적인 이야기와 경험에 관심, 감성·직관·비합리적인 것의 가치를 인정하는 탈이성적 사고, 주변적인 것·소외된 것에 관심, 모든 텍스트(문화적 산물)는 독립적으로 존재하는 것이 아니라 다른 텍스트들과의 관계 속에서 의미를 형성한다고 보는 상호텍스트성 (Intertextuality), 이분법적인 경계를 해체하고 다양한 요소들을 자유롭게 혼합하고 결합 등이 그 특성입니다.

● 하위문화 (Subculture)

하위문화는 전체 혹은 주류문화의 일부분을 이루는 문화이며, 주류사회와 다른 가치와 규범을 공유하면서 그 고유의 독자적인 정체성을 가진 소수집단의 문화입니다. 이것은 미국문화에 대한 다양성 인식이라는 토대 아래 일련의 연구 결과 새롭게 발굴된 용어로 열등 문화와 혼동을 피하려고 사용하였습니다. 미국 사회의 다양한 각각의 사회집단은 하위문화의 특성을 갖습니다. 하위문화에는 청소년 문화, 특정

16) Michel Foucault (1926~ 1984) '계몽주의적 세계관 즉 이성의 발달이 인간의 해방과 진보를 가져왔다는 것을 부정하였고 근대에는 정치화한 이성이 오히려 인간을 억압하였다. 근대의 통일적 전체에서 탈전체화와 중심화에서 탈중심화할 필요가 있다' 그는 혼돈된 세계에서 차이의 존중을 목표로 했습니다.

취미 집단의 문화, 특정 지역의 사투리나 명절 풍습과 같은 지역문화, 특정 세대에서 유행하는 신조어나 놀이 문화와 같은 세대 문화, 다양한 소수자 집단의 문화, 다문화 등이 있습니다.

혼종문화

혼종문화는 서로 다른 문화 요소들이 만나고 섞이면서 나타나는 새로운 형태의 자연스러운 문화 현상을 의미합니다. 문화에서 우열의 의미보다는 매우 다양하고 복합적인 문화의 형성 과정을 설명하는 데 사용되고 있습니다. 아르헨티나의 사회학자 가르시아 칸클리니의 혼종문화이론은 문화의 융합, 충돌, 창조의 현상을 설명 또는 이해하는데 매우 유용한 이론입니다. 그는 서구 중심의 이분법적 문화 구분 등의 이론을 탈피하여, 혼종성, 다시간성, 문화의 경계 해체, 정체성의 해체, 탈영토화 등으로 라틴아메리카라는 특정 지역 문화 실천을 설명합니다.

4) 이주

인류의 역사와 함께 시작된 이주는 포괄적 개념으로 사람들이 국경을 넘나들거나 어떤 국가 내에서, 평소 거주하던 곳에서 다른 새로운 거주지로 이동하는 것을 의미합니다. 그리고 "이주 또는 이주민"에 대한 보편적으로 합의된 정의는 없지만, 유엔 경제사회국은 "장기 이주민을 최소 1년 이상 출신 국가 밖에서 거주하는 사람"으로 정의합니다.

국제이주기구 (IOM)에 의하면 전 세계 국제 이주민의 수는 1995년 약 1억 6천1백만 명에서 2020년 약 2억 8천1백만 명으로 증가했습니다. 남성(50.6%)에 비해 여성의 이주 비율 (2000년 49.4%에서 2020년 48.1%)도 급증하고 있습니다. 국제송금의 규모는 약 7,020억 달러이고 이주노동자는 약 1억 6천4백만 명입니다. 그리고 IOM은 이주의 시대에 주목해야 할 최신 국제이주 경향을 "이주의 지속 기간에 따라 단기적 이주와 영구적 이주, 이주의 범위에 따라 국내이주와 국제이주, 이주의 크기에 따라 소수이주와 다수이주, 이주의 주체에 따라 비자발적 이주와 자발적이주[17], 이주 권리의 보호 정도에 따라 보호되지 않은 이주와 권리가 보호되는 이주, 이주 계획 여부에 따라 계획되지 않은 이주와 계획된 이주"로 묘사합니다.

한편, Stephen Castles과 Mark J. Miller는 현대 국제 이주 연구의 권위자로서 저서 "이주의 시대 (The Age of Migration, 2013)"에서 오늘날 전 세계적인 일반적인 이주 경향을 "이주의 전 세계화 (The Globalization of Migration, 이주 네트워크는 전 세계적으로 확장되고 있음), 이주 변천의 확산 (The Proliferation of Migration Transition, 국제주는 증가하고 다양한 요인에 의해 확산되고 있음), 이주의 차별화 (The Differentiation of Migration, 이주의 동기와 형태가 다양함), 노동이주의 여성화 (The Feminization of Labour Migration, 여성의 경제활동 참가 증가, 교육기회 확대, 특정 산업에서의 노동력 수요 등 복합적인 요인에 기인), 이주의 정치화 (The Growing Politicization of Migration, 이주 문제는 국가안보, 경제, 사회통합, 문화 등 다양한 측면과 얽히면서 중요한 정치적 의제로 부상), 이주와 발전의 연관성 강화 (Growing Interconnection of Migration and Development, 이주는 송출국과 수용국 모두에게 경제적, 사회적, 문화적, 정치적 영향을 줌) 등이 있다."라고 합니다.

● 가족 이주 (Family Migration)

가족 단위 인구이동의 일반적인 개념으로 이주로 헤어진 가족 구성원들이 기존의 거주국이 아닌 다른 국가에서 재결합하는 과정인 가족 재결합을 포함합니다.

---

17) 자발적 이주는 대체로 조금 더 많은 수입을 얻기 위한 경제적 요인, 삶의 환경 변화, 가족과의 결합 등으로 삶의 질 향상과 더 나은 행복한 삶을 위한 새로운 기회를 얻기 위한 것이고, 비자발적 이주는 홍수, 가뭄 등의 자연재해 혹은 폭력, 박해, 납치, 공포, 전쟁 등 본인의 의지에 상관없이 외적인 강요에 의해 다른 지역이나 국가로 이동하여 사는 것을 의미합니다.

가족 결합권 (Family Reunification Rights)

남녀가 혼인하여 가정을 이룰 권리, 아동이 부모와 분리되지 않고 함께 살 권리 등으로부터 파생되는 개념입니다. 즉 어떤 국가의 시민권을 가진 사람이 해외에 있는 자신의 직계가족 (배우자, 미성년 자녀 등)과 함께 거주하기 위해 그 가족을 초청하거나 재결합할 수 있는 권리를 의미합니다. 「세계인권선언」(UDHR), 「시민적및정치적권리에관한국제규약」 (ICCPR), 「아동권리협약」 (Convention on the Rights of the Child, 1989.11.20. 채택) 등에서 가족은 사회의 자연적이며 기초적인 단위로서 국가와 사회의 보호, 지원, 지지를 받을 권리가 있음을 명시하고 있는데 가족결합권은 이러한 원칙에서 비롯됩니다.

강제이주 (Forced Migration)

자발적인 이주와 대비되는 개념으로 자연적 혹은 인위적인 원인으로 본인의 의지에 상관없이 생존과 안전의 위협을 포함한 강요된 이주를 의미합니다. 강제이주의 주요 원인으로는 전쟁과 내전 같은 분쟁, 폭력·탄압·차별·정치 등의 이유로 박해 때문에 생명의 위협, 자연재해나 환경 변화, 도시개발 및 댐건설 같은 개발 사업, 국가 단위의 이주정책 및 강제추방, 인종청소 같은 국가정책, 인신매매나 강제노역 등이 있겠습니다.

강제퇴거 (Deportation)

국가의 공공안전과 질서유지를 위해 입국 거부 혹은 체류 허가 기간 만료, 범죄행위 등의 사유로 일정한 법적인 행정절차를 통해 강제로 해당 국가부터 외국인을 출국시키는 행위를 의미합니다.

개별이주 (Individual Migration)

대체로 국가나 외부 요인의 강제 없이 개인적인 필요나 목표에 의해 스스로 비용을 부담하거나 개인, 기관, 국가 등으로부터 지원을 받는 개인 혹은 가족 단위의 자발적인 이주를 의미합니다.

귀환이주 (Return Migration)

최소 1년 이상 다른 나라에서 거주한 이주자가 출신국 또는 상주국으로 돌아가는 행위 또는 과정으로 다른 나라로 이주했던 이민자, 유학생, 노동자, 난민 등이 본국으로 다시 돌아가는 이주입니다.

단기이주 (Short-term Migration)

영구적인 정착 의도 없이 다른 나라로 이주하여 3개월~1년 미만 거주하다가 특정 목적을 달성한 후 본국이나 다른 곳으로 이주하는 것을 의미합니다. 단 이주목적이 휴가나 여가 활동, 사업이나 치료, 친구 혹은 친척 방문 등의 경우는 예외입니다. 반면 장기이주 (Long-term Migration)는 다른 국가에 적어도 1년 이상 장기간 체류를 목적으로 거주하기 위해 이주하는 것으로 목적국이 실질적인 상주국이 됩니다.

대체이주 (Replacement Migration)

한 국가가 저출산·고령화와 같은 이유로 인구 감소 및 생산가능 인구 감소의 문제를 해결하기 위해 다른 나라로부터 외국인을 유입시키는 이주 또는 해외로 빠져나간 자국 노동자들로 인해 생겨난 국내 노동력을 상쇄하기 위해 국내의 다른 지역 출신 노동자로 채우거나 외국인노동력으로 채우려는 이주를 말합니다. 다만 대체이주는 인구문제 해결의 보완·임시 방안이 될 수는 있어도 유일한 방안이 될 수는 없습니다.

미등록이주자 (Undocumented Migrant)

송출국, 경유국, 수용국의 이민 관련 법규가 요구하는 적절한 서류를 갖추지 못하고 조건을 위반하여 입국 또는 체류하는 외국인으로서, 적절한 서류를 갖추어 합법적으로 입국했더라도 체류자격에 맞지 않게 취업 활동을 하는 등 법적 신분에 어떤 결함이 있는 사람을 의미하지만, 그들은 여전히 기본적인 인권을 가진 존재임을 고려해야 합니다. 그러므로 사회문화적 차이 때문에 비록 한국에서는 불법체류자라는 용어가 일반적으로 사용되고 있지만 인권 차원에서 미등록이주자, 비정규이주자 (Irregular Migrant), 미자격이주자 등의 용어를 선택적으로 사용하는 것이 옳다고 판단됩니다.

● 불법이주(Illegal Migrant)

해당 국가의 법률을 위반했다는 점에 초점을 맞추고 범죄와의 관련성을 수반하고 이주자의 인간성을 부정하는 것처럼 보이지만 이에 반해 비정규이주자는 불법보다 선호되는 표현입니다. 불법이주 또는 불법체류라는 용어는 법률을 위반했다는 점을 강조하여 밀입국, 비밀입국, 국제 인신매매 등과 결부되어 부정적인 뉘앙스를 줍니다.

● 비밀이주(clandestine migration)

외국인이 입국 시 합법적 필요조건들을 위반하여 은밀하게 이루어지는 이주 또는 합법적으로 입국하였으나 이민법을 위반하여 체류 기간을 넘겨 체류할 경우에 발생할 수 있습니다.

● 비정규이주(Irregular Migration)

이민 관련 법규가 요구하는 여러 가지 조건을 어기고 국경을 넘는 이주로써 명확하고 보편적으로 수용되는 정의는 없습니다. 어떤 필요한 허가 혹은 서류 없이 목적국에 입국, 거주, 취업 등을 하는 경우 또는 유효한 여권, 여행증명 서류 등을 갖추지 않았거나 송출국 행정기관에서 요구하는 일정한 서류를 작성하지 않고 국경을 넘는 경우에 사용됩니다. 이것은 이주 과정이나 체류 상태가 “정규적인 시스템 밖에 있다”는 것에 초점을 두고 있는 용어입니다.

● 사증 (Visa)

외국인이 입국, 출국, 경유할 수 있도록 여권 혹은 신분증에 대한 국가의 유관부서에 의한 일종의 허가 사항입니다. 외국인이 다른 나라에 합법적으로 입국하고 입국 후 해당 국가에서 어떤 활동을 할 수 있는지 (예로 관광, 학업, 취업 등)를 규정하여 허가된 기간 내에만 해당 국가에 체류할 수 있도록 합니다. 그리고 대한민국의 사증 체계를 알 수 있는 하이코리아 (https://www.hikorea.go.kr)에서는 "외국인이 그 나라에 입국할 수 있음을 인정하는 입국허가 확인의 의미와 외국인의 입국허가 신청에 대한 영사의 입국 추천 행위 중 한국은 후자로 이해한다."라고 합니다. 즉 "영사의 입국 추천 행위"는 외국인의 대한민국 입국허가 신청에 대해 해당 외국인의 국적을 가진 국가의 영사가 한국 정부에 입국을 추천하는 행위를 의미합니다. 이는 사증(VISA) 발급의 한 과정으로 이해될 수 있습니다. 한국에서 사증이란 단순히 외국인의 입국허가가 아니라 영사가 해당 외국인의 신분, 입국 목적 등을 확인하고 대한민국 영토 안으로 진입하는데 있어 문제가 없다고 판단하여 추천하는 행위로 따라서 최종 입국허가가 직접적으로 이루어지는 곳은 대한민국 공항이나 항만이고 출입국관리공무원이 관련 법규에 따라 심사를 통해 결정합니다. 사증에는 단수사증 (유효기간 내 1회만 입국 가능)과 복수사증 (유효기간 내 2회 이상 입국 가능)이 있습니다. 한국의 주요 사증은 다음과 같습니다. "외교 및 공무 사증 (Diplomatic / Official Visa)으로 외교(A-1), 공무(A-2), 협정(A-3)이 있고, 단기사증 (Short-Term Visa)으로 일시취재(C-1), 단기방문(C-3), 단기취업(C-4)이 있습니다. 장기사증 (Long-Term Visa)으로 문화예술(D-1), 유학(D-2), 기술연수(D-3), 일반연수(D-4), 취재(D-5), 종교(D-6), 주재(D-7), 기업투자(D-8), 무역경영(D-9), 구직(D-10)이 있고, 교수(E-1), 회화지도(E-2), 연구(E-3), 기술지도(E-4), 전문직업(E-5), 예술행위(E-6), 특정활동(E-7), 계절근로(E-8), 비전문취업(E-9), 선원취업(E-10)이 있습니다. 그리고 방문동거(F-1), 거주(F-2), 동반(F-3), 재외동포(F-4), 영주(F-5), 결혼이민(F-6), 관광취업(H-1), 방문취업(H-2)"이 있습니다. 그리고 기타사증으로 "사증면제(B-1), 관광통과(B-2), 기타(G-1)" 있으며, 최근 우수인재와 동반가족에게 출입국 및 체류 편의를 제공하여 인재유치 경쟁력을 강화하기 위해 탑티어비자 "D-10-T, E-7-T, F-2-T, F-5-7"를 신설하였습니다.

순 이주 (Net Migration)

특정 기간 어느 한 국가에 유입되는 인구의 수와 유출되는 인구의 수 차이를 나타내는 이주민의 순 유입량을 의미하며, 인구 변화를 파악하는 지표 중 하나로 보통 인구 1,000명당 순이동자 수로 산출합니다. 이것은 어떤 국가의 전체적인 인구 변화 혹은 사회구조의 변화를 파악하는 데 중요한 지표가 됩니다.

순환이주 (Circular Migration)

대체로 출신국과 목적국 사이 사람들의 유동적인 이주로 계절적인 노동시장의 수요와 공급에 따라 발생하며, 일시적 취업 활동을 하는 형태입니다. 물론 취업 외에 학업, 가족 방문 등 다양한 요인으로 순환이주가 발생할 수 있습니다.

외국인의 입국요건

일반적으로 외국인이 대한민국에 입국하려면 유효기간이 만료되지 않은 유효한 여권, 유효한 사증의 소지와 방문목적과 발급받은 사증의 일치[18], 입국 금지 대상이 아닐 것, 입국신고서 작성, 입국심사를 통한 허가가 필요합니다.

외국인의 체류와 등록

체류 기간 90일 이하 단기 체류, 91일 이상 장기체류, 체류 기간 제한 없는 영주로 구분되며, 장기체류와 영주는 입국일로부터 90일 이전에 외국인등록 혹은 국내거소신고를 하도록 되어 있습니다.

이민 (Emigration / Immigration)

거주지를 옮기는 이주의 개념보다 영구적이고 다른 국가에 정주하기 위해 국경을 넘는 이주에 초점이 있으며, 유엔은 다른 국가에 거주 기한을 1년 이상을 설정하고 있습니다. 이민은 배출 요인 (Push Factors)과 흡입 요인 (Pull Factors)이 복합적

---

18) 사증 면제 협정을 체결한 국가의 국민이거나, 전자여행허가(K-ETA) 허가를 받은 경우 등 비자 없이 입국이 허가되는 경우도 있습니다.

으로 작용한 결과입니다. 그러므로 각각의 국가는 이민쿼터 (Immigration Quota)를 두고 그 목적에 따라 이민자들의 수를 수용국가는 정책적으로 제합니다.

이민국가 (Immigrant Country)

일반적으로 다양한 국가에서 이민자들의 유입으로 형성된 전통 이민국가 (Traditional Immigrant Countries 미국, 캐나다, 호주, 뉴질랜드 등), 제2차세계대전 이후 1970년대 초까지 이민자를 집중적으로 받아들였던 서유럽의 선발 이민국가 (Early Immigrant Countries 영국, 프랑스, 독일, 네덜란드, 벨기에 등), 1980년대 이후 외국인노동자를 유입하기 시작한 남유럽의 후발 이민국가 (Late Immigrant Countries 이탈리아, 그리스, 스페인 등)로 분류합니다. 아시아의 일본, 대만, 대한민국 등은 후발 이민국가의 특성이 강합니다.

이주자, 이주민, 이민자 (Migrant, Immigrant, Emigrant)

자신의 원래 거주지를 벗어나 더 나은 새로운 삶을 위해 새로운 지역이나 국가로 이동하거나 이동한 사람을 가리키는 포괄적 의미의 용어입니다. 일반적으로 "이주자 또는 이민자"는 국경을 넘어 다른 나라로 이동하여 영주 또는 장기 체류할 의사를 가진 사람을 의미하는 경우가 많으며, "이주민"은 그 범위가 더 포괄적이어서 국내 이동자나 단기 체류 외국인까지 포함합니다. 그리고 지역 주민과 결부되어 그 지역사회 구성원 중에 하나의 의미로 사용되기도 합니다. 하지만 실제 사용에서는 엄격하게 구분되지 않고 혼용되고 있습니다. 대한민국에서 "이주민"과 관련된 용어에는 외국인 주민, 외국인노동자, 다문화가족, 이주배경청소년, 북한이탈주민, 외국국적동포, 난민 등이 있습니다. 난민은 타율적이라면 이주민은 자율적인 경우를 포함합니다.

이차이주 (secondary migration)

이주민이 수용국 내에서 본래 거주하던 곳을 떠나 다른 곳으로 이주 또는 제3국으로의 이주하는 것을 의미합니다.

● 체류외국인의 활동범위

외국인은 체류자격과 체류기간의 범위 내에서 체류할 수 있으며, 법률이 정하는 경우를 제외하고는 정치활동을 할 수 없습니다. 외국인이 한국에 체류하면서 취업을 하고자 할 때에는 취업을 할 수 있는 체류자격을 소지하여야 하며, 지정된 근무장소에서만 근무하여야 합니다. 지정된 근무장소를 변경하고자 하는 경우에는 사전에 혹은 일정한 기간 내에 관할 출입국관리사무소에 허가를 받거나 신고를 해야 합니다.

● 환경이주자 (Environmental Migrant)

주로 갑작스러운 자연재해나 해수면 상승·사막화·생태계 파괴 등 점진적인 환경 변화로 그들의 삶의 터전에 악영향을 받아서 자신의 거주지를 떠나야만 하는 사람들을 의미합니다. 환경이주는 인권, 안보, 사회·경제적 문제 등 다양한 측면에서 국제사회의 중요한 과제로 등장하고 있습니다.

5) 인간안보 (Human Security)

인간안보는 주권을 중심으로 한 정치공동체 수호에 우선을 둔 전통적인 국가안보 개념에서 벗어나 개개인의 생명과 존엄성을 최우선으로 보장하는 새로운 안보 패러다임입니다. 인간안보는 국가안보를 보완하는 개념으로 이해될 수 있는데 그것은 국가안보가 그 구성원인 개인의 안전과 행복에 기반하고 있기 때문입니다. 가령 가난한 국가에서 이주하는 이주민의 상당수는 빈곤, 폭력, 노동자로서 권리, 인권의 부재, 착취, 차별 등에 노출되며 인간안보의 결핍 원인이 됩니다.

인간안보는 냉전 종식 이후 국가 간의 군사적 위협이 감소하고, 국내 분쟁, 환경파괴, 빈곤, 질병, 인권침해 등 새로운 형태의 다양한 위협이 부각 되면서 인간이 안전하게 살아갈 권리를 보장하는 것을 목표로 등장했습니다. 그리고 국제정치의 분수령인 미국의 911테러 사건(2001)[19] 이후 본격적으로 주목받았습니다. 인간안보는 유엔개발계획(UNDP)의 인간개발보고서(1994)에서 처음으로 공식적인 개념으로 제시되면서 국제사회의 큰 이슈가 되었고 여기서 제시하는 인간안보의 주요 7가지 요소는 빈곤으로부터의 자유 즉 기본소득을 보장받아 빈곤으로부터 벗어나 인간다운 삶을 유지할 수 있는 상태의 "경제안보 (Economic Security)", 기아로부터의 자유 즉 모든 사람이 언제나 충분하고 안전한 식량을 얻을 수 있도록 보장되는 "식량안보 (Food Security)", 기본적인 의료 혜택을 누릴 수 있는 자유 즉 질병과 전염병의 위협으로부터의 보호 및 의료서비스 접근이 보장되는 "보건안보 (Health Security)", 환경 변화로 인한 위협으로부터 안전보장 즉 자연재해, 환경오염, 환경파괴, 자원고갈 등으로부터 안전이 보장되는 "환경안보 (Environmental Security)", 공포로부터의 자유 즉 물리적 폭력·범죄·고문·성폭력·아동 학대·젠더 기반 폭력 등 신체적·정신적 위협으로부터의 안전이 보장되는 "개인안보 (Personal Security)", 사회적 관계·문화·정체성의 파괴로부터의 보호 즉 인종·민족·종교 등 특정 공동체에 대한 차별 혹은 박해 없이 정체성을 유지하고 안전한 삶이 보장되는 "공동체안보 (Community Security)", 정치적 억압과 폭력·인권침해 등으로부터 보호 즉 정치적 참여가 보장되고 자유롭고 기본적인 인권을 보장받는 "정치안보 (Political Security)"입니다. 최근에는 기술 발전과 함께 "사이버 안보 (Cyber Security)"는 인간안보의 새로운 요소로 논의되고 있습니다. 이 보고서는 안보의 대상을 국가에서 개인으로 확장하고, 군사적 위협뿐만 아니라 인간의 삶을 위협하는 다양한 요인들을 안보의 개념에 포함시켰으며, 인간 삶의 질을 높이는 쪽으로 강조합니다.

UNDP는 "인간안보는 무기에 대한 양보가 아니라 인간의 생명과 존엄성에 대한 관심이다."라고 주장하였습니다. 인간안보에서는 인간이 포함된 조직이면 모두 안보 대상이 됩니다. 안보의 영역을 경제, 정치, 문화, 보건, 교육, 환경, 개인 등 인간

19) 강력한 군사력을 소유한 미국이 본토를 테러 집단에 의해 공격받음으로 전통적인 국가안보 개념의 한계를 드러내었고, 새로운 안보 위협에 효과적으로 대응하기 위해 인간안보의 중요성을 더욱 부각시켰습니다.

삶의 질을 높이는 쪽으로 강조하고 있습니다. 그리고 여기서 인간안보의 특징은 "보편성 (A Universal Concern : 세계 어디에나 모든 사람이 공통으로), 상호 의존성 (Interdependent : 모든 요소들은 서로 의존), 예방 (Early Prevention than Later Intervention: 사후 대책보다 사전 예방), 인간 중심성 (People-centred : 사회 속의 보통 사람들 중심을 이야기)"입니다.

인간안보의 사례로 난민 보호, 빈곤퇴치 프로그램, 전염병 예방 캠페인, 백신 보급, 기후 변화 대응, 고문 방지, 차별 철폐, 표현의 자유 보장 등이 있습니다. 가난한 국가에서 이주하는 이주민의 상당수는 빈곤, 폭력, 노동자로서 권리 침해, 인권의 부재, 착취, 차별 등에 노출되며 인간안보의 결핍 원인이기도 합니다.

「경제적·사회적및문화적권리에관한규약」 (ICESCR; International Covenant on Economic, Social and Cultural Rights) [20]

흔히 생존권적 기본권 혹은 사회권 규약이라고도 불리는 ICESCR은 국제인권규약(1966)의 A규약으로 세계인권선언에서 천명된 경제적, 사회적 및 문화적 권리들을 법적 구속력 있는 형태로 발전시키기 위해 1966년 12월 16일 유엔 총회에서 채택

20) 국제연합의 인권위원회는 1954년 ICCPR (시민적 및 정치적 권리에 관한 국제규약)과 함께 ICESCR 최종안을 작성하였고, 경제사회이사회를 통하여 국제연합총회에 제출 제21회 국제연합총회에서 찬성 105, 반대 없이 가결되었습니다. 이것을 포함하고 있는 주요 국제 문서는 「세계인권선언」(1948), UN인권조약, 그리고 지역조약이 있습니다.
UN인권조약에는 「모든형태의인종차별철폐에관한국제협약」(1965), 「경제적 · 사회적 · 문화적권리에 대한 국제협약」(1966), 「여성에대한모든형태의차별철폐에관한협약」(1979), 「아동의권리에관한협약」(1989), 「모든이주노동자와그가족의권리보호에관한국제협약」(1990), 「장애인의권리에관한협약」(2006) 등이 있습니다. 그리고 지역조약에는 「인권과기본적인자유의보호에관한유럽협약」(1950)과 「첫번째의정서」(1952), 「유럽사회헌장」(1961), 「미주인권협약」(1969), 「인권및민중의권리에관한아프리카헌장」(1981), 「경제적 · 사회적 · 문화적권리에관한미주인권협약추가의정서」 (산살바로드의정서, 1988), 「아동의권리와 복지에 관한 아프리카헌장」(1990), 「개정유럽사회헌장」(1996), 「아프리카여성인권에관한인권및민중의권리에 관한 아프리카헌장보충협약」(2003) 등이 있습니다.

되었으며, 1976년 1월 3일 발효되었습니다. 대한민국은 ICESCR 가입국으로 1990년 7월 10일에 발효되었습니다. 이것은 전문과 5부 31개 조항으로 구성되어 있으며, 모든 민족의 자결권·공정하고 유리한 근로 조건과 노동조합을 결성 등의 대한 노동권·사회보장 혜택을 받을 권리·가정의 보호 및 지원·적절한 생활 수준을 누릴 권리·도달 가능한 최고 수준의 건강을 향유할 권리·교육받을 권리·문화생활 참여 및 과학 향유 권리 등을 주요 내용으로 규정하고 있습니다. 그리고 당사국이 "가용 자원이 허용하는 최대한도"까지 "권리의 완전한 실현을 점진적으로 달성하기 위하여" 필요한 조치를 취할 것을 요구합니다. 또한 규약의 이행을 감독하기 위해 경제적·사회적 및 문화적 권리위원회(CESCR)가 설치되어 있습니다. ICESCR 가입국은 위의 권리들을 국내에서 실현하기 위해 취한 조치와 상황을 국제연합 사무총장에게 보고해야 하며, 사무총장은 그 보고를 경제사회이사회에 송부합니다. 그리고 경제사회이사회는 가입국과 전문기구에서 얻은 정보의 개요를 첨부하여 총회에 보고하고 또한 적절한 국제적 조치를 취하기 위해 유용한 문제의 경우 국제연합의 다른 기관과 국제연합 전문기구에 대해 주의를 환기합니다.(16~22조)

「시민적및정치적권리에관한국제규약」(ICCPR : International Covenant on Civil and Political Rights)

ICCPR은 자유권 규약 또는 B규약이라고 합니다. ICCPR은 세계인권선언에서 선언하고 있는 시민적, 정치적 권리들을 법적 구속력 있는 협약의 형태로 구체화하기 위해 1966년 12월 16일 유엔총회에서 채택되었으며, 1976년 3월 23일 발효되었습니다. 대한민국은 1990년 7월 10일부터 ICCPR 가입국으로 이 협약은 국내에서도 효력을 가집니다. ICCPR은 전문과 6부 53개 조항으로 구성되어 있습니다. "모든 민족은 자결권으로 정치적 지위를 자유롭게 결정할 권리, 모든 인간은 고유한 생명권으로 자의적 생명을 박탈당하지 않을 권리, 누구도 고문 또는 비인도적 대우나 형벌을 받지 않을 권리, 누구도 노예 상태 또는 예속 상태의 강제 노동을 강요받지 않을 권리, 신체의 자유 및 안전에 대한 권리, 모든 사람은 인간적인 대우와 인간 고유의 존엄성에 대한 존중을 받을 권리, 모든 사람은 이동의 자유와 거주를 자유롭게 선택할 권리, 모든 사람이 평등하며 공정한 재판을 받을 권리·사생활 보호 권리·사상–양심–종교의 자유를 누릴 권리, 표현의 자유, 평화로운 집회의 권리, 결사의 자유, 혼인 및 가족 구성의 권리, 아동의 보호받을 권리, 정치 참여의 권리, 법 앞에서의 평등 및 차별 금지, 소수자의 권리보호 등"을 주요 내용으로 합니다. 협약의 준수는 시민적 및 정치적 권리위원회(CCPR)를 통해 감독됩니다. ICCPR 가입국들은 "자국의 법률 및 제도를 통해 규약에서 인정된 권리들을 존중하고 보장할 의무를 갖게 됩니다. 권리 침해에 대해 효과적인 구제 수단을 제공해야 하고 협약 이행에 관한 보고서를 위원회에 정기적으로 제출 및 심의를 받아야 합니다." ICCPR은 ICESCR과 함께 국제인권장전을 이루는 핵심적인 문서입니다.

● 고문금지 (Prohibition of Torture)

고문은 「세계인권선언」(1946) 제5조, 「제3차 제네바협약」(1949) 제32조, 「자유권규약」 (ICCPR, 1966) 제7조, 「고문방지협약」 (고문 및 기타 잔인하거나, 비인도적이며 모멸적인 처우 및 처벌의 금지에 관한 협약, 1984) 제2조, 「고문방지협약의정서」 (2002) 등에서 금지하고 있습니다.

유엔의 「고문방지협약」 (Convention against Torture and Other Cruel, Inhuman or Degrading Treatment or Punishment, CAT)[21] 제1조에서 "고문이란 공무원이나 그 밖의 공무 수행자가 직접 또는 이러한 자의 교사·동의·묵인 아래, 어떤 개인이나 제3자로부터 정보나 자백을 얻어내기 위한 목적으로, 개인이나 제3자가 실행하였거나 실행한 혐의가 있는 행위에 대하여 처벌하기 위한 목적으로, 개인이나 제3자를 협박·강요할 목적으로, 또는 모든 종류의 차별에 기초한 이유로, 개인에게 고의로 극심한 신체적·정신적 고통을 가하는 행위를 말한다. 다만, 합법적 제재조치로부터 초래되거나, 이에 내재하거나 이에 부수되는 고통은 고문에 포함되지

---

21) 국제연합은 1975년 12월 9일 '고문금지선언'을 채택하였고, 협약은 1984.12.10. 유엔 총회에서 채택 후 1987.6.26. 발효되었다. 협약이 발효된 날을 기념하여 매년 6월 26일을 세계 고문 희생자 지원의 날로 기념하고 있습니다.

아니한다."라고 정의합니다. 협약 가입국은 자국 영역 내에서 고문을 방지하기 위한 효과적인 입법적, 사법적, 행정적 또는 기타 조치를 취할 의무를 가집니다. 대한민국은 1995년 1월 UN의 「고문방지협약」에 87번째로 가입하였으며, 1996년 2월 첫 국가보고서를 제출했습니다. 그러나 4년 후인 2000년 2차 국가보고서를 제출해야 했지만 제출 기한을 4년이나 넘긴 2004년 2차 보고서를 제출하였고 2016년 2월에야 3~5차 보고서를 한꺼번에 제출했습니다.

박해 (Persecution)

「세계인권선언」 제14조에는 "모든 인간은 박해를 피해 타국에서 피난처를 구하고 또 누릴 권리를 갖는다."라고 선언하고 있으며, 국제형사재판소 (로마규정)[22] 는 박해를 인도에 반한 범죄 (Crimes against Humanity) 중 하나로 규정하고 있습니다. 그리고 「난민의지위에관한협약」 (Convention relating to the Status of Refugees, 1951)에서 "박해는 인종, 종교, 국적, 특정 사회집단의 구성원 신분 또는 정치적 의견 중 하나와 반드시 연관되어야 한다."라고 정의합니다. 그러므로 박해는 개인이나 집단이 어떠한 특정 이유로 인하여 조직적으로 학대받거나 고통받는 것을, 즉 의도적이고 심각하게 인간의 안녕과 기본권을 훼손하는 행위를 가리킵니다. 그리고 이것은 인종, 국적, 정치적 견해, 종교, 특정 사회집단에 속한다는 이유 등 어느 하나와 반드시 연관되어 있습니다.

아동착취 (Child Exploitation)

아동착취란 아동의 기본적인 인권을 침해하여 정신적, 신체적, 사회적, 도덕적 발달에 심각한 해를 줄 수 있는 모든 종류의 노동, 교육 방해, 성적 착취, 유괴, 인

---

22) 국제형사재판소(ICC)에 관한 로마 규정 (Rome Statute of the International Criminal Court)은 1998년 7월 17일에 이탈리아 로마에서 채택되었고, 2002년 7월 1일부터 발효되었습니다. 대한민국은 2000년 3월 8일에 서명하고, 2002.11.8. 제234회 국회 제14차 본회의에서 비준하였습니다. 제7조 Crimes against Humanity (인도에 반한 범죄)에서 '민간인을 상대로 조직적·광범위하게 자행되는 범죄의 예로 살해, 고문, 강간, 강제 실종, 인종차별적 박해 등'을 규정하고 있습니다.

신매매 등을 포함하는 의미입니다. 「아동의권리에관한협약」(Convention on the Rights of the Child, 1989)[23] 및 「가혹한형태의아동노동금지와근절을위한즉각적인조치에관한협약」(1999)[24] "에 의하면, 아동 착취는 "경제적 착취 즉 위험하거나 아동의 교육을 방해하거나 아동의 건강 혹은 신체적, 정신적, 영적, 도덕적, 사회적 발달에 해를 줄 수 있는 모든 종류의 노동, 성적 착취 즉 성적 학대, 매춘, 아동 포르노 등, 아동의 유괴, 인신매매 또는 다른 형태의 아동착취를 포함"합니다. 한국은 아동착취를 방지하고 피해아동을 보호하기 위한 법적·제도적 장치를 갖추고 있습니다. "「아동복지법」, 「아동·청소년의성보호에관한법률」, 「인신매매등방지및피해자보호등에관한법」" 등이 있습니다.

● 외국인혐오증 (Xenophobia)

심각한 인권문제로서 외국인혐오증은 외국인에 대해 악의가 없어도 나와 다르다는 이유로 비합리적인 편견 갖기, 거부, 경계, 반감, 배제, 헐뜯기, 적대행위 등의 심

---

23) 국제사회는 아동의 권리보호에 대한 국제적 보호 필요성을 1차 세계대전 전후부터 강조하여 국제연맹총회는 「아동권리에관한제네바선언」을 채택 (1924.9.26.)하였으며, 유엔총회는 「아동권리선언」을 채택 (1959.11.20.)하였습니다. 「아동권리협약」은 유엔의 세계아동의 해 지정(1979)을 계기로, 1989년 11월 20일 무표결로 채택되었으며, 한국은 1991년 12월 20일부터 협약 적용 당사국이 되었습니다.

24) 「가혹한형태의아동노동협약」 주요 내용을 보면 '아동은 18세 미만의 모든 사람에게 적용되며, 비준국은 가혹한 형태의 아동노동의 금지 및 근절을 즉시 보장하기 위하여 즉각적이고 효과적인 조치를 취하여야 한다. 가혹한 형태의 아동노동 다음 각호를 포함한다. (가) 모든 형태의 노예제 또는 노예제와 유사한 관행으로서, 아동매매 및 밀매, 채무를 담보로 한 노동, 농노 및 무력 분쟁에 이용하기 위하여 아동을 강제 또는 의무적으로 징용하는 것을 포함한 강제 또는 의무노동 (나) 매춘, 음란물 제작 및 음란행위를 위한 아동의 사용, 주선 및 제공 (다) 불법활동, 특히 관련 국제조약에 명시되어 있는 약물의 생산 및 밀매를 위한 아동의 사용, 주선 및 제공 (라) 수행되는 작업의 성격 및 환경상 아동의 건강, 안전 및 도덕성을 해칠 가능성이 있는 작업. 회원국은 처벌 또는 기타 제재규정을 포함하여, 이 협약의 효과적인 이행과 집행을 보장하기 위하여 모든 필요한 조치를 취하여야 한다. 회원국은 사회·경제 개발, 빈곤퇴치 프로그램 및 보편적인 교육을 위한 지원을 포함한 국제협력 및 지원 강화를 통해 상호 지원하기 위한 적절한 조치를 취하여야 한다. (제182호 협약)'입니다.

리 또는 행동입니다. 외국인에 대한 차별 또는 혐오 행위는 인간의 존엄성을 훼손하고 기본적인 인권을 침해하는 것입니다.

● 인신매매 (Human Trafficking)

현대판 노예제로도 불리는 인신매매는 부의 분배와 고용, 교육, 의료와 사회보장에 대한 세계적으로 구조적인 불평등 요인으로 발생합니다.[25] 폭행, 협박, 강요, 납치, 사기 또는 권력 남용 등 다양한 수단을 이용하여 사람을 상품처럼 거래합니다. 그리고 흔히 범죄 조직 집단과 관련되어 피해자의 자유와 인권을 근본적으로 침해하는 심각한 형태의 범죄입니다. 인신매매는 성매매·성적 학대 등을 목적으로 사람을 사고파는 성적 착취, 저임금·무임금으로 강제 노동을 강요하거나 비인간적·위험한 환경에서 일하도록 강요하는 노동력 착취, 본인 동의 없이 강제적으로 사람의 장기를 적출하여 매매하는 행위, 불법적 입양 등의 형태로 나타납니다. 그러므로 국제사회는 인신매매를 심각한 범죄로 규정하고 이를 근절하기 위해 유엔의 「인신매매방지의정서」 (Palermo protocol)[26] , 「인신매매금지및타인의매춘행위에의한착취금지에관한협약」 (Convetion for the Suppression of the Traffic in Persons and of the

---

25) Marshall and Thatun(2005) '많은 인신매매 피해자들은 인간안보의 기본적 필요를 충족할 수 없어서 지역사회를 떠난다. 그리고 이들은 가장 가난한 사람도, 가장 교육 수준이 낮은 사람도 아니다. 불평등 때문에 이주를 하게 된다.'

26) 2000년 11월 15일 유엔총회에서 채택되었고 2003년12월25일 발효되었습니다. 대한민국은 2015년 12월 5일부터 발효되었습니다. 정식 명칭은 「국제연합초국가적조직범죄방지협약을보충하는인신매매, 특히 여성과아동의인신매매방지, 억제및처벌을위한의정서」 (Protocol to Prevent, Suppress and Punish Trafficking in Persons Especially Women and Children, supplementing the United Nations Convention against Transnational Organized Crime)입니다. 의정서는 제3조에서 '인신매매란 착취를 목적으로 위협이나 무력의 행사 또는 그 밖의 형태의 강박, 납치, 사기, 기만, 권력의 남용이나 취약한 지위의 악용, 또는 타인에 대한 통제력을 가진 사람의 동의를 얻기 위한 보수나 이익의 제공이나 수령에 의하여 사람을 모집, 운송, 이송, 은닉 또는 인수하는 것을 말한다. 착취는 최소한, 타인에 대한 매춘의 착취나 그 밖의 형태의 성적 착취, 강제노동이나 강제고용, 노예제도나 그와 유사한 관행, 예속 또는 장기의 적출을 포함한다.' 라고 합니다.

Exploitation of the Prostitution of Others)[27] 을 두고 노력하고 있으며, 한국은 「인신매매등방지및피해자보호등에관한법률」 (2021.4.20. 제정)"을 통해 인신매매등을 예방하고 피해자를 보호·지원함으로써 인권 증진에 이바지하고 있습니다.

● 인종차별 (Racial Discrimination)

특정 인종 집단에 대한 편견, 선입견 혹은 고정관념 등을 기반으로 구별, 배제, 거부, 차별 또는 적대감 등을 보이는 행위입니다. 그리고 사회구조나 제도 때문에 발생하는데 역사적으로 보면 노예제, 식민주의, 인종 분리 정책 등이 있습니다. 피부색, 혈통, 국적, 민족적 기원 등을 이유로 개인이나 집단을 부당하게 대우하는 모든 행위로서 인종차별은 심각한 인권침해로 이어지며, 인간의 존엄성을 훼손하는 심각한 문제입니다. 다문화적 상황을 반영하는 가장 정치적으로 예민한 이슈 중 하나인 이것은 개인에게 깊은 상처를 주고 사회통합을 저해하는 심각한 문제입니다. 현재는 많은 국가에서 법적으로 인종차별을 금지하고 있습니다. 한국은 「모든형태의인종차별철폐에관한국제협약」 (International Convention on the Elimination of All Forms of Racial Discrimination)[28] 에 가입되어 있습니다.

---

27) 1950년 3월 21일 유엔총회에서 채택되었고 1951년 7월 25일부터 발효되었습니다. 그리고 대한민국은 1962년 5월 14일 발효되었습니다. 이것은 매춘행위와 매음을 목적으로 하는 인신매매 방지를 위한 기존의 협약들을 정리·구체화한 협약입니다.

28) 1965년 12월 21일 유엔총회에서 채택되었고 1969년 1월 4일부터 발효되었습니다. 대한민국은 1978년 12월 5일 가입하였습니다. 제1조에서 "인종차별"이라 함은 인종, 피부색, 가문 또는 민족이나 종족의 기원에 근거를 둔 어떠한 구별, 배척, 제한 또는 우선권을 말하며 이는 정치, 경제, 사회, 문화 또는 기타 어떠한 공공생활의 분야에 있어서든 평등하게 인권과 기본적 자유의 인정, 향유 또는 행사를 무효화시키거나 침해하는 목적 또는 효과를 가지고 있는 경우이다. 라고 정의합니다.

인종주의 (Racism)

인종이 다르다는 이유만으로 다른 인종 집단보다 우월하거나 열등하다고 믿는 신념에 기반하여 차별, 폭력, 차별의 시선과 태도, 사회구조적 불평등 등을 가하는 포괄적 의미입니다. 역사적으로 유럽 국가들은 다른 대륙에 식민지를 개척하면서 그 지역 사람들을 구별 짓고 지배와 착취, 노예화 대상으로 삼았습니다. 그리고 독일의 히틀러는 유대인들을 대량 학살하였습니다. 오늘날에도 사회의 다양성을 인정하지 못하고 사회의 정의와 평등을 심각하게 훼손하는 인종주의가 세계 곳곳에서 진행되고 있으며, 인종 간의 경제적이고 문화적인 차이로 곳곳에서 다른 인종을 무시하거나 경멸하는 일이 여전히 발생하고 있습니다. 다문화사회에서 인종주의는 특히 경계해야 할 문제 중 하나입니다.

예속된 노동 (Bonded Labour)

현대판 노예제의 한 형태로 "Debt Bondage 및 Peonage"라고 하는 이것은 "개인이 빚이나 다른 의무를 갚을 때까지 고용주에게 강제로 노동을 제공해야 하는 비인간적인 노동 상황"을 의미합니다. 사람들이 특히 대출 혹은 부채로 인하여 자신을 담보로 제공 채권자에게 예속되어 채무를 상환하는 시점까지 특정 또는 불특정기간 동안 노동을 하지만 빚만 늘어갈 뿐 상환이 거의 불가능한 노동을 말합니다. 이주노동자와 사회 취약계층은 이러한 예속 노동에 특히 취약하여 체불임금, 불법적인 위약금 부과, 여권 등 신분증 압수 등의 예속 시도가 발생합니다.

젠더폭력 (Gender based Violence)

생물학적인 성(Sex)과 구분하여 사회적인 의미의 젠더(Gender)는 「여성에대한폭력철폐선언」 (UN Declaration of the Elimination of Violence against Women, 1993.12.20. 채택)에서 처음으로 등장하였습니다. 젠더폭력은 개인의 성별 정체성 또는 사회적으로 규정된 성역할 때문에 발생하는 것으로 생물학적 성폭력을 넘어 사회구조적 성차별, 성폭력까지 포함하는 포괄적 개념입니다. 사회적으로 정의된 남성성·여성성 혹은 생물학적 성(Sex)과 성별 정체성 (Gender Identity)의 규범에 따라 스스로 인지한 성 정체성에 기반을 두고 특정 성을 혐오하거나, 신체적·정신적·성적 학대, 협박과 강압, 임의적으로 자유 박탈, 경제적 박탈 등을 행하는 것입니다. "젠더폭력의 유형은 크게 Sexuality에 대한 폭력 행위 (성폭력, 성적 착취, 강요된 성매매, 인신매매, 성희롱), 신체에 가해지는 폭력 (가정폭력, 성기 절단(할례), 지참금 살인, 명예범죄, 여성혐오 범죄), 집단에 의한 조직적이고 구조적인 폭력 (전쟁 무기로써의 강단 등)으로 구분할 수 있다(김양희, 2013)."

성착취 (Sexual Exploitation)

개인의 취약한 지위, 권력의 차이 등을 이용하여 성적 의도를 가지고 신뢰 관계에 있는 사람을 성적으로 학대 또는 착취함으로써 금전적, 사회적, 정치적으로 부당한 이익을 도모하는 것을 포함합니다. 특히 경제적 권한이 제한된 취약한 집단에 속하는 아동, 여성, 장애인, 이주민 등 이러한 계층에서 종종 발생할 가능성이 높습니다. 「반매춘협약」 즉 유엔의 「초국가적조직범죄방지협약」(1949)"에서 "당사국은 모든 형태의 성 착취와 성 학대로부터 아동을 보호할 의무를 진다. 이 목적을 위해 당사국은 특히 다음의 사항을 방지하기 위해 모든 적절한 국내적 양국간 다국간 조치를 모두 취해야 한다. 모든 형태의 불법적인 성적 활동에 관여하도록 아동을 유인하거나 강요하는 행위, 성매매나 기타 불법적인 성적 활동에 아동을 착취하는 행위, 음란한 공연 및 그 소재로 아동을 착취하는 행위 (「아동권리협약」 제34조 성착취로 부터의 보호)."라고 규정하고 있습니다.

여성에 대한 폭력 (Violence against Women)

「여성에대한폭력철폐에관한선언」 (Declaration on the Elimination of Violence against Women) 제1조에서 "여성에 대한 폭력이라는 용어는 공적 생활에서 발생하든지 사적 생활에서 발생하든지 여성에게 신체적, 성적 또는 정신적 피해나 고통을 초래하거나 초래할 가능성이 있는 젠더에 기반한 모든 폭력 행위와 이러한 행위의 위협, 강제 또는 자의적 자유 박탈을 의미한다."라고 정의하고 있습니다.

대한민국은 1990년대 초반 여성폭력이 이슈화되어 논쟁을 거치면서 「성폭력범죄의처벌및피해자보호등에관한법률」(1994)"은 2010년 「성폭력범죄의처벌등에관한특례법」과 「성폭력방지및피해자보호등에관한법률」로 분리 제정하였으며, 1997년 「가정폭력범죄의처벌등에관한특례법」과 「가정폭력방지및피해자보호등에관한법률」 제정, 2004년 「성매매알선등행위의처벌에관한법률및성매매방지및피해자보호등에관한법률」을 제정하였습니다. 그리고 2018월 12월 24일 여성에 대한 폭력 방지 및 피해자보호를 위해 「여성폭력방지기본법」을 제정하여 시행하고 있으며, 제3조에서 "여성폭력이란 성별에 기반한 여성에 대한 폭력으로 신체적·정신적 안녕과 안전할 수 있는 권리 등을 침해하는 행위로서 관계 법률에서 정하는 바에 따른 가정폭력, 성폭력, 성매매, 성희롱, 지속적 괴롭힘 행위와 그밖에 친밀한 관계에 의한 폭력, 정보통신망을 이용한 폭력 등을 말한다."라고 정의합니다.

2. 다문화사회 이슈

1980년대 후반 대한민국은 사실상 문화축제가 함께 진행된 86아시안게임과 88올림픽경기 같은 국제종합스포츠대회를 개최하므로 세계의 많은 타문화권 사람들이 한국을 방문하게 되었고 더불어 한국문화와 발전된 모습이 세계에 널리 알려지게 되는 등 세계의 이목을 집중시켰습니다. 그리고 이를 기점으로 많은 외국인노동자, 외국국적동포, 결혼이민자 등이 지속적으로 유입되기 시작하였으며, 역이민 현상이 함께 일어나기도 하였습니다. 이렇게 한국은 1980년대 후반부터 이민을 보내는 나라에서 외국인의 이민을 받아들이는 이민수용 국가로 전환되었습니다. 더불어 1989년 해외여행 완전 자유화 조치로 한국인의 국제적 문화교류를 촉진하였으며, 여행시장 활성화 및 한류의 세계적 확산에 큰 역할을 했습니다. 그리고 한국 사회는 다른 문화를 가진 외국인의 지속적인 많은 유입으로 시간이 지나면서 다문화 사회화가 빠르게 진행되어 왔으며, 2025년 4월 기준 법무부의 월간통계에 의하면 체류 외국인 271만 명이라는 다문화사회를 이루고 있으며, 체류외국인 300만명 시대를 앞두고 있습니다.

이처럼 대한민국은 다문화 사회화가 급속히 진행되는 과정에서 많은 이슈가 쏟아져 나왔는데 이번 단원에서는 그 다양한 이슈들 가운데 핵심적인 주제 "교육, 노동, 복지, 사회통합, 인권, 저출산과 고령화, 가칭 이민청 설립 논의"에 대해 다루고자 합니다.

1) 교육

사람은 살아가는 데 필요한 지식과 기술을 배우고 가르치는 활동을 통해 개인의 잠재적인 능력을 개발, 인간의 존엄성 구현, 사회 구성원으로서 성장하는 가장 기초적인 자원을 획득합니다. 즉 교육은 인간다운 사회생활, 문화생활, 직업생활 등을 통해 자아를 실현할 수 있도록 기초를 제공합니다. 교육은 누구에게나 반드시 필요하며, 다수의 국가가 초등교육의 의무화와 무상화를 통해 아동의 교육을 받을 권리를 보장하고 있습니다. 최근에는 중등교육 및 평생교육으로 그 범위가 확대되어 가는 추세입니다. 교육받을 권리는 개인의 성장을 넘어 사회 전체의 발전과 밀접하게 연결되어 있습니다. 교육을 받을 권리는 단순히 국가적 시혜가 아닌, 모든 사람이 마땅히 누려야 할 기본적인 인권으로서 그 중요성이 더욱 강조되고 있습니다.

❶ 교육을 받을 권리에 대한 국제사회의 노력

첫째, 「세계인권선언」(1948) 제26조에서 "모든 사람은 교육을 받을 권리를 가지며, 최소한 초등 및 기초단계에서는 무상이고 초등교육은 의무적이어야 한다. 기술 및 직업교육은 일반적으로 접근이 가능하며 고등교육은 모든 사람에게 실력에 근거하여 동등하게 접근이 가능하여야 한다. 그리고 교육은 인격의 완전한 발전과 인권과 기본적 자유에 대한 존중의 강화를 목표로 하며, 모든 국가·인종·종교 집단 간에 이해·관용·우의를 증진하고 평화의 유지를 위한 국제연합의 활동을 촉진하여야 한다. 또한 부모는 자녀에게 제공되는 교육의 종류를 선택할 우선권을 가진다."라고 선언하고 있습니다.

둘째, "경제, 사회적, 문화적 권리에 관한 「미주인권협약추가의정서」 (1969)[29] 는 “16세 이하의 연소자에 대해 의무교육에 관한 규정이 근무보다 우선, 어떤 경우에도 일이 등교의 장애가 되거나, 교육의 혜택에 대한 제한이 되지 말아야 하며, 모든 아동은 적어도 초등교육 단계에서는 무상의 의무교육을 받고, 상급 교육과정에서 교육을 계속 받을 권리를 가져야 한다.”라고 규정합니다. 여기서 “모든 사람, 모든 아동”이란 표현을 통해 합법적이든 미등록 체류자이든 관계없이 교육에 대한 권리

---

29) 「산살바도르의정서」 (Additional Protocol to the American Convention on Human Rights in the Area of Economic, Social and Cultural Rights Protocol of San Salvador)
제13조(교육에 대한 권리) : ‘1. 모든 사람은 교육에 대한 권리를 가진다. 2. 이 의정서의 당사국은 교육이 인격과 인간의 존엄성의 완전한 개발을 목표로 하여야 하며, 아울러 인권, 이념적 다원성, 기본적 자유, 정의 및 평화에 대한 존중을 강화시켜야 한다는 것에 동의한다. 당사국은 나아가서 교육에 의하여 모든 사람이 민주적 다원사회에 효율적으로 참여하며, 품위있는 생활을 달성할 수 있게 하여야 하며, 모든 국가와 인종적, 종족적 또는 종교적 집단 간에 있어서 이해, 관용 및 친선을 증진시키고, 평화유지활동을 증진하여야 한다는 것에 동의한다. 3. 이 의정서의 당사국은 교육에 대한 권리의 완전한 실현을 위하여 다음 사항을 인정한다. a. 초등교육은 모든 사람에게 무상 의무교육으로 실시된다. b. 기술 및 직업중등교육을 포함하여 다양한 형태의 중등교육은 모든 적당한 수단에 의하여, 특히 무상교육의 점진적 도입에 의하여 모든 사람이 일반적으로 이용할 수 있도록 하고, 또한 개방되어야 한다. c. 고등교육은 모든 적당한 수단에 의하여, 특히 무상교육의 점진적 도입을 통하여 능력에 기초하여 모든 사람에게 동등하게 개방되어야 한다. d. 기본교육은 초등교육을 받지 못하였거나, 전과정을 이수하지 못한 자를 위하여 가능한 한 장려되고 강화되어야 한다. e. 신체적 장애나 정신적 결함을 가진 자에 대한 특별한 교육과 훈련을 제공하기 위하여 장애인을 위한 특수교육과정이 설립되어야 한다. 4. 당사국의 국내법에 따라 부모는 위에 규정된 원칙들과 합치되는 범위에서 자녀가 받을 교육의 유형을 선택할 권리를 가진다. 5. 이 의정서의 어떠한 내용도 당사국의 국내법에 따라 개인과 단체가 교육기관을 설립, 운영할 수 있는 자유를 제한하는 것으로 해석되지 아니한다.’
제16조 (아동의 권리) : ‘모든 아동은 출신에 관계없이 미성년자로서 그의 가정, 사회 및 국가의 보호를 요구할 권리가 있다. 모든 아동은 부모의 보호와 책임하에서 성장할 권리를 가진다. 예외적으로 법원에서 인정된 상황을 제외하고는 어린 나이의 아동은 어머니로부터 분리되어서는 아니된다. 모든 아동은 적어도 초등교육 단계에서는 무상의 의무교육을 받고, 상급교육 과정에서 교육을 계속 받을 권리를 가진다.’

가 있다는 것입니다. 교육받을 권리는 모든 구성원이 균등하게 교육을 받을 수 있도록 보장하는 기본권이며, 단순히 학교에 다닐 기회뿐만 아니라 양질의 교육을 받을 권리, 차별받지 않고 교육을 받을 권리 등을 포괄합니다.

셋째, 모든 아동은 동일한 권리를 누릴 수 있어야 한다는 「유엔아동의권리에관한협약」 (Convention on the Rights of the Child) 제28조[30]에서 "아동의 교육에 대한 권리를 인정하며, 특히 초등교육은 의무적이며 모든 사람에게 무료로 제공되어야 한다."라고 규정하여 아동의 의무교육을 강조하고 있습니다.

넷째, 유네스코는 헌장 서문에서 "서로의 풍습과 생활에 대한 무지는 인류 역사를 통하여 세계 국민들 사이에 의혹과 불신을 초래한 공통적인 원인이며, 이 의혹과 불신 때문에 그들의 불일치가 너무나 자주 전쟁을 일으켰다. .... 문화의 광범한 보급과, 정의·자유·평화를 위한 인류 교육은 인간의 존엄에 불가결한 것이며 또한 모든 국민이 상호 원조와 상호 관심의 정신으로써 완수해야 할 신성한 의무이다.

---

30) 1989년 11월 20일 유엔에서 채택했고, 1990년 9월2일 발효되었습니다. 대한민국은 1995년 12월 12일 채택했고 2002년 11월 18일 발효되었습니다.

제28조 '1. 당사국은 아동의 교육에 대한 권리를 인정하며, 점진적으로 그리고 기회 균등의 기초 위에서 이 권리를 달성하기 위하여 특히 다음의 조치를 취하여야 한다. 가. 초등교육은 의무적이며, 모든 사람에게 무료로 제공되어야 한다. 나. 일반교육 및 직업교육을 포함한 여러 형태의 중등교육의 발전을 장려하고, 이에 대한 모든 아동의 이용 및 접근이 가능하도록 하며, 무료교육의 도입 및 필요한 경우 재정적 지원을 제공하는 등의 적절한 조치를 취하여야 한다. 다. 고등교육의 기회가 모든 사람에게 능력에 입각하여 개방될 수 있도록 모든 적절한 조치를 취하여야 한다. 라. 교육 및 직업에 관한 정보와 지도를 모든 아동이 이용하고 접근할 수 있도록 조치하여야 한다. 마. 학교에의 정기적 출석과 탈락율 감소를 장려하기 위한 조치를 취하여야 한다.
2. 당사국은 학교 규율이 아동의 인간적 존엄성과 합치하고 이 협약에 부합하도록 운영되는 것을 보장하기 위한 모든 적절한 조치를 취하여야 한다.
3. 당사국은, 특히 전세계의 무지와 문맹의 퇴치에 이바지하고, 과학적·기술적 지식과 현대적 교육방법에의 접근을 쉽게 하기 위하여, 교육에 관련되는 사항에 있어서 국제협력을 촉진하고 장려하여야 한다. 이 문제에 있어서 개발도상국의 필요에 대하여 특별한 고려가 베풀어져야 한다.'

.... 교육의 기회가 모든 사람에게 충분하고 평등하게 주어지고 객관적 진리가 구속받지 않고 탐구되며 사상과 지식이 자유로이 교환되어야 함을 확신하면서, 국민들 사이의 소통수단을 발전시키고 증가시키는 동시에, 서로를 이해하고 서로의 생활을 더욱 진실하고 더욱 완전하게 알기 위하여 이 소통 수단을 사용할 것을 동의하고 결의한다. (출처: http : //www.unesco.or.kr)"라고 정의하고 있습니다. 즉 교육의 기회는 누구에게 충분히 주어져야 하며, 국민을 서로 소통하게 하는 것이고, 언어의 차별 없이 누구나 교육을 받을 권리가 있다는 사실입니다.

❷ 교육을 받을 권리에 대한 대한민국의 노력

첫째, 헌법 제31조에서 "모든 국민은 능력에 따라 균등하게 교육을 받을 권리 (교육 기회의 평등), 그 보호하는 자녀에게 적어도 초등교육과 법률이 정하는 교육을 받게 할 의무 (부모가 자녀에게 교육을 받게 할 의무), 교육의 자주성·전문성·정치적 중립성 및 대학의 자율성은 법률이 정하는 바에 의하여 보장 (교육의 질을 높이고 정치적 개입 금지), 평생교육의 진흥 (학교 교육을 넘어 전 생애에 걸쳐 학습할 권리) 등"이 있습니다.

둘째, 교육기본법 (1997.12.13. 제정) 제3조에서 "모든 국민은 평생에 걸쳐 학습하고, 능력과 적성에 따라 교육받을 권리를 가진다." , 제4조에서 "모든 국민은 성별, 종교, 신념, 인종, 사회적 신분, 경제적 지위 또는 신체적 조건 등을 이유로 교육에서 차별을 받지 아니한다."라고 규정하고 있습니다.

셋째, 「재한외국인처우기본법」(2007)에서 "재한외국인이 대한민국에서 생활하는데 필요한 기본적 소양과 지식에 관한 교육(제11조), 결혼이민자에 대한 국어교육·대한민국의 제도와 문화에 대한 교육·결혼이민자의 자녀에 대한 보육 및 교육 지원(제12조), 국민과 재한외국인의 상호 역사·문화 및 제도를 이해하고 존중할 수 있도록 교육(제18조), 한국어 교육, 사회 적응 프로그램 운영 등 다양한 교육 관련 사업(제21조) 등"의 규정을 두고 있습니다. 「재한외국인처우기본법」은 교육에 대한 권리의 명시보다는 국가와 지방자치단체의 지원을 중심으로 규정하고 있습니다. 즉 국가 및 지방자치단체는 재한외국인이 한국 사회에 적응할 수 있도록 기본적인 소양과 지식에 관한 교육을 제공할 수 있습니다.

넷째, 「다문화가족지원법」(2008)은 다문화가족 구성원 개개인의 역량을 강화하고, 안정적인 생활과 사회 적응을 돕기 위해, 국민의 다문화 수용성 향상을 위해 다양한 교육 지원을 규정하고 있습니다. "다문화가족에 대한 이해증진을 위해 다문화 이해교육(제5조), 생활정보제공 및 교육지원(제6조), 다문화가족이 민주적이고 양성평등한 가족관계를 누릴 수 있도록 가족상담, 부부교육, 부모교육, 가족생활교육 등의 평등한 가족관계 유지를 위한 교육(제7조), 영양·건강에 대한 교육(제9조), 아동·청소년 보육·교육 지원(제10조), 전문인력의 자질과 능력을 향상시키기 위한 보수교육(제12조), 다문화가족 지원업무 관련 공무원의 교육(제13조) 등"의 규정을 두고 있습니다.

결론적으로 사람의 교육받을 권리는 누구나 갖고 있으며, 국가는 이를 제도적으로 당연히 보장해야 합니다. 그리고 교육받을 권리를 가진 자가 교육을 통해 개인의 잠재 능력 개발과 인간의 존엄성을 구현하며 사회 구성원으로 성장하고자 할 때 누구나 지지 또는 지원해 줘야 합니다. 한국은 이미 다문화사회로의 상당한 진전을 이루고 있으며, 다문화적 상황에서 교육 이슈와 관련된 다양한 과제들이 등장하고 있습니다. 과제들은 주로 사회적 통합, 차별, 교육의 질, 교사의 역량, 정체성 형성, 그리고 사회적 인식 등과 관련되어 있습니다. 그러므로 체계적인 교육 지원, 정책 개발 및 개선이 필요합니다. 지역사회 다양한 기관과 정부가 협력하여 지속 가능한 교육 프로그램 개발하고 적용해야 합니다.

(1) 한국어교육

오늘날 전 세계적으로 한국문화에 관한 관심과 함께 한국어를 배우려는 사람들이 증가하면서 한국어교육의 중요성은 매우 높아지고 있습니다. 그리고 국내외에서 한국어교육은 한국어교원으로 활동하고자 하는 사람에게나 배우려는 학생에게 그 기회도 다양한 방면으로 제공되고 있습니다. 한국어를 능숙하게 사용하고 한국문화를 이해하는 것을 목표로 하는 한국어교육은 외국인을 위한 한국어교육, 외국어로서의 한국어교육, 재외동포 한국어교육 등 다양한 형태가 있습니다.

이처럼 한국어교육은 다문화사회로 진입한 한국사회에서 한국어 의사소통 능력이 없거나 현저히 부족한 이민자와 다문화가정의 원활한 사회 적응을 돕는 필수 요소이자 단순한 개인의 능력 개발 및 언어 학습을 넘어 원활한 소통, 서로의 문화 이해증진, 다문화 역량 강화, 사회통합과 지속 가능한 사회 발전 등을 위한 필수적인 과정입니다.

그러므로 국외 한국어교육과 한국문화 보급을 총괄하는 세종학당과 같은 곳은 제외하고 현재 한국 사회 내에서 다양하게 진행되고 있는 다문화 배경의 이주민을 위한 한국어교육 관련 주요 기관과 프로그램들에 대해 몇 가지 살펴보면 다음과 같습니다.

첫째, 한국어와 관련된 거의 모든 것을 주관하는 국립국어원 (National Institute of Korean Language, 1991.1.23. 설립)은 "한국어의 발전과 보급, 연구와 교육 등을 수행하고 체계적인 정책 수립의 기반을 마련하는 기관"입니다. 국립국어원은 한국어교원자격증 심사(한국어교원 자격 심사 시스템 K-Teacher 운영) 및 부여를 관장하고 있으며, 한국어교원의 전문성을 높이는 연수 프로그램 운영 및 한국어교수학습샘터를 통해 한국어교육 자료를 제공하고 있습니다. 그리고 다문화 배경의 이주민 학습자를 위한 다양한 한국어 교재의 개발 및 보급을 하고 있습니다. 여기에는 다문화 배경의 초·중·고등학생을 위한 교재로 "표준한국어[31)]", "사회통합프로

31) '표준한국어'는 교재, 익힘책, 교사용 지도서로 구성되어 있으며, 일상생활과 학교생활에서의 한국어 의사소통 능력 향상을 위한 내용으로 하는 '의사소통한국어'와 교과 적응을 돕고 학습에 필요한 한국어 능력 신장을 위한 내용으로 하는 '학습 도구 한국어'입니다. 여기에는'초등학생을 위한 표준 한국어 (의사소통 한국어) 저학년 (1~2학년용) 1~4(4권)', 초등학생을 위한 표준 한국어 (의사소통 한국어) 고학년 (3~6학년용) 1~4(4권), 초등학생을 위한 표준 한국어 (학습 도구 한국어) 1·2/3·4/5·6학년용(3권), 중고등학생을 위한 표준 한국어 (의사소통 한국어) 1~4(4권), 중고등학생을 위한 표준 한국어 (학습 도구 한국어) 중학생용/고등학생용(2권)' 이 있습니다.

그램(KIIP) 한국어와 한국문화[32]", "다문화가정과 함께하는 즐거운 한국어, 정확한 한국어[33]", "사랑해요 대한민국 결혼이민자를 위한 한국어 첫걸음[34]" 등이 있습니다. 그리고 최근에는 외국인 근로자를 위한 맞춤형 한국어 교재를 개발하고 있습니다.[35]

둘째, 한국의 많은 대학교들이 부설로 설치 운영하는 어학당입니다. 여기서는 외국어 또는 제2 언어로서 한국어를 배우고자 하는 외국인과 재외동포 등에게 한국어와 한국문화를 교육하고 대학에 따라 학습자에게 기숙사 옵션도 제공하는 곳도 있습니다. 대체로 대학교의 어학당은 한국어를 초급부터 고급까지 단계별(1~6급)로 정규과정, 특별과정, 온라인과정 등을 운영하고 있으며, 어휘와 문법, 읽고 쓰기, 말하기 등 전 영역에 걸쳐 통합적인 언어 교육을 제공합니다. 대학 또는 대학원 진학을 목표로 하는 학습자에게는 진학 과정을 별도로 운영하는 학교도 있습니다. 이와는 별개로 대학들은 한국어 관련 학과를 개설하여 한국어 관련 인재들을 양성하고 있습니다.

셋째, 가족센터 및 다문화자족지원센터입니다. 여기서는 대체로 결혼이민자들을 대상으로 한국어교육이 이루어지고 있으며, 사회통합프로그램(KIIP)과 여성가족부

32) '사회통합프로그램(KIIP) 한국어와 한국문화'는 교재, 익힘책, 교사용 지도서(PDF), 이민자 유형별 보조 자료(PDF), 수업용 보조 자료(PPT)로 구성되어 있으며, '기초편, 초급1, 초급2, 중급2, 중급2'가 있습니다.

33) '다문화가정과 함께하는 즐거운 한국어, 정확한 한국어'는 교재, 교사용 지도서로 구성되어 있으며, 한국어 구어 능력 향상과 유창성 증진을 목적으로 말하기, 듣기 활동 중심으로 구성된 '즐거운 한국어', 한국어 문어 능력 향상과 정확성 증진을 위한 목적으로 읽기, 쓰기 활동 중심으로 구성된 '정확한 한국어'입니다. 여기에는 '다문화가정과 함께하는 즐거운 한국어 초급 1, 2 중급 1, 2(4권)과 다문화가정과 함께하는 정확한 한국어 초급 1, 2 중급 1, 2(4권)이 있습니다.

34) '사랑해요 대한민국 결혼이민자를 위한 한국어 첫걸음'은 국적별 결혼이민자의 분포 추이를 고려하여 2013년에 중국어와 몽골어 교재, 2014년에 베트남어, 일본어, 필리핀어를 개발하였습니다.

35) https://kcenter.korean.go.kr

또는 지자체 지원으로 이루어지는 생활 한국어교육 과정이 운영되고 있습니다. 생활 한국어교육 과정의 경우는 학습자 요구 및 센터의 운영 방침에 따라 "TOPIK 한국어능력시험" 대비반으로 운영되기도 합니다.

넷째, 글로벌센터, 외국인주민(복지)센터 등과 같은 지자체가 설립한 이주민 관련 시설입니다. 여기서는 다양한 계층의 외국인을 대상으로 사회통합프로그램 및 지자체 지원 한국어교육 과정을 개설하여 운영되고 있습니다.

다섯째, 지역 일부 공교육 학교에서 운영하는 다문화 특별학급(한국어 학급, 구 예비학교)와 민간 위탁 형태로 운영되는 다문화대안학교입니다. 여기서는 대체로 중도입국청소년, 다문화청소년, 탈북자 자녀들이 주 학습자들이며, 이들의 공교육 진입과 안정된 학교생활을 지원하기 위하여 한국어교육 과정이 운영되고 있습니다.

이 밖에도, 다양한 시민단체와 정부 위탁기관에서 다문화 배경의 이주민 학습자를 대상으로 한국어교육이 이뤄지고 있습니다. 가령 HRDK한국산업인력공단에서는 외국인근로자 교육프로그램으로 귀국예정자 재정착 지원을 위해 한국어자격취득과정을 개설 한국어능력시험 TOPIK 3급 이상 취득을 목표로 총 60시간 1일 8시간 내 운영(토·일요일 운영 원칙)하고 있습니다.

❶ 한국어능력시험 TOPIK

국립국제교육원에서 주관하며, 시험목적은 "한국어를 모국어로 하지 않는 재외동포와 외국인의 한국어 학습 방향 제시 및 한국어 보급 확대하고 한국어 사용능력을 측정·평가하여 그 결과를 국내 대학 유학 및 취업 등에 활용"입니다. 시험은 종이 기반 시험 TOPIK PBT, 인터넷 기반 시험인 TOPIK IBT, TOPIK 말하기 평가로 구성되어 있습니다. TOPIK PBT 평가 등급은 6개 등급으로 1급부터 6급까지 있으며, 수준에 따라 TOPIK Ⅰ(초급) 1~2급과 TOPIK Ⅱ(중·고급) 3~6급으로 나뉩니다. TOPIK Ⅰ은 총 200점 (듣기 30문항, 읽기 40문항)이며, 1급 (80~139점) · 2급 (140~200점)으로 이루어져 있습니다. TOPIK Ⅱ는 총 300점 (듣기 50문항, 쓰기 4문항, 읽기 50문항)이며, 3급 (120~149점) · 4급 (150~189), 5급 (190~229점), 6급 (230~300점)으로 이루어져 있습니다. (출처: https://www.topik.go.kr)

❷ 한국어교원 자격제도

한국어교원 자격제도는 "문화체육관광부 장관이 한국어교원이 되고자 하는 사람에게 일정한 법정 요건을 갖추었는지를 심사하여 자격을 부여하는 제도 (시행 2005. 07. 28.)입니다. 한국어교원은 국어를 모어로 사용하지 않는 외국인 또는 재외동포를 대상으로 한국어를 가르치는 사람"을 의미합니다. 한국어교원 자격 관련 근거 법령은 국어기본법으로써 "국어기본법 제19조 및 동법 시행령 제13조~제14조, 동법 시행규칙"에 의해 그 자격 요건과 기준을 명시하고 있습니다. "한국어교원 자격 기준은 높은 순으로 1급, 2급, 3급의 등급이 있습니다. 요건별로 학위 취득자, 양성 과정 이수자, 경력 요건자로 구분되어 적용되고 있습니다." (출처 : https://kteacher.korean.go.kr).

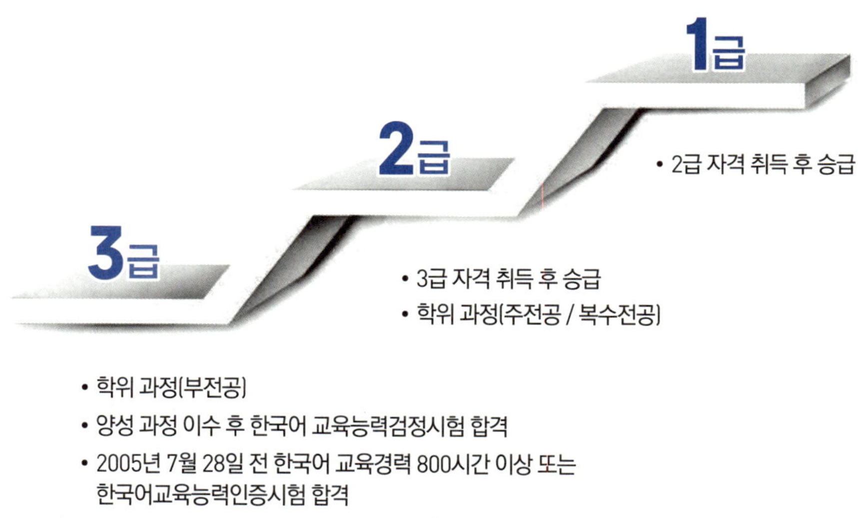

그림1-1 국립국어원 한국어교원자격제도
(출처 : https://kteacher.korean.go.kr)

(2) 이중언어교육

이중언어 교육은 두 개 이상의 언어를 구사할 수 있는 능력을 길러주는 교육으로 제2의 언어 사용 능력뿐만 아니라 다문화가정에서 가족 간의 원활한 소통, 학업 성취도 향상, 인지 발달 등 다양한 측면에서 긍정적인 영향을 줍니다. 물론 초기 학습의 어려움, 언어 발달 지연, 언어 간섭 현상, 학습 부담 증가, 문화적 혼란 등의 문제점이 나타날 수 있지만 이러한 것들은 적절한 환경 조성과 교육방식 변화로 충분히 극복할 수 있습니다. 그리고 다문화사회에서 이중언어교육은 다른 문화와 사고방식을 이해하고 존중하는 능력을 갖추게 해 건강한 자아정체성을 형성하고 사회 적응력을 높이며, 다양한 문화와 인종, 국가 간의 이해와 소통을 향상시키고, 세계적인 시야를 가진 인재로 성장시킬 수 있습니다. 나아가 이중언어교육은 문화의 발전과 보편적 인권을 실현하는 수단 가운데 하나입니다.

유네스코(UNESCO)는 매년 2월 21일을 "국제 모국어 날"로 지정하여 모국어 사용을 장려하며 모국의 문화를 소중히 여기도록 하고 있습니다. 그리고 헌장 서문에서 보았듯이 언어의 차별 없이 누구나 교육을 받을 권리를 강조하고 있습니다. 유럽연합(EU)은 "모국어 + 2"라는 프로그램을 통해 회원국은 가능한 조기에 모국어 이외의 2개 언어를 사용할 수 있도록 교육을 강조하고 있습니다. 미국은 소수민족과 문화적 다양성에 대한 존중의 일환으로 1968년 이중언어교육법과 1974년 "교육기회균등법"이 제정되어 이후 이중언어교육이 법적 보호를 받게 되었습니다. 그리고 초·중·고등학교의 외국어 교육 목표와 교육 내용의 기준을 개발 (1993~1996년) 외국어 교육과정의 다섯 가지 목표를 5C[36] 로 규정하였습니다. 호주는 ESL 영어교육, 소수언어보호정책으로 소수언어교육과 학교 영어교육, 그리고 다문화 교육정책에 따른

36) 5C란 '의사전달(Communication), 문화터득(Cultures), 다른 학과목과의 연계(Connections), 비교(Comparisons), 다문화사회 참여 (Communities)'입니다.

이중언어교육이 있습니다. 이에 초등학교에서부터 제 2외국어를 선택하여 배울 수 있도록 하고 있습니다.

대한민국은 이미 다양한 문화가 공존하는 다문화사회입니다. "2023년 지방자치단체 외국인주민 현황" 행정안전부 통계에 의하면 다문화가구 가구원 수는 1,191,768명이며, 외국인주민자녀 (국내 출생, 귀화·인지 및 외국국적)는 308,402명 가운데 다문화가구원에 포함된 자녀 (귀화·인지 및 외국인)는 305,246명입니다. 이러한 통계가 보여주는 것은 다문화사회로 진입한 한국에서 언어 취약계층이 확대되고 있는 동시에 이주배경의 자녀들이 증가함에 따라 한국어와 함께 부모의 모국어도 더욱 체계적으로 배울 수 있도록 하는 이중언어 교육의 중요성이 강조되고 있다는 사실입니다. 따라서 다문화 배경의 이주민에게나 다문화 아동·청소년에게 보다 전문적인 이중언어 교육을 제공하기 위한 다양한 지원 정책이 확대되어야 합니다.

교육부는 2008년 서울시 교육청을 통해 시범적으로 "다문화 가정 자녀를 위한 이중언어 교수요원 양성계획"을 수립 지원을 하였으며, 정부와 각 지방 교육청은 2009년부터 다문화 아동·청소년들에게 부모의 모어를 가르치는 이중언어 교육을 시행해 왔습니다. 이중언어 강사는 다문화 학생이 집중된 학교에 파견되어 방과 후 활동과 주말 이중언어교육을, 일반 한국 학생들에게는 다문화 이해교육과 국제이해 교육을 그리고 다문화가정 자녀들에게는 한국어교육을 지도하도록 하였습니다. 2012년에는 "다문화 학생 교육선진화 방안 (다름을 재능으로, 모두를 위한 다문화교육)" 통해 이주배경학생뿐만 아니라 일반 한국 학생 포함하여 모든 학생을 대상으로 이중언어교육의 확대 계획을 발표하였으며, 2015년에는 서울시 교육청이 시범적으로 한국어가 미숙한 중도입국자녀와 다문화 가정 자녀들을 대상으로 한국어와 중국어의 이중언어교실을 운영하여 다른 지역에도 많은 영향을 주었습니다.

보건복지부는 2009년 다문화가족자녀 언어발달 지원을 위해 다문화가정 자녀들을 다문화 이중언어 가능자로 성장하도록 하는 지원프로그램 "다문화언어교실"을 추진하였으며, 이것은 2010년 다문화가족지원센터 사업으로 다문화가족자녀의 이중언어 교육을 추진하게 되었습니다.

여성가족부는 한국건강가정진흥원 (전신인 전국다문화가족사업지원단 때부터)을 통해 결혼이민자 대상 이중언어강사 양성 프로그램을 운영해 왔습니다. 2011년부터 다문화가족지원센터에서 엄마(아빠)나라 언어습득을 위한 언어영재교실을 운영하였으며, 이것은 2014년부터 다문화 아동·청소년들이 영유아기부터 모국어가 다른 부모 나라의 언어를 자연스럽게 배우고, 이중언어 역량을 키워나갈 수 있도록 "이중언어 가족환경 조성사업 (부모-자녀 상호작용 코칭, 이중언어 사용 지지체계 마련, 교재 활용 이중언어 교육 등)"으로 개편되었습니다. 그리고 제3차 다문화가족 지원정책 기본계획 (2018~2022)을 통해 이중언어 활용 프로그램, 부모 코칭, 교재 보급 등을 시행하고 있으며, 이를 통해 다문화가정의 자녀들이 모국어와 한국어를 함께 익힐 수 있도록 지원하고 있습니다. 2023년 7월에는 "이중언어교실 운영 지침"을 통해 전국 가족센터 등에서 다문화가족들의 수요를 반영해 만 12세 이하 다문화 아동·청소년을 대상으로 그들의 강점을 살려 한국 사회의 인재로 성장할 수 있도록 맞춤형 이중언어 교실을 운영하고 있습니다.

이 밖에도 세이브더칠드런은 전라북도에서 다문화가정 자녀의 한국어 및 모국어 습득을 동시에 지원하여 건강한 문화정체성 형성 및 한국 사회 적응을 돕는 "언어 두 개, 기쁨 두 배" 사업을 통해 이중언어교육을 지원합니다.

(3) 다문화이해교육

2000대 중반 한국의 다문화정책의 출발과 함께 확산되기 시작한 다문화이해교육이라는 용어는 글로벌시대 인재 양성 차원의 국제이해 교육과 문화적 차이의 인지와 이해를 바탕으로 소통과 상호이해를 도모하기 위한 다문화 교육의 협의적 의미가 결합 된 것으로 이해되는 경향이 있었습니다. 한국이 다문화사회로 진전을 이루는 가운데 초기에 정부와 학교, 시민단체 등 기관의 프로그램 형태로 다양하게 이 용어가 사용되고 발전되어 오면서 다문화 교육이라는 용어보다는 다문화 이해

교육이라는 명칭으로 선호되어 오다가 점점 다문화교육의 한 방식으로서 자리잡고 이해되고 있습니다.

2008년부터 교육부가 시작한 이중언어강사 관련 사업에서 보듯이 학교에 배치된 이중언어강사는 일반 한국 학생들을 대상으로 다문화이해교육을 담당하였습니다. 그리고 교육부는 매년 다문화교육지원계획을 발표하면서 다문화이해교육은 프로그램의 특성이 강해 포괄적 의미의 다문화 교육에서 한 부분으로 위치하고 있습니다. 예로 교육부의 2015년 "다문화 학생 교육지원계획"을 보면 유치원에서부터 다문화 학생들의 특성을 고려하여 "선제적 맞춤형 교육" 실시와 문화적 다양성을 수용할 수 있는 다문화 이해 교육을 확대하겠다."라고 하였습니다.

여성가족부도 그동안 다문화가족지원센터를 통해 포괄적 의미의 다문화교육이라는 용어보다 다문화이해교육이라는 용어를 선호하면서 다양한 프로그램을 진행해 왔습니다. 참고로 한국건강가정진흥원은 다누리배움터[37] 를 통해 공직자, 군인, 일반성인, 시설 종사자 등을 대상으로 다문화이해교육의 용어로 온라인 다문화 교육과정을 운영하고 있습니다. 그리고 다문화 이해 교육을 위한 다양한 정책과 프로그램을 다문화가족지원센터 및 가족센터를 통해 운영해 오고 있습니다. 다문화 이해교육을 희망하는 전국의 기관 및 단체를 대상으로 "찾아가는 다문화 이해 교실"운영, 다양한 교육자료 제작과 배포, 다문화 수용성 제고를 위한 캠페인 및 홍보, 다문화가족 자녀 성장지원 등입니다.

필자도 외국인정책 및 다문화가족지원 정책이 시작될 무렵 민간단체에서 활동하면서 다문화이해강사 양성과정을 여러번 운영하였으며, 지역의 유치원, 도서관, 초중고, 기업 등과 연계하여 아동 및 학생, 일반성인, 직장인 등을 대상으로 수료한 다문화이해교육 강사들과 다문화이해교육 프로그램을 진행하였습니다. 그것을 통해

37) https://danurischool.kr

다문화이해교육 강사로 활동하는 결혼이민자들에게 일자리를 제공하기도 하였으며, 안산시 원곡동을 중심으로 다문화이해체험 프로그램도 개발하여 이들을 적극 활용하여 운영하기도 하였습니다. 따라서 그 당시 진행되었던 다문화이해교육 내용을 중심으로 보면 다문화이해교육은 다양한 나라를 이해하는데 오감을 활용한 간단한 문화체험 (전통의복 입어보기, 음식 맛보기, 춤과 노래, 놀이 등)과 국제이해를 위한 다문화이해강사 해당국의 약간의 국가정보와 인사말 배우기, 특이한 전통, 특성 소개, 한국과의 관계 등으로 이루어졌습니다. 물론 교사 연수, 공무원 연수, 다문화가족지원센터를 포함 각각의 다문화 관련 기관에서 진행하는 다문화이해강사 양성 과정 같은 특정 대상들에게는 대체로 필자의 이론 강의를 함께 진행하는 형식으로 그 내용이 채워졌습니다. 즉 다문화이해교육은 그 내용상 국제이해교육과 문화체험 중심의 협의의 다문화교육이 결합된 형태라고 하겠습니다.

다문화이해교육을 진행하는 주체의 관점에 따라 다문화이해교육 용어를 다르게 해석하고 접근하며 사용할 수도 있습니다. 우리는 다문화이해교육을 통해 단순히 다른 문화를 아는 것을 넘어 문화적 다양성을 존중하며, 다름을 인정하고 서로를 존중하고 이해하고, 갈등 없이 함께 살아가도록 도우며 사회통합을 향해 나아가야 하겠습니다.

(4) 다문화교육

다문화교육에 대한 정의는 학자, 수행기관, 학습방법, 교육대상 등에 따라 다양합니다. 그러나 일반적으로 통용되는 다문화교육의 개념적 정의는 다음과 같습니다. 다문화 교육은 단순히 소수민족만을 위한 교육이 아니라 다양한 문화적 배경을 가진 다문화사회 구성원 모두가 학습자이며, 다문화사회에서 차별 없이 서로를 인정하고 존중하며, 문화적 차이를 이해하고 함께 살아가는 사회를 만들기 위한 교육입니다. 다문화 교육은 교육 기회의 평등 제공하고 다문화 사회화에 따른 구성원으로서 필요한 지식습득, 다양한 관점 이해, 반편견 강화, 소수자 인권 보장, 갈등 해결, 문화 적응, 다문화 역량 강화 등을 통한 다문화 사회통합을 지향하고 세계시민교육·민주시민교육이어야 합니다.

미국백과사전(1996)은 "다문화교육이란 다양한 문화, 인종, 사회에 속한 집단들이 사회에 서로 다른 다양한 기여 사실을 강조하고, 이를 가르치는 교육과정을 채택, 실행하는 것이다."라고 하였으며, 미국 다문화 교육 연구와 이론의 선구자 Banks(2001)는 "다문화교육이란 학교교육제도의 구조적 변화를 통해 인종, 민족, 성별, 종교, 언어, 문화적으로 다양한 배경을 지닌 학생들이 동등한 교육 기회와 학업성취 기회를 잡는 것을 목표로 하는 교육 개혁 운동이자 이념이다."라고 하였습니다. 그리고 Bennett(2003)은 "다문화교육이란 민주적 가치와 신념에 바탕을 둘 뿐만 아니라, 독립된 세계에서 문화적으로 다양한 사회 안에서 문화적 다원주의를 확증해주는 가르침과 배움을 말한다."라고 하였습니다. 또한 김선미(2000)은 "자신들이 속해 있는 문화에 대한 올바른 이해와 서로 다른 문화에 대한 올바른 지식, 가치, 태도를 갖출 수 있도록 다양한 문화에 대한 교육의 필요성을 강조한 것"이라고 하였습니다.

현재 한국이 다문화 사회화되면서 점점 더 다문화교육의 중요성이 커지고 있습니다. 다문화 교육은 단순히 소수자를 한국 사회에 적응시키는 것을 넘어, 모든 구성원들이 다양한 문화를 이해하고 존중하며 함께 살아가는 민주시민 및 세계시민으로서의 역량을 키우는 것을 목표로 합니다. 한국에서 이루어지고 있는 다문화교육은 다문화사회 구성원을 대상으로 그들의 현실적인 어려움을 없애고 한국 사회 적응을 돕기 위한 교육과 일반 사회 구성원을 대상으로 다양한 문화에 대한 이해를 돕고 다른 문화에 대한 편견을 없애기 위한 교육으로 진행되고 있습니다.

행정안전부 “2023 지방자치단체 외국인주민 현황”에 의하면 다문화가구원 중 자녀는 305,246명이며, 교육부 “2024년 교육기본통계”에 의하면 초·중·고 다문화학생은 193,814명으로 전체학생 대비 다문화학생은 3.8%입니다. 전체 학생 수는 줄어드는 반면 다문화학생 수는 계속 증가하고 있습니다. 그리고 다문화학생의 대학진학률은 감소하는 편이며, 학업 이탈률도 증가하고 있는 것으로 나타났습니다. 대학 진학률과 학업 중단율 문제는 다문화 학생들에게 교육적 지원이 더욱 필요함을 의미합니다.

따라서 교육부는 다문화 학생들의 사회 적응과 교육 격차 해소를 위해 매년 “다문화교육지원계획”을 통해 다문화교육을 이주배경의 다문화학생과 학교 구성원 대상으로 시행하고 있습니다. 대체로 다문화 교육은 다문화 학생에게는 수요에 대한 맞춤형 교육을, 모든 학생의 다문화 수용성 증대를 위해 다문화 이해 및 공감의 다양성 교육으로 진행하고 있습니다. 그리고 교사에게는 다문화 연수를 강화하고 있습니다. 다문화 학생 대상으로는 한국어교육, 맞춤형 진로·직업교육, 이중언어교육, 글로벌 역량교육 등을 진행하고 있으며, 전체 학생의 다문화 수용성 제고를 위해 다문화교육 정책학교 (구 다문화중점학교, 예비학교 등 통합) 운영 확대, 체험 중심의 다문화이해교육을 활성화하고 있습니다. 그리고 교원을 대상으로 다문화교육 역량 강화를 위해 전문연수를 확대하고 다문화교육 관련 교원 연구 및 정보 공유를 활성화하며, 학부모 지원으로 다국어 학교생활 안내와 지역사회 연계 및 협력을 강화하고 있습니다.

여성가족부는 다문화가족 자녀의 교육 기회를 확대하고 학습 격차를 완화하기 위해 전국 가족센터를 통해 다문화 아동·청소년 맞춤형 기초학습, 진로설계, 이중언어 학습 등 다양한 지원 사업을 운영하고 있습니다. 그리고 다문화사회에 대한 이해를 높이고 다문화 인식 개선을 위한 온라인 교육 플랫폼을 운영하며, 지역별 다문화 이해 교육과 전문가 양성 등 다양한 교육과 프로그램을 지원하고 있습니다.

❶ James A. Banks의 다문화교육

다문화 교육 연구의 세계적 석학이며, 미국 워싱턴대학교 교육대학 교수인 뱅크스는 다문화교육을 실현하기 위해 가장 우선시되어야 할 것은 "사람들의 인식의 변화이다."라고 하였습니다. 그가 제시하는 다문화 교육은 한국 사회에서 시행되고 있는 다문화 교육에 많은 시사점을 주며, 다문화 교육을 이해하기에 매우 유용합니다. 다음의 내용들은 그의 책에서 발췌하여 편집하였습니다.

첫째, 다문화교육의 목표를 6가지로 제시합니다. "▶학생들이 다른 문화의 관점을 통해 자신의 문화를 바라보고, 이를 통해 자기 이해를 증진하도록 한다. 다문화교육은 이해와 지식을 통해 각 문화에 대한 존중을 추구합니다. ▶학생들에게 문화적·민족적·언어적 대안들(alternatives)을 제시하여 시야를 확대하고 넓은 선택의 폭을 제공한다. ▶모든 학생이 자신의 문화, 주류문화, 그리고 다른 문화가 공존하는 다문화사회에서 구성원으로서 요구되는 지식, 기술, 태도를 습득하도록 한다. ▶소수인종 민족집단이 그들의 신체적 문화적 특성 때문에 겪는 고통과 차별을 감소시켜야 한다. ▶학생들이 글로벌 세계에서, 그리고 첨단기술이 발달한 세계에서 살아가는 데 필요한 읽기, 쓰기, 그리고 수리적 능력을 습득하도록 한다. ▶학생들이 세계시민으로서의 역량을 함양하도록 한다. 자신이 속한 문화 공동체, 국가적 시민공동체, 지역문화, 그리고 전 지구적 공동체에서 제구실을 할 수 있도록 한다."

둘째, 다문화교육의 실현을 위해 교사들이 유의하여야 할 사항을 4가지로 제시합니다. "▶문화 간의 차이는 물리적으로 실재하는 어떤 것이 아니라 가치, 신념, 상징, 관점의 차이이다. 문화적 차이는 상대적인 것이며, 절대적인 기준을 제시할 수 없다. 특정 문화를 기준으로 학생의 문화를 평가하거나 재단하지 말아야 한다. ▶문화의 역동성과 복잡성에 주목해야 한다. 어떤 문화적 단위든 다채로운 하위문화들을 포함하고 있다. 특정 집단에 대하여 획일적인 이미지와 성향을 부여하는 것은 곧 편견의 산물이라는 것을 명심해야 한다. ▶다양한 소수집단들에 대한 지식을 가지고 있어야 한다. 각 집단들의 핵심가치, 중요한 역사적 경험, 현재 처한 상황 등에 대해 충분히 이해하고 있어야 하며, 수업 전략을 세울 때 이를 고려해야 한다. ▶학생들의 문화적, 인종적, 언어적. 계층적 특징을 고려하여 수업을 조직할 수 있어야 한다. 교사는 문서의 형태로 존재하는 교육과정과 교과서를 경험으로 구체화하는 전문가이다. 교사는 다양한 배경을 가진 학생의 요구에 적합한 학습경험을 제공할 수 있어야 한다."

셋째, 다문화 교육을 효과적으로 하기 위해 다문화 학교의 8가지 특징을 제시합니다. "▶교직원의 태도, 신념, 행동의 비인종주의 및 평등주의 (Non-racist and Egalitarian Attitudes, Beliefs, and Actions of School Staff) : 교사와 교직원은 모든 학생에게 긍정적 태도를 지니며, 인종차별적이지 않고 평등주의적인 태도와 신념이 필요하다. ▶학교의 공식적·잠재적 교육과정에 나타나는 다문화성 (Multiculturalism in the Formal and Hidden Curriculum) : 공식적 교육과정은 다양한 문화집단, 민족집단 등의 경험, 문화, 관점을 반영해야 합니다. ▶학생 중심의 교수 학습(Student-Centered Teaching and Learning) : 학생들의 학습 특성, 문화적 배경, 경험 등을 고려한 학생 중심의 교수 학습이 이루어져야 한다. ▶모든 학생을 위한 높은 기대 수준 (High Expectations for All Students) : 교사와 교직원은 모든 학생의 잠재력을 믿고 존중해야 하며, 학생들이 긍정적인 목표를 정하고 달성할 수 있도록 도와야 한다. ▶학생 언어의 존중과 활용 (Respect and Utilization of Student Languages) : 학생들의 제1언어 및 방언을 존중해야 한다. ▶학교 문화와 학생 문화 간의 조화 (Harmony between School Culture and Student Culture) 학생들의 문화적 다양성과 학교 문화가 조화를 이루도록 해야 한다. 가령 영재반 학급 경우 문화적 다양성을 지닌 학생들이 적정한 비율로 배정되어야 하며, 학생의 가정과 지역사회 문화와 조화를 이루도록 노력해야 한다. ▶다양한 문화 배경의 학부모 및 지역사회 구성원의 참여 (Participation of Parents and Community Members from Diverse Cultural Backgrounds) : 다양한 문화적 배경을 가진 학부모와 지역사회 구성원들이 학교 운영 및 교육활동에 적극적으로 참여할 수 있도록 지원해야 한다. ▶공정하고 편향되지 않은 평가절차 (Fair and Unbiased Assessment Procedures) : 시험과 평가 과정에서도 다양한 언어집단, 인종, 민족에서 온 학생들의 문화적 다양성을 고려해야 한다."

넷째, 다문화 교육의 5가지 영역을 제시합니다. "▶내용통합 (Content Integration)이란 교사가 자신의 교과 내용 영역에서 등장하는 가령 용어, 개념, 원칙, 이론 등을 설명하기 위해 다양한 문화와 집단에서 가져온 사례, 자료, 정보 배경 등을 활용하여 교과 내용을 가르치는 것을 의미한다. ▶지식구성과정 (Knowledge Construction Process)이란 학생들이 비판적으로 사고하고 다양한 관점에서 정보를 분석할 수 있도록 지식이 특정 문화적 맥락에서 형성된다는 점을 강조한다. 따라서 교사는 학생들로 하여금 지식이 객관적인 것이 아니라 사회적, 문화적으로 구성될 수 있음을 비판적으로 사고하도록 도와야 하며, 지식이 인종, 민족, Gender, 사회계층에 따라 어떤 영향을 받는지 이해하도록 돕는 역할을 한다. ▶편견감소 (Prejudice Reduction)는 교사는 학생들이 다양한 문화 집단에 대해 인종적·민족적으로 긍정적인 태도를 형성하도록 도우며, 편견과 차별에 대응하는 능력을 기르도록 돕는다. ▶공평한 교수법 (Equity Pedagogy)은 교사가 다양한 인종, 민족, 사회계층, 집단에서 온 학생들의 배경을 고려하여 학업 성취도를 향상시키기 위하여 사용하는 맞춤형 교수법이다. 유능한 교사라면 자기 학생들의 다양한 문화적 배경에 대해 잘 파악하고 있어야 하며, 그러한 문화적 배경에 대한 지식을 효과적으로 활용할 수 있어야 한다. ▶학생의 역량을 강화하는 학교문화와 조직 (Empowering School Culture and Social Structure)은 교사가 다양한 인종, 민족, 언어, 사회계층에서 온 학생들이 교육적 평등을 경험할 수 있도록 하고 문화적 역량을 강화하기 위해 학교의 문화와 조직을 재구조화하는 과정이다."

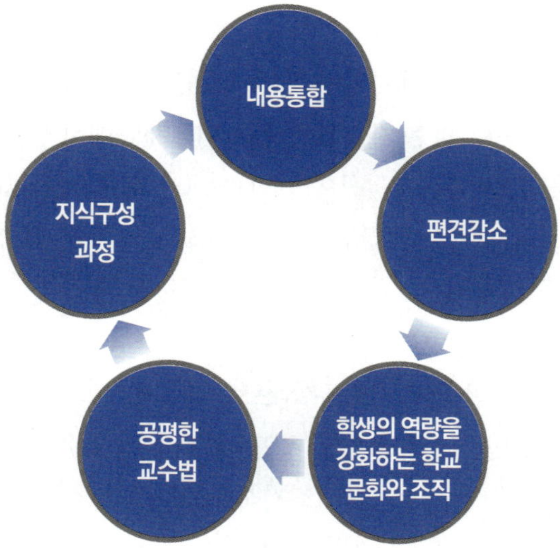

그림1-2 다문화교육의 다섯 가지 영역

다섯째, 다문화 학습 단계를 문화정체성 발달이론에서 여섯 단계로 제시하였습니다. "▶문화적·심리적 속박, 부정적 신념, 자기부정, 낮은 자존감 자아정체감 탐색의 문화사대주의 단계, ▶문화적 정박, 타집단에 비해 우월감, 자신의 공동체에만 참여 등 문화적 정체성 탐색의 자민족중심주의 단계, ▶자문화와 타문화를 선별적으로 수용 등 문화적 정체성 명료화의 문화상대주의 단계, ▶건전한 문화적 정체감, 심리적 특성으로 두 문화 가운데 효과적인 이중 문화주의 단계, ▶인간존엄성, 정의 관점, 다양한 하위문화의 가치를 이해, 인정의 다문화주의 및 반성적 국가주의 단계 등 문화적 국가정체성 단계, ▶인류 보편적 가치와 원리의 내면화로 긍정적, 반성적 이해의 세계주의 및 세계적 유능성 등 세계시민성 단계"입니다.

❷ 다문화사회전문가

법무부는 다양한 형태의 다문화 교육을 진행하는데 대학과 연계하여 다문화사회전문가 라는 다문화교육전문가를 양성하고 있습니다. 이것은 법무부에서 인정하는 수료증 형태 자격입니다. 체류외국인들의 성공적인 사회 적응을 돕기 위해 다문화 교육, 다문화가족 및 이주민 상담, 이민행정 분야 등에서 활동하는 전문 인력들입니다. 수료증을 취득하기 위한 주요 요건은 다음과 같습니다. 법무부인정 이민·

다문화관련 과목 개설 (64개)대학에서 일정 학점을 이수하고 학사, 석사, 박사 (수료자 포함) 학위를 취득한 자는 재단법인 한국이민재단에서 운영하는 "다문화사회전문가 인정 요건을 위한 법무부장관이 정하는 교육을 수료"하고 학교 총장 명으로 다문화사회전문가 2급 수료증 발급됩니다. 단 교육 신청자는 학사는 다문화사회 관련 과목 30학점 이상, 석·박사 (박사수료 포함)는 다문화사회 관련 과목 21학점 이상을 이수해야 합니다. 그리고 다문화사회전문가 이수 교육은 15시간입니다.

다문화사회전문가는 법무부 '사회통합 프로그램(KIIP)'의 한국사회 이해 과정 담당 강사, 이민·다문화 및 사회통합 업무 담당자, 다문화 교육 및 인식 개선 강사, 법무부 귀화 민간 면접관, 난민심사관, 조기적응프로그램 강사, 사회통합 프로그램 구술시험관 등으로 활동, 다문화 가정 자녀 및 이주 아동·청소년의 한국 사회 적응 교육 및 진로 교육 등 분야에서 활동합니다.

구분	전공필수	전공선택	일반선택
학사	교육 : 3학점(1과목) 일반 : 6학점(2과목)	교육 : 15학점(5과목) 일반 : 12학점(4과목)	교육 : 12학점(4과목) 일반 : 12학점(4과목)
석·박사	교육 : 3학점(1과목) 일반 : 6학점(2과목)	교육 : 12학점(4과목) 일반 : 12학점(4과목)	교육 : 6학점(2과목) 일반 : 3학점(1과목)

표1-1 다문화사회전문가 인정 요건을 위한 교육 신청자 이수 학점
(출처: 한국이민재단 https://www.kisf.org)

2) 노동

John Locke (1632~1704)는 노동소유권 이론[38] 을 통해 "자연이 제공한 것에 자신의 노동을 더하여 상태의 변화를 일으킬 때 그것은 자신의 소유가 될 수 있다.

38) 이론의 요점은 토지와 지상의 모든 것은 인류의 생존을 위한 인류의 공유재산이며, 어떤 사람도 이것을 독립적으로 소유할 수 없다. 단 공유재산은 인간의 노동을 통해 사유 재산화된다는 것이다.

모든 사람은 자신의 신체에 대한 소유권을 가지며, 자신의 노동을 투입한 결과물도 소유할 권리가 있다."라고 했습니다.

노동은 사람이 자신에게 필요한 것들을 얻기 위해 취하는 행위이며, 노동을 통하여 물질적·정신적 수요를 충족시킬 수 있는 필요한 자원을 확보하여 생존 또는 생활합니다. 사람은 노동을 통해 사회 속에서 승인되고 자신의 존재를 인정받으며 자신의 목적을 실현해 나갑니다. 노동은 자아실현의 방식이며, 인간존엄성을 보장하는 권리로 노동할 능력과 의지를 가진 사람이라면 누구나 자유롭게 노동할 수 있어야 합니다.

그러므로 차티스트운동 (Chartist Movement, 1838~1848)[39] 에서 요구한 것을 참고하더라도 국가는 사람이 노동을 통해 물질적·정신적 안정과 사회적으로 인정받을 수 있도록 노동권을 존중해야 하며, 개인의 노동권이 부당하게 박탈당하지 않고 실질적으로 보호될 수 있도록 정책적으로 지원해야 합니다. (「모든이주노동자와그가족들의보호를위한국제협약」) 적극적인 일자리 창출을 통해 개인의 자유로운 직업 선택과 취업의 기회 등을 보장해야 합니다.

(1) 국제적 노력

노동과 관련하여 대표적 국제적인 노력으로 「경제적·사회적·문화적 권리」(1966), 「미주인권협약추가의정서」(1988), 「모든이주노동자와그가족들의보호를위한국제협약」(1990) 등"이 있습니다. 경제적·사회적·문화적 권리에서는 경제적 권리로 노동권과 노동권의 완전한 실현을 달성하기 위한 제반조치(제6조), 공정하고 유리한 노동조건을 모든 사람이 향유할 권리(제7조), 노동조합을 결성하고 가입할 권리 및 파업할 권리(제8조)에 관해 규정하고 있습니다. ICESCR은 노동자의 권익 보호를 위한

---

39) 영국에서 진행된 노동자 계급이 세계 최초로 일으킨 합법적 정치운동으로 보통 선거권과 의회 개혁을 요구한 대중 운동이었습니다. 부르조아에게만 선거권을 부여한 선거법 개정(1832)과 빈민에게서 선거권을 박탈한 구빈법에 반대한 것입니다.

기본적인 국제적 기준을 제시하고 있습니다. 그리고 「미주인권협약추가의정서」[40)] 에서 노동의 권리(제6조), 노동 조건과 18세 미만자의노동보호(제7조), 노동 조합권(제8조)에 관해 규정하고 있습니다. 「미주인권협약추가의정서」는 미주 지역의 인권 보호 체계를 강화하는 중요한 조약입니다. 대한민국은 협약 당사국은 아닙니다. 또한

---

40) 제6조 (노동의 권리) : '1. 모든 사람은 노동의 권리를 가지며, 이에는 자유롭게 선택하거나 수락한 합법적인 활동을 통하여 품위있고 점잖은 생활수단을 확보할 수 있는 기회를 포함한다. 2. 당사국은 노동권을 완전히 실현시킬 수 있는 조치를 취할 것을 약속한다. 특히 완전고용의 달성, 직업안내, 기술 및 직업훈련계획의 개발이 포함되며, 또한 장애인을 위한 조치를 취하여야 한다. 당사국은 여성들이 노동권을 행사할 실질적 기회를 향유할 수 있도록 적절한 가정보호를 보장하는 데 도움이 되는 정책을 시행하고 강화할 것을 약속한다.'

제7조 (정당하고, 공정하고, 만족스러운 작업조건) : '이 의정서의 당사국은 위 조의 노동권은 모든 사람이 정당하고, 공평하고, 만족스러운 조건 하에서 이 권리를 향유하여야 함을 전제로 한다는 것을 인정한다. 당사국은 특히 다음에 관하여 이 조건을 국내법으로 보장할 것을 약속한다. a. 모든 노동자와 그 가족들에게 최소한의 품위있고 점잖은 생활조건을 보장하는 보수와 동등한 노동에 대한 차별 없는 공정하고 동등한 보수, b. 모든 노동자가 그의 직업에 종사하며 자신의 기대를 가장 잘 만족시킬 수 있는 활동에 전념하고, 관련 국내규정에 따라 직업을 바꿀 수 있는 권리, c. 모든 노동자의 자질, 능력, 성실성 및 연공서열이 고려된 직장 내 승진이나 상승 이동의 권리, d. 각 산업과 직업의 성격 및 정당한 이탈의 사유를 전제로 하는 고용의 안정. 부당해고의 경우, 노동자는 국내법에 따라 배상이나 복직 또는 기타 혜택을 받을 권리가 있다. e. 직장의 안전과 위생, f. 18세 미만자에 대한 야간작업, 건강을 해치거나 위험한 작업조건 및 일반적으로 건강, 안전 및 도덕을 저해하는 모든 작업의 금지. 16세 이하의 연소자에 대하여는 의무교육에 관한 규정이 근무보다 우선하며, 어떤 경우에도 일이 등교의 장애가 되거나, 교육의 혜택에 대한 제한이 되어서는 아니된다. g. 1일 및 주당 작업시간의 합리적 제한. 위험하거나 건강을 해하는 작업 또는 야간작업의 경우 근무일수는 축소되어야 한다. h. 국경일에 대한 보수지급은 물론 휴식, 여가 및 유급휴가.'

제8조 (노동조합권) : '1. 당사국은 다음의 권리를 보장한다. a. 노동조합을 결성하고, 자신들의 이익을 보호하고, 증진시키기 위하여 스스로 선택한 노조에 가입할 권리. 이 권리의 연장으로, 당사국은 노동조합이 전국적 연맹이나 연합체의 설립, 기존 조합과의 연계는 물론, 국제적 노동조합기구를 구성하고 원하는 기구와 연계할 수 있도록 허용하여야 한다. 당사국은 또한 노동조합, 연맹 및 연합체들이 자유롭게 기능을 수행하도록 허용하여야 한다. b. 파업권. 2. 위에 규정된 권리의 실행은 그러한 제한이 민주사회의 성격이며, 공공질서를 보전하고 공중보건이나 도덕 또는 타인의 권리와 자유를 보호하기 위하여 필요한 경우, 법률에 의하여 규정된 제한에만 복종한다. 군대와 경찰 및 기타 필수적 공익사업 담당자들은 법률에 의한 제한과 규제에 복종하여야 한다. 3. 어느 누구도 노동조합에의 가입을 강제당하지 아니한다.'

「모든이주노동자와그가족들의보호를위한국제협약」 (The International Convention on the Protection of the Rights of All Migrant Workers and Members of their Families, 약칭 이주노동자권리협약)[41] 은 이주노동자는 사람이며 노동자이기 때문에 경제적 실체 이상의 사회적 실체로 인식해야 하고 내국인과 같이 동일한 근로 조건의 보장, 평등한 처우 등을 목표로 하고 있으며, 적어도 최저 수준의 보호와 미등록 노동자도 인간으로서 기본적인 인권을 존중받아야 함을 강조하고 있습니다. 더불어 비정규이주를 부추기거나 밀입국 알선과 같은 불법적인 것을 근절하기 위한 조치를 촉구하고 있습니다. 현재 대한민국에는 많은 이주노동자가 체류하고 있지만 고용허가제를 운영하는 국가로서 협약 가입에 다소 문제 여지가 있어 아직 이 협약에는 가입하지 않고 있습니다.

한편, 국제노동기구 (ILO: International Labour Organization)[42] 에 의하면 "2022년 기준 전 세계 노동시장의 4.7%를 차지하고 있는 이주노동자는 1억 6천760만 명 (남성 1억 270만 명, 여성 6천490만 명)으로 2013년 이후 3천만 명 증가하였습니다. 이주노동자는 유럽과 북미, 아랍 국가에 가장 많이 몰려 있으며, 주로 돌봄과 같은 서비스 부문에 주로 종사하고 68.4%는 서비스 부문에서 일하고 있습니다." [43]

41) 전체 93개조이며, '이주노동자와 가족의 범위(1~ 6조), 이주노동자의 미등록 등과 같은 체류지위와 자격에 상관없이 기본적인 인권의 존중(7~ 35조), 이주노동자 및 그 가족의 기타 권리(36~ 56조), 특정 분야의 노동자 권리(57~ 63조), 이주노동자와 그 가족의 국제이주를 인도적이고 적법하게 보장과 협약의 이행(64~ 78조), 그리고 타 협약과의 관계 및 효력(79~ 93)'으로 이루어져 있습니다.

42) 국제적인 노동자 보호와 세계평화에 공헌하기 위해 1919년 설립되어 1946년 12월 UN의 전문기구로 편입되었습니다. ILO의 주요 기능은 국제노동기준 수립과 이행 감독, 양질의 고용 확산을 위한 회원국 지원, 연구 · 교육 및 출판, 사회적 대화 촉진 등입니다. 한국은 1991년 12월 9일 152번째로 가입하여 1996년부터 24년 연속 이사국으로 선출되는 등 적극적으로 ILO 활동에 적극 참여하고 있습니다.

43) 2024.12.16. ILO 이주노동자 현황,

(2) 한국의 노력

대한민국은 자주적 독립국가로서 국제사회의 위상을 제고하기 위한 노력으로 ILO의 보편적 국제노동기준 핵심 협약 8개 중 7개를 비준하였습니다.

"2021년 4월 비준에는 「강제노동금지」 (Forced Labor Convention, 제29호), 「결사의자유및단결권보호」 (Convention on Freedom of Association and Protection of the Right to Organise, 제87호), 「단결권및단체교섭권원칙적용」 (Right to Organize and Collective Bargaining Convention, 제98호)입니다. 1997년 12월 비준 「동일가치노동에대한동일임금」 (Convention on Equal Remuneration, 제100호), 1998년 12월 「고용및직업차별금지」 (Discrimination Employment and Occupation Convention, 제111호), 1999년 1월 「최저연령협약」 (Minimum Age Convention, 아동노동금지, 제138호), 2001년 3월 「가혹한형태의아동노동금지」(Convention on the Worst Forms of Child Labour, 제182호)"을 비준하였습니다.

그러나 제105호 「강제노동폐지협약」 (Abolition of Forced Labour Convention, 1957)은 "국가보안법이나 집회 및 시위에 관한 법률과 충돌"이 있어 보류 중입니다.

한국은 다문화사회로 진입하면서 이주 배경 노동자들의 노동 문제는 주요 사회적 과제로 떠오르고 있습니다. 이주노동자는 국내 노동력 부족 문제를 해결하고 경제성장을 촉진하는 데 없어서는 안 될 존재들입니다. 따라서 대한민국은 A규약(ICESCR)의 당사국으로서, 국내 노동관계 법규는 노동자의 권익 보호를 위한 기본적인 국제적 기준을 제시하고 있는 A규약 (ICESCR)의 내용을 충실히 반영하고 있습니다. 하지만 이주노동자들은 문화적 차이, 제도적 장벽, 사회적 편견, 언어장벽으로 인한 소통의 문제 등으로 다양한 어려움에 직면하고 있으며, 불법취업과 불법체류자의 증가는 노동시장의 불안정성을 심화시키고 사회통합을 어렵게 하는 요인이 되기도 합니다.

그러므로 한국과 같은 다문화사회에서 노동은 사회통합과 발전의 중요한 축으로 이주노동자들에게 양질의 일자리와 노동 권리를 보장하는 건 도덕적 의무이며 경제적 필수 사항 됩니다. 이러한 노동 이슈와 관련하여 임금과 근로조건의 차별, 직장 내 괴롭힘과 부당한 대우, 사회적 편견과 부정적 인식에 의한 인권침해, 열악한 노동환경, 산업재해 노출과 의료접근성의 떨어짐, 고용주 중심의 제도인 고용허가제와 같은 제도적 문제, 송출 비리, 문화적 갈등, 소통 부재 등의 문제들이 있습니다.

(3) 외국인노동자의 노동권

노동권은 헌법상 보장된 기본권 중 하나로 노동 능력과 의지를 가진 사람이 사회적으로 근로할 기회를 보장받을 권리입니다. 즉 노동자가 노동의 기회를 얻지 못한 경우 국가에 대해 노동의 기회를 제공해 줄 것을 요구할 수 있는 권리이며, 단체교섭권, 단체행동권, 근로조건의 개선을 위한 단결권 등을 포함합니다. 노동권은 사람이 자신의 의사와 능력에 따라 노동관계를 형성할 수 있으며, 인간의 존엄성을 보장받을 수 있는 권리입니다. 따라서 국가는 노동권의 완전한 실현을 달성하기 위한 제반 조치를 취해야 합니다. 적극적인 일자리 창출과 취업의 기회를 확보하여 노동할 의지와 능력을 가진 사람이라면 노동할 수 있도록 해야 하며, 강제노역을 실시해서는 안되고 제3자로부터 노동권이 부당하게 침해당하지 않도록 방지해야 합니다. 노동자의 노동권은 국제법과 국내법 모두에서 보호되어야 하는 중요한 문제입니다.

대한민국은 1980년대 후반부터 외국인노동자들이 본격적으로 유입되기 시작하여 최근 "2024년 이민자 체류 실태 및 고용 조사 결과 (2024.12.17. 통계청)"에 따르면 2024년 5월 기준 91일 이상 상주한 외국인 중 15세 이상 외국인 취업자는 101만명으로 국내 취업자 2,891만명의 3.5%입니다. 이들 외국인노동자의 법적 지위는 「외국인근로자의고용등에관한법률」 (2003.8.16. 제정)"로 명문화되어 있습니다. 제2조에서 "외국인근로자란 대한민국의 국적을 가지지 아니한 사람으로서 국내에 소재하고 있는 사업 또는 사업장에서 임금을 목적으로 근로를 제공하고 있거나 제공하려는 사람을 말한다."라고 규정하고 있습니다. 제22조~제25조에서 외국인근로자의 보호에 대해 규정하고 있습니다. 차별금지, 기숙사 제공, 보증보험의 가입, 외국인근로자 권익보호협의회, 사업장 변경 등을 규정하고 있습니다. 외국인 노동자는 대한민국의 인력 부족을 단순히 메우는 존재가 아닙니다. 한국 사회의 지속 가능한 발전을 함께 만들어가는 동반자로 인식할 필요가 있습니다.

그러나 외국인노동자는 중소기업 제조업 및 농축산업, 건설업, 일부 서비스업 등의 인력난 해소에 이바지하고 있지만, 불법체류자 증가, 노동 인권 차별, 열악한 노동환경, 편견과 부정적 시각, 체류 문제, 산업 안전 문제 노출, 성차별 및 성폭력 등으로 여전히 다문화사회의 갈등이 야기되고 있습니다. 이에 한국에서는 외국인노동자의 권익을 강화하기 위한 다양한 논의가 이루어지고 있습니다.

예를 들면 대법원은 미등록 이주노동자도 노동자로서 근로기준법상 보호를 받아야 한다고 판결하는 등, 사법부는 일정한 범위 내에서 이주노동자의 권리를 인정하고 있습니다. 그리고 용어 사용에 있어서도 시민단체를 중심으로 "불법체류자" 대신 "미등록이주민"으로 대체 하여야 하며 이들의 인권을 더욱 존중해야 한다는 주장이 강하게 나타나고 있습니다.

외국인노동자의 노동권 문제는 한국 사회에서 점점 더 중요한 이슈로 부각되고 있습니다. 이것은 단순히 개별 노동자의 문제가 아니라, 사회의 보편적 인권 문제와 직결되며, 이들의 노동권 보호를 위한 정부의 제도 개선과 사회 구성원들의 인식 변화는 지속적으로 당연히 상향될 필요가 있습니다.

한국에서 외국인노동자 노동권 보호와 관련된 핵심적인 법제에는 「근로기준법」, 「외국인근로자의고용등에관한법률」, 「출입국관리법」 그리고 고용허가제, 외국인노동자전용보험, 산업안전보건법, 노동조합 활동 등이 있습니다. 다만 「출입국관리법」에서 불법체류 외국인의 경우 노동권 보호가 제한될 수 있습니다. 한국 정부는 불법체류 감축, 사회통합 정책 강화, 교육 제공 등을 통해 제도 개선을 추진 중입니다.

3) 복지

복지는 어떤 사회 혹은 국가에서 모든 구성원 또는 국민이 인간다운 생활을 할 수 있도록 높은 삶의 질이 보장되는 것이며, 주거·교육·직업·의료·소득 등의 기본적인 최저 수준의 사회적 서비스의 급여를 통하여 보장함을 포함합니다. 사회 구성원 혹은 국민의 생활 향상과 사회보장을 통해 복지사회를 실현하기 위한 사회 정책과 제도, 시설을 모두 포함합니다.

복지의 전통적 접근은 의료, 주거, 교육, 소득 등과 관련된 기본적인 최소 조건 보장이지만 최근에는 사회 구성원 모두의 복지를 증진 시키려는 모든 형태의 노력으로 사회문제의 예방과 해결, 인적자원 개발, 인간의 생활 향상에 직접적으로 관계되는 모든 정책, 그리고 개인이나 가정에 대한 사회서비스의 제공과 사회제도를 강화하거나 개선하려는 노력까지 포괄합니다. 그리고 최소한의 의무교육과 건강보험과 같은 보편적 복지와 실업수당이나 장애인수당 등 선별적 복지의 이중구조로 구성되어 있습니다.

최초의 포괄적 국제 인권문서로 평가받고 있는 세계인권선언(1948)에는 인간다운 생활을 할 권리의 사회권 (Social Rights) 실현으로 사회복지가 분명한 개념으로 등장하고 있습니다. 즉 복지의 핵심 요소인 사회보장권(제22조)과 적절한 생활수준을 누릴 권리(제25조)를 명확히 선언하고 있습니다.[44] 사회보장과 직업에 관한 권리, 의

---

44) 제22조 (사회보장권) '모든 사람은 사회의 구성원으로서 사회보장을 받을 권리를 가진다. 모든 사람은 국가의 자체적인 노력과 국제적인 협력을 통하여, 그리고 각 나라가 조직되어 있는 방식에 따라, 또한 각 나라가 보유하고 있는 자원의 형편에 맞추어, 자신의 존엄성과 인격의 자유로운 발전을 위해서 반드시 필요한 경제적 권리, 사회적 권리, 문화적 권리를 실현할 수 있는 권리를 가진다.'

제25조 (적절한 생활수준을 누릴 권리) '모든 사람은 의식주, 의료 및 필요한 사회복지를 포함하여 자신과 가족의 건강과 안녕에 적합한 생활수준을 누릴 권리와, 실업, 질병, 장애, 배우자 사망, 노령 또는 기타 불가항력의 상황으로 인한 생계 결핍의 경우에 보장을 받을 권리를 가진다. 어머니와 아동은 특별한 보호와 지원을 받을 권리를 가진다. 모든 아동은 적서에 관계없이 동일한 사회적 보호를 누린다.'

료 보건 및 교육에 관한 권리, 휴식 및 여가에 관한 권리, 과학적 진보와 그 혜택을 향유할 수 있는 권리 등을 언급하고 있습니다. 사회권[45] 은 제한된 사회·경제적 자원을 배분하며, 원칙적으로 자국 영토 안에 있는 모든 사람에게 적용됩니다. 그리고 이주민에게는 적극적 권리이어야 합니다. 사회권이 이주민에게 적극적 권리가 될 수 있는 이유는 "국제인권조약들에서 강조하는 보편적 인권 보장, 사회 구성원으로서 이주민을 보호하는 것은 그 국가의 윤리적 책임, 그 사회의 생산성·인구 유지·발전 등의 잠재적 기여자, 사회 결속력을 통한 사회통합 등"의 차원을 고려할 수 있기 때문입니다.

그러므로 국가는 사회 구성원으로서 이주민에게도 복지서비스나 프로그램을 적극적으로 제공해야 할 의무가 있습니다. 하지만 그 국가의 법률에 따라 자국민에게 보장되는 것보다 이주민에게는 제한적으로 보장될 수도 있습니다. 이주민이라 하더라도 국적을 보유하지 않은 외국인 및 무국적자와 같은 계층들에게 사회권을 똑같이 부여하는 문제는 정책적으로 상당한 논란이 있기 때문입니다. 이주민의 사회권 적용은 그 내용과 방법에서 사회적 합의가 반드시 필요한 사안이기도 합니다. 이러한 요인은 한국적 다문화 상황에서는 "이주민사회통합기금" 마련의 시급한 필요성을 나타내기도 합니다. 그리고 이주민을 위한 복지실천 방향은 국가·기관·개인이 상호 협력 가운데 국가는 이주민에 대한 장기적인 지원계획을 수립할 필요가 있으며, 이주민을 지원하는 관련 기관들은 전문 지원 인력 양성과 협력관계 증진을 위해 힘써야 하고 사회 구성원의 개인적인 참여와 봉사가 있어야만 이주민의 원활한 사회적응과 정착을 도울 수 있습니다.

대한민국은 그동안 놀라운 경제발전을 이루었고 다문화사회로의 상당한 진전을 이루면서 이제는 인간다운 삶의 권리를 제도적으로 보장하려는 복지국가 지향을 국

---

45) Marshall(1963) '사회권은 적정수준의 경제적 복지로부터 사회적 유산을 공유하고 그 사회의 보편적 기준에 따라 문명화된 삶을 살 수 있는 권리이며, 이를 현실화시키는 사회제도는 교육과 사회복지서비스이다.

정의 최우선 과제로 두고 있습니다. 따라서 다문화 사회화 과정에 다양한 사회 구성원들을 대상으로 삶의 질 향상을 위해 수준 높은 복지서비스 제공을 위해 노력하고 있습니다. 예를 들면, 이주민을 위한 복지로 1998년 이후 사회보험과 공공부조로 구성된 「사회보장기본법」을 여러 차례 개정하였으며, 상호주의 원칙을 적용하고 있습니다. 이주민을 대상으로 새롭게 만들어진 법과 이를 구체화하는 복지서비스 및 프로그램 등을 통해 이주민에게 복지서비스를 확대 제공하려고 지속적으로 노력하고 있습니다.

다양한 문화적 배경을 가진 이주민들이 한국사회 구성원이 되어 살아가면서 여러 가지 복지 이슈가 등장하고 있습니다. 언어 장벽, 문화적 차이, 사회적 편견과 차별, 사회적 지원 부족 등을 요인으로 하여 여러 형태로 발생하고 있습니다. 이주민들은 의료서비스 이용의 어려움이 있습니다. 언어 사용 능력에 따라 복지 정보 접근의 제한을 받고 있습니다. 복지서비스 이용에 대한 인식 차이 등으로 인한 어려움 또는 거부감 등이 있습니다. 사회적 관계망 부족으로 어려움을 당했을 때 도움을 받지 못하여 사각지대가 발생하기도 합니다. 불안정한 고용환경, 노동환경, 주거의 불안정과 같은 사회경제적 취약성 등이 있습니다.

(1) 사회보장기본법

1963년 제정된 「사회보장에관한법률」을 폐지하고 “경제·사회의 발전 수준과 국민의 복지 욕구에 부합하는 사회보장제도를 확립하여 국민복지의 증진을 도모하기 위하여” 1995년 12월 30일 「사회보장기본법」이 제정되었습니다. 이 법은 국민을 사회보장 대상으로 명시하고 있으며, 국내 거주 외국인에 대해서는 상호주의의 원칙에 따르고[46] 관계 법령에서 정하는 바에 따른다고 규정하고 있습니다. 사회보험의 경우

46) 「사회보장기본법」 제8조 ‘국내에 거주하는 외국인에게 사회보장제도를 적용할 때에는 상호주의의 원칙에 따르되, 관계 법령에서 정하는 바에 따른다.’

이주민도 가입 대상으로 포괄하고 있으나 가입 및 기여 조건은 계층에 따라 다르게 적용하고 있습니다. 공공부조의 경우 국민을 대상으로 하지만 특례 규정을 두어 제한된 범위의 이주민 수급을 보장하고 있습니다. 그리고 사회서비스의 경우 개별 법령과 사업에 따라 관련 규정이 다릅니다.

이 법에서 규정하고 있는 주요 용어의 개념은 다음과 같습니다.

* "사회보장이란 출산, 양육, 실업, 노령, 장애, 질병, 빈곤 및 사망 등의 사회적 위험으로부터 모든 국민을 보호하고 국민 삶의 질을 향상시키는 데 필요한 소득·서비스를 보장하는 사회보험, 공공부조, 사회서비스를 말한다. (제3조의1)"
* "사회보험이란 국민에게 발생하는 사회적 위험을 보험의 방식으로 대처함으로써 국민의 건강과 소득을 보장하는 제도를 말한다. (제3조의2)"
  ※ "사회보험에는 국민연금보험, 국민건강보험, 노인장기요양보험, 고용보험, 산업재해보상보험, 소득 보장 직접 급여의 사학연금, 공무원연금, 군인연금이 있습니다."
* "공공부조란 국가와 지방자치단체의 책임하에 생활 유지 능력이 없거나 생활이 어려운 국민의 최저생활을 보장하고 자립을 지원하는 제도를 말한다. (제3조의3)"
  ※ "공공부조에는 국민기초생활 보장제도, 자활근로, 긴급복지지원제도, 사회복지서비스 여성 및 아동지원제도 등이 있습니다."
* "사회서비스란 국가·지방자치단체 및 민간부문의 도움이 필요한 모든 국민에게 복지, 보건의료, 교육, 고용, 주거, 문화, 환경 등의 분야에서 인간다운 생활을 보장하고 상담, 재활, 돌봄, 정보의 제공, 관련 시설의 이용, 역량 개발, 사회참여 지원 등을 통하여 국민의 삶의 질이 향상되도록 지원하는 제도를 말한다. (제3조의4)"

(2) 이주민의 복지

한국 사회 구성원인 이주민에 대한 복지는 상호주의 원칙에 의하여 법률에 따라 복지를 시행되고 있으며, 이주민의 계층에 따라 그 범위와 내용은 다르게 적용되고 있습니다. 국적주의에 기반한 복지 체계로 인해 이주민에 대한 포괄적인 사회안전망 구축이 미흡하다는 지적도 있습니다.이주민을 위한 주요 복지제도로 사회보험, 공공부조, 사회복지서비스를 살펴볼 수 있습니다.

❶ 사회보험

▶국민건강보험 가입 및 자격 취득에서 직장가입자의 경우 내국인과 동일하게 적용됩니다. 그리고 외국인과 재외국민은 6개월 이상 국내에 거주해야 건강보험 직장가입자의 피부양자가 될 수 있습니다. 그러나 영주(F-5)·비전문취업(E-9)·결혼이민(F-6)·유학(D-2)·초중고생(D-4-3) 등의 사유가 있는 경우는 입국 즉시 피부양자가 될 수 있습니다. 외국인 직장가입자의 배우자나 19세 미만 자녀에게는 거주기간 기준이 적용되지 않습니다. 외교 목적으로 입국한 외교관이나 SOFA협정[47] 에 의한 미군과 그의 가족은 국민건강보험 자격 취득이 안됩니다.

▶국민연금은 한국과 사회보장협정을 체결한 국가의 국민은 협정에 따라 국민연금 가입 및 혜택이 달라질 수 있습니다. 그 외의 외국인은 특정 조건 하에 가입할 수 있습니다. 연수생, 유학생, 외교관 등은 법에 의해 가입할 수 없으며, 계절근로 (E-8)·비전문취업 (E-9)·방문취업 (H-2)의 경우 가입 후 본국으로 돌아갈 때 냈던 보험료를 반환일시금으로 돌려받습니다.

---

47) 「SOFA협정」 (Status of Forces Agreement, 주한미군지위협정)은 대한민국과 미국 간에 체결된 협정으로, 주한미군의 법적 지위와 권한, 시설사용, 재판권, 책임 등을 규정한 국제협약입니다. 1966년 7월 9일에 체결되어 1967년 2월 9일부터 발효되었고, 이후 두 차례(1991년, 2001년) 개정되었습니다. 원칙적으로 한국이 1차 재판권을 가지지만, 공무 중 범죄나 미국의 재산·안전 관련 범죄는 미국이 1차 재판권을 가집니다.

▶고용보험은 사업장에 고용된 외국인노동자는 내국인과 동일하게 적용되며, 단 불법체류자의 경우 적용이 제한될 수 있습니다. 당연적용(의무가입) 대상자는 거주(F-2), 영주(F-5), 결혼이민(F-6)이며, 임의가입(신청을 통해 가입) 대상자는 재외동포(F-4), 단기취업(C-4), 교수(E-1), 회화지도(E-2), 연구(E-3), 기술지도(E-4), 전문직업(E-5), 예술흥행(E-6), 특정활동(E-7), 계절근로(E-8), 비전문취업(E-9), 선원취업(E-10), 방문취업(H-2)입니다. 주재(D-7)·기업투자(D-8)·무역경영(D-9)은 국가 간 상호주의 원칙에 따라 법을 적용합니다.

▶사업장에서 업무상 재해를 입은 외국인 근로자는 체류자격과 관계없이 산재보험의 보호를 받을 수 있습니다.

❷ 공공부조

▶국민기초생활보장제도는 원칙적으로 대한민국 국적을 가진 국민을 대상으로 합니다. 다만, 한국인과 혼인한 외국인, 한국 국적의 미성년 자녀를 양육하는 외국인 등에 한해 제한적으로 지원될 수 있습니다.

▶갑작스러운 위기 상황에 처한 외국인에게 일시적으로 생계비, 의료비 등을 지원할 수 긴급복지지원제도가 있습니다. 하지만, 지원 요건이 엄격합니다.

▶「국민기초생활보장법」상 수급권자인 외국인에게 적용하는 의료급여가 있습니다.

❸ 사회서비스 지원

한국어교육, 한국문화이해교육, 한국 사회의 관습, 생활 방식, 법규 등을 교육하여 문화적 갈등 예방 및 사회 적응 지원, 통번역 서비스, 생계 지원, 주거지원, 의료지원, 교육지원, 취업 지원, 법률지원, 사회통합지원 등 매우 다양한 기관에서 다양한 서비스를 제공하고 있습니다.

▶ 「다문화가족지원법」에 의한 결혼이민자 대상입니다. 다문화가족지원센터는 2009년부터 복지시설이 되었습니다.

▶한부모가족지원법에 의한 국민과 혼인관계(사실혼포함)에서 출생한 미성년 자녀를 국내에서 양육하거나 양육하려는 외국인등록의 부 또는 모(F-6-2) 대상입니다.

▶장애인복지법에 의한「출입국관리법」상 외국인등록자와 결혼이민자 대상입니다.

▶응급의료법에 의한 외국인(불법체류자 포함) 보호 대상입니다.

▶외국인에 대한 교육서비스 지원입니다.

▶이주민지원기관들이 있습니다. 이것은 중앙정부 혹은 지방자치단체에서 설립하여 운영하고 있습니다. 다문화가족 종합정보 전화센터인 다누리콜센터(1577-1366), 다문화가족지원센터 (2009년 복지시설로 전환), 외국인노동자지원센터 등이 있으며, 지자체 및 민간 차원에서 다문화가족 및 외국인지원기관으로 글로벌센터, 외국인주민지원(복지)센터, 이주배경청소년지원재단 무지개청소년센터, 이주여성긴급지원센터, 지역사회복지관, 가족센터 등이 있습니다.

▶다문화가족지원센터는 사회복지시설로 지원 내용은 한국어교육, 한국문화·생활교육, 정보화 교육, 상담, 취업·창업지원, 통역 서비스, 다문화사회이해교육, 가족교육, 가족개인 상담, 취·창업지원, 통번역서비스자조모임, 멘토링, 자원봉사단, 다문화인식개선사업, 지역사회협력네트워크, 이주여성 폭력 예방[48] 등 있습니다.

▶이주배경청소년지원재단 무지개청소년센터 는 이주배경자녀를 맞춤형 정보서비스, 입국초기 지원교육 Rainbow School, 진로지원 프로그램·무지개 Job아라·내-일을 잡아라, 통합상담 및 가족연계 프로그램, 역량 강화 프로그램, 다문화 인식개선 (다문화감수성 증진 프로그램), 상담 및 심리 치유 프로젝트 다톡다톡, 친친무지개프로젝트 등을 지원하고 있습니다.

---

48) 폭력피해 이주여성지원 기관에는 '폭력피해 이주여성 쉼터, 폭력피해 이주여성 그룹홈, 폭력피해 이주여성 자활 지원센터, 폭력피해 이주여성 상담소, 해바라기 센터, 성폭력 상담소 성매매 피해 상담소, 대한법률구조공단, 다문화가족지원센터' 등이 있다.

▶외국인노동자의 경우 외국인노동자지원센터, 외국인력상담센터, 난민의 경우 출입국외국인청을 운영하고 있으며, 상담지원·교육지원·문화행사지원·특성화사업의 형태로 지원하고 있습니다. 상담에는 임금체불·사업장 변경·출입국체류·산업재해·의료 및 복지·사기 및 폭행·기타 일상생활 고충 등, 교육에는 한국어교육, 컴퓨터교육, 법률교육, 안전교육, 생활 적응 교육 등, 문화 행사에는 한국문화 체험, 공동체 행사 등, 특성화 사업에는 외국인 진료 지원, 교통안전교육 등 있습니다.

▶북한이탈주민의 경우 남북하나재단을 통해 초기 정착 및 생활 안정 지원, 정착지원금, 취업창업 지원, 교육인재양성 지원, 실태조사 및 정책연구 등을 하고 있습니다. 생활안전, 자립자활지원, 민간단체지원사업, 연구지원 등이 있습니다.

4) 사회통합

이민자 사회통합은 인종·민족·문화 등의 배경이 다른 사람들이 새로운 사회에 안정적으로 진입하여 조화롭게 정착하며, 지역사회 구성원으로서 평등을 이루며 살아갈 수 있도록 돕는 과정입니다. 이것은 이민자의 수용과정에서 내국인과 외국인 간 갈등과 분열 방지 차원에서 생성된 개념이며, 수용국과 이민자 간에 상호적이고 조화로운 적응 과정을 통해 사회 안정과 발전, 삶의 질 향상 등을 이루는 것입니다. 이민자가 수용국의 사회 구성원으로서 그 사회의 가치를 존중하고 다양한 부분에 주체적으로 참여하여 책임과 의무를 행하고 정체성 있는 삶을 영위하며, 내국인은 이민자의 다양성과 차이를 존중하고 승인 및 포용하도록 하는 노력의 과정입니다.

사회통합은 1990년대에 세계적으로 사회적 요인 즉 사회적 상태, 사회적 자본, 개인과 사회의 작용 같은 것이 개인의 웰빙(Well-being)이나 삶의 질에 중요한 영향을 미친다는 인식이 확산되면서 관계적 및 사회 전체적 측면을 강조하는 좋은 사회(good society) 개념의 대표적인 예로 등장하였습니다. 사회통합은 세계화, 사회불평등, 소득불평등, 아동빈곤증가, 청년실업증가, 세대를 넘는 사회부조에 대한 의존 등과 같은 경제적·사회적 변화 때문에 지속적으로 강조되었습니다.

유럽평의회(2003)는 "사회통합은 이민자와 수용국 각각이 권리와 의무를 지는 쌍방향 과정이며, 수용국은 이민자가 사회 내 각 제도에 전적으로 참여할 수 있도록 보장할 책임이 있다. 동시에 이민자는 유입국의 규범과 가치관을 존중하고, 통합 과정에 적극적으로 참여할 의무가 있다."라고 주장합니다. 그리고 사회통합의 원칙으로 "민주주의의 기본이념 존중, 이민자의 고유 정체성 유지 권리 (다양성 존중), 제도적 참여 권리, 동시에 이에 수반되는 의무의 적극적인 이행"을 강조합니다.

(1) 이민자 사회통합 용어

내국인과 이민자의 관계에서 사회통합을 의미하는 용어로 사회적 통합 (Social integration), 사회적 포용 (Social inclusion), 사회적 화합 (Social cohesion), 사회적 편입 (Social incorporation)이 있습니다.

❶ 사회적 통합 (Social integration)

사회적 통합은 해당 사회가 이민자를 수용하는 과정으로 이민자에게 유입국의 가치와 규범을 수용하도록 하는 것이며, 개인과 소수자들이 해당 사회의 보편적 이익과 가치를 수용하게 하는 공화주의에 근거한 정치적 개념으로 다루어집니다.

프랑스의 공화주의 이념은 모든 시민이 보편적인 프랑스 공화국의 가치 아래 평등하게 통합되는 것을 강조하며, 이민자들에게 프랑스어 및 문화 교육을 의무화하는 등의 사회 통합 프로그램을 운영합니다. 그리고 이것은 강제적 동화(assimilation)를 의미하지 않습니다. 다양한 사회 구성원들이 서로 조화를 이루며 공존하는 상태를 의미합니다. 이는 경제적, 문화적, 정치적, 교육적 측면에서 모든 구성원이 평등한 기회를 통해 사회에 적극적으로 참여할 수 있도록 하는 과정입니다.

❷ 사회적 포용 (Social inclusion)

사회적 포용은 유럽연합이 1990년대 후반에 제시한 것으로 모든 사회 구성원이 나이, 성별, 장애, 출신, 인종, 민족, 종교, 경제적 또는 기타 지위에 관계없이 배제되지 않고 사회의 혜택과 기회를 공평하게 누리며, 경제·사회·정치·문화 등 사회생활의 모든 영역에 형평성을 보장하고 참여할 수 있도록 하는 개념입니다.

경제 및 복지 차원에서 빈부격차·분리·갈등 등을 해결하며, 사회적 배제를 일으키는 장벽들을 제거하고 소외계층을 사회적으로 포용합니다.[49] 이민자가 지역사회에서 가치 있는 역할을 하고 커뮤니티에 적극 참여합니다. 모든 구성원이 잠재력을 최대한 발휘할 수 있는 환경을 조성하는 적극적인 과정이자 목표입니다. 이것의 대립개념으로 사회적 배제 (Social exclusion)[50] 가 있습니다.

예를 들면, 사회적 포용은 교육 기회 확대, 건강 형평성 보장, 빈곤 완화, 문화 다양성 보호 등의 다양한 영역에서 실현될 수 있습니다. 특히, OECD는 사회적 포용을 "모든 구성원의 웰빙을 위해 작동하며, 배제와 소외에 대항해 싸우고, 소속감을 형성하며 신뢰를 증진시키는 상태"로 말하고 있습니다.

❸ 사회적 화합 (Social cohesion)

사회적 화합은 유럽평의회가 2000년대 이르러 사회통합 개념이 복지 영역에 치중되어 있다는 판단 아래 새롭게 강조하기 시작했습니다. "각각의 다양한 사람들로 이루어지는 사회 구성원이 정체성을 갖도록 통합하는 것이며, 사회적 통합 과정에서 민주주의의 가치와 커뮤니티 구성원 간의 관계를 강조합니다."[51] 사회 구성원들이 공통의 가치와 비전을 공유하고 서로 신뢰하고 협력하며 유대감 있는 안정적인 공동체를 형성하는 상태를 의미합니다. 이는 공동체 의식, 사회적 유대감, 상호 존

---

49) '적극적 조치 등을 통해 주변부를 주류로 불러들이는 것, 즉 동등한 대우에 대한 장애를 극복하는 것으로 사용 (Ang, 2009: 43).'

50) '사회나 개인이 특정 그룹 내의 사회적 통합에 필수적이면서도 다른 그룹의 구성원들이 일반적으로 누릴 수 있는 다양한 권리, 기회, 자원으로부터 체계적으로 배제되어 있는 상태 (위키백과)'

51) '주어진 역할을 잘 수행하면서 사회적 조화를 이루는 사회 핵심 집단의 가치관을 공유하는 정도로 사용(Cahill, 2009: 55)'

중을 바탕으로 이루어지며, 사회 갈등을 줄이고 지속 가능한 발전을 도모하는 것입니다.

따라서 구성원이 배제되지 않고 사회의 혜택을 공모든 정하게 누릴 수 있도록 하는 사회적 포용 (Social Inclusion)과 다양한 사회 구성원이 조화를 이루며 공존하는 상태의 사회적 통합 (Social Integration)의 개념들을 포괄하며, 사회 구성원 간의 신뢰와 협력을 강조하고 사회 전체의 건강성을 유지하는 것을 목표로 합니다. 목표는 한 번 달성하면 영구히 유지되는 것이 아니라, 지속적으로 노력하고 관리해야 하는 역동적인 과정입니다.

❹ 사회적 편입 (Social incorporation)

사회적 편입은 통합 (Integration)이라는 표현보다 중립적입니다.[52] 문화적 요소를 자유롭게 차용하고 수정하고 원래 문화와 다른 현상의 새로운 종합을 만드는 과정입니다. 특정 개인이나 집단이 사회의 주요 제도, 구조, 활동에 흡수되거나 포함되는 과정 혹은 부분적 포함을 의미합니다. 이는 주로 소수자, 이민자, 장애인, 빈곤층 등 기존 사회에서 배제되거나 주변화될 수 있는 집단이 사회적 배제를 해소하고 주류사회의 삶에 적극적으로 참여하게 되는 것을 강조합니다. 따라서 이것은 단순한 법적 인정이 아니라, 사회구성원으로서 역할을 수행할 수 있도록 하므로 사회 전체의 지속 가능성과 안정성을 높이는 데 필수적입니다.

52) 'Integration의 의미가 모호하며 Assimilation와 오해될 소지가 있기 때문에 Social Incorporation을 사용(Inglis, 2009).', Stephen Castles and Mark J. Miller는 '이민자를 수용하는 과정을 의미하는 용어로 Integration이라는 표현보다는 중립적인 의미인 Incorporation을 제안했다(이주의 시대4 , \mtüYŒ í (Ip, 2013))

(2) 이민자 사회통합 목표와 정책

❶ IOM의 이민자 사회통합 목표

국제이주기구(IOM)의 이민자 사회통합 목표는 Castles & Miller (2009)와 Gordon(1978)의 분류 방식을 결합한 것으로 이해되며, Segregation(격리), Assimilation(동화), Two-way Integration(쌍방적 통합), Multiculturalism(다문화주의)으로 분류합니다. 격리는 이민자가 수용국 사회에 적응하는 것을 최소화하고 사회참여와 권리행사를 제한하는 분리정책입니다. 동화는 이민자가 수용국의 주류사회로 점진적 적응해 가는 과정으로 단일문화적 통일성을 추구합니다. 쌍방적 통합은 이민자의 유입으로 인한 다양성을 추구하는 것으로 수용국 고유의 문화적 유산을 유지하면서 단일문화적 기준을 토대로 이민자와 내국인이 쌍방적으로 적응하도록 요구합니다. (Melting pot) 다문화주의는 수용국 사회 내에서 하나의 주류문화 대신 많은 하위문화를 장려하고 촉진 시키는 것으로 다문화적 특징의 다양성을 추구합니다. (Salad bowl)

❷ 이민자 사회통합 정책

사회통합 정책은 본래 국민 또는 시민권자를 대상으로 시작되었으나 영주이민을 받아들이는 미국과 캐나다 등 전통이민국가에서는 이민자 사회통합정책이 발달 되었습니다. 전통이민국가에서 이민자란 주로 영주이민자 (잠재적 시민)를 의미하였으며, 이들의 유입 초기부터 사회통합의 대상이 되었습니다. 그러나 선발 또는 후발이민국가에서 이민자란 곧 계약기간이 만료되면 모국으로 돌아갈 것으로 기대되는 일시적 이주자를 의미했습니다. 따라서 이들에 대한 출입국정책과 인력활용정책은 있지만 엄밀한 의미에서 사회통합정책의 대상은 아니었습니다. 그러나 1990년대 이후 선발이민국가를 중심으로 그리고 2000년대에 이르러 후발이민국가와 동아시아 일부 국가들에서도 초청노동자 (Guest Workers)라 할지라도 일부는 정주한다는 현실로 인해 정주 이민자뿐만 아니라 이들에 대한 사회통합정책이 모색되고 있습니다.

한국은 "결혼이민자 가족의 사회통합지원 대책과 혼혈인 및 이주자 지원방안(2006.4)"을 시작으로 그간의 이민자 사회통합정책의 대부분은 결혼이민자와 다문화가족 중심이었습니다. 따라서 외국인노동자, 결혼이민자, 동포, 유학생, 난민 등 다양한 유형의 이민자와 이민 2세를 모두 아우르는 포괄적인 이민자 사회통합정책으로 전환이 필요하여 지속적으로 개선 해왔습니다. 하지만 온정주의적이고 시혜적인 정책에서 완전히 벗어나 모든 이민자를 아우르는 각각의 기준에 맞는 보편주의적 통합정책을 실시할 필요 있습니다. 다양성 존중·인권 존중 등과 관련 국민의식 제고를 위한 다양한 노력 필요합니다. 사회통합정책의 궁극적 목표는 내국인과 이민자가 상호 존중하며 조화롭게 공존하는 다문화사회를 구현하는 것입니다. 이를 위해 이민자들의 경제적 자립과 노동시장 통합, 이민자의 사회적응 및 문화적 이해 증진, 이민자의 다양한 사회 영역에 참여와 공공서비스 접근성 높임, 이민자 자녀의 건강한 성장 및 발달 지원, 내·외국인의 상호작용 및 조화로운 공존 증진 등이 필요합니다.

(3) 이민자 사회통합 지표

이민자 사회통합정책을 모니터링, 측정, 평가 등을 통하여 정책의 방향, 정책의 효율적인 추진, 새로운 정책 개발 등을 위한 지표입니다. 현재 한국은 사회통합정책을 포괄적으로 평가할 수 있는 한국형 지표개발에 필요성을 느끼고 있습니다.

주요 해외의 이민자 사회통합지표에는 MIPEX (Migrant Integration Policy Index), 이주거버넌스지표 (MGI: Migration Governance Indicators), EU이민자통합지표, OECD이민자통합지표 등이 있습니다. 이와같은 지표들의 궁극적인 목표는 단기적으로는 이민자의 체류자격에 따른 어떠한 권리와 의무를 부여하는가에 그 차이를 점차 줄여가는 것을 지향하며, 장기적으로는 내국인과 이민자 간에 차이가 없도록 하는데 있습니다. 내국인과 비교하여 또는 이민자의 체류자격에 따라 이민자의 권리와 책임을 어느 정도까지 인정할 것인가에 달려있습니다.

❶ MIPEX

MIPEX는 이민자 통합정책을 평가하고 비교하는 포괄적인 글로벌 지표입니다. 2004년에 개발된 후 2020년 제5버전이 개발되었으며, 주요 평가 대상국은 EU회원국이지만 미국, 캐나다, 호주, 뉴질랜드, 한국, 일본 등 지리적 범위를 넓히고 있습니다. 이것은 이민자들이 사회에 얼마나 잘 통합될 수 있는지를 측정하며, 각국의 정책을 분석하여 개선 방향을 제시합니다.

평가 정책 영역은 국적취득 (Access to Nationality), 노동시장 접근성 (Labour Market Mobility), 가족 재결합 (Family Reunion), 교육 분야 (Education), 반차별 (Anti-discrimination), 건강 (Health), 영주권 취득요건과 절차 (Permanent Residence), 정치참여 (Political Participation)의 8가지로 측정 지표는 매우 구체적이고 세분화되어 있습니다. 정책 지표 (MIPEX 2020 기준 167개) 측정 결과 100점 만점에 이민자에 대해 80~100점은 우호적, 60~79점은 다소 우호적, 41~59점은 중간, 21~40점 다소 비우호적 1~20점은 비후호적입니다.

대한민국은 2019년 평가에서 56점으로 중간입니다. 이민 수용 국가치고는 비교적 빠르게 정책 프레임워크를 개선해 왔다는 긍정적인 평가를 받았습니다. 우선 개선이 필요한 것은 상호문화 교육의 실제적 구현, 가족 재결합의 자율성 부족, 외국인의 정치적 자유 제한, 일부 체류 허가자의 장기 거주 및 가족 재결합 제한, 그리고 보건 분야와 차별 금지 영역에서 이며, 양호한 것은 노동시장 지원, 이민자 자녀 교육 접근성, 일부 투표권 부여, 이민자 관련 협회 지원 등에서입니다(www.mipex.eu). 이것은 정책성과 보다 정책 산출을 측정하는 대표적인 지표입니다.

❷ MGI

MGI는 2015년 국제이주기구가 MiGOF (Migration Governance Framework)를 운영하기 위한 일환으로 Economist Intelligence Unit과 협력하여 개발한 것으로 MIPEX 보다 더 포괄적이고 글로벌한 평가에 사용되는 지표입니다. MGI는 이민자

정책의 제도적 절차를 종합평가 하는 것을 목적으로 하며, 거버넌스 관점에서 이민자의 출입국정책과 사회통합정책 두 가지를 모두 평가 영역으로 하는 포괄적인 지표이자 이주 정책의 체계적 접근방식입니다. MGI는 국가들이 질서 있고, 안전하며, 정규적이고, 책임감 있는 이주와 이동을 촉진하기 위한 정책을 수립하고 이주를 효과적으로 관리하는 데 필요한 핵심 요소들을 제시합니다.

MGI는 2019년까지 49개 국가를 평가하였으며, 평가 대상국가들의 순위를 매기지 않습니다. 다만 MGI는 모든 국가의 현실, 어려움, 이주 관련 기회는 각기 다르다고 인식하므로 각 국가가 지속 가능한 발전 목표 (SDGs)를 달성할 수 있도록 모범적인 이민정책을 수립하게 돕는 것을 지향하며, 정책에 관한 통찰력을 제공할 기준 체계의 역할을 합니다.

MiGOF는 이주를 단순히 통제하거나 규제하는 관점을 넘어, 이주의 복합적인 측면을 인정하고 이주민의 인권을 존중하며, 이주가 송출국, 유입국, 그리고 이주민 개인 모두에게 긍정적인 영향을 미칠 수 있도록 하는 종합적이고 인도적인 접근방식을 제시한다는 점에서 큰 의의를 가집니다. MiGOF 및 MGI에 포함된 이주 거버넌스의 3가지 원칙과 3가지 목표를 통해 이주 정책을 효과적으로 관리할 수 있도록 합니다.

3가지 원칙은 "국제 기준 준수 및 이주자의 권리 이행 (Adherence to international standards and fulfilment of migrants rights), 증거 기반 정책 수립 및 범정부 차원의 접근 (Formulating policy using evidence and a whole-of-government approach), 이주 및 관련 문제 해결을 위한 파트너 간 협력 (Engagement with partners to address migration and related issues)"입니다. 그리고 3가지 목표는 "위기 상황에서 이동성 문제 효과적으로 대처 (Effectively address the mobility dimensions of crises), 이주자와 사회의 경제·사회적 복지 증진 (Advance the socioeconomic well-being of migrants and society), 안전하고 질서 있으며, 존엄한 방식의 이주 환경 조성 (Ensure that migration takes place in a safe, orderly and dignified manner)"입니다.

❸ EU의 이민자통합지표 (Indicators of immigrant integration)

EU의 통합지표는 2004년 11월 EU 의회가 통합을 위한 공통 기본 원칙을 채택하였으며, 이후 2010년 스페인 자라고자 (Zaragoza)에서 열린 유럽연합 장관급회의에서 발표되었습니다. 따라서 사라고사 지표 (Zaragoza Indicators)라고도 합니다. 이것의 목적은 이민자와 그 자녀들의 통합 결과를 종합적으로 비교 분석하여 정책 입안자들이 효과적인 통합 전략을 수립하는 데 필요한 증거 기반을 지원하는 것입니다.

사라고사 지표 영역은 고용 (Employment, 취업률·실업률·직업유형 및 질·소득·자영업 비율), 교육 (Education, 학업 성취도·교육 수준·언어 능력·조기 교육 참여율), 사회적 포용 (Social inclusion, 빈곤 및 사회적 배제 위험·주거 환경·건강·사회적 관계 및 네트워크), 그리고 적극적 시민권 (Active citizenship, 정치 참여·시민권 취득률·자원봉사 및 공동체 활동·차별 경험·상호 문화적 태도)으로 구성되며, 이민자 사회통합을 모니터링하는 데 중요하다고 여겨지는 통합 관련 지표들과 부가적으로 고용, 언어 능력, 차별 경험, 공공기관 신뢰도, 소속감 등을 포함하여 조사합니다. 이것은 국적기준 외국인 (Foreigner)과 내국인 (Citizen)의 통계, 출생지 기준의 해외출생인구 (Foreign-born population)와 국내출생인구 (Native-born population)의 통계를 각각 작성합니다.

이 지표들은 단순히 "이민자의 사회통합 정도를 측정하는 것 이상으로 사회통합이 이민자와 수용국가 양측의 상호노력 (Two-way Process)임을 강조하며, 사회적 배제를 줄이고 모든 구성원의 잠재력을 최대한 발휘할 수 있는 환경을 조성하는 데 중점"을 둡니다. 이 지표들은 주로 EU 집행위원회와 OECD가 협력하여 발행하는 "Settling In: Indicators of Immigrant Integration" 보고서를 통해 구체화 됩니다.

❹ OECD의 이민자통합지표 (Indicators of Immigrant Integration)

OECD의 이민자통합지표는 EU의 이민자 통합지표와는 밀접하게 연관되어 있으며, 종종 OECD-EU 공동 보고서 형태로 "Settling In" 시리즈를 통해 발표됩니다.

회원국들의 이민자와 자녀의 사회통합정책이 중요해지면서 주요 회원국들의 노동시장 통합에 대한 일련의 분석을 시도하였고, 2012년 OECD 이민자 통합지표를 가구소득 (Household income), 주거 (Housing), 건강 상태와 의료 접근성 (Health status & access to health care), 이민자의 국내 출생 자녀의 교육수준 (Education of native-born offspring of immigrant), 노동시장 성과(Labor market outcome), 직업특성 (Job characteristic), 시민참여 (Civic engagement), 차별 (Discrimination)의 8개 영역으로 구성하여, 회원국들에게 제공받은 범위 내에서 보고서 (Settling in OECD Indicators of Immigrant Integration)를 발간하였습니다.

이것은 국내출생 인구 (Native-born population)와 해외출생 인구 (Foreign-born population) 기준의 이민자 사회통합지표를 작성합니다. 이것은 EU 통합지표처럼 다양한 출처의 자료원을 통해 지표화된 것입니다. 그리고 이것은 83개의 주요 지표로 이루지며, 이민자와 그 자녀의 사회적·경제적 통합을 분석하는 데 사용되고 있습니다.

주요 평가 영역으로 3가지 범주는 "▶생활 조건(Living Conditions) ▶노동시장과 기술 (Labour Market and Skills) ▶시민참여 및 사회적 통합 (Civic Engagement and Social Integration)"입니다.

(4) 이민자 사회통합 모형과 프랑스

Stephen Castles와 Mark J. Miller는 "이주의 시대 (2009, 4판)" 현대 세계의 국제 인구이동 (International Population Movements in the Modern World)"에서 다양한 국가들의 다문화정책 모형을 제시했습니다. 국제이주와 이민자 통합에 대한 포괄적인 분석을 통해 사회통합의 유형을 분류하고 있습니다. 각각의 국가는 역사적·정치적·사회적·경제적 상황에 따라 이민자 사회통합에 대해 다른 접근방식을 취한다고 설명합니다.

❶ 이민을 수용하는 국가의 이민자를 통합하는 모형에는

"▶차별배제 모형 (Differential Exclusion Model)[53] : 이민자를 주로 경제적 목적의 노동력 공급으로만 활용하고, 이들의 사회적·정치적·시민적 통합은 의도적으로 제한하거나 배제함, ▶동화주의 (Assimilation Model)[54] : 이민자들이 자신의 문화정체성을 포기하고 수용국의 주류문화, 언어, 가치, 규범에 완전히 적응하고 주류사회에 흡수됨, ▶다문화주의 모형 (Multiculturalism Model)[55] : 이민자들이 자신의 문화적 정체성, 언어, 종교 등을 유지하면서도, 수용국 사회의 법과 제도, 기본적인 가치 안에서 주류사회와 함께 살아가는 것"이 있습니다.

---

53) 차별적 배제 모형 (Differential Exclusion Model)은 이민자에 대해 차별적 대우를 통해 이주노동자나 임시 체류 이민자들을 3D 직종의 노동시장과 같은 특정 경제 영역에서만 받아들여 활동하도록 하며, 공식적인 권한을 인정하기도 하고 제한하기도 하여 원하지 않는 이민자의 이민을 규제하고 사회적 통합을 배제하는 배타적 정책입니다. 정책의 목표는 소수집단의 제거 또는 최소화입니다. 대표적인 사례로 독일과 일본이 이민자들에게 시민권을 부여하지 않고 노동력으로만 활용하는 경향이 있습니다. 한국의 고용허가제는 한국인 노동자로 충원되지 못하는 노동시장의 공백을 메우기 위하여 제한된 직종에 한해 이주노동자에게 단기간 취업을 허용하는 제도입니다.

54) 동화주의 모형 (Assimilation Model)은 이민자가 국민이 되는 것을 전제로 빠르게 동화될 수 있도록 지원 및 문화적으로도 동화를 추구합니다. 이민자가 출신국의 언어, 문화, 사회적 특성을 완전히 포기하고 주류사회의 일원이 되도록 합니다. 차별적 배제모형과 다르게 시민권과 국적을 보다 쉽게 부여하고, 대체로 귀화방법도 쉽고 간단합니다. 동화주의 모형을 채택하는 국가에는 1965년 이전 미국의 용광로 모형 (melting pot), 프랑스의 공화주의 정책 모형 (흡수동화), 독일의 혈통 기반의 민족·국적 모형이 있고 한국은 결혼이민자정책이 미국의 용광로 모형과 독일의 국적 모형을 결합한 형태를 하고 있습니다.

55) 다문화주의 모형 (Multiculturalism Model)은 이주민과 주류 사회 모두가 변화하고 상호 작용하는 양방향적인 과정으로 이민자의 문화적 다양성을 인정하고 법적, 제도적으로 문화와 권리를 보호하며, 이들이 고유한 정체성을 유지하면서도 사회 구성원으로서 동등하게 참여하고 기여할 수 있도록 지원하는 정책입니다. 이것은 지나친 다양성으로 사회 분열을 초래할 수 있다는 비판에 직면하기도 합니다. 다문화주의 모형을 채택한 국가로는 캐나다와 호주(이민자 통합정책)가 있습니다.

❷ 프랑스의 이민자 사회통합

프랑스는 오랜 이민의 역사를 가진 나라입니다. 프랑스는 소수민족 출신의 집단보다는 개인 차원에서 사회통합을 하는 공화주의 전통을 지닌 사회입니다. 그리고 동화주의 모델을 중심으로 이민자들을 포용하고 있습니다. 따라서 2000년대 이후 집단적 권리로써 소수민족문화의 인정에 근거를 둔 다문화주의보다는 다양성을 존중하지만 공통의 공적 문화의 교육을 중시하는 경향의 상호문화주의(Interculturalism) 입장을 취하고 있습니다. 그리고 프랑스의 이민자 사회통합 정책의 주요 특징은 "▶공화주의와 동화 (Assimilation) : 불가분의 공화국'이라는 원칙으로 각 개인의 출신·인종·문화·종교적 배경 등과 관계없이 모든 시민이 보편적인 프랑스 시민으로서의 가치를 공유하고 공적 영역에서는 하나의 정체성을 가져야 한다는 동화, ▶국적법 개정 : 1999년에는 국적법을 개정하여 혈통주의에 부분적으로 출생지주의를 적용하였으며, 국적 취득 시 프랑스 사회에 잘 동화되었는지 확인하는 절차를 걸쳐야 함, ▶통합 수용 계약 (Contrat d'accueil et d'intégration, CAI) : 이민자들이 프랑스어 수업과 공화주의 이념 등 시민 교육을 의무적으로 이수하고, 프랑스 사회에 대한 동의를 요구하는 제도, ▶사회통합 프로그램 : 이민자는 의무적으로 프랑스어 교육과 프랑스의 법과 제도, 역사와 문화 등을 이수해야 함. 등"이 있습니다.

최근 프랑스는 불법체류자에 대한 통제를 강화하면서도 노동력부족 업종에 대해 유연한 접근과 다양성 존중을 강조하고 있습니다.

(5) 대한민국에서 사회통합

대한민국은 1980년대 후반부터 외국인노동자, 결혼이민자, 외국국적동포의 유입이 시작되었으며, 이후 다양한 이민자의 유입으로 이어지면서 그 수가 급증하여 2007년 100만 명을 넘었고, 2025년 5월말 기준 체류외국인 270만을 넘었습니다. 특히 정주형 국내 체류 외국인 및 귀화한 이민자 수가 늘어나면서 내국인과 다양한 방식으로 긴밀한 관계를 맺어가고 있습니다. 그리고 그들의 자녀들이 태어나고 자라면서 학업·취업·사회진출 문제 등이 발생하고 있습니다. 다양한 이민자와 그 자녀들을 한국 사회의 생산적이고 능동적인 구성원으로 어떻게 통합시키는가는 핵심 과제입니다.

이민자 사회통합정책은 이것을 가능하도록 지원합니다. 이를 위해 중앙정부의 각 부처와 지방자치단체별로 사회통합의 내용 및 범주에 대해 각각의 규정을 갖고 다양한 사회통합정책을 실시하고 있습니다. 김혜순(2009)은 사회통합정책에 대해 "이민자 대상의 시혜적 구제가 아니라 대중적 정서와 정책 및 제도를 이민사회에 맞게 조정해 가는데 목표를 두어야 한다. 그 대상은 결혼이민여성, 다문화가족, 국민이 될 사람, 장기체류 외국인뿐 아니라 국민이며, 국민이란 중앙 및 지방 정부의 공무원, 대중매체의 내용 생산에 관여하는 언론종사자, 학계 인사까지도 포함된다"라고 했습니다.

그러면 대한민국에서 사회통합은 언제부터 관심사가 되었을까? 사회통합은 산업화 및 민주화의 성취 이후에도 심각한 계층·세대·지역갈등으로 인해 많은 사회적 비용을 부담하면서 사회 전반의 다양한 집단 간 통합을 의미하는 용어로 사회통합이 강조되었습니다. 처음에는 주로 남북한의 통합 또는 사회 전반의 다양한 집단 간 갈등의 통합이라는 차원에서 사용해 왔습니다. 그리고 2009년 정책 용어로 도입된 것은 대통령 소속 사회통합위원회가 구성되면서부터입니다. 사회통합위원회 규정(대통령령 제22340호, 2010.8.13. 시행) 제2조 제2항은 사회통합위원회의 활동을 정하고 있는데 여기서 사회통합은 "계층, 이념, 지역, 세대, 성(性), 인종, 다문화 간의 갈등을 해소하는 것"입니다.

사회통합위원회는 2012년 연례보고서에서 사회통합의 개념을 "사회격차를 최소화하고 양극화를 예방함으로써 사회구성원 모두의 복지를 보장할 사회적 역량을 지칭한다. 그리고 통합적 사회란 민주적 수단을 통해 공통의 목표를 추구하는 자유로운 개인들로 구성된 상조적 공동체를 지칭한다(European Committee for Social Cohesion, 2004)"라고 정의하였습니다. 그리고 Beauvais & Jenson (2002)

가 제시하는 사회통합의 가능한 개념 5가지 "▶공공의 가치와 시민 문화 (Common Values and a Civic Culture), ▶사회질서와 사회통제(Social Order and Social Control), ▶사회적 유대와 부의 격차 감소(Social Solidarity and Reductions in Wealth Disparities), ▶사회적 관계망과 사회적 자본(Social Networks and Social Capital), ▶영토에 대한 애착과 정체성 (Territorial Belonging and Identity)"을 소개하고 있습니다. 이것은 세대, 지역, 계층 등의 분열된 상황을 사회통합으로 묶어 내려는 것입니다.

❶ 이민자 사회통합

이민자 사회통합이라는 용어의 공식적인 등장은 법무부 출입국외국인정책본부에 사회통합과(현 이민통합과)를 설치하면서라고 볼 수 있습니다. 이곳에서 재한외국인의 사회적응을 위한 사회통합 정책의 총괄하고 있습니다.

이민자와 관련하여 사회통합을 기본이념으로 규정하고 있는 「재한외국인처우기본법」과 「다문화가족지원법」의 경우도 사회통합의 구체적 내용은 제시되어 있지 않지만 「재한외국인처우기본법」 제1조(목적)[56] 를 토대로 사회통합에 대한 개념을 유추해 볼 수는 있습니다. 즉 사회통합이란 이민자가 한국 사회에 적응하여 구성원으로서 소속감을 갖고 개인의 능력을 충분히 발휘할 수 있도록 하고 이민자와 내국인이 서로 이해하며 존중하는 것입니다.

법무부는 이민자 사회통합을 이민자 사회통합프로그램에서도 언급하고 있습니다. "사회통합프로그램이란 재한외국인, 귀화자와 그 자녀 및 국민 등 (이하 "이민자 및 국민 등"이라 한다)이 서로를 이해하고 존중하는 다문화사회 환경을 만들어 이민자의 대한민국 사회적응을 지원하고 개인의 능력을 최대한 발휘하도록 하기 위

---

56) 제1조(목적) '이 법은 재한외국인에 대한 처우 등에 관한 기본적인 사항을 정함으로써 재한외국인이 대한민국 사회에 적응하여 개인의 능력을 충분히 발휘할 수 있도록 하고, 대한민국 국민과 재한외국인이 서로를 이해하고 존중하는 사회 환경을 만들어 대한민국의 발전과 사회통합에 이바지함을 목적으로 한다.'

한 한국어 및 외국어 등 언어, 한국사회 이해를 포함한 다문화사회 이해 등에 대한 교육 및 정보제공, 직업교육 등의 제반 활동을 말한다(이민자 사회통합프로그램 및 그 운영 등에 관한 규정 제2조)."라고 규정합니다. 그리고 외국인정책본부 정책자료(2008.5)에서도 "내·외국인 구분 없이 모든 사회 구성원들이 문화적 다양성과 인권이 동등하게 보장될 수 있도록 소수집단을 차별하거나 배제하지 않고 공동규범과 가치를 내면화하고 생활양식을 습득 함으로써 공동체를 형성하는 과정"이라고 했습니다.

❷ 이민자 사회통합기금

한국은 다문화적 상황에서 이민자 사회통합 이슈와 관련된 다양한 과제에 직면하고 있습니다. 이민자의 언어와 문화의 장벽, 경제적 불평등 및 노동시장의 이중구조, 외국인 밀집지역 형성과 고립, 인종차별적 고정관념과 편견, 이민자 자녀의 학교학습과 정체성, 부처별 분절형 정책, 성인의 국민 다문화 수용성 저하, 이민자 사회통합기금 조성 등입니다.

이와 같은 과제들 가운데 특히 이민자사회통합기금은 이민·다문화 이슈에서 국민적 동의를 긍정적으로 이끄는데 필수적인 요인이 될 수 있습니다. 따라서 이민자 사회통합기금에 대해 살펴보면, 이민선진국인 미국, 캐나다, 영국, 독일, 유럽연합(EU) 등에서는 내국인과 외국인 간의 갈등과 역차별 해소, 안정적인 사회통합을 위한 이민자 사회통합기금을 운영하고 있습니다.[57] 이것은 국민들의 조세 부담을 줄이고 저출산·고령화 같은 인구변화에 따른 생산가능인구 감소에 대비한 외국인 우수인재 유치 등 미래 성장동력을 확충할 수 있는 기반 마련, 외국인에 대한 반감 해소와 사회갈등 해소, 사회안전망 구축, 부처분절형 정책으로 인한 유사 중복 프로

---

57) EU는 '망명·이민·통합 기금(Asylum, Migration and Integration Fund, AMIF)'을 운영하여 회원국들의 이민자 통합 정책을 지원하고 있으며, 대만의 취업안정기금은 외국인 근로자를 고용하는 기업이 일정 금액을 납부하는 형태로, 외국인 근로자의 고용 안정과 복지, 훈련 등에 사용됩니다. 영국, 미국, 캐나다, 독일 등의 경우에는 이민자들이 낸 수수료를 활용하여 이민 관련 기금을 조성하고 운용하는 사례가 보고되고 있습니다.

그램 시행과 그로 인한 예산의 낭비와 비효율성 문제 해소 등을 위해 사회통합 정책의 안정적인 재원 마련을 목적으로 하는 기금입니다.

체류외국인 300만 명 시대를 앞두고 있는 대한민국도 이민자 사회통합정책을 원활하게 시행하기 위해 이민자 사회통합기금을 조속히 도입해야합니다. 대한민국 정부는 이민자 사회통합기금 도입을 적극 검토하고 있으며, 2018년 국회에서 "이민통합기금 조성 및 운용에 관한 법률안"이 발의되는 등 제도적 논의가 있었습니다. 특히, 정부가 인구 감소와 지역 소멸 대응 차원에서 (가칭)이민청 신설 등을 추진하면서, 이민자 사회통합 기금의 필요성이 더욱 증대되고 있습니다.

이민자 사회통합기금의 도입은 이민자의 사회통합을 위한 국가의 의지이며, 내·외국인이 함께 살아가는 다문화사회의 지속 가능한 발전을 위한 중요한 자원이 될 수 있습니다. 만약 이것이 도입된다면, EU의 사회통합기금과 유사한 형태로 운영될 가능성이 있습니다. 이민자 사회통합기금을 통해 외국인 재정지원의 지속 가능성을 확보하고, 부처 간 협업을 강화하여 효율성을 높이는 전략이 논의되고 있습니다.

이것은 수익자 부담 원칙 즉 이민자로 인하여 발생되는 입국·체류 허가 등과 관련한 각종 수수료 및 범칙금, 과태료, 외국인 고용 관련 기여금, 정부 출연금 및 일반예산 전입금, 민간 기부금 등을 별도의 기금으로 모아 조달하는 방식으로 고려할 필요가 있습니다.[58] 2006년 5월 "외국인 정책 기본 방향 및 추진체계"의 발표 이후 중앙정부와 지자체들의 외국인 정책 자금은 매년 급증하고 있지만 예산의 중복과 비효율적으로 운용되고 있는 것은 사실입니다.

무엇보다 2018년 발생한 제주도 예멘 난민 사태의 경우 난민 신청자들의 일시보호를 위한 중앙정부와 지자체의 지원할 수 있는 예산이 매우 부족하여 일반주민과 민간단체가 의료, 주거, 취업 지원을 담당하기도 했습니다. 그리고 약 70만 명의 국민들이 「난민법」 폐지와 예멘 난민을 쫓아내야 한다는 국민청원에 동의하기도 했습

58) 2020년 기준 이민자의 범칙금 및 과태료는 약 315억원, 전자민원 수수료 및 등록증발급 비용 약 152억원, 체류업무 및 국적업무 관련 수수료는 642억 원입니다.

니다. 외국인에 대한 차별의 골이 깊어지고 있는 시점에서 통합과 공존이라는 가치에 따른 살기좋은 다문화사회를 이루기 위하여 체계적인 정책과 정부 예산의 효율적인 조성과 운영을 위한 재원이 필요한 것입니다.

참고로 2024년 9월 26일 발표된 "신 출입국·이민정책 추진 방안"에서도 사회통합기금 조성을 위한 논의가 핵심적으로 제시되었습니다. 외국인 대상 사회통합프로그램의 재정적 지속성 확보와 교육 참여자의 책임성 강화 및 국민 부담 완화를 목적으로 하고 있습니다. 이것은 단순한 재정확보 수단이 아니라 이주민과 내국인이 더불어 함께 살아가는 사회를 만들어 가기 위한 투자라고 하겠습니다.

5) 인권

인권(Human Rights)은 모든 인간이 태어나면서부터 당연히 가지는 누려야 할 가장 기본적인 권리이자 존엄성을 의미합니다.[59] 인권은 성별, 사회적 신분, 종교, 국적, 인종 등 그 어떤 것과도 관련 없이 모든 사람에게 보편적으로 적용되는 권리입니다. 인권은 인간다운 삶을 영위하기 위한 최소한의 조건이자 사회 정의의 핵심 요소이며, 빈곤, 차별, 폭력, 기술 발전에 따른 새로운 위협, 환경파괴 등 현대 사회의 다양한 문제들은 인권과 밀접하게 연관됩니다. 우리 스스로 인권의 중요성을 인식해야 하며, 일상생활에서 타인의 인권을 존중하고, 인권침해 문제에 대해 목소리를 내는 것이 인권이 보장되는 사회를 만드는 첫걸음입니다.

인권은 세계화 시대에 국제 문제이자 국내문제이고 21세기의 핵심 주제입니다. 특히 UN의 활동과 의제는 "인권(Human Rights), 안보(Security) 개발(Development)"이라는 핵심 요소를 중심으로 구성됩니다. 이 핵심 요소는 서로 긴

59) 세계인권선언 제1조와 제2조에서 '모든 인간은 태어날 때부터 자유롭고, 존엄성과 권리에 있어서 평등하다. 인간은 이성과 양심을 부여받았으므로 서로에게 형제·자매의 정신으로 행해야 한다. 모든 사람은 인종, 피부색, 성, 언어, 종교, 정치적 또는 그 밖의 견해, 민족적 또는 사회적 출신, 재산, 출생, 기타의 지위 등에 따른 어떠한 종류의 구별도 없이 세계인권선언에 제시된 모든 권리와 자유를 누릴 자격이 있다.'라고 명시합니다.

밀하게 연결되어 상호 의존적이어서 인권이 제대로 보장되지 않는 사회에서는 불안과 불평등으로 인해 인권침해가 발생하여 지속 가능한 개발이 어렵고, 개발이 이루어지지 않으면 빈곤과 분쟁의 위험이 높아져 안보가 위협받을 수 있습니다. 반면 지속 가능한 개발을 통해 삶의 질이 향상되면 사회적 안정 가운데 인권 상황이 개선될 수 있고 이로써 평화 안보를 이룰 수 있습니다. UN은 「세계인권선언」(UDHR)을 통해 인간의 존엄성과 인권의 보편성을 강조하며, 이를 보호하고 증진하기 위한 「유엔헌장」, 「비엔나인권선언 및 행동계획」, 「시민적및정치적권리규약」(ICCPR) 및 「경제적,사회적및문화적권리규약」(ICESCR), 「인종차별철폐협약」(CERD), 「고문방지협약」(CAT), 「이주노동자권리협약」(ICRMW) 등" 다양한 국제인권규범과 "유엔 인권이사회(UNHRC), 유엔 인권최고대표사무소(OHCHR), 각종 조약 기구(Treaty Bodies) 등"의 기구를 운영하고 있습니다.

한국은 그동안 인권 보호와 증진에 있어서 상당한 발전을 이루어왔으며, 다양한 법제의 개선 노력을 기울이고 있습니다. UN에서 채택된 9개의 핵심 국제인권협약(Core International Human Rights Instruments) 중 7개 국제인권협약의 당사국"이며, 이 규약들을 성실히 이행하고 있습니다. 그리고 국가인권위원회를 통해 인권침해 사례 조사 및 구제, 인권 정책 권고, 인권 교육 및 홍보, 국제협력 등의 역할을 하고 있습니다. 국가인권위원회는 2020년 "제2차 이주인권가이드라인[60]"을 통해 이주민이 한국 사회의 구성원 중 한 사람으로서 존중받고 인종주의적 편견이 해소되는 공존의 사회로 나아가야 한다고 강조하면서 110개 핵심 추진 과제를 제시하였습니다. 한국사회에서 이주민 인권 이슈로는 "이주민 차별과 혐오, 부처분절형 정책과 법제도의 한계, 노동권 침해와 착취 구조의 지속, 불법체류 이주민의 인권, 다문화

---

60) '제2차 이주인권가이드라인'에서 10대 가이드라인은 ⓐ 인종차별 금지 및 평등한 존중 보장, ⓑ 권리구제 절차 접근 용이성 개선, ⓒ 난민 인정 절차 및 처우 개선, ⓓ 공정하고 우호적인 노동 조건 보장, ⓔ 취약계층 이주노동자 인권 증진, ⓕ 보건의료 서비스 차별 없는 보장과 접근성 확대, ⓖ 위기 상황 이주민 보호 및 사회보장제도 마련, ⓗ 이주아동 이익 최우선 원칙 보장, ⓘ 이주 여성 인권 보호 및 젠더 관점 반영, ⓙ 이주민 구금 최소화 및 인도적 대안 마련입니다.

가족 구성원의 특수성과 취약성 고려 부족, 문화적 권리와 소수자성 존중 부족, 사회적 통합 문제 등"이 있습니다.

(1) 인권의 기원과 발전

「세계인권선언」이 1948년에 제정되었다고 그때부터 인권 개념이 생겨난 것은 아닙니다. 인권은 고대부터 현대에 이르기까지 동서양 모두에서 오랜 역사적 과정에서 사상과 운동을 통해 발전해 왔습니다. 고대 그리스와 로마의 스토아학파(Stoicism)는 "모든 인간이 이성을 가진 존재이며, 따라서 자연법사상에 기초하여 평등하다"고 주장했습니다. 중세에는 종교적 가르침 속에서 인간의 존엄성이 강조되기도 했습니다. 13세기 르네상스와 더불어 영국의 「대헌장」(Magna Carta, 1215년)[61] 은 "왕의 권력을 제한하고 귀족과 자유민의 권리를 일부 인정하며, 법에 의하지 않고는 체포나 구금될 수 없다."라는 조항을 담아 근대적 헌법과 인권 보장의 초석이 되었습니다.

17~18세기에 이르러 "봉건주의 독점적인 경제에서 중상주의 사유재산권, 자유시장 인간은 인간으로서 요구할 권리가 있다."라는 자유주의적 인권 담론이 시작되었습니다. 그리고 근세 시민혁명을 거치면서 자연권 (Natural Rights) 개념이 계몽주의 사상가 John Locke, Thomas Hobbes, Jean-Jacques Rousseau 등을 중심으로 체계화되어 규범으로 정착되기 시작하였습니다.

이것은 미국 독립선언문(1776년)과 프랑스의 인간과 시민의 권리선언(1789년)이

61) 근대 헌법과 민주주의의 기초가 된 이것은 1215년 6월 15일 잉글랜드 존 왕과 귀족들 사이에 체결된 역사적인 문서입니다. 63개 조항으로 구성되어 있으며, 당시의 봉건적 관습법적 사항들을 문서로 옮긴 것이었습니다. '왕권의 제한, 법 앞에 평등, 귀족들의 권리 보장, 의회 발전의 기초 등'이 그 내용입니다. 단순한 봉건적 문서에서 출발했지만, 오늘날까지도 법치주의와 개인의 자유를 강조하는 중요한 문서로 평가받고 있습니다.

인권 개념을 확립하는 데 중요한 역할을 했습니다. 대체로 이들은 "인간은 태어날 때부터 생명, 자유, 재산 등 침해할 수 없는 자연권 (Natural Rights)을 부여받았으며, 이러한 권리는 국가나 군주가 부여하는 것이 아니라 신이 주거나 인간 본연의 이성에서 비롯된다."라고 보았습니다. 이것이 바로 천부인권(天賦人權) 사상입니다.

19세기에 들어서면서 산업혁명의 결과 여러 가지 사회적 문제들이 대두되었고, 인권의 개념은 더욱 확대되었습니다. 자유권적 인권 외에 경제적, 사회적, 문화적 권리에 대한 요구가 커지고 "노예제 폐지 및 노예무역 금지 운동 확산[62], 노동조합 결성권, 노동 시간 단축, 여성 참정권 운동, 교육권, 아동 복지, 사회복지 등"이 중요한 인권 의제로 떠올랐으며, 본격적으로 인권 문제가 국제사회 관심 논의가 되었습니다.

1919년 독일의 바이마르 헌법에 사회 보장 제도가 처음으로 명시되는 등 여러 나라의 헌법에 반영되기 시작하였으며, 1919년 「베르사유조약」의 일부로 설립된 국제노동기구(ILO)는 "결사의 자유, 단체교섭권, 강제노동 폐지, 아동노동 금지, 차별금지 등 노동 기본권을 포함한 다양한 노동 관련 협약과 권고를 채택하는 등" 노동자의 권익 보호를 위한 국제 기준을 설정하고 증진하는 데 중요한 역할을 했습니다.

20세기에 발생한 두 차례의 세계대전은 인권침해의 참혹함을 전 세계에 알리는 계기가 되었으며, 전쟁의 참혹함을 줄이고 전투원 및 비전투원을 보호하려는 노력은 전쟁법 및 국제인도법의 발전[63] 을 이끌었으며, 인권은 점점 국제적인 틀을 갖추게 됩니다. 여성과 아동의 인신매매 금지, 난민 문제 등에 관심을 가졌던 1920년 창

---

62) 노예제 폐지 및 노예무역 금지 운동의 확산 예로 1815년 「비엔나회의최종의정서」, 1841년 「유럽5대강국의런던 조약」, 1890년 「브뤼셀일반의정서」'등이 있고 1926년 「국제연맹 노예협약」이 있습니다.

63) 전쟁법 및 국제인도법의 발전에는 1864년 「제1차제네바협약」 (전상자 구호에 관한 협약), 1868년 「상트페테르부르크선언」, 1899년 및1 907년 「헤이그평화회의」, 1925년 「제네바의정서」 (질식성·독성가스 및 세균학적 작전수단 사용금지에 관한 의정서), 1929년 「제네바협약」 (포로 대우에 관한 협약 및 전상자·병자 상태 개선에 관한 협약 개정)이 있습니다.

설된 국제연맹 (League of Nations)은 국제 협력과 평화 유지의 기초를 마련했으며, 특정 국가 내 소수민족의 언어, 종교, 문화적 권리를 보호하려는 시도의 소수민족 보호 조약 (Minority Treaties)을 이끌어 냅니다. 하지만 국제연맹은 제2차 세계대전을 막지 못하면서 점차 영향력을 잃었고 결국 1946년에 해체되면서 그 기능이 유엔(United Nations)으로 승계되었습니다.

2차세계대전 이후 「UN헌장」(1945년 제정)은 인권신장과 보호를 위한 주요 목표와 원칙을 제공하였으며, 「세계인권선언」 (UDHR, 1948)으로 이어집니다. 그리고 「모든형태의인종차별철폐에관한국제협약」(1965), 「여성에대한모든형태의차별철폐에관한협약」(1979), 「고문및그밖의잔혹한비인도적인또는굴욕적인대우나처벌의방지에관한협약」(1984), 「아동권리에관한협약」(1989), 「모든이주노동자와그가족의권리보호를위한국제협약」(1990), 「비엔나세계인권회의」(1993), 「장애인차별금지협약」(2006), 「강제실종으로부터모든사람을보호하기위한국제협약」(2006)" 등으로 발전하였습니다.

❶ 주요 국가와 인권

첫째 영국의 인권 기원과 발전입니다. 영국은 "「대헌장」 (Magna Carta, 1215년), 「인신보호법」 (Habeas Corpus Act 1679), 「권리장전」 (Bill of Rights 1689)"등에서 찾아 볼 수 있습니다. ▶「대헌장」 마그나 카르타는 특수한 정치적 상황에서 만들어진 문서로써 인간의 보편적 권리를 선언한 것은 아니지만 왕의 권력을 제한하고 법의 지배 원칙을 확립한 절대권력의 분산 시도와 권리 확장을 볼 수 있습니다. 총 63개 조항으로 구성되어 있으며, 그중 특히 인권과 관련 중요한 조항들은 "제39조: 자유민은 적법한 절차 없이 체포, 감금, 추방될 수 없다. 제40조: 누구도 정당한 재판을 받을 권리를 박탈당하지 않는다."입니다. 마그나 카르타는 이후 영국의 권리장전(Bill of Rights, 1689)과 미국 헌법(1787), 세계 인권 선언(1948) 등에 영향을 미쳤으며, 오늘날에도 법치주의와 인권 보호의 상징으로 여겨지고 있습니다. ▶인신보호법은 불법적인 체포와 구금을 방지하고 개인의 신체 자유를 보호하기 위한 중요한 법적 장치였습니다. 인권 관련 주요 내용을 보면 국가 권력에 의한 자의적인 체포와 구금을 방지, 적법한 절차의 신속한 재판 보장, 사법부의 독립 강조 즉 국왕조차도 이 법을 무효화 하거나 변경할 수 없고 법원의 결정에 따라야 한다.입니다. ▶권리장전은 영국 절대주의를 종식시키고 근대 시민사회로 이행하는 데 결정적인 역할을 한 역사적 문서입니다. 주요 내용은 의회의 동의 없는 법률의 효력 정지 또는 집행 정지 금지, 의회의 동의 없는 과세 및 평시 상비군 징집 금지, 의회 선거의 자유 보장, 의회 내 언론의 자유 및 의원 면책 특권 보장, 국민의 청원권 보장, 지나친 보석금, 벌금, 잔인한 형벌 금지 등입니다. 주요 인물로는 Thomas Hobbes (1588~1679)와 John Locke (1632~1704)가 있습니다. 그는 사회계약론(Leviathan, 1651)에서 "개인이 사회계약을 통해 이성에 따라 자신의 자연권을 주권자에게 위임하고, 주권자에게 복종하여야 한다."라고 했습니다. 그리고 John Locke(1632~1704)는 사회계약론에서 "개인은 국가나 군주에 복종해야 하며 주권은 국민이 갖고 있다. 만약 지배자가 계약에 의한 위탁받은 권한을 넘어서거나 자연권을 유린하면 시민은 저항할 수 있다."라고 했습니다.

둘째 프랑스의 인권 기원과 발전입니다. 프랑스는 "대혁명과 인간과 시민의 권리선언 (Déclaration des droits de l'homme et du citoyen, 1789년)"이 있습니다. 이것은 인간의 자연적이고 양도할 수 없는 신성한 권리를 명시하고 있습니다. 특히 제1조에서 "인간은 자유롭고 평등한 권리를 가지고 태어나며 살아간다. 사회적 구별은 오직 공공의 필요를 위해서만 허용된다."라고 했으며, 이것은 유럽 대륙 최초의 인권선언으로 "모든 인간이 태어날 때부터 자유롭고 평등하다는 혁명적인 사상"을 담고 있습니다. 그리고 나머지 조항들에서 "자유, 재산권, 안전, 압제에 대한 저항권, 사상의 자유, 언론의 자유, 소유권의 신성불가침 등"이 명시되어 있으며, "모든 주권은 본질적으로 국민에게 있다."라고 명시하여 국민이 국가의 주인임을 천명하고, 모든 시민은 법 앞에서 평등하다고 했습니다. 다만 인간(homme)이라는 표현이 남성만을 의미하는 것으로 해석되어 여성이나 식민지 주민의 권리는 배제되는 한계는 있습니다. 주요 인물로는 장 자크 루소 (Jean-Jacques Rousseau, 1712~1778)와 몽테스키외 (Montesquieu, 1689~ 1755)가 있습니다. 루소는 사회계약설과 국민 주권론을 주장했습니다. 즉, "사회계약론은 자연권의 양도는 불가하며, 인간의 천부 자연권인 자유와 평등의 보장"을 강조합니다. 그리고 "국민주권론에서 국가는 개인들이 자유롭게 맺은 계약에 의해 형성되며, 주권은 국민 전체에게 있다."라는 사상입니다. 그리고 그는 "공동의 선과 공동이익을 추구하는 일반의지를 강조하여 직접 민주정치를 주장"합니다. 이러한 그의 사상은 프랑스 혁명의 바탕이 되었습니다. 또한 몽테스키외는 "삼권분립을 주장하여 권력이 특정 개인이나 단체에 집중되는 것을 막아야 한다."라고 했습니다. 이것은 프랑스의 인권선언과 헌법 제정에 큰 영향을 미쳤습니다.

셋째 미국의 인권 기원과 발전입니다. 미국은 "인권의 보편성과 불가침성을 천명한 상징적인 문서 독립선언문 (Declaration of Independence, 1776)[64], 종교의 자유를 행사할 권리와 자유를 박탈당하지 않을 권리를 언급한, 즉 국가의 간섭으로부터 보호받아야 할 자유권 포함의 버지니아권리선언 (Virginia Declaration of Rights, 1776)[65], 노예를 제외한 모든 사람은 신체·표현·결사·신앙의 자유를 가지고 있으며, 배심원단에 의한 재판을 받을 권리를 가진다는 헌법(1789), 버지니아 권리선언을 모델로 한 권리장전 (Bill of Rights, 1791)[66], 노예 제도 폐지 (수정헌법 제13조, 1865), 여성 참정권 운동 (수정헌법 제19조, 1920), 루스벨트의 4가지 자유

---

64) '인간은 자연상태에서 이성을 가진 자립적인 존재이며, 모든 인간은 생명·자유·행복을 추구할 권리를 갖는다.'라는 John Locke의 자연법사상 영향을 받았습니다. '모든 사람은 평등하게 창조되었으며, 창조주로부터 양도할 수 없는 특정 권리, 즉 생명, 자유, 그리고 행복추구권을 부여받았다.'라고 선언했습니다.

65) '모든 인간은 태어날 때부터 동등하게 자유롭고 독립적이며, 특정한 고유의 권리를 가지고 있다.'라고 선언하며 생명, 자유, 재산권, 행복추구권, 언론의 자유, 종교의 자유 등을 명시했습니다.

66) 수정헌법으로 '언론, 종교, 집회, 청원의 자유 (수정 제1조), 무기 소지권 (수정 제2조), 영장주의 (수정 제4조), 적법 절차, 이중 위험 금지, 자기 부죄 거부 (수정 제5조), 공정한 재판 및 변호권 (수정 제6조), 잔인하고 비정상적인 형벌 금지 (수정 제8조) 등'이 포함되어 있습니다.

(1941년)[67], 1964년 시민권법 (Civil Rights Act of 1964), 1965년 투표권법 (Voting Rights Act of 1965), 장애인 차별 금지법 (Americans with Disabilities Act, 1990) 등"이 있습니다.

❷ 종교와 인권

첫째 기독교입니다. 기독교에서 모든 사람은 하나님의 형상 (Imago Dei)대로 창조된 평등한 존재로서 동일한 도덕적 지위를 갖습니다. 이것은 인간이 그 자체로 신성한 가치와 존엄성을 지닌 존재라는 것이며, 모든 인간의 평등성과 고유한 가치를 인정하는 인권의 기초가 됩니다. 기독교의 가르침의 예로 장애인차별 금지, 이방인이나 가난한 사람 괴롭히지 말라, 네 이웃을 내 몸과 같이 사랑하라, 재물을 탐하지 말라(재산권), 살인하지 말라(생명권) 등이 있습니다. 예수님의 가르침은 인권의 핵심 원칙들과 깊은 연관이 있습니다. 예를 들면 "이웃을 자기 몸과 같이 사랑하라는 가르침 (마태복음 22:39), 가난하고 병들고 소외된 자들에게 특별한 관심을 보이고 그들을 돕고 치유하심 (소수자 보호), 당시 사회에서 천대받던 여성, 어린이, 세리, 죄인 등에게도 차별 없이 다가가심(평등권) 등"입니다. 초기 기독교는 로마 제국의 박해 속에서도 신앙의 자유와 개인의 양심을 지키려고 노력하였고 종교의 자유라는 인권 개념의 씨앗이 되었습니다. 중세에 마르틴 루터의 종교개혁은 "만인 제사장설"을 통해 모든 신자가 하나님 앞에서 동등하며, 성직자의 중재 없이 직접 하나님께 나아갈 수 있다는 사상을 확산시켰습니다. 영국의 권리장전(1689) 역시 종교의 자유와 의회의 권한을 강조하며 기독교적 배경을 가지고 있습니다. 18~19세기 영국과 미국의 노예제도 폐지 운동은 윌리엄 윌버포스 (William Wilberforce)와 같은 독실한 기독교인들이 주도했습니다. 20세기 미국의 흑인 민권 운동은 마틴 루터 킹 주니어

---

67) 4가지 자유는 '언론과 표현의 자유 (Freedom of Speech and Expression), 신앙의 자유 (Freedom of Worship), 결핍으로부터의 자유(Freedom from Want), 공포로부터의 자유(Freedom from Fear)'입니다.

목사와 같은 기독교 지도자들이 성경적 사랑과 정의를 바탕으로 비폭력 저항 운동을 이끌었습니다. 1970~1980년대 한국의 권위주의 정권 아래에서 기독교는 한국의 민주화와 인권운동의 중요한 축을 담당했습니다. 이처럼 기독교는 인간의 존엄성, 사랑, 자비, 평등 등의 핵심 가치를 통해 약자와 소외된 자를 향한 인권 발전에 중요한 영감을 제공하였으며, 역사적으로 많은 인권운동의 동력이 되었습니다. 1968년 인권옹호를 위하여 노력한 업적으로 노벨평화상을 수상한 프랑스의 법률가 Rene Samuel Cassin (1887~1976)은 "인권의 개념은 성경과 구약, 십계명에서 비롯된 것이다."라고 했습니다.

둘째, 불교입니다. 불교는 크게 소승불교와 대승불교로 나뉩니다. 소승불교는 자기 수행과 해탈이고, 대승불교는 대중 구원입니다. 그러나 공통된 가르침은 "사람들이 내면의 각성과 참된 자유를 누릴 가능성, 팔정도의 실천과 열반, 비폭력적이고 평화주의 (살생 금지) 등"입니다. 모든 생명의 존엄성, 자비, 평등, 비폭력의 가치는 인권의 근본이 됩니다. 부처님은 "당시 인도 사회의 엄격한 카스트 제도를 부정하고, 인간의 귀천은 태어날 때 결정되는 것이 아니라 수행과 행위에 따라 결정된다."라고 가르쳤습니다. "출신 때문에 천해지는 것도 아니요, 출신 때문에 고귀해지는 것도 아니다. 행위에 의해 천해지기도 하고 행위에 의해 고귀해지기도 한다."라는 부처의 가르침은 모든 인간의 본질적인 평등성을 강조하며 차별을 부정하는 인권의 중요한 원칙과 일치합니다. 고대 인도 마우리아 왕조의 아소카 대왕은 불교의 자비 사상을 바탕으로 "공정한 사법 제도, 종교적 관용, 비폭력, 동물보호 등"을 내용으로 하는 칙령을 반포하여 고대 사회에서 인권적 가치를 국가 통치 이념으로 삼으려 했습니다. 달라이 라마를 중심으로 한 티베트 불교는 중국의 지배에 맞서 "비폭력적인 방식으로 티베트 민족의 자결권과 인권을 옹호"하고 있습니다. 1980년대 한국의 민주화 과정에서 불교계는 10.27 법난과 같은 탄압을 겪으면서도 군사 정권의 인권 유린에 맞서 싸우고 사회 정의 실현에 앞장섰습니다. 불교인권위원회와 같은 단체들은 현재까지 다양한 사회적 약자들의 인권옹호 활동을 펼치고 있습니다. 불교는 자비, 평등, 불살생 등의 사상을 통해 모든 생명의 존엄성과 상호 의존성을 강조하며, 현대 인권 개념의지지 기반이 되고 있습니다. 부처의 가르침은 "고통받는 모든 존재에 대한 연민과 차별 없는 존중을 요구"하므로 인권의 보편성과 불가침성에 깊이 연결됩니다.

셋째 이슬람교입니다. 이슬람 인권 사상의 기초는 주로 이슬람의 경전인 꾸란(Quran)과 무함마드 (Muhammad)의 가르침인 하디스 (Hadith)에 있습니다. 이슬람은 모든 인간이 알라 에 의해 창조되어 평등하다고 가르칩니다. 꾸란은 인종, 피부색, 언어, 성별, 종교적 신념, 사회적 지위 등에 따른 차별은 없어야 하고, 모든 인간이 기본적인 존엄성을 가지고 있음을 강조하여 인권의 보편성과 비차별 원칙과 일치합니다. 이슬람은 생명을 신성하게 여기고 정의와 공정을 중요시하며 모든 사람에게 공정한 대우를 하라고 가르칩니다. 꾸란과 하디스는 고아, 과부, 가난한 자 등 사회적 약자에 대한 자선과 보호를 강조합니다. 이는 사회적 약자와 소수자의 권리를 옹호하는 현대 인권 개념과 맥을 같이 합니다. 카이로 이슬람 인권 선언 (Cairo Declaration on Human Rights in Islam, CDHRI, 1990)은 이슬람 협력 기구(OIC)가 채택한 이 선언은 이슬람적 관점에서 인권을 정의하려 시도했습니다. CDHRI는 "이 선언문에 명시된 모든 권리와 자유는 이슬람 샤리아 (이슬람교의 율법이며 규범 체계)의 지배를 받는다(제24조)."라고 명시하여, 샤리아가 인권의 궁극적인 근거임을 강조합니다. 이것은 유엔 세계인권선언 (UDHR)과는 종교의 자유, 여성의 인권, 자유권에서 해석의 충돌을 발생시킵니다. 이슬람은 모든 인간의 존엄성과 평등, 정의, 약자 보호 등 인권의 핵심 가치와 일치하는 풍부한 사상적 기반이 있습니다. 특히 꾸란의 의의는 주거지에서 추방당하지 않고 삶의 터전에서 살 권리, 박해를 피해 이주할 권리를 가르칩니다. 그러나 동시에 이슬람 율법인 샤리아의 특정 해석과 적용, 그리고 일부 이슬람 국가의 정치적 현실은 현대 국제 인권 규범과 충돌하는 지점을 만들어 내고 있습니다.

(2) 인권의 특성과 원칙

「세계인권선언」(1948) 이후 인권은 국제적 발전을 하였고 그 과정에서 특성과 원칙이 만들어졌습니다.

인권의 특성과 원칙에는 "▶인간이 태어날 때부터 자연적으로 부여받은 권리 (생득권 Birthright)라는 의미의 천부성 (Inherent/Natural), ▶지구상의 모든 인간은 사람이라는 이유만으로 다양성과 차이를 인정하기에 인종, 성별, 국적, 종교 등에 관계없이 인권을 누릴 자격이 있다는 의미의 보편성 (Universality), ▶인권은 전 세계 누구에게도 똑같은 기반이고 똑같이 강조되어야 하며 공정하고 평등하게 다루어져야 하는 누구에게도 양도하거나 포기할 수 없는 권리라는 의미의 양도불가분성 (Inalienability), ▶인권은 서로 연결되어 있어서 어떤 권리가 침해되면 다른 권리도 영향을 받을 수 있으며, 어떤 인권의 실현은 다른 인권의 실현에 영향을 준다는 상호의존성 (Interdefendence), ▶인권은 영원히 보장되어야 하는 권리라는 의미의 항구성 (Perpetuity), ▶인권은 보편적인 권리로써 차이를 존중할 때 가능한 평등과 단지 특정한 범주 즉 인종, 성별, 종교, 출신, 장애, 성적 지향 등에 속한다는 이유만으로 인간을 부정적인 특성으로 구별 배제하는 것에 대한 거부의 비차별 즉 평등 및 비차별의 원칙 (Equality and Non-discrimination), ▶국가를 포함한 모든 행위자들은 자신의 권리를 행사할 수 있으며 인권을 존중, 보호, 이행할 책임이 있다는 책임성의 원칙 (Principle of Accountability), ▶인권은 국가에 의해 선언되고 입법부에 의해 확립된 법적 규정에 따라 보호되어야 하고[68] 법원에 의해 집행이 가능해야 하며 국가와 정부를 법적으로 구속할 수 있어야 하고 또한 인권을 보호하기 위

---

68) '국가는 개인이 가지는 불가침의 기본적 인권을 확인하고 이를 보장할 의무를 진다(헌법 제10조).' 인권은 사회적 제도와 규율에 근거한 약속과 거래 행위에서 찾을 수 있는 제도성이 있습니다. 따라서 한국은 인권의 국내법적 보장 즉 헌법을 통해 보장하고 있으며, 국제규약에도 가입하여 국제인권법, 국제관습법으로 확대 적용하는 세계적 추세를 반영하고 있습니다.

한 절차와 구제 장치도 마련되어야 한다는 의미의 법적 보호의 원칙 (Principle of legal protection), ▶인권을 실현하는 과정에서 반대에 있는 다른 권리를 불가피하게 제한해야 하는 경우가 종종 있으므로 권리의 제한은 공동체 구성원 모두의 인권 보호와 증진을 목표로 법률에 규정된 최소한의 기준과 원칙을 따라야 한다는 의미의 자유와 권리의 한계 (Limits of Freedom and Rights)[69]" 등이 있습니다.

❶ 차이와 차별

인권은 인간의 존엄성입니다. 인간의 존엄은 사람과 사람의 차이에 대한 상호 인정이 핵심입니다. 자신이 추구하는 가치에 따라 자유롭게 삶을 영유하는 자율입니다. 인간의 존엄성을 실현하고 인권을 보호하기 위한 자유[70] 그리고 자율과 자유에 대한 보장은 모든 인간은 평등하다는 민주주의를 요청합니다. 사람들은 각각 종교적으로, 정치적으로, 사회적으로 다른 신념을 가질 수 있습니다. 각각 옳고 그름에 대한 분별이 다를 수 있습니다. 각각 추구하는 열망과 이해가 다를 수 있습니다.

이러한 것들은 다른 사람들과 평등하게 함께 살아가는 기본적인 전제 조건이 됩니다. 그리고 차이에 대한 인정이 없으면 차별이 됩니다. 차별은 인권 문제입니다. 차별 없는 평등은 인간 존엄의 기본 원칙이자 권리입니다. "인종, 성별, 언어 및 종교 (유엔헌장 제1조의 3)" 또는 "인종, 피부색, 성별, 언어, 종교, 정치적 혹은 다른 견해, 민족·사회적 출신 배경, 재산, 태생, 기타 다른 지위 (세계인권선언 제2조)"로 인한 차별은 금지되어 있습니다.

---

69) 자유는 타인에게 피해를 주지 않는 한 모든 것을 행할 수 있다는 데 그 의미가 있으나 자유권을 전제로 하지 않으면 사회권의 보장이 불가능한 경우가 많고, 사회권이 보장되지 않는다면 자유권 행사는 어려울 수 있습니다.

70) 기본적인 4가지 자유에는 언론의 자유를 포함한 표현의 자유, 종교의 자유를 포함한 사상과 양심의 자유, 모든 사람이 인간답게 살 수 있는 조건과 기회를 의미하는 결핍으로부터 자유, 누구도 자신의 의사에 반해 강요나 감시를 받지 않고 평화롭고 안전한 삶을 누리는 공포로부터 자유가 있습니다.

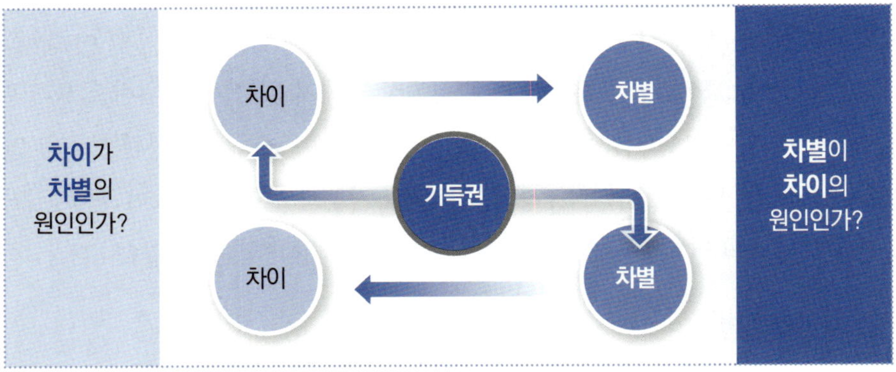

그림1-3 차이, 차별, 그리고 기득권

차별은 기득권[71] 이 부정적으로 혹은 나쁘게 사용하여 기득권자가 이미 자신이 가진 것을 지키려고 차이에 위계와 서열을 매길 때 발생합니다.[72] 그리고 그 차이를 이유로 분리, 구별, 배제, 불리한 대우 또는 우대를 합니다. 차별을 합리화하는 고정관념과 편견에는 "통계가 증명한다, 평균적으로 그렇다, 능력을 볼 뿐이다, 개인적인 선호일 뿐이다." 등이 있습니다.

국제법에 금지되는 차별은 "모든 사람은 법 앞에 평등하며, 어떤 차별도 받지 않고 법에 의해 동등한 보호를 받는다. (시민적 및 정치적 권리에 관한 국제규약 제26조)."입니다. 법은 어떤 종류의 차별도 금지해야 하고 인종, 피부색, 성별, 언어, 종교, 정치적 혹은 기타 견해, 국적 혹은 사회적인 태생, 재산, 출생을 비롯한 기타 신분에 근거한 차별에 대항하여 모든 사람에게 동등하며 효과적인 보호를 보장해야만 합니다.

71) 기득권은 특정한 자연인, 법인, 국가가 정당한 절차를 밟아 이미 차지한 권리입니다. 이것은 특권층 혹은 초법적 지위를 누리는 일부 사회 권력층을 비판하는 뜻으로 쓰이기도 합니다. 따라서 평등과 불평등 사이를 언급함에 있어 정당한 기득권과 나쁜 기득권으로 생각해 볼 수 있습니다. 오늘날 기득권의 불가침은 인정되지 않으나 입법 정책상 기득권은 될 수 있는 한 존중되어야 합니다(法律不遡及의 원칙).

72) 과거 미국에서 흑인에게는 선거권을 주지 않았던 것, 프랑스에서 무슬림 여성에게 히잡 같은 이슬람식 두건을 쓰지 못하게 하는 것 등의 차별적 정책은 적절한 예가 될 수 있습니다.

❷ 소수자 보호

모든 사람은 보편적 인권을 누릴 권리를 가집니다. 인권은 소수자의 권익을 보호하고 그들의 참여를 보장하는 기제입니다. 그렇지만 소수자들은 종종 신체적, 사회적, 문화적 특징 등으로 다른 집단과 구분 배제되거나 무시당하고 차별받는 존재입니다. 소수자는 단순히 수가 많고 적음의 의미보다는 권력관계에서 약자의 위치, 불리한 위치에 있는 사람들입니다. 소수자는 신체적·문화적·사회적 특징 등으로 인해 사회의 다른 구성원들로부터 불이익을 당하거나 차별받으며, 자신이 차별받는 집단에 속해있다는 자각을 하는 사람들을 가리킵니다. 소수자는 다문화주의가 지향하는 평등과 차이를 매개하기 위한 요소이므로 소수자에 대한 차별과 배제는 사회적 갈등을 일으키고 사회적 통합을 저해합니다. 다문화사회통합의 실현을 위해 소수자의 자기 결정권 인정과 주류사회에 포용하는 과제를 간과하지 말아야 합니다.

그러므로 차별의 대상이 되어왔던 소수자의 인권이 적극적으로 보호되도록 법과 제도를 마련하고 포용적인 사회를 만드는 등의 소수자 보호정책이 반드시 필요합니다. 다양한 배경과 관점을 지닌 소수자의 존재는 사회의 다양성을 가져오고 새로운 관계성을 형성하며 새로운 아이디어와 창의성을 촉진합니다. 이들을 존중하고 보호함으로써 그 사회는 더욱 역동적으로 발전할 수 있으며, 평등권은 소수자의 권리를 보호하는 중요한 출발점이 됩니다.

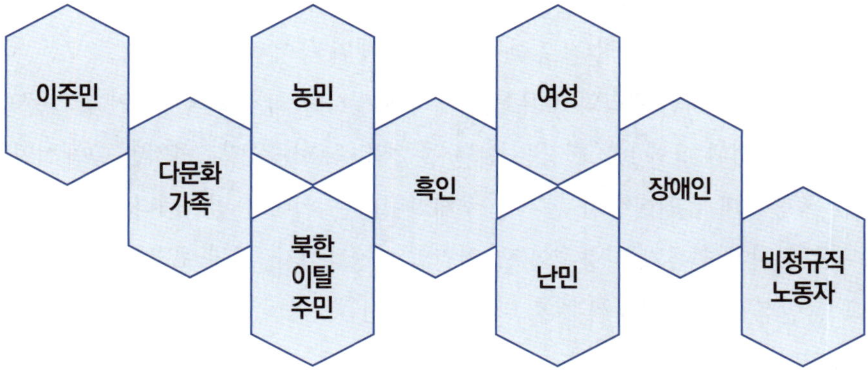

그림1-4 소수자의 범위

소수자 보호는 사회적, 정치적, 법적 차원에서 소외된 집단의 권리를 보장하고 차별을 방지합니다. 이것은 민주주의와 인권의 핵심 원칙 중 하나입니다. 「세계인권선언」(1948년)과 「유엔 인권협약」 등이 소수자 보호를 명시하고 있습니다. ▶사회적으로는 교육, 의료, 고용 등에서 소수자가 동등한 기회를 가질 수 있도록 지원해야 합니다. 시민사회 단체들이 이들을 위한 인권옹호 활동을 펼쳐야 합니다. 인식 개선을 위한 교육 및 캠페인을 진행해야 합니다. ▶정책적으로는 과거의 차별을 보정하기 위해 소수자 집단에게 교육, 고용 등에서 우대 조치를 취하는 정책 Affirmative Action이 이루어져야 합니다. 다양한 문화와 배경을 가진 사람들의 정체성을 존중하고 공존을 위한 정책을 추진해야 합니다. 소수자 대상별 물리적, 정보적 접근성을 높이는 정책을 시행해야 합니다. ▶문화적으로는 사회적 편견을 줄이고, 다양성을 존중하는 문화를 형성하는 것이 중요합니다. 교육과 미디어를 통해 소수자에 대한 올바른 인식을 확산할 수 있습니다.

(3) 세계인권선언

인권은 경험적 개념의 권리이며 만들어지는 권리입니다. 「세계인권선언」 (UDHR)은 1948년 12월 10일 파리에서 개최된 제3차 유엔총회에서 채택된 인류 역사상 가장 중요한 문서로 모든 인간의 기본적인 권리를 명확히 규정한 인권선언입니다. 세계 1, 2차 대전을 겪으면서 인간의 잔혹성, 야만적인 행위 등에 대한 반성으로 모든 사람이 누려야 할 기본적인 권리와 자유를 상세하게 명시한 최초의 국제적인 합의문입니다. 1945년 창설된 유엔(UN)헌장은 인권 존중의 중요성을 강조하지만 구체적인 내용은 부족했는데 유엔헌장의 취지를 구체화했다는 의미가 있습니다. 이것은 법적 구속력은 없지만 인류가 지향해야 할 인권의 이정표이자, 인권 보호를 위한 국제적 노력의 출발점입니다. 따라서 이후 다양한 국제인권협약의 기반이 되었고 각국의 헌법에 반영되고 있습니다.

「세계인권선언」은 모두 30개 조항으로 "제1~2조 모두의 평등과 존엄, 제3~21조 시민적 및 정치적 권리 (1세대 인권, 자유권), 제22~27조 경제적·사회적 및 문화적 권리 (2세대 인권, 사회권), 제28~30조 집단적 권리 (3세대 인권, 권리와 의무)"로 구성되어 있습니다. 제1~2조에는 "인간의 존엄과 권리의 평등", 제3~21조에는 "생명권·자유권·신체의 안전권, 노예금지, 고문금지, 법 앞의 평등 및 동등한 법의 보호, 자의적 체포·구금·추방 금지, 공정한 재판을 받을 권리, 사생활·가족·주거·통신의 비밀 보장, 이동의 자유 및 망명권, 국적의 권리, 혼인 및 가족의 권리, 재산권, 사상·양심·종교의 자유, 의견 및 표현의 자유, 평화로운 집회 및 결사의 자유, 정치 참여의 권리", 제22~27조에는 "사회 보장권, 노동권 및 공정한 보수, 휴식 및 여가권, 적절한 생활 수준을 누릴 권리, 교육권, 문화생활 참여 및 과학·예술 향유권". 그리고 제28~30조에는 "사회적 질서의 권리, 의무와 책임, 권리 남용 금지"로 구성되어 있습니다.

(4) 7개 국제인권협약

대한민국이 가입한 7개 국제인권협약은 「시민적및정치적권리에관한국제규약」(International Covenant on Civil and Political Rights, ICCPR, 1990.4.10. 가입), 「경제적,사회적및문화적권리에관한국제규약」(International Covenant on Economic, Social and Cultural Rights, ICESCR, 1990.4.10. 가입), 「모든형태의인종차별철폐에관한국제협약」(International Convention on the Elimination of All Forms of Racial Discrimination, CERD, 1978.12.5. 가입), 「여성에대한모든형태의차별철폐에관한협약」(Convention on the Elimination of All Forms of Discrimination against Women, CEDAW, 1984.12.27. 가입), 「고문및그밖의잔혹한,인도적인또는굴욕적인대우나처벌방지에관한협약」(Convention against Torture and Other Cruel, Inhuman or Degrading Treatment or Punishment, CAT, 1995.1.9. 가입), 「아동의권리에관한협약」(Convention on the Rights of the Child,

CRC, 1991.11.20. 가입), 「장애인의권리에관한협약」(Convention on the Rights of Persons with Disabilities, CRPD, 2008.12.11. 가입)입니다.

그런데 한국이 아직 "가입하고 있지 않은 협약은 「모든이주노동자와그가족의권리보호에관한국제협약」(International Convention on the Protection of the Rights of All Migrant Workers and Members of Their Families, CMW), 「강제실종으로부터모든사람을보호하기위한국제협약」(International Convention for the Protection of All Persons from Enforced Disappearance, CED)"입니다.

(5) 국가인권위원회

국가인권위원회는 2001년 11월에 출발하였으며, 이것의 출발은 한국사회의 인권 수준을 끌어올림과 동시에 민주주의 발전 역사에서 획기적인 사건입니다. 이것은 국제적으로 보편화된 제도로 국가인권기구(National Human Rights Institution)의 한 형태입니다. 이것은 종합적인 인권 전담 국가기구로 국제 인권 규범을 국내에서 실행하는 준 국제기구이며, 국내의 경험을 토대로 한 국제인권기준의 발전이라는 쌍방향의 과정에서 매개자 역할을 합니다. 그리고 이것은 독립적인 국가기관이며, 준사법기구로서 인권옹호자 역할의 특성이 있습니다. 형식으로는 국가기관이면서 다른 국가기관의 권력 행사를 인권의 관점에서 감시하고 견제하는 역할을 수행합니다. 국가인권위원회는 입법, 사법, 행정부 어느 곳에도 소속되지 않는 독립적인 국가기관으로 만들어졌습니다. 국가인권위원회의 주요 기능은 정책 기능, 조사·구제 기능, 교육·홍보 기능, 그리고 국내외 협력 기능입니다.

한국의 국가인권위원회는 김대중 정부에서 국정과제에 포함되어 설립이 추진되었으며, 2001년 5월 국가인권위원회법 제정에 이어 출발했습니다. 국가인권기구의 설립은 인권이 국가의 존재 이유이자 존립 목적임을 법적으로 재확인하고 제도적으로 보장하게 되었습니다. 국가인권위원회법 제1조는 "모든 개인이 가지는 불가침의 기본적 인권을 보호하고 그 수준을 향상시킴으로써 인간으로서의 존엄과 가치를 실현하고 민주적 기본질서의 확립에 이바지함을 목적으로 한다."라고 합니다. 그리고

국가인권위원회법 제4조는 법률의 적용 범위를 국내 체류 외국인까지 확대하고 있습니다.[73]

(6) 다문화사회와 인권

국경을 넘는 이주와 더불어 다양한 인종, 민족, 문화적 배경을 가진 사람들이 함께 살아가는 다문화사회로의 진전은 사회적 소수자인 이주민을 사회적 약자로서 인권과 관련된 다양한 도전 과제에 직면케 하고 있습니다. 따라서 다문화사회에서 인권은 모든 구성원의 존엄성과 평등을 보장하고, 서로의 다름을 존중하며 조화롭게 공존하기 위한 핵심적인 가치입니다. 다문화사회에서 모든 구성원의 인권이 존중되고 보호될 때, 비로소 사회는 문화적 풍요로움과 역동성을 가져다주고 이주민 사회통합과 지속 가능한 발전이 가능합니다.

다문화사회에서 인권이 특별히 강조되는 이유는 이주민은 언어, 문화, 외모 등의 차이로 인해 사회적 차별과 편견에 직면할 가능성이 높습니다. 특히 순혈주의와 같은 다른 인종에 대한 배타 의식이 강한 사회에서는 인권 문제가 발생할 가능성이 높습니다. 그리고 이주민들에게 주류문화를 일방적으로 수용하도록 강요하는 동화주의적인 태도는 인권침해가 될 수 있습니다. 따라서 다문화사회에서 이주민의 인권은 이주민들만의 문제가 아니라 함께 살아가는 모두의 문제이며, 정치·사회·문화라는 총체적인 삶의 문제로 접근하는 이주민에 대한 인권 인식의 전환이 필요합니다.

❶ 다문화사회에서 일어날 수 있는 인권 문제의 유형

▶차별과 편견 그리고 배제입니다. 이주민의 피부색, 외모, 출신 국가 등에 대한 편견에 의한 인종차별과 혐오 표현입니다. 인종이나 출신 국가에 대한 편견에 기반한 혐오 발언, 차별적 언행, 폭력 증오 범죄 등의 발생입니다. 모국어 사용에 대한 비하, 문화적 관습에 대한 이해 부족으로 인한 차별적 대우를 합니다. 사회 구성원

---

73) 국가인권위원회법 제4조 '이 법은 대한민국 국민과 대한민국의 영역에 있는 외국인에 대하여 적용한다.'

으로 인정받지 못하고 배제를 당합니다. 그러므로 다문화 교육을 확대하여 다양한 문화에 대한 이해를 높이고, 다문화 감수성을 키우는 프로그램을 운영할 필요가 있습니다. 정부 차원에서 이주민을 위한 법적 보호와 지원을 강화해야 하고 이주민에 대한 긍정적인 인식을 확산시킬 필요가 있습니다. 그리고 지역사회가 함께 어울릴 수 있는 다양한 수단을 통해 자연스러운 교류를 촉진할 필요가 있습니다.

▶사회경제적 불평등입니다. 동일 노동에 대한 임금차별, 임금체불, 부당해고, 장시간 노동, 열악한 노동환경 등의 노동인권 침해를 당할 수 있습니다. 이주배경의 자녀들이 교육 기회에서 불이익을 받거나, 정체성 혼란을 경험할 수 있습니다. 사회적 지원이 부족할 수 있습니다. 이주민은 언어 장벽, 문화 차이, 제한적인 사회적 관계망 등의 이유로 사회적으로 고립되기 쉽습니다. 난민 인정 절차가 복잡하여 난민 신청자는 심사 대기 기간 동안 경제적 어려움과 심리적 불안정을 경험합니다. 불평등 문제는 단순한 경제적 격차 이외에 사회적 권력관계와도 연결됩니다. 주거, 의료서비스, 노동시장 등에서 이주민이 경험하는 어려움 해결을 위해 보다 포괄적인 정책이 필요합니다. 교육 환경 개선, 지역사회 포용성 확대, 제도적 지원 강화 등이 필요합니다.

▶한국에서 이주민은 비자에 따라 계층별로 법의 적용이 다르며, 일부 권리가 제한적이어서 이주민의 법적 인격은 취약합니다.[74] 법적·제도적 미비로 사각지대가 발생합니다. 이주민의 법적 지위에 대한 것은 헌법이 보장하는 범위 내에서 [75] 정책

74) 헌법과 각종 법제에서 국민이라는 법적 인격 용어를 사용하고 있으며, 외국인 관련 법제에서 특정 외국인 집단이 배제되고 있습니다. 그리고 행정 인격 처우에서 합법적 체류 외국인이 내국인과 동등한 처우를 받지 못하는 사례가 발생하기도 합니다.

75) "외국인은 국제법과 조약이 정하는 바에 의하여 그 지위가 보장된다(헌법 제6조 제2항)." 그리고 이주민의 인권에 대해 국가인권위원회법 제2조 '인권이란 헌법 및 법률에서 보장하거나 대한민국이 가입비준한 국제 인권조약 및 국제관습법에서 인정하는 인간으로서의 존엄과 가치 및 자유와 권리를 말한다.'와 제6조 '사용자가 근로자에 대하여 남녀, 국적, 신앙, 또는 사회적인 신분을 이유로 근로조건에 대하여 차별하지 못하도록 명시적으로 규정'하고 있습니다.

적 판단에 따라 이루어져야 하는 문제입니다. 그러나 그들의 인권을 보호받을 수 있는 법과 제도의 영역 안으로 진입하지 못하는 이주노동자 가족, 미등록이주민, 무국적자 등과 같은 사각지대에 놓이는 소외계층이 발생합니다. 이들은 법적 보호를 받기 어렵기 때문에 인권침해에 노출됩니다. 언어 장벽이나 법적 지위의 불안정성으로 인해 적절한 사회보장 혜택에서 소외되기도 합니다. 그러므로 인권의 실현은 인간다운 생활 보장만으로는 불가능하며, 국가는 법제도의 보완과 적극적인 정책이 필요합니다.

▶다문화라는 이름으로 모든 이주민을 사회적 약자로 동일시하거나 미등록 이주민을 형사범으로 대하거나 이주민에 대해 시혜적 태도를 취하는 것은 또 다른 인권문제를 발생시킬 수 있습니다. 이주민을 단순히 사회적 약자로 보는 것이 아니라, 사회구성원으로서 다양한 측면의 기여자라는 인식이 필요합니다. 이주민에게 일방적이고 시혜적인 복지 제공은 비교적 빠르고 쉽게 복지서비스를 제공할 수 있다는 장점이 있지만 지속 가능성과 자립을 고려하지 않기 때문에 이주민의 주체적인 삶을 무너지게 하고 역차별의 논란을 낳습니다. 따라서 한국과 같은 복지국가에서 생산적 복지를 지향할 필요가 있습니다. 그리고 미등록 이주민을 형사범으로 대하는 태도는 인권침해 논란이 많습니다. 미등록 이주민을 단속하는 과정에서 인권 침해가 상호 발생한다는 지적이 제기되고 있으며, 단속을 피하려다 사고를 당하는 사례(2022년 7월, 경기 군포)라든가 단속에 저항하여 단속원들이 다치는 사례가 있습니다. UN 인종차별위원회는 한국 정부에 미등록 이주 증가 원인을 조사하고 정규 이주 대책을 마련할 것을 권고했습니다. 인권보호와 사회적 통합을 고려한 정책이 필요합니다.

▶서로 다른 문화적 관습과 가치관은 문화적 갈등을 낳고, 몰이해는 특정 문화에 대한 부정적인 인식으로 이어져 특정 집단의 인권이 문화적 상대주의라는 이름으로 경시되거나 침해될 위험이 있습니다. 특히 이주여성과 아동은 폭력, 착취, 인신매매 등의 위험에 더 쉽게 노출될 수 있습니다. 따라서 문화적 다양성을 존중하면서도, 인권침해를 방지하기 위한 균형 있는 접근이 필요합니다. 특정 문화에 대한 이해 부족은 단순한 정보 부족이 아니라, 실제 경험이 부족하기 때문일 수 있습니다. 다양

한 문화권의 사람들과 직접 소통하고, 그들의 생활 방식을 경험하는 것이 몰이해를 줄이는 데 도움이 됩니다. 국민다문화수용성조사에서도 이주민과 접촉의 경험이 많을수록 수용성이 높은 것으로 나타났습니다.

❷ 이주민의 인권 보호를 위한 자유권, 평등권, 사회권

한국은 국내 거주 모든 외국인에게도 자유권, 평등권은 대체로 보장하며, 인간으로서의 존엄과 가치, 행복추구권을 보장하고 있습니다.

▶자유권은[76] 존엄한 인간 존재의 근원인 생명권, 신체의 자유와 안전에 대한 권리, 고문 및 비인도적 대우·처벌을 받지 않을 권리, 노예 및 노역에 강제되지 않을 권리, 공정한 재판을 받을 권리, 언론·출판·집회·결사의 자유, 사상·종교·양심의 자유, 사생활·거주 이전·직업 선택·학문과 예술의 자유 등이 이에 속합니다. 이주민도 표현의 자유, 이동의 자유, 신체의 자유 등을 보장받아야 합니다.

▶평등권은 모든 인권의 평등한 실현에 대한 권리로써 성별, 나이, 인종, 피부색, 신체 조건, 성적 지향, 출신 국가, 사회적 신분, 종교, 사상 또는 정치적 의견 등의 이유로 차별을 당하지 않을 권리입니다. "모든 사람은 법 앞에서 평등하며, 어떤 차별도 없이 똑같이 법의 보호를 받을 자격이 있다. 모든 사람은 이 선언에 위배되는 그 어떤 차별에 대해서도, 그리고 그러한 차별에 대한 그 어떤 선동 행위에 대해서도 똑같은 보호를 받을 자격이 있습니다. (세계인권선언 제7조)" 이주민은 법 앞에서 평등해야 합니다.

▶사회권은 자유권과 상호보완적이며, 생활권이라고도 합니다. 이것은 국민이 사람다운 삶을 위해 필요한 사회적 보장책들을 국가에 요구할 수 있는 권리이며, 국제사회에서 자유권보다 법적 장치가 미약한 편이다. 모든 사람은 사회보험 포함한 사회보장에 대한 권리를 갖습니다. 노동의 권리, 강제노역에 종사하지 않을 권리, 최저임금보장·공정한 임금과 평등한 노동조건·안전하고 건강한 노동환경·공정한 승

76) '이 규약에 가입한 국가들은 인종, 피부색, 성, 언어, 종교, 출생 등에 의한 어떠한 종류의 차별도 없이 이 규약에 인정되는 자유와 평등의 권리를 보장한다(자유권 제2조 제1항).'

진 기회 보장·휴식의 보장 등의 노동조건에 대한 권리, 노동조합에 관한 권리, 사회보장과 사회보험에 관한 권리, 적절한 생활수준을 영위할 권리, 가정의 보호·지원에 관한 권리, 아동의 보호에 관한 권리, 교육받을 권리, 문화·과학·예술 활동의 권리, 신체 및 정신건강을 영위할 권리 등이 이에 속합니다. 이주민도 인간다운 생활을 할 권리로, 이주민도 적절한 주거, 의료, 교육을 받을 권리가 있습니다.

그러므로 다문화사회에서 인권은 모든 사회 구성원이 동등한 주체로서 존중받고 함께 살아갈 수 있도록 하는 근본적인 토대입니다. 다문화사회에서 이주민에 대한 상호 존중과 포용이 중요합니다. 모든 구성원의 인권을 보장하고 증진하기 위해서는 국제적, 국가적, 사회적 차원의 노력이 필요합니다. 법과 제도의 정비, 교육을 통한 인식 개선, 사회적 지원 시스템 강화, 그리고 무엇보다 중요한 것은 시민 개개인의 열린 마음과 포용적인 자세입니다. 이러한 노력을 통해 우리는 더욱 풍요롭고 정의로운 다문화사회를 만들어갈 수 있을 것입니다.

(7) 외국인의 기본권과 권익보호

외국인(Foreigner, Alien)이란 「출입국관리법」 제2조 제2호에서 "대한민국 국적을 가지지 아니한 사람"으로 규정하고 있습니다. 외국인의 일반적 지위는 국제법과 조약이 정하는 바에 따라 지위 인정이며, 헌법상 지위는 권리 성질에 따라 기본권 주체성 인정하고 있습니다. 그리고 「출입국관리법」상 체류자격과 체류기간 범위 내 지위를 인정하고 있습니다.

❶ 외국인의 기본권

외국인의 기본권은 인간의 존엄성을 바탕으로 하고 있으며[77], 자유권적 기본권, 사회적 기본권, 청구권적 기본권이 있습니다. 자유권적 기본권은 모든 인류에게

77) 헌법 제10조 모든 국민은 인간으로서의 존엄과 가치를 가지며, 행복을 추구할 권리를 가진다. 국가는 개인이 가지는 불가침의 기본적 인권을 확인하고 이를 보장할 의무를 진다.

인정되는 천부인권적 기본권입니다. 생명권, 인간의 존엄과 가치, 행복추구권, 노동조합 가입허용, 정치활동 금지, 「출입국관리법」상 직업선택의 자유 제한적 인정 등입니다. 사회적 기본권은 인간다운 생활을 할 권리, 근로의 권리, 교육받을 권리, 환경권, 모성 보건권 등이 있습니다. 청구권적 기본권은 다른 기본권을 보장하기 위한 수단적 권리로 재판청구권, 변호인선임권, 형사보상 청구권, 국가배상 청구권, 범죄피해 구조권 등이 있습니다.

❷ 외국인 권익보호제도

외국인 권익보호제도는 행정절차, 행정쟁송, 진정 및 고충민원, 국가배상 청구, 「출입국관리법」상 권익보호제도에서 이루어지고 있습니다.

▶행정절차는 행정청이 의사결정 과정에서 외부통제를 거치는 절차로 사전 예방적 행정구제 기능이 있습니다. 단 출입국 행정에 대해 일부 적용 배제[78] 하고 있습니다. ▶행정쟁송은 행정심판과 행정소송입니다. 행정심판의 청구대상은 행정청의 위법 또는 부당한 처분이고, 제기 기간은 처분을 안 날로부터 90일 이내 또는 처분일로부터 180일 이내입니다. 청구기관은 국가권익위원회 소속 중앙행정심판위원회입니다. 그리고 행정소송은 "행정청의 위법처분, 공권력의 행사 또는 불행사로 인한 권익구제"의 목적입니다. 제소기간은 "처분이 있음을 안 날로부터 90일 또는 처분일로부터 1년 이내"로 관할법원은 "지방법원(서울행정법원), 고등법원, 대법원"입니다.

▶진정 및 고충민원은 국가인권위원회와 국민권익위원회를 통해 이루어집니다. 국가인권위원회는 "국내 체류외국인의 인권침해 행위와 차별행위에 대한 조사 및 구제"를 합니다. 그리고 국민권익위원회는 "위법 부당한 처분, 소극적인 처분, 불합리한 행정제도, 권리를 침해하거나 불편 부담을 주는 사항"에 대한 고충민원을 담당합니다.

▶국가배상 청구는 국가배상법 제2조제1항에 따라 "행정청의 위법한 행정행위,

78) 법원 판례도 출입국행정에 대한 행정절차법 적용 배제를 최소범위에서 인정합니다.

또는 담당공무원의 고의 또는 과실이 있는 경우 국가는 그 피해자에게 손해배상 책임을 집니다." 단 국가배상법 제7조에 따라 "외국인의 경우에는 당사국 간에 상호 보증이 있을 때만 국가배상을 청구할 수 있습니다." 외국인에 대한 위자료 산정기준은 "본국의 소득수준이나 경제수준을 참작하고, 당해 불법행위 유형을 감안하여 합리적인 범위 내에서 산정"합니다.

▶「출입국관리법」상 권익보호제도에는 "강제퇴거 대상자에 대한 특별체류 허가 제도, 불법체류외국인에 대한 통보의무 면제 제도, 보호에 대한 이의신청과 청원 및 보호 일시해제 제도, 단속 조사과정의 변호인 선임 및 영상녹화 조사실 운영, 외국인 인권보호를 위한 고충상담 및 권익증진협의회 운영 (보호외국인 진료비 및 강제퇴거자 귀국비용 지원)" 등이 있습니다.

③ 출입국사범

출입국사범이란 "「출입국관리법」에서 정한 출입국관리 행정 목적 달성을 위해 특정한 행위를 금지하거나 명령을 위반한 사람"[79] 을 의미합니다. 일반적으로 출입국사범 (통보처분, 과태료)의 공소시효는 5년이며, 강제퇴거 등 행정처분에 대해서는 공소시효 적용을 배제 (대법원 판례)합니다.

그림1-5 출입국사범 처리절차

79) 「출입국관리법」 제10장 벌칙조항 (제93조, 제94조, 제99조, 제100조에 규정된 죄를 범한 자

❹ 외국인 보호

외국인 보호란 "「출입국관리법」을 위반하여 강제퇴거 사유에 해당된다고 의심할 만한 상당한 이유가 있고 도주하거나 도주할 염려가 있는 외국인에 대하여 강제퇴거 절차가 충족 될 때까지 보호시설에 보호하는 것"입니다. 보호는 "강제퇴거를 위한 출국절차를 진행시키는 동안 도주방지 등 강제퇴거의 실효성을 확보하기 위하여 신병을 일시 보호하는 행정상 직접강제의 일종으로 형사절차상의 구금과는 다르지만 신체의 자유를 일정부분 제한하는 처분으로 대다수가 행정처벌 대상인 점에서 징벌, 사회복귀를 위한 교정시설 수용자와는 차이가 있습니다."

▶보호절차는 신병인수(보호실 입실) → 고충상담으로 진행됩니다. 신병인수 단계에서는 신체 및 소지품 검사, 환자–임산부–노약자 등을 분류하고 바이오 정보를 취득합니다. 그리고 보호 대상에 따라 국가, 인종, 종교 등 고려하여 방을 배정합니다. 고충상담을 통해 체불임금, 병원치료, 금전문제 등을 해결합니다.

▶외국인 보호처분에 대한 영장주의는 적용하지 않고 있습니다. 「출입국관리법」상 보호명령서 또는 강제퇴거명령서에 따른 신체의 구속인 보호는 국제법 및 국제관행상 국가의 권리로서 인정되고 있는 강제퇴거의 행정 목적을 실현하기 위해 불가결한 절차로서 영장주의 적용 여부는 입법재량 사항입니다. 그러나 헌법재판소는 "「출입국관리법」이 사전적 절차 및 사후적 구제절차를 마련하여 행정 소송절차가 가지는 한계를 보완하고 있으므로 신체의 자유를 제한하지 않는다."라고 결정하였고, 법원도 "보호명령과 같은 강제처분을 함에 있어 영장은 불필요하다고 판시"한 상태입니다.

▶「출입국관리법」은 보호명령에 대한 보호외국인의 신속한 방어권 보장하고 있습니다. 보호처분에 대한 구제절차로 "보호외국인은 기관장(청소장)을 거쳐 법무부장관에게 이의신청 가능하며, 국가인권위와 법무부(인권국)에 진정을 통하여 단속, 보호과정의 위법, 부당성 제기 가능"합니다.

⑤ 외국인 권익보호

외국인 권익보호 목적은 “강제퇴거 절차에 있어서 용의자의 신병 확보”이며, 강제퇴거 대상자가 도주할 염려가 있는지 없는지가 보호 여부 판단 기준입니다. 일단 적법하게 보호명령이 시행되면 송환에 필요한 준비와 절차를 신속히 마쳐 송환이 가능할 때까지 필요 최소한의 기간 동안 잠정적으로만 보호할 수 있고, “다른 목적을 위하여 보호기간을 연장할 수 없는 시간적 한계를 가지는 일시적 강제조치”에 해당합니다. (대법원선고 99다68829)

▶보호외국인의 처우는 “면회(특별면회) 기회 제공, 문서와 서신의 송수신, 음식물, 의류, 일용품 등 물품구입 가능, 보호시설의 안전, 질서유지 또는 위생을 해칠 수 있는 것은 제한, 자유시간과 운동시간 부여, TV시청, 독서, 종교의식 등 기회제공, 외출허용 (외부진료, 여행증명서 발급 관계기관이나 재판출석 등) 등입니다.

▶보호의 일시 해제는 보호외국인, 혹은 그의 대리인이 보호소장에게 청구 (직권해제 가능)합니다. 청구 사유는 신병치료, 소송진행, 체불임금, 임대차 보증금 반환, 인도적 사유 등일 때 가능합니다. 여기에는 각각 해당 규정이 따로 있습니다.

▶심사결과 강제퇴거 대상자로 인정되어 강제퇴거 명령이 발부 되었다 하더라도 대한민국에 체류하여야 할 특별한 사정이 있는 외국인은 특별체류허가 가능합니다.

▶강제퇴거 대상자는 “불법체류자(체류자격과 체류기간 위반자), 입국금지 사유가 입국 후에 발견되거나 발생한 사람, 금고 이상의 형을 선고 받고 석방된 사람, 출국명령을 받고 기한 내 출국 하지 아니한 사람 등”입니다.

6) 저출산과 고령화

대한민국은 초저출산과 1인 가구의 증가 등으로 실질적인 인구 감소가 경제성장을 낮추는 인구오너스 (Demographic Onus)의 시대에 직면하고 있습니다. 1983년에 합계출산율이 2.06명으로 저출산 국가에 진입하였으며, 2020년 0.84명으로 합계출산율이 1.8명 이상을 넘어선 적이 없는 OECD 국가 가운데 가장 낮은 출산율을 오랜 기간 유지하고 있습니다.[80] 초저출산의 고착화가 진행 중인 저출산의 덫 (low fertility trap hypothesis)에서 탈출하기 어려운 국가입니다.

이렇게 낮은 출산율을 유지하게 된 주요 요인을 보면 첫째, 혼인에 대한 관념의 변화라는 요인입니다. 사회문화적 환경의 변화로 결혼이 꼭 필요하다고 생각하는 경향이 줄어들었으며, 산업화의 진전·교육 수준의 향상·청년층의 취업난· 주택 가격 상승 등으로 초혼·초산 연령의 상승입니다. 둘째, 소득 대비 기회비용의 불균형과 노동시장의 여건 등의 경제적 요인입니다. 맞벌이 가구의 경우 여성이 출산으로 경제활동을 중단하면 가구소득이 낮아지고 기회비용을 감안하여 출산에 부정적일 수 있습니다.[81] 그리고 자녀 양육에 있어 교육비용 및 주택 가격이 증가할수록 출산율에 부정적일 수 있습니다. 셋째, 교육과 성역할에 대한 가치관의 변화를 포함하는 사회문화적 요인입니다. 독신자의 증가, 여성의 교육 수준 개선과 양성평등 의식의 변화, 경제활동 참여 증가는 출산율에 영향을 미칩니다. 남성의 가사 분담 비율과 남녀 평등의 근로조건 등 사회문화적 요인이 잘 갖춰졌느냐는 중요합니다. 넷

---

80) 한국은 합계출산율이 1960년 6.0명, 1970년 4.53명, 1980년 2,87명, 1990년 1.59명, 2000년 1.48명, 2010년 1.23명, 2015년 1.24명, 2020년 0.84명, 2022년 0.78 2024년 0.75명이다. (통계청 인구동향조사 https://www.index.go.kr)

81) 선진국의 경우 여성이 결혼과 출산 후에도 경제활동을 하는 관념과 여건이 형성되어 있으나 OECD 국가에서는 일반적으로 여성이 남성보다 더 많은 시간을 보육에 할애하고 있으며, 한국은 4.4배나 높다. 그리고 여성의 장시간 근로 비중도 높아 출산율에 부정적일 수 있다.

째, 가족과 보건 등의 정책과 제도적 요인입니다. 가족복지 지출 비중이 클수록, 노후 생활의 대비 같은 공적연금 지출 비중이 높을수록 출산율이 긍정적일 수 있습니다. 아동수당, 아동 보육, 자녀 보너스, 청년수당, 세제 우대, 인구교육 등 출산장려 정책을 추진하는 나라들의 경우 정책 효과는 대체로 일관성이 없지만 한국은 저출산 해소 정책으로 아동 보육에 정부 지원을 지속적으로 강화하여 영유아의 시설 보육 서비스 이용률이 증가하였으며, OECD 국가와 EU 국가의 평균에 비해 높은 편입니다.

보건복지 지출이 증가하면 영아사망률과 고령층의 사망률이 낮아지게 되고 기대수명은 연장되며, 기대수명이 연장될수록 은퇴 이후 고령층의 소득 마련 문제와 함께 독거노인의 증가, 고령층의 빈곤화는 큰 과제로 남게 됩니다. 출산율 저하와 기대수명의 연장은 유소년인구의 감소와 동시에 노인인구를 증가시켜 고령화를 초래합니다. 이것은 또한 중장기적으로 노동력인구 감소와 총인구 감소로 이어집니다.

한국은 2000년에 65세 이상 노인인구 비중이 7.3%로 고령화사회로 진입했고, 2017년 14.2%로 고령사회로 진입했습니다. 한국은 빠르게 초고령사회로 진입하고 있습니다. 2024년 12월 23일 기준으로 65세 이상 인구 비중이 20%를 넘어서면서 사실상 초고령사회로 진입했습니다. 고령인구 비율이 2036년에는 30%, 2050년에는 40%로 예상됩니다. 고령화가 지속적으로 이어지면서 연금재정 악화, 의료비 상승, 노동력 감소 등의 사회적 문제가 가중되고 있습니다. 주요 선진국들은 고령화사회에서 고령사회에 진입하는데 평균 45년 걸렸으나 한국은 약 17년, 초고령사회로의 진입은 선진국들은 약 30년이고 한국은 약 7년으로 매우 급속히 진행되고 있습니다. 한국이 고령화가 빠르게 진행된 배경은 1960년대부터 시작된 산업화의 초기 빠른 경제성장과 함께 실시된 출산 억제 정책의 영향과 IMF 같은 외환위기 과정을 통해 출산률이 더욱 낮아진 것과 평균 수명의 연장입니다. 급속한 저출산·고령화 현상은 산업 전반에 다양한 문제점을 유발할 수 있습니다. 즉 산업 현장에 투입되는 노동력부족 및 소비 인구 감소에 따른 국내시장 수요의 감소로 이어지므로 국가의 경제성장률 하락과 국가 전체의 경쟁력을 약화시킬 수 있습니다. 이에 정부는 1983년 저출산 사회 진입 이후 1996년까지 가족계획 사업을 지속하였으며, 2005년부터 저출산고령화사회에 대한 장기적인 대책을 내놓으면서 2006년부터 저출산고령사회 기본계획을 5년마다 실시하고 있습니다. 2021년 현재 제4차 저출산고령사회 기본계획(2021~2025)이 실시되고 있습니다.

무엇보다 인구 대체 수준 이하의 출산율이 오래 지속된 나라에서는 이민자를 유입하는 것이 인구를 유지하기 위한 효과적인 방법이 될 수 있습니다. 단 유념하여야 할 것은 일반적으로 이민자의 출산율은 비이민자에 비해 상대적으로 높으며, 이는 국가의 전체 출산율 상승에 긍정적인 영향을 줍니다. 노동이주와 정착, 본국 가족의 추가 이주 경향으로 인해 초기에는 이민자들이 출산율 및 인구 유지에 영향을 미칠 수 있습니다. 그러나 이민자들이 유입국 사회에 정착하고 시간이 지남에 따라 그 사회에 동화하게 되면 출산율 또한 같이 낮아지는 특성이 있습니다.

한국은 다문화가정에서 태어난 자녀들이 출산율에 직접적인 영향을 미치고 있습니다. 최근 다문화가정에서도 출산율의 전반적으로 감소하는 추세가 뚜렷하게 나타나고 있습니다. 통계 공표를 시작한 2008년 13,443명 이후 매년 증가하여 2012년에는 22,908명으로 정점을 찍었으나 이후로는 지속적으로 감소하여 2022년에는 2008년보다도 줄어든 12,526명을 기록했습니다. 다문화가정의 출생아 수도 감소했지만, 전체 출생아 수가 훨씬 더 가파르게 감소하면서 전체 출생아 중 다문화가정 출생아의 비중은 2015년 19,729명으로 전체 출생의 4.5%이고, 2020년 16,421명으로 전체 출생의 6%까지 상승했다가 2021년 이후 감소하여 2023년 12,150명으로 전체 출생의 5.3%로 나타났습니다.[82)]

---

82) 다문화 출생아 수는 2010년 20,312명(전체출생의 4.3%), 2011년 22,014명(전체출생의 4.7%), 2013년 21,290명(전체출생의 4.9%), 2014년 21,174명(전체출생의 4.9%), 2015년 4.5%), 2016년 19,431명(전체출생의 4.8%), 2017년 18440명(전체출생의 5.2%), 2019년 17,900명(전체출생의 5.9%), 2021년 14,322명(전체출생의 5.5%), 2022년 12,526명(전체출생의 5.0%)입니다.

(1) 저출산 · 고령화에 대응

한국의 이민·다문화 관련 정책은 저출산·고령화에 대한 대응으로 출발했습니다. 그러나 이민·다문화 관련 정책에서 부처분절형 정책을[83] 시행하고 있는 한국에서는 초청노동자 개념의 이주노동자 정책, 결혼이민자 중심의 다문화가족정책, 전문인력 확보를 위한 국가경쟁력정책, 유학생정책, 난민정책 등 다양한 정책들을 이민정책의 총괄 개념 아래 체계적으로 추진될 필요가 있습니다. 즉 경제사회의 지속 가능성을 염두에 두고 전문 지식인, 유학생, 외국인투자자, 외국인노동자, 미등록체류자까지 포함 종합적인 정책 수립이 필요합니다.

이에 법무부는 2021년 3월 15일 제25차 외국인정책위원회에서 인구 감소 시대 인구 문제 해법, 외국인 정책에서 찾기 위해 인구데드크로스 시대를 맞아 경제성장 활력을 위한 외국인 인적자원 활용 방안을 논의하였습니다. "COVID-19로 인한 국가 간 이동제한으로 심화된 중소제조업, 농축어업 분야 등의 부족한 인력 보충을 위해 국내 체류 중인 비전문인력을 적극 활용, 연간 천명 수준인 숙련기능인력 쿼터를 2025년까지 두 배로 확대하고, 국내 대학 졸업 유학생의 숙련기능인력 진입을 허용하여 해외 인력 확보 과정에서 겪는 기업의 부담을 낮추겠다."라고 (보도자료 2021.3.31.) 했습니다.

최근 정부는 인구감소에 대응하는 정책의 하나로 "지역특화형 비자"를 시범 사업을 진행한 후 현재 시행 중입니다. 예를 들면, 2022년 9월 시범 사업에 선정된 경상북도는 2023년 4월 기준 총배정 인원 290명 중 269명(93%)을 모집하였습니다. 이것

---

83) 가령 고용노동부의 경우 사업주의 숙련된 인력 요구로 외국인노동자의 정주에 관심이 있으나 청년실업 등의 이유로 외국인 유학생의 취업 기회 확대 혹은 정주 유도에는 소극적인 경향입니다. 그리고 법무부의 경우 의사소통 능력 문제, 저임금, 미등록체류 등을 고려할 때 정주 시 저소득층 편입 우려가 높아 단순노무인력의 정주를 불허하고 숙련기능인력에 한해 정주 허용과 우수 외국인유학생의 정주를 유도하려는 경향이 있습니다.

은 국내 인구감소 지역에 필요한 외국인에게 비자 특례를 부여하고 지역사회 정착을 장려하는 등 지역 경제활동 촉진과 지속 가능한 발전을 도모하는 정책입니다. 그리고 이것은 "광역지방자치단체장이 추천하는 외국인 (지역우수인재 및 외국국적동포)에게 지역특화형 비자 (F-2-R/F-4-R)를 발급하여 체류자격 변경(추천서 발급) 허용 및 정착지원 프로그램 운영 지원"을 내용으로 하고 있습니다. 체류 특례로 체류자격 변경, 동반가족 (배우자, 자녀) 초청 허용 등이며, 지역우수인재(F-2-R)의 경우 근무처 추가 취업 활동을 허용하고 지역인재가족(F-3-1R)은 국내 출생 자녀 자격 부여 및 배우자 취업 활동을 허용합니다.

다문화사회에서 저출산·고령화 문제는 중요한 사회적 이슈로 떠오르고 있습니다. 한국에서는 저출산과 고령화로 인해 인구구조의 변화, 노동력부족과 경제성장 둔화가 우려되는 등 다양한 문제가 발생하고 있습니다. 한국은 저출산·고령화 문제를 국가 존립의 위기로 인식하고 있으며, 2025년 저출산·고령사회 대응 예산이 총 88조 5천억 원으로 확정하였습니다. 그리고 저출산·육아 관련 직접 사업 예산에 28조 6천억원 이상을 투입하고 삶의 질 개선과 사회구조 개혁을 통해 인구 위기에 대응하려는 전략을 펼치고 있습니다. 따라서 여기에 효과적으로 대처할 수 있는 이민정책을 포함한 인구정책 자체의 혁신이 필요합니다.

(2) 저출산 · 고령화 관련 용어

❶ 합계출산율 (Total Fertility Rate, TFR)

현재의 출산 수준이 지속된다는 가정하에, 한 여성이 가임기간 (15~49세) 동안 낳을 것으로 예상되는 평균 출생아 수를 나타내는 지표입니다. 이것은 국가 간의 출산 수준을 비교하는 수단이며, OECD는 합계출산율 1.3명 미만인 국가를 초저출산국으로 분류하고 있습니다.

유엔인구기금 (UNFPA) "2020 세계인구현황보고서"에 따르면 세계 198개국 중 한국은 합계출산율이 가장 낮습니다. 1970년에 4.53명이었던 합계출산율은 1983년에는 인구 유지를 위한 대체출산율 (2.1명) 아래인 2.06명, 2000년 1.48명, 2010년 1.23명으로 계속 낮아졌습니다. 2018년에는 처음으로 1명 미만인 0.977명을 기록하였으며, 2023년 0.721명, 2024년 0.75명, 그리고 2025년 1분기 기준 합계출산율은 0.82명으로, 2년 만에 0.8명대로 회복되었습니다. 그러나 한국의 합계출산율은 OECD 국가 중 압도적으로 최하위를 기록하고 있습니다.

❷ 저출산의 덫 (Low Fertility Trap Hypothesis)

비엔나 인구학 연구소의 Lutz, Skirbekk, Testa(2006) 등이 제시한 개념으로, 합계출산율이 일정 수준 즉 1.5 미만으로 떨어진 국가에서 그 수준이 지속되면 회복되기 어렵다는 것입니다. 인구학적 요인 (LFT-1 : Demographic Effects), 사회적 요인 (LFT-2 : Social Interactive Effects), 경제적 요인 (LFT-3 : Economic Effects)의 자기강화 메커니즘 (self-reinforcing mechanism)을 제시하고 있습니다.

저출산의 덫은 저출산 문제가 단순히 한두 가지 원인으로 발생하는 것이 아니라, 인구, 사회, 경제적 요인들이 복잡하게 얽혀 출산율 하락이 고착화 되는 현상을 설명하고 있습니다. ▶인구학적 요인이란 출산율이 낮아지면 가임기 여성의 수가 감소하고, 이는 다시 출생아 수의 감소로 이어지는 악순환을 형성한다는 것입니다. 미래 부모가 될 인구가 줄기 때문에 출산율을 높이기 어렵습니다. ▶사회적 요인이란 낮은 출산율이 오래 지속되면, 자녀를 적게 낳거나 낳지 않는 것이 사회적으로 당연한 혹은 합리적인 선택으로 받아들여지는 사회적 인식이 형성되는 것, 그리고 주변에서 자녀가 없거나 1자녀 가구가 많아지면, 다자녀를 가지려는 압박감이나 동기가 약화되고 아이 키우는 것이 힘들다는 인식이 지배적으로 변한다는 것입니다. ▶경제적 요인은 저출산이 오래 지속되면 미래 노동력 감소에 대한 우려가 커지고 경제성장이 둔화되며, 사회복지 시스템 (연금, 의료 등)에 대한 부담이 증가하여 미래세대의 경제적 불안감이 증가되고 이것은 다시 출산 회피로 이어지는 악순환을 만듭니다.

청년층의 기대 소득과 기대 소비 간 격차가 커지면서 결혼 및 출산을 포기하는 경향이 강화된다는 것입니다.

한국은 만성적 저출산 국가로서 자녀 수 감소, 가임기 여성 감소, 청년층의 기대소득 감소 등의 조건들을 모두 충족하고 있습니다. "저출산·고령사회 대응 국민 인식 및 욕구 심층 조사 체계 운영 보고서(한국보건사회연구원, 2019)"는 만19세~49세 성인남녀 2,000명을 대상으로 결혼과 출산에 대한 조사결과에서 "미혼은 경제적으로 안정되지 않아서 44.7%, 양육 및 교육비가 부담스러워서 19.3%, 아이 없이 생활하는 것이 여유롭고 편해서 12.6%, 아이돌봄시설 및 서비스가 만족스럽지 않아서 7.8%, 아이 키울 주거 환경이 마련되지 않아서 7.6%이었습니다. 기혼은 경제적 불안정이 37.4%, 아이 양육비 및 교육비 부담 25.3% 아이 없이 생활하는 것이 여유롭고 편해서 11.9%, 아이 키울 주거 환경이 마련되지 않아서 10.3%, 아이 돌봄 시설 및 서비스가 만족스럽지 않아서 8.3%이었습니다." 미혼·기혼의 성인남녀 모두가 가장 많이 선택한 아이를 낳지 않는 이유는 "경제적 어려움"입니다.

❸ 고령화 지표 (Aged Population Ratio)

UN은 "총인구 중 65세 이상 인구가 차지하는 비중이 7% 이상이면 고령화사회(Aging Society), 14% 이상이면 고령사회 (Aged Society), 20% 이상이면 초고령사회 (Super-aged Society)"로 분류합니다.

최근 한국은 고령사회 대응 지표체계를 마련하고 정책효과를 정량적으로 평가하고 있습니다. 2025년 기준 주요 고령화 지표를 보면, 고령화지수는 유소년인구 100명당 고령인구 수이며, 199.9%입니다. 고령인구 비중은 65세 이상 인구로 20.3%입니다. 총부양비는 생산연령인구 100명당 유소년 + 노년으로 43.9명입니다. 기대수명은 65세 기준 기대여명이 20.7년이며 남자는 18.6년, 여자는 22.8년입니다. 노인빈곤율은 66세 이상 은퇴층의 상대적 빈곤율이 39.7%입니다. 그리고 노인 자살률이 삶의 질 지표 중 하나로 정책평가에 포함될 예정입니다.

❹ 기대수명 (Life expectancy at birth)

기대수명은 “출생자가 현재의 여건이 그대로 유지된다는 가정하에 출생 직후부터 생존할 것으로 기대되는 평균 생존 연수”를 의미합니다. 한국의 평균 기대수명은 계속 증가하고 있습니다. 1970년에 62.3세, 2010년에 80.2세, 2015년에 82.1세, 2019년에 83.3세(통계청, 생명표)입니다. 여자가 남자보다 기대수명은 더 길며, 2025년 기준 한국인의 기대수명은 83.5세로, 남성은 80.6세, 여성은 86.4세입니다. 이는 OECD 평균보다 높습니다.

❺ 인구오너스 (Demographic Onus)

경제성장에 부담을 주는 인구구조의 변화를 의미합니다. 전체 인구에서 생산 가능 인구 (만 15 ~ 64세)의 비중이 증가하여 노동력과 소비가 늘면서 경제성장을 이끄는 인구 보너스 (Demographic Bonus)의 반대 개념으로 인구 오너스는 저출산·고령화가 심화되면서 전체 인구에서 생산 가능 인구의 비중이 줄어들고 부양해야 할 인구 (노년층, 유소년)가 늘어나면서 경제성장의 둔화, 노동력부족, 사회복지 비용 부담 증가 등의 문제가 초래되는 현상을 말합니다. 한국은 지금까지 인구 보너스 혜택을 누려왔지만 앞으로는 인구오너스 시대를 맞이하게 되었습니다.

❻ 대체이민 (Replacement Migration)

대체이민은 저출산·고령화 등의 이유로 인구 감소 문제를 해결하기 위해 외국인 이민자를 유입시키는 이민정책입니다. 이것은 총인구의 감소를 방어하고 생산 가능 인구 확보, 잠재적 부양인구비 (Potential Support Ratio) 유지 및 복원하기 위한 대체 방안으로 경제성장과 사회복지 시스템의 안정을 도모하는 데 중요한 역할을 합니다. 대체이민의 유입은 무엇보다 부정적 영향을 극소화하는 방향으로 결정할 필요가 있습니다. 독일의 경우 다른 유럽 국가에 비해 저출산·고령화 문제가 심각하여 대체 이민자의 유입을 증가시키고 있으며, 이주노동자가 가족과 함께 독일에서 자리잡고 살 수 있도록 최대한 환경을 조성하고 있는 것을 볼 수 있습니다. 대체이민은 인구구조 변화에 대응하는 중요한 방안이지만, 국민적 정서의 고려와 사회적 통합 정책이 필요합니다.

❼ 인구 데드크로스 (Dead Cross)

한 나라의 출생자 수보다 사망자 수가 많아 인구의 자연 감소하는 현상입니다. 출생아는 감소하고 의학·과학 등의 발달로 인간의 평균 수명이 증가하므로 사회 전반에 걸쳐 고령화 현상이 심화되기 때문입니다. 한국은 2020년 주민등록 인구통계에 의하면, 출생자는 275,815명이고 사망자는 307,764명으로 처음으로 인구 데드크로스 현상이 나타났습니다. 사망자 수는 2011~ 2018년 8년 연속 증가하다가 2019년 감소세로 돌아섰고 2020년 다시 증가했습니다. 이후 2021년, 2022년, 2023년에도 인구 자연 감소는 지속되고 있으며, 통계청 인구동향에 의하면 2023년에는 12만 2천8백 명의 인구가 자연 감소했습니다. 인구 데드크로스는 단순한 인구 감소 문제가 아니라 경제·사회 전반에 영향을 미치는 중요한 이슈입니다. 인구 데드크로스는 생산가능인구 감소, 내수 시장 위축, 사회보장 시스템 위기, 지방 소멸 가속화 등에 영향을 미칩니다.

7) (가칭) 이민청 설립

1980년대 후반부터 이민 수용국으로 전환된 대한민국은 2025년 4월 체류외국인 270만 명을 넘기면서 이미 다문화사회로 진입하였으며, 저출산·고령화가 심화되어 가는 가운데 체류외국인 300만 명 시대를 곧 앞두고 있습니다.

한국은 2005년 3월 18일 보건복지부의 "결혼이주여성 관련된 정책 업무보고" 때 "국적과 관련된 이민정책을 신중히 검토하여 저출산과 고령화에 대한 근본 대책을 세우라."는 대통령의 이민정책에 대한 지시 이후 그동안 정부 각각의 부처별로 이민정책 및 다문화정책 차원에서 다양한 정책을 시행해 왔습니다. 그리고 정책의 초기 때부터 이미 이민청 설립 논의가 진행 되어왔습니다.[84] 그동안 매번 부처 기능을

84) 연합뉴스 2006년 6월 8일 보도에 의하면 '출입국관리국 이민청으로 확대 개편 시급' (https://n.news.naver.com /mnews/article/001/0001904082)이라는 의견이 있었습니다.

통합하는 방식으로 이민정책 전담 조직 신설 논의가 있었으나 부처 간 입장 차이로 인해 구체적인 성과를 만들지 못했었습니다.

그러나 법무부는 2022년 7월 26일 "법무부 업무보고"에서 과제별 이행계획의 국가 백년대계로서의 국경관리 및 출입국 이민정책 추진 부분에 "국경 이주 이민정책 컨트롤타워 신설"을 과제로 제시하였습니다. 그리고 2023년 1월 26일 "2023년 주요 업무 추진계획"에서 새롭게 만들어가는 출입국·이민정책의 국가 백년대계로서의 출입국·이민정책 추진 부분에 출입국·이민정책 컨트롤타워 형태의 "출입국·이민관리청(가칭) 신설[85]"을 계획하였습니다. 이것은 2023년 상반기 중으로 마무리할 계획이었지만 실행되지는 못했습니다.

법무부는 이민청 설립을 추진하면서 부처의 기능을 통합 조정하는 대신 협업을 강화하는 형태의 조직을 염두에 두고 있으며, 노무현 전 대통령 당시 이민청 설립계획은 여러 부서가 하던 이민 관련 기능을 다 가져와서 한 청에 모으는 방식이었으나 최근 법무부가 구상하는 방향은 그 기능을 남겨둔 상태에서 관련 인력을 파견받아 이민청을 운영하는 형태입니다. 즉 2023년 6월 출범한 재외동포청이 그 모델이며, 재외동포청은 8개 부처에서 인력을 파견하는 형식의 정책 수립 단계에서부터 관계 부처와 협업하는 부처협업 형태로 운영되는 점 등을 고려하여 부처협업형 이민청신설입니다.

그리고 관련 법률안 발의를 보면, 2022년 7월 6일 "외국인 이민정책을 총괄하는 컨트롤타워 형태의 법무부 외청으로 이민청 설립을 위한 정부조직법 일부개정법률안의 발의 (의안번호 제2116328호 이명수의원 등 11명)", 2022년 9월 16일 "출입국·외국인 정책을 통합적으로 수립·집행하도록 법무부의 외청으로 국경이주관리청 설치를 위한 정부조직법 일부개정법률안의 발의 (의안번호 제2117392호 김형동의원 등 26명)", 2024년 2월 2일에는 "이민정책 경쟁력 확보를 위한 전담조직형태의 법무부 외청으로 출입국·이민관리청을 설치 (의안번호 제2126493호 정점식의원 등

85) 출입국·이민관리체계 개선추진단(2022. 11.)을 설치하여 국민들 의견 수렴함.

10명)", 2024년 4월 25일 "통합적·체계적인 정책의 수립 및 시행을 위한 행정안전부 장관 소속으로 이주배경시민청 (의안번호 제2126651호 이자스민 등 13명)"가 있었습니다. 위 법률안들의 입법취지는 대체로 이민정책을 효과적으로 수행할 새로운 행정체계로 그 필요성은 긍정되었지만 아쉽게도 임기만료폐기 절차를 밟았습니다.

제4차 외국인정책기본계획 (2023~2027년)은 5대 정책 목표와 18개 중점 과제를 담고 있는데 5대 정책목표 중 "글로벌 스탠더드에 부합하는 이민행정 기반 구축"의 중점 과제로 "▶국가백년대계 수립을 위한 이민정책 추진체계 구축, ▶이민행정 전문성 및 연구기반 확충, ▶기술혁신에 기반한 이민행정 고도화, ▶국제사회와 공동발전을 위한 이민 협력 강화"를 제시하고 있습니다. 그리고 ▶이민정책 추진체계 구축에서 "국익의 관점에서 범정부 차원의 통일된 이민정책 설계를 위한 '(가칭)출입국·이민관리청' 신설과 「재한외국인처우기본법」을 '(가칭)이민정책 기본법'으로 전면개정 등 컨트롤타워 기능 수행을 위한 법제 등 정비"를 계획하고 있습니다.

대한민국이 다문화사회로 진입하면서 이민청 설립에 대한 논의는 그동안 충분히 진행되어 왔으며, 그 필요성과 정당성은 어느 정도 합의를 이룬 것으로 판단됩니다. 그러나 시민단체의 필요성 제기와 정부의 강력한 추진 의지에도 불구하고 이민청 신설에 대한 국민적 공감대 형성은 아직 부족한 편입니다.[86] 따라서 이민청 설립은 충분한 사회적 합의와 치밀한 준비가 필요한 이슈입니다. 다양한 의견을 수렴하고, 정책의 목표와 기능을 명확히 설정하여 충분한 공감대를 이끌어 내고 부작용을 최소화해야 할 것입니다. 이주민집단에 대한 국가재정 부담 문제에 대한 국민적 긍정을 이끌어 내기 위해 이민청 설립과 더불어 반드시 함께 고려해야 할 사항은 수익자부담 원칙의 "이민자 사회통합기금"조성입니다.

---

86) 이민정책연구원의 이민청 (출입국·이민관리청) 신설에 관련된 2년간 (2022.5~ 2023.12) 온라인상 여론을 살핀 결과 긍정 23.1% 부정 31.1% 이며 (2024.1.25.), 엠브레 인퍼블릭·케이스탯리서치·코리아리서치·한국리서치의 이민청 신설 논의 초기 2022년 12월 실시한 전국지표조사 결과 이민청 설립이 필요하다 65%, 필요하지 않다 27%였습니다. (https://www.yna.co.kr 연합뉴스 2024.1.25. 발췌)

3. 정책과 이론

1) 다문화정책

(1) 다문화

다문화 (Multiculture)는 일반적으로 기존의 단일문화와 대비되는 복수의 문화개념으로 다양한 문화적 배경을 가진 사람들의 이주로 발생합니다. 오늘날 이러한 사람들의 이주는 대체로 많은 영역에서 다국적 기업들의 경제 논리에 따른 세계화정책과 더불어 값싼 노동력의 이동과 결부되어 발생하고 있습니다. 다양한 문화적 배경의 사람들이 이주한 하나의 사회 안에 다양한 문화가 복합적이고 융합적인 조합을 이루어 혼재하는 상태를 가리킵니다.

그러므로 다문화는 한 사회 안에 다양한 문화의 존재를 현상학적으로 기술한 문제의식의 표현이며, 문화의 다양성을 지칭합니다. 그리고 다문화는 "다른 문화에 대한 인정과 존중이라는 의미를 내포하면서 민족주의에 근거한 편견과 행동을 지양해야 한다는 의도를 나타낼 때" 사용되기도 했습니다.

1941년 미국의 "Herald Tribune 7월호의 서평"에 "a multicultural way of life (다문화적 생활양식)"이란 표현이 등장합니다. 그리고 1957년 문화적 다양성의 나라 스위스를 기술할 때 사용되기도 했습니다. 또한 다문화는 북미에서 비백인·비기독교 국가들로부터의 이민이 증가하는 상황에서 1960년대 후반 서구의 시민권 운동을 기폭제로 시작하여 캐나다에서 대중화되었습니다. 캐나다의 복수언어주의와 복수문화주의 위원회 보고서(1965)에서 다문화 용어는 공식적으로 등장합니다. 이후 다문화는 정치학이나 사회과학 문헌에서 형용사 multicultural로 사용되기 시작하여 다문화주의 (Multiculturalism)라는 용어로 발전하였습니다.[87)]

---

87) 'multicultural은 사회의 다양한 문화적·인종적·종교적 집단들의 공존을 의미하는 사회학적 사실을 가리키고 multiculturalism은 그런 사회학적 사실에 대한 규범적 접근방식이다(Raz, 1994; 김비환, 2007).'

나아가 다문화는 유럽에서 19세기에 절정을 이루었던 백인 우월주의의 자민족중심주의를 바탕으로 한 차별적 배제문화에 대한 대응적 개념으로써 문화 (Culture, Hybrid Culture, Multiculture, Interculture)[88] 이며, 차이를 제거하고 다름의 특성을 사회문제로 만들어가는 통일성의 문화 의미로 쓰이기도 합니다.

그리고 한국에서 다문화라는 용어가 본격적으로 사용되기 시작한 것은 2000년대 초반이며, 한국에서 다문화는 세계화에 따른 다양한 외국 문화가 유입되는 상황에서 정부의 정책목표와 정책 대상으로서 확실성 때문에 결혼이민 (mixed marriage)과 관련된 다문화가족[89] 이라는 용어가 사용되고 있습니다. 따라서 다문화라는 용어는 협의적 의미로 빈번히 사용되기도 합니다. "다문화가족"이라는 용어는 정책상 지원 대상을 가리킬 뿐 다문화에 대한 일반적인 성격을 나타내지는 못하고 있기 때문입니다.

그러므로 다문화의 영역으로 다민족, 다인종, 다언어 등을 기본 개념으로 하는 다양성 (Diversity), 다수자와 소수자 간 서로 다른 문화에 대한 이해, 존중, 노력 등을 통하여 형성되는 관계개념으로써 관계성 (Relationship), 동질 문화를 넘어 차이의 문화를 통한 제3의 문화를 창의적으로 만들어 가는 창의성 (Creativity) 등을 생각해 볼 수 있습니다. 오늘날 다문화는 그 사용에 따라 의미는 확장되고 있습니다. 다문화라는 용어를 어떻게 개념을 이해하고 사용하느냐에 따라 의미가 달라지듯이 그 목적에 따라 다문화사회, 다문화정책, 다문화주의 등을 생각할 수 있습니다.

---

88) 대응적 개념으로써 문화란 유럽의 식민지화 침략 과정에서 원주민 학살 및 흑인의 노예화와 같은 수탈적인 문화에 대한 반성이고 저항 문화라고 할 수 있으며, 차이를 인정하고 서로의 정체성을 존중하고 상호교류 및 공존을 지향하는 통합성을 지향하는 것입니다.'

89) 2003년 30여 개의 시민단체로 구성된 건강가정시민연대가 튀기, 잡종, 혼혈 등의 차별적인 용어 대신 '다문화가족'이라는 용어를 사용하자고 권장하면서 사회적으로 확산되었습니다.

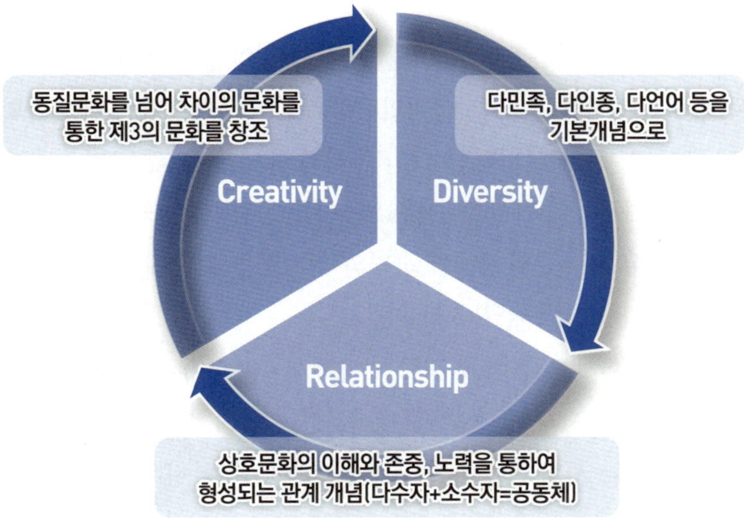

그림1-6 다문화의 영역

(2) 다문화사회

일반적으로 다문화사회란 한 사회 안에 다양한 인종적, 민족적 배경의 이주민이 증가하여 다인종사회, 다민족사회를 이루는 현상을 의미합니다(박상준, 2011, p.3). 인구 비율로서 어느 정도의 수준이어야 다문화사회인지는 정설은 없습니다. 그러나 한국에서는 2008년 이후 외국인정책 및 다문화가족지원정책이 본격적으로 시행되면서 "OECD는 이주배경인구(귀화자, 이민자 2세, 체류 외국인 등)가 총 인구의 5%를 넘어서면 다문화·다인종 국가로 정의한다.[90] "는 것이 통설입니다. 하지만 법무부 출입국 월간통계에 따르면 한국은 2025년 4월 현재 체류외국인 270만 명을 넘었으며, 300만 명 시대를 곧 앞 두고 있습니다. 한국이 다문화사회로 진입하고 있다는 것이 일반적인 견해입니다.

---

90) 이런 표현은 우리나라 시민사회, 학계, 언론, 정부 자료 등에서 쉽게 찾아볼 수 있습니다. 그러나 OECD의 공식 기준은 아닙니다. OECD는 다인종·다문화 국가의 기준을 설정하고 있지 않습니다.

그러므로 이것은 단순한 현상으로 볼 수 있는 것이 아니라 일정한 목표를 내포하는 용어로 사용되어야 한다는 의미입니다. 즉 다문화사회란 세계화와 정보화로 인한 인구이동의 증가로 나타난 다인종 사회 (Multiracial Society, Polyethnic Society), 다양한 가치와 문화를 존중하고 차이를 인정하는 다양성의 사회, 서로 다른 생활양식을 공유하는 문화집단이 하나의 정치공동체 안에 함께 존재하는 상태 등 다양한 의미를 내포한 용어입니다.

그리고 다문화사회라는 용어에 대한 학계에서 규정하는 합의된 정의는 없지만 몇몇 정의를 소개하면, "다인종 사회를 넘어서 자신들의 정체성과 차이가 인정받는 정치를 기반으로 하는 사회 (Watson, 2000) ", "단일문화적 사회와 다문화적 사회의 구별은 신화에 지나지 않을 뿐 실제로 모든 인간사회는 다문화적이며 단지 그 방식이 모두 다를 뿐이다 (Marco Martiniello, 2008) ", "시민·국민으로서 누릴 수 있는 사회, 경제, 정치, 문화적 권리를 취득하고 향유하는데 인종과 민족이 차별의 근거가 되지 않는 사회 (김혜순, 2007) ", "민족적·문화적 다양성이 의미 있게 부각된 사회로 언어,종교,관습,가치관,국적,인종,민족 등 다양한 문화적 배경을 가진 이주민 등이 사회구성원으로 참여하여 이루어진 사회 (장지표, 2008)", "다문화 시대의 개념에 도달하고 있는데, 협의의 다문화 시대는 여성 이주배우자의 증가에 따라 변해가는 한국 지방사회의 문화적 지형을, 중의의 다문화 시대는 한국과 혈통이 다르거나 외부에서 유입된 소수자들의 정체성과 문화적 다양성을 한국 사회에서 정식으로 인정하는 것을 의미하며, 광의의 다문화 시대는 다문화의 속성을 한 국가사회에 존재하는 다양한 소수자의 세력이 표출하는 다양한 문화적 특성으로 이해하는 것 (전영평, 2008)" 등입니다.

다문화사회는 한마디로 신념과 문화 등 삶의 각 영역에서 다원성이 혼재하는 사회라고 할 수 있습니다. 다문화사회에서 서로 다른 문화집단은 어떤 방식의 소통이 더 지배적인 지위를 차지하느냐에 따라 권력관계를 형성하기도 합니다. 따라서 다문화사회에서 국가의 역할은 매우 중요합니다. 국가는 국민이 인간다운 생활을 할 수 있는 권리를 고려하여 모든 사람에게 평등한 기회를 제공하는 사회가 될 수 있도록[91] 서비스적 기능에 최선을 다해야할 것입니다.

한국에서 다문화사회라는 용어는 1980년대 후반부터 외국인노동자·결혼이민자·외국적동포의 유입이 시작되고 이후 급증하면서 1990년대 말부터 사회적 관심사로 등장하였으며, 19대 총선(2012년)에서 이자스민씨의 새누리당 비례대표로 국회 입성은 정치 영역에서의 다문화사회로 변모를 상징적으로 보여주었습니다. 그리고 이자스민씨는 이주민 인권과 다문화사회 관련 활동에 주력해 왔으며, 2024년 21대 녹색정의당 비례대표 의원직을 승계하여 활동하였습니다.

(3) 다문화사회 모형

오늘날 보편적으로 인용되는 다문화사회를 설명하는 모형으로 용광로 모형(Melting Pot Model), 모자이크 모형 (Mosaic Model), 샐러드 볼 모형 (Salad Bowl Model), 오케스트라모형 (Orchestra Model) 등이 있습니다.

❶ 용광로 모형 (Melting Pot Model)

Melting Pot Model은 1965년 이전 미국의 이민 사회를 설명하는 데 많이 사용되었습니다. 즉 미국이라는 사회를 하나의 큰 용광로로 보고 유입되는 다양한 배경을 가진 이민자들을 철광석에 비유하여 미국에서 다양한 인종의 이민자와 문화를 흡수하여 융화되어 하나의 새로운 미국문화를 형성하는 과정을 설명하는 사회적 개념입니다. 용광로 모형은 18세기에 처음 등장하였고 미국사회에서는 1908년 이스라엘 장월의 연극 "The Melting Pot"[92] 이 흥행하면서 본격적으로 대중화되었습니다.

91) Al Grassby는 호주의 이민부 장관 당시 1973년 연설에서 '기원, 신념, 부, 능력에 관계없이 모든 사람에게 평등한 기회를 제공하는 사회'의 다문화사회를 언급하였습니다.

92) 이 연극은 다양한 배경의 이주민들이 아메리칸 드림을 갖고 미국 사회로 진입하여 새로운 문화를 형성하는 과정을 묘사하여 미국 사회에서 폭넓은 공감대를 형성하였습니다.

미국 사회에서 WASP (White Anglo Saxon Protestans, 앵글로 색슨계 미국 신교도)가 정치, 경제, 사회의 주류 세력으로 자리 잡고 안정되었고 이후 계속된 많은 이민자들의 유입은 WASP에게 큰 위협으로 여겨졌습니다. 따라서 WASP는 이민자들에게 배타 정책 실시와 동시에 미국 사회로 동화 (assimilation)를 요구하는 정책을 시행하였습니다. 이때 미국 사회를 묘사하여 용광로 모형이라고 합니다. 약간의 의미적 차이는 있지만[93] 이것을 앵글로 일체화 (Anglo-Conformity)로 표현하기도 합니다.

Melting Pot Model은 융화를 강조하고 있으며, 새로운 혼합의 통합 사회를 형성하는 것을 강조합니다. 다양한 문화적 배경을 가진 사람들이 서로 영향을 주고받으면서 기존의 주류문화 중심의 미국문화에 동화되어 새로운 문화를 만들어가는 통합을 목표로 합니다. 그리고 공통된 통합 문화를 통해 사회의 갈등을 줄이고 사회 구성원 간의 연대감을 높이며, 응집력을 높이는데 초점이 있습니다. 따라서 새로운 통합 문화를 형성하는 사회적 단합과 통합, 질서의 유지 등의 의미는 있습니다. 반면 문화적 다양성에서 오는 가치를 전혀 고려하지 않기에 이주민 자신의 고유문화를 포기하고 새로운 통합 문화를 형성해야만 한다는 긴장감, 자신의 정체성을 유지하며 미국사회에 기여할 수 있는 가능성이 제한되고 새로운 정체성을 형성해야 한다는 압박감이 있을 수 있습니다. 용광로 모형은 당시 미국 백인들 WASP를 중심으로 매우 호의적인 반응을 얻었지만 일부 지식인들은 강제적인 문화 융화의 시도는 이민자들의 자유 침해와 동시에 미국의 건국 정신과 상반된다고 지적하였습니다.

❷ 샐러드볼 모형 (Salad Bowl Model)

Salad Bowl Model은 다양한 문화적 배경을 가진 사람들이 하나의 사회에서 이주민 각각의 문화적 정체성을 그대로 유지하면서도 서로를 이해하고 존중하며 섞여

---

93) 용광로 이론은 다양한 문화가 용광로에 녹아들어 새로운 '미국 문화'로 재탄생한다는 비교적 상호작용적인 의미를 내포하지만 앵글로 일체화는 명시적으로 앵글로색슨 문화에 대한 절대적인 순응을 요구한다는 점에서 더 배타적이고 강압적인 성격을 가집니다.

서 함께 공존한다는 의미의 문화적 다원주의 개념에 근거한 용어입니다. 이것은 용광로 모형(Melting Pot Model)과 대조적인 용어로[94], 개별 문화가 융합되지 않고 독립적으로 존재하면서도 샐러드 채소처럼 조화를 이루는 함께 어울리는 사회를 의미합니다. 마치 샐러드 안에 다양한 채소와 재료들이 각각의 맛과 특색을 잃지 않으면서 함께 어우러져 하나의 맛있는 샐러드를 이루는 것과 같은 의미입니다.

Salad Bowl Model은 20세기 동남 유럽인의 미국 이민이 증가하면서 등장하였습니다. 이것은 문화적 다양성을 유지하고 서로의 다른 문화를 이해하고 존중하기에 관계성이 성립되며 그 가운데 문화적 학습과 다양한 시각을 발전시킬 수 있고 사회 전체적으로 역동성과 창의성을 상승시킬 수 있습니다. 그러나 문화가 다양하다는 것은 긴장, 분열, 갈등 등의 근원이 될 수 있고 특히 갈등은 지배적인 주류문화로부터 배제와 차별, 불이익, 불평등 같은 것들과 연결되었을 때 발생합니다.

하지만 문화적 다양성이 진정한 가치를 갖게 되면 풍요로운 사회가 되는 이중성이 있습니다. Salad Bowl Model은 사회 구성원 각각의 정체성을 인정하고 강조하므로 사회의 공통된 가치나 유대감을 약화시킬 수 있으며, 자신들만의 이기적 공동체를 형성하여 갈등 혹은 분열을 일으켜 사회적 통합을 힘들게 할 수 있습니다. 소수자에 대한 차별 혹은 배제가 발생될 수 있습니다. 따라서 Salad Bowl Model은 참여와 존중, 이해와 평등이 중요하며, 어울림의 문화다원주의가 강조되어야 합니다.

❸ 모자이크 모형 (Mosaic Model)

Mosaic Model은 "다양한 인종이나 민족 집단이 각각의 고유한 문화적 특성을 독립적으로 유지하면서도 서로 결합되어 상호 공존하여 한 사회의 전체 문화를

94) 용광로 모형은 이주민의 문화가 기존 주류 문화에 흡수되어 하나의 새로운 문화를 형성하는 사회 (A + B = C)를 의미하지만, 샐러드볼 모형은 각각의 문화정체성을 그대로 유지하면서 함께 공존하는 사회 (A + B = A + B)를 의미합니다.

이루는 다문화사회를 묘사"합니다. 즉, 개별적이고 다양한 각각의 작은 그림이 결합되어 조화를 이루고 하나의 큰 그림을 형성하는 모자이크 작품처럼, 각각의 문화가 개별로 정체성을 유지하면서도 서로 결합되고 조화를 이루면서 하나의 통합된 전체 문화를 이루고 사회의 일부로 기능하는 것입니다.

Mosaic Model은 1965년 이전에 미국 사회에서 적용되었던 용광로 모형을 비판하면서 1970년대 캐나다에서 제기된 것으로 그 바탕이 되는 밑그림은 역시 서구문화를 근본으로 하고 있습니다. 캐나다는 1969년 영어와 불어를 공용어로 사용하는 법을 시행하여 프랑스 문화가 북미지역의 문화와 평등한 자격을 갖게 되었으며, 1971년 동화주의를 포기하고 캐나다를 구성하고 있는 다양한 인종 및 민족들의 고유문화를 인정하고 계승하기 시작했습니다. 1981년 캐나다의 인종 관계를 전담하는 기구를 설치하였으며, 1982년에는 인종차별을 위헌으로 규정하였습니다. 그리고 1988년 서로 다른 문화를 가진 인종들이 대립과 갈등이 아니라 서로를 인정하고 함께 공존하는 사회를 지향하는 "다문화주의 법령"을 제정·시행하여 다양한 인종과 민족에 따른 편견과 차별의 장벽을 제거하고 문화적 표현을 보장하게 되었습니다.

Mosaic Model은 다양성을 인정하고 존중하며 함께 살아가는 이상적인 사회모형이긴 하지만 그 역시 장단점이 있습니다. 다양한 문화의 공존으로 문화적 풍요로움과 사회 전체의 문화적 선택의 폭을 넓힐 수 있으므로 관계성을 촉진시키며, 창의적인 문화 발전에 기여할 수 있지만 종교, 가치관, 생활 방식의 차이로 문화적 충돌이나 갈등이 발생할 가능성도 배제할 수 없습니다. 서로를 이해하고 존중함으로 사회 구성원 간의 연대와 공생을 지향할 수 있지만 주류문화와의 동등한 기회와 상호 관계성을 유지하지 못하면 소수문화가 고립될 위험성도 있습니다. 따라서 이주민 소수자들이 문화정체성을 유지한 체 모국과 지속적으로 관계를 맺을 수 있어야 하며, 자신의 문화를 계승 및 발전시킬 수 있도록 사회적, 경제적으로 적극 지원할 필요가 있습니다.

④ 오케스트라 모형 (Orchestra Model)

음악에서 오케스트라는 다양한 악기가 지휘자의 리더십 아래 조화를 이루며 하나의 음악을 만들어내는 형태를 가지고 있습니다. 다문화사회에서도 각 문화가 독립성을 유지하면서도 협력하고 소통하는 것을 의미합니다. 이와 같이 오케스트라 모형은 다문화사회에서 협력과 조화를 강조하며, 모든 문화가 동등하게 가치 있다고 봅니다. 오케스트라의 다양한 악기들이 각기 다른 소리를 내면서 협력과 조화를 이루지만, 하나라도 빠지거나 다른 소리를 내면 전체적인 곡을 완성하지 못합니다. 마찬가지로 다양한 문화와 민족이 자신만의 정체성을 유지하고 존중받는 것을 중요하게 여기지만 특정 문화가 우월하거나 다른 문화를 지배하는 것은 사회적 통합과 발전에 위협이 될 수 있습니다. 오케스트라 모형은 이상적인 다문화사회의 모습을 제시하지만, 실제 이를 구현하는 것은 쉽지 않습니다. 그러므로 Orchestra Model은 오케스트라 지휘자의 지휘처럼 정부나 사회 리더들의 리더쉽이 역할이 중요합니다. 다양한 문화를 조율하고 공동의 목표나 가치를 설정하는 역할, 각 문화 간의 활발한 소통과 이해 증진을 위한 노력, 다양성의 인정과 존중, 상호작용을 통해 시너지를 확대 창출하려는 의지 등의 면에서 하나의 아름다운 결과를 향한 과정의 리더쉽이 강조되는 모형입니다.

(4) 다문화정책 (Multicultural Policy)

다문화정책은 다문화사회라는 정책목표를 이루기 위한 정책입니다. 그러나 다문화사회에 대해 앞 단원에서 살펴보았듯이 다문화사회가 문화라는 용어에만 한정된 것이 아니라 노동, 교육, 인권, 복지, 사회통합 등 여러 현상을 포괄하고 있기 때문에 다문화정책을 하나로 규정할 수는 없습니다. 그래서 먼저 어휘부터 접근하면, 다문화정책은 다양한 문화와 관련된 의미의 형용사 다문화(Multicultural)와 다문화사회에서 구성원들이 인간다운 생활을 할 수 있도록 정부가 계획하고 시행하는 제도적이고 집합적인 노력의 정책(Policy)이 합쳐진 합성어입니다. 그리고 다문화정책의 이념은 대체로 다문화주의를 철학적 기반으로 하고 있습니다. 즉 다문화정책은 정부가 다문화사회에서 발생하는 다수자와 소수자의 갈등 포함 각종 사회문제들에 대처하고 사회 전체의 유익을 극대화하기 위해 효과적인 정책을 수립 및 시행하는 것입니다.

❶ 다문화정책에 대한 학자들의 개념 정의

"▶1970년대 서구사회에서 인종적·문화적 다양성의 증대에 따라 발생하는 사회적 문제를 해결하기 위한 정책적 개입의 통칭 (Breugelmans & Vijver, 2004), ▶사회문화적 다양성을 보호하고 인종·민족·국적에 따른 차별과 배제 없이 모든 개인이 동등한 기회를 접할 수 있도록 보장하는 정부의 정책과 프로그램 (Troper, 1999), ▶문화적 차이에 따른 사회·경제적 불평등을 극복하고 사회가 효과적으로 유지·운영되는데 필요한 지식, 기술, 태도 등을 제공하고, 학교, 병원, 법원 등에서 이를 제도적으로 보장하고, 모든 참여의 장벽을 제거하는 것 (Inglis, 2009)[95], ▶문화적 다양성과 관계를 맺는 구체적 메커니즘의 측면에서 정부의 인종적 다양성 혹은 다문화 사회에 대한 입법과 집행 (Mahtani, 2002), ▶특정의 소수자 집단이 무시되거나 차별받는 것을 방지하고 차이에 근거한 정치, 사회, 경제적 갈등을 해소하며, 인간으로서 보편적 권리를 향유하도록 함을 목적으로 하는 정부의 제도적 개입 (오경석, 2007), ▶한 사회 내 다양한 인종이나 민족 집단들의 문화를 단일한 문화로 동화시키지 않고 서로 인정하고 존중하면서 공존하게끔 하는 데 그 목적이 있는 이념체계를 실현하고자 하는 정부정책과 프로그램 (윤인진, 2008), ▶특정의 인종 집단이 무시되거나 차별받는 것을 방지하고 차이에 근거한 사회, 정치, 경제적 갈등을 해소

---

95) Inglis(2009)는 다문화정책을 논의하는 과정에서 '다원주의 정책(pluralist policy)과 다문화정책(multicultural policy)이 혼용되고 있는데, 이는 엄격히 구분되는 개념이라고 주장한다. 다원주의 정책은 문화적·구조적 차이를 유지에 초점을 두고 있는 반면, 다문화정책은 현재 주류다수와 소수집단의 다양성을 반영하여 모두 접근이 가능하도록 현재 주류사회의 제도를 변화시키는 것을 의미한다.'라고 했습니다.

하며, 인간으로서의 보편적 권리를 향유하도록 함을 목적으로 하는 정책적 개입 (원숙연, 2008), ▶다문화주의의 실천 이념으로서 다문화사회의 전사회적 문제를 해결하기 위한 정책적 대안 (박진경, 2010) 등"입니다.

다문화정책의 궁극적인 목적은 사회적 갈등의 예방적 측면으로 다문화사회 통합을 지향하며, 다양성을 수용하여 사회·경제적 시너지 효과를 극대화하고, 사회·문화·정치적 차원에서 민주주의 발전과 사회통합을 위한 적절한 다양성을 유지하는 것으로 다양성의 정도를 조절하는 수단으로 기능하기도 합니다.[96] 즉 주요 목표로 사회적 통합 강화, 교육지원, 경제적 자립 지원, 문화적 다양성 존중, 상호이해 증진, 인권 보호 및 차별 금지, 국가 경쟁력 강화 등을 제시할 수 있습니다.

❷ 다문화정책을 구분하는 방식

▶소수집단을 주류사회로 통합하는 방식에 따라 구분에는 "소수자의 다양성 인정 정도에 따라 자유주의적 접근, 조합적 접근, 급진적 접근으로 구분, 이민자에게 합법적 지위 부여 정도에 따라 완전 배제형, 일부 배제형, 일부 인정형, 완전 인정형으로 구분, 그리고 이민자 수용 방식과 같은 기준을 사용하여 동화, 외국계 국민, 다문화주의로 구분"합니다. ▶정책의 내용에 따른 구분 (구견서, 2003)으로 "다문화화 정책 (문화의 다양화), 다제도화 정책 (법제도의 소수 및 주류사회 공통 적용), 다사회화 정책 (기회 및 결과의 평등을 동시 추구), 다평등화 정책 (소수사회 및 주류사회의 평등)"입니다. ▶정책의 다양성 정도에 따라 구분으로 Banding & Kymlicka(2006)는 필수 정책 8분야 "다문화주의에 대한 헌법·법률·의회의 확약,

---

96) Schlesinger는 '다문화주의가 차이를 미화하고 동화를 포기하는 것으로 우상화하면 사회통합을 해칠 우려가 있다(1991).'라고 했으며, 경제적 차원에서 해외 인력 유치의 인력 수급 불균형 해소 및 경제 규모 확대 그리고 사회·문화적 차원에서 사회구성원들의 관용 터득이라는 긍정의 측면이 있지만 경제적 차원에서 언어와 민족의 다양성이 경제성장률을 감소 그리고 사회·문화적 차원에서 같은 정체성 추구 집단이 폐쇄적일 경우 사적 연결망 분열 염려라는 부정적 측면이 있습니다.

학교 교과과정에서의 다문화주의 채택, 대중매체에서의 인종에 대한 포용과 감수성 발휘, 복장규정·일요 휴무 입법 등의 면제, 이중국적의 허용, 소수집단 문화 활동에 대한 재정적 지원, 이중언어 교육 및 모국어 교육 지원, 혜택의 비수혜자 이주민집단을 위한 차별철폐 조치"를 제시하고 이 가운데 6개 이상 채택 시 강한 다문화주의, 3~5개 채택 시 온건 다문화주의, 2개 이상 채택 시 약한 다문화주의로 구분합니다. ▶정책의 추진 주체에 의한 구분 (윤인진, 2007)으로 "국가주도 다문화주의 (국가가 각종 정책을 직접 추진), 시민주도 다문화주의 (국가가 추진하지 못하는 분야 정책들을 시민들이 보완적 추진), 협력적 다문화주의 (국가와 시민사회가 협력하는 거버넌스 체제)"입니다. ▶타문화 수용 방식에 의한 구분 (Castles & Miller, 2009)으로 "일반적 형태의 이주를 허용하지 않고 노동시장의 일부 영역에 한정해 개방하는 차별배제 모형, 이민자가 국민이 되는 것을 전제로 조속히 동화되도록 지원하는 동화주의 모형, 소수자의 가치를 동등하게 인정하고 그에 대한 보호를 지원하는 다문화주의 모형"으로 구분합니다.

❸ 캐나다의 다문화정책

캐나다의 다문화정책은 1964년 캐나다의 Paul Yuzyk (1913~1986)상원의원이 처음으로 제안하였고 1971년 자유당 정부 때 세계 최초로 다문화주의(Multiculturalism)를 채택되었으며, Elliot Trudeau 총리가 공식적으로 발표하였습니다. 이후 다문화정책은 미국, 호주 등으로 확산되었습니다. 캐나다의 초기 다문화정책은 정부가 시민들이 문화단체를 만들도록 지원하는 정도였습니다. "캐나다는 다문화주의 성격을 달리하면서 3단계로 발전하는데 1970년대 인종(Ethnicity) 다문화주의, 1980년대~1990년대 초반까지 형평성(Equity) 다문화주의, 그리고 1995년 이후부터 시민(Civic) 다문화주의(Fleras, 2009)"입니다. 이후 1988년에는 다문화주의법 (Multiculturalism Act)이 제정되면서, 다문화정책이 법적으로 더욱 강화되었습니다. 캐나다는 다문화주의를 국가 정체성의 핵심 요소로 삼고 있습니다.

❹ 호주의 다문화정책

호주는 세계에서 가장 성공적인 다문화사회를 이루고 있는 나라 중에 하나입니다. 호주는 1973년 백호주의 (White Australia Policy)가 폐지되었으며, 이후 다문화주의를 국가정책으로 채택했습니다. 1975년 인종차별금지법 (Racial Discrimination Act) 제정하면서 호주를 다문화국가로 언급하였고 다문화주의 원칙을 도입하기에 이릅니다. 1977년 호주 민족 문제 위원회에서 다문화주의를 공개 선언하였으며, 이후 호주 정부는 다문화국가로서의 호주 (Multicultural Australia)를 표방하고 적극적인 다문화정책을 추진했습니다. 1994년 국가 다문화위원회가 설립되었으며, 2008년 호주 다문화 위원회(AMAC)가 공식적으로 출범했습니다. 2017년 "다문화 호주–통합, 힘, 성공"의 새로운 다문화 성명을 발표했으며, 호주는 다문화 정책을 통해 이민자들의 성공적인 정착과 사회 통합을 지원하기 위한 다양한 프로그램들을 운영하고 있습니다. "다문화 축제 (Harmony Day[97]) 등), 성인 이민자 영어 프로그램 (Adult Migrant English Program, AMEP), 다문화적 접근과 형평성 정책 (Multicultural Access and Equity Policy), 번역과 통역 서비스, 이민자 포용 미디어 정책 등"이 있습니다.

❺ 유럽의 다문화정책

유럽은 1970년대 이후 동화정책 또는 분리정책에서 다문화정책으로 전환을 시도했습니다. 이에 Van De Vijveret al(2006)은 "유럽은 주류사회에 이민자의 참여를 독려하고, 이민자들의 사회적 경제적 지위를 향상시키고자 하며, 이민자들이 동등한 권리를 확립하도록 하고, 차별을 억제하고 제거하고자 합니다."라고 했습니다. 유럽

---

97) 유엔이 정한 '인종차별 철폐의 날'과 같은 날인 매년 3월 21일에 열리는 행사로, 호주의 문화적 다양성을 기념하고 모든 사람이 존중받고 소속감을 느끼는 사회를 만들자는 메시지를 담고 있습니다. 슬로건은 Everyone Belongs(모두가 속해 있습니다)입니다. 3월 21일이 포함된 한 주간을 '하모니 위크'로 지정하여 더욱 폭넓은 다문화 행사들이 진행됩니다.

은 국가마다 차이는 있지만 전반적으로 이민자와 다양한 문화적 배경을 가진 사람들이 사회에 통합될 수 있도록 지원하는 방향으로 발전해 왔습니다. 그러나 2010년대를 전후하여 독일의 메르켈, 프랑스의 사르코지, 영국의 캐머런 등 정치인의 발언을 통해 다문화정책의 한계를 지적[98] 하였습니다. 주요 유럽 국가의 다문화정책은 다음과 같습니다.

▶독일은 과거에는 외국인 노동자를 받아들이는 데 집중했으나 2005년 이민법 개정으로 이민자들에게 독일어 교육과 문화적응 프로그램 제공 등 보다 체계적인 지원을 강화했습니다. 이민자들이 독일 사회에 쉽게 적응할 수 있도록 "이민자 통합 프로그램"을 운영하고 있으며, 사회적 포용을 강화했습니다. 그리고 2015년 이후 대규모 난민을 수용했습니다. ▶프랑스는 동화주의 (Assimilation) 정책을 기반으로 이민자들이 프랑스 문화에 적응하도록 유인합니다. 다문화주의보다는 "공화국 가치를 강조하며, 모든 시민이 동일하게 프랑스적인 정체성을 공유해야 한다는 원칙"입니다. 이민자들은 "이민자 통합 프로그램"을 통해 프랑스어, 프랑스 법과 문화를 반드시 배워야 하며, 인종별 통계를 산출하지 않고 있습니다. 그리고 모든 시민을 동일하게 대우하는 정책을 시행하고 있습니다. 이민자의 문화적 다양성을 인정하면서

---

98) 2010년 이후 유럽 다문화주의 모델이 실패했다고 일부 학자들에 의해 선언되기 시작하였으며, 정치가 메르켈 독일총리 (2010.10, 로이터통신)는 '다문화사회를 건설해 함께 어울려 공존하자는 접근법이 완전히 실패했다.', 사르코지 프랑스대통령 (2011.6. 자국언론)은 '다문화주의는 실패한 것', 캐머런 영국총리 (2011.2. EU안보회의)는 '다문화주의 실패로 이슬람 극단주의가 뿌리를 내렸다' 라고 했습니다. 실제로 이주민의 폭동이 프랑스에서는 2005년 파리 북부 Clichy-sous-Bois, 2007년 파리 북부 Villiers-Le-Bel, 2010년과 ·2011년 Amiens 도심에서 발생하였고, 영국에서는 2011년 Tottenham에서 비슷한 사건이 발생했습니다. 이와 같은 일련의 소요 사태는 유럽 여러 국가들에서 이민자 사회통합에 대한 관심 증가로 이어진다고 설명될 수도 있지만 사실 저출산·고령화 문제와 매우 긴밀한 관련이 있습니다. 유럽 사회는 다문화주의가 위기 또는 실패했다고 하면서도 다른 한편으로 문화다양성을 강조하는 이중성이 있습니다. 즉 이들의 다문화주의 위기 및 실패 발언은 사실상 적극적인 사회적 통합을 강조하기 위한 의도가 있었습니다.

도, 프랑스적인 정체성을 유지하는 방향으로 정책을 시행하고 있습니다. ▶영국은 1960년대 이후 다문화주의 (Multiculturalism)를 채택하여 다양한 문화적 배경을 존중하는 방향으로 정책을 조정했습니다. 2005년 런던 테러 이후 다문화주의의 한계를 지적하는 목소리가 커지면서 사회통합과 공공안전을 강조하는 정책이 시행되었습니다. 그리고 2010년 평등법 (Equality Act)을 통해 모든 형태의 차별을 포괄적으로 규제하고 있습니다.

❻ 한국의 다문화정책

한국에서 다문화정책은 관련 법률에서 정의를 보면 「재한외국인처우기본법」은 "재한외국인이 대한민국 사회에 적응하여 개인의 능력을 충분히 발휘할 수 있도록 하고, 대한민국 국민과 재한외국인이 서로를 이해하고 존중하는 사회 환경을 조성하는 정책"이라고 하고 있으며, 「다문화가족지원법」은 "다문화가족 구성원이 안정적인 가족생활을 영위할 수 있도록 지원하는 정책"이라고 합니다. 그리고 한국행정연구원은 "철학적 기반인 다문화주의를 실현하기 위한 정책으로 소수문화를 인정하고 존중하며, 차이에서 오는 차별을 시정하여 공존을 지원하는 정부의 제도적이고 집합적인 노력 또는 특정의 소수자 집단이 무시되거나 차별 받는 것을 방지하고 차이에 근거한 정치, 사회, 경제적 갈등을 해소하며, 인간으로서의 보편적 권리를 향유하도록 함을 목적으로 하는 정부의 제도적 개입"라고 정의합니다.

한국은 2005년 대통령의 지시로 이후 국가정책으로 다문화정책을 도입하게 됩니다. 사실상 다문화정책 초기에는 국제결혼 이주여성 및 그 자녀를 중심으로 정책이 형성되었습니다. 2006년 4월 정부는 "다문화, 다민족사회로의 전환"을 선언하면서 사회통합 지원대책과 방안을 수립하기 시작하였습니다. 곧이어 "여성결혼이민자가족의 사회통합 지원대책 (2006.4.27.)"이 발표되었으며, 2007년에는 이민자와 국민의 공존과 사회통합을 목적으로 하는 「재한외국인처우기본법」의 제정과 정부의 인가를 받은 결혼중개업자만 국제결혼을 주선할 수 있도록 "결혼중개업의 관리에 관한 법률"의 제정되었습니다. 2008년에는 「다문화가족지원법」의 제정되었고 제1차 외국인정책 기본계획 (2008~2012)[99] 이 시행되었습니다. 그리고 2010년 결혼이민자 취업지원 종합정책과 제1차 다문화가족지원정책 기본계획 (2010~2012)이 시행되었으며, 2013년에는 「난민법」이 시행되고, 제2차 외국인정책 기본계획 (2013~2017) 및 제2차 다문화가족지원정책 기본계획 (2013~2017) 시행되었습니다. 또한 2018년부터 제3차 외국인정책 기본계획 (2018~2022) 및 제3차 다문화가족지원정책 기본계획 (2018~2022)이 시행되었으며, 2023년부터 제4차 외국인정책 기본계획 (2023~2027) 및 제4차 다문화가족지원정책기본계획 (2023~2027)이 시행되고 있습니다.

한국의 다문화정책은 광범위한 부처의 업무와 연관되어 있으며, 담당 및 관련 부처마다 다문화에 대한 개념 및 내용 범주를 각각 다르게 정의하고 있어 정책의 대상과 범주에 혼선이 빚어지기도 합니다. 이러한 부처분절형 정책으로 정부 부처 간 중복지원 및 이벤트성 지원 정책이 문제가 되기도 하고 다문화가족 편향적인 경향이 있습니다. 그리고 법무부 중심으로 이루어지고 있는 「재한외국인처우기본법」에 근거한 외국인정책은 다문화정책이라기보다는 사실상 이민정책으로 분류하는 것이 무난합니다. 현재 한국의 다문화사회로의 진입은 거스를 수 없는 사실이며, 이러한 변화에 맞춰 더욱 포괄적이고 장기적인 관점에서 다문화정책을 계획하고 발전시켜 나갈 필요가 있습니다. 한국 사회 구성원 전체의 문화적 다양성을 자산으로 활용하고 모든 구성원이 함께 균형을 유지하며 번영하는 사회를 만드는 데 역점을 두어야 할 것입니다.

99) 외국인정책 기본계획은 2008년부터 매 5년마다 수립되고 있습니다. 외국인정책은 이민정책(Immigration Policy)의 개념으로써 국경 및 출입국 관리, 국적부여정책 및 이민자사회통합정책을 포괄하는 것을 목표합니다. (외국인정책위원회, 2012)

2) 문화다양성정책

(1) 문화다양성

유네스코의 「문화다양성협약」 제4조에서 "문화다양성 (Cultural Diversity)이란 집단과 사회의 문화가 표현되는 다양한 방식을 말한다. 이러한 표현들은 집단과 사회의 내부에서 그리고 집단과 사회 사이에서 전승된다. 문화다양성은 인류의 문화유산이 다양한 문화적 표현을 통해 표현되고, 증대되며, 전승되는 다양한 방식을 통해서뿐만 아니라, 사용된 방법과 기술에 관계없이 다양한 양식의 예술적 창작, 생산, 보급, 배포 및 향유를 통해서도 명확하게 나타난다." 라고 규정하고 있습니다.

그리고 한국의 「문화다양성의보호와증진에관한법률」 제2조에서 "문화다양성이란 집단과 사회의 문화가 집단과 사회 간 그리고 집단과 사회 내에 전하여지는 다양한 방식으로 표현되는 것을 말하며, 그 수단과 기법에 관계없이 인류의 문화유산이 표현, 진흥, 전달되는 데에 사용되는 방법의 다양성과 예술적 창작, 생산, 보급, 유통, 향유 방식 등에서의 다양성을 포함한다."라고 규정하고 있습니다. 이를 종합하여 2023년 문화다양성 정책 연차보고서에서 "▶집단과 사회의 문화가 집단과 사회 간 그리고 집단과 사회 내부에 표현되는 다양한 방식으로 ▶수단과 기법에 관계없이 인류의 문화유산이 표현, 진흥, 전달 시 사용되는 방법의 다양성 ▶예술적 창작, 생산, 보급, 유통 및 향유를 통해 나타나는 다양성으로 정의할 수 있음"라고 합니다.

Lévi Strauss(1952)는 "문화다양성은 서로 다른 문화 간의 상호관계에서 다른 문화와의 차이점을 인식하는 것도 중요하지만, 서로 다른 사회를 구성하고 있는 다양한 집단들의 문제를 포용해야 한다."라고 했으며, Emily Greene Balch (1876~1961)는 "문화다양성을 허용하는 것이 국가의 기본정책이 되어야 한다. 이러한 다양성은 한 단계 향상된 국가 통일성을 달성할 수 있다."라고 주장하였습니다.

이와 같이 문화다양성은 단순한 현상을 넘어 우리 사회의 지속 가능한 발전이며, 사회 내 다양한 문화적 표현과 정체성이 서로 존중하고 공존하며 풍요로운 사회를 이루고자 상호 실천 상태를 의미하며, 이는 인류의 공동유산으로서 보호하고 증진해야 할 가치가 있습니다. 따라서 문화 다양성을 존중하고 포용하는 사회를 만들어 가는 것은 곧 밝은 미래를 향한 중요한 전진입니다.

그리고 「문화다양성협약」 제2조에 문화다양성 8원칙으로 "인권 및 기본적 자유에 대한 존중 원칙, 주권 원칙, 모든 문화에 대한 동등한 존엄성 인정과 존중 원칙, 국제적 연대와 협력 원칙, 개발의 경제적, 문화적 측면의 상호 보완성 원칙, 지속가능한 개발 원칙, 공평한 접근 원칙, 개방과 균형 원칙"을 제시합니다.

대한민국은 전통적으로 단일 민족 국가라는 인식이 강한 사회를 이루고 있었지만 데탕트 시기를 거치면서 빠른 세계화와 이주민의 대규모 유입으로 인해 점차 문화다양성을 포용하는 사회로 변화하고 있습니다. 그러나 문화다양성을 보호하고 다양한 문화가 공존하는 사회를 조성하기 위한 법적 기반 마련(2014년)과 더불어 국제적인 문화다양성 증진 노력(2010년 협약 비준)에 동참하고 있지만 2025년 2월 문화체육관광부의 조사에 따르면, 한국 국민의 문화다양성 인식 수준은 100점 만점에 50.8점이며, 문화다양성에 대해 "잘 알고 있다"라고 답한 국민은 27.3%였습니다. 이는 아직 문화다양성 개념에 대한 인식이 충분히 높지 않음을 알 수 있습니다.

(2) 문화다양성협약

「문화적표현의다양성보호와증진에관한협약」 (Convention on the Protection and Promotion of the Diversity of Cultural Expressions, 약칭 문화다양성협약)은 1990년대 이후 세계화와 자유무역 흐름 가운데 문화 산업이 경제적 논리에 따라 선진국 주류문화의 침범 지배되면 소수 문화나 고유한 문화적 표현이 소외되는 등 문화적 다양성이 위협받고 특히 미국 중심의 문화적 획일성이 심화될 수 있다는 우려에 대한 국제적인 대응으로 다양한 지역, 토착, 특성적 문화들을 국제법 차원으로 보호하고자 하는 협약입니다.

협약은 “각 국가가 자국의 문화 산업을 보호하고 육성함으로써 문화적 다양성을 보존하고 증진할 수 있도록 하는 것을 목표”[100]로 합니다. 그리고 제16조에서 “선진국은 적절한 제도적 및 법적 프레임워크를 통해서, 개발도상국의 문화상품과 서비스와 더불어, 예술가, 문화전문가 및 실무자들에게 우대조치를 부여함으로써 개발도상국과의 문화교류를 촉진해야한다”라고 규정하므로 개발도상국과 선진국 간의 구조적 불평등을 해소하기 위해 국제 무역 자유화 협정의 일반적인 규칙에서 벗어난 예외적 상황을 설정[101]하고 있습니다.

초안이 총 6장 34조와 4개 부속서로 이루어진 협약의 출발점은 세계인권선언(1948)의 문화적 권리 (27조 1항, 2항)[102]이며, 시민적·정치적 권리의 국제규약(ICCPR) 문화·종교·언어 권리(27조)[103]로 이어집니다. 그리고 소수자 권리에 관한 선언(1992) 등을 통해 구체적으로 의제를 다루어 왔으나 합의에 이르지 못합니다.

---

100) 협약의 주요 목표는 ‘문화적 표현의 다양성 보호 및 증진, 문화의 번영과 상호 작용을 위한 조건 조성, 문화 간 대화 장려, 문화 간 상호이해 증진, 문화적 표현의 가치에 대한 인식 제고, 문화와 발전의 연계 강화, 국가의 주권적 권리 재확인, 국제협력 및 연대 강화’입니다(제1조).

101) 1990년대 초반 Uruguay Round 협상에서 무역협정을 서비스 부분까지 확대하려는 미국에 대해 프랑스는 ‘문화적 예외성 (exception culturelle)개념을 내세워 문화를 다른 상품과 동일하게 취급할 수 없다.’라고 하였습니다(한국문화관광연구원, 2014).

102) 제27조 1. 모든 사람은 공동체의 문화생활에 자유롭게 참여하며 예술을 향유하고 과학의 발전과 그 혜택을 공유할 권리를 가진다. 2. 모든 사람은 자신이 창작한 과학적, 문학적 또는 예술적 산물로부터 발생하는 정신적, 물질적 이익을 보호받을 권리를 가진다.

103) 제27조 종족적, 종교적 또는 언어적 소수민족이 존재하는 국가에 있어서는 그러한 소수민족에 속하는 사람들에게 그 집단의 다른 구성원들과 함께 그들 자신의 문화를 향유하고, 그들 자신의 종교를 표명하고 실행하거나 또는 그들 자신의 언어를 사용할 권리가 부인되지 아니한다.

이후 제31차 유네스코정기총회 (파리, 2001.10.15.~11.3)에서 164개 회원국이 유네스코 「문화다양성선언」 (UNESCO Universal Declaration on Cultural Diversity)을 채택하였으며, 선언은 문화 다양성이 인류의 공동유산이자 문화 간 대화와 상호이해를 증진하는 데 필수적임을 강조했습니다. 그리고 2002년에는 5월 21일을 "세계문화다양성의 날"로 선포했습니다. 선언 채택 후 이를 구속력 있는 국제 규범으로 발전시켜야 한다는 필요성이 제기되었습니다. 프랑스를 비롯한 여러 국가들이 유네스코에 문화 다양성 협약 제정을 공식적으로 제안했습니다. 2004년 UN 개발프로그램의 인력 개발보고서는 "문화다양성 이슈를 다루는 것이 우리 시대 하나의 중요한 도전"이라고 했습니다.

그리고 2005년 10월 제33차 유네스코 정기총회에서 「문화적표현의다양성보호와증진에관한협약」 (Convention on the Protection and Promotion of the Diversity of Cultural Expressions)을 채택하였고 2007년 3월 공식 발효되었습니다. 이것은 자본과 노동의 세계화에 직면한 여러 나라들이 문화다양성의 가치 증진을 바탕으로 세계화의 부정적인 측면에 맞서 자국의 문화산업을 보호하려는 이해를 반영하고 있으며, 협약에서 문화적 권리의 경제적 측면과 국민국가의 주권적 권리가 강조되는 이유는 미국 문화산업의 위협으로부터 자신의 문화산업을 보호하려는 유럽 국가들이 미국 중심의 신자유주의적 흐름에 저항하는 유효한 수단으로 이 협약을 이용하려는 국제정치적 배경이 있습니다.

한국은 협약 체결에 찬성표를 던졌으나 아무런 비준절차를 진행하지 않다가 2007년 10월 다른 조약과의 관계를 규정하고 있는 핵심조항 (제20조, 25조)을 유보한 채 비준을 추진하려 했으나 국내 문화예술단체의 반대로 협약 비준절차를 중단하였다가 2010년 4월 110번째 협약 비준국이 되면서 문화다양성 측면에서의 정책 논의를 국내에서 시작하였습니다. 매년 5월 21일을 "문화다양성의 날"로 지정하고, 이날부터 1주간을 문화다양성 주간으로 운영하는 것도 이러한 노력의 일환입니다.

2013년 문화융성 3대 전략 및 10대 과제 중 하나로 문화다양성 증진과 문화교류협력 확대를 설정하고 이주민과 국내 소수자의 문화 표현 기회 확대를 도모하였으며, 2014년 「문화다양성의보호와증진에관한법률」[104] 이 제정되어 문화다양성 정책이 본격적으로 추진되었습니다. 그리고 유네스코 파리 본부에서 열린 제6차 「문화다양성제협약」 당사국총회 (2017.6.12.~ 15.)에서 위원국에 선출되어 2021년 6월까지 4년간 중국, 인도네시아와 함께 아시아태평양 그룹 위원국으로 활동했습니다. 한국은 정부간위원회 의장국을 맡아 국제사회를 선도하는 역할을 수행했습니다. 2023년부터 2027년까지 유네스코 「문화다양성협약」 정부간위원회 위원국으로 활동하며 국제사회와의 협력을 더욱 강화하고 있습니다.

(3) 문화다양성정책

문화정책의 발전 과정에서 문화다양성은 피할 수 없는 개념으로 자리 잡고 있습니다. 문화다양성정책은 다양한 문화적 배경을 가진 사람들이 평등하게 존중받고 참여할 수 있도록 지원하는 정책입니다. 문화다양성정책은 다문화주의를 넘어서는 정책을 지향합니다. 특정 문화의 세계 지배를 견제하고 다문화사회를 위한 기반을 구축하며, 자본 강대국의 문화가 다른 문화를 지배하고 거세하는 문제를 해결합니다. 그리고 각국의 문화정체성 및 고유성에 대한 보호와 자주적 생존권 보장 필요 등에 중요성이 있습니다.

2023년 문화다양성정책 연차보고서에 의하면 문화다양성정책은 "문화다양성을 보호하고 증진하기 위해 국가와 지방자치단체가 수립하는 다양한 형태의 정책"을

---

104) 유네스코의 「문화적표현의다양성보호와증진에관한협약」 이행을 위하여 '문화다양성의 보호 및 증진에 관한 정책수립 및 시행 등에 관한 기본사항을 규정함으로써 개인의 문화적 삶의 질을 향상시키고 문화다양성에 기초한 사회통합과 새로운 문화 창조에 이바지하는 것을 목적 (제1조)'으로 2014년 5월 28일 제정되어 같은 해 11월 29일부터 시행되었습니다. 한국 사회가 문화다양성을 중요한 사회적 가치로 인식하고, 이를 바탕으로 더욱 풍요롭고 통합된 사회를 만들어 나가기 위한 중요한 제도적 기반을 제공하고 있습니다. 제1조(목적)부터 제15조 (권한의 위임·위탁) 그리고 부칙으로 이루어져 있습니다.

의미합니다. 그리고 국내 문화다양성정책은 2005년 유네스코의 「문화적표현의다양성보호와증진에관한협약」 (약칭: 문화다양성협약)에서 제안한 "문화적 표현의 다양성 보호와 증진을 위한 지침과 조치"를 따르고 있습니다. 또한 역점을 두고 있는 정책 대상은 "전통 및 문화유산, 언어, 문화적 창조활동, 문화콘텐츠, 매체, 독립 문화산업 등을 의미함"입니다. 더불어 문화다양성 정책 범주는 "존중, 보호 및 증진, 기회 제공, 지원조직, 접근 활성화, 교육, 국제협력, 정보 공유" 등을 포함합니다.

대한민국에서는 문화다양성 보호 및 증진 기본계획을 통해 문화다양성 정책을 시행하고 있습니다. 제1차 문화다양성 보호 및 증진 기본계획(2021~2024)에 의하면 문화다양성 정책 영역으로 "▶인권존중 측면의 문화적 정체성에 기인한 문화적 표현과 ▶문화적 예외 측면의 창조성에 기인한 문화적 표현"으로 구분하고 있습니다. 문화적 표현 영역에 "언어적 표현, 예술적 표현 (순수예술, 대중예술, 전통예술), 문화정체성 영역에 성별, 세대, 인종, 장애, 지역, 경제력 지위, 그리고 정책 영역에 차별과 인식 제고, 문화 참여와 접근성, 문화적 표현의 다양성, 상호문화 교류를" 제시합니다. 지원 분야로는 "언어적 표현, 예술적 표현, 생활 양식적 표현, 도시와 문화경관, 미디어"가 있습니다.

제1차 정책 비전은 "문화다양성을 통한 창의와 혁신의 문화국가"입니다. 그리고 "다양성과 포용성의 문화생태계 조성" 목표에 4개 가치 "▶차별시정과 인식 제고: 정체성 존중, ▶문화 참여와 접근성: 접근성·포용성, ▶문화적 표현의 다양성: 창의성·반독점, ▶상호문화 교류: 개방성·상호성 ", 그리고 추진 전략으로 3개의 추진 전략 "문화의 다양성 보호 및 확대, 소수자의 문화 참여와 접근성 보장, 문화다양성 가치 확산과 공존 기반 형성"를 제시했으며, 7개의 핵심 과제 "▶문화적 표현의 다양성 보호와 증진, ▶국제기구 및 국가 간 문화정체성 보호를 위한 협력 활성화, ▶다양한 문화주체의 문화권 보장, ▶문화시설과 미디어 접근성 지원, ▶문화다양성 가치 반영 교육 활성화, ▶문화다양성 인식 제고, ▶차별표현 시정을 통한 문화다양성 가치 확산"을 제시했습니다.

문화다양성정책에 있어 다양성 이슈는 다문화주의를 넘어 다문화, 세대문화, 소수문화, 하위문화와 결부되어 다문화는 이주민의 권리와 상생으로 다양성, 세대문화는 아동·청소년·노인 등 생애주기별 다양성, 소수문화는 사회적 소수자의 창작과 표현으로 다양성, 하위문화는 차이와 평등으로 다양성에서 다뤄집니다. 각 국가의 문화다양성 이슈는 주로 주류문화와 주변문화의 관계에서 이루어지며, 사회 내 강자와 약자의 문제와 결부되어 소수문화의 억압과 갈등이 사회문제가 됩니다.

그러므로 문화다양성정책 사업의 내용에는 문화다양성에 대한 이해 교육, 편견을 해소하는 인식 개선 사업, 시민 대상 강좌 및 워크숍, 문화적 가치 확산 사업, 다양한 사회구성원의 문화 표현 기회 확대, 다양한 문화예술 지원, 문화 기본권 신장, 문화 간 공감대 형성 및 갈등 해소, 문화다양성 실태조사 및 지표 개발 및 데이터 구, 정책개발 사업, 문화다양성정책 추진체계 구축 사업, 국제 문화교류 및 문화다양성 증진 사업 등으로 구성됩니다.

사례로 문화체육관광부는 문화다양성교육[105] 프로그램 확충을 위하여 「문화다양성의보호와증진에관한법률」 제13조에 근거한 도서관 다문화 서비스 확대 사업을 조성하여 다문화자료실 조성과 프로그램 운영을 추진하고 있습니다. 그리고 2024 문화다양성 주간 "경계에 꽃이 핀다" 개최 같은 다양한 문화권의 사람들이 상호 문화를 체험하고 교류할 수 있는 행사 및 축제를 지원하고 있습니다.

한국은 세계화의 거대 물결 속에 문화다양성 문제가 이제는 하나의 중요한 공공의제가 되고 있습니다. 다문화에서 문화다양성으로의 전환과 보편적 가치로서의 문화다양성이라는 개념의 확장, 문화다양성에 대한 법률과 제도는 마련되었지만 2025년 2월 문화체육관광부의 국민의 문화다양성 인식 수준이 낮다는 것에 대해 심도 깊은 논의, 다양한 문화적 표현이나 소수자 서사가 풍성한 콘텐츠 개발과 온라인 공간과 일부 미디어를 통해 문화다양성 침해에 대한 규제 및 대응 방안 마련, 문화다양성 교육의 생애주기별 교육의 필요성, 문화다양성에 대한 사회적 공감대를 넓히고 다양한 주체들의 적극적인 참여를 유도등에 대한 것입니다.

---

105) 다양한 문화집단의 권리를 인정하고 존중하고자 하는 문화적 다원주의를 강조하는 교육과 유사합니다.

3) 이민정책

(1) 이론적 접근

이민정책은 다양한 학문 분야의 관점에서 분석될 수 있는 복합적인 현상입니다. 주요 이론적 접근방식에는 "경제학적 접근 (Economic Approach), 정치학적 접근 (Political Approach), 사회학적 접근 (Sociological Approach), 국제관계학적 접근 (International Relations Approach) 등"이 있습니다.

첫째, 경제학적 접근 (Economic Approach)은 이민을 시장 메커니즘과 자원의 효율적 배분이라는 관점에서 분석하는 방식입니다. 이민이 국가 경제에 미치는 영향을 분석하고 정책 방향을 설정합니다. 주요 이론으로 "신고전주의 경제학 이론, 신맑스주의, 효율적 시장 가설 등"이 있습니다. ▶신고전주의 경제학 이론은 "이민은 임금 격차와 노동시장 수요와 공급의 불균형 때문에 발생한다."라는 입장입니다. 따라서 이민 개방에 대한 이익과 비용을 분석하고 그에 따른 정책을 결정합니다. 노동력 수요에 맞춰 숙련 노동력 이민자들을 특정 산업 분야 효율적으로 유치합니다. ▶신맑스주의는 "이민을 선진국이 저개발국에서 값싼 노동력을 가져와서 자본의 이윤을 극대화하려는 과정으로 해석하며, 노동력 착취, 자본주의 경제 시스템의 불평등 등을 주장"합니다. 따라서 이것은 송출국과 수용국 간의 불평등 해소, 불공정한 노동 시스템 개선, 이주민의 노동권 등에 초점을 둡니다. ▶효율적 시장 가설은 "이민은 노동력 이동을 촉진하여 시장 효율성을 증가시키는 역할을 한다."라는 입장입니다. 따라서 숙련 노동자의 유입과 기술혁신 및 생산성 향상에 초점이 있습니다.

둘째, 정치학적 접근 (Political Approach)은 국가의 정치적 환경, 이익 집단의 역학 관계, 그리고 국제관계 속에서 이민 문제를 분석하는 방식입니다.

주요 이론으로 국가 중심 이론 (State-Centric Theories), 이익 집단 이론 (Interest Group Theories), 민주주의 이론 등이 있습니다. ▶국가 중심 이론은 국가의 주권, 안보, 통제 능력 유지라는 관점에서 이민정책이 결정됩니다. 불법 이민

단속, 국경관리 등에 국가의 통제력을 강조합니다. ▶이익 집단 이론은 다양한 이익집단들(기업, 노동조합, 이주민 단체, 시민단체 등)의 상충되는 요구와 압력, 그리고 이들 간의 정치적 권력관계의 산물로써 이민정책입니다. ▶민주주의 이론은 자유와 인권, 보편적 가치 등이 이민정책에 반영됩니다. 따라서 민주적 절차를 통해 정책의 정당성을 확보합니다.

셋째, 사회학적 접근 (Sociological Approach)은 이민이 사회구조와 문화에 미치는 영향 그리고 이민자 사회적 통합이 핵심입니다. 주요 이론으로 사회 통합 이론, 정체성 이론, 사회 네트워크 이론 등이 있습니다. ▶사회적 통합 이론은 동화주의, 다문화주의, 차별배제 등을 제시합니다. 이주민과 선주민 간의 교류와 소통을 증진하고 문화 다양성 인식 개선, 이민자의 사회적응 지원 등을 강조합니다. ▶정체성이론은 이민자들의 이중 정체성, 문화적 혼종성, 그리고 수용 사회 내에서 형성되는 새로운 정체성 등에 집중합니다. 따라서 이주민의 고유 정체성을 존중하고 보호하며, 문화 다양성을 자산으로 봅니다. ▶사회 네트워크 이론은 기존 이주민 커뮤니티의 사회적 네트워크를 통해 개인은 이민을 합리적으로 선택한다는 것입니다. 따라서 기존 이주민 커뮤니티가 새로운 이주민의 정착을 돕는 역할을 하도록 유도합니다.

넷째, 국제관계학적 접근 (International Relations Approach)은 이민을 국가 간 상호작용과 글로벌 거버넌스의 맥락에서 접근합니다. 주요 이론으로 초국가주의 이론, 국제 레짐 이론 등이 있습니다. ▶초국가주의 이론은 이민자들이 본국과 수용국을 오가며 사회적, 경제적, 문화적 유대 관계를 맺으며 초국가적 네트워크를 형성한다고 봅니다. 따라서 이주민의 송금, 투자, 지식 교류 등 초국가적 활동 지원과 본국과의 유대 관계를 긍정적으로 활용하는 것입니다. ▶국제 레짐(Regimes) 이론은 개별국가의 정책 및 국제법, 협약, 국제기구 등으로부터 이민이 영향받는다고 봅니다. 따라서 국제적인 이민 거버넌스에 적극적 참여와 국제 기준에 부합하는 이민정책 수립을 중요시 합니다.

그러므로 이러한 이론적 접근 방식들은 한국의 이민정책을 위한 좋은 방향성을 제시할 수 있을 것이라 기대됩니다. 한국 이민정책의 현재 모습을 분석하고, 미래 방향을 설정하는 데 필요한 통찰을 얻을 수 있습니다. 한국의 이민정책은 저출산·고령화로 인한 급변하는 인구구조와 경제 환경, 그리고 국제관계에 대응을 위한 전환기를 맞이하고 있습니다. 다양한 관점들을 통해 장기적이고 발전적인, 그리고 균형 잡힌 정책을 수립할 필요성이 있습니다.

(2) 이민정책

이민정책이란 "국가가 내국인과 외국인의 이출과 이입을 관리함으로써 인구이동의 양과 질을 통제하려는 정책(UN, 1998)"이며, "내·외국인의 출입국관리를 포함한 국경 관리와 자국의 영토 내에 거주하는 이주민의 체류관리 및 정착에 관한 정부의 정책(IOM)"입니다. 그러나 이민정책은 각 나라의 여건, 국가가 추구하는 가치와 이념, 이민자의 유입 정도와 유형 등에 따라 다르게 정의될 수 있습니다.

한국의 경우 "대한민국으로 이주하고자 하는 외국인과 그 자녀 등에 대해 영구적 또는 일시적 사회구성원 자격을 부여하거나, 국내에서 살아가는데 필요한 제반 환경 조성에 관한 사항을 종합적인 관점에서 다루는 정책(제3차 외국인정책 기본계획(2018~2022)."로 정의하고 있습니다. 그리고 윤인진 (2020)은 이민정책의 확대된 정의로 "이민을 관리하고 활용하는 정부 정책으로써, 내국인과 외국인의 출입국과 체류자격을 관리하고, 이민자의 안정된 생활과 내국인과 이민자의 공존을 도모하는데 필요한 제반 환경을 조성하기 위한 종합적인 정책(국제이주와 다문화사회 제1강)"로 정의합니다.

그러므로 이민정책이란 내외국인의 입국 및 출국 관리, 외국인의 체류 관리 및 인력 활용, 국적 취득 및 사회적 통합 등을 포괄하는 정책을 의미합니다. 이민정책의 대상은 외국인뿐만 아니라 내국인 및 재외동포를 함께 그 대상으로 합니다. 즉 이민정책을 3단계로 구분할 수 있는데 1단계 내국인 이출 및 외국인 이입과 관련된 출입국정책, 2단계 외국인력 활용과 체류 관리 정책, 3단계 이민자 사회적 통합정책의 세 단계로 나눌 수 있습니다.

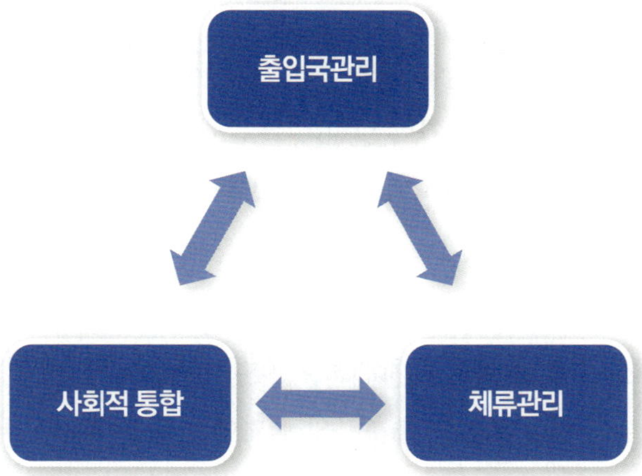

그림1-7 이민정책의 단계

이민정책은 경제, 사회, 정치적 측면에서 다양한 쟁점을 포함하고 있습니다. 먼저 경제적 측면에서 외국인노동력 활용과 내국인 일자리 및 임금 하락, 숙련 노동자 유치와 저숙련 노동자에 대한 사회적 부담, 이민자의 경제적 기여와 복지비용 등 사회적 비용 증가, 경제발전과 기술이전과 두뇌유출로 인한 경제 침체, 이민자의 송금과 귀환자 효과 등이 있습니다. 그리고 사회적 측면에서 동화주의 입장과 다문화주의 입장, 사회적 통합과 문화적 갈등 및 사회분열, 문화적 다양성 증진과 소수문화 차별 혹은 배제, 이민자 차별 및 혐오와 소수자 보호와 상호 존중, 인구감소 해결과 국민 정체성 변화, 지역소멸과 수도권 집중화 등이 있습니다. 또한 정치적 측면에서 이민자의 정치 참여와 배제, 불법이민 및 불법체류와 국경 강화 및 단속강화, 난민 수용 확대와 국가안보, 국민국가 주권과 국가 정체성의 강화, 이민 컨트롤 타워 부재와 정책 거버넌스 등이 있습니다. 나아가 이주와 개발에서 개발 효과로 국익 보호와 자율적 시장 논리, 세계적 이주 흐름에 관한 관점 변화 등 다양한 쟁점들이 있습니다. 최근 독일은 특정 난민의 가족 초청을 금지하는 정책을 추진하며 반이민 정책을 강화하고 있고, 미국에서는 트럼프 행정부의 강경한 이민 단속 정책이 논란이 되고 있습니다.

그러므로 이민정책은 단기적인 성과보다는 장기적인 안목과 종합적인 고려를 바탕으로 사회적 합의를 이루어나가야 합니다.

사람의 국제이주는 출신국을 떠나도록 부추기거나 강제하는 요인 (Push Factors)과 특정 목적국으로 사람을 끌어들이는 요인 (Pull Factors)이 결합 된 결과입니다.[106] 최근 이민정책의 경향은 이민자의 유입유치 정책은 가족 영주이민으로 이어지며, 핵심 인재 적극적 유치 노력이 이루어지고 있습니다.[107] 한시적 취업이민 도입 제도를 운영하고 있는 대부분의 국가에서 고용이 유지되는 한 기술기능 인력의 체류 기간 연장 및 정주화를 허용, 취업 이민정책은 선별적·제한적 성격을 강화, 점수제를 통한 양질의 인력을 선발, 농업·가사서비스업 등 특정 분야 이민자 취업을 확대 등의 추세입니다.

---

106) Push Factors는 무력 충돌, 자연재해, 직업 선택 기회의 부족, 경제적·문화적 자본의 소유, 가족해체 또는 자신의 삶과 주변 환경에 대한 불만이 포함될 수 있으며, Pull Factors는 좀 더 나은 보안, 직업 선택 기회, 행복한 삶 등에 대한 전망입니다. 그러나 Social Communication Network의 발달은 이주의 Push & Pull Factors를 매우 다양하게 변화시킵니다.

107) 지방마다 차이는 있지만 호주, 캐나다 등은 지방의 경제와 노동시장 상황을 고려한 인력도입을 위해 지방에 정착하고자 하는 영주이민자들을 선발하여 이들이 지방의 경제발전에 기여하도록 하는 지방정부 추천 기술이민제도(subclass 190)·지역추천 이민자 선발제도(Provincial Nominee Program: PNP) 각각 운영하고 있으며, 국제기구들은 개발도상국에 재외동포 자원 활용의 중요성 강조하고 있다.

이민정책을 분류하는 방식은 다양한 관점에서 이루어질 수 있습니다. 첫째, 이민자의 이출과 이입에 따라 자국으로 들어오는 합법적인 이민 규모에 영향을 미치는 이입정책과 자국민의 해외 이주 규모에 영향을 미치는 이출정책으로 나눠 볼 수 있습니다. 이입정책에는 이민자의 영구정착, 숙련노동자 및 고급인력 유치, 단기취업 노동자 및 장기취업 노동자, 가족재결합, 이민자 사회적 통합, 영주 및 귀화, 이민자 귀환 촉진 프로그램, 미등록체류자 관리 등이 있습니다. 그리고 이출정책에는 복수국적 허용, 재외국민 및 재외동포 관련 정책 등이 있습니다. 둘째, 단계별 이민정책으로 사증 제도, 국경 통제, 불법 이민 단속 등의 출입국 관리 정책, 외국인의 체류 및 기간에 따른 인력 활용, 이민자의 문화·언어 적응 지원과 다문화 교육 그리고 국민다문화 수용성 등의 이민자 사회적 통합입니다. 셋째, 대상별 이민정책으로 외국인 노동력의 유치 및 보호의 노동이민, 가족초청 및 재결합의 가족이민, 인도적 차원의 난민 보호 및 재정착 프로그램의 난민 유입, 유학이민, 재외동포의 유입 등입니다. 넷째, 목적별 이민정책으로 투자 및 창업 등의 경제적 이민, 인구감소 대응과 문화 다양성의 사회적 이민, 이민자의 정치 참여의 정치적 이민 등입니다. 다섯째 이민자 사회통합 방식에 따라 동화주의 정책, 다문화주의 정책, 차별적 배제 정책 등으로 분류할 수 있습니다.

(3) 한국의 이민정책 환경

한국은 1962년 3월 9일 「해외이주법」을 출발점으로 하여 1980년대 중반까지만 하더라도 국가차원의 해외로 인력을 대규모로 송출하던 국가였습니다. 6·25한국전쟁 이후 해외로 전쟁고아 및 고아수출과 전쟁신부의 해외 진출이 본격적으로 진행되었습니다. 1960년대부터 1970년대 중반까지 남미로 농업이민, 독일로 간호사와 탄광 광부의 노동이민, 건설업 및 서비스업 종사자의 베트남 전쟁 당시 기술노동이민이 있었으며, 1970년대 중반에서 1990년대 중반까지 건설노동자의 중동취업 (1982년 최고

점)이 있었습니다. 그리고 1965년 미국 이민법이 크게 개정됨으로써[108] 초기 한국인의 미국 이민은 유학생, 객원 간호사, 의사 등의 신분으로 또는 그 가족 초청으로 시작하여 차츰 급격히 증가하게 됩니다. 그래서 1년에 35,000명이 넘는 이민이 진행되기도 하였습니다. 그리고 1970년 중반 이후 캐나다, 호주 등 다양한 나라로 영주이민이 꾸준히 진행되었습니다.

그러나 1980년대 후반부터 외국인노동자, 결혼이민자, 재외동포 등의 유입이 본격 시작되므로 이민송출국에서 이민수용국으로 전환되었습니다. 1991년 해외투자기업산업기술연수생제도, 1993년 산업기술연수생제도, 2004년 고용허가제도, 2007년 방문취업제도 전면실시 등으로 외국인노동자 및 동포들이 제도적으로 유입되어 왔으며, 결혼이민자는 1980년대 후반부터 현재까지 중국, 일본, 동남아 등으로부터 지속적으로 유입되고 있습니다. 1960년대 경제개발을 시작으로 이후 빠른 산업의 발전과 노동수요의 증가에도 불구 1980년대까지 높은 출산율로 경제성장에 필요한 저임금 숙련노동인력 조달이 가능했지만 1980년대에 이르러 출산율 급감과 인건비 상승 등으로 중소기업 등에서 노동자 수요가 증가했습니다. 빠른 산업화에 따른 이농현상과 도시인구의 집중, 농어촌지역의 결혼 적령기 여성의 부족 현상으로 농촌 총각의 결혼문제 해결을 위한 결혼이민자에 대한 수요 증가, 지속적인 저출산은 생산 가능 인구 및 학령인구의 감소 등 급속한 인구구조의 변화를 가져왔습니다. 인구구조의 변화는 성장잠재력 저하시켰고 사회경제제도의 적응력 미흡했으며, 노후 소득의 불안정, 세대 간 사회적 부담의 형평성 약화, 지방 인구 감소 등에 영향을 가져오게 되었습니다. 그리고 빠른 고령화에 따른 생산보다는 소비가 늘고 저축이 감소하여 잠재성장률 하락하고 실질 GDP 감소하고 있습니다. 2020년에는 인구 데드

108) 미국은 1924년 이민법에서 특정 국가 출신 이민에 대한 제한을 두고 있었는데 1965년 이민 및 국적법 개정 (Immigration and Nationality Act of 1965)을 통해 국적별 쿼터 시스템을 폐지하고 가족 재결합과 숙련 노동자 우선순위 시스템을 도입하는 등 모든 국가에 인종이나 국적의 차별 없이 이민을 허용하도록 변경하였습니다.

크로스 시대라는 현황을 맞이하면서 노동시장 이중구조와 인적자본의 비효율적 활용으로 노동력부족 분야에서는 이민자 고용 수요가 지속적으로 증가하고 있습니다.

이민자의 유입이 증가 함과 동시에 국민의 다문화수용성의 증가가 요구되며, 더불어 이민자를 사회의 잠재적 위협으로 느끼는 현상도 증가하고 있습니다. 이민자 증가에 따른 찬반양론이 심화되고, 생산인구 감소에 따른 이민자 적극 도입이 내국인 일자리 잠식으로 경제적 양극화를 가중시킬 수 있다는 비판도 거세지고 있습니다. 더불어 이민과 안보에 관한 국제협력의 심화 및 각국 국가의 국경관리 강화 추세입니다.

이민정책 관련 주요 법령으로는 1948년 정부 수립과 함께 헌법과 「국적법」이 만들어졌으며, 1962년 「해외이주법」, 1963년 「출입국관리법」, 1999년 「재외동포의출입국과법적지위에관한법률」, 2003년 「외국인근로자의고용등에관한법률」, 2006년 「거주외국인지원표준조례안」, 2007년 「재한외국인처우기본법」[109] 과 「결혼중개업의관리에관한법률」, 2008년 「다문화가족지원법」, 2012년 「난민법」 등이 제정되었습니다.

이민정책 추진기관으로는 법무부의 출입국외국인정책본부 (외국인정책기본계획), 여성가족부의 다문화가족과 (다문화가족지원정책 기본계획), 노동부 외국인력정책과 (외국인노동자에 관한 사항), 교육과학기술부의 교육복지정책과 (다문화학생 교육지원에 관한 사항), 행정안전부 자치행정과 (외국인주민 지원) 등이 있습니다. 그리고 정부위원회로 외국인력정책위원회, 외국인정책위원회, 다문화가족정책위원회, 사회통합위원회가 있습니다.

이민정책을 전망해 보면 무엇보다 이주노동자·결혼이민자·동포 등을 부처별로 시행되는 부처분절형 정책에서 벗어나 (가칭) 이민청 신설[110] 을 통한 정책 대상 간

---

109) 2005년 12월 법무부 출입국관리국장에게 인권보호 측면에서 외국인 문제 관련 개선대책 및 추진체계를 마련할 것을 지시하면서 준비작업이 시작되었습니다.

110) 2005년 이후 이민자에 대한 체계적이고 합리적인 이민정책 수립 추진을 위한 이민청 신설 논의가 시작되었습니다.

연계 통합정책이 필요합니다. 전략적 인구 이민정책을 통해 이민정책의 단계 (출입국정책, 체류관리정책, 사회통합정책) 간 연계의 긴밀성을 강화하고, 특히 지방소멸 등을 감안하여 지자체 특성을 고려한 지역특화형 이민자 유치가 필요합니다. 그리고 이민정책이 임기응변적 단기적 방안 모색 중심에서 장기적인 방향에 대한 고민과 더불어 다양성 존중 등이 강화하고 이와 관련한 국민의식 제고를 위한 다양한 노력 필요합니다. 나아가 추후 포괄적 사회적 통합을 고려한 선별적인 이민자 유입정책에 대한 모색이 필요합니다. 즉 전통이민국가 및 선발이민국가들의 다문화주의 실행 경험에 대한 면밀한 분석과 사회통합의 용이성을 고려하여 이민자들을 선별적으로 유치하고, 단순기능인력 위주의 고용허가제도의 문제점 개선과 노동시장 및 산업구조의 업그레이드 노력 병행, 육성형 이민정책을 통한 우수인재와 숙련기능인력 확보 등입니다. 그리고 국제사회에서 국가의 위상을 고려한 문화다양성 노력과 인도적 이민 관리가 필요합니다.

4) 동화주의 (Assimilation)

동화주의는 문화변용의 가장 극단적인 형태로 이민자나 소수집단이 평등, 자유, 권리 등을 위해 자신만의 기존 정체성을 잃고 주류사회의 문화, 언어, 가치관, 전통, 관습, 이해관계 등을 받아들이고 주류사회로 포섭되어 구별되지 않도록 하는 이민정책의 맥락에서 사회적 통합 방식 중에 하나입니다.

(1) 동화주의

동화주의는 국가의 역사적 배경과 사회적 환경에 따라 다양한 방식으로 발전해 왔습니다. 동화 이론은 초기에 주로 이민자들의 새로운 사회에 적응하는 과정을 설명하는 데 사용되었습니다. 하지만 차츰 교육학, 사회학, 언어학 등 다양한 학문 분야에서 활용되고 발전해 오면서 그 개념과 적용 범위가 확장된 용어입니다.

1920년대 미국 사회학 분야 시카고학파 (Chicago School)를 중심으로 동화 이론이 등장했습니다. Robert Park과 Ernest Burgess 등 시카고학파 학자들은 도시를 살아있는 유기체로 보고, 도시 내의 다양한 집단 간 상호작용과 변화 과정을 연구했습니다. 이들은 도시에서 이민자들이 겪는 적응 과정을 인종관계 사이클 (Race Relations Cycle)이라는 개념으로 설명하면서 동화 이론의 기초를 다졌습니다.

이 이론에 따르면, 이민자들은 접촉 (Contact)→ 경쟁 (Competition)→ 화해 (Accommodation)→ 동화 (Assimilation)의 네 단계를 거치면서 주류사회에 정착하게 됩니다. 접촉 단계는 서로 다른 인종 집단이 처음 만나 상호작용을 시작하고 경쟁 단계는 자원, 일자리, 사회적 지위 등을 둘러싸고 경쟁이 발생하며, 화해 단계는 경쟁을 조정하고 갈등을 완화하는 과정이고 동화 단계는 이민자들이 주류사회의 문화와 가치관을 받아들이면서 사회에 완전히 통합됩니다. 이 이론은 기본적으로 단선적 관점을 따랐으며, 용광로 모형 (Melting Pot Model) 혹은 앵글로 일체화 (Anglo-Conformity) 개념이 대표적입니다.

당시 백인우월주의가 학문적으로 정당화되던 시기였고 미국 사회는 다양한 이민자 집단들의 유입으로 발생할 수 있는 사회 해체와 갈등을 우려하던 시기였습니다. 그러나 이 이론은 인종적으로 열등하다고 여겨지던 비백인 이민자들도 동화를 통해 주류사회에 흡수될 수 있다는 가능성을 제시하였습니다. 이민자들이 주류문화에 동화됨으로써 사회적 통합과 안정을 달성할 수 있다는 논리를 제공하여 백인 중심 사회에서 이민자들이 동화를 통해 미국인으로 인정받을 수 있다는 점에서 진보적인 주장으로 여겨 중요한 의미를 가졌습니다.

그러나 1960년대 이후 단선적 동화 모델에 대한 비판이 제기되기 시작하면서 새로운 관점들이 등장했습니다. 이민자가 주류사회에 통합되면서도 문화적 다양성을 인정받는 형태로 다문화주의와 동화주의의 절충적 방식의 다원적 동화 (Pluralist Assimilation) 또는 이민자들이 기존 사회의 일부 요소만 받아들이고, 특정 문화적 요소는 유지하는 전략적 동화 방식의 선택적 동화 (Selective Assimilation)입니다. 동화 과정이 단선적이 아니라 사회적, 경제적, 문화적 요인에 따라 다양한 형태로 나타날 수 있음을 강조하였으며, 문화혼합 (Acculturation) 현상[111]에 집중했습니다. 문화혼합 현상은 글로벌시대에 다양한 문화권의 사람들이 교류하면서 더욱 두드러지는 현상입니다.

1990년 이후 Alejandro Portes와 Min Zhou가 제시한 분절적 동화 (Segmented Assimilation)가 주목받았습니다. 이것은 "이민 2세대들이 다양한 사회경제적 배경, 인종적 편견, 민족 공동체의 자원 등 복합적인 경로를 통해 특정 영역에서만 동화될 수 있다."라고 주장했습니다. "사회경제적 주류 중산층으로의 상향동화 (Straight-line Assimilation), 취약한 지역사회 자원으로 도시 빈곤층으로의 하향동화 (Downward Assimilation), 교육 기회·경제적 기회 등을 선택적으로 받아들이거나 민족 공동체 내에서 형성된 사회적 자본을 활용하여 주류사회의 성공적인 부분에 접근하는 선택적 동화 (Selective Assimilation) 등" 다양한 동화 양상이 나타날 수 있다고 설명합니다. 이것은 "이민자들의 사회경제적 배경, 거주 지역, 인종적 편견 등 복합적인 요인들이 동화 과정에 영향을 미친다는 점"을 강조합니다.

최근 정립된 학술 용어는 없지만, 신동화 이론 (New Assimilation Theory)이라는 개념도 등장하여 동화를 단순히 일방적인 과정이 아니라 이민자와 주류사회 간의 상호작용적 과정으로 이해하려는 시도가 이루어지고 있습니다. 쌍방향적 동화 (Two-Way Assimilation) 또는 상호 동화 (Mutual Assimilation)를 강조하는 이론은 이민자들이 주류사회에 영향을 미치고 변화를 유도할 수도 있다는 점을 인정하며, 동화의 복잡성을 더욱 깊이 있게 탐구하고 있습니다.

---

111) 문화 혼합 현상은 서로 다른 문화 집단이 지속적으로 접촉을 하면서 발생하는 문화, 심리, 사회제도, 언어, 예술 등 전반에 걸친 변화를 가리킵니다. 두 문화가 만나면서 새로운 요소가 추가되거나 기존 요소가 변형되는 상호작용 과정입니다. 이것은 창의성과 다양성의 촉진 입장에서는 긍정적이지만, 종종 문화적 정체성이 약화 될 위험도 있습니다.

(2) 밀턴 고든 (Milton Gordon)의 동화

Milton Gordon(1964)의 저서 "미국인의 삶 속에서의 동화 : 인종, 종교, 민족의 역할 (Assimilation in American Life: The Role of Race, Religion, and National Origins)"을 통해 소수민족 집단이 주류사회에 완전히 편입되는 과정의 동화 이론을 체계화한 사회학자입니다. 그는 동화를 단일한 과정이 아닌, 여러 차원으로 구성된 복합적인 현상으로 보고 7가지 동화 수준을 제시했습니다. 흡수동화 (Absorption Assimilation)라는 용어가 그의 이론에서 명시적으로 사용되는 경우는 드물지만, 7가지 동화 수준 중 상당 부분에서 이민자들이 주류사회에 점진적으로 흡수의 과정을 구체화하고 있어 이것을 흡수동화라고 합니다. 여기서 흡수는 주로 이민자집단이 주류집단의 특징을 받아들이고, 주류집단 내로 편입되는 과정을 의미합니다.

▶문화적 동화/문화접변 (Cultural Assimilation/Acculturation) : 이민자 집단이 고유의 특성들을 포기하고 주류사회의 언어, 가치관, 행동 양식, 복장, 음식, 종교 등 주류사회의 문화를 습득하는 단계입니다. ▶구조적 동화 (Structural Assimilation) : 이민자 집단이 주류사회의 학교, 직장, 정치 단체, 사회 공동체 등 사회적 조직과 제도 안에 편입되는 단계로 주류사회 내 네트워크의 변화를 의미합니다. 고든은 이 단계가 동화의 핵심이자 결정적인 단계라고 강조하였고 구조적 동화가 이루어지면 나머지 동화 단계들이 자동적으로 따라올 가능성이 높다고 했습니다. ▶결혼 동화 (Marital Assimilation) : 강한 친밀감과 수용성이 전제되어 이민자 집단 구성원이 주류사회 구성원과 결혼 (Intermarriage)하여 가족 단위로 통합되는 단계로 집단 간의 사회적 장벽이 허물어집니다. ▶정체성 동화 (Identificational Assimilation) : 이민자 집단의 구성원들이 주류사회의 일원으로서 정체성을 갖게 되는 과정입니다. "나는 미국인이다"와 같이 소속감을 느끼게 됩니다. ▶태도 수용적 동화 (Attitude Receptional Assimilation) : 주류사회 구성원들이 내면적인 태도 변화로 이민자 집단에 대한 편견을 갖지 않게 되는 과정입니다.

▶행동 수용적 동화 (Behavior Receptional Assimilation) : 주류사회의 구성원들이 실제적인 행동 변화로 이민자 집단에 대해 차별하지 않게 되는 과정입니다. ▶시민 동화 (Civic Assimilation) : 이민자 집단이 주류사회의 가치와 규범을 완전히 받아들이게 되어 주류사회와 가치관이나 권력에 대한 갈등이 사라지는 과정입니다. 따라서 정치적, 사회적 합의와 안정 상태를 나타냅니다.

고든의 동화 이론의 특징은 단선적 동화 모델의 기본 전제를 유지하지만, 그 과정을 여러 단계로 세분화하였으며, 단순한 문화적 유사성만으로는 완전한 통합이 어렵다는 점을 강조하여 구조적 동화의 강조하고 있습니다. 그리고 용광로 (Melting Pot) 보다는 앵글로 일체화 (Anglo-Conformity) 경향이 강합니다. 그리고 그의 동화 이론은 분절적 동화 이론 등장에 중요한 이론적 토대를 제공했습니다.

(3) 한국의 동화주의

한국 사회는 2005년 이후 정부 주도적으로 다문화 관련 정책이 진행되어 오면서 정책이 표면적으로는 다문화주의를 표방하고 있습니다. 하지만 실제로는 이민자 집단의 주류사회로의 동화를 전제로 간접적인 구조주의 동화 성격을 띠고 있다는 비판을 받아 왔습니다. 그러나 차츰 다문화주의적인 요소가 가미되고 있는 것이 그 특징입니다. 이것은 「다문화가족지원법」이 만들어지기 전 공청회에서도 잘 보여주고 있습니다. 당시 발제자였던 박종보 교수(한양대)는 정책의 초기에는 동화주의 정책을 그리고 차츰 다문화주의적 요소를 가미해야 한다고 주장했습니다. 이처럼 한국의 다문화 관련 정책의 지형은 다문화주의적 요소가 가미되어 가고 있는 것은 사실입니다.

사례로 이주민의 인권존중, 상호문화 이해증진, 이주배경 학생들을 위한 맞춤형 교육지원, 이중언어 교육지원 등과 같은 문화적 다양성을 인정하고 이주민의 자율성을 존중하려는 움직임입니다. 그러나 진정한 의미의 다문화주의를 실현하는 데 많은 시간과 노력이 필요합니다.

정부와 지자체의 다문화 지원 관련 프로그램에서 “한국어교육, 한국사회 이해교육, 한국문화 체험 및 습득 강조의 경우 이주민의 한국 사회 적응지원을 위한 것이 목적이지만 이주민의 본래 정체성을 존중하기보다는 한국식으로 변화시키는 데 초점을 맞춘다는 비판을 받기도 합니다.” 그리고 “이주민을 한국 사회의 동등한 구성원으로 인정하기보다 사회적 약자로서 지원하고 보호해야 한다는 시혜적 분위기도 여전히 강합니다.” 특히 종교 관련 집단에서 이러한 사례를 쉽게 찾아볼 수 있습니다. “한국 사회 전반에는 아직 단일 민족국가라는 민족주의적 정서가 여전히 강하게 남아있어 이주민을 우리와는 다른 존재로 인식하고 이들에게 한국 사회의 규범과 문화를 일방적으로 요구하는 경향”이 강합니다. “외국인이 한국 국적을 취득하였다 할지라도 여전히 나와 다른 존재 이방인으로 여기는 분위기 또는 편견”은 사라지지 않고 있습니다.

국민다문화수용성 조사에서 청소년의 수용성은 증가하였지만 성인의 수용성이 하락하는 현상, 이민청 설립에 대한 부정적인 여론이 높은 것, 그리고 문화다양성에 대한 이해도가 낮게 나오는 결과 등은 아직 한국 사회 전반에 이주민에 대한 부정적인 편견과 고정관념이 강하게 자리잡고 있기 때문입니다. 체류외국인 300만 명 시대를 앞둔 시점에서 이주민에게만 집중된 정책과 프로그램을 내국인의 이주민 포용력을 높이는데도 대폭 확장할 필요가 있습니다. 이주민도 한국 사회 구성원으로 받아들이려는 상호적인 노력과 사회적 통합의 다양한 노력이 필요합니다.

동화주의는 사회 응집력을 강화시키고, 단일한 국민 정체성을 확립, 이민자의 사회적 비용 절감과 사회적 경제적 기여 등의 장점이 있습니다. 이러한 장점들을 잘 살리고 다문화주의적 장점 사회적 풍요로움 증가, 창의성, 인권 증진 등 요소를 결합한 한국만의 정책과 사회적 모형을 이루어 가기 위한 노력이 필요합니다.

5) 다문화주의 (Multiculturalism)

다문화주의는 문화적 다양성을 존중하여 다양한 문화적 배경을 가진 사람들이 함께 살아갈 때 사회가 더욱 풍요로워지고 발전할 수 있다고 봅니다. 따라서 공식 문화를 인정하지 않고 모든 문화에 동등한 가치를 부여하며 차이의 인정을 강조하므로 인정의 문제의 다른 이름이기도 합니다. 여기서 인정이란 서로의 차이를 존중하는 것을 넘어 상대방을 이해하기 위해 시야의 폭을 넓히고 이러한 상호 존중과 포용 관계를 통해 개인, 집단, 문화의 정체성을 형성합니다.

서구 국가들은 다문화주의를 통해 사회적 통합과 문화적 다양성을 조화롭게 유지하려는 노력을 기울이고 있습니다. 그리고 2000년대 이후 서구에서는 다문화주의의 실패를 선언하는 목소리가 커지기 시작하면서 이후 상호문화주의적 접근이 강조되고 있습니다. 그리고 Parekh이 문화 간 우열을 가리는 대신, 문화의 다양성과 자율성을 인정하는 철학적 기반을 강조하듯이 문화다양성을 강조하는 성향이 있습니다.

한국은 2000년대에 들어 다문화주의에 대한 논의가 활발히 시작되어 최근 다양한 이민자의 급속한 증가에 따른 다문화사회에서 다수와 소수자의 공존 모색과 문화적 차이에 따른 갈등 해소에 집중하여 다문화주의 논의가 활발히 진행되고 있습니다. 논의의 주요 주제는 "동화주의적 성향의 정부 주도적 정책에서 다문화주의를 어느 정도 가미해 갈 것인가?"입니다. 한국에서 다문화주의는 다양한 이주민집단이 공존하는 사회를 지향하지만, 서구의 다문화주의 모델과는 다른 특수성이 있으며, 아직 진화 중입니다.

(1) 다문화주의

다문화주의는 1970년대 이후 서구 민주주의 국가에서 본격적으로 등장했으며, 특히 캐나다, 미국, 호주 등에서 정책적으로 채택되었습니다. 문화다원주의에서 발전한 다문화주의는 한 사회 내에 존재하는 다양한 인종, 민족, 문화 집단 등 각각의 고유한 문화와 정체성을 인정하고 존중하며 공존[112] 하게 하려는 이념, 사회운동, 그리고 정책과 제도를 포괄하는 용어입니다.

문화다원주의는 각 문화를 인정하지만 이에 대해 다소 방관자적인 자세를 취하는 반면 다문화주의는 적극적인 자세를 취합니다. 다문화주의는 이민자 집단의 인권과 사회적 권리를 보장하고, 이들이 교육, 고용, 정치 등 사회의 모든 영역에 동등하게 참여할 수 있도록 제도적, 정책적 지원을 합니다. 다문화주의는 이민자들이 주류사회로 동화되는 것을 당연한 것으로 보았던 동화주의에 대한 대응이며 공존을 정책의 목표로 등장하였습니다.[113]

다문화주의는 폭넓고 다양한 가치들을 반영하는 용어로 인종적, 종교적, 문화적 등의 다양성을 설명하기 위해 사용되며, 국가·분야·학자 등에 따라 서로 다른 의미로 사용되고 있습니다. 국가·인종 등의 차원 및 한 사회 내의 소외계층·소수자·세대 간 갈등·성 역할 차이 등의 문제 차원을 포함하는 매우 광범위한 주제를 내포하고 있습니다. 사례로 다문화주의는 단일문화, 민족중심주의의 반대 개념으로 이질적인 문화에 대한 인정과 존중이란 의미를 내포하게 되면서 민족주의에 근거한 편견과 행동을 지양하고 이주민 집단의 문화와 관습을 인정·유지·지원 등을 해야 한다는 의도를 표명할 때 사용되기도 합니다.

---

112) 프랑스의 사전 Le Petit Robert는 다문화주의를 '한 국가 내에서 여러 문화의 공존 (Coexistence de plusieurs cultures dans un même pays.)'로 정의합니다. 이것은 다문화주의의 기본 전제가 '문화적 다양성의 인정과 공존'임을 의미합니다.

113) 1971년 캐나다 연방정부는 이민자에 대한 동화정책을 대신해서 소수집단과 이민자 집단의 문화적, 민족적 정체성의 유지와 보존을 인정하고 수용하는 정책을 수립하였다.

구분	다문화주의 (Multiculturalism)	동화주의 (Assimilationism)
목표	다양한 문화의 공존과 상호 존중, 문화적 다양성 유지	이민자 문화의 주류문화로의 흡수 및 통합
문화인식	모든 문화의 동등한 가치 인정, 다양성 차이의 인정	주류문화의 우월성 전제, 소수 문화의 변화 요구
방향성	병렬적 쌍방향 이민자의 문화 존중	일방향적 이민자의 자문화 포기
정체성	이중 정체성 인정, 이민자의 고유 정체성 유지	주류사회의 정체성 내면화, 이민자의 고유 정체성 포기 요구
사회모형	샐러드 볼(Salad Bowl), 모자이크(Mosaic)	용광로(Melting Pot)
비판	문화 간 분리로 사회적 단절 가능	소수집단의 정체성 상실 가능

표1-2 다문화주의와 동화주의의 차이

다문화주의는 1990년대부터 이민에 호의적인 진영과 부정적인 진영 모두로부터 비판에 직면하게 됩니다. 즉 호의적인 진영은 문화적 차이를 강조하여 정책적 관용과 융화를 주장하던 다문화주의는 소수자가 겪는 차별과 배제를 해결하지 못하였고, 오히려 이들을 사회에서 더욱 고립시키는 결과를 낳았다는 비판에 마주합니다. 그리고 부정적인 진영은 백인 이외의 다른 종족의 유입을 촉진시키고, 이들에게 관용스러웠던 정책으로 인해 백인은 그들의 기득권이 침해되었으며, 백인 사회의 정체성이 위기에 빠지게 되었다는 비판에 이릅니다.

그리고 다문화주의는 국가의 정책 용어로 하나의 사회 내에 다양한 문화, 인종, 종교 등의 공존단계를 시작으로 차별과 편견이 없는 상태의 상호존중하는 적극적인 정책적 실천 이념으로 발전합니다.[114] 세계화와 더불어 새로운 인종, 종교, 문화 등의 유입으로 하나의 사회 내에 존재하는 서로 다른 인종, 종교, 문화 등의 독자성을 인정하고 정체성의 유지와 보존을 수용하는 다원화를 지원하기 위한 정부의 정책이며, 다양한 문화적 주체들 혹은 소수자들의 특별한 삶의 자유와 권리 보장을 위한 정체성의 정치 (Politics of Identity)입니다.

캐나다 맥길대학의 Charles Taylor (1992)는 다문화주의란 문화적 다수집단이 소수집단을 동등한 가치를 지닌 집단으로 인정하는 승인의 정치 (Politics of Recognition)로 극단적인 문화상대주의로 흐를 수 있는 위험성과 소수민족 집단의 분리주의 움직임을 조장하거나 문화적 ghetto를 만들어 낼 위험성을 지적하였습니다. 그는 시민사회 내 여러 집단 및 세력 간 대결 심각한 강성(hard) 다문화주의 입장입니다.[115]

다문화주의의 개념에 대한 정의를 좀 더 살펴보면, ▶Haper Collins 사전(1991)은 "다문화주의는 문화적 다원성 (cultural pluralism)의 인정과 증진이고, 동시에 주류문화와의 관계에서 소수집단의 불평등한 관계에 초점을 맞추고 있다.", ▶Amy Gutmann (1922)은 "다문화주의: 인정의 정치학에 대한 고찰(Multiculturalism: Examining the Politics of Recognition)"에서 "개인의 정체성이 타인 또는 사회로부터의 인정 여부에 의해 형성되고 손상될 수 있다는 점을 강조합니다. 그리고 다문화주의는 바로 이러한 인정받고자 하는 욕구에서 비롯되며, 이는 단순한 문화적 선호의 문제가 아니라 깊은 윤리적, 정치적 함의를 가진다.", ▶Michel

114) '다문화주의는 다른 인종 · 민족 · 계급 등 여러 집단이 지닌 문화가 함께 존재하는 다문화사회에서 소수집단의 문화적, 사회적 차이의 잠재력과 정당성을 받아들인다. 따라서 다문화주의는 다양성이 공존하는 가운데 집단 간 상호 존중의 질서가 자리 잡도록 하는 정책 목표를 가진다.' (서기주, 2015)

115) 반면 연성 (soft)다문화주의는 소수집단의 문화를 되살리고 지역문화를 재발견하는 등 정치· 사회적으로 큰 갈등이나 대립 여지가 적습니다.

Wieviorka(1998)은 다문화주의가 비판에 직면했음에도 불구하고, 문화적 다양성이 현대 민주주의 사회에서 피할 수 없는 현실임을 인정하며, "다문화주의를 완전히 폐기하기보다는, 그 개념을 재정의하고 보완하여 민주주의를 확장하는 방안으로 모색해야 한다."라고 주장합니다. ▶호주 시드니대학교 다문화·이주연구소 소장 Christine Inglis (2004)는 "인구통계학적/기술적 (Demographic/Descriptive) 다문화주의, 이념적/규범적 (Ideological/Normative) 다문화주의, 정책적/프로그램적 (Programmatic/Policy) 다문화주의"의 다층적으로 접근하고 있습니다. ▶Troper(1999)는 "인종, 민족, 문화적으로 다원화된 인구학적 현상, 사회문화적 다양성을 긍정적으로 인식하고 가치 있게 여기며 존중하려는 사회 이념, 사회문화적 다양성을 보호하고 인종, 민족, 국적에 따른 차별과 배제 없이 모든 개인이 형평한 기회에 접할 수 있도록 보장하는 정부의 정책과 프로그램", ▶Castles & Miller(2009)는 "주류사회가 기꺼이 문화적 차이를 수용하고 소수자들의 동등한 권리를 보호하기 위해 행동하는 것을 포함하는 개념", ▶Kymlicka(2009)는 "자유주의적 다문화주의에 대한 보편적인 정의가 부재한다고 밝히면서도 포괄적으로는 다문화주의란 타문화 집단의 독특한 정체성을 인식하고 지원하고자 하는 다양한 집단의 사회적, 정치적, 시민적 권리와 정책을 수용하는 것"[116]라고 정의합니다.

다문화주의와 그 의미가 유사하며, 혼용되고 있는 용어로 주류사회와 관련하여 문화적 사회적 차이가 있는 사회의 특징을 의미하는 문화적 다원주의(cultural pluralism), 다양한 문화 간의 대화와 상호작용을 촉진하는 상호문화주의 (interculturalism), 캐나다 Quebec 지역에서 많이 활용되고 다양한 문화가 동등한 위치에서 공존하며 서로 영향을 주고받는 개념의 복수다문화주의(pluriculturalism) 등이 있습니다.

---

116) Kymlicka는 소수집단의 입장에서 취할 수 있는 방법으로 '주변 국가로의 대규모 이민, 통합의 조건을 제시하면서 주류문화에 통합되거나 수용, 고유의 문화를 유지하는데 필요한 일종의 자치권력 추구, 단지 간섭받지 않는 영구적인 주변부화'를 주장합니다.

(2) 서구의 다문화주의

서구의 다문화주의는 주로 탈식민화와 이민, 식민주의의 유산, 소수민족의 권리 주장 등 다양한 배경에서 비롯되었습니다. 구식민지의 해방과 선진국의 저출산 및 고령화로 인한 이민자의 유입이 증가하고, 1960년대의 인권운동으로 인한 내국인과 소수인종집단의 권리의식의 함양, 민주주의의 확립, 냉전 종식으로 지정학적 안전의 확보와 그로 인한 소수인종집단을 억압하거나 통제할 필요성의 감소, 자유민주주의에 대한 광범위한 합의와 지지의 존재 등입니다.

그리고 서양의 고전적 다문화주의는 Joseph Raz[117)] 에 의하면, "인간의 궁극적인 목적은 좋은 삶 (good life)을 사는 것인데 이런 목적과 가치는 개인이 속한 사회의 형태와 관습에 의해 조성되며, 좋은 삶을 발현할 수 있는 능력에 따라 문화를 평가하고 비교할 수 있고 인간의 자율성도 서로 다른 문화를 비교하고 평가할 수 있는 보편적인 잣대입니다. 즉 자율성은 서양의 가치라서 이것을 갖고 다른 문화를 평가하는데 문제가 있을 수 있으나 자율성이 낮은 문화일지라도 외부인을 해치지 않고 자기 구성원들에게 좋은 삶을 제공할 수 있다면 그 문화에 대해 관용적인 태도를 보여야 한다."라고 주장했습니다.

또한 "서양의 다문화주의 특징은 일원론[118)] 에서 제시한 인간이 같은 본성을 지니고 있다는 전제에서 출발해서 점차 도덕적 다원성을 인정하게 되고 마지막에 인

117) 조지프 래즈의 다문화주의는 '자율성, 가치 다원주의, 자유주의적 완벽주의라는 개념들과 긴밀하게 연결되어 다문화주의가 단순히 문화적 포용의 문제를 넘어, 자유주의 사회의 근본적인 가치인 개인의 자율성을 실현하고 증진하는 데 필수적인 조건'으로 제시합니다.

118) 서구철학의 도덕적 일원론(Nomism)은 오직 한 가지 생활 방식만이 완전히 인간적이고 참되고 선하다는 것으로 이성을 통해서 이상적인 삶에 도달할 수 있다는 그리이스 일원론(플라톤, 아리스토텔레스), 최선의 생활 방식은 기독교적 교리에 근거해야한다는 기독교적 일원론(어거스틴, 아퀴나스), 이성·자유·개인성을 이상 사회의 기준으로 삼는 고전적 자유주의(로크, 몽테스키외, 토크빌)가 있다(윤인진, 2013).

간과 문화의 중요한 관계를 인식하는 데까지 순서대로 발전해 왔으며, 자유주의적 전통으로부터 영향을 받아서 서양의 다문화주의는 강한 자유주의적 특성을 띠고, 문화적 다양성을 인정하되 자율성을 제공하는 능력을 기준으로 해서 다른 문화를 비교하고 평가할 수 있어야 한다는 견해"를 가집니다. (윤인진 2020. 국제이주와 다문화사회 강의)

2000년대 이후 서구에서는 다문화주의에 대한 비판과 한계에 이르게 됩니다. 다문화주의가 각 문화 집단의 정체성을 강조하다 보니 사회적 통합에 실패, 일부 지역에서는 이주민 공동체가 주류사회와 단절된 채 자신들만의 병행 사회(parallel society) 형성 문화적 고립 심화, 특히 이슬람 문화권 이주민의 유입이 증가하면서, 서구 세속주의 문화와의 충돌, 테러리즘 등 안보 위협과 사회불안 증가, 문화상대주의의 한계 등입니다. 따라서 다문화주의의 한계를 보완하고 문화 간의 적극적인 상호작용을 강조하는 상호문화주의로의 전환이 활발히 논의되고 있습니다.

캐나다의 경우 미국의 사적 영역에 국한된 다문화주의에 대비된 자국의 개방성을 부각시켜 유능한 이민자들을 유인하기 위해 다문화주의를 자신들의 브랜드로 사용하고 있으며, 유럽연합은 캐나다의 다문화주의 국가적 브랜드화와 차별짓기 위해 자신들의 브랜드로 상호문화주의 (Interculturalism)을 사용하고 있습니다.

(3) 한국의 다문화주의

다문화주의에 대한 논의는 1990년대 중반 문학이나 철학 분야에서 세계화에 따른 낯선 외국의 문화가 유입되는 상황에서 서로 다른 문화의 공존에 대한 이해와 대응 논의로 처음 시작되었으며[119), 사회적으로 인권 의식 향상과 탈민족주의적 문제의식에서 출발했습니다. 시민단체들에서 다문화주의의 등장은 2000년을 전후 체류

119) 문화다원주의 및 보편주의에 대한 이론적 이해와 다양성을 검토하는 논의, 서구의 제국주의적 유산을 극복하기 위한 대안으로서 다문화주의의 역할에 대한 논의하기 시작했다.

외국인의 급격한 증가와 함께 결혼이주여성의 증가에 따라 이들에 대한 처우가 주요한 이슈로 다루어지면서입니다. 다문화주의는 순혈주의적 단일민족주의에 반대되는 대안 제시로 한국 사회에 본격적으로 등장하였습니다. 그러나 한국은 순혈주의적 단일민족주의가 아니기 때문에 한국에서 다문화주의는 공허한 이데올로기에 그치게 되었습니다.

다문화주의 담론 특징은 첫째, 단일민족, 단일문화주의에 대한 미련입니다. 이것은 소수에 대해 대체로 부정적 입장을 취하는 한국인의 강한 집단주의가 반영된 것입니다. 둘째, 인권·경제적·사회적 측면에서 이민자 중심의 좁은 범주의 담론입니다. 장애인, 빈곤층 등 다른 사회적 소수자에 대한 다문화적 접근 부족합니다. 셋째, 관주도형 다문화주의입니다. 정부는 대체로 인구구성의 변화와 경제적이고 전략적인 차원의 이주민 수용정책을 펼칩니다. 그리고 다문화가족이라는 프레임 안에서 다문화주의가 주로 논의되어 왔습니다. 넷째, 다문화주의와 자민족 중심주의의 공존입니다. 한국은 이주민에 대한 진정성과 차별의식 공존하고 있습니다. 그리고 압축적 다문화현상과 담론의 역할 미흡 등이 있습니다. 따라서 자기 성찰적이고 균형잡힌 다문화주의 담론, 시민참여 확산으로 담론의 시민 주도로의 전환, 담론의 범주 확대와 수준을 제고할 필요가 있습니다. 한국의 다문화주의 담론은 한국적 상황에 맞게 좀더 폭넓고 복잡한 양상으로 발전할 필요가 있습니다.

한국사회에서 다문화주의 논의에 대한 중점은 대체로 "동화주의적 성향의 정부주도적 정책에서 다문화주의를 어느 정도 가미해 갈 것인가?"입니다. 그리고 인종적 소수자의 급속한 증가에 따른 다인종, 다문화사회에서 어떻게 다수와 소수가 공존할 수 있으며, 문화적 차이에 따른 갈등을 해소할 수 있느냐에 관한 것입니다.

그러나 반다문화주의의 등장과 다문화주의 비판에도 귀를 기울일 필요가 있습니다. 반다문화주의의 주요 원인 혹은 쟁점은 다문화주의가 한국인의 인종적 배타성, 민족주의 한계를 극복하지 못해서 생겨난 문제 현상이며, 다문화로 인한 한국인 정체성 혼란과 결속력 저하를 가져온다는 등 다문화주의 가치관의 부정입니다. 국민적 합의를 얻지 못한 정부의 다문화정책은 역차별 논란, 외국인 범죄, 피해의식과 분노, 일자리 잠식 등 부정적 시각을 심어주며, 복지 부담이 증가한다는 것입니다.

따라서 이들은 다문화주의를 반대하며, 세계화의 진도를 늦추고 국가 간의 교류를 방해합니다. 그리고 다문화주의 비판에는 다문화주의가 사회적 연대를 해치고 분열과 갈등을 조장하며, 소수집단 내 반인권적이고 비자유주의적 문화의 용인으로 소수집단에 속한 개인의 인격이 침해될 수 있다는 것입니다. 다문화주의는 재분배의 문제에 무관심하며, 추상적인 문화 향유에 치중합니다. 다문화주의는 유럽계 백인이 미국 건국 이후의 절대적 권위를 유지하기 위해 전략적으로 선택한 사회통합 이론의 기조입니다.

6) 상호문화주의 (Interculturalism)

상호문화주의는 다양한 문화가 단순히 공존하는 것 이상으로 문화 간의 적극적인 상호작용과 소통을 강조합니다. 상호문화주의가 관심을 두는 부분은 종교의 교리나 전통, 국민성, 예술과 같은 것보다는 이주민들과 원주민들이 서로 조우하게 되는 공간에서 상호작용입니다. 즉 다른 문화 사이의 관계를 동적인 측면에서 인식함으로, 다른 문화와 서로 간섭함으로 주류문화와 비주류 문화가 묵시적으로 상호작용을 합니다. 이 상호작용으로 문화는 창의적으로 변화합니다. 이는 다문화주의와 차별화되는 접근방식으로 서로 다른 문화가 동등한 위치에서 교류하며 새로운 공통 문화를 형성하는 문화혼종성을 긍정적으로 해석합니다. 따라서 새로운 문화를 창조하도록 유도합니다.

상호문화주의에 대한 현재 한국에서의 논의는 초기 단계입니다. 최근 상호문화주의에 대한 논의와 함께 지자체에 따라 프로그램 개발 및 교육적 접근이 활발히 이루어지고 있습니다. 단일민족 및 단일문화 중심의 공동체주의 전통 속성이 강한 한국에서 상호문화주의는 반드시 호혜성이 전제되어야 하며, 다문화주의를 넘어 이주민을 동등한 주체로 같은 사회 구성원으로 인정하여야 합니다. 문화적 경계를 넘어 상호작용, 상호이해, 상호협력, 쌍방향 소통을 강화하므로 새로운 정체성의 미래 한국을 만들어 가는데 있어 핵심 요소가 될 수 있습니다.

(1) 상호문화주의

상호문화주의는 1990년대 라틴아메리카 원주민 사회운동의 지도자와 지식인들에 의해 도입되었으며[120), 다문화주의에 대한 호의적 진영과 부정적 진영의 비판에서 한계를 극복하려는 시도 중 하나로 등장합니다. 유럽을 중심으로 다문화주의를 둘러싼 뜨거운 논쟁 시기를 거쳐, 유럽에서의 다문화주의는 이민자 (특히 이슬람 이민자)의 "게토화"를 야기했다는 반성과 함께 2000년대에 들어와서는 상호문화주의를 제안하고 있습니다. 따라서 상호문화주의는 유럽의 다문화주의 정책으로 인해 백인들의 기득권이 침해되었다는 것과 백인사회의 정체성 위기에 대한 비판 등 다문화주의의 한계를 극복하고, 문화적 다양성을 더욱 적극적으로 사회통합의 자원으로 활용하려는 새로운 관점이자 접근방식입니다.

2001년 영국의 중요한 상호문화주의 모델로 "Cantle 보고서 Home Office 2001"[121) 와 "Our shared Future (2007)"가 있습니다. 2001년 영국 북부 도시에서 발생한 인종적 긴장과 폭동 이후 작성된 Cantle 보고서 Home Office 2001은 상호문화주의적 접근을 통해 서로 다른 문화집단은 보다 빈번한 접촉을 강조하여 사회통합의 필요성을 주장했습니다. 그리고 Our shared Future(2007)는 다문화주의와 상호문화주의의 균형을 맞추는 정책적 방향을 제시한 상호문화주의의 비전과 분석에 관한 보고서입니다. 이것은 영국의 통합 및 결속 위원회 (Commission on Integration and Cohesion)에서 발표한 최종 보고서로, 강한 공동체를 구축하고 사회적 통합을 강화하는 전략을 제시한 문서입니다.

---

120) 미뇰로는 상호문화성을 권장하였으며, 식민에서 독립하여 민족문화에 대한 탄압 등에 맞서고 자신들의 언어와 문화를 되찾으려 민족이나 종족의 정체성 다문화주의를 회복하기 위한 정체성의 정치를 중심으로 한 상호문화주의를 주장했습니다.

121) 보고서의 핵심은 '공동체의 융화 증진, 접촉을 통한 상호이해 증진, 다양한 문화들 간의 상호 존중으로 보다 부유하고 다양성을 가진 국가로서의 영국을 만드는 것'입니다.

유럽평의회 (Council of Europe)는 2008년부터 Intercultural Cities Programme을 운영하며, 도시 단위에서 상호문화주의 정책을 설계하도록 지원했습니다. 그리고 상호문화 대화의 해로 선포하였습니다.

한편, 2008년 캐나다의 퀘벡주에서는 사회적 갈등을 해결하기 위한 기존의 사회통합 모델에 반대하며 상호문화주의라는 새로운 사회통합 모델에 대한 논의가 있었는데, Bouchard-Taylor 위원회가 제출한 보고서 (Bouchard-Taylor Report, 2008)에서 "상호문화주의는 문화 간의 조화로운 관계를 권장하는 정책이나 모델로서 적극적인 교류에 기반을 두고 통합을 강조하되, 상이성을 없애고자 하지 아니하면서도 공통적인 정체성의 형성을 크게 장려한다"라고 하며, 상호문화주의를 다문화주의의 대안으로 제시하고 있습니다.

❶ 상호문화주의의 주요 특징

첫째, 문화 간 상호작용과 소통을 강조합니다. 다문화주의가 각 문화의 차이를 인정하고 보호하는 데 중점을 둡니다. 하지만 상호문화주의는 그 차이를 바탕으로 문화들이 "서로 교류하고 소통하며 영향을 주고받는 과정"에 주목합니다. 이것은 문화와 문화 사이 경계나 장벽을 허물고, 서로의 문화를 깊이 이해하려는 적극적인 노력을 포함합니다.

둘째, 개인의 관계와 상호작용을 강조합니다. 다문화주의가 주로 집단으로서의 소수 문화를 인식하고 그들의 권리를 보호하는 데 중점을 두는 경향이 있다면, 상호문화주의는 문화를 가진 개인의 관계와 상호작용하며 일어나는 일상적인 경험, 생활세계의 경험들에 더 관심을 집중합니다. 각각의 개인들이 다양한 문화적 배경을 가진 다른 존재들과 만나고 소통하는 과정을 통해 새로운 문화적 의미와 정체성을 형성한다고 봅니다. 상호문화적 접근에서 중요한 것은 문화보다 "타인"입니다. 단순히 문화적 차이를 피상적으로 이해하거나 분류하는 것을 넘어, 개별적인 인간 주체에 집중해야 한다는 것을 강조합니다.

셋째, 공동의 가치와 공공성을 추구합니다. 문화와 문화 사이 차이를 인정하면서 사회 구성원들이 공유할 수 있는 보편적인 가치와 공공선을 모색하는 데 중시합니다. 이것은 '모든 문화가 동등하다'는 문화상대주의를 넘어서, 민주주의, 인권과 같은 보편적 가치 아래에서 문화 간의 대화와 합의를 통해 사회적 통합을 이루려는 지향점을 가집니다.

넷째, 역동적인 문화변용을 강조합니다. 문화가 고정된 것이 아니라 끊임없이 변화하고 발전하는 것으로 봅니다. 문화 다양성의 가치에 대한 인식과 더불어 상호문화적 대화와 교류를 통해 문화 다양성이 가져오는 "문화혼종성 (Hybridity)"을 긍정적으로 해석합니다. 이것은 주류문화와 소수문화 모두 상호작용을 통해 변화하고 진화할 수 있음을 의미합니다.

다섯째 적극적인 개입과 실천입니다. 단순히 존중을 넘어, 문화 간의 오해를 줄이고 긍정적인 관계를 구축하기 위한 교육, 프로그램, 정책 등 구체적인 실천을 강조합니다. 교육 현장에서 상호문화 교육은 학습자들로 하여금 자신의 문화를 성찰하고 타 문화를 비판적으로 이해하며, 문화 간 소통 역량을 키우는 데 중점을 둡니다. 수용국 사회의 특정한 공용언어를 강조하고[122), 새로운 이민자가 자발적 혹은 적극적으로 수용국 문화에 통합되는 것을 요구하며, 문화 간 상호작용을 강조합니다.

여섯째, 문화적 다양성과 다원주의를 강조하여 다문화주의와 유사합니다. 세속주의(Secularism)[123)], 통합(Integration), 호혜성(Reciprocity)[124)] 을 강조합니다.

---

122) 유럽연합은 상호문화적 소통과 교류를 촉진시키고자 다언어주의(multilingualism)를 채택하고 있다. 유럽연합은 "모든 회원국 아동들이 의무교육 기간 동안 최소한 2년 연속으로 모국어가 아닌 유럽연합 회원국의 언어를 2개 학습하도록 해야 한다(Council Resolution of 31 March 1995 on improving and diversifying language learning and teaching within the education systems of the European Union (Official Joumal C207, 12/08/1995 p.0001-0005))

123) 세속주의(Secularism)는 국가가 종교로부터 분리되고, 공적 영역에서 종교의 영향을 배제하며, 모든 시민의 종교의 자유를 보장하는 원칙입니다. 프랑스의 '라이시테(Laïcité)'가 대표적인 엄격한 세속주의 모델로 꼽힙니다.

124) 호혜성은 단순히 '서로 주고받는 것'을 넘어, 문화 간의 관계에서 상호이해, 존중, 그리고 협력적인 상호작용을 통해 이익을 공유하고 새로운 가치를 창출하려는 적극적인 노력을 의미합니다.

이것은 세속주의 원칙을 바탕으로 공통의 공적 영역을 유지하면서도, 문화 간의 활발한 대화와 상호작용을 통해 사회통합을 이루려는 진보적인 접근방식입니다. 이는 단순히 문화적 다양성을 인정하는 것을 넘어, 이를 사회 발전의 동력으로 삼고 모든 구성원이 함께 새로운 사회를 만들어 가는 역동적인 비전을 제시합니다. 다문화주의가 주로 각 문화의 공존을 강조한다면, 상호문화주의는 "문화 간의 상호작용과 대화"를 핵심으로 합니다. 이러한 상호작용이 진정으로 의미를 가지려면 호혜성의 원칙이 전제되어야 합니다. 호혜성은 각각 다른 문화적 배경을 가진 사람들이 공동의 가치와 규범을 형성하고, 사회적 유대감을 강화하며, 서로에게 긍정적인 영향을 주고받는 경험은 신뢰를 구축하므로 우리라는 공동체 의식을 함양하는 데 필수적입니다. 권력 비대칭이나 불평등을 인지하고, 이를 해소하려는 노력이 필요합니다.

❷ 관련 학자

상호문화주의와 관련해서 ▶Avtar Brah는 저서 "Cartographies of Diaspora: Contesting Identities (1996)[125]"에서 "상호문화주의가 단순한 문화 교류의 장을 넘어서, 권력과 정체성의 복합성을 고려하는 비판적 실천이 되어야 한다."라고 주장합니다. 그녀는 상호문화주의와 관련해 디아스포라와 교차성 (Intersectionality) 개념을 중심으로 이론적 기여를 한 사회학자입니다. ▶Bhikhu Parekh(2000)는 "Rethinking Multiculturalism: Cultural Diversity and Political Theory "에서 상호작용적 다문화주의 (Interactive multiculturalism) 개념을 통해 문화 간 대화와 상호이해의 중요성을 강조합니다. 샐러드볼 모형 (Salad Bowl Model)처럼 각 문화가 독립적으로 존재하는 것에 그치지 않고 적극적인 상호작용을 통해 서로를 풍요롭게 하는 것을 지향합니다. 그는 이러한 상호작용이 사회의 통합과 역동성을 증진시키는 데 필수적이라고 봅니다. 또한 ▶Milton J. Bennett는 상호문화적 감수성 발

125) 디아스포라, 정체성, 문화적 차이를 분석하는 데 초점을 맞추고 있습니다.

달 모델 (Developmental Model of Intercultural Sensitivity, DMIS)을 개발한 학자로, 문화 간 이해와 상호작용을 체계적으로 설명하는 이론을 제시했습니다. 문화 간 감수성 발달 모델(DMIS)은 개인이 문화적 차이를 인식하고 수용하는 과정을 부정(Denial)→ 방어(Defense)→ 최소화 (Minimization)→ 수용(Acceptance)→ 적응(Adaptation)→ 통합(Integration)의 단계로 설명합니다. 여기서 "부정, 방어, 최소화"는 자문화 중심주의 단계 (Ethnocentric Stages)이고 "수용, 적응, 통합"은 문화상대주의 단계 (Ethnorelative Stages)입니다. DMIS는 개인이 문화적 감수성을 어떻게 발달시키는지에 대한 명확한 틀을 제공합니다.

③ 다문화주의와 상호문화주의 비교

구분	다문화주의 (Multiculturalism)	상호문화주의 (Interculturalism)
강조점	문화적 차이의 인정 및 존중, 문화의 독립적 공존	문화 간의 대화, 교류, 상호작용, 공통 가치 형성
접두어	multi- 여러 개의 병렬적 존재	inter- 문화 간의 역동적인 상호작용
문화인식	각 문화의 고유성 인정, 분리적이고 병렬적으로 존재	문화 간의 연결성과 상호 영향, 문화변용 및 문화혼종성 강조
주체	집단 중심 소수 집단의 권리보호, 차이 인정	개인 중심 개인 간의 관계와 소통
지향점	평화로운 공존, 승인의 정치 차이 유지, 문화적 다양성 유지	통합과 공통성 모색 새로운 공동체 형성, 가치 창조
비유	샐러드 볼 (각 재료의 맛 유지)	잼 (서로 섞여 새로운 맛 창조) 또는 오케스트라 (각 악기가 조화를 이루어 새로운 음악 생성)
비판	게토화, 사회 분열, 주류 문화 약화 우려	소통 강조로 구조적 불평등 간과, 주류 문화와의 동화 압력 가능성

표1-3 다문화주의와 상호문화주의 비교

(2) 한국의 상호문화주의

한국에서 상호문화주의는 최근 다문화주의의 한계를 극복하기 위한 대안적 접근 방식입니다. 아직은 초기 단계이지만, 사회적 통합과 문화 간 협력을 강조하는 방향으로 발전하고 있습니다. 상호문화교육의 중요성이 강조되고 있고 문화 간의 적극적인 대화와 상호작용을 통해 새로운 가치를 창조하는 것을 지향하고 있습니다. 그리고 상호문화주의의 중요한 철학적 기반인 타인 중심의 접근이 한국에서도 강조되고 있습니다. 문화보다는 문화적 배경을 지닌 개별 사람과 소통, 관계 형성에 초점을 맞춥니다.

사례로 ▶서울시 교육청 등 일부 교육기관에서는 다문화교육 보다 "상호문화 교육"이라는 용어를 사용하고 있으며, 교사와 학생 모두의 상호문화 역량을 강화하는 교육프로그램 개발을 시도하고 있습니다. ▶다문화 도시 안산시는 상호문화 상록센터를 신설하였고 상호문화도시 정책을 본격화하려는 시도를 하고 있습니다. ▶서울 관악구는 "공존을 넘어 상생의 도시 조성"을 목표로 "관악형 상호문화도시" 사업을 개발하고 있습니다. 전국 가족센터에서는 상호문화 프로그램 강화, 상호문화 역량 강화 교육, 상호문화 관련 협력 체계 구축 등을 추진하고 있습니다. ▶경기도는 도민의 상호문화 관심 제고 및 교류·협력 활성화를 위해 공모전, 문화예술행사 등을 개최하고, 다양한 문화적 배경을 가진 도민의 정책 및 사업 수립 참여를 위한 제도 마련을 추진하고 있습니다. ▶2014년 국민대통합을 위한 다문화가족정책 개선방안에서 이미 상호문화주의 관점으로 정책 방향을 전환해야 한다는 의견을 반영하고 있습니다.

제2장

시기별 한국사회의 다문화 현상

1. **타문화 접촉과 해외이주** (개항기 이전부터 815해방)
2. **현대 이민의 시작** (8·15해방부터 1980년대 전반)
3. **이민자들의 유입 시작** (1980년대 후반부터 1999년)
4. **정책 도입기** (2000~ 2009년)
5. **정책 발전기** (2010~ 2019)
6. **정책 전환기** (2020~ 2025)

제2장

시기별 한국사회의 다문화 현상

한국 사회는 1980년대 후반 문화축제가 함께 진행된 86아시안게임과 88올림픽이라는 국제스포츠대회를 개최하였고 한국의 발전된 모습과 전통있는 문화가 세계에 직접적으로 알려지는 계기가 되었습니다. 국내적으로 급속한 경제발전을 통해 농어촌인구의 이농현상과 인구의 도시집중이 가속화되었습니다. 더불어 도시 노동 현장에서는 각종 노동 관련 문제들이 쏟아졌고 결국 6·29 민주화 선언으로 이어지며 노조 존재 공식 인정 등 어느 정도 노동 현장 문제가 개선되고 있었습니다. 그러나 한국인들의 중동 건설노동자로 대량 진출, 3D업종 기피 현상 등이 진행되면서 중소기업체는 노동력 부족 현상이 심각해졌습니다.

이와 동시에 데탕트라는 개혁 개방의 세계사 흐름 속에 한국은 1980년대 후반 이민 송출국에서 수용국으로 전환하였습니다. 즉 중국동포의 친척방문 등의 사유로 동포노동자들의 유입, 국제스포츠대회를 통해 한국을 다녀갔던 관련 외국인들의 재입국과 그들과 네트워크가 있는 외국인노동자들의 입국, 종교단체를 중심으로 대규모 합동결혼식을 통한 결혼이민자들의 유입, 해외이민자들의 역이민 등이 진행되었습니다. 따라서 1980년 후반부터 한국은 다양한 문화의 이주배경 사람들의 유입을 시작으로 이민 수용국으로 전환하게 되었고 한국 사회는 서서히 다문화 현상의 서막이 열리기 시작했습니다.

1990년대에 들어서는 산업연수생제도 실시, 농촌 총각 장가보내기 운동, 중국과 국제결혼에 관한 MOU 체결, 「재외동포재단법」 및 「재외동포법」을 제정하였으며, 북한이탈주민의 대량 유입이 진행되었습니다. 2000년대에 들어서는 외국인유학생의 유입과 외국인유학생 정책의 시작, 중국과 국제결혼에 관한 MOU 폐지와 국제결혼의 다양화 및 폭증, 고용허가제 실시와 산업연수생제도 폐지 및 방문취업제 전면 실시, 대통령의 지시로 이민정책·다문화정책이 준비되기 시작, 그리고 「재한외국인처우기본법」과 「다문화가족지원법」 제정되고 제1차 외국인정책과 다문화가족지원정책 시행되었습니다. 2010년대에 들어서는 아시아 최초 단일 「난민법」 제정과 재정착난민의 유입 및 난민 신청자 급증, 그리고 제2차·제3차 외국인정책과 다문화가족지원정책 시행되었습니다. 그리고 2020년대에 와서는 재외동포청의 설립, 외국인유학생 20만명 및 탑티어 비자 실시, 체류외국인 270만명을 넘겼으며, 이민청 설립 논의 진행, 불법체류자 급증과 장기 미등록체류 외국인아동에 선별적 비자발급, 제4차 외국인정책과 다문화가족지원정책 시행되어 현재에 이르고 있습니다.

그러므로 이번 장에서는 한국 사회 다문화 현상을 시기별로 살펴봅니다. 현대 한국 사회 다문화 현상을 한국이 이민 수용국으로 전환되는 시기 이전에는 어떤 현상들이 있었는지 포함하여 알아봅니다. 대한민국이 5천년이 넘는 역사를 가졌지만 모든 시기를 살펴보기보다는 근세 타문화를 직접적으로 접촉한 개항기를 전후하여 2025년 현재까지 주요 현상을 중심으로 각 주제별로 기술합니다.

1. 타문화 접촉과 해외이주 (개항기 이전부터 815해방)

1) 타문화와의 접촉

한반도는 조선 500년 역사 동안 명나라와 일본 외에 서구문화와의 접촉이 거의 없었습니다. 그러나 근세에 와서 일본에 의해 강제로 1876년 강화도조약이 체결되면서 3개의 항구가 개항되고 많은 서구의 문물이 유입되고 서구의 사람들을 맞이하면서 낯선 타문화를 접촉하게 됩니다. 따라서 이번 단원에서는 개항 전후로 타문화와의 접촉이 어떻게 이루어졌는지 살펴봅니다.

(1) 개항기 이전

16세기에 한반도에는 임진왜란 (1592~1598)이 있었고, 많은 이방인이 한반도를 다녀갑니다. 그중에 특히 왜군를 따라 서양 신부 세스페데스가 한반도를 방문하였습니다. 그리고 17세기에 네덜란드 사람 벨테브레와 헨드릭하멜이 조선에 오게 됩니다. 그리고 18세기에 영국인 부로튼이 조선 연해를 항해하고 제주도를 관찰하였습니다. 또한 19세기에 조선 연안에는 이양선이라는 정체불명의 배들이 출몰하였고 이들은 조선에 통상요구를 하였습니다.

❶ 황명여지지도(皇明輿地之圖)

황명여지지도는 16세기 명나라(皇明) 시기에 제작된 것으로 추정됩니다. 1536년 중국지도학자 김계오가 임진왜란 때 조선지리를 알리기 위해 그렸다고 전해지나 확실치는 않습니다. 일본 내각문고에 소장되어 있습니다. 지도의 특징은 ▶독도가 조선의 영토로 명기되어 있으며, 독도는 장비(長臂), 울릉도는 장각(長脚)으로 표기되어 있습니다. ▶당시 명나라의 지리적 인식을 보여주는 중요한 자료입니다. 명나라 중심의 세계로 주변 나라를 배열하는 방식이며, 한반도를 고립된 섬나라처럼 그리고 있습니다. ▶목판본 지도로 가로 50㎝, 세로 35㎝입니다.

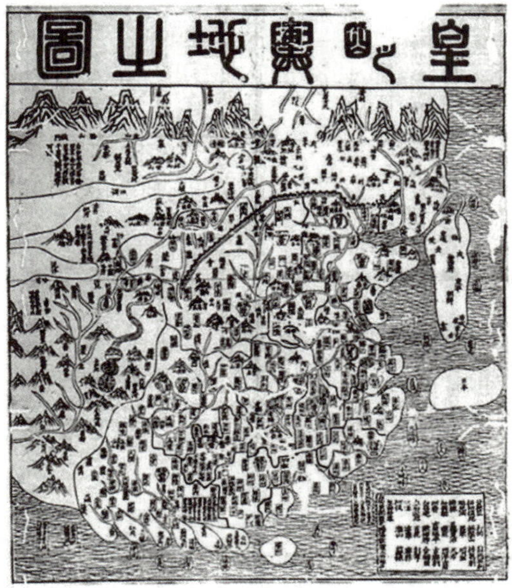

그림2-1 황명여지지도 (일본도호쿠대학, 1536)
(출처: 한국지도학회 www.cartography.or.kr)

❷ 세스페데스 신부

그레고리오 데 세스페데스 (Gregorio de Céspedes, 1551~1611) 신부는 스페인 출신 예수회 소속 선교사로 임진왜란(1592~1598) 당시 조선 땅을 밟은 최초의 서양인 선교사입니다. 1577년부터 일본에서 선교 활동을 하고 있었으며, 임진왜란 때, 천주교 신자였던 왜장 고니시 유키나가(小西行長)의 요청을 받아 종군 신부로서 1593년 12월 27일 조선 웅천 왜성(熊川倭城, 현 경남 창원시 진해구 웅천동)에 와서 약 1년 6개월간 머물렀습니다. 주로 조선에 주둔해 있던 일본군 천주교 신자들을 대상으로 종군사목 활동을 했으며, 일부 기록에 따르면, 조선인 전쟁 포로들이나 고아들을 돌보고 일부에게는 세례를 주었다는 기록이 있습니다. 그의 조선 방문은 서양인이 조선을 직접 경험하고 기록을 남겼다는 점에서 서양과 조선 간의 간접적인 타 문화의 접촉이었다고 볼 수 있습니다.

❸ 벨테브레 (Jan Jansz Weltevree)와 헨드릭 하멜 (Hendrik Hamel)

▶벨테브레 (박연)는 17세기 조선에 귀화한 네덜란드인으로, 한국명은 박연(朴燕)입니다. 그는 1627년 네덜란드 동인도회사 소속의 무역선 우베르케르크호(Ouwerkerck)의 선원 (상선 사수)으로 일본 나가사키를 향해 가던 중 풍랑을 만나 제주도에 표착하였으며, 이후 다른 동료 2명과 함께 훈련도감에서 근무하면서 홍이포 제작법과 조종법을 지도하는 등 조선의 무기 기술 발전에 크게 기여했습니다. 병자호란 때 참전하기도 했습니다. 그는 귀화하여 1남 1녀를 두고 원산 박씨의 시조가 되었으며, 조선인으로서의 삶을 살았습니다. 그는 군사 기술을 전수하고 서양 문물을 간접적으로 알리는 등 문화 간의 가교역할을 했습니다. 1653년 헨드릭 하멜(Hendrick Hamel) 일행이 제주도에 표착했을 때, 벨테브레는 이들의 통역을 맡아 하멜이 조선의 풍속을 익히고 적응하는 데 도움을 주기도 했습니다.

▶헨드릭 하멜은 17세기 네덜란드 동인도회사(VOC) 소속 De Sperwer호의 회계사(서기)로 일본 나가사키를 향해 가던 중 36명의 생존자들과 함께 제주도 표류하여 하멜 일행은 훈련도감에 배속되어 국왕을 호위하는 부대원으로서 체류는 허락받았으나, 이들은 세 곳으로 분산되어 7년간 억류 생활을 했습니다. 1666년 하멜은 동료 7명과 함께 13년간 조선에 머물다가 탈출하여 자신의 경험을 기록한 "하멜 표류기(Hamel's Journal)[126]"를 남겼습니다. 그의 책은 서양에 조선의 지리, 군사, 정치, 사회, 문화 등에 대해 최초로 상세하게 알린 기록물이며, 한국사와 동서양 교류사에서 매우 중요한 사료입니다. 그리고 문화 간의 상호작용을 보여주는 사례입니다.

---

126) 하멜은 네덜란드 동인도회사에 자신들이 억류되어 있었던 기간 동안 밀린 급여를 청구하기 위해 조선에서의 경험을 상세히 기록한 보고서 원제목 '네덜란드 선박 스페르베르호의 불행한 항해 일지(Journael van de Ongeluckige Voyagie van 't Jacht de Sperwer)'를 제출했습니다. 이것은 1668년 네덜란드에서 출판되었고, 이후 프랑스어, 영어 등으로 번역되어 유럽에 조선이 상세하게 알려지는 계기가 되었습니다. 여기서 하멜은 조선인들에 대해 표현하기를 '조선 사람들은 물건을 훔치고 거짓말하고 속이는 경향이 강하다'라고 부정적인 이미지를 기술하고 있습니다.

❹ 이양선

이양선(異樣船)은 주로 19세기에 조선 연안에 종종 출몰했던 서양의 범선으로 당시 조선의 배와는 확연히 다른 외형과 크기를 가지고 있었기에 모양이 다른 배라는 의미로 불렸습니다. 처음에는 단순히 낯선 정체불명의 배를 가리키는 표현이었지만, 점차 서양의 함선을 지칭하는 용어가 되었습니다. '황당선(荒唐船)'이라고도 불렸습니다. 이양선은 프랑스, 영국, 미국 등의 함선이었습니다. 1801년에서 1860년까지 27회 출몰하였으며, 1849년 이후 20여회 출몰하였습니다. 예를 들면, ▶1797년 William Robert Broughton함장이 지휘한 영국 프로비던스호는 부산 용당포(현재 신선대 부근)에 입항하여 10일간 체류하며 항박도를 제작하고 조선어 단어를 채록하였습니다. Broughton함장은 조선인을 "친절하고 호기심 많은 사람들"로 묘사하고 있습니다. ▶1816년 영국 알세스트호와 리라호는 서해안 일대를 탐사하고 해도를 작성하였으며, 백령도를 "제임스홀 군도"로 명명하였습니다. ▶1832년 영국 로드 암허스트호: 황해도 몽금포 해안에 나타나 조선에 통상을 요구했으나 거절당했습니다.

이들의 목적은 주로 조선 연안의 해안선을 탐사하고 수로를 측량하여 정확한 지도를 만드는 것이었으며, 향후 무역이나 군사적 목적을 위한 사전 작업이었습니다. 그리고 점차 조선과의 통상(무역)을 적극적으로 요구하기 시작했습니다. 프랑스의 경우, 천주교 박해를 중단하고 종교의 자유를 요구하는 목적으로 접근하기도 했습니다. 그러나 조선 정부는 "조선은 청의 속국이므로 외교권이 없다."라고 하면서 매번 서구 열강의 요구를 거부했습니다. 이양선의 출몰은 조선이 근대 세계 질서와 접촉하는 계기가 되었으며, 충돌이 발생하기도 했습니다. 주요 사례로 1866년 미국 상선 제너럴 셔먼호 사건, 1868년 오페르트의 남연군 묘 도굴 사건, 병인양요(1866년), 신미양요(1871년) 등이 있습니다.

▶프랑스의 이양선 로즈함대 : 1866년 흥선대원군은 금압령을 내리고 프랑스 선교사와 천주교인들을 탄압하였는데 대량 학살로 이어지면서 선교사 리델(Félix

Clair Ridel) 신부가 탈출하여 프랑스 함대 사령관 피에르 귀스타브 로즈(Pierre-Gustave Roze) 제독에게 박해 사실을 알렸고 이에 로즈 제독은 프랑스인 학살에 대한 응징과 통상 요구를 명분으로 1866년 10월 강화도를 침략하여 병인양요가 발발하게 됩니다. 로즈 함대는 외규장각 도서(의궤 등)를 포함한 다량의 서적, 문화재, 무기, 금은 등을 약탈하고 불태웠습니다. 그리고 정족산성 전투에서 로즈함대는 패전하고 천주교 박해에 대한 응징과 통상 수교 요구라는 목적을 달성하지 못하고 퇴각하였습니다.

▶미국 상선 제너럴 셔먼호: 제너럴 셔먼호 (General Sherman)는 1866년 대동강을 따라 평양으로 향하면서 조선과의 통상을 요구하고 기독교 경전을 배포하며, 납치 및 대포 발사 등 난폭한 행동을 하여 인명피해를 입혔습니다. 이에 분노한 평양 군민에 의해 불태워진 사건입니다. 이후 미국은 자국민이 사망한 것에 대한 책임을 묻고, 조선과의 통상을 강요하기 위해 1871년 대규모 군사 원정대를 파견했습니다. 이것이 신미양요입니다. 신미양요는 결국 강화도조약의 빌미를 제공하게 되었습니다.

▶남연군의 묘 도굴사건 : 1868년 독일 상인 오페르트(Ernst Jakob Oppert, 1832~1903)가 흥선대원군의 아버지 남연군(南延君)의 묘를 도굴하려다 미수에 그친 사건입니다. 이 사건은 흥선대원군의 쇄국정책을 더욱 강화시키는 결정적인 계기가 되었고, 조선 사회에 서양 세력에 대한 강력한 반감을 심화시켰습니다. 오페르트는 이전에 두 차례 조선에 와서 통상을 요구했으나 모두 거절당하였습니다. 그는 조선과의 통상을 위해서는 흥선대원군을 협박해야 한다고 판단하고 엠퍼러호를 사용하여 도굴을 기획하고 실행한 것입니다. 흥성대원군은 이 사건 이후 전국 각지에 척화비(斥和碑)를 세워 쇄국 의지를 천명하였습니다. 이와 같은 일련의 타문화와의 접촉과 사건들은 타문화에 대한 부정적인 반감과 함께 쇄국정책의 강화를 가져왔고 조선의 강제적 개항과 근대화에 큰 영향을 미치게 되었습니다.

(2) 개항기

개항기는 조선이 서구 열강과 일본의 압력으로 문호를 강제 개방 당하고 근대 문물을 수용하기 시작하면서, 전통 사회가 해체되었고 근대 사회로 전환되던 시기였습니다. 일반적으로 개항 기라고 할 때 1876년 강화도조약[127] 부터 1910년 한일 강제 병합 이전까지로 봅니다. 이 시기에 한반도는 외세에 의해 주체성을 잃고 각국과 통상조약이 맺어지면서 매우 개방적으로 빠르게 타문화를 접촉하게 됩니다. 1882년 미국과 영국, 1883년 독일, 1884년 러시아, 1899년 청나라 등 통상조약이 맺어졌습니다.

고종은 1882년 12월부터 1904년 2월까지 정부 각 부처 약 226명의 서양인을 고용하였으며, 타문화권의 많은 사람들이 한반도를 방문했습니다. 당시 타문화권의 주요 인물을 보면 ▶Paul Georg von Möllendorff (목인덕, 1848~1901)는 외교관이자 언어학자로, 조선에서 외교 고문으로 활동하며 중요한 역할을 했습니다. ▶Franz von Eckert (1852~1916)는 1901년 대한제국으로 초청되어 군악대를 조직하고 서양 음악을 교육하였습니다. 그는 대한제국 애국가를 작곡하여 1902년 공식 발표하였으며, 이는 한국 최초의 서양식 국가입니다. 그리고 그는 김형준, 백우용, 홍난파 등과 함께 한국 근대 음악에 중요한 역할을 했습니다. ▶당시 이탈리아 영사였던 Carlo Rossetti (1876~1948)는 조선에 대한 구체적이고 생생한 정보를 제공하는 책을 썼습니다. 그는 Corea e coreani: impressioni e ricerche sull'impero del Gran Han (꼬레아 에 꼬레아니: 대한제국의 인상과 연구)과 Lettere dalla Corea:

127) 일본은 한반도 정복이라는 정한론의 제국주의 시선으로 운요호사건 (1875, 강화도 침입)을 일으키게 되고 결국 강화도조약을 맺습니다. 조약 내용은 일본의 군사력을 동원한 강제합의에 의한 불평등조약이었습니다. '▶청나라의 종주권 부인 (조선은 자주의 나라로 일본과 평등: 수시로 외교 사절 파견, 일본 화폐 통용과 무관세 무역 인정) ▶부산항 외 원산항 (군사적 목적)과 인천항 (경제적 목적) 개항, ▶해안 측량권 (일본 배의 자유 왕래), ▶영사재판권 (치외법권)'

Cenni sulle istituzioni ed i commerci di quell'impero (한국에서의 서한: 그 제국의 제도와 상업에 대한 소고)라는 두 권의 책을 통해 조선의 정치, 경제, 사회 구조, 민속, 지리 등 다양한 분야에 걸쳐 상세한 기록을 남겼습니다. 특히 이 시기에는 간도, 연해주, 하와이 등으로 한인의 해외 이주가 진행되고 있었습니다.

(3) 한반도를 다녀간 서구인의 시선

개항기를 전후하여 많은 서구인들이 한반도를 다녀가고 일부는 관료로 근무하거나 정착했습니다. 이들은 대체로 서구인의 시선으로 당시 한반도의 상황을 묘사하고 있는데 "조선의 왕은 게으름 뱅이, 멍청하고 무능한 자, 양반은 특권층으로 백성을 괴롭히는 자, 백성은 경박하고 호기심이 많으며 까다롭다"라고 대체로 부정적으로 인식하고 있었습니다. 반면에 좋은 면으로 묘사하는 부분도 있었습니다.

한반도를 다녀간 서구인들은 대체로 "고요한 아침의 나라(조선을 뜻풀이 한 용어)"라는 글을 남겼습니다. "▶William Elliot Griffis (미국, 1843~1928) 1882년 Corea, the Hermit Nation, ▶Percival Lowell (미국, 1855~1916) 1885년 Choson, the Land of Morning Calm, ▶A. Henry Savage-Landor(영국, 1865~1924) 1895년 The Land of Morning Calm ▶Elizabeth Keith와 Elspet Keith Robertson Scott 1919년 Old Korea: The Land of Morning Calm, ▶Norbert Weber (1870~1956) 1902년 ImLandeder Morgenstille"

한반도를 다녀간 주요 서구인의 시선은 대체로 다음과 같습니다.

❶ 앙투안 다블뤼 (Antoine Daveluy, 1818~1866)

병인박해 당시 12명의 프랑스인 선교사가 비밀리에 활동하고 있었으며, 이 박해로 그중 9명이 처형당했습니다. 이들 가운데 다블뤼는 그의 가족들에게 남긴 71통의 편지에서 조선의 역사, 문화, 천주교 박해 상황 등을 상세히 기록하고 있습니다. 예로 그는 편지에서 "조선 사람들의 자선 행위, 평화로운 마을 공동체 문화에 감동하였고, 식탐은 조선 사람들의 악덕 중 하나로 도무지 식탐을 억누를 생각을 하지 않는다. 고기를 먹지 못하면 아픈체할 정도입니다."라고 기술하고 있습니다.

❷ 바실 홀(Basil Hall, 1788~1844)

바실 홀은 1816년 9월 1일~10일 조선 서해안(소청도, 서천 마량진, 진도 상조도 등)을 탐사하고 그의 책 "A Voyage of Discovery to the West Coast of Corea and the Great Loo-choo Island"에서 조선인의 복식, 언어, 생활상 등을 기술하고 있습니다.

"그들의 피부색은 구릿빛이었고 무서운 얼굴표정을 하고 있었으며 약간 야만스러운 느낌도 있었다. 그들의 지위는 모자로 구분이 되었는데 모자의 차양은 지름이 1미터이고 모자의 높이는 23센티미터였다. 모자라기 보다는 양산 같았다." "이곳 사람들은, 태연자약과 무관심이 한데 섞인, 일종의 우쭐대는 몸가짐의 소유자들이었다. 때로 몸짓, 손짓과 그림을 통해 던진 질문의 내용이 명확히 확인되었을 경우에도 그들은 비웃음과 콧방귀로 깔아뭉갰다. …… 이곳 사람들은, 태연자약과 무관심이 한데 섞인, 일종의 우쭐대는 몸가짐의 소유자들이었다." (출처: 아틀라스뉴스(http://www.atlasnews.co.kr)

❸ Norbert Weber 신부 (1870~1956)

독일 성 베네딕토회 상트 오틸리엔 수도원의 총아빠스 (Archiabbas)였던 노르베르트 베버 신부는 한반도를 다녀간 뒤 Im Lande der Morgenstille (고요한 아침의 나라, 1915) 여행기를 남겼습니다. 여기에는 조선의 풍속과 문물, 한국인의 일상, 정치외교, 신앙 등을 일기 형식으로 기록되어 있습니다. 약 300장의 사진과 그림까지 수록되어 있어 1910년대 조선의 모습을 생생하게 엿볼 수 있습니다. 여기서 베버신부는 조선인의 근면성과 공동체 정신을 강조하고 있으며, 조선인은 고도의 문화를 가진 민족으로 묘사합니다.

❹ Ernst von Hesse-Wartegg (1851~1918)

오스트리아의 여행가로서 1894년 그의 기행문 및 보고서에서 갑오개혁 직전의 격동기 조선의 모습을 이방인의 눈으로 관찰하고 기록하였습니다. "조선인이 얼마나 게으르고 느려터진 민족인지를 깨닫게 되었다. 넓은 지구상에서 조선만큼 백성이 가난하고 불행한 반면 지배층은 거짓되고 범죄적인 곳은 아마도 거의 없을 것이다. 조선에서는 관리들이 왕과 백성을 서로 분리시키는 단단한 벽을 형성하고 있다. 백성들이 비참함과 가난 속에서 허덕이고 있는 동안에도, 이들은 상업과 농업 그리고 이 나라의 전체 수확에서 착취한 부를 탕진하고 있다. 나는 남자들이 일하는 것을 한 번도 보지 못했다. 그들은 집안이나 집 앞에서 쪼그리고 앉아 조그만 중국식 파이프를 입에 물고 빈둥거리거나, 골목길 한가운데 옹기종기 모여 앉아 놀거나 잠을 잤다. 조선의 여자들은 아주 짧은 기간 동안 남자들의 노리개였다가, 나중에는 노예 상태가 된다. 여성들은 이름도 없다. 이들은 없는 존재로 치부되며, 이들에게 적용되는 법도 없다. 작고 추하며 고생 때문에 여윈 여자들은 살림을 도맡으며 요리하고 빨래를 했다. 모든 노동은 여자들의 몫이다. 여자들은 감동적인 부지런함과 감탄할 만한 인내력으로 그 의무를 다한다." (조선, 1894년 여름, Hesse-Wartegg의 여행 산문기 Korea: Eine Sommerreise nach dem Lande der Morgenruhe 부분 인용)

❺ Henry Savage-Landor

Corea or Cho-sen: The Land of the Morning Calm은 1895년에 출판된 Henry Savage-Landor의 조선 기행문으로, 조선을 여행하며 경험한 문화, 풍습, 사회상을 기록한 책입니다. 그는 조선의 풍경, 사람들, 생활 방식을 상세히 묘사하며, 당시 유럽 중심의 인종차별적 시각에서 본 조선의 모습을 생생하게 전달합니다. 백인 기준의 생각으로 과학적 근거없이 표면적 판단으로 상류층은 백인종에 가깝고, 하층민은 흑인에 가깝다고 합니다. 즉 그의 눈에는 들에서 일하면서 태양에 그을려 피부색이 변한 하층민을 흑인처럼 보였고, 그렇지 않은 집에서 책이나 읽고 유희를 즐기는 상류층은 백인처럼 여겨졌던 것입니다.

"조선인은 북방 몽골리언이 주종이고 소수 상류층은 아리안족의 혈통이다. 중앙아시아, 남방계 혈통 혼혈이 많다. 조선인들은 고상한 척하는 태도로 상대방을 멸시하는 능력이 남다르다, 반면 평화를 사랑하는 고운 마음씨, 비범한 지성, 빼어난 예술적 소양을 소유했다. 조선에서 여성은 노예와 같다. 그는 쾌락과 노역을 위해 이용된다. 그는 이야기 나누거나 자신의 어떠한 견해도 표명할 수 없으며 자신의 남편 외에 다른 남성을 쳐다볼 수도 없다."

❻ Jack London (1876~1916)

Jack London은 자연주의 (Naturalism) 문학의 대표적인 작가이자 적자생존의 원리와 환경의 압도적인 힘을 강조하는 사회진화론적 사상이 작품에 깊이 반영된 인물입니다. 그는 비록 사회주의자였지만, 동시에 사회진화론의 영향을 강하게 받았던 복합적인 면모를 지니고 있었습니다. 그는 러일전쟁 (1904~1905년) 당시 종군기자로 조선을 방문하였고 조선에서의 다양한 경험을 바탕으로 "조선 사람 엿보기 (The Kempton-Wace Letters and Other Stories)"라는 글을 남겼습니다. 그는 평양, 의주, 압록강 지역을 여행하며 조선 사회를 관찰했으며, 당시 조선인의 생활과 문화를 서술했습니다. 그는 "조선인을 비능률적이고 진취성이 부족한 민족이라고 평가했으며, 조선의 양반 계층을 도둑과 같은 존재"로 묘사하였습니다. 그는 일본의 조선 점령을 선한 정복 (conquered by kindness)으로 묘사하는 등 식민주의적 시각을 반영하고 있습니다. 반면 당시 조선의 생활상을 엿볼 수 있는 구절들도 볼 수 있습니다. "김치는 지독하게 맵지만, 한번 맛들이면 아주 좋아하게 되는 절임 채소이고, 가장 맛있는 김치는 원산 여성들이 만든다. 막걸리는 따뜻하고 시큼하며 우유처럼 생긴 음료로 엄청난 양을 마셔야만 취한다."라고 묘사하였습니다.

2) 한민족의 해외이주

한인들의 해외이주는 1860년대부터 간도 지역, 연해주 지역으로 집중적으로 일어났으며, 1900년대 들어서 미국과 일본으로 이주가 확대 진행되었습니다.

간도지역 그리고 연해주로의 초기이주는 당시 한반도의 기근이 큰 요인이 되었고 특히 간도 지역은 주인 없는 땅으로 인식되고 있었습니다. 그리고 연해주는 러시아의 지역 개발을 위한 적극적인 이주민 유치가 있었습니다. 미국으로의 이주는 하와이 사탕수수 농장주들의 요청과 미국인 선교사의 지원이 있었습니다. 일본으로의 초기이주는 1910년 한일강제합병 이후 시작되었습니다. 세계 1차대전의 영향으로 당시 일본의 내수 경제는 활황을 맞이하고 있었고, 한반도에서 일본의 토지조사사업으로 토지를 잃은 농민층들이 생계를 위해 일본으로 이주하기 시작한 것입니다.

(1) 간도(間島) 지역 이주

간도 지역은 압록강과 두만강 북쪽에 위치한 만주 일대를 지칭하는 이름입니다. 조선 후기부터 많은 한인들이 이주하여 삶의 터전을 일구었던 곳입니다.

17세기 후반부터 한반도는 심각한 기근과 사회 혼란을 겪으면서 생존을 위해 함경도 지역의 농민들이 간도 지역으로 이주하기 시작했습니다. 1644년부터 청나라는 봉금령(封禁令)[128] 을 내려 만주 지역을 보호하고 외부인의 출입을 엄격히 통제했지만, 현실적으로 모든 지역을 감시하기는 어려웠습니다.

---

128) 만주지역은 청나라의 발상지였고 청나라를 건국한 누루하치가 1615년에 만든 군사 및 행정조직인 팔기병의 경제적 기반이었습니다. 청나라가 이를 보호하고, 만주족 고유의 풍속과 문화를 지키기 위해 외부인 특히 대륙 내 한족의 무분별한 이주를 막으려고 1644년부터 시행한 제도이며, 만주지역에 유조변이라는 버드나무 담장을 설치하기도 했습니다. 그러나 17세기 후반부터 조선인의 이주가 또한 증가하면서 국경분쟁으로 이어지고 1712년(숙종 38) 백두산정계비를 세웠습니다. 여기에는 압록강과 토문강이 경계 지역으로 표시되고 있습니다. 19세기 중반 대륙 내 빈민들의 이동이 증가하면서 1870년 이민실변정책을 도입하여 봉금령을 완화했고 1881년에는 공식적으로 폐지되었습니다.

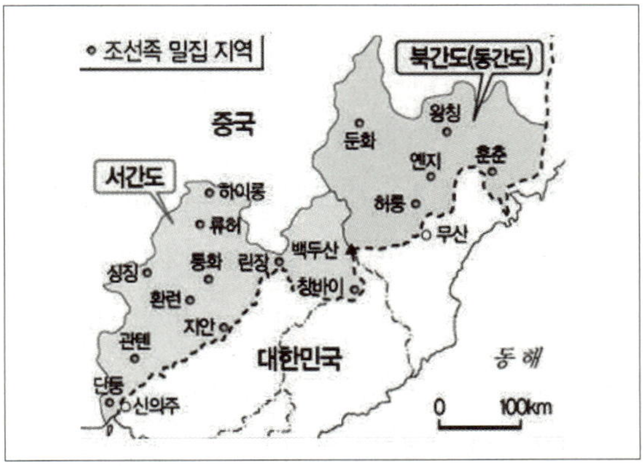

그림2-2 간도 지역
(출처: blog.naver.com/ss920527/222424313096)

1860~1870년대 조선에서 재해와 흉년이 연속으로 발생하자 많은 이재민들이 생존을 위해 사람이 거의 살지 않으면서 비옥한 간도 지역으로 대규모로 이주하기 시작하였습니다. 1861년 농업종사 이주자 부락이 형성되었으며, 간도 지역의 조선인 인구는 1860년대에 이미 7만 7천 명이나 되었습니다. 이주 초기 조선인이 통화, 집안, 장백, 신빈, 용정 등 두만강과 압록강 부근에서 정착하였고, 점차 연변과 기타 지역으로 확산하여 대륙 동북부 지역에 조선인 사회를 형성하였습니다. 1870년 압록강 대안의 28개면을 구획하여 강계, 초산, 자성, 후창 4개 군에 분속하였습니다. 1870년 청나라가 이민실변정책을 도입하여 봉금령을 완화하고, 1881년부터 봉금령을 해제하자 조선인들의 이주가 더욱 증가하게 되었습니다.

1902년 대한제국은 이범윤을 간도시찰사로 파견하였고, 1903년 이범윤을 간도관리사에 임명하였습니다. 이것은 간도 지역에 대한 실질적인 영토 관리의 시도였습니다. 간도 거주 한인의 호구와 인구조사, 조세제도와 지방행정제도, 사포대 조직 등이 이루어지고 1897년 서간도 거주 한인 보호를 위해 서상무를 서변계관리사로 임명했습니다. 서상무는 통화현, 회인현, 관전현, 흥경부 등을 대한제국의 행정구역으로 편입시키는 역할을 했으며, 토지 측량과 호구 조사, 향약 시행 등을 통해 간도 지역을 실질적으로 관리하려 했으나 1909년 9월 4일 「간도협약」이 체결되면서 간도 지역이 청나라의 영토로 확정되어 서상무의 노력은 결국 무산되었으며, 영유권이 상실되었습니다. 이로 인해 간도에 거주하던 한인들은 청나라의 통치하에 놓이게 되었습니다.

1905년 을사조약으로 대한제국의 외교권이 박탈되고 일제의 식민 지배가 본격화되자, 연해주와 함께 간도 지역은 항일 독립운동의 근거지가 되었습니다. 1907년 안창호, 양기탁, 이승훈, 이회영, 이동녕, 신채호 등이 중심이 되어 조직된 비밀 결사 독립운동 단체인 신민회[129]를 중심으로 한 독립운동가들은 항일운동을 위한 독립운동 기지를 서간도 삼원보에 건설하였습니다. 이회영 6형제 등이 만주 삼원보에 정착하여 한인 자치 기구인 경학사를 설립하고, 독립군 양성소인 신흥무관학교의 전신인 신흥강습소를 세워 많은 독립군을 배출했습니다.

1910년 한일강제합병이 이루어지고, 1910~1918년에 걸쳐 진행된 식민지 정부의 토지조사사업으로 인해 많은 한인농민들이 토지를 잃거나 소작농으로 전락하였으며, 일본인 지주와 동양척식회사 등에 의한 한인 농민의 체계적인 착취가 이어지고 궁핍화로 인해 많은 한인농민들이 만주로 이주하여 1926년에는 간도에 거주하는 조선인의 수가 중국인보다 많았습니다. 1910년 22만 명에서 1930년 60만 명으로 급증하였고, 1940년 145만 명이나 되었습니다.

1920년 10월~1921년 4월 일본은 한인 독립군 탄압 및 말살 작전으로 간도 참변(경신참변)을 일으켜 무고한 한인들을 학살하고 마을을 불태우는 등 잔혹한 탄압을 자행하여 독립운동의 위축, 한인 사회의 황폐화를 초래하였습니다. 그리고 1931년 9월 18일 일본은 만주사변을 일으켜 만주국을 세우면서 만주 지역에 기반을 둔

---

129) 신민회는 실력 양성 운동과 국외 독립운동 기지 건설이라는 두 가지 큰 방향으로 활동했습니다. 안창호는 평양에 대성학교, 이승훈은 정주에 오산학교를 세웠으며, 태극서관 (평양, 대구, 서울)을 설립하여 교재와 서적을 보급했하였습니다. 대한매일신보를 사실상의 기관지처럼 활용하며 애국 계몽 운동을 전개했습니다. 또한 조선 광문회를 통해 고전 연구 및 간행, 한글 사전 편찬 등을 추진했습니다.

한인 독립군들은 큰 타격을 입고 활동이 위축되기도 했지만, 한·중 연합 항일 투쟁의 계기가 되기도 했습니다.

한편, 1935년 이주와 관련된 식민지 한인의 현실이 반영된 가요 고복수 노래(김능인 작사, 손목인 작곡)의 "타향살이"가 발표되었습니다.

> 타향살이 몇 해던가 손꼽아 헤어보니
> 고향 떠나 십여 년에 청춘만 늙어
> 부평같은 내 신세가 혼자도 기막혀서
> 창문 열고 바라보니 하늘은 저쪽
> 고향 앞에 버드나무 올봄도 푸르련만
> 호들기를 꺾어 불던 그때는 옛날
> 타향이라 정이 들면 내 고향 되는 것을
> 가도 그만 와도 그만 언제나 타향

(출처 : 농촌여성신문 2020.8.28. www.rwn.co.kr)

(2) 연해주 지역 이주

연해주라는 말은 러시아어 프리모리예(Примо́рье)를 한자로 훈역한 용어입니다. 대한제국 시절에는 러시아령이라는 뜻으로 노령이라 했습니다. 러시아가 제2차 아편전쟁 중재를 통해 청나라에게 요구하였고 북경조약(1860)으로 러시아의 영토가 되었습니다. 러시아는 청나라로부터 연해주를 할양받은 뒤, 이 지역의 개발을 위해 이주민을 적극적으로 유치했습니다. 처음에는 러시아인들이 이주를 꺼려했기에 조선인 이주를 장려하는 분위기도 있었습니다.

한인은 1863년 13가구가 연해주 포세트 지역에 이주를 했으며, 초기에 대체로 부유한 한인들 중심의 소규모 이주로 이루어지다가 점차 확대되었습니다. 1870년 블

라디보스톡 군항 건설에 인부 모집과 인부들에게 주택 제공 및 선불금을 준다는 소문, 러시아로 가면 정착 시에 필요한 돈과 땅을 받을 수 있고 세금을 내지 않는다는 소문이 퍼지면서 이주가 확대되었습니다. 그리고 1884년 조·러수호통상조약으로 러시아에 거주하는 한인의 법적 지위와 이주를 통제할 수 있는 근거가 마련되었습니다. 그러면서 1890년에는 한인은 연해주 전체 인구의 20%를 차지하였습니다. 1893년에는 러시아 당국이 공식적으로 한인 거주 구역으로 설정할 정도로 규모가 커졌습니다. 1897년 26,005명 (남자 16,225명, 여자 9,780명)이었고 1902년 32,000명, 1910년 54,076명, 1917년 81,825명, 1923년 106,817명 중 러시아 국적은 34,559명(32.4%)으로 계속 증가했습니다.

그림2-3 연해주 지역과 강제이주
(출처: www.blog.naver.com/y7971/223200150542)

1910년 한일합병 이후 일제의 식민 지배가 본격화되면서 독립운동가들은 연해주를 독립운동 전진 기지로 삼기 위해 이주하였고, 독립운동의 구심점 역할을 했던 신한촌을 건설하여 권업회, 대한광복군정부, 한민학교 등의 조직을 만들어 독립운동을 하였습니다. 특히 연해주 한인 사회는 임시 정부 형태의 대한광복군정부를 설립하였고 무장 독립군을 양성과 독립군 지원 군자금을 모금하는 등 활발하게 활동하였습니다. 그러나 일본은 1920년 신한촌 4월 참변을 일으켜 한인을 학살했습니다.

1919년 3.1운동과 더불어 연해주로의 대량이주가 진행되었고, 1924년 최초의 한인 단체 "재소한인연합회(1924~1926)"가 조직되었습니다.

1930년대 스탈린 체제 하의 소련은 소수민족에 대한 통제 강화와 국경 지역의 안보를 명분으로 강제 이주 정책을 추진했습니다. 스탈린은 연해주에 거주하는 한인들을 1937년 9월부터 10월까지 17만 명의 한인들을 열차에 태워 카자흐스탄, 우즈베키스탄 등으로 강제 이주시켰습니다. 스탈린의 한인 강제이주는 일본과의 전쟁을 앞두고 한인이 일본의 첩자 역할을 할 것이라는 군사적 우려가 있었고 중앙아시아의 낙후된 지역을 이들의 노동력에 의해 개간한다는 경제적 목적으로 진행되었습니다. 그리고 1938년 소련 내 소수민족언어에서 한국어가 제외되어 한인들은 자신의 언어조차 잃어버리는 고초를 당했습니다.

(3) 미주 지역 이주

한인의 미주 지역으로의 본격적인 이주는 하와이 노동이주부터입니다. 하와이 이주가 시작되기 전 1902년 11월 16일 고종은 이민업무를 전담하는 수민원(유민원)[130] 을 설치하였고, 1902년 12월 하와이를 향한 이민선은 첫 출항을 하게 되었습니다. 하와이 노동이주가 시작되기 전에는 소수의 유학생[131], 망명자, 소규모 상업인의 이주가 있었습니다. 1882년 조미수호조약 이후 일부 한인들이 미국 서부 지역으로 건너가 철도 건설과 농업 노동에 종사하기도 했습니다. 그리고 한인이 미국으로 이주한 최초의 기록 중 하나는 1885년 갑신정변 이후 서재필과 개화파 몇 명이 미국으로 망명 성격으로 이주했습니다. 서재필은 1890년에 한국인 최초로 미국

130) 윤치호의 영문일지 표기에는 유민원으로 되어 있습니다. 고종은 궁내부 관제로 수민원직제를 선포하고 민영환을 총재로 임명하였으나 1904년 폐지되었습니다.

131) 1899~ 1902년 168명, 1940년까지 유학생 891명입니다.

시민권을 얻었습니다. 그리고 1902년 10월 14일 도산 안창호와 부인 이혜련은 유학차 샌프란시스코에 도착하였습니다.

그러나 1905년 4월 일본의 압력으로 하와이 이민이 금지되었고, 이후 1905년 영국인 John G. Meyers에 의해 멕시코로 이민이 시도되어 1,033명의 한인 이민자는 영국 상선 일포드호(Ilford)를 타고 멕시코 유카탄반도의 메리다지방에 도착하기도 했습니다.[132] 이들은 20여 개의 에네켄 농장으로 분산 배치되었으며, 1909년 계약이 종료된 후에도 경제적 어려움으로 인해 한국으로 돌아오지 못하고 멕시코에 정착했습니다. 그 뒤 이들의 후손들은 멕시코 농촌에 거주하거나 일부는 쿠바까지 유입되어 오랫동안 고국과 단절된 채 한인 사회를 형성하였습니다.

1907년 2월16일 일본이 미국으로의 노동자 이민을 자제하는 내용의 미국과 일본간의 비공식 신사협정 (Gentlemen's Agreement)[133] 으로 한인의 미국 이민이 사실상 중단으로 이어집니다. 이 협정은 미국의 동양이민금지 조치 중 하나입니다. 그러나 1910년 한일강제합병 이후 기존 하와이 한인 이민자와 가족결합 형태로 사진신부 방식을 통해 일부 여성들이 미주지역으로 이주하였습니다.

하와이 이민자들은 계약기간이 끝나면서 일부는 귀국하였지만 대다수는 호놀룰루 등 도시로 이주하거나 샌프란시스코 등 미국 내륙으로 이주하여 한인디아스포라를 이루었습니다. 그리고 이민 2세들의 조국은 미국이었고, 초기 이민 정착자들은 독립운동을 재정적으로 지원했습니다.

---

132) 1997년에 개봉한 영화 "애니깽"은 1905년 멕시코로 이주한 한인 노동자들의 삶을 그린 작품입니다.

133) 동양이민금지 조치에는 1882년 중국인 배척법 (Chinese Exclusion Act, 중국인의 미국 이민을 최초로 금지한 법률), 1907년 신사협정 (Gentlemen's Agreement, 일본이 미국으로의 노동자 이민을 자제), 1917년 이민법 (아시아 지역을 포함한 특정 지역 출신의 이민을 금지), 1924년 이민법 (Johnson-Reed Act, 일본인을 포함한 동양계 이민을 전면 금지), 1952년 이민국적법(Immigration and Nationality Act, 일부 제한을 완화했지만, 여전히 아시아계 이민에 대한 차별적 요소가 남아 있었음)가 있습니다.

❶ 하와이 이주

한인들의 하와이 노동이주는 하와이 사탕수수 농장주연합(HSPA)에서 중국인과 일본인 노동자를 대신할 한국인 이민자 요청하면서 시작되었습니다. 요청의 배경에는 1882년 미연방의회는 중국인배척법 (Chinese Exclusion Act)[134] 을 제정하였고, 농장주들은 중국인을 더 이상 고용할 수 없게 되자 일본인들을 고용하기 시작하였습니다. 일본 이민자 역시 빠르게 증가하면서 노동운동을 조직적으로 전개하자 농장주들이 일본인 이주를 억제하는 상황 속에서 한인 노동자를 선택하였습니다.

당시 주한미국공사겸 선교사 알렌 (H.N. Allen)이 한인의 노동이주를 주선했습니다. 그리고 고종이 해외이민 관련 업무를 담당할 유민원을 설치하였지만 H.N. Allen은 인천 내리에 있었던 동서개발회사 (East-West Development Company)와 데쉴러은행을 운영하던 David W. Deshler에게 사업권을 위임함으로(이민사업인증서, 1902.11.15.) 이민업무를 사실상 독점하게 되었습니다. Deshler는 Allen의 친구 오하이오 주지사의 양아들이었습니다. 또한 같은 감리교 선교사였던 제물포 웨슬리메모리얼교회 (인천 내리감리교회) George Heber Jones목사가 적극적으로 이민자를 모집하였으며, 미국감리교회에 도움 요청까지 하므로 첫 하와이 노동이주는 순조롭게 준비되었습니다. 그러나 평양 Samuel Austin Moffett 선교사(장로교)는 Jones 목사의 이민사업에 반대하였습니다.

첫 이민자 121명이 모집되었는데 이민자 중 교회 신도가 $\frac{1}{2}$이고 도시 배경 이민자였습니다. 그리고 가족 동반 이민 비율이 높았습니다. 교인 남녀 50명, 제물포항내 노동자 20명, 전국 각처 모집 51명이었습니다. 1902년 12월 22일, 121명의 한인 이민자가 켄카이마루호를 타고 인천 제물포항에서 출발했습니다. 이들은 일본 나가

---

134) 미국 역사상 특정 민족의 이민을 전면적으로 금지한 최초의 연방 법률로 중국인 노동자들의 미국 이민을 10년간 금지했으며, 미국 내 중국인들의 시민권 취득도 막았습니다. 이 법은 이후 여러 차례 연장되었고, 1902년에는 영구적인 조치로 바뀌었습니다. 1943년에야 폐지되었습니다.

사키에서 신체검사를 거쳐 19명이 탈락하고, 최종 102명이 미국 상선 갤릭호(S.S. Gaelic)로 환승하여 하와이로 향했습니다. 1903년1월 12일 하와이에 도착 호놀룰루에서 다시 신체검사 끝에 16명이 탈락하고 86명 (남자48명, 여자16명, 어린이22명)만 하와이 노동이주 생활을 시작하였습니다.

이들은 계약 노동자 신분으로 하루 10시간 이상 고된 노동에 임금은 남성 65~67센트, 여성 50센트 수준으로 매우 낮았습니다. 이민자들은 "코리안 캠프"를 이루어 생활하며 서로 돕고 의지했습니다. 그리고 한인 이민자들의 사회 생활에 구심점 역할을 한 것은 교회였습니다. 교회는 종교 생활만을 하는 곳이 아니라 한인공동체의 구심점이자 초기 이민자들의 안식처 역할을 했습니다. 한국문화와 전통을 보존하는 데 중요한 역할을 했습니다. 이민 한인들의 교회 공동체 활동은 그들이 사탕수수농장에 도착하면서 바로 시작되었고 1903년 호놀룰루에서 정기적인 예배를 시작하였습니다. 1905년 해외 최초의 한인교회를 에바 농장에 설립하였습니다. 이에 감리교 외에도 한인 성공회와 한안 구세군이 활발하게 종교 활동을 하였습니다. 따라서 이민 사회 속설이 생겼는데 "중국인이 이민 가면 식당을 세우고, 일본인이 이민 가면 공장을 세우고, 한국인이 이민 가면 교회를 세운다."입니다.

1905년 4월 일본의 방해로 한인의 하와이 이주 금지까지 총 65편 약 7,843명 (남 6,701명, 여677명, 미성년465명), 1905.4 이후~12월까지 1,211명)이 이주를 하였습니다. 그리고 한반도로 귀환은 1905~1915년 1,386명으로 약 20%에 그치고 있습니다.

그러나 가족 중심의 하와이 정착 이민은 2차 이주로 이어지게 되었고 하와이 제도 내 호놀룰루 등 도시로 이주하거나 캘리포니아, 샌프란시스코 등 내륙 도시로(1905~ 1915년 1,087명) 이주가 진행되었습니다. 이들은 주로 농업, 철도 건설, 세탁업 등 육체노동 분야에 종사했습니다. 하지만 2차 이주를 하지 않은 채 농장에 남은 노동자들도 있었는데 그 수를 보면 1905년 4,619명, 1910년 2,017명, 1922년 1,170명, 1932년 442명입니다.

▶하와이 이민자들을 모집하기 위한 하와이 이민 감독 Theo F. Lansing 1903년 8월 6일 공포한 하와이 이민 관련 고시를 보면 다음과 같습니다.

- 기후는 온화하야 심한 더위와 추위가 없으므로 각인의 기질에 합당함.
- 모든 섬에 학교가 다 있어 영문을 가르치며 학비를 받지 아니함.
- 신체가 강건하고 품행이 단정한 사람은 안정되고 장구한 직업을 얻기 더욱 무난하고 법률의 제반 보호를 받게함.
- 일하는 시간은 매일 십시간 동안이요, 일요일에는 휴식함.

(출처: 인천공항출입국관리사무소 대한민국 출입국심사 60년사, 2014)

▶독립기념관 연구위원 김도형(2013.1.29.)은 하와이 한인 노동이주는 당시 대한제국과 미국당국은(반노예적인) 계약이민을 금지하여 자유이민이었지만 실질적으로는 대부분 전대금 제도에 의한 계약이민의 형태를 띠었다고 주장합니다. "유민원 규칙 제2조는 계약고용을 금지하는 나라에 계약노동으로 가는 사람에게는 여행권을 발급하지 않는다고 규정하여, 불법적인 계약이민은 허용하지 않았다. 미국은 남북전쟁 이후 노예매매와 반노예적인 계약 노동자 수입을 금지하여 이민자들에게 뱃삯과 숙박비, 입국 지참금 등의 비용을 대주는 것도 불법이었지만 하와이 이민자 대부분은 뱃삯 등을 대준 하와이 농장에서 돈을 갚기 위해 1~2년간 노동을 해야했다."라고 했습니다.

▶첫 이민자들 가운데 생존자들을 대상으로 1978년에 실시한 조사결과 이민의 동기를 보면 다음과 같습니다.

- 하와이에 가면 빗자루로 땅을 쓸기만 해도 돈이 생긴다기에 돈을 벌어 고국의 식구들을 먹여 살리려고
- 서자라고 설움을 받아서
- 예수쟁이라고 놀림 받는 것이 싫어서
- 남자들의 횡포 때문에
- 시부모를 안 모실 것 같아서
- 일본인의 압박을 참을 수 없어서
- 자손들을 좋은 나라에서 훌륭하게 교육 시키고 싶어서
- 모험심에서 등등으로 다양함

(출처: 인천공항출입국관리사무소 대한민국 출입국심사 60년사, 2014)

❷ 사진신부

사진신부 (Picture Bride)는 1910년부터 1924년 사이에 하와이와 미국 본토로 이주한 한인 남성 노동자들이 고국의 여성과 사진을 교환해 결혼한 방식을 말합니다. 초기 노동이주는 미혼의 남성 비율이 높아 결혼문제가 심각했습니다. 이에 "미국에 있는 일본인 신랑과 일본에 있는 신부 사이에 사진과 서신으로 서로 혼인하는 방식"[135] 을 모방하여 당시 같은 처지에 있던 미주지역 한인들도 중매쟁이를 통해 결혼하였습니다. 일제강점기라는 암울한 시대적 배경 속에서, 한반도의 여성들 중 일부는 더 나은 삶과 교육의 기회를 찾아 미지의 땅으로 이민을 선택하기도 했습니다.

그러나 현실은 신랑이 나이를 속이거나 사진을 조작하는 경우도 있었고, 여성

---

135) 미·일 간에 맺어진 1907년 신사협정에 따라 일본인의 미국 이민이 중단되었지만 이미 미국에 체류 중인 일본인 노동자들이 가족들을 초청하는 것은 허용되었는데 일본인들은 이를 이용하여 결혼할 신부를 가족이라고 하여 데려오는 편법을 썼습니다. 그러나 1924년 미국의 이민제한법 (Oriental Exclusion Act) 시행으로 중단되었습니다.

들은 낯선 땅에서 고된 노동과 문화적 충격을 겪어야 했습니다. 사진만 보고 결혼을 하다보니 그들의 평균 나이 차이는 무려 15살이나 되었습니다. 1910년 처음 도착한 사진신부는 최사라(당시23세)로 알려져 있으며, 대부분 신식 교육을 받은 기독교인들이었습니다. 1910년 11월에서 1924년 10월까지 하와이 951명, 미국 본토에 115명 여성 이민자가 있었습니다. 이들 가운데 사진신부는 약 600~1000명 정도 되는 것으로 추정됩니다.

사진신부들이 결혼을 선택한 이유는 경제적 이유, 기독교의 영향, 일본의 지배에서 벗어나기 위함, 교육의 기회를 얻기 위함, 유교적 인습에서 탈출, 아메리칸 드림, 전통적인 인습에서 벗어나 자신들의 꿈을 펼칠 새로운 지평을 찾기 위해 등입니다. 사진 신부들이 결혼하여 가정을 이루면서 한인 사회가 점차 안정되고 2세들이 태어나 가족 중심의 사회로 발전하는 계기가 되었습니다.

일본은 해외 한인들의 일본식민지배 반대운동 방어를 위해 일본 여권을 발행하고 사진신부를 오히려 장려하였습니다. 그러나 그러한 기대와는 달리 어려운 형편 속에서도 사진신부들은 남편들과 함께 독립운동 자금을 모아 임시정부 등에 보태는 등 조국 독립에 크게 기여했습니다.

그림2-4 사진신부

(출처: youtu.be/pqRRdf5LKCY 시대를 앞선 도전, 사진신부)

❸ 이민자들의 활동

미주지역 한인 이민자들은 고된 생활에도 불구하고 조국의 독립을 위해 독립 자금을 모으기도 하고 대한인국민회와 같은 독립운동 단체를 조직하여 활동하기도 했습니다. 하와이 이민이 시작되고 1903년 8월 7일 호놀룰루에서 홍승하, 윤병구, 문홍식, 박윤섭, 임치성, 안정수 등이 정치적 단체 신민회 조직하였습니다. 그리고 9월 22일 샌프란시스코 동포 9명이 사실상 독립운동 단체인 친목회를 조직 (회장 도산 안창호, 회원 박성겸, 이대위, 김성무, 위영민, 박영순, 홍종술, 김병모, 정동삼) 하였습니다. 당시 샌프란시스코에는 유학생, 인삼장사 등 한인 20명 거주하였습니다. Korean United Methodist Church (1904년, 샌프란시스코)는 초기 한인공동체의 구심점이 되었습니다.

1904년 4월 5일 애국과 애족, 동족 상부상조와 한인구호 등의 목적으로 샌프란시스코 한인공립협회를 창립(회장 도산안창호)하였으며, 11월 9일 이승만은 사이베리아 선편으로 호놀룰루에 도착하였고 그해 12월 6일 죠지워싱턴 대학에 입학하였습니다.

1908년 3월 23일 캘리포니아오클랜드역에서 장인환, 전명운 열사의 Durham White Stevens 저격 사건[136] 이 있었고, 이는 재미 한인 독립운동 단체인 대한인국민회의 탄생 계기가 되었습니다. 대한인국민회는 미주한인 Diaspora에게 사실상의 정부역할을 한 단체입니다.

1910년 8월 29일 한일강제합병에 반대하여 샌프란시스코와 호놀룰루 동포들 공동회를 조직하고 합병 반대 항의서를 작성하여 한국 황제와 일본 황제, 그리고 구미 열강 정부에 보냈습니다.

136) 스티븐스는 대한제국 정부의 외교고문으로 미국으로 돌아가 기자회견을 하면서 "한국이 일본의 보호정치를 찬양하고 있다."라고 말했다가 미주 한인 사회가 강하게 반발하여 사살되었습니다. 1908년 6월27일 전명운 의사는 석방되었고, 1909년 1월 2일 장인환 의사는 25년 형을 받고 샌퀀틴감옥에 수감되었다가 1919년 1월 10일 가석방되었습니다.

1913년 5월 13일 도산 안창호는 한인 수양단체이자 교육기관인 흥사단을 설립하여 독립운동의 구심점이 되었으며, 1918년 이승만은 한인기독교회 설립을 통해 친목도모, 자녀의 한글교육, 민족교육, 역사교육 등과 독립자금 모금운동을 진행하였습니다.

1919년 1월 4일 샌프란시스코 국민회 중앙총회 임시국민대회를 소집하여 각지방대표 17인이 모여 독립문제를 논의하였으며, 7월 17일 이승만은 워싱턴DC에 대한공화국임시공사관을 설치하였고, 9월 6일 상해임시정부 의정원[137] 은 이승만을 대한민국 임시정부 초대대통령에 선출했습니다. 그리고 1924년 11월 23일 이승만은 대한인동지회 종신총재로 추대되었습니다.

1936년 3월 26일 필라델피아 거주 음악가 안익태는 대한애국가를 작곡하여 발표하였으며, 1941년 4월 한인단체 통합에 대한 위기의식에서 재미한족연합위원회를 결성하여 한인들에게 일자리를 소개하고 상호협력의 기틀을 마련해 주는 중추적 역할을 하였습니다.

1940년대 재미 한인들은 미·일전쟁은 곧 우리의 전쟁이라고 하면서 전쟁에 참가하기 시작하였고 유학생들은 통역관으로 지원하기도 했으며, 한인 1.5세, 2세들의 미군 입대 증가하였습니다. 이들은 Korea for Victory with US 라는 배지를 달고 전시 지원에 총력을 기울였습니다.

1943년 12월 1일 한국의 독립을 확인하는 카이로선언 당시 이승만은 미국 여론을 바꿔 놓는 외교·홍보 활동을 적극적으로 펼쳤습니다.

137) 상해 임시정부 의정원은 1919년 4월 10일 대한민국 임시정부의 입법 기관으로 설립되었습니다. 각 도별 대표와 비례대표로 이루어진 단원제 의회였습니다. 광복 후 1946년 비상국민회의로 계승되었습니다. 주요 인물로 이동녕 (초대 의장), 손정도 (부의장), 이승만 (초대 국무총리), 조소앙 (임시헌장 기초) 등이 있습니다.

1945년 4월 25일 신탁통치 의결의 샌프란시스코회의에서 이승만은 대한민국임시정부의 대표성 확보 노력에 실패하였습니다.

1945년 2월4~11일 얄타회담에서 이승만은 한반도가 소련의 영향권에 들어갈 가능성이 높다는 사실을 경계하며, 미국 언론과 정치권을 대상으로 얄타 밀약(미국이 한국을 소련에 넘겼다고 비판)을 폭로하는 활동을 펼쳤으며, 미국 상·하원 외교위원회와 트루먼 대통령에게 항의 서한을 보내 한국이 소련의 지배를 받지 않도록 국제적 개입을 요청하였습니다.

(4) 일본 지역 이주

1910년 한일강제합병 이전에 일본으로 이주한 한인은 소수였습니다. 1882년 4명, 1909년 790명으로 대부분 유학생, 소수의 외교관, 정치적 망명자 등이었습니다. 따라서 여기서 일본으로의 이주는 1910년에서 1938년까지 그리고 1939년에서 1945년 8월까지 두 부분으로 나눠서 살펴볼 필요가 있습니다.

먼저 1910년~1938년 기간 동안에는 일본의 토지조사사업 (1910년 3월~1918년 11월)이 한반도에서 진행되면서 많은 농민층이 몰락하였고 그들은 생계가 어려워져 생존을 위해 일본으로 도항을 하였습니다. 즉 1914년 1차 세계대전 파급효과로 내수경제에 활황을 맞은 일본으로 일거리를 찾아 건너갔습니다. 1차 세계대전 종전 후 승전국의 일원(영일동맹)으로 호황기를 누리면서 일본은 부족한 노동력을 한반도에서 충당하기 위해 한인들을 유인하는 정책을 썼습니다. 특히 1919년 3·1운동 이후 급증했습니다. 통계를 보면, 1915년 3,917명에서 1920년에는 30,189명으로 5년 만에 8배 정도 증가하였습니다.

초창기 일본으로 이주한 사람들은 고국에 처자식을 둔 농민들이었고, 1~2년 일본에서 돈벌이를 하고 돌아오려는 임시노동자들이었습니다. 그러나 시간이 지나면서 도시노동자의 수도 증가하여 체류 기간을 장기화하는 경향이 있었습니다. 1930

년 298,091명, 1935년 625,678명이었습니다. 이들은 대체로 생활고를 피해 일본으로 도항하였고, 지연과 함께 친분관계를 통해 도항하기도 했습니다.

다음 1939년에서 1945년 8월까지 동안은 대체로 강제 연행에 의해 도항한 자들이었습니다. 1939년 태평양전쟁으로 일본은 부족한 노동력을 한국에서 징용을 통해 해결하려고 시도했습니다. 7월 노동력 동원 계획을 발표하였고, 9월 조선인 노동자 모집 및 도항 취급 요강을 발표하고 강제 연행을 시작하였습니다. 주로 인력을 탄광, 군수공장, 국가시설 건립에 동원되었습니다.

1940년에는 1,190,444명, 1944년 1,936,843명으로 급증하였으며, 1941년 태평양전쟁으로 국민징용령을 1944년 공포하였습니다. 1939~1945년 강제 연행된 인원은 724,787명 + 군인, 군속 365,263명 + 여성자원봉사대 20만 명 (종군위안부 8만 명)이었습니다. 그리고 1945년 8월 일본체류 한인은 약 200만 명이었습니다.

3) 주요 사상

19세기 후반 조선에서 서구 문물을 받아들이고 근대화를 추진한 정치 세력이었던 개화파는 사회진화론을 받아들이면서 대체로 우리 민족이 살아남기 위해 실력을 키워야 한다는 자강운동을 정당화하는 사상적 기반으로 삼았습니다. 유길준은 일본과 미국에서 유학하며 사회진화론을 접하였고, 윤치호는 미국 유학 중 사회진화론을 받아들이며, 국가 간 경쟁에서 살아남기 위해 조선도 강해져야 한다고 주장하였습니다. 독립협회는 국제사회를 약육강식의 경쟁 구조로 인식하고, 대한제국이 독립을 유지하려면 개화와 자강이 필수적이라고 강조하였습니다.

그러나 일부 개화파 인사들은 일제강점기에 친일파로 변질되기도 했으며, 일진회 등 친일 단체는 사회진화론을 이용하여 일본의 식민지배를 정당화했습니다. 이용구, 송병준 등 친일파 인물들은 사회진화론을 근거로 조선의 일본 합병을 주장하며, 1909년 병합 청원서를 제출했습니다. 사회진화론은 본래 사회의 자연스러운 발전을 설명하는 이론이었지만, 친일파들은 이를 약육강식의 논리로 변형하여 조선의 식민지화를 정당화하는 데 사용했습니다. 일본을 문명화된 강대국으로, 조선을 미개하고 열등한 약소국으로 대비시키면서, 조선 민족이 스스로 근대화를 이룰 능력이 없고, 역사적으로도 발전하지 못했으며, 열등한 민족이기 때문에 강한 일본의 지배를 받는 것이 자연스러운 결과라고 주장했습니다. 이에 따라 사회진화론의 한계를 인식하고, 민족주의적 개혁을 강조하는 흐름도 등장했습니다.

일제강점기 민족주의는 일본제국주의에 저항하고 독립을 쟁취하려는 강렬한 열망을 바탕으로 형성되었습니다. 일제의 식민 지배는 조선 민족에게 강력한 저항 의식과 민족의식을 고취시켰으며, 실력양성론·자치론(타협적 민족주의)·무장 독립운동 등 다양한 형태로 민족주의가 발현되고 진화하는 계기가 되었습니다. 나아가 한국 역사적 맥락과 특수한 상황에서 비롯된 민족주의는 민족의 정체성을 수호하려는 단일민족주의로 발전하여 일제강점기 저항의 기반이 되었습니다.

일제는 사회진화론적 논리를 이용하여 조선 지배를 정당화하려 했습니다. "우리가 너희보다 우월하니 지배하는 것이 자연스럽다." 그러나 단일민족주의 자들은 "우리는 단일한 민족이니, 일본의 지배를 받을 수 없다."라는 논리로 맞섰고 민족의 결속과 저항을 강화하는 데 결정적인 역할을 했습니다. 신채호 등의 민족주의 사학자들이 한민족의 유구한 역사와 단일성을 강조한 것이 대표적입니다.

(1) 사회진화론

19세기 말부터 유행하며, 제국주의 및 식민주의 정당화, 인종차별 및 우생학사상, 사회적 불평등을 합리화하는 경제적 약육강식 논리 등에 사용되었던 사회진화론 (Social Darwinism)은 찰스 다윈의 생물진화론을 사회에 적용한 이론입니다. 사회가 야만→ 미개→ 문명으로 진보하듯이, 단순하고 미분화된 상태에서 복잡하고 분화된 상태로 끊임없이 나아간다고 보았습니다. "사회에서도 강한 자가 살아남고, 약한 자는 도태된다는 주장"의 적자생존 (Survival of the Fittest)과 "사회 구조가 자연스럽게 발전하며, 경쟁을 통해 더 나은 형태로 진화한다는 개념"의 자연선택(Natural Selection)의 용어를 사회, 경제, 정치에 적용하여 해석하려 했던 사상입니다. 즉 "강한 국가가 약한 국가를 지배하는 것이 자연스럽다. 경쟁을 통해 부를 창출하는 것은 자연스러운 과정이다. 빈곤층을 돕는 것은 자연의 법칙을 거스르는 것이다."라는 논리로 사용되었으며, 동양에서는 서구 열강의 침략에 맞서 국가의 생존을 위해 실력 양성과 자강(自強)을 강조하는 논리로 수용하기도 했습니다.

주요 학자로 영국의 사회학자로 Herbert Spencer (1820~1903)와 미국의 사회학자 William Graham Sumner (1840~1910)가 있습니다. Spencer는 Progess : Its Law and Causes(1857)에서 사회진화론을 생물진화에 연관하여 논하였습니다. 그는 사회를 생물학적 유기체처럼 이해하며, 사회가 점점 더 복잡하고 정교한 형태로 진화한다고 주장했습니다. 그는 인류문화와 사회를 서열화 하여 인간을 문명인과 미개인으로 나누고 유럽인이 문명인이고 미개인은 유럽인 유아 수준이라고 했습니다.

그는 자유방임주의를 강조하며, 정부의 빈곤 구제 정책을 비판했습니다. 빈곤구제는 "정화작용을 중지시키거나 무효로 하는 것일 뿐이다. 정화작용은 가난한 사람들을 도태시키는 것을 의미한다."라고 주장했습니다. 가난한 사람들은 생존경쟁에서 패배한 사람들이므로 그들을 지원하는 것은 생존경쟁에서 승리한 유능하고 똑똑한 사람들의 용기를 꺾는 것이므로 정부의 개입 없이 사회가 자연스럽게 발전해야 한다고 했습니다. 인간을 생존경쟁에 내몰린 존재로만 인식하여 도태되어야 할 약자를 보호하는 행위는 자연 질서에 반하는 것이므로 사회적 약자에 대한 국가의 보호는 철폐되어야 할 정책이라고 했습니다.

따라서 Spencer의 사회진화론은 강자의 기득권을 옹호하는 이데올로기로 작동하여 제국주의와 인종차별주의를 정당화하는 논리로 사용되기도 했으며, 당시 유럽과 미국뿐만 아니라 한반도에도 영향을 미쳤습니다. 개화파에게 미개한 조선인을 깨우쳐 문명인이 되도록 하는 것이 자신들의 책무라고 여겼고, 부국강병과 계몽운동의 논리로 반면 일본과 친일파에게 식민지배 정당화 논리로 활용되었습니다. 그리고 오늘날 한국 사회의 1등 지상주의, 스팩 쌓기 등은 사회진화론의 영향으로 볼 수 있습니다.

Sumner는 허버트 스펜서의 이론을 발전시켜, 사회도 자연처럼 적자생존의 원리에 따라 발전한다고 주장했습니다. 빈곤과 사회적 불평등을 자연스러운 현상으로 간주하며, 사회적 개입보다는 개인의 경쟁을 통해 사회가 발전해야 한다고 주장했습니다. 그의 저서 습속(Folkways)에서는 사회적 관습과 도덕이 어떻게 형성되는지를 설명하며, 사회의 발전 과정에서 습속이 중요한 역할을 한다고 분석했습니다.

(2) 단일민족론

단일민족론은 한민족이 단일한 혈통과 문화적 배경을 공유하는 하나의 민족이라는 이념입니다. 민족(nation)이라는 용어는 19세기 말 유럽에서 국민국가 건설과 함께 등장하여 일본을 통해 한반도에 유입된 근대적 개념입니다. 서구의 민족 개념은 혈통보다는 정치적, 지역적 공동체에 기반한 시민적 민족주의에 가까웠지만, 한반도에서는 혈통적 동질성을 강조하는 방식으로 변용되었습니다.

한반도에서 단일민족론이 강력하게 부각된 가장 큰 배경은 바로 일제강점기입니다. 일제는 식민 지배를 정당화하기 위해 내선일체(內鮮一體)를 주장하며 한민족의 독자성과 단일성을 부정하려 했고 이에 맞서 신채호, 박은식 등 민족주의 사학자들은 단군을 시조로 하는 혈통적 단일성을 강조하며 민족의 독립 의식과 결속력을 고취했습니다. 따라서 단일민족론에 대해 시기별로 나눠서 살펴볼 필요가 있습니다.

❶ 러일전쟁 이전

개항기 구한말 국제적 환경의 변화와 서구열강, 일본 등 외세의 한반도 침탈은 한민족의 생존을 위협하고 있었습니다. 1905년 이전 대한제국기(1897~1905년)에는

"민족" 용어는 거의 쓰이지 않았고, "백성·신민·인민·동포" 용어가 주로 사용(김동택, 2002)되었습니다. 민족이란 용어는 1900년 1월 12일 황성신문 奇書에서 "東方민족과 白人민족"이란 표현으로 처음 사용하고 있지만 이때 쓰인 민족은 "국가가 있으면 인민이 있고 국가가 없으면 인민도 없다."처럼 (황성신문 논설, 1898. 11.24.) 인종과 동의어로 사용되었습니다.

당시 잡지·신문·역사서 등 인쇄매체를 관통하는 주요 용어는 "평등한 근대 민족의 창출이 아니라 황제와 제국에 대한 충성심"이었습니다. 따라서 러일전쟁(1904~1905년)까지 당시 대체로 한인 지식인들은 일본의 인종주의적 아시아 연대론에 함몰되어 있었고 인종주의적 관점에서 황인종 모두를 동포로 인식했었습니다.

❷ 러일전쟁 이후

러일전쟁에서 일본의 승리로 망국이 가시화되면서 지식인들은 이에 맞서는 유일한 방법으로 민족을 조직해 내는 데 전력을 기울였습니다(이혜진, 2006).

충성의 대상이 황제에서 민족으로 교체되고 일본 제국주의에 대한 저항에 주된 목표를 둔 저항민족주의가 형성되었습니다.

영국인 Ernest Thomas Bethell (한국명 배설)이 발행인이었던 대한매일신보는 당시 일본의 검열과 탄압을 피할 수 있었던 매체로써 민족의식이 형성되는데 가장 큰 역할을 하였습니다. 그러나 순혈주의적 단일민족 관념의 완성까지는 이르지 못하였습니다. 민족이란 용어를 대한매일신보에서 활발하게 사용하므로 한반도의 주민들을 영토적·역사적으로 운명공동체임을 느끼게 하였습니다(김동택, 2008). 당시 지식인들의 논설은 단군을 선조로 하는 동일한 혈통과 역사를 공유한 신성한 민족이라는 단일민족 관념의 맹아를 만들어 내었습니다.

"한인 모두는 단군의 자손이다."라는 단일민족 관념은 계몽기 위기의식의 산물로 싹튼 단군을 중심으로 한 혈연공동체로서의 일제하 이래로 국사 서술과 신문 논설, 그리고 강연 등을 통해 반복적으로 재생산되기 시작(김현숙, 2006)하였습니다.

사례로 ▶안창호가 "민족정신의 고취와 민족성 개조에 치중하는 특수 훈련기관으로서, 민족운동가 양성 기관"이라는 목표하에 설립한 대성학교는 역사교과서 대조선사를 통해 단일민족 의식 유포하였습니다. 이것은 단군을 역사적 실체로 부각시킴으로써 혈연공동체로서의 단일민족 관념을 생산·보급하였고, "한민족 역사는 무(武)의 역사이며, 피의 투쟁을 통해 주권, 독립 회복을 독려하고 있는 실천적 저항 민족주의 담론"을 제시하였습니다. ▶대한매일신보에 연재된 신채호의 독사신론은 자주적 역사관 강조하고 민족을 역사의 주체로 내세우는 강력한 민족주의 사관을 천명했습니다. ▶최남선은 "불함문화론과 백두산근참기"등을 통해 민족의 시조와 성산으로 단군과 백두산을 두드러지게 하고 한인이 단일민족임을 강조하였습니다. ▶반면 사회주의자 김명식은 "조선 민족도 능수(能粹)한 단일민족이 아니다. 인종적으로는 아르타이족과 곤륜(崑崙)족이 혼합되었고, 민족으로는 만주 제 민족·한족(漢族)·몽족(蒙族) 등이 혼합되었다"라고 단일민족관념을 부정하였습니다. ▶이광수의 "조선민족론 (동광, 1933. 7)" 이후 단일민족신화가 확산되었습니다. 그는 "조선민족이 혈통적으로, 문화적으로 대단히 단일한 민족이라는 것은 우리 조선인 된 이는 누구나 분명히 의식하여 일점의 의심도 없는 바다."라고 했습니다

❸ 해방 이후

이 시기는 국가주의적 민족주의가 대두되었습니다. 민족이 외세에 의해 남북으로 분단되면서 더욱 치열하게 전개되고 집권세력과 저항세력이 서로 각각 민족주의 프레임을 짜고 부딪혔습니다. 우파 민족주의 정치가들은 단일민족을 자신의 정치적 행위를 합리화하는 수단으로 사용하였고, 분단을 막아 남북통일을 이루려는 한국인들의 염원에 힘입어 한국 사회에 널리 퍼졌습니다.

주요 인물별로 보면, ▶김구는 임정요원 환영대회 석상(1945.10)에서 "우리 민족 개개인의 혈관 속에는 다같이 단군성조의 성혈이 흐르고 있다"라고 하였고, 단일민

족 감정에 호소해 자신의 정치적 목적을 이루려 하였습니다(1948.4.17.). ▶이승만은 정부수립 이후 "우리는 본래 오랜 역사를 가진 단일한 민족으로서 언제나 하나요, 둘이 아니다. 이 하나인 민족은 무엇에고 하나이어야 한다."라고 했습니다. ▶초대 문교장관이었던 안호상은 홍익인간의 교육이념을 통해 단일민족의 관념이 교육을 통해 한국인의 머리 깊숙이 각인되도록 하는 데 결정적인 역할을 하였습니다. ▶안재홍은 남북분단을 막기 위해 "단일민족 조국고토에서 다만 국제 노력에만 끌려가고 있어 눈 멀건이 뜨고 민족이 분열 대립하여 패멸의 구덩이를 걸어 들어가고 있는 것을 보고만 있을 수 없다"[138] ▶장면은 1948년 제3차 유엔총회 파견 수석대표로서 당시 정부 승인을 요청하는 연설에서 "우리 한국인은 전부가 단일민족이고 따라서 자국애호가 외국에 대한 충성보다 뒤떨어지는 사람은 희소하다는 것을 우리는 알고 있다" 라고 했습니다.

이처럼 정치가들은 단일민족 관념을 유엔과 같은 국제기구에서 한국 문제 해결을 위한 정치적 수단이나 수사로 사용(허동현, 2009) 하였습니다.

138) 유엔조선임시위원단의 내조와 국민의 태도에 대해 방송 (조선일보, 1948. 1. 8.)

2. 현대이민의 시작 (8·15해방부터 1980년대 전반)

1) 해외이주법 이전

(1) 미군정기 출입국관리

미군정기는 1945년 8월 15일 해방 이후부터 1948년 8월 15일 대한민국 정부수립 이전까지, 남한 지역을 미군이 통치했던 3년간의 기간입니다. 이 시기의 출입국관리는 매우 혼란스럽고 복잡한 상황 속에서 이루어졌습니다. 당시 출입국관리는 재조선미합중국육군사령부군정청 (USAMGIK: United States Army Military Government in Korea, 미군정청)의 관방외무과(군정청의 총무기관) 담당이었습니다. 미군정기 출입국관리는 일본인의 본국송환, 외국인의 입국 제한, 한국인의 해외이주 제한, 월남민 유입, 전재민(戰災民)의 귀환 (일제 강점기 징용, 이민 등 사유로 해외로 나갔던 동포의 귀환) 등에서 이루어졌습니다. 이러한 대규모의 인구이동은 단순한 출입국심사를 넘어선 인도적, 사회적, 경제적 관리의 대상이었습니다. 당시 외국인등록법이나 「출입국관리법」이 존재하지 않았기에 군정법령이나 명령을 통해 이루어졌습니다.

1946년 2월 19일 "조선에 입국 또는 출국자 이동의 관리 및 기록에 관한 건(군정법령 제49호)" 공포에 따라 재외국민의 귀국에 관한 연락사무와 출입국관리 업무가 진행되었습니다. 지방은 도·시의 군정관과 외무과가 지방에 파견한 공무원이 출입국관리 업무를 진행하였습니다. 외무과는 1946년 기구개편 때 외무처로 승격되었고 출입국관리에 관한 유일한 정부기관으로 지정되고 규칙 제정권을 부여받았습니다. 따라서 1948년 7월 30일 군정법령 “제49호의 개정”을 공포하여 남조선과도정부 외무처령 제1호로 제정·시행했습니다. 그리고 업무 범위가 확대되어 좀더 구체적인 출입국관리 행정을 펼치게 되었습니다. 남조선과도정부 외무처령 제1호는 국민과 외국인을 정의하고, 무국적자를 외국인으로 규정하였습니다. 출입국관리 시행기관으로 재무부 세관국이 지정되어 외무처의 명령을 시행하였고, 시 및 도의 내무국이 외무처의 지방 정부기관으로 운영되었습니다.

❶ 군정법령 제49호

이것은 출입국자 기록의 유지와 출입국심사, 여행증명서 발급 위주로 되어 있으며, 단순히 내외국인의 입국과 출국에 대하여만 규정하고 있으나 합법적인 경로를 통한 출입국을 통제하려는 목적이었습니다. 제5조에는 예외 규정을 두어 대규모 귀환 동포나 점령군 관련 인력의 이동은 예외적으로 처리했습니다.

군정법령 제49호의 의미는 출입국 관리의 제도화 시작, 외국인(점령국)의 통치권 행사, 혼란 수습 및 행정 질서 확립 노력, 1963년 3월 「출입국관리법」이 제정되는 데 중요한 과도기적 역할 등입니다.

제1조 조선에서 어떤 이유로든 출국하는 자는 여행 증명서를 소지해야 한다.

제2조 여행증명서는 조선군정관방외무과에서 발행하며, 외무과는 여행 목적국 입국에 필요한 조건 구비, 출국자의 예방접종, 증권/통화 교환, 교통권, 필요한 주의사항 등을 보증하고, 출국자에 대한 정확한 기록을 보지해야 한다.

제3조 외국 여행증명서 신청은 현지 군정관에게 신청하고, 현지 군정관은 이를 외무과에 제출한다. 신청서에는 성명, 주소, 최근 6개월 이내 사진 2매, 출국 신청 이유(군정청 명령에 의한 여행 시 사본 첨부), 출생증명서 또는 호적증명서, 여행 예정 경로, 여행 목적국의 주소 또는 대리인 지정, 여행증의 유효기간 등을 기입한다.

제4조 조선에 입국할 자는 입국 지점의 외무과 파견 관리에게 여행권 또는 기타 신임장, 입국 이유와 목적, 여행 예정 경로와 기간, 조선 내 주소 또는 고시를 수령할 대리인의 지정 등을 통지해야 한다.

제5조 집단 귀국자, 연합국 군대 대원 또는 그에 수반하는 자, 관청 명령에 따라 여행하는 자에게는 이 규정이 적용되지 않는다.

제6조 이 법령의 규정을 위반하는 자는 관할 재판소의 유죄 판결에 따라 처벌함

❷ 남조선과도정부 외무처령 제1호 남조선 출입국자에 관한 취체

군정법령 제214호(1948.8.11. 공포)는 경제·사회·정치적 안정을 위한 조치들을 포함하고 있으며, 특히 재산 관리 및 법률 개정과 관련된 내용을 담고 있습니다. 정식 명칭은 "미군 군정청의 재무부 및 재산처를 해체하고 대한민국 정부에 그 권한을 이양하는 건"입니다. 이에 앞서 남조선과도정부 외무처령 제1호 법령 제49호의 개정 남조선 출입국자에 관한 취체는 기존의 군정법령 제49호 "조선에 입국 또는 출국자 이동의 관리급 기록에 관한 건"에서 규정했던 출입국의 절차에 관한 사항을 보다 구체화하여 출입국의 허가 및 그 거절의 요건을 상세히 규정하였습니다. 내용을 보면 국민의 국적은 부계혈통주의를 채택하였습니다.

- 부가 조선인인 자
- 모가 조선인이고 부를 알지 못하거나 부가 국적이 없는 자
- 조선에서 출생하고 부모를 알지 못하거나 부모가 국적이 없는 자
- 조선인과 결혼한 여자
- 법률에 의하여 조선에 귀화한 외국인을 국민으로 하고, 외국인은 국민을 제외한 자(무국적자도 외국인으로)

(출처 : 헌정사자료DB, 외무처처령제1호 https://db.history.go.kr)

(2) 정부수립과 출입국관리

1948년 8월 15일 정부의 수립과 함께 11부 4처 3위원회를 설치하는 정부 조직법 공포되면서 외무부의 의전과에서 외국인의 출입국과 등록 업무를 관장하게 되었습니다.

외무부령 제3호 (1949년 6월)를 통해 외무부출장소를 인천과 부산에 설치하고 출입국심사 및 체류허가 업무를 수행하였습니다. 외무부 출장소가 있는 곳은 출입항

선박 및 항공기에 대한 임검과 심사는 외무부 공무원이 수행하였으나 외무부 공무원이 없던 곳은 세관공무원이 대행했습니다. 세관공무원의 업무 대행 예로 김포비행장이 국제공항으로 정식 지정되기 이전에 김포비행장에 개소(1949.7)한 서울 세관 김포출장소가 관세 업무와 함께 출입국심사 업무 수행했습니다.

그리고 1949년 11월 17일 출입국에 관한 최초의 법률로써 "외국인의 입국, 출국과 등록에 관한 법률"이 제정되고, 1950년 3월 17일 시행령 제정 및 공포가 이루어졌습니다.

❶ 외국인의 입국, 출국과 등록에 관한 법률

주요 내용을 보면 외국인이 한국에 입국하기 위해서는 유효한 여권이나 그를 대신 할만한 증명서와 30만 원 이상 휴대해야 하고, 외국선박이 한국 항 내에 정박 중 왕래할 목적으로 입국하고자 할 경우에는 증명서가 없더라도 입국할 수 있도록 했습니다. 그리고 한국의 이익에 배반하는 행동을 할 우려가 있는 자 등 국익에 반할 우려가 있는 자를 입국을 금지할 수 있도록 하였으며, 거주 허가를 받은 외국인은 그 거주하는 시, 부, 읍면 또는 면의 장에게 등록하도록 했습니다. 또한 한국에 체류하고 있는 외국인이 법에서 정한 국익에 반하는 행동할 우려가 있는 경우에는 강제출국을 명할 수 있도록 하는 것 등입니다.

❷ 6·25 한국전쟁과 출입국관리

한국전쟁 발발(1950.6.25.) 후에는 동경의 유엔군 총사령부에서 관장했습니다. 따라서 일반 외국인이 한국에 입국하고자 할 때 입국사증 외 군정입국허가서를 요구하였습니다. 그리고 휴전 협정체결(1953.7.) 이후, 전후 복구 사업과 함께 민간 항공기 운항이 재개되면서 여의도 비행장이 임시 국제공항으로 지정(1954.4.)되어 운영되었습니다. 그리고 미군 항공기 전용의 김포비행장 활주로 일부를 한국도 사용할 수 있게 되면서 외무부 김포출장소 (외무부령 제11호)는 외국인의 출입국, 국민의 외국 여행과 해외재류민 귀국에 관한 사무를 취급하게 되었습니다. 법무부 검찰국 산하 출입국관리업무를 총괄하는 중앙조직 출입국관리과, 외무부 소속의 출장소로 설치되어 있던 김포, 인천, 부산출장소가 법무부 검찰국 출입국관리과의 산하기관으로서 법무부 김포, 인천, 부산 출입국관리 사무소로 각각 승격되어 종래의 단순한 여권심사로부터 내외국인에 대한 출입국심사와 외국인의 체류를 관리·조정 (국가의 이익과 안전 추구)하게 되었습니다.

1955년 7월 1일에는 외국인에 대한 입국허가권이 회복되었고, 외무부직제 개정(대통령령 제1,139호, 1956)으로 외무부는 전국에 의전과와 여권과를 두게 되었습니다. 여권과는 여권에 관한 사항과 출입국관리업무를 관장하였고 당시 국민의 해외진출이 매우 제한적이어서 여권을 발급하는 절차를 통해 국민의 출입국을 통제하고 조절하게 되었습니다. 그리고 법무부 직제 개정 (각령제177호, 1961.10.2.)으로 외무부에서 법무부로 출입국관리가 이관되으며, 출입국관리과를 신설하였습니다.

❸ 해외이민 촉진

1952년 이승만 대통령에게 보낸 국회 결의(의장 신익희) "해외이민 촉진에 관한 건의"에는 해외이민을 촉진해야 하는 이유로서 "현하 한국의 실정을 살피건대, 식량, 주택, 인구 밀도 등 제반 사정의 난관으로 인하여 민생고가 격심함은 주지의 사실인 바 국민의 해외 진출의 의욕을 고취할 수 있는 유일의 방책은 브라질을 위시한 남미각국에의 대량이민을 적극 추진함에 있다고 사료되므로…..." 서술하고 있습니다. 당시 최신 외신을 인용 "일본이 브라질로 9천 세대 45,000명을 이민시키기로 결정했다."라는 동향을 소개하기도 했습니다.

한국전쟁 당시 UN참전 군인들과 결혼한 전쟁신부의 이주, 전쟁고아의 해외 입양이 진행되었으며, 1956년 한국전쟁 중 유엔군 포로로 인도에서 수용되었던 반공포로들이 중립국 브라질(50명)과 아르헨티나(12명)을 선택한 이민이 있었습니다.

민간 차원에서는 개신교의 선교 교류를 통해 서독으로 간호사들이 이미 일부 진출하기도 했습니다. 1959년 브라질과 수교 이후 1960년대 초 대부분의 중남미 국가와 외교를 맺게 되었습니다. 그리고 해외이주법제정(1962)과 함께 이들 나라로 농업이민이 추진되었습니다. 1959년 외무부에 해외이민사업의 촉진을 위한 해외이민위원회를 설치하였고, 1960년 총출입국자 33,984명 중 입국 18,402명, 출국 14,582명이었습니다. 그리고 1961년 서독과 상호사증면제협정을 맺었습니다. 외교관 여권 및 관용 여권 소지자는 무사증으로 입국 72시간 국내 체류를 허용[139] 하였습니다.

1961년 외무부에 교민과가 설치되었고(체류외국인 3만4천여 명), 1961년 고아입양 특례법 제정, 1961년 박정희-케네디정상 회담이 진행되었습니다.

2) 해외이주법 이후

(1) 해외이주법

1960년대 초 한국 경제는 농업 중심이었고 다수의 실업자가 존재했습니다. 실업 인구를 해결할 기업체가 미발달한 가운데 제1차 경제개발계획(1962~1966년)이 추진되었으나 높은 인구 증가율과 실업문제는 사회불안 요인으로 등장하였습니다. 따라서 해외 인력수출은 국내 실업률을 낮추며, 관련 산업의 새로운 수요를 발생시켜 더 큰 고용증대를 시키고 동시에 기술습득 및 외화획득을 가져올 수 있는 방법이었습니다.

이에 박정희 정부는 「해외이주법」제정 (1962.3.9.)[140] 하고 이주 적격 결정 제도 도입하였습니다. 이 법의 제정 목적은 "국내 인구의 과밀 및 실업자의 증진에 대처하고 국가의 외화 수입을 증대하며 국위선양에 기여하기 위함"이라고 규정하고 있

139) 일반 국민 기준 최초 한-프 사증면제에 관한 각서는 1967년 4월 12일이고 서독과는 1972년 11월 17일입니다.

140) 초기에는 국가 주도의 외화 획득, 실업 문제와 인구 문제 해결을 위한 '해외 진출 장려' 목적이 강했으나, 점차 '해외이주를 하는 사람의 편의'와 '원활한 절차'를 지원하는 방향으로 변화했습니다. 이주자들의 권익 보호, 불법 알선 방지, 재산 반출 편의 도모 등 이주자 중심의 법률로 점차 개정되어 왔습니다. 특히 2008년 12월 31일 전면 개정되었고, 2023년 9월 29일 부분 개정되어 현재에 이르고 있습니다.

습니다. 「해외이주법」은 남미 농업이민과 같은 초기 형태의 해외이주를 제도화하고, 이후 파독 간호사 및 광부, 중동 건설 인력 등 다양한 형태의 해외이주를 관리하는 기본적인 틀을 제공했습니다. 정부는 이 법을 통해 인구 과밀 해소 및 실업 문제 해결, 해외 외화 획득, 국위선양을 목표로 해외 이민을 장려했습니다. 이 시기의 해외이주는 주로 정부 주도의 대규모 농업이민 (예: 브라질 이민)이나 계약 이주 (독일 광부 및 간호사 파견 등) 형태로 이루어졌습니다.

해외이민이 증가하면서 정부는 「해외이주법」의 개정과 더불어 기타 법제도 정비와 관련 기관들을 세우는 등 다양한 차원으로 이민자들을 지원하였습니다. 사례로 「출입국관리법」제정(1963)[141], 이민공사 설립(1964), 해외개발공사설립(1965), 영사국설치(1970) 등입니다.

한편, 베트남 전쟁 당시 베트남으로 건설노동자, 상인, 군수관련 노동자, 미군부대 용역 등으로 진출하였고, 1970년대 들어 남미로 농업이민 대신 기술이민으로 진행되었습니다. 이후 기술이민은 다양한 나라로 전개되었습니다. 그리고 중동 건설노동자로 대량 진출이 1990년대 전반까지 이루어졌습니다. 또한 1980년대 이후부터 다양한 나라로 자영업 이민, 투자이민과 적극적 이민으로 전환되었습니다.

141) 1963년 「출입국관리법」제정·공포 (법률제 1,289호, 3월 5일)가 있었습니다. 이것은 출입국관리 및 체류관리 기본법 (Immigration Law)의 시작이었고, 외국인뿐아니라 국민의 출입국까지 포괄, 외국인 관리업무의 전반을 그 범위로 정한 종합적인 법률입니다. 출입국관리사무소 직제 제정(각령제1,701호, 12.16) 신설 및 정비 시작하여 사전출국신고제도를 시행했습니다. 이것은 출국심사 전 여권 위변조여부 및 출국금지 등의 여부를 미리 검색하여 출입국심사업무의 정확성을 기하는 동시에 여행객에 대한 민원행정 편의를 제공하자는 취지로 실시되었습니다. 국민은 24시간 전까지, 외국인 및 해외교포는 출국 당일에 하도록 규정하고 이후 대상을 축소하여 국민과 거류(체류) 신고를 한 외국인에 한정했습니다. 출국신고는 당해 출국항공편의 출항시간 전까지만 하면 되도록 개선했습니다.

(2) 농업이민

「해외이주법」제정(1962) 후 정부주도의 인구정책 차원의 농업이민이 시작되었습니다. 브라질, 파라과이, 아르헨티나, 볼리비아 등 남미 국가들이 주요 이민 대상지였습니다. 정부가 계획하고 인원을 모집하여 집단으로 이주시켰습니다. 이민자들은 출국 전 일정 기간 농업 기술 및 현지 문화 교육을 받기도 했습니다. 인구와 식량 문제 해결 차원에서 한국 정부가 적극적으로 추진한 이민이었습니다.

1962년 12월 브라질 농업이민 92명의 제1진이 출국하였고 브라질로 1962년~1966년 총 1,300여 명의 농업이민이 진행되었습니다. 이어서 1980년대 초반까지 아르헨티나, 파라과이, 볼리비아 등으로 이민이 이어졌습니다.

1960년대 초 당시 한국은 아직 산업화가 진전되지 않은 상황이어서 농업이민에 별다른 거부감이 없었습니다. 한국 사회의 불안한 상황이 걱정되어 이민을 선택한 한인들은 남미에서 농업으로 성공하리라는 희망을 품고 떠났습니다. 그러나 실패한 이민이었습니다. 당시 한국은 개인소득 100달러 미만의 최빈국 이어서 중남미 국가의 정부는 한인 이민자들에게 직접적인 외화 지원을 물론 개인적인 환전조차도 인정하지 않았습니다. 일종의 기아 이민이었으며, 노동력만으로 현지 삶을 개척해야만 하는 어려움이 있었습니다. 농업이민으로 정착은 극히 소수였고 대부분 대도시로 나가 새로운 삶을 시작하였습니다.

(3) 노동이민

❶ 파독 광부

1950년대 이후 서독 경제의 부활과 1964년 동경올림픽과 같은 일본 경제의 부흥으로 서독에 진출해 있던 일본 노동자의 귀국으로 그 빈자리를 대체하기 위해 한국 노동자들이 서독으로 진출하기 시작 했습니다.

처음 247명 노동이민 시작으로 1963~1976년 6,546명의 이민이 진행되었으며, 이들은 기술연수 목적의 3년 계약이었습니다. 이민자들 중 60% 정도 독일에 잔류하였고, 유럽 한인 사회의 중심을 이루게 되었습니다. 이들의 1/3은 뒷날 미국으로 2차 이민이 이어졌습니다.

그림2-5 서독 탄광노동자 파견
(출처: 월간조선 monthly.chosun.com)

탄광 노동자들은 지하 1,000m가 넘는 석탄 광산 막장에서 중노동에 시달렸으며, 광부 출신이 아닌 대학까지 나온 지식인들도 상당히 많았습니다. 지식인 출신 파독 광부들은 이미 가지고 있는 지식을 이용해서 독일 생활에 잘 적응해 나갔으며, 계약 종료 후 다른 직업으로 전업하여 더 나은 삶을 살아갈 수 있었습니다.

이들은 "글뤽아우프"라는 말을 자신들의 모토로 사용하였으며, 이것은 독일 광부들의 전통적인 인사말이었습니다. 광산에서 일할 때 사고가 생기지 않고 무사히 작업을 마치길 바라는 뜻에서 사용한 용어로 영화 "국제시장"에서는 "살아서 만납시다"로 번역하고 있습니다.

❷ 파독 간호사

독일의 간호제도와 한국의 기독교 선교 영향으로 진행되었는데 간호는 기독교의 종교적 선행과 빈곤구제와 관련이 있었습니다. 가정 밖에서의 간호는 대개 거리의 빈민이나 부랑아에 대한 구호와 연관되어 있었고 초기 독일병원들은 자연스럽게 기독교 선교의 영향으로 한국에서 기독교 재단과 연결되어 인력을 충원하였습니다.

1960~1976년에 연인원 1만 226명이 서독으로 진출하였고 3년 계약이었습니다. 간호사가 서독에 가기 시작한 것은 기독교 선교를 통로로 1950년대 후반부터 있어 왔지만, 정부가 직접 파견에 관여한 건 1965년 이후부터입니다.

그림 2-6 서독 간호사 파견
(출처: 국가기록원 www.theme.archives.go.kr)

이들은 기본 간호 즉 대변 치우고 식사 수발 등이 주요업무였으며, 무시와 차별은 상상 이상이었다고 전해졌습니다. 계약기간 만료 이후에는 대다수 간호사들이 계약을 연장하고 독일에서 살게 되었고 독일인과 결혼한분들도 많았습니다. 이들 중 노년에 한국에 와서 경남 남해에 독일마을 형성하기도 했습니다.

③ 기술이민

1971년은 한국의 해외이주 정책에 있어 농업이민의 한계를 인식하고 기술이민으로의 전환을 모색하던 중요한 시기였습니다. 특히 브라질로의 기술이민이 두드러졌습니다. 1969년 브라질 정부가 한인 농업이민을 금지하면서 한국은 외무부 산하의 한국해외개발공사를 통해 약 1,400여 명이 브라질로 기술이민으로 이주한 것으로 알려져 있습니다. 주로 봉제업 경험이 있던 이민자들이 브라질 상파울루에 정착했습니다. 1980년대에는 한인 의류업체가 급증하였고 브라질이 세계 5대 패션대국으로 성장하는데 기술이민자들은 큰 몫을 담당하였습니다. 이러한 기술이민은 단순한 노동력 수출이 아니였으며, 브라질 한인사회의 경제적·문화적 기반을 형성했습니다. 1970년대에는 캐나다, 호주, 뉴질랜드 등 북미 및 오세아니아 지역으로의 이민도 활발해졌는데, 이들 국가의 이민정책이 숙련 기술 인력에 대한 수요를 기반으로 했기 때문에, 한국에서도 기술 및 전문직 종사자들의 이민이 자연스럽게 증가했습니다.

④ 노동자의 베트남진출

1965년 한국군의 베트남 참전과 더불어 1966년부터 한국 기업과 노동자들의 베트남진출도 활발하게 이루어졌습니다. 주로 미군 기지 건설, 도로, 항만, 교량 등 전쟁 수행에 필요한 인프라 건설에 한국 건설업체와 노동자들이 대거 투입되었습니다. 그리고 미군 부대 내 세탁 및 청소 용역에 종사, 또한 일부 기술직, 의료 인력 등이 있었습니다. 1966년부터 1973년 사이 베트남으로 진출 노동자는 19,587명이었습니다. 베트남전 종전 이후 이들 중 상당수는 한국으로의 귀국보다는 제3국으로의 2차 이주를 선택하였습니다. 주로 호주, 캐나다, 미국, 뉴질랜드, 중동 등으로 진출했습니다.

⑤ 노동자의 중동진출

1973년 1차, 1979년 2차 오일쇼크와 더불어 중동의 건설붐이 일면서 한국 기업과 노동자들의 진출이 증가하였는데 1970~1980년대 중동으로 대규모 노동이주가 이어지게 되었습니다. 한국은 1974~1981년 8년간 총 434억 6,600만 달러의 건설 수주액을 기록했으며, 이 중 94%가 중동에서 나왔습니다. 1974~1995년 중동으로의 한국인 노동자 총규모는 1,112,611명이었습니다. 1974년 395명에서 1982년 151,583명으로 급격히 성장하였습니다. 중동으로의 진출은 1973년 삼환기업이 사우디아라비아에서 고속도로 공사를 수주하면서 시작되었습니다. 1977년 중동 건설붐 영향으로 취업 목적 국민 출국자는 최대로 증가하여 전년 대비 39.6% 증가하였으며, 국민 소득 1천 불과 수출 1억 불을 돌파하였습니다. 노동자의 중동진출은 단기간에 많은 외화와 일자리를 창출했지만, 1980년대 이후 급격하게 그 수요가 감소 되어 갑자기 유입된 외화와 임금 상승으로 물가가 크게 상승하면서 한국 경제에 큰 충격을 주었습니다.

❻ 이주의 시대 배경 가요

1960~1970년대 해외이주의 시대를 배경으로 많은 가요들이 등장했습니다. 대표적으로 "1969년 김추자의 월남에서 돌아온 김상사, 1972년 문주란의 공항의 이별, 1974년 남진의 김포가도, 1976년 조용필의 돌아와요 부산항에, 1978년 권성희의 나성(LA)에 가면 등"이 국민 애창곡으로 국민의 애환을 대변하였습니다.

3) 전쟁고아

(1) 북한의 전쟁고아

폴란드 브로츠와프대학 한국학과 이해성 교수는 2014년과 2016년 폴란드의 북한 고아와 관련해 두 편의 논문을 냈습니다. 그에 의하면 북한은 "전쟁 수행과 전후 복구에 5만여명의 고아들이 큰 부담이 된 북한은 1951년 북한 문화선전상 허정숙을 통해 사회주의 형제 국가들에게 북한 고아들을 도와달라는 메시지를 보냈다."라고 했습니다. (출처: 중앙일보 2018.10.17. www.joongang.co.kr)

북한은 사회주의 노선을 따르는 동유럽 여러 나라에 위탁 교육이라는 이름으로 고아들을 보냈으나 동유럽 자유민주화 바람으로 1956~1959년 모두 다시 북한으로 불러들였습니다. 루마니아 2,500여명, 폴란드 1,400여명, 체코 700여명, 헝가리와 불가리아 각각 500여명, 몽골 200여명 등이 위탁교육으로 보내졌으며, 이들은 공산주의의 우수성을 홍보하는 프로파간다 목적과 동구권의 최신 기술과 문화를 전쟁 고아들이 교육을 통해 습득하여 자국에서 활용하고자 하는 목적으로 보내졌습니다.

북한의 전쟁고아 해외파견 프로젝트는 ▶고아들의 이동, 체류 및 교육에 드는 모든 비용은 초빙 국가 부담, ▶교육이 끝난 청소년들은 모두 북한으로 돌아가 전후 복구 사업에 전문가로 참여, ▶김일성의 우상화 도구로 키워짐이었습니다.

북한의 전쟁고아에 대한 영화로는 "폴란드로 간 아이들(추상미 감독, 2018)", "김일성의 아이들(김덕영 감독, 2020)"이 있습니다.

그림2-7 폴란드 프와코비체 국립중앙제2학원에서 발견된 전쟁 고아들의 사진
(출처: www.voakorea.com)

(2) 남한의 전쟁고아와 고아수출

미군 주도하에 만들어진 주한유엔민간원조사령부 (UNCACK: United Nations Civil Assistance Command in Korea)은 유엔 회원국 및 민간 구호 단체들의 지원을 한국으로 연결하는 창구 역할을 했습니다. UNCACK가 직접적으로 모든 해외 입양을 주도하거나 알선한 것은 아니지만, UNCACK의 활동은 전쟁고아 문제의 심각성을 국제사회에 알리는 데 기여했으며, 이러한 상황에서 미국의 홀트 부부와 같은 개인이나 홀트아동복지회, 월드비전, 펄벅재단 등 해외 민간 입양 및 구호 단체들이 한국에 진출하여 고아들을 돕고 해외 입양을 알선하기 시작했습니다. 전쟁고아의 해외입양은 인도적인 구제활동이었을 뿐만 아니라 냉전 체제 안에서 미국의 공산주의 봉쇄라는 아시아 정책의 일환이었습니다.

이승만 정부는 전쟁고아 문제를 원칙상 민간에 맡겨 위기에 처한 아동의 긴급구호라는 명분의 진행되는 민간 차원의 해외입양을 묵인하고 자선의 이름으로 실행된 전쟁고아 구호, 실상은 고아 추방이었습니다. 정부는 1954년 전쟁고아 대책의 하나로 해외입양 사업 (5,000여 명)을 시작했으며, 해외입양에 대한 법적 근거가 마련되지 않은 상태로 홀트양자회(1956년), 한국아동양호회(1954년), 제사회봉사회(1957년), 가톨릭구제회(1955년), 안식교성육양자회(1955년) 등의 원조 기관을 통해 해외입양을 진행했습니다.

1956년 3월 국무회의 부의안 “보건사회부 혼혈아동 해외 양자를 위한 대리양자 촉진의 건”에 의하면, “1956년 2월 전국에 혼혈아동 451명으로 조사되었습니다. 피부색이 흰색인 아동은 202명, 검은색 205명, 황색 44명으로 분류했습니다. 한국 정부는 전국 각지 후생시설이나 개인 가정에 의탁되어 있는 힘든 현실을 감안하여 그들의 장래 행복을 위하여서는 가능한 한 다수의 아동들이 외국의 훌륭한 가정에 입양되어 건전한 양호를 받을 수 있는 기회를 만들어주는 것이 가장 좋은 길이라고 진단하였고 미국과 협력하여 입양을 적극 추진한다.”라고 되어 있습니다. 이 시기부터는 일반 한국 아동의 해외입양도 본격화되었습니다.

1950년대에 노출되기 시작한 혼혈인은 1970년대 들어 그 수가 만명 이상이었고, 혼혈아동을 인권적 고려 없이 대량 방출하는 데에만 골몰하였습니다. 대리 입양은 월드비전의 설립자인 Bob Pierce와 Bertha Holt 여사의 주도로 이루어 졌으며, 홀트는 1955년 본인이 8명의 혼혈고아를 입양한 것을 시작으로, 1956년에는 191명, 57년에는 287명, 58년에는 598명, 59년에는 441명을 입양하였습니다. 홀트는 미국의 난민구제법 연장청원까지 하면서 입양 사업을 하였습니다.

고아의 해외입양은 입양부모로부터 수수료까지 챙기는 이중 경제적 혜택 사업이었습니다. 당시 한국 사회는 미국의 원조에 기반을 두고 재건되면서 미국병 발생하였고 전쟁고아의 미국 가정 입양은 쉽게 긍정되었습니다. 그리고 미군이 한국에 정착하자 버려진 상당수의 전쟁고아들은 혼혈 아동이었으며, 혼혈 아동의 어머니는 전쟁이 수반한 강간의 희생자들이었습니다. 홀트아동복지회가 전체 입양의 약 50% 이상을 처리하였습니다.

그림2-8 한국 고아를 입양한 미국 가정 방문 사진.
(출처: 국가기록원 www.theme.archives.go.kr)

한국아동양호회(1954)[142] 는 혼혈아동의 외국입양을 1960년대 중반까지 약 8,000명 주선하였습니다. 고아입양특례법이 제정(1961)되기 이전의 해외입양은 한국전쟁 중에 생겨난 혼혈아에 관한 대책이었습니다. 그러나 이 법의 제정으로 일반 고아들의 해외입양이 증가하였고, 해외입양은 1970~80년대 폭증하게 되었습니다. 1966년 고아입양특례법 개정으로 고아의 입양 알선에 관한 업무는 "보건사회부 장관의 허가를 받은 자로 국한"되었고 고아 입양 특례법은 국내 입양을 활성화하려는 정부의 노력으로 1976년 입양 특례법이 제정됨으로써 폐지되었습니다.

1980년대 국내입양 활성화에서 해외입양 개방으로 다시 전환(전두환)되었고, 해외입양은 이민 확대 및 민간외교의 차원으로 진행되었습니다.

해외 입양의 실태(1955 ~ 1961)			
연도	혼혈아	비혼혈아	계
1955	52	7	59
1956	618	53	671
1957	411	75	486
1958	623	307	930
1959	291	360	651
1960	245	393	638
1961	361	304	665
계	2,601	1,499	4,100

표2-1 해외 입양의 실태(1955 ~ 1961)
(출처: 한국사총설 DB 재외동포사 https://db.history.go.kr)

142) 보건사회부(현 보건복지부) 산하에 설립된 기관으로, 전쟁으로 인해 발생한 수많은 고아와 혼혈아동을 구호하고 이들의 입양을 지원하기 위해 만들어졌습니다. 특히 미군과 한국 여성 사이에서 태어난 혼혈아동들은 당시 한국 사회의 강한 단일민족주의적 분위기와 차별로 인해 국내에서 양육될 환경이 더욱 열악하였습니다. 따라서 한국아동양호회는 이들의 해외 입양을 공식적으로 알선하고 관리하는 역할을 시작했습니다.

국내 입양과 해외 입양의 실태(1958 ~ 1990)				
연도	계	국내 입양	해외 입양	국내 입양 비율(%)
1958 ~ 1960	2,700	168	2,532	6
1961 ~ 1970	11,481	4,206	7,275	37
1971 ~ 1980	63,551	15,304	48,247	24
1981 ~ 1990	91,824	26,503	65,321	29
계	169,556	46,181	123,375	27

표2-2 국내 입양과 해외 입양의 실태(1958 ~ 1990)
(출처: 한국사총설 DB 재외동포사 https://db.history.go.kr)

미국으로 입양된 입양아의 수			
연도	총 이민	입양아	연간 평균 입양아
1950 ~ 1964	15,051	5,348	356
1980 ~ 1984	163,088	17,953	3,590
1996 ~ 2005	175,965	17,139	1,713

표2-3 미국으로 입양된 입양아의 수
(출처: 한국사총설 DB 재외동포사 https://db.history.go.kr)

4) 미국이민

(1) 전쟁신부

전쟁신부 (War Bride)는 한국전쟁 중 유엔군과 결혼한 신부를 가리키며, 100여 명에 이르는 것으로 알려져 있습니다. 1950~1953년 사이 전쟁 미망인들이 군인을 따라 호주로 가기도 했으며, 전쟁고아들이 일부 이때부터 호주 가정에 입양되기도 했습니다. 미국 정부는 전쟁 신부법 (War Bride Act)[143] 을 통해 미군과 결혼한 외국 신부들의 미국 입국을 허용했습니다.

다음 그림은 "미국의 대중지라이프 의 블루 (이영순 : 남편을 따라 아메리카에 도착한 첫번째 한국인 전쟁신부, 조니모건 부인)라는 이름의 전쟁신부가 고국으로 오다 (A War Bride Named Blue Comes Home)라는 기사"의 한 장면입니다.

"패트릭 장군호 (General M. M. Patrick)가 시애틀 항구로 미끄러져 들어 오자 갑판의 밴드는 여기 신부가 왔다 (Here Comes the Bride)는 곡을 연주하였다. 군중은 흥분하여 환호하였고 여기 저기서 휘파람이 터져 나왔다. 시애틀과 미국은 Blue을 환영하였다. 한국에서 군인들 사이에서 그녀는 블루(Blue)라는 이름으로 불렸다. (Life 1951.11)"

그림2-9 미국에 발을 딛는 최초의 한국인 군인 아내 이영순
(출처 월드코리아 2023.08.24. https://www.worldkorean.net/)

143) 전쟁신부법 (War Bride Act)은 1945년 제정 당시에는 원칙적으로 백인 배우자를 대상으로 상정되었으며, 아시아인에게는 적용되지 않는 한계가 있었습니다. 1947년 전쟁신부법 개정 아시아인 여성도 미군과의 국제결혼을 통해 미국으로 이주할 수 있는 길이 열리게 됩니다. 1952년 이민법 개정: 한국전쟁 중에도 미군과 한국 여성의 결혼은 계속되었으나, 1952년 미국 이민법이 개정되면서 한국인 여성이 미국인과 결혼하여 미국으로 이주할 수 있는 법적 기반이 더욱 확고해졌습니다.

(2) 미군아내 (US military wives)

"미군아내" 는 주로 주한미군 남성과 결혼한 한국인 여성을 지칭할 때 사용되는 용어입니다. 특히 1950년대부터 미군과 한국 여성의 결혼이 늘어나면서 "미군아내" 라는 존재가 사회적으로 주목받기 시작했습니다. 많은 미군아내가 남편을 따라 미국으로 이주했지만, 그들의 삶은 '아메리칸 드림'과는 거리가 먼 경우가 많았습니다. 인종차별, 언어 장벽, 문화적 차이, 그리고 남편과의 불화나 가정폭력 등으로 인해 이혼하거나 경제적으로 어려움을 겪는 사례도 적지 않았습니다.

1950~1960년대 매년 수십수백명 정도 결혼하였으며, 1950~1964년 6,000여명의 여성이 미군과 결혼하여 이주했습니다. 미국으로 건너 간 여성들 중 일부는 기지촌 출신이었지만 전체 국제결혼여성의 10%도 안되는 숫자였고, 1954년 미국으로 간 116명의 한국인 결혼이민여성이 있습니다. 1956년 한국 이민자의 미국 도착은 국제결혼 486명, 입양 397명(남), 427명(여), 분배이민 53명, 피난이민 13명이었습니다. 1956~1979년 전체 국제결혼의 약 95% 정도가 미군과 한국 여성의 결혼으로 추정됩니다. "미군과 결혼한 한국인 여성은 보통 기지촌 여성 (1969.3.16. 한국일보)"라는 보도가 있기도 합니다. 1970~1980년대에는 매년 약 4,000명의 결혼이주가 있었습니다.

한편, 김실동(1979)[144] 은 미군아내에 대해 다음과 같이 묘사하고 있습니다. 발췌하여 편집한 내용입니다. 미군아내가 된 여성들의 결혼 사유는 "스스로 자기 삶을 더욱 향상 시키기 위해, 가난의 족쇄를 던져 버리기, 후진적이고 부담스럽게 여겼던 전통과 가부장제의 모습들을 내던지기 위해" 등입니다. 그리고 한국 사회에서 한국인에게는 "미군병사와 결혼했다는 이유로 미군 기지촌과 매춘으로 연상되는 오염된

144) "Interracially Married Korean Women Immigrants," Ph. D. dissertation, University of Washington

여성, 조신한 한국 여성의 경계를 벗어난 여성"으로 간주됩니다. 반면 한국 출신 미군 아내들에게 "미국은 현대성을 표현 그러나 미국이라는 곳은 낯선 땅에 온 이방인, 문화적인 외부자, 일하는 여성, 여전히 가난한 자, 성차별, 인종차별 그리고 극심한 외로움에 시달림"이라는 어려운 처지의 소수자입니다. 그리고 미국 사회에서 미국인들에게는 "도무지 납득할 수 없는 이유로 결혼하는 외국인들. PX에서 물건을 빼돌려 불법적인 암거래를 하거나 기지촌에서 일했던 전력이 있는 마마상"으로 인식되어지는 존재입니다. 미군과 결혼한 한국여성들이 가장 많이 사는 곳은 한국에서 근무했던 미군이 미국으로 돌아가 근무하는 부대가 있는 워싱턴주 시애틀 근교 타코마에 약 1만명, 텍사스 주의 샌안토니오에 약 15,000명, 오클라호마, 칼린 등입니다. 결혼한 상태이든 중단된 상태이든 여전히 미군 부대를 맴돌고 있는게 현실입니다. 그는 미군아내를 최근 이민자 (newcomers), 가정주부 (homemakers), 불안정한 이혼녀 (unstable), 생존자 (subculturals)로 분류하고 있습니다. 최근 이민자와 가정주부는 혼인 상태를 유지하고 있는 여성, 불안정한 이혼녀와 생존자는 별거중이거나 이혼을 한 상태에 있는 여성, 불안정한 이혼녀는 미국 온지 얼마되지 않아 남편이 부인을 버린 경우이며 교육도 많이 받지 못하고 기술도 별로 없어 어렵게 생활하는 사람들, 생존자 여성은 미국 거주기간이 긴 사람으로 비교적 안정적인 직업을 갖고 주로 마사지 가게나 술집을 운영하거나 그곳에서 일하고 있는 경우입니다.

(3) 현대 이민의 시작

1965년 미국의 이민 및 국적법 개정은 현대 이민의 시작이었습니다. 미국의 이민역사에 가장 큰 변화를 가져온 법률 개정이었습니다. 인종적 할당제를 폐지하고 가족 재결합과 숙련 노동력 이민을 중심으로 새로운 이민 시스템을 구축했습니다. 이후 한국에서 미국으로의 이민이 폭발적으로 증가했습니다.

이전까지 유학생, 전쟁신부, 전쟁고아 등 제한적인 형태로 이루어지던 한국인의 미국 이민이 이 법 개정 이후 본격적인 대규모 물결을 이루기 시작했습니다. 가족 초청, 취업 이민 (특히 의료, 과학, 공학 분야)이 활발하게 이루어지면서 연쇄 이민 (Chain Migration) 현상이 이어졌습니다. 유학생 및 전문직 이민이 증가하였습니다. 1970년대 초반부터 연간 3만 명 이상의 한국인이 미국으로 이민을 갔습니다. 이는 1970~ 1980년대 한국의 경제성장과 맞물려 "아메리칸 드림"을 찾아 떠나는 사람들이 많았던 시기입니다.

1980년대 이후 미국으로의 결혼이주는 대학의 영어회화 동아리나 교회활동 등을 통해 국제결혼 경우가 대부분을 이루었고, 미군에 군속으로 취직했다가 결혼한 경우도 많았습니다. 1980년대에는 로스앤젤레스, 뉴욕 등지에 한인타운이 형성되며 한인 사회가 더욱 확장되었습니다. 1985~1987년 사이에는 연간 35,000명 이상이 이민을 가며 한국은 멕시코, 필리핀 다음으로 미국에 이민을 많이 간 국가가 되었습니다.

1950년대 미국 시민권자의 아내로 이민 간 한국 여성의 수			1960년대 미국 시민권자의 아내로 이민 간 한국 여성의 수			
연도	총 이민	미국 시민권자의 아내	연도	총이민	미국 시민권자의 아내	국제결혼 해외 이주 자격자
1950	10	1	1960	1,507	649	
1951	32	11	1961	1,534	405	
1952	127	101	1962	1,538	692	165
1953	115	96	1963	2,580	1,350	1,581
1954	254	116	1964	2,362	1,340	1,486
1955	315	184	1965	2,165	1,281	1,657
1956	703	292	1966	2,492	1,225	1,585
1957	648	288	1967	3,395	1,389	1,624
1958	1,604	410	1968	3,811	1,356	2,326
1959	1,720	488	1969	6,045	1,954	3,077
합계	5,529	1,989	합계	27,430	11,643	13,504

표2-4 1950년대, 1960년대 미국 시민권자의 아내로 이민 간 여성
(출처: 한국사총설 DB 재외동포사 https://db.history.go.kr)

1970년대 미국 시민권자의 배우자로 이민 간 한국인의 수					
연도	총 이민	시민권자의 아내	시민권자의 남편	국제결혼해외이주자격(미국)	국제결혼해외이주자격(전체)
1970	9,314	2,646	94	3,558	3,724
1971	14,297	3,033	94	4,484	4,519
1972	18,876	2,148	109	4,407	4,470
1973	22,930	2,134	90	4,614	4,771
1974	28,028	2,461	100	2,925	4,543
1975	28,362	2,155	124	3,494	4,783
1976	30,803	4,276	155	5,126	5,667
1977	30,917	3,454	170	4,333	5,533
1978	29,288	3,282	198	4,679	5,612
1979	29,248	4,031	234	5,343	6,306
합계	242,064	29,621	1,369	42,965	49,931

표2-5 1970년대 미국 시민권자의 배우자로 이민 간 한국인의 수
(출처: 한국사총설 DB 재외동포사 https://db.history.go.kr)

5) 국제관계 변화

(1) 한일기본조약

대한민국과 일본 간의 외교 정상화를 위한 조약으로 1965년 6월 22일에 체결되었으며, 이 조약과 함께 4개의 부속 협정이 동시에 체결되었습니다. 그것은 청구권 및 경제협력, 어업 협정, 재일 한국인의 법적 지위에 관한 협정, 문화재 반환입니다. 조약의 체결 배경에는 미국의 동북아시아에서 공산주의 세력(소련, 중국, 북한)을

견제하기 위한 지역 협력 체제 구축, 한국의 경제개발 자금 확보, 일본의 경제적 이익 추구, 국교 정상화와 전후 보상 문제 등이었습니다.

이 조약의 결과로 한일 간의 외교 관계를 수립, 일본은 한국에 3억 달러의 무상지원과 2억 달러의 장기 저리 차관을 제공하고 민간 차관 3억 달러 등 총 8억 달러 제공, 일본 내 한국인의 법적 지위와 대우를 규정, 대한민국 정부가 한반도에 있어서의 유일한 합법 정부임을 확인, 평화선(이승만 라인)을 철폐하고 새로운 어업 협력 구역을 설정, 일제강점기 때 일본으로 유출된 한국 문화재 일부의 반환이 이루어지게 되었습니다.

국교 정상화, 경제 발전의 자금 토대 마련, 한·미·일 안보 협력의 기반 마련 등의 긍정적인 결과도 있었지만 일본의 식민 지배에 대한 진정성 있는 사과와 배상이 명확히 이루어지지 않았다는 역사 문제의 미해결, 일본의 과거사 문제를 회피, 굴욕 외교 논란 등으로 6·3항쟁으로 이어지게 되었습니다.

(2) 베트남 난민

베트남전쟁 종전(1975.4.30.) 이후 베트남 난민 100만명 보트피플이 발생하여 한국 군함으로 1,335명 입국과 개별입국이 있었습니다. 1977년 부산 해운대구 재송동에 월남난민보호소가 건립되어 난민들이 임시 거주할 수 있도록 지원했습니다. 이것은 UN의 지원과 대한적십자사의 협력으로 정치망명자와 경제난민을 수용했습니다. 232명을 부산 난민수용소 수용 후 1,362명을 미국, 네덜란드, 호주, 프랑스, 뉴질랜드 등 희망하는 나라에 정착하도록 인도적 조치를 하였습니다.

당시 한국은 난민보호에 관한 국제규약과 의정서에 가입하지 않은 상태였기 때문에 베트남 난민을 법적으로 난민이 아닌 "재난상륙자 혹은 무국적자"로 대우했습니다. 하지만 실질적으로는 난민으로 인정하고 인도적 보호를 제공했습니다. 1993년 월남난민보호소 폐쇄까지 총 3,000여 명의 베트남 난민을 수용하고 보호했습니다.

그리고 1979년 10월 6일 "국내 거주 월남 난민의 체류 관리에 대한 지침"[145] 이 만들어져 시행되었습니다. 또한 1981년 3차례나 베트남 난민 168명이 공해상에서 구조되어 입국하였습니다. 1985년 원양어선 광명 87호의 선장 전제용 씨가 남중국해에서 베트남 난민 96명을 구조하기도 했습니다. 1985년 및 1986년도에는 각각 4회에 걸쳐 185명 및 131명을 구조하였습니다.

(3) 중국과 공식 첫 외교 접촉

1983년 5월 5일 어린이날에 발생한 중국민항 296편 불시착 사건은 당시 냉전 시기였던 한국과 (중화인민공화국) 간의 공식 외교 관계가 전혀 없던 상황에서 발생하여, 한국전쟁 이후 첫 번째로 공식 외교 접촉이 이루어졌습니다.

중국민항총국(CAAC) 소속 호커 시들리 트라이던트 2E 여객기가 105명을 태우고(승객 96명, 승무원 9명) 랴오닝성 선양 동탑 공항에서 상하이 훙차오 국제공항으로 가던 중 탁장인을 포함한 6명의 중국인 납치범들이 대만(중화민국)으로의 망명을 시도하며, 하이재킹한 사건입니다. 비행기는 춘천 캠프 페이지 불시착하였으며, 6명의 납치범들은 한국에서 재판을 받고 각각 4~6년의 징역형을 선고받았습니다. 이후 약 1년 복역 후 형집행정지로 출소하여, 인도적 차원에서 망명을 허가받아 대만으로 추방되었습니다.

---

145) 내용을 보면 '1974년 10월 29일 이전 대한민국 국민의 처로 입적된 자로서, 월남국적상실 절차를 밟지아니한 자에 대하여는 국적회복 절차를 밟도록 권유, 불법체류자로서 한국인과 사실혼 관계에 있는 월남인 여성에 대하여는 한국 호적에 입적 종용하고, 입적이 불가능한 자 및 기타 월남난민은 체류기간 연장신청을 하도록 하되, 신원보증인 및 재정보증인이 없는 경우 연장신청접수, 또한 불법체류한 월남 난민에 대한 통고처분은 관할 출입국관리사무소장이 해당 월남인의 생활실태 등을 참작하여 필요하다고 인정되는 경우 인도적 차원 처분 면제.'입니다.

이 사건은 동북아시아 냉전 구도 완화에 기여와 1992년 한중 수교의 결정적인 밑거름이 되었습니다. 중국민항기 대한민국의 비행정보구역을 통과할 수 있도록 합의(8월)하였고, 체육, 문화, 관광 등의 비정치적인 영역에서 대한민국과 중국 간의 교류계기가 되었습니다. 1984년 2월 데이비스컵 테니스대회에 한국 선수가 최초로 참가하였으며, 3월에는 친척 상호 교류를 허용하였고 4월에는 중국 농구 선수단의 최초로 한국 방문이 있었습니다. 1987년 친척방문을 목적으로 중국동포의 입국이 가능해졌습니다. 1989년 10월에는 한·중 핑퐁커플이 탄생(안재형+자오즈민)하기도 했습니다. 그리고 1992년 한중수교가 이루졌습니다.

3. 이민자들의 유입 시작 (1980년대 후반부터 1999년)

1980년대 후반부터 한국은 외국국적동포의 유입, 외국인 노동자의 유입, 결혼이민자의 유입이 진행되면서 이민 송출국에서 이민 수용국으로 전환을 맞게 되었습니다. 그리고 1990년대에는 한국·몽골수교(1991), 한국·소련수교(1991), 한국·중국수교(1992), 한국·우즈벡수교(1992), 한국·라오스수교(1995), 한국·캄보디아수교(1997), 그리고 남북한유엔동시 가입(1991), OECD가입(1996), 「난민협약」 가입(1992), 「인종차별철폐협약」 가입(1997) 등 국제교류도 활발하게 진행되었습니다.

1990년대 초부터는 해외투자기업산업연수생제도와 일반산업연수생제도가 시작되면서 많은 동포와 외국인노동자들이 유입되기 시작하였습니다. 더불어 정부는 1992년 서울외국인수용소를 신설(수용→보호로 변경 1993.3.30.)하였으며, 외국인노동자를 지원하는 민간단체의 첫 모임이 5월에 있었습니다. 1993년 6월11일 「귀순북한동포보호법」의 제정으로 북한이탈주민이 귀순용사로서 영웅대접 받던 시대는 끝나고 보호 대상이 되었으며, 1997년부터 보호 및 정착지원을 하게 되었습니다. 그 해 12월 10일에는 「출입국관리법」상 난민 관련 조항을 최초로 신설하였습니다. 1994년 3월부터 난민인정심사 업무가 시작되었고, 6월 30일 「출입국관리법」 시행령에 난민 인정 조항을 신설하여 난민 인정 제도를 도입하였습니다. 난민 지위 인정 신청을 받기 시작하였습니다. 1996년에 동포정책 전담조직인 재외동포정책위원회가 구성되어 동포정책이 본격적으로 시행되었으며, 1999년 9월 2일에는 「재외동포출입국과법적지위에관한법률」 (재외동포법)이 제정되었습니다. 1990년대 국민의 해외이민은 크게 감소하였고, 중동으로의 노동자 진출이 줄어들면서 1998년 3월 국민의 국외취업 활성화 방안이 발표되기도 했습니다. 1998년 11월부터 금강산관광이 시작되었습니다.

1) 이민 수용국으로 전환

한국은 1980년대 후반을 기점으로 이민 송출국에서 이민 수용국으로 변모했습니다. 1987년 6·29 민주화선언 이후 노동운동이 활성화되면서 전반적인 임금 수준이 상승했고, 이는 저임금 노동력에 대한 수요를 더욱 증가시키는 요인이 되었습니다. 3D업종으로 불리는 힘들고 위험한 업종의 중소기업에서는 내국인 노동자들이 기피하는 현상이 심화되면서 심각한 인력난에 직면했습니다.

한편, 문화축제가 함께 진행된 국제스포츠대회 86아시안게임 및 88올림픽게임을 계기로 한국의 국제적 위상이 높아지고, 출입국 규제가 완화되면서 외국인들의 한국 방문 및 체류가 용이해졌습니다. 1987년 친척방문을 목적으로 시작된 중국동포들의 입국이 가능해 졌으며, 7.7선언(1988)과 같은 남북관계 개선 및 소련, 중국 등 사회주의 국가들과의 관계 개선을 추진하는 과정에서 1989년 세계한민족체육대회와 같은 경로를 통해 북방권 동포들의 왕래가 시작되었습니다. 그리고 해외여행 완전 자유화조치(1989)[146] 와 한중해운정기직항로 개통(1989)으로 동포와 외국인 입국자가 급속히 증가했습니다. 86아시안게임 및 88올림픽게임 때 한국을 방문한 경험이 있었던 관련 외국인들 가운데 또한 그들과 관계망이 있는 외국인들이 개별적으로 한국에서 일자리를 얻기 위해 재입국을 하는 경우가 종종 있었습니다. 이들은 불법취업으로 이어졌습니다.

---

146) 1983년 이전까지만 해도 여권은 무역업 종사자에게 발급되는 상용여권과 해외로 출장가는 공무원들에게 발급되는 관용여권에 한정되어 있어 오늘날처럼 개인이 해외관광을 가기 위한 일반여권은 발급되지 않았습니다. 그러나 이 조치로 많은 국민이 해외로 관광 및 이주를 시작했고, 재일한인의 뉴커머계층이 형성되기도 했습니다. 또한 외국인들의 입국이 기하급수로 늘어났습니다. 따라서 1988년 12월 22일 외국인 입국자 통계에 의하면 일본인 입국자가 미국인 입국자를 추월했습니다.

(1) 결혼이민자의 유입

1980년대 후반 한국에서는 수출 중심의 경제성장으로 "한강의 기적"을 이룬 시기입니다. 86아시안게임과 88올림픽게임이라는 문화축제와 함께 진행된 국제종합스포츠 대회를 개최하면서 한국의 국력이 신장되고 국제적 위상이 높아졌음을 상징적으로 보여주었습니다. 이러한 경제적 발전과 사회적 변화가 맞물리면서 해외에 거주하던 이민자들이 한국으로 다시 돌아오는 것을 고려하게 만드는 중요한 요인이 되었습니다. 역이민 현상이 나타나기 시작했습니다.

1960~1970년대 "잘 살아보세"를 외치며 해외로 떠났던 많은 이민자들이 이제는 한국에서도 충분히 안정적인 삶을 꾸릴 수 있다는 인식을 갖게 된 것입니다. 역이민의 주요 원인 중 하나는 이민 생활의 어려움과 고국에 대한 향수였습니다. 낯선 문화와 언어의 장벽 속에서 해외에서 노년을 보내기보다, 고향의 정서와 익숙한 사회 시스템이 더 한국으로 돌아오게 한 것입니다. 역이민 현상은 개별적인 가족 단위나 노년층을 중심으로 혹은 결혼 형태로 서서히 나타나기 시작했습니다.

해외이주 희망자 수는 1980년에 37,510명이었습니다. 1986년 2,584명, 1989년 6,685명으로 점차 감소하는 추세였고, 반대로 역이주자 수는 1980년 1,049명에서 1986년 2,584명, 1989년 6,685명으로 급격히 증가했습니다. 이는 1980년대 후반부터 한국이 더 이상 이민을 보내는 나라가 아니라 받는 나라로 바뀌었음을 보여줍니다. 즉, 해외로 나가는 이민은 줄어들고 한국으로 돌아오는 역이민이 눈에 띄게 늘어나기 시작한 것입니다.

그리고 1990년대 이전까지 국제결혼은 여성들이 주로 미국 또는 일본으로의 결혼이민이 대부분이었으나 이후 크게 감소하였습니다. 반면 외국인이 한국으로 혼인하여 들어오는 경우가 증가하였습니다. 이 시기는 개인적인 네트워크에 의존하는 동포들의 결혼이민이 진행되었습니다. 1987년부터 조선족 동포들은 친척 방문 등의 목적으로 빈번하게 한국을 방문하며 한국의 발전상을 직접 보게 되었고, "코리안 드림"

을 품기 시작했습니다. 특히 국제스포츠대회를 계기로 한중핑퐁커플(안재형+자오즈민)[147] 이 탄생하면서 국민의 중국인과의 국제결혼에 대한 관심이 높아졌습니다.

초기 동포 결혼이민은 주로 농촌 총각 문제가 심각했던 농촌 지역 남성들과의 결혼을 통해 이루어졌습니다. 1990년대부터는 단절된 역사를 잇고 한민족의 통일을 앞당기는 과정이라는 명분으로 지자체 중심의 "농촌총각 장가보내기 캠페인"이 시작되기도 했습니다. 극심한 이농현상으로 결혼하지 못한 동포 여성과의 결혼을 중재하기도 했습니다. 이는 농촌 인구의 성비 불균형을 해소하는 하나의 방안으로 인식되어 자연스럽게 받아들여졌습니다.

이와는 별도로 통일교의 대규모 합동결혼식을 통해 결혼이민자들이 유입되기 시작하였습니다. 사례로 1988년 10월 30일, 경기도 용인에 위치한 일화 용인연수원에서는 통일교의 대규모 합동결혼식이 있었습니다. 이 행사는 당시 국내외적으로 큰 주목을 받았던 주요 사건 중 하나입니다. 이 합동결혼식에는 무려 6,516쌍이 참여했습니다. 17개국에서 온 참가자들이 함께한 이들 중에는 한국 남성과 일본 여성 간의 결혼이 1,435쌍, 일본 남성과 한국 여성 간의 결혼이 973쌍에 달했습니다. 이는 1980년대 후반부터 한국 사회에서 국제결혼이 점차 가시화되기 시작했음을 보여주었습니다. 이외에도 1992년 서울올림픽 주경기장에서 3만 쌍의 합동결혼식 같은 대규모 합동결혼식을 통일교는 지속적으로 진행했습니다.

1990년대 결혼이민자의 유입은 1980년대 후반의 시작 단계를 넘어, 본격적인 증가세를 보이면서 한국 사회가 다문화사회로 진입하는 결정적인 요인이 되었습니다.

---

147) 이들은 한-중양국의 두꺼운 벽을 2.5g의 가벼운 탁구공으로 허물었던 상징적인 커플의 탄생이었습니다. 국경과 체제의 벽을 허문 세기적 로맨스였으며, 한중 모두에게 많은 화제와 교훈을 주었고, 정치적인 상징도 함축하고 있었습니다. 북한을 배려해야 하는 당시 중국의 입장 탓에 민간 차원의 결혼이었지만 결국 정부의 승인을 받아야 하는 것이 당시의 상황이었고 한국의 북방정책과 중국의 개방정책의 조화가 낳은 성과이며 양국수교의 전단계적 산물(박철언정무1장관)이었습니다. 결국 이들은 스웨덴 한국대사관에서 결혼신고식(1989.10)을 하게 되었습니다.

한국의 급격한 경제 성장과 달리, 중국, 동남아시아 등 주변 국가들과 경제력 차이는 외국인 여성들이 한국으로의 결혼 이주를 통해 더 나은 삶과 경제적 안정을 추구하는 동기가 되었습니다. 필리핀, 태국, 몽골 등으로 결혼이민자의 국적이 확대되었습니다. 특히 해외여행 활성화, 인터넷 발달, 국제결혼 중개업체의 등장 등으로 인해 국제결혼을 더욱 용이하게 만들었습니다. 이 시기는 한국인 남성과 경제 수준이 낮은 국가의 여성 간의 글로벌 상향혼 (global hypergamy) 경향이 뚜렷했습니다.

그리고 1990년대 중반 이후부터 도시근로자의 외국인노동자와의 결혼이 증가하였습니다. 사례로 국제결혼 가족 친목 모임이 다문화도시인 안산시 원곡동의 안산이주민센터에서 있었는데 한국인과 아시안계 사람의 결혼으로 이루어진 부부라고 해서 그 이름이 "코시안"이었습니다.

특히 이들 가운데는 한국인 여성과 외국인 남성 간의 결혼이 종종 있었는데 둘 사이 자녀가 있으면 한국 호적에 올릴 수 없었습니다. 그것은 「국적법」이 부계혈통주의 원칙을 따르고 있었기 때문입니다. 이런 사례들이 늘면서 「국적법」 개정에 대한 시민단체들의 문제 제기 움직임이 진행되었습니다. 결국 1997년 12월 「국적법」이 양성평등의 부모양계혈통주의로 개정(1998.6. 시행)되면서 국제결혼 배우자의 남성 비율이 증가하는 요인이 되기도 했습니다.

한편, 국제결혼이 급증하면서 결혼이민자 여성들의 인권 문제가 불거지기 시작했습니다. 1990년대 후반부터 일부 지방자치단체를 중심으로 실태조사가 이루어지면서 초기 정책 논의가 시작되었습니다. 그리고 한국에서 체류 및 일자리 찾기에 용이한 국제결혼제도를 이용한 불법 및 사의 위장결혼 문제가 심각하게 대두되기도 했습니다. 1990년대 한국은 아시아 여러 국가의 사람들에게 잘 살 수 있는 "기회의 땅"으로 인식되었습니다. 본국에서의 경제적 어려움을 겪던 조선족 및 아시아 외국인들에게 한국은 매력적인 취업 시장이자 돈을 벌 수 있는 곳이었습니다.

그러므로 양국의 국제결혼 관행의 정착이라는 명분 아래 한국과 중국 간 국제결혼 증가, 특히 위장결혼 문제에 대응하기 위해 "한중국제결혼양해각서 (1996.9.20.)"

를 체결하기도 했습니다. 이 양해각서는 위장결혼 방지와 혼인신고 및 사증 발급 절차의 명확화를 목표로 했으며, 이후 국제결혼 심사 절차가 강화되는 계기가 되었습니다. 당사자 모두 미혼임을 공증받아야 했습니다. 한국과 중국 양쪽 국가에서 혼인등기 (신고)를 하도록 했습니다. 이 양해각서는 절차가 지나치게 복잡하고 까다로워 선의의 국제결혼 당사자에게 피해를 주었고, "중국인에 대한 차별"이라는 지적을 받았습니다. 결국, 한중수교 10주년을 맞아 2003년 7월 1일부로 폐기되었습니다.

또한 「가정의례에관한법률」 폐지 (1999.9.8.)로 허가제(1973)에서 신고제(1993)로 유지되어 오던 결혼중개업제도는 자유업(1999)으로 개편되었고 이것은 국제결혼의 상업화를 가져왔고 국제결혼이 정상적인 가정을 형성하는 것보다는 어떤 다른 목적의 수단화로 전락하는 계기가 되기도 하여, 속성결혼의 폐해, 인권침해, 결혼이민자 문제의 사회화 등을 부각시켰습니다. 그리고 베트남, 필리핀, 구소련, 몽골, 태국 등으로 다국적 국제결혼 증가의 확산 요인이 되기도 했습니다.

1990년에는 국제결혼은 약 4,710건으로 한국 전체 결혼의 1.2% 내외에 불과했지만, 1995년에는 약 12,319건으로 국제결혼 비율이 76.8%로 급증하였습니다.

(2) 재외동포의 유입

1989년 서울올림픽 1주년을 기념하여 "세계한민족체육대회"가 개최되었습니다. 이것은 전 세계 한민족의 동질성을 확인하고 유대를 강화하기 위한 목적이었습니다. 이 대회는 1989년 9월 26일부터 10월 4일까지 진행되었으며, 50개국에서 1,326명이 참가했습니다. 이 대회는 이후 세계한민족축전으로 발전하였으며, 2년마다 개최되었습니다. 이 대회는 체육뿐만 아니라 청소년·문화·학술 행사까지 포함하는 종합축제로 확대되었습니다. 그러므로 이 시기 재외동포의 유입은 이와 같은 행사를 통해 친선교류 차원에서 이루어졌으며, 국내 유입 및 장기체류로 이어지는 동포는 대체로 중국동포가 대부분이었습니다.

따라서 1980년대 후반 중국동포 (조선족)의 한국 유입의 중요한 전환점입니다. 그리고 본격적인 대규모 유입은 1992년 한중 수교 이후에 이루어졌습니다. 중국 정부가 1978년 이후 개혁·개방 정책을 추진하면서 외부 세계와의 교류가 확대되었고, 조선족들도 해외로의 이동이 가능해지기 시작했습니다. 그러나 1987년 이전에는 한국을 방문하는 중국동포들은 대한적십자사를 통해 인도적 차원으로 독립유공자 후손에 한하거나, 이산가족 찾기 일환으로 실시되는 제한된 입국으로 매년 약 400~500명 정도 입국하였고, 기타 입국자 포함 매년 1,000명 미만으로 매우 적었습니다. 이 시기에는 여권이나 비자가 아닌 여행증명서 등을 통한 제한적 입국이 이루어졌습니다.

그러나 1987년 이후 거의 자유로워져 중국동포의 친척방문 등 이유로 입국이 증가되었습니다. 그리고 북방정책의 일환으로 중국 등 공산권 국가와의 교류를 확대하겠다는 의지를 표명한 7·7선언(1988)은 중국동포의 코리안 드림의 확산을 가져왔습니다. 이들은 중국과의 관계 개선이라는 정치적 변화로 취업 기회를 얻기도 했습니다.

사례로 당시 1기 신도시로 일산(1990), 분당(1989) 개발이 진행되고 있었는데 국내 건설업계는 극심한 인력난을 겪고 있었고 대체로 이들은 단순 건설노동자로서 취업 기회를 얻기도 했습니다.

한중수교(1992) 후 중국동포 입국자는 1992년 37,920명, 1996년 91,415명으로 증가하여 입국 러시가 이어졌습니다. 체류 동포는 1988년 약 5,000명 수준으로 추정되며, 1992년 한중 수교 이후 연간 10,000명 이상 증가하였고 산업기술연수생제도 시행으로 1995년 이후 30,000명 이상 체류하였습니다. 중국동포들은 주로 건설업, 제조업, 서비스업 등 3D업종에 종사했으며, 농장, 연근해 어선에까지 취업 범위를 점차 확대해 나갔습니다. 서울역과 모란시장 등지에서 한약재 판매를 하는 모습이 사회적으로 주목받기도 했습니다.

당시 한국과 중국의 임금 격차는 거의 20배에 달했기 때문에 중국동포의 취업 이주와 결혼 (농촌총각과의 결혼) 이주가 급증하였습니다. 그러나 중국동포의 불법체류 증가로 입국 규제를 강화하자 국제결혼을 한국 입국 및 취업의 수단으로 이용하였습니다. 위장결혼을 하거나 밀입국이 증가하였습니다.

이들의 밀입국은 통계에 잡힌 것만 해도 1994년 94명, 1995년 496명, 1996년 802명입니다. 밀입국자들은 신분이 확인되지 않은 채 입국하였기에 남북이 대치하고 있는 상황에서 국가안보를 위협하는 주요 요인이 되었습니다. 밀입국은 대규모 해상참사로 이어지기도 했으며, 브로커에 대한 알선료 등으로 피해를 입은 중국동포가 속출하게 되었습니다. 이를 배경으로 영화가 만들어 지기도 했습니다. 밀입국 시도 중 21구의 시신을 바다에 버린 태창호사건(2001)을 배경으로 한 영화 “해무”가 그 사례이며, 가리봉동에서 일어난 조선족 조직폭력배 실화 바탕의 범죄도시1편이 있습니다.

그림2-10 해무영화 포스터(2014)
(출처: 나무위키 https://namu.wiki)

한편, 1990년 후반부터 북방지역 해외동포의 국내유입 증가와 국민의 해외이민자 보호 및 관리 등 필요성으로 본격적으로 각종 법률제정 및 정책이 시행되었습니다. 1996년 2월9일 재외동포정책 전담조직인 재외동포 정책위원회[148] 가 설치되었고, 2월에는 재외동포정책 실무위원회가 설립되었습니다. 그리고 재외동포들의 민족적 유대감을 유지하고 거주국에서 안정적으로 정착할 수 있도록 지원하기 위해 1997년 3월 27일 「재외동포재단법」 제정으로 1997년 10월 30일 재외동포재단이 설립되었습니다. 또한 1998년 6월 김대중대통령 미주지역 순방 후 재외동포 관련 법안 제정 지시로 1999년 대한민국과 재외동포 간의 관계를 규정하고 재외동포의 출입국 및 법적 지위를 보장하기 위해 「재외동포출입국과법적지위에관한법률」(9월, 재외동포법) 제정으로 이어졌습니다.

(3) 외국인노동자의 유입

1980년대 후반에는 외국인 노동자를 정식으로 고용할 수 있는 법적, 제도적 장치가 거의 없었습니다. 따라서 대부분의 외국인노동자들은 단기 비자를 통해 입국하여 불법 체류하면서 3D업종에 불법취업 하는 형태가 주를 이루었습니다. 동남아시아 국가 출신 노동자들도 점차 유입되기 시작했습니다. 그 당시 필자의 경험에 의하면, 86아시안게임 및 88올림픽경기와 같은 국제행사를 통해 한국을 방문한 경험이 있거나 그러한 네트워크를 가진 외국인들이 대부분이었습니다.

이러한 비공식적인 유입 경로 때문에 1980년대 후반의 외국인 노동자 통계는 정확히 집계하기 어렵습니다. 1991년에 이르러서야 공식적으로 4만 5천여 명의 외국인

148) 주요기능은 '재외동포 정착 지원 및 법적·사회적 지위 향상, 재외동포와의 유대 강화 및 국내외 경제활동 지원, 재외동포 관련 부처별 사업계획 조정 및 심의'입니다.

노동자가 국내에서 취업한 것으로 파악되었습니다. 1990년대 초부터 필리핀인, 방글라데시인 등 동남아시아인 유입이 시작되었지만 이미 수만 명의 외국인 노동자가 한국에 체류하고 있었던 것을 고려하면, 1980년대 후반부터 그 수가 점진적으로 증가하고 있었음을 짐작해 볼 수 있습니다.

그러나 1980년대 후반에는 공식적으로 단순 기능인력 외국인의 국내취업은 금지 시기였습니다. 1991년에는 제조업 생산직 노동자 부족 인원이 18만 명을 넘어설 정도였습니다. 따라서 1980년대 후반부터 석탄협회, 전자공업협동조합, 중소기업 중앙회 등[149] 다양한 기관에서 다양한 형태의 외국인노동자를 합법적으로 고용할 수 있도록 허용해 달라는 요구가 있었습니다.

외국인 노동력부족 문제를 해결하기 위해 정부는 「출입국관리법」을 적용해 1991년 11월 "해외투자기업 산업연수생제도" 도입을 결정했고, 1993년 11월 "산업연수생제도" 도입을 결정했습니다. 이 제도는 외국인 노동자를 연수생으로 합법적 입국하게 하고 기업에서 기술 연수를 받도록 하면서 실제로는 단순노동에 투입하는 형태였습니다. 그러나 이들이 정식 노동자로 보호를 제대로 받지 못하고, 저임금, 장시간 노동, 임금체불, 폭행, 감금, 산업재해 등의 인권침해 문제가 끊이지 않았습니다. 또한 사업장 이탈 및 불법체류 문제가 지속적으로 발생했습니다.

결국 외국인노동자의 명동성당 농성으로 이어졌습니다. 명동성당 농성은 1994년, 1995년, 1996년, 1997년, 그리고 2003년에 있었습니다. 1995년1월 농성은 시민단체와 함께 네팔 출신 산업연수생 13명이 쇠사슬을 몸에 감고 농성을 벌이며, 여권 압류, 감금 노동, 폭행 등의 인권침해를 폭로했습니다.

149) 석탄협회의 합법적 외국인력도입 요청 (1989.10월), 전자공업협동조합의 베트남의 한국인2세 고용건의 (1990.7월), 중소기업협동조합중앙회의 외국인근로자 수입허용 건의(1990.10월) 등 입니다.

이 사건을 계기로 외국인노동자대책협의회 (외노협)[150] 가 설립되었고, 이주노동자 인권 문제가 본격적으로 논의되기 시작했습니다. 정부는 외국인근로자 문제의 심각성을 인식하고 그 법적 지위와 처우 향상을 위하여 노력하였습니다. 사회보장제도 적용, 기본적인 노동 권리 등을 획득하게 되었습니다. 사법부도 산업연수생을 근로자로 인정하는 판결을 하게 되었습니다. 중소기업협동조합중앙회와의 합의를 통해 체불임금 지급, 여권 반환, 노동 조건 보장 등의 요구가 일부 받아들여졌습니다. 노동부는 산업연수생제도 대안으로 고용허가제 도입을 적극 검토하고 도입 추진을 하였지만 성공하지 못하고 차후로 연기되었습니다. 그리고 기존 산업연수제도에 연수 후 취업 자격을 부여하는 형태로 1997년 9월에는 연수취업제도[151] 를 도입하기로 결정을 했습니다. 명동성당 농성은 한국 내에서 외국인 노동자에 대한 여론을 획기적으로 이끌었고, 이후 지원활동의 확산에도 촉진제 역할을 하게 되었습니다.

한편, IMF 외환위기[152] 로 외국인 노동자들에게도 상당한 영향을 미쳤습니다. 고용 불안정으로 인해 많은 외국인 노동자가 일자리를 잃었고, 고국으로 돌아갔습니다. 그러나 일부는 불법체류자로 남아 생계를 이어갔습니다. 1997년 약 160,000명

150) 외국인이주노동자대책협의회 최의팔 상임공동대표는 '노동자의 노동자성을 인정하지 않는 연수생제도는 출발부터 문제였다.며 1일 2교대의 장시간 저임금 노동, 임금체불 등의 문제가 발생하면서 이주노동자들이 94년 경실련, 95년 명동성당에서 농성을 벌이게 됐다'고 했습니다. (출처 https://www.sarangbang.or.kr/hrdailynews/66892)

151) 산업연수생제도의 연장선에서 도입된 외국인 노동자 정책으로 일정기간의 연수를 마친 산업연수생이 연수받은 기업의 추천과 소정의 시험 합격 시 정식 노동자로서 한국에서 취업할 수 있는 자격을 부여했습니다. 처음 2000년도에 시행 시 2년 연수생 신분 1년 노동자 신분(2+1)이었다가 2002년에 1년 연수생 신분 2년 노동자 신분(1+2)로 전환되었습니다.

152) 구제금융양해각서 체결은 1997년 12월 3일, 졸업은 2001년 8월 23일입니다. IMF에 20억 달러 긴급 융자 요청 후, 총 195억 달러의 구제금융을 받기로 결정.

이었던 외국인 노동자 수가 1998년에는 120,000명 수준으로 감소했습니다. 그리고 1998년 기준 불법체류 외국인 노동자는 약 230,000명으로 급증했습니다. 실업으로 불법체류 외국인 노동자들은 더 이상 공장 내 기숙사라든가 보장된 일정한 주거지가 사라지면서 삼삼오오 모여 민가에 방을 얻고 기거하면서 생존을 이어갔습니다. 이는 내국인 지역주민들에게 그동안 접촉이 거의없었던 외국인 노동자들이었지만 다른 언어 다른 문화를 가진 새로운 이웃으로 등장한 다문화 현상이었습니다.

그리고 산업연수생 출신이 아닌 새로운 계층의 외국인 노동인력이 있었는데 1997년부터 대량유입된 예술흥행(E-6)비자로 입국한 외국인 여성들이었습니다. 이들은 주로 호텔이나 유흥업소에서 연예인 신분으로 공연 등의 활동하였으나 다수가 범죄조직과 연루되어 매춘, 불법체류, 인권침해, 외교갈등 등의 사회문제화 되었습니다. 특히 이들이 연루된 2000년 9월과 2002년 2월 발생한 군산유흥업소 화재사건으로 성매매 종사 여성의 심각한 인권침해 현상이 폭로되었습니다. "성매매 방지 및 피해자 보호 등에 관한 법률 (2004.3)" 제정의 요인이 되기도 했습니다.

(4) 북한이탈주민의 유입

1990년대 초반까지는 매년 10명 안팎에 불과했던 북한이탈주민 수가 1994년부터 증가하기 시작했습니다. 1990년대 중반 북한의 경제 사정이 어려워지면서 제3국 등으로 대량탈북으로 이어졌으며, 북한이탈주민의 제3국을 통한 국내 유입이 본격적으로 진행되었습니다. 1994년 52명, 1995년 41명, 1996년 56명, 1997년 86명, 1998년 71명, 1999년 148명 등으로 이전과는 다르게 늘어났습니다.

1990년대 후반부터 가족 단위 탈북이 증가하면서 여성 북한이탈주민의 비중이 2000년대 이후에는 여성 비율이 남성을 넘어섰습니다. 1990년대에는 외교관, 해외무역 상사원, 노동자, 벌목공 등 다양한 계층의 주민들이 탈북 대열에 합류했습니다. 이들은 1차적으로 탈북하여 중국으로 들어간 후, 몽골이나 동남아시아 등 제

3국을 경유하여 한국으로 입국하는 경로가 일반화되었습니다. 이 과정에서 브로커의 역할이 커지기도 했습니다.

1990년대 중반 이전에는 북한에서 온 사람들을 귀순 용사로 부르며 영웅으로 응대하는 정치적 선전의 의미가 강했습니다. 그러나 중반 이후 탈북자들의 탈북 동기가 생계형으로 바뀌면서, 1993년 6월 귀순북한동포보호법을 제정하여 지원하기 시작했습니다. 탈북민은 이제 영웅에서 보호대상자로 전환되었습니다.

그러나 1997년 1월 13일 북한이탈주민의 정착지원을 위한 「북한이탈주민의보호및정착지원에관한법률」이 제정되면서 「귀순북한동포보호법은 폐지되었습니다. 이 법을 통해 "탈북자"라는 용어가 보편적으로 사용되기 시작했으며, 공식 법률 용어는 "북한이탈주민"[153] 이 되었습니다. 이는 북한이탈주민을 보호하고 정착을 지원하는 법적, 제도적 기반을 마련하는 중요한 전환점이었습니다. 법 제정 이후 초기 정착금 지급, 일자리 지원, 교육 지원, 사회보장 지원, 주거지원 등 북한이탈주민의 한국 사회 정착을 돕기 위한 다양한 정책들이 마련되기 시작했습니다.

1990년대 북한이탈주민의 유입 증가는 단순한 인구이동을 넘어, 한반도의 분단 현실과 북한 내부의 심각한 변화를 상징적으로 보여주는 사건이었습니다.

한편, 1990년대 후반에는 정부의 햇빛정책 일환으로 남북교류 및 협력사업이 적극 추진되고 동해항에서 최초로 금강산관광객에 대한 출입심사가 시작(1998.11)[154] 되었으며, 금강산관광 시작으로 남북왕래자가 대폭 증가하게 되었습니다. 1999년 5월에는 경기도 안성에 북한이탈주민들이 한국 사회에 안정적으로 정착할 수 있도록

153) 북한이탈주민은 법률용어이며, 새터민이라는 용어는 세로운 터전에서 살아가는 사람이라는 의미로 당시 통일부가 탈북민들에게 지어준 신조어입니다.

154) 1989년 정주영 회장이 김일성 주석과 만나 금강산 관광 개발 의정서를 체결하였으며, 1998년 11월 첫 관광단 현대 금강호가 출발하였고, 2003년 육로 관광 개시하였고 2008년 7월 관광객 피격 사건 발생 후 관광이 중단되었습니다.

돕는 사회적응교육시설인 “하나원 (북한이탈주민정착지원사무소)”을 개원하였습니다.

2) 산업연수생제도

1990년대 초반, 한국 중소기업의 인력난 해소를 위해 「출입국관리법」령 산업기술연수체류자격을 활용하여 연수생 신분으로 외국인 노동자를 받아들이는 방식의 외국인 인력 활용 제도입니다.

당시 한국의 노동 시장은 6.29 민주화선언과 86아시안게임 및 88올림픽게임을 거치면서 저임금, 장시간 노동을 감내하려 하지 않으려는 풍토조성으로 3D업종 중심의 인력난이 심화되면서 국내 인력으로 충원하기 어려운 중소기업의 생산 현장에 외국인력을 공급하여 인력난을 완화하는 것이 주된 목적이었습니다. 그리고 개발도상국 출신 외국인에게 한국의 선진 기술을 연수시켜 해당 국가의 산업 발전에 기여하고, 상호 협력을 증진시킨다는 명분으로 아시아 14~15개 국가와 MOU를 맺고 시행했습니다.

그러나 실질적으로는 근로에 종사하게 하는 것을 상정하고 도입한 단순기능 외국인력의 고용제도로 단순기능 외국인력의 국내 취업의 길을 열어 주면서도 겉으로는 단순기능 외국인력의 국내 취업을 금지하는 정책을 유지했습니다.

노동부의 노동력 수요 동향 조사결과(1991) 전직종의 인력부족율이 5.48%로 높고 생산 관련 직종의 인력부족율은 9.07% 등 인력부족현상이 극심했습니다. 이에 단순기능 인력을 구하기 어려워진 기업들은 공장을 동남아 등 저임금 국가로 옮기거나 국내에서 외국인 인력을 고용하는 방법을 통해 활로를 모색하였습니다. 외국인 노동자를 고용할 경우 임금이 싸고, 노동조합 관련 분규의 가능성이 없고 고용의 유연성이 높다는 큰 장점이 있다는 판단하에 이루어졌습니다.

먼저 1991년 11월 해외투자기업 산업기술연수생제도를 결정하였고, 이것은 중소기업 3D업종의 인력부족 문제 해소에 어느 정도 도움은 되었지만, 외국인노동자를 노동자가 아닌 연수생으로 편법 활용한 정책으로 기술이전이라는 연수 목적도 있었지만 사실 국내 인력난을 해소하기 위한 외국인력의 편법적 활용이었습니다. 1991년 11월~1992년 8월 해외투자, 기술제공, 설비 수출관련 해외 현지법인을 통해서만 유입하도록 했으며, 1992년 9월 10개 3D업종에 첫 산업기술연수생 1만명 도입을 결정하였습니다.

그리고 1993년 4월 23일 상공부 장관이 인정하는 업종, 즉 염색, 열처리, 도금, 기계류 제조와 주·단조 업체 또는 수출업체를 확대 지정하기로 하고, 연간 1만 명에 이르는 업종별 연수생을 배정하였습니다. 이어서 1993년 11월 24일 외국인 산업기술연수 조정협의회에서 저개발국 근로자들의 기능 및 기술 향상에 기여하고 국내 중소 제조업체의 인력문제를 완화하기 위해 정부 차원의 산업기술연수제도를 확대 운영하기로 하고 연수생 2만 명 추가 도입을 결정하였습니다. 1994년 1월 1일부터 연수생 초청을 시작으로 1997년 9만여 명을 도입하였습니다.

하지만 산업기술연수생제도는 많은 인권 문제와 노동 관련 문제점을 안고 있었기에 1990년대 중반부터 노동부에서는 고용허가제 도입을 검토하였습니다. 그러나 반대 여론이 심화되었고, 여러 정황상 도입 시도가 실패하게 되었습니다. 노동부는 고용허가제 도입 시도에 실패하자 1997년 연수취업제 도입을 결정하였고 1998년 4월 1일 법제화하였습니다. 2000년 4월 2년 연수 + 1년 노동자 방식으로 도입하였으며, 2002년 11월부터 1년 연수 + 2년 노동자 방식으로 전환하였습니다. 그리고 2004년 고용허가제의 도입과 더불어 산업기술연수제도 병행을 시행하였습니다. 그리고 2007년 1월에 이르러 산업기술연수생 도입을 전면 중단하고 고용허가제로 일원화하면서 산업기술연수생제도는 사실상 폐지되었습니다.

이것은 중소 제조업체 3D업종의 인력난 해소에 도움은 되었지만, 연수생을 편법 활용하여 많은 인권침해 사례를 발생시켰고 이에 시민단체와 외국인노동자가 결합한 명동성당 농성과 같은 상징적인 시위를 통해 문제를 제기하므로 외국인 산업기술연수생의 보호 및 관리에 관한 지침이 만들어 졌습니다. 내용으로는 1995년 3월 1일부터 산업재해 보상보험, 의료보험 적용, 근로기준법상의 강제근로 금지, 폭행 금지, 금품 청산, 근로시간 준수 등 일부 규정의 법적 보호, 산업안전보건법 상의 안전과 보건 상의 조치 및 건강진단 등의 혜택을 받게 되었습니다.

사법부는 1995년 9월 외국인 산업기술연수생 및 불법체류자도 근로기준법상 근로자임이 인정된다고 판결하였고, 이에 산업기술연수생제도가 위법이라는 인식이 확산되었습니다. 산업기술연수생제도에 따른 여러 가지 부작용이 심각해지자, 1995년 이후부터 외국인지원단체는 물론 노동부는 고용(노동)허가제로의 제도 변화를 모색하였습니다.

노동부는 다음의 문제점들을 제시하면서 산업연수생제도의 폐지 근거 및 고용허가제 도입 필요성을 주장하였습니다. "▶연수비자를 발급하여 입국시킨 산업연수생을 연수는 시키지 않고 실제 근로를 시킴으로써 입국 목적과 상이하고, ▶외국인 관리 체계에 투명성이 부족하여 송출비리 등이 빈발하며 사업주가 필요로 하는 적격자 선발이 곤란하고, ▶불법취업자를 양산함으로써 국내 노동시장의 왜곡을 초래하고 있으며, ▶연수생 및 불법취업 외국인에 대한 인권침해 등으로 국가 이미지가 훼손"입니다.

산업연수생 중 상당수는 불법체류자가 되었으며 불법체류자는 1992년 22,864명, 1996년 50,620명, 2003년 138,056명, 2007년 229,610명으로 증가했습니다.

3) 외국인노동자를 지원하는 시민단체

1990년대는 한국 사회에 외국인노동자가 본격적으로 유입되기 시작하였습니다. 하지만 열악한 노동환경과 인권침해 문제가 크게 대두된 시기였습니다. 따라서 여러 시민단체들이 이러한 문제에 대응하기 위해 1990년대부터 외국인노동자 지원활동에 적극적으로 나섰습니다. 이들 단체들은 주로 종교계와 결부되어 있었으며, 외국인 노동자들의 고충을 해결하고 그들의 인권 개선을 촉구하는 데 많은 역할을 했습니다.

주요 시민단체에는 외국인노동자 피난처, 갈릴리교회 외국인노동자 상담소, 구리노동상담소, 안산이주민센터, 외국인노동자를 위한 공동대책위원회 (외노협), 성남외국인노동자/중국동포의 집, 부천외국인노동자의 집, 중국노동자센터, 외국인 산업기술 연수생 인권보장을 위한 공동대책위, 귀향한 외국인노동자 체불임금, 산재보상금 찾아주기 시민모임, 영등포산업선교회 등이 있습니다.

새롭게 생긴 신생 시민단체를 제외한 기존 단체들의 대부분은 한국 노동자들을 위한 노동운동을 하던 중 외국인노동자들이 찾아와서 도움을 요청하자 이들의 문제에 집중하기 시작하였습니다.

이들의 주요 역할을 보면, 인권침해 실태 고발 및 대외 공론화, 이주민 쉼터 제공 및 생활 지원, 상담 및 법률 지원, 정책 개선 촉구 및 입법 운동, 사회적 연대 및 협력 등이었습니다.

1990년대 초 외국인노동자의 유입이 급증하였고 이와 동시에 불법체류 외국인노동자가 증가하였습니다. 이들은 열악한 노동 조건 가운데 일하면서 인권침해 상황 등이 심각했습니다. 외국인노동자들은 주로 자신들의 종교 성향에 따라 종교 행사에 참여하였는데 자기 나라 출신 성직자가 있는 곳을 우선적으로 찾았고 자연스레 자신들의 문제를 토로하기 시작하며 도움을 요청하였습니다.

초기 지원활동의 사례로 자양동 성당의 경우 당시 필리핀 출신 신부가 있었기에 카톨릭 배경의 외국인 노동자들이 집중적으로 종교 행사에 참여하였고 도움을 요청하였습니다. 개신교의 경우 구로공단, 성남공단, 반월공단 같은 지역에서 파라처치 형태로 많은 민중교회들이 노동운동을 하고 있었고 개신교 배경의 외국인 노동자들은 이런 곳을 찾아 도움을 요청하였습니다. 성공회의 경우 구리지역 일명 나환자촌 지역에 기반을 두고 있었는데 이곳이 철거되고 공장이 들어서면서 많은 외국인 노동자들이 몰려들었고 자연스럽게 외국인노동자에게 관심을 갖게 되었습니다. 불교의 경우도 반월공단 내 종교시설을 중심으로 불교 배경의 외국인노동자들이 찾아오면서 그들의 문제에 관심을 갖게 되었습니다.

시민단체들은 시간이 지나면서 외국인노동자들에 더욱 관심을 보이기 시작하였고 체불임금, 산업재해보상, 폭행사례 등 기초적 인권침해 사례, 출입국, 노동상담 활동과 언론을 통한 문제제기 및 여론화 작업을 시작하였습니다.

❶ 카톨릭에서는 1992년 9월경 서울교구외국인노동자상담소를 명동에 개설하였으며, 몇 달 후 안산, 인천, 수원, 시화 등지에도 카톨릭외국인노동자상담소를 속속 개설 하였습니다. 1995년 경 성남, 부천 등 수도권 각지역이나 대전, 대구, 부산 등 지방에서 외국인노동자상담소가 속속 생겨나기 시작했습니다. 1992년 5월 "외국인노동자인권을위한모임"(The Association for Foreign Workers' Human Rights)이 상담활동을 시작하였고, 1993년초 외국인노동자피난처를 개설하였습니다.

❷ 개신교에서는 1992년 말부터 1993년으로 접어들면서 외국인노동자지원활동이 전개되었고, 갈릴리교회 (인명진목사)에서는 의료지원팀을 구성하여 일요일 오후마다 교회에서 외국인노동자들에 대한 무료진료 활동을 시작했습니다. 그리고 다양한 민중교회들을 중심으로 외국인노동자들을 지원하기 시작했습니다.

❸ 불교 계통의 단체에서 상담지원활동을 시작하게 된 것은 1995년초부터로 알려져 있습니다.

❹ 외국인여성노동자를 전문적으로 지원하는 단체는 1996년에 만들어졌으며, 외국인노동자 자조 모임활동을 지원하기도 했습니다.

1993년 9월 한국의 외국인노동자지원 단체와 일본의 외국인노동자지원 단체들이 서울에서 모여 한일교류회를 개최하고 상호 간에 정보교류를 하였습니다.

1994년 1월 10일부터 산업재해를 당한 외국인노동자 14명이 경실련에서 산재문제의 근본적 해결을 요구하는 농성을 시작하도록 하는 등 외국인노동자들의 투쟁과 지원활동의 확산이 있었습니다. 이것은 대통령 지시 사항으로 불법체류 외국인노동자들에게도 산재보험이 적용하도록 결론지어졌고, 1994년 9월부터는 이미 출국한 산재피해자에게도 소급해서 산재보상금을 지급하기로 결정했습니다.

그리고 1995년 1월 명동성당에서 외국인 노동자와 함께 농성을 하였으며, 당시 38개 시민, 노동, 종교단체들이 모여 공동대책위원회를 구성하고 이들의 투쟁을 지원하였습니다. 그 결과 외국인산업기술연수제도의 일부 개선책이 발표되기도 했습니다. 그리고 외국인노동자대책협의회 (J.C.M.K)[155] 가 결성되었습니다.

개선책의 주요 내용을 보면 다음과 같습니다.

- 1995년 3월 1일부터 산업기술연수생에게도 산재보험, 의료보험의 혜택을 주고 근로기준법상의 강제근로 금지, 폭행 금지, 임금 지불, 금품 청산, 근로 시간 준수 등의 법적 보호를 부여하며 또 산업안전보건법 상의 안전과 보건상의 조치 및 건강진단 등을 실시토록 한다.
- 최저임금법을 적용(7월 1일)하여 연수수당은 국내 최저임금인 월 264,000원 이상으로 지급하도록 결정(종전 월 210~260달러에서 월 330달러)한다.
- 임금은 본인이 직접수령하고 여권은 본인이소지하도록 제도화 등 송출기관의 횡포를 줄일 수 있도록 제도를 개선한다.
- 1995년 2월 28일까지 기존 연수계약을 위 개선책에 맞게 수정계약 하도록 규정한다.

그리고 시민단체들의 외국인노동자 지원 내용을 보면 대체로 다음과 같습니다.

- 가장 일반적인 유형으로 외국인노동자에 대한 상담활동
- 외국인노동자에 대한 피난처(숙소) 제공
- 주말에 간이진료소를 설치하여 무료진료를 해주는 방식
- 한국어 강습
- 공동체형성 지원
- 축제 지원 등입니다.

155) 노동과 평등회보 발간, 공개강좌, 지원단체 실무자 수련회, 국제연대활동, 외국인노동자보호법제정운동 등을 하였습니다. 정부의 탄압과 항의투쟁으로는 국회 3개 야당간사들로부터 외국인노동자보호법제정추진약속을 받았고, 김해성목사와 양혜우사무국장 석방운동, 출입국관리국장상담으로 지원단체 앞에서 불법체류자 단속않겠다는 약속을 받기도 했습니다. 그리고 농성자들의 신변보장 약속을 받아내기도 했습니다.

시민단체들은 노조와 더불어 외국인노동자 유입이 노동 조건과 노동운동에 미칠 부정적인 영향을 우려하여 이들의 유입을 처음에는 반대하였습니다. 그러나 외국인 노동자들이 직접 찾아와서 도움을 요청하자 적극적으로 지원하기 시작했습니다.

한편, 1990년대 말부터 시민단체들의 수가 대폭 증가하였는데 그것은 정부가 프로그램을 통해 시민단체들에게 재정지원을 시작하면서부터입니다.

4) 재일한인

재일한인은 뉴커머(Newcomer)와 올드커머 (Oldcomer)로 구분할 수 있습니다. 뉴커머 (Newcomer)는 1965년 한일 국교 정상화 이후 일본으로 이주한 대한민국 국적자를 의미하고 이들은 1980년대 이후 해외여행완전자유화(1989)와 더불어 경제적 이유, 유학, 취업, 사업, 결혼 등을 목적으로 일본에 건너간 자발적 이주자들이 대부분입니다. 뉴커머들은 일본 사회에서 비교적 자유로운 환경에서 활동하며, 신오쿠보 코리아타운을 중심으로 경제적·문화적 활동을 펼쳤습니다. 초기 뉴커머 중에는 유흥업에 종사하는 여성들이 많았으며, 1990년대 이후에는 유학생, 사업가, 기업 주재원, 자영업자 등 다양한 계층의 직업군으로 유형이 확대되었습니다. 그러나 일본 정부가 단순노동에 대한 취업비자를 발급하지 않는 정책을 유지하면서 일부 뉴커머들은 체류 자격을 얻지 못해 불법체류자로 전락하기도 했습니다. 현재 뉴커머들은 다양한 직종에서 활동하며, 일부는 일본 사회에 정착하여 새로운 형태의 재일한인 공동체를 형성하고 있습니다. 한국에 대한 자부심이 강한 편이며, 한국과의 문화적, 정서적 유대가 비교적 긴밀한 편입니다.

올드커머는 국교정상화 이전 일제강점기 강제징용이나 생계유지 등 다른 이유로 일본에 정착한 사람들과 그 후손을 포함하여 일컫습니다. 이들은 강한 민족 정체성 유지와 함께 일본 국적을 취득하지 않은 경우가 많으며, 대부분 특별영주권을 보유하고 있습니다. 일본 사회에서 많은 차별을 경험하기도 했으며, 일부는 재일본대한민국민단(민단)이나 재일조선인총연합회(총련)와 같은 이념적 성격이 강한 단체를 통해 공동체를 형성했습니다.

제2차 세계대전 종전과 함께 일본의 어로수역을 제한하는 맥아더라인이 그어졌고(1945.8.27.) 1952년 4월 샌프란시스코 미일강화조약으로 맥아더라인이 철폐되면서 이승만정부는 맥아더라인을 대체하는 평화선(1952)을 설정하게 되면서 사실상 일본과의 교류가 차단되었습니다. 약 200만명이 넘었던 재일한인 중 남한으로 귀국한 사람은 약 94만명(1945.8.~1946.3.)이고 1950년까지 104만 명이 귀국하였습니다. 1946년 3월 맥아더총사령부 각서에 따라 귀국희망자 등록이 실시되었습니다. 조선인 귀환자가 고국으로 가지고 갈 수 있는 금액을 1천엔 이내로 제한하게 되므로 일단 귀국을 하였더라도 적은 금액으로 정착하기도 힘들었고 전반적으로 한반도의 정치적·사회적 불안정한 상황 때문에 다시 일본으로 되돌아가는 경우가 발생했습니다. 따라서 종전 후 약 60만명 정도 일본에 잔류하게 되면서 이들은 올드커머 계층을 이루었습니다.

1965년 6월 22일 한일기본조약으로 대한민국과 일본은 일본에 거주하는 대한민국 국민의 법적지위와 대우에 관한 협정을 맺었고 특별영주권자로서 재일동포의 법적지위와 처우의 토대를 일본 내에 마련하게 되었습니다. “1945년 8월 16일 이전부터 계속하여 일본에 거주한 사람과 그 직계비속으로 일본에 계속 거주한 사람 가운데, 한국국적을 선택한 사람이 영주신청을 할 경우, 영주를 허가할 것과, 강제퇴거를 하는 경우라도 내란죄, 마약 등 특정범죄로 7년 이상의 형을 확정받은 경우로 한정할 것, 그리고 교육, 생활보호, 의료등에 대한 타당한 고려를 할 것 등”을 규정하였습니다.

그러나 협정으로 인하여 한국, 북한 어느 국적도 선택하지 않은 재일한인조선적 계층이 발생하였습니다. 인물의 예로 역도산이 있으며, 이들은 많은 경우 야쿠자와 연계되어 있었습니다. 협정은 한일 양국 사이 많은 인적, 물적 교류를 확대 하였고 전년도 대비 출입국자 수가 91% 증가하였으며, 일본인 출입국자의 관광목적이 전체 외국인의 60%를 차지했습니다. 그리고 1967년 5월 한일 항공협정이 이루지면서 일본인 및 교포입국자는 대폭 증가하였고 일본어교습 열풍이 곳곳에 일어났습니다.

1970년 평화통일외교선언과 모국방문단 사업으로 조총련계 재일교포 모국방문 사업이 논의되었습니다. 이것은 “한국의 발전상을 직접 피부로 느끼게 하여 조국에 대한 자긍심을 갖도록하는 데 목적”이 있었습니다. 1975년 7·4공동성명발표 3주년 재일거류민단 윤달용 단장의 제의로 조총련 산하 교포에게 “이념과 사상의 차이를 초월하여 인도적 견지에서 성묘 위한 모국 방문환영”을 전달하였고 1975년 9월 13일 조총련계 재일동포 50여 명은 부관페리편 부산항에 처음 입국하게 되었습니다. 이후 정부와 민단의 지원 아래 해외동포 모국 방문 추진위원회 (위원장 : 대한적십자사총재)가 결성되어 본격적으로 추진되었습니다. 1975년 1,157명, 1988년 11월 말까지 81차에 걸쳐 총 43,867명의 모국방문이 있었습니다.

한편, 1980년대 말 이후 일본의 경제 호황기에 일본으로 건너 간 뉴커머들이 재일한인 사회에 새로운 집단을 형성하였습니다. 뉴커머의 실제수는 불법체류자들까지 포함해 약 20~30만 명으로 추정합니다. 뉴커머 중 사실상의 정주자들은 대개 3년마다 체류연장 허가를 받아야했습니다. 뉴커머의 주요 구성원인 기업 및 기관 파견 주재원들과 그 가족들의 체류 기간은 대개 3~5년 정도였습니다.

재일한인은 한국의 경제발전에 있어 신한은행 설립 등 직간접적으로 매우 중요한 역할을 했으며, 다문화 현상에도 상당히 많은 영향을 준 이민자들 중 또다른 한 계층입니다.

4. 정책 도입기 (2000~2009년)

2000년대(2000~2009년) 이르러 한국 사회 내에 외국인 체류자가 급증하기 시작하면서 2007년에는 체류 외국인이 100만 명을 넘어섰으며, 한국 사회의 다문화현상은 중요한 사회적 이슈였습니다. 여기에 2001년 3월 29일 인천공항 시대가 열리면서 출입국자 수는 폭증하기 시작하였습니다.

노동부의 고용허가제 실시로 외국인노동자의 수는 날로 증가하였습니다. 그리고 「재외동포의출입국과법적지위에관한법률」의 개정(2004)으로 재외동포의 범위가 대폭 확대되었고, 더불어 방문취업제도 시행으로 고려인과 중국동포의 입국을 증가시켰으며, 점점 전국적으로 외국인 밀집 지역이 생겨나기 시작하였습니다.

그리고 국제결혼의 상업화 현상과 1996년 한국과 중국 사이 맺어졌던 국제결혼양해각서의 폐지(2003) 등으로 농어촌 및 도시 가리지 않고 국제결혼이 크게 증가하면서 다문화 인구 비중이 급속히 커졌습니다. 2005년에는 국제결혼이 한국 전체 결혼의 13% 이상을 차지하기도 했습니다. 더불어 여성 결혼이민자 가족의 사회적 문제화가 심각해지면서 정부는 결혼이민자 실태조사[156] 를 하게 되었습니다. 그 결과 2005년 이민정책에 대한 대통령의 직접적인 지시와 더불어 정부는 주도적으로 이민·다문화 관련 법과 제도를 준비하였고 정책을 본격적으로 추진하기 시작했습니다. 그리고 체류 외국인들을 지원하는 시민단체들도 급증하였으며, 활동가들은 정부 정책에 자문 역할을 담당하기 시작하였습니다.

그리고 2005년 5월 24일 「국적법」의 일부 개정이 있었는데, 병역의무를 회피할 목적으로 외국 국적을 취득하는 사례(속칭 원정출산 포함)가 사회적 문제로 대두되면서 이를 방지하기 위한 목적이었습니다. 특히 복수국적자의 병역의무 강화가 핵심 내용이었습니다. 즉 "병역의무 이행 후 국적 포기가 가능하도록 했습니다. 원정출산

156) 여성결혼이민자 가족의 사회적 문제화와 다문화가족실태조사 (복지부, 2004년말~ 2005년)

(부모가 외국에서 일시적으로 체류하는 동안 출생한 자녀의 경우)의 경우 병역의무를 이행하지 않으면 국적 포기가 불가능하도록 규정하였고, 만 18세가 되는 해 1~3월 사이에 국적 선택을 해야 하며, 이를 어길 경우 병역의무를 부과한다."는 내용입니다.

2000년대(2000~2009년)에는 새로운 유입 이민자들이 증가하기 시작하였는데, 대표적으로 외국인유학생, 고려인, 난민, 북한이탈주민 등입니다. 외국인유학생은 이전에도 조금씩 유입되기는 했으나 극소수였고 대체로 동포의 자녀들이었습니다. 고려인들은 「재외동포의출입국과법적지위에관한법률」 개정(2004)을 전후하여 재외동포(F-4) 자격을 통해 혹은 방문취업제를 통해 2007년부터 본격적으로 많이 유입되었습니다. 그리고 난민 신청자과 미등록체류자녀들이 많이 발생하였습니다.

한편, 2002년 「출입국관리법」 시행령 개정을 통해 영주자격 신설이 있었습니다. 한국이 "단순히 외국인 노동력을 활용하는 국가"에서 "장기 거주 및 정착을 허용하는 이민정책의 첫걸음"을 내딛는 중요한 전환점이었습니다. 이는 외국인에 대한 인식과 정책이 변화하고 있음을 보여주는 상징적인 조치였습니다. 당시 영주 자격 취득자의 대부분은 한국에 5년 이상 장기 체류한 화교[157] 였습니다. 이들은 특정 요건을 충족하면 영주 자격을 신청할 수 있게 되었습니다.

---

157) 화교는 1882년 임오군란 당시 청나라 군대를 따라 조선에 들어온 상인들을 시초로 하여 140년이 넘는 깊은 역사가 있습니다. 이들은 미군정 시기 중계무역을 독점하였고, 이승만, 박정희 정권 시기에 화교에 대한 차별 정책이 노골적으로 시행되면서 한국 화교 사회는 큰 시련을 맞습니다. 외국인 토지 소유 금지(1961년), 화폐 개혁 (1953년, 1962년), 외국인 고용 제한 및 업종 규제, 거주 허가 및 체류 관리 강화 등의 차별정책으로 제3국으로 재이주를 하고 1970년대 3만 2천여 명에 달했던 화교 인구는 1980년대 이후 2만 명대까지 급감했습니다. 그러나 한중수교(1992) 이후 중국과의 교류가 활발해지면서 새로운 중국계 인구(조선족, 한족 등)가 유입되기 시작했습니다. 2002년 영주권 제도(F-5 비자)가 신설되면서 화교들의 체류 지위가 점차 안정되었고 2005년 지방선거 참정권이 부여 되었습니다. 한국 화교들은 이방인이라기 보다 한국 사회의 오랜 구성원이자 미래를 함께 만들어갈 동반자로서 그 위상을 재정립할 때입니다.

그리고 2002년 5월 1일부터 제주도 무사증입국 제도가 시행되었습니다. 초기에는 10인 이상 중국인 단체 관광객에게만 허용되다가 2008년부터 개별 관광객까지 적용 대상을 확대했습니다. 2000년대 후반까지 제주 무사증 제도는 외국인 관광객 유치에 크게 기여하며 제주의 관광 활성화에 긍정적인 영향을 미쳤습니다. 그러나 불법체류 및 무단이탈, 외국인 범죄 증가, 난민 신청 악용 우려 등의 문제점을 노출하고 있었습니다.

그리고 과거 성산업에 종사하는 여성을 범법자로 취급하였던 것에서 피해자로 인식하여 이들의 보호와 자립을 지원하는 내용의 「성매매방지및피해자보호등에관한법률의제정」(2004.3.)이 있었습니다. 즉 2000년 9월(5명 사망)과 2002년 2월(15명 사망) 발생한 군산유흥업소 화재 사건에서 다수의 희생자가 발생하였는데 성매매 종사 여성의 심각한 인권침해 현상이 폭로된 사건이었습니다. 마침 1997년 이후 대량 유입되어 유흥업에 종사하는 외국인여성문제(E-6)를 중심으로 활동하던 한국교회여성연합 산하 이주여성노동자상담소와 이주여성인권연대의 활약과 새움터 등 국내 기존의 여성단체와 연대하여 운동을 펼침으로 법이 제정되었습니다. 이것은 이주여성의 인권 문제를 사회적으로 부각시키는 계기가 되었습니다.

1) 재외동포법의 개정

1999년에 제정된 「재외동포의출입국과법적지위에관한법률」은 "재외동포"를 "재외국민"과 "외국국적동포"로 구분했습니다. 문제는 외국국적동포의 범위가 「재외동포법」 "시행령 제3조"[158] 에 의해 제한되어 있었습니다. 특히 "대한민국 정부수립

158) "대한민국 정부수립 이후에 국외로 이주한 자 중 대한민국의 국적을 상실한 자와 그 직계비속 대한민국 정부수립 이전에 국외로 이주한 자 중 외국 국적 취득 이전에 대한민국의 국적을 명시적으로 확인받은 자와 그 직계비속"

(1948.8.15.) 이전에 국외로 이주한 동포 즉 중국 동포, 구 소련 동포, 일본 동포, 미주 동포 등"은 외국 국적 취득 이전에 대한민국 국적을 명시적으로 확인받아야만 재외동포로 인정받을 수 있었는데, 이는 사실상 불가능했기 때문입니다. 따라서 이들 동포들은 F-4 비자(재외동포 체류자격, 자유로운 출입국과 경제활동의 자유 보장) 발급 대상에서 제외되어 차별받는 상황에 놓이게 되었습니다.

이에 일제의 강제징용과 수탈을 피해 중국 만주로 이주했던 한인 2세로서 법의 혜택을 받지 못하게 된 중국 국적자 3명 (조연섭·문현순·전미라)은 경실련 등 시민단체의 지원으로 1999년 8월 23일 헌법소원심판을 청구하였으며, 2001년 11월 29일, 헌법재판소는 재외동포법 제2조 제2호 및 재외동포법 시행령 제3조에 "재외동포의 상당수가 한국 정부수립 이전에 한반도를 떠났다는 역사적 특수성을 고려하지 않은 채 국적취득 여부의 시점으로 삼은 것" 대해 헌법재판소 전원재판부는 재판관 6인 다수 의견으로 "합리적 이유 없이 정부수립 이전 이주동포를 차별하는 자의적인 입법이어서 헌법 제11조의 평등원칙에 위배된다는 점을 인정하고, 법적 공백과 그로 인한 혼란을 방지하기 위해" 헌법불합치 결정을 내렸습니다. 그리고 헌재는 입법자에게 2003년 12월 31일까지 법을 개정하라는 시한을 부여했습니다. 헌법재판소의 결정에 따라 「재외동포법」은 2004년 3월 5일에 개정되었습니다. 이 개정의 핵심은 "외국국적동포의 범위 확대"였습니다. 개정된 「재외동포법」 제2조 제2호는 "대한민국의 국적을 보유하였던 자 (대한민국 정부수립 이전에 국외로 이주한 동포를 포함한다) 또는 그 직계비속으로서 외국 국적을 취득한 자 중 대통령령이 정하는 자"로 변경되었습니다. 이를 통해 정부수립 이전 이주 동포들도 F-4 비자 발급 대상에 포함될 수 있게 되면서, 이들에게는 오히려 혜택이 확대된 것입니다. 다만, 직계비속의 범위는 2대로 한정하는 규정이 시행령에 신설 (2003.12.29.)되기도 했습니다.

그리고 2005년 및 2007년 「재외동포법」 개정을 통해 병역을 마치지 않거나 면제처분을 받지 않은 상태에서 대한민국 국적을 이탈 또는 상실하여 외국인이 된 남성에 대해 40세까지 재외동포 체류자격(F-4) 부여를 제한하는 조항이 신설되었습니다. 이후 2018년 개정을 통해 만 38세가 되는 해 1월 1일까지로 변경되었고, 다시 2021년에는 만 40세가 되는 해 1월 1일까지로 상향 조정되었습니다.

한편, 재외동포정책위원회가 2004월 11월 8일 제4차로 개최되었습니다. 기본 목표는 "재외동포의 거주 국내 권익 신장과 역량 강화, 한민족으로서의 정체성과 자긍심 고양, 동포 간 화합 및 모국과 동포사회 간 호혜적 발전"으로 설정되었고, 정책 방향은 "재외동포의 거주국 내 안정적 정착을 위한 자조 노력 지원, 거주국 내에서의 법적·사회적 지위 향상과 권익 보호 지원, 모국과의 유대 증진을 위한 국내법적·제도적 기반 강화, 한민족 정체성 함양을 위한 교육·문화교류 등 각종 사업 추진, 재외동포 사회 발전을 위한 한민족 네트워크 구축, 모국과 거주국 간 우호 증진과 발전에 기여할 인재 육성"이었습니다. 이것은 재외동포기본법(안) 검토, 재외동포의 거주 국내 안정적 정착을 의미하는 현지화에 대한 강조로 인해 동포 지원과 보호에 대한 국가의 책무가 결여되어 있다는 비판이 제기되고 있는 점과 그동안 상황 변화 요인들을 고려해 개최한 것이었습니다.

2) 외국인노동자 도입 제도

2000년대 (2000년~2009년) 한국의 외국인 노동자 도입 제도는 기존의 산업연수생 제도의 한계를 극복하고, 외국인 노동자의 권익을 보호하며, 인력난 해소와 효율적인 인력 관리를 목표로 법적·제도적 정비가 이루어졌습니다.

먼저 1997년 도입이 확정되고 1998년 법률적 근거를 마련하여 2000년 4월 1일에 연수취업제도 (2+1)를 시행했습니다. 그리고 2001년 12월 20일 연수취업제도 개편안을 확정하여 2002년 1월 연수취업제도 (1+2)를 시행하였고, 7월 18일 연수생·연수취업자 총정원 관리제를 도입하였습니다. 이는 전체 외국인력의 총량을 미리 정해두고, 그 안에서 연수생, 연수 후 취업자로 전환된 자, 그리고 사업장 이탈 불법체류자까지 모두 포함하여 관리하겠다는 것입니다.

2002년 11월 취업관리제를 도입하여 일부 서비스 분야에 제한된 외국국적동포를 대상으로 3년간 취업활동을 허용하였으며, 2004년 1월 취업관리제에 건설업 분야 추가되었습니다. 그리고 2003년 8월 16일 「외국인근로자의고용등에관한법률」 제정되었으며, 2004년 8월 17일 합법적인 단순기능인력 도입제도로서 고용허가제가 시행되었습니다. 따라서 취업관리제는 특례제도로 고용허가제에 흡수 통합되어 운영되었습니다. 2006년 1월 1일 특례고용허가제 취업허용업종을 제조업, 농축산업 또는 연근해 어업으로 확대하였으며, 2007년 1월 1일 산업연수생제도는 고용허가제로 통합되어 사실상 폐지되었습니다. 또한 2007년 3월 4일 특례고용허가제를 방문취업제(H-2)로 시행하게 되어 방문취업제도는 국내에 호적 또는 친족이 있는 외국국적동포에게 3년간 취업을 허용하던 것을 국내에 연고가 없는 외국국적동포에게도 3년간 취업을 허용하였습니다.

(1) 고용허가제

산업연수생제도의 부작용을 해결하고, 합법적이고 투명한 외국인력 도입시스템을 구축하기 위해 2003년 3월 29일 관계 부처 차관회의를 통해 산업연수생제도를 폐지하고 고용허가제(EPS) 도입을 추진하기로 공식 확정했습니다. 7월 31일 「외국인근로자의고용등에관한법률」이 국회 본회의를 통과하고, 8월 16일 공포되었습니다. 그러나 일부 중소기업계와 보수 언론에서는 인건비 상승과 관리 부담을 이유로 고용허가제 도입에 반대하며 산업연수생제도를 유지하려 했습니다. 결국, 2004년 3월 25일 외국인력정책위원회를 통해 최초로 필리핀 노동자 92명이 입국하므로 8월 17일 고용허가제는 도입되었지만 산업연수생제도가 한동안 병행 시행되는 형태였습니다. 12월 23일에는 한국외국인근로자지원센터가 설립되었으며, 2005년 7월 27일 제3차 외국인력정책위원회를 통해 산업연수생제도를 폐지하고 2007년 1월 1일부터 고용허가제 정착에 따른 방문취업제를 통합하기로 결정했습니다.

고용허가제는 국내 인력을 구하지 못하는 기업이 내국인 고용기회가 침해되지 않도록 하고 정부로부터 외국인의 고용허가를 받아 합법적으로 외국인노동자를 연수생이 아닌 노동자 신분으로 고용하는 제도로 내국인 근로자와 동일하게 근로조건을 보호하는 원칙을 지킵니다. 외국인 노동자(E-9)를 대상으로 근로계약 체결, 최저임금 보장, 사업장 변경 허용 등의 보호 조치가 강화되었습니다. 고용허가제의 주요 특징[159]으로, 근로기준법의 보호를 받는 외국인 노동자의 근로자성을 인정했고, 고용노동부·한국산업인력공단 등 공적 기관에서 외국인력의 도입, 알선, 관리 전반을 책임지는 공적 시스템이었고, 외국인력은 내국인으로도 충원이 어려운 사업장에 한하여 제한적으로 허용, 취업 기간의 제한 및 정주화 방지, 사업장 변경의 제한적 허용, 송출국가와 MOU를 통한 투명한 협력, 산업연수생제도의 폐지 등입니다.

(2) 방문취업제

2002년 11월 25일 외국인산업인력정책심의위원회에서 서비스 분야 취업 관리제 시행 방안을 확정하였고, 2002년 12월 6일 방문 동거자의 고용관리에 관한 규정이 제정되었습니다. 취업 허용 업종은 “음식점업, 사업지원 서비스업, 사회복지사업, 하수·폐기물 처리 및 청소 관련 서비스업, 개인 간병인 및 가구 내 고용활동” 등 서비스업에 한정되었고 국내 호적에 등재되어 있는 자 및 그 직계존비속이 방문동거 사증(F-1-4)을 발급받아 고용센터를 통해 취업하도록 하였습니다.

연령 제한도 40세(2002년)→ 30세(2003년)→ 25세(2004년) 이상으로 변경되었습니다. 업종도 건설업이 2004년도에 추가 되었습니다. 2004년 고용허가제의 시행과 더불어 흡수되어 특례고용허가제로 시행되었으며, 2007년 1월 3일 “외국인근로자의 고용 등에 관한 법률” 개정으로 외국국적 동포의 취업절차와 사용자의 외국국적동포의 국내 고용절차 등을 간소화하여 3월 4일부터 방문취업제(H-2)로 시행하였습니다.

무연고 동포 신규 입국 규모 135,000명, 기존 체류외국국적동포 140,000명이었고, 2009년 5월부터는 “건설업종 취업등록제”를 시행하여, 매년 건설업에 취업할 수 있는 동포의 규모를 제한 하였습니다. 2020년부터 건설업 취업등록제 운영지침에 따라 건설업 취업교육 폐지하고 건설업취업인정증(카드) 제도는 유지하고 있습니다.

159) 고용허가제에 대해 알고 싶으면 ‘https://www.eps.go.kr’에서 좀 더 많은 정보를 얻을 수 있습니다.

그리고 2024년 02월 28일부터 건설업 취업인정증 유효기간을 기존 유효기간 1년에서 취업 활동기간 만료일까지 확대하였습니다.

방문취업제는 외국인력정책위원회에서 산업별 특성을 고려하여 정하는 사업 또는 사업장의 사용자가 H-2 자격의 사증을 발급받고 입국한 중국, CIS 지역에 거주 외국국적동포를 고용할 수 있도록 허용하는 제도[160] 입니다. 이것은 특례고용허가제로서 노동허가제의 특성을 많이 갖고 있습니다. 취업기간은 3년으로 사업주 요청 시 재고용 가능하고 1년 8개월 연장하여 4년 10개월 체류 허용됩니다. 사업장 변경은 무제한입니다. 취업허용업종은 일반 고용허가제 허용 업종에 일부 서비스업종 추가되어 있으며, 고용허용 제외 업종은 고시되어 있습니다.

구분	일반 고용허가제 (E-9 비자)	특례고용허가제 (H-2 비자)
대상	한국 정부와 MOU를 체결한 송출국가 출신 외국인력 (비전문 외국 인력)	주로 중국과 구소련 지역 외국 국적 동포
비자	비전문취업 (E-9) 비자	방문취업 (H-2) 비자
도입 목적	중소기업 인력난 해소, 합법적 인력 관리	재외동포 포용, 특정 업종 인력난 해소
허용 업종	제조업, 건설업, 농축산업, 어업 등	제조업, 건설업, 농축산업, 어업, 일부 서비스업 음식점, 숙박, 가사 등)
사업장 변경	제한적 (부당대우, 휴폐업 등)	상대적으로 자유로움 (일부제한)
구인/구직	정부(공단) 주도 매칭	자유 구직 또는 고용센터 알선
입국 전 필수	한국어능력시험, 건강검진 등	한국어 능력 평가, 건강검진 등
사용자	근로개시 신고의무 불필요	근로개시 신고 필요

표2-6 일반 고용허가제와 특례고용허가제 비교

160) 방문취업제에 대해 좀 더 많은 정보를 'https://eps.hrdkorea.or.kr'에서 확인할 수 있습니다.

(3) 불법체류자 단속 강화

2000년대 초반에는 합법적으로 체류하는 외국인보다 불법체류하는 외국인의 수가 훨씬 많아지는 역전 현상이 나타났습니다. 2000년 1월 23만명 수준이었고 2002년 말 체류외국인 약 60만 명 중 약 35만 명이 불법체류자였습니다. 당시 외국인 노동력 유입의 주요 통로는 산업연수생제도였는데 연수생들이 이탈하여 불법체류로 이어지는 것이 통상적이었습니다. 불법체류 외국인들은 주로 불법취업으로 이어졌고 이들은 대체로 노동자로서 대우를 받지 못하는 문제와 외국인 범죄 증가에 대한 우려가 있었습니다.

특히 2001년부터 인천공항 개항 시대를 맞아 위조여권 판독시스템 강화로 불법여권 소지 외국인 적발 건수는 가파르게 증가하였고, 위변조 여권소지 외국인 1,166명을 적발하여 퇴거조치 (9.12~12.24)를 하였습니다. 그리고 입국 목적이 분명하지 않은 6,082명에 대해 입국을 거부하기도 했습니다. 또한 911테러 영향으로 불법체류자 증가 및 테러 등을 고려하여 파키스탄과의 사증면제 조치를 일시 중지하기도 했습니다.

그러므로 2002년 외국인등록증 및 거소 신고증의 일제 갱신 작업이 진행되었습니다. 2002년 한일 월드컵을 앞두고 2002년 3월 25일부터 5월 29일까지 불법체류 외국인에 대한 자진신고를 받고 1년간 출국 유예 조치를 취하는 종합 대책을 시행했습니다.

이 기간 동안 약 25만 6천여 명의 불법체류자가 자진 신고했으며, 8천여 명이 자진 출국했습니다. 자진신고 기간 종료 후, 대대적인 불법체류자 단속을 실시했습니다. 2003년 1월 불법체류자 수는 136,913명 (전체 체류 외국인의 20.3%)으로 일시적으로 하락했습니다. 문제는 자진신고 후 1년 유예 조치를 받았던 불법체류자들 중 상당수가 다시 출국하지 않고 불법체류자로 전락하는 현상이 나타났습니다. 이것은 산업연수생제도의 한계였습니다.

그리고 고용허가제 도입을 전제로 2003년 3월 31일 출국 유예기간이 만료되는 불법체류자에 대해 2003년 8월 31일까지 일괄 재유예(3.25)하였고, 2003년 9월 1일~11월15일 자진 출국을 유도하는 방식이었습니다. 이들은 2003년 11월 15일까지 자진 출국할 경우 벌칙이나 범칙금을 면제받았습니다. 또한, 자진 출국 후 1년 내에 재입국하여 합법적인 자격을 갖출 경우, 출국 전 체류 기간과 합산하여 5년 범위 내에서 취업 활동을 할 수 있도록 했습니다. 그리고 3월 31일 기준 국내 체류 기간 4년 미만 불법체류외국인 22만 7천 명에 대하여 합법화 조치를 시행하였습니다. 184,199명(대상자의 80.9%)이 취업확인서 또는 사증 발급 인정서를 발급받았습니다. 이들은 E-9(고용허가) 비자로 체류 자격이 부여로 최장 2년간 합법적으로 취업 및 체류를 보장받을 수 있었습니다.

그리고 2004년 2월 9일 「재외동포의출입국과법적지위에관한법률」의 개정으로 동포의 인정 범위가 넓어지고 방문취업제 허용 연령도 25세로 낮아지는 등 요인으로 중국동포들이 2005년 3월 21일~ 8월 31일 불법체류 중국동포 약 5,800명이 자진 귀국을 하였습니다. 결국 불법체류자에 대한 자진 귀국과 비자 유예 등의 시도는 2003년 「외국인 근로자의 고용등에관한법률」 제정과 2004년 고용허가제 도입, 방문취업제 도입이라는 보다 근본적인 외국인력 정책 큰 변화를 이끌어 내는 계기가 되었습니다. 실제로 고용허가제 도입과 함께 불법체류자에 대한 사면이 실시되고 단속이 강화되면서 불법체류자의 수가 급감하고 합법 체류자의 수가 증가했습니다. 2008년에는 17.3%, 2009년에는 15.2%로 낮아졌습니다.

3) 이민·다문화정책의 추진

보건복지부는 2004년 말부터 2005년 여성 결혼이주자 가정에 대한 실태조사를 실시하였으며, 2005년 3월 18일 보건복지부의 결혼이주여성 관련된 정책 업무보고 때 대통령은 "국적과 관련된 이민정책을 신중히 검토하여 저출산과 고령화에 대한 근본 대책을 세우라"는 지시하였습니다. 이 지시는 대한민국에서 이민·다문화 관련 정책이 시작되는 계기가 되었습니다.

정부는 즉시 적극적으로 이민·다문화 관련 정책을 검토하기 시작하였고, 2005년 5월 22일 여성 결혼이민자 가족의 문제가 심각한 사회적 문제로 제기됨에 따라 "외국인 이주여성, 자녀의 인권 실태 파악 및 차별 개선 추진"을 대통령 지시 과제로 지정하였습니다. 그러면서 여성가족부에서 공식적인 정책의제로 "결혼이민자"라는 용어가 본격적으로 등장하였습니다.

2006년 4월 26일에 대통령 주재 국정과제회의에서 범정부 차원의 "여성결혼이민자 가족 및 혼혈인·이주자 사회통합 지원방안"이 수립되면서, 여성가족부가 이 정책의 주무 부처로서 결혼이민자 문제를 총괄·조정하는 부처로 지정되었습니다. 이 방안은 다문화가족지원 정책의 초석이며, 정부가 다문화가족 문제를 범정부적 차원의 주요 정책 과제로 인지하고, 체계적인 지원 시스템을 구축하기 위함입니다. 이것은 7가지 영역, 32개 과제로 구성되었으며 내용은 "급증하는 국제결혼과 이주민 인구에 대한 사회적 요구에 부응하고, 이들이 한국 사회의 건강한 구성원으로 정착할 수 있도록 체계적인 지원을 제공"하는 데 목표를 두었으며, 내용은 "▶국제결혼 중개업 관리 법률제정, ▶가정폭력 피해자 보호 및 안정적 체류 지원, ▶여성결혼이민자의 정착 지원, ▶다문화 교육 기반 구축 및 아동의 학교생활 적응지원, ▶기초생활 보장 및 보건서비스 지원, ▶사회적 인식 개선, 추진체계 및 전달체계 구축 등"이었습니다.

그리고 2005년 11월 21일 대통령비서실 수석보좌관회의에서 대통령은 "외국인근로자, 외국국적동포, 불법체류자 등의 문제에 대하여 책임있는 주무부처를 정할 필요가 있다고 지적하며, 법무부가 관심을 가지고 개선 대책을 세울 것을 지시"하였습니다. 이에 2006년 5월 26일 법무부는 제1회 외국인정책회의에서 외국인 정책 기본 방향 및 추진 체계를 범정부 차원에서 확정하였으며, 4월 1일~ 12월 31일 동포귀국 지원 프로그램을 실시하여 밀입국 및 형사처벌 대상자 포함 약 26,000명이 자진 귀국을 하였습니다.

그러므로 2006년부터 이민·다문화정책의 추진이 시작되었습니다. 다문화정책으로 연구가 시작되었으며, 다문화정책을 추진함에 있어 다문화 사회변동 지표로 제시한 것은 "저출산·고령화 문제, 국제결혼의 증가, 이주노동자의 유입과 방출, 교육목적의 유입 과 방출, 해외동포·다국적기업의 진입과 한국 기업의 현지화, 문화적 교류의 증대(관광과 한류), 국제사회에서의 역할" 등이었습니다. 다문화정책의 사실상의 중심은 저출산·고령화의 문제였습니다. 이는 정부가 이주민을 더 이상 단순히 관리의 대상으로만 보지 않고, 한국 사회의 중요한 구성원이자 포용해야 할 대상으로 인식하기 시작한 시점입니다.

또한 "여성결혼이민자 가족 및 혼혈인·이주자 사회통합 지원방안"을 기반으로 법적·제도적 초석이 연이어 마련되었습니다. 2007년 「재한외국인처우기본법」이 제정되었고, 2008년 「다문화가족지원법」이 제정되었습니다. 나아가 2012년 「난민법」제정으로 이어졌습니다.

(1) 외국인정책

2005년 11월 21일 외국인근로자, 외국국적동포, 불법체류자 등의 문제에 대하여 책임있는 주무부처로서 법무부에 개선 대책을 세울 것을 대통령이 지시한 이후 2006년 1월 10일, 법무부는 국내 체류 외국인의 인권 보호와 권익 향상을 위해 활동하는 시민단체 관계자들이 참여하는 "외국인 인권보호 및 권익증진 협의회"를 발족하였으며, 2월 8일에는 법무부 차관을 위원장으로 하는 첫 번째 협의회가 개최되어 외국인들의 임금 체불, 산재 피해, 가정 폭력 등 고충을 적극적으로 해결하고 법률구조와 체류 지원을 보다 쉽게 받을 수 있도록 하는 방안을 논의하였습니다. 그리고 3월 29일에는 제2차 회의가 개최되어 불법체류 중국동포의 임금체불, 신병 치료 등의 피해 구제 및 제도 개선 방안 등이 논의되었습니다.

❶ 외국인정책 기본 방향 및 추진체계

법무부는 2006년 5월 제1회 외국인정책회의에서 "외국인정책 기본 방향 및 추진체계"를 심의·확정하였습니다. 주요 내용을 보면, "정책목표는 통제와 관리 중심의 기존 정책에서 벗어나 인권 존중과 사회통합을 도모하고, 우수 외국인력 유치"였으며, 다문화사회로의 전환에 대비하고자 했습니다. 그리고 6대 정책목표 대상으로 "외국국적동포, 결혼이민자 및 외국인 여성과 그 자녀, 난민, 외국인 근로자, 불법체류 외국인, 그리고 외국인과 더불어 사는 사회를 위한 국민 인식 개선 포함한 국민"입니다. 추진 과제는 "▶적극적 개방을 통한 국가경쟁력 강화, ▶인권이 존중되는 성숙한 다문화사회로의 발전, ▶국익 위해자 출입국 차단 및 법과 원칙에 따른 체류 질서 확립, ▶총괄·조정 기능 강화"입니다. 이 회의를 통해 외국인정책위원회가 공식 출범했으며, 범정부적인 차원에서 외국인 정책을 총괄하고 조정할 수 있는 법적, 제도적 기반을 마련했습니다.

❷ 출입국·외국인정책본부

2007년에는 외국인 체류 100만 명을 돌파했고, 5월 10일 출입국·외국인정책본부(Korea Immigration Service) 시대를 열었습니다. 기존의 출입국관리국이 출입국·외국인정책본부로 확대 개편되었습니다. 이는 "외국인정책을 종합적이고 체계적으로 추진해 나갈 수 있는 기반 조성, 과거의 통제와 관리 중심에서 정책은 물론, 건전한 다문화사회를 만들기 위해 사회통합정책을 마련하는 것까지 포괄하는 종합기관"으로 변화였습니다. 그간 경험할 수 없었던 체류 외국인 증가 현상에 즉 이민사회로의 전환을 인지하고 적극적으로 대응하기 위한 노력이었습니다.

❸ 「재한외국인처우기본법」

2007년 5월 17일 "외국인정책 기본 방향 및 추진체계"를 뒷받침할 법적 기반 마련의 「재한외국인처우기본법」이 제정되었습니다. 이것은 외국인을 한국 사회의 구성원으로 인식하고, 이들을 위한 체계적인 정책적 지원을 국가가 책임지고 추진하겠다는 의지를 담은 상징적인 법률입니다. 주요내용을 보면, 목적, 재한외국인의 정의, 국가 및 지방자치단체의 책무, 외국인정책 수립 및 추진체계, 재한외국인 처우, 이민정책연구원 설립 및 운영 등으로 구성되어 있습니다. 여기서 규정하는 재한외국인은 "대한민국의 국적을 가지지 아니한 자로서 대한민국에 거주할 목적을 가지고 합법적으로 체류하고 있는 자"로 규정합니다. 결혼이민자, 난민인정자 등 특정 유형의 외국인에 대한 정의도 포함됩니다. 그리고 재한외국인 처우는 "사회적응 지원, 결혼이민자 및 그 자녀 지원, 전문인력 유치 및 처우 개선, 국적취득 후 사회적응, 불합리한 차별 방지 및 인권 보호, 취업 지원, 민간과의 협력 등입니다. 최근 주요개정 내용으로는 ▶2022년 1월 25일 개정에는 아프가니스탄 특별기여자 등 특정 상황의 외국인에 대한 정착지원 강화 그리고 재한외국인에 대한 취업 지원 규정의 신설, ▶2023년 4월 18일 개정에는 이민정책연구원의 설립 및 운영에 관한 법적 근거 명확화, ▶2023년 10월 24일 개정: 외국인종합안내센터 운영의 민간 위탁에 관한 법적 근거를 마련하기 위한 시행령 개정 등입니다.

❹ 제1차 외국인정책 기본계획

2008년 12월 17일에 개최된 제4회 외국인정책위원회에서 "제1차 외국인정책 기본계획(2008~2012년)"을 심의·확정하였습니다. 여기서 외국인정책이란 "대한민국으로 이주하고자 하는 외국인에 대해 일시적·영구적 사회구성원 자격을 부여하거나, 국내에서 살아가는 데 필요한 제반 환경의 조성에 관한 사항을 정치·경제·사회·문화 등 종합적 관점에서 다루는 정책"으로 정의하고 있습니다. 제1차 외국인정책의 기본방향은 "개방을 통한 국가경쟁력 강화, 인권이 존중되는 성숙한 다문화사회로의 발전, 법과 원칙에 따른 체류질서 확립"이며, "외국인과 함께하는 세계 일류 국가"라는 비전으로 "▶적극적인 이민 허용을 통한 국가 경쟁력 강화, ▶질 높은 사회통합, ▶질서있는 이민행정 구현, ▶외국인 인권옹호"의 4개 정책목표와 13개 중점과제 그리고 169개 세부과제를 선정했습니다. 주요 특징으로는 "▶범부처적 종합 계획, ▶관리에서 통합으로의 전환, ▶장기적이고 체계적인 관점에서 외국인 정책을 추진하는 기반" 마련이었습니다.

❺ 사회통합프로그램 시범운영

2009년 사회통합프로그램을 시범운영 했습니다. 재한외국인 처우 기본법(2007)을 기본적인 법적 근거로 2008년 이민자 사회통합프로그램 및 그 운영에 관한 규정 훈령을 제정하였으며, 2009년 시범운영의 토대를 마련했습니다. 이민자들이 한국어 능력과 한국 사회에 대한 이해를 체계적으로 습득할 수 있도록 표준화된 교과과정을 도입하였으며, 도입 첫해에는 20개의 운영기관에서 1,331명의 참여자가 있었습니다. 프로그램 이수자에게는 귀화 및 영주 자격 신청 시 필기 및 면접시험 면제, 체류자격 변경 시 가점 부여 등 다양한 행정적 혜택을 제공하여 참여를 유도했습니다. 사회통합프로그램의 시범운영은 대한민국이 본격적으로 이민자 사회통합 정책을 추진하는 첫걸음이었습니다. 사회통합프로그램(KIIP)은 한국어 및 한국 사회 이해 교육을 통해 장기적인 관점에서 이민자들의 사회 적응과 통합을 지원[161] 하는 데 중점을 두고 있습니다.

(2) 다문화가족지원정책

2000년 11,605건이었던 국제결혼은 2010년 34,235건으로 3배 이상 증가했으며, 특히 2005년에는 국제결혼이 전체 결혼의 13.6%를 차지했습니다. 결혼이민자도 베트남, 필리핀, 구소련, 몽골, 태국 등 다국적화로 변했습니다. 이와같은 국제결혼 증가 배경에는 몇 가지 이유가 있었습니다. 첫째, 결혼중개업제도의 변화입니다. 1999년 9월 8일 「가정의례에관한법률」 폐지로 결혼중개업의 상업화는 국제결혼시장 확장을 가져왔습니다. 즉 1973년 허가제였고 1993년 신고제로 전환되었습니다. 그리고 1999년 자유업[162] 으로 바뀌면서 결혼중개업소가 확산되었으며, 다수가 국제결혼에 뛰어들었고 사람의 인권보다 돈이 우선시되고 고객확보를 위해 무한경쟁의 상업화로

---

161) 사회통합프로그램은 'https://www.socinet.go.kr'에서 상세한 정보를 알 수 있습니다.

162) 2007년 「결혼중개업의관리에관한법률」이 제정되면서 결혼중개업은 신고 또는 등록으로 전환되었습니다.

변했습니다. 곧 국제결혼이 하나의 형식적이고 대규모 속성결혼중계시스템으로 변했습니다. 둘째, 「국적법」 개정(1997년 12월)입니다. 「국적법」이 부계혈동주의 원칙에서 양성평등의 부모양계혈통주의 원칙으로 개정되면서 한국여성과 외국남성 간의 결혼도 증가하였고 자녀를 한국호적에 등록하는 문제도 해소되었습니다. 셋째, 베트남인 결혼 수요자의 증가입니다. 베트남 여성 결혼수요자들은 1990년대 중반 대만 남성들을 대상으로 몰리면서 대만에서 베트남 신부의 인권 문제가 점차 사회 문제화되었고, 대만은 베트남인과의 국제결혼을 금지했습니다. 이에 베트남 국제결혼 수요자들은 새로운 활로를 찾게 되었고 1990년대 말부터 한국으로 몰리기 시작했습니다. 2003년 이후 한국 남성과 베트남 여성의 혼인 비율은 급증했습니다. 넷째, 「한중국제결혼에관한양해각서」의 폐지(2003.7.1.)입니다. 1996년 9월 20일 양국의 국제결혼 관행의 정착이라는 명분 아래 그러나 중국교포와 국내인과의 위장 국제결혼 폐해의 잦은 노출로 중국인에 대한 위장결혼을 방지하는 목적으로 체결했던 「한중국제결혼에관한양해각서」의 폐지로 국제결혼에 대한 강한 규제들이 해제되었습니다. 한국·중국 어느 일방 국가에서 혼인등기(신고)를 할 수 있도록 제도를 변경했습니다. 이것은 중국이라는 수적 우위와 함께 같은 핏줄이라는 민족적 동질감이 크게 작용하여 중국인(특히 조선족)과의 국제결혼은 더욱 빠르게 증가하였습니다. 국제결혼은 1990년 619명에서 2004년 25,594명으로 증가하였습니다.

연도	총 결혼 건수	국제결혼	외국인 아내	외국인 남편
1990	399,312	4,710 (1.2)	619 (0.2)	4,091 (1.0)
1995	398,494	13,494 (3.4)	10,365 (2.6)	3,129 (0.8)
2000	334,030	12,319 (3.7)	7,304 (2.2)	5,015 (1.5)
2003	304,932	25,658 (8.4)	19,214 (6.3)	6,444 (2.1)
2004	310,944	35,447(11.4)	25,594 (8.2)	9,853 (3.2)
2005	316,375	43,121(13.6)	31,180 (9.9)	11,941 (3.8)

표2-7 국제결혼건수

(출처 : 통계청, 인구동태, KOSIS자료 https://kostat.go.kr)

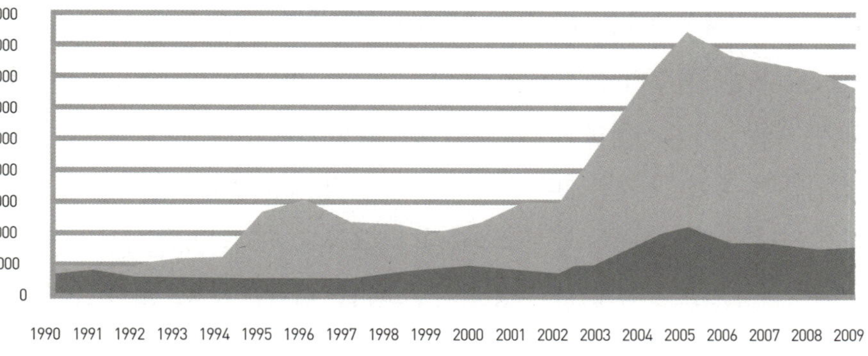

그림2-11 성별 결혼이민자 유입 현황, 1990~2009
(출처: 통계청, 인구동태, KOSIS자료 https://kostat.go.kr)

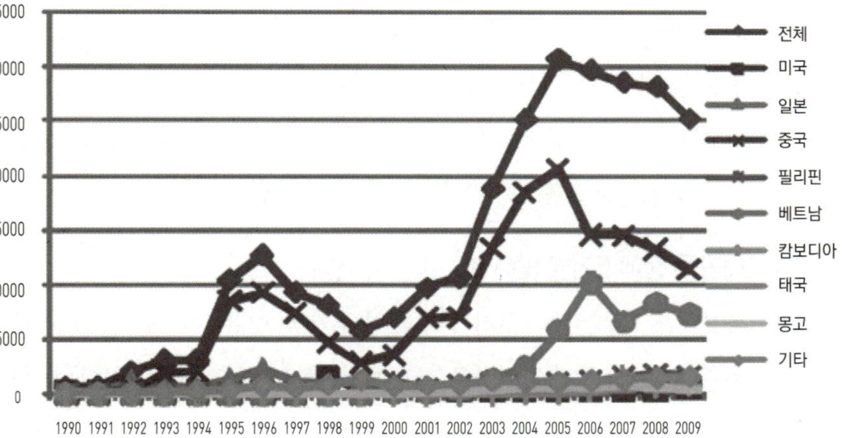

그림 2-12 국제결혼 외국인 여성의 국적별 분포, 1990~2009
(출처: 통계청, 인구동태, KOSIS 자료 https://kostat.go.kr)[163)]

163) 통계청은 결혼이민자의 국적을 1999년까지는 미국, 일본, 중국, 기타로 분류하다가 2000년 이후에야 여러 국가로 나누어 보고하기 시작했습니다.

❶ 결혼이민자 문제를 총괄·조정하는 부처 여성가족부

2006년 여성가족부의 결혼이민자 문제를 총괄·조정하는 부처로 지정되어 결혼이민자 및 이들 다문화가정에 대한 지원정책이 급증하였습니다. 다문화가족지원센터의 전신인 "결혼이민자지원센터" 21개소를 지정 및 시범 운영하였으며, 다문화가족 서비스 전달체계를 구축하기 시작했습니다. 그리고 2006년 5월 다문화가정 자녀 교육지원 대책 발표로 국제결혼가정 자녀 교육지원 대책을 처음으로 수립하고, 국제결혼가정 자녀에게 이중언어 학습지원을 했습니다.

❷ 「결혼중개업의관리에관한법률」 제정

국제결혼 증가와 함께 결혼중개업의 투명성을 높이고, 이용자의 권익을 보호하기 위해 2007년 12월14일 「결혼중개업의관리에관한법률」이 제정되었습니다. 이것은 "국내 및 국제결혼중개업을 운영하려면 일정한 요건을 갖추고 신고 또는 등록한다. 매매혼 성격의 결혼중개 금지, 현지 공증인에 의한 공증절차, 결혼중개업자는 이용자에게 신상정보를 제공해야 한다. 허위 정보제공 시 처벌받을 수 있다. 위장결혼·인신매매 등의 불법 행위를 방지하기 위한 규정 등"을 두었습니다. 또한 "정부는 등록된 결혼중개업체의 정보를 정기적으로 공개"하도록 했습니다.

❸ 다문화가족 생애주기별 맞춤형 지원강화 대책

2008년 10월 복지부는 "다문화가족 생애주기별 맞춤형 지원강화 대책"을 통해 "다문화가족을 단순히 결혼이민자로 한정하지 않고, 결혼이민자와 자녀, 배우자 등 가족구성원 전체를 대상으로 하여 가족의 생애주기별 특성에 맞는 맞춤형 서비스를 제공하는 데 초점"을 맞췄으며, "서비스 전달체계 구축, 통·번역 지원사업을 본격적으로 실시하는 방안"을 제시했습니다. 또한 생애주기별 정책 7대 과제로 "▶결혼중개 탈법 방지 및 결혼예정자 사전 준비 지원, ▶결혼이민자 조기 적응 및 다문화가족의 안정적 생활 지원, ▶다문화가족 자녀 임신·출산·양육 지원, ▶다문화 아동·청소년 학습 발달 및 역량 개발 강화, ▶결혼이민자 경제·사회적 자립 역량 강화, ▶해체 다문화가족 자녀 및 한부모가족 보호 지원, ▶다문화사회 이행을 위한 기반 구축"을 제시했습니다.

❹ 다문화가족 지원 개선 종합대책

2009년 6월 발표한 "다문화가족 지원 개선 종합대책"은 2008년 「다문화가족지원법」이 제정되고 "생애주기별 맞춤형 지원 강화대책"이 발표된 이후, 다문화가족이 겪는 실제적인 어려움을 해소하고 보다 심층적인 지원을 제공하기 위한 노력이었습니다. 주요 과제는 "▶직업훈련 및 취업 알선 프로그램을 확대와 영농기술 교육 등 지역 특화 취업 지원 포함, ▶자녀들의 한국어 교육 및 학습 지원 강화 및 개별화된 언어 발달 지원 확대 그리고 보육시설 이용 및 방문교육 서비스 지원, ▶한국어교육 프로그램을 더욱 체계화와 통·번역 서비스 강화, ▶가족 교육 및 상담 확대와 쉼터 및 상담 지원 강화, ▶국제결혼 건전화 및 인식 개선, ▶다문화가족정책위원회(가칭) 설치 검토와 전국 다문화가족지원센터의 역할을 확대"입니다.

❺ 제1차 다문화가족 정책위원회

2009년 12월 17일에는 한국 다문화가족 지원 정책의 기틀을 마련하고, 범부처적인 협력 체계를 구축하는 데 중요한 시발점이 되었던 "제1차 다문화가족정책위원회"가 열렸습니다. 주요 목적은 "▶다문화가족 지원 정책의 총괄·조정, ▶2010년부터 2012년까지 적용될 제1차 다문화가족지원정책 기본계획 수립, ▶다문화사회 이행 기반 구축"이었습니다. 그리고 다문화가족정책위원회의 주요 역할은 「다문화가족지원법」 제3조의4에 의하면 "▶다문화가족정책에 관한 기본계획의 수립 및 추진, ▶다문화가족정책 시행계획의 수립, 추진 실적 점검 및 평가 ▶다문화가족과 관련된 각종 조사, 연구 및 정책의 분석·평가 ▶각종 다문화가족 지원 관련 사업의 조정 및 협력, ▶다문화가족정책과 관련된 국가 간 협력, ▶그 밖에 다문화가족의 사회통합에 관한 중요 사항"입니다.

4) 새로운 유입

(1) 외국인유학생의 유입

2000년대는 한국 학생의 중국 유학 러시가 일어나던 시기입니다. 반면 국내로의 외국인 유학생 유치 사업이 시작되는 시기였습니다. 이것은 한국이 외국인 유학생 유치에 첫 출발이었고 폭발적으로 양적 성장을 이룬 중요한 시기였습니다. 2000년대 중반 한류 열풍과 정부 및 대학의 유치 노력으로 외국인 유학생도 꾸준히 증가했습니다. 특히 2000년대 후반부터 한국 정부의 유학생 유치 정책이 강화되면서 유학생 수가 급격히 늘어났습니다. 2000년 3,762명, 2001년 12,314명이었으며, 2004년 16,832명, 2009년에는 75,850명 (어학연수 및 기타 연수 포함)으로 증가했습니다. 이러한 증가 속도는 OECD 회원국 중 가장 높은 수준이었습니다.

2001년 7월 교육부는 국내 대학의 국제 경쟁력 강화와 유학 수지 개선을 목표로 "외국인 유학생 유치 확대 종합 방안"을 발표했습니다. 주요 내용으로 대학의 영어 전용 강좌 확대, 한국어 능력 시험 확대, 한국어 교사 자격 인증제 도입 추진, 대학의 장학금 지급 기준 완화 유도, 국제교육진흥원 기숙사 신축 등 유치 기반 확충, 대학 평가 시 외국인 유학생 유치 활동 실적 반영, 우수 지방대학 유학생 유치 활성화, 유학생 정주 여건 개선 및 생활·취업 지원 등이었습니다. 이 방안은 이후 Study Korea Project (2004년부터 시행)로 발전하며, 한국의 외국인 유학생 유치 정책의 기반이 되었습니다.

Study Korea Project (2004)는 한국의 대학교육정책의 중추적인 전환을 의미하며, 대학의 국제화와 외국인 유학생 유치를 위해 보다 적극적인 접근방식으로 전환되었습니다. 그 동기를 보면, "국내 유학생 부족 문제 해결, 동북아시아 교육 허브로서 한국 구축, 한국 고등교육의 경쟁력 및 질 향상, 해외에서의 한국 이미지 제고, 경제개발 및 글로벌 인재 확보 지원"입니다. 그리고 추진계획으로 "2008년까지 5만

명 외국인 유학생 유치, 우수한 외국인 유학생을 유치하기 위한 정부 장학금 확대, 생활환경 개선, 행정 지원 역량 및 서비스, 영어 중심 수업 확대, 한국을 유학지로 홍보"입니다.

2004년 Study Korea Project는 초기 양적 목표 달성에 큰 성공을 거두었습니다. 2007년에는 외국인 유학생 수가 이미 4만 9천 명을 넘어섰고, 2008년 목표인 5만 명에 근접했습니다. 2008년에는 2012년까지 외국인 유학생 유치 목표를 10만 명으로 수정했습니다. 이후, 2020년까지 20만 명의 외국인 유학생 유치를 목표로 하는 Study Korea 2020 사업으로 발전했습니다. 그리고 2023년 8월 Study Korea 300K 사업을 발표하여 2027년까지 30만 명의 외국인 유학생을 유치하고 한국을 세계 10대 유학 강국으로 도약시키는 것을 목표로 하고 있습니다.

외국인 유학생은 장차 한국 사회에 기여하게 될 양질의 고급인력으로 분류됩니다. 외국인 유학생의 유입은 한국 사회 다문화에 긍정적인 요인이 될 수 있습니다.

(2) 고려인의 유입

고려인이란 한반도의 분단이 낳은 특수한 역사의 산물로 19세기 후반부터 20세기 초반까지 러시아 극동지역으로 이주한 한민족으로 연해주를 비롯한 구소련 지역 국가에 거주하는 한인 동포와 그 후손을 총칭하는 이름입니다. 이들은 주로 연해주 지역에서 농업과 상업을 기반으로 정착했으며, 1910년~1937년 사이에는 독립운동과 공동체 형성을 통해 강한 결속력을 보였습니다. 그러나 1937년 스탈린 정권의 강제 이주 정책으로 약 17만 명의 고려인이 중앙아시아로 이주를 당하며 큰 고통을 겪었습니다. 1991년 소련 붕괴 이후 고려인들은 다시 다양한 국가로 흩어졌으며, 일부는 한국으로 돌아와 정착하기도 했습니다. 1991년부터 고려인도 정부의 재외동포 통계에 포함하고 있습니다.

구소련 지역의 동포들을 부를 때 카레이스키라고 하는데 이것은 형용사이며,

정확하게는 남성은 카레예츠 (koreets), 여성은'카레얀카 (Кореянка)라고 부릅니다. 명칭의 태동을 고려족회(1917), 고려적위군(1918), 고려공산당(1921) 등의 이름에서 찾아볼 수 있는데 연해주에서 한민족이 공동체를 이루고 독립운동을 할 때 이미 "고려"라는 명칭을 애용하고 있었습니다. 그리고 1928년 7월 소련으로 망명한 작가 조명희 (1894-1938)의 작품 세계[164] 에서 찾아볼 수 있습니다. 그는 한국 근대문학사에 큰 발자취를 남긴 작가이자 독립운동가입니다. 특히 그의 작품 세계에서 "고려"라는 단어는 단순한 지명이 아닌, 조국과 민족에 대한 깊은 사랑과 애환, 그리고 항일 저항 정신을 상징하는 중요한 의미를 내포하고 있습니다. 고려인은 일본제국주의에 침탈당한 프롤레타리아로 주체화하고 있으며, 당시에는 해방되어 새롭게 세워질 나라가 소련처럼 사회주의의 나라로써 고려였습니다.

그러나 해방 후 북한이 사회주의 국가 조선이라는 국호의 사용으로 고려라는 명칭은 잠시 잊혀졌습니다. 그러다가 88올림픽과 1989년 세계한인체육대회 (세계한민족축전) 같은 국제 행사를 앞두고 한민족 사회단체들이 결성되기 시작하였는데 1985년 5월 "모스크바 고려인협회" 설립, 1990년 5월 연방차원의 "전소고려인협회 창립대회" 등이 있었고, 1991년 5월 카자흐스탄에서 레닌기치라는 신문이 고려일보로 개칭하여 발행되면서 고려인이라는 명칭이 본격적으로 다시 쓰이기 시작하였습니다.

현재 고려인들은 우즈베키스탄, 카자흐스탄, 러시아 등지에서 활발한 공동체를 유지하며, 한국과의 문화적 교류도 점점 증가하고 있습니다. 그런데 고려인들과의 접촉은 남북분단이라는 현실 속에서 1970년대 사회교육방송을 통해 친지 연고자

164) 1928년에 발표된 산문시 '짓밟힌 고려'는 단순히 지리적인 의미를 넘어 일제에 의해 억압받고 고통받는 조국과 민족의 현실을 상징하고 있습니다. 이 시는 한인들에게 민족적 울분을 달래주고 항일 의식을 고취하는 상징적인 저항시였습니다. 그의 고향인 충청북도 진천에는 포석 조명희 문학관이 조성되어 있습니다.

찾기 프로그램이 시작되면서입니다. 먼저 고려인과는 차원이 다른 배경의 사할린한인의 귀환을 위한 접촉이 있었고, 이들은 1990년대에 이르러서 실제로 귀환을 위한 접촉이 진행되었습니다. 고려인들과는 방송프로그램이 유일한 통로였습니다. 그리고 1980년대에는 재외국민 정책의 법제화 및 제도화가 있었는데 헌법에 재외국민에 대한 보호 조항을 넣게 되고 재외국민 정책심의 위원회를 설치하였습니다. 그리고 7·7선언을 계기로 재외동포를 통일의한 축으로 천명하고 공산권 외국국적동포와 교류가 본격적으로 시작되었습니다. 1989년에는 세계한민족축전을 개최하였는데 여기에 구소련 및 중국동포들이 초청되었습니다.

이들의 한국 이주가 증가하는 이유는 한국 기업 및 교회 등의 CIS진출로 인한 한국과의 접촉 증가이며, 한국 정부 및 민간단체의 협력에 의한 한국 방문 기회 확대, 한국의 경제 성장 등 다양합니다. 2023년 12월 말 법무부 출입국외국인정책 통계월보 기준 국내 체류자는 약 112,634명으로 추정됩니다. 이들은 대체로 가족 단위 이주가 많으며, 추정 숫자입니다.

그리고 2000년대의 고려인 유입 통계는 대부분 연구자들의 추정치에 의존하거나, 방문취업 비자 발급 현황을 통해 간접적으로 파악할 수밖에 없습니다. 2007년에 방문취업비자 쿼터가 4,022명으로 시작되었고, 시험 응시자가 2,020명이었고 이들 전원에게 방문취업 기회를 부여하였습니다. 2008년부터 무시험 컴퓨터 추첨에 의해 방문취업비자를 발급하기로 함에 따라 2,711명의 쿼터 중 2,165명이 신청하여 모두 합격 처리되었고 방문취업사증(H-2)이 신청을 받았습니다.

그리고 광주 광산구에 있는 한 민간단체가 2004년 공동체 모임을 주선했는데 상당수의 고려인이 이미 집단을 형성하고 그 지역에 체류하고 있었습니다. 필자도 2009년 그곳을 방문한 적이 있는데 그때 만났던 분들 중에는 1990년대 초에 한국에 오신 분들도 여럿 있었습니다. 당시 안산지역에서 만났던 분들도 그러했습니다.

그러므로 고려인들은 2007년 방문취업제를 통해 본격적으로 유입되었을 것으로 보이나 2002년부터 이미 취업관리제가 시행되었었고, 다양한 경로로 이미 1980년대 말부터 시작된 동포 초청 행사, 1990년대 초 소련의 붕괴와 산업연수생제도 시행, 그리고 1990년대 중반부터 본격적으로 시작된 재외동포정책, 1999년 재외동포법이 제정과 이후 개정되면서 F-4 자격 혹은 다른 형태로 상당수의 고려인 출신들이 이후 유입된 것으로 추정됩니다.

정책 도입기 (2000~2009년)는 고려인의 한국 유입이 본격적으로 증가하기 시작한 시기입니다. 이는 한국의 재외동포 정책 변화, 한류의 확산, 구소련 국가들의 경제 상황 변화, 그리고 한국 경제의 성장과 노동력 수요 증가 등 다양한 요인이 복합적으로 작용한 결과입니다. 한국에 유입된 고려인들은 주로 특정 지역을 중심으로 집단으로 거주하기 시작했습니다. 대표적인 곳이 경기도 안산시의 땟골마을, 광주광역시 광산구의 고려인마을, 인천 연수구의 함박마을, 충남 아산시 둔포초등학교 주변 등입니다. 국내 체류 고려인은 대체로 학력이 높고 재능이 있어도 단순노무직에 종사하는 경우가 많으며, 정주하려는 자와 일정 기간 거주 후 출국하기를 희망하는 자들이 공존합니다. 고려인은 국내에서 주로 러시아어를 사용하고 고려인들끼리 네트워크를 형성하는 경향이 강합니다.

(3) 난민의 유입

한국은 1994년 「난민협약」 가입 이후 2000년대 초반까지 난민 신청자 수가 매우 적었습니다. 2000년대 중반까지도 연간 신청자 수는 수십 명에서 백여 명 수준에 그쳤습니다. 2001년부터 2017년까지 전체 기간의 난민 인정률이 3.5%~4.1% 수준이라는 점을 고려하면, 2000년대 인정률이 얼마나 낮았는지 추측해 볼 수 있습니다.

2000년, 한국은 UNHCR(유엔난민기구) 집행위원회 이사국에 선출되었습니다. 이는 한국이 난민 보호에 대한 국제적 책임을 더 강화해야 한다는 상징적인 의미를 가졌습니다. 이에 법무부는 2000년 7월부터 난민 신청을 접수하기 시작하여 에티오피아 출신 20대 전도사가 반정부 활동을 이유로 2001년 1호 난민 지위 획득자가 되었으며, 2002년에는 미얀마인 3명이 난민으로 인정받았습니다. 이후 시민사회 단체와 법률가들을 중심으로 독자적인 「난민법」 제정 운동이 본격화되었습니다. 2006년 출입국관리국 국적난민과 신설하여 국적 부문과 난민 부문을 모두 관할하게 되었습니다

그리고 2008년 12월 19일 난민정책 선진화를 위한 「출입국관리법」을 개정하였습니다. 난민 지위에 관한 이의신청 기간 연장, 난민 지원시설 설치 등 난민의 처우를 개선, 난민 인정을 받지 못한 자 중에서 인도적 측면에서 필요한 경우 체류를 허가할 수 있도록 하였습니다. 그리고 지원체계를 법적으로 명문화하였습니다. 이것은 한국 사회에서 난민에 대한 인식을 제고하고 국제사회에서 인권국가로서의 역할을 하기 위한 노력이었습니다. 난민 신청을 하고 일정 요건을 충족하면 취업 활동 허가가 가능하도록 했습니다. 그리고 난민시설 설치 근거를 마련하였습니다.

(4) 북한이탈주민의 유입

2000년대는 북한이탈주민 지원 정책이 제도적으로 정비되고 강화되던 시기입니다. 이 시기에는 1990년대와는 다르게 탈북자의 유입도 또한 큰 폭으로 증가하였으며, 통일부 자료 기준 2002년(1,142명) 처음으로 연간 입국자 수가 1천 명을 넘어섰고, 2006년 2,028명, 2008년 2,803명, 2009년 2,914명으로 거의 3천 명에 육박했습니다. 2000년 이전에는 남성 탈북민의 비율이 높았으나, 2000년대에 들어서 여성 탈북민의 비율이 급격히 증가했습니다. 2009년에는 약 77%에 달할 정도로 여성의 비중이 압도적으로 높아졌습니다. 그리고 가족 단위의 탈북이 늘어나 노년층, 청소년, 유아 등 다양한 연령대의 탈북민이 유입되는 계기가 되었습니다. 2024년 9월 기준 한국으로 입국한 누적 북한이탈주민의 수는 약 3만 4,259명입니다.

그리고 2001년 유엔난민기구(UNHCR) 한국사무소 개소[165]로 국제적 난민 보호 체계와 연계를 강화하게 되었으며, 남북 관계 진전으로 2003년 고성에서 최초로 육로를 통한 북한 방문 출입 심사가 진행되기도 했습니다.

한편, 통일부는 2008년 11월 21일, 새터민이라는 용어를 가급적 사용하지 않겠다고 공식 발표했습니다. 새터민이라는 용어는 2005년 통일부가 '탈북자'라는 용어의 부정적 이미지를 순화하기 위해 제시한 단어였습니다. 새로운 터전에 정착한 주민이라는 긍정적인 의미를 담고 있었습니다. 하지만 2008년 당시, 일부 북한이탈주민 단체들을 중심으로 '새터민'이라는 용어에 대한 반발이 강하게 제기되었습니다. 즉 사유를 보면, "▶자유를 찾아 탈출한 이들의 정치적 의미를 약화시키고, ▶단순히 먹고 살기 위해 이주한 사람들이라는 인식, ▶한국 내에서 새로운 터전을 찾아 이사 다니는 일반인들과 혼동, ▶법적 용어 북한이탈주민이라는 공식 용어를 사용하려는 의견 등"입니다.

(5) 미등록체류자녀의 유입

대한민국은 1991년 「아동의 권리에 관한 협약」에 가입하였습니다. 따라서 의무교육 연령에 해당하는 아동은 교육권이 있으므로 교육부에서는 학교장 재량으로 2001년부터 미등록체류 자녀의 초등학교 입학을 허용하였으며, 2003년부터 중·고등학교에 대해서도 입학허가 권한을 학교장에게 위임하였습니다.

법무부는 단순기능 인력을 포함한 합법체류 중인 외국인의 자녀에 대해서는 국내 체류기간 중 방문동거 (F-1) 자격을 부여하였고, 미등록체류 외국인 자녀일지라

---

165) UNHCR 한국사무소는 2001년 일본 동경 지역사무소 산하의 연락사무소로 처음 문을 열었습니다. 이후 2006년 7월, UNHCR 한국사무소는 지역사무소로부터 독립하여 독자적인 '한국대표부'로 승격되었습니다.

도 질병 등 인도적인 사유가 있어 국내체류가 불가피한 경우에는 기타자격 (G-1)을 부여하여 사유 해소 시까지 국내체류를 허용하였습니다. 그리고 18세 미만의 아동에 대해서는 설사 미등록체류 상태에 있다 하더라도 단속 대상에서 제외하고 있었습니다. (출처 대한민국 정책브리핑(www.korea.kr) 2006. 2. 14.)

그러나 2006년은 국내체류 외국인의 수가 급증하고 다문화사회로의 진입이 가시화되면서, 미등록체류 자녀 문제에 대한 사회적 관심이 높아지고 정부 차원의 접근이 시작되었습니다. 특히, 불법체류 부모를 따라 한국에서 입국 또는 한국에서 태어나거나 어린 시절부터 국내에 거주하며 성장한 자녀들이 교육, 의료 등 기본적인 권리를 제대로 누리지 못하는 문제가 이슈화되면서, 이들의 신분 안정 및 인권 보호에 대한 목소리가 커졌습니다. 따라서 불법체류자 자녀의 신분 안정을 위한 부처간 협의를 추진하게 되었습니다.

불법체류자 자녀 (미등록체류 이주아동)의 정확한 통계는 파악의 어려움이 있습니다. 최소 5천 명에서 최대 4만 명에 이를 것으로 추산할 뿐입니다. 2017년 12월 기준 19세 이하 미등록체류 이주아동은 5,279명으로 집계된 자료가 있습니다. (법무부 출입국 기록 기준). 하지만 이것은 출입국 기록에 잡힌 인원이어서 한국에서 태어나 등록되지 않은 아동은 포함되지 않을 가능성이 있습니다. 교육부 통계에 따르면, 국내 초중고교에 재학 중인 미등록체류 이주아동은 약 3,000여 명입니다. (출처 : BBC뉴스코리아, https://www.bbc.com, 2025. 2. 5.) 이 수치는 학교에 다니는 아동만 집계한 것이므로, 미취학 아동이나 학교 밖 아동은 포함되지 않습니다. 정부는 2022년부터 국내 장기체류 아동 교육권 보장을 위한 체류자격 부여 방안 등을 한시적으로 시행하고 있으며, 미등록체류 이주아동의 체류 안정을 돕는 제도를 운영하고 있습니다.

"그림자 아이들, 있지만 없는 아이들"로 표현되는 이들은 한국 사회의 또 다른 다문화 구성원들입니다. 정확한 통계가 부재하다는 사실 자체가 이 문제의 심각성과 복잡성을 보여주는 지표입니다. 미등록체류 자녀의 안정적인 생활을 위한 법적·행정적 지원 강화할 필요가 있습니다.

5. 정책 발전기 (2010~2019)

정책 발전기 (2010~2019)는 한국의 이민·다문화 환경이 획기적으로 변화하는 시기였으며, 이민자와 다문화에 대한 인식이 크게 변화하면서 본격적인 다문화 사회로 진입하는 시기였습니다. 2016년 체류외국인 200만 명, 2019년 250만명 등 지속적인 이민자의 유입으로 체류외국인의 증가, 다문화 구성원의 다양화, 다문화사회의 과제와 논쟁, 관련 법제도의 개정과 정비, 그리고 정책에 있어서도 많은 진일보가 있었습니다. 다문화가족지원정책 기본계획과 외국인정책 기본계획이 시행되었고 관련 정책의 발전과 진일보가 이루지는 시기였습니다.

난민 인정자 중 최초로 한국 국적 취득자가 나왔으며, 「난민법」의 제정과 재정착 난민 도입이 진행되었습니다. 그리고 난민 신청자들이 대폭 증가하는 시기였습니다. 외국인 유학생 유치·관리 역량 인증제를 도입하여 외국인 유학생 정책이 질적으로 성숙하는 계기가 되었고 외국인 유학생 비자제도 개선이 있었습니다. 외국인노동자 제도에서도 성실근로자제도와 숙련노동자 (E-7-4) 제도가 도입되었습니다. 외국국적동포에게 동포방문복수사증 (C-3-8)을 발급하여 사실상 자유로운 방문이 가능하게 하였고 재외동포법 개정을 통해 동포의 범위를 확대하였습니다. 국방부에서는 장교임관 입영선서문 수정과 다문화군대에 대한 대비책을 마련하기도 했습니다. 행정안전부를 중심으로 다문화이주민+센터설치·운영이 시작되었습니다. 그리고 통일부에서는 북한이탈주민지원기본계획을 시행하였습니다.

1) 다문화가족지원정책

정책 발전기 (2010~2019) 에는 다문화가족지원정책 기본계획이 시작되었고 발전한 시기였습니다. 먼저 제1차는 2010~2012년에 시행되었으며, 제2차는 2013~2017년 시행되었습니다. 그리고 제3차는 2018~2022년으로 연속으로 진행되고 있었습니다.

(1) 제1차 다문화가족지원정책 기본계획

2010년 5월 제2차 다문화가족정책위원회를 통해 제1차 다문화가족지원정책 기본계획(2010~2012)을 논의·확정하였습니다. 이 기본계획은 급증하는 다문화가족에 대한 체계적인 지원을 하기 위해 「다문화가족지원법」(2008)에 근거하여 마련된 최초의 법정 계획이었습니다. 이 기본계획은 "다문화가족의 안정적인 정착과 자립, 삶의 질 향상을 목표로 결혼이민자의 한국어교육, 취업 지원, 자녀 교육, 국제결혼 중개관리 등" 다양한 분야를 포괄했습니다. "▶다문화가족지원센터의 전국적 확대 및 원스톱 서비스 기반 구축, ▶결혼이민자 한국어 교육 강화 및 취업 지원 확대, ▶다문화가족 자녀 교육 지원 강화, ▶건전한 국제결혼 정착 지원, ▶다문화에 대한 사회적 이해 제고 등"을 내용으로 하였습니다.

제1차 기본계획은 다문화가족 정책의 법적, 제도적 기반을 마련하고, 정책의 종합적이고 체계적인 통합이었습니다. 또한, 다문화가족지원센터를 통해 지원 서비스의 전달체계를 확립했습니다.

❶ 국제결혼 안내 프로그램

이 정책에 맞춰 10월 6일부터 국제결혼 안내 프로그램[166] 을 시행하였습니다. 이것은 국제결혼을 준비하는 한국인 남성이 법무부가 지정한 7개국 즉 몽골, 베트남, 우즈베키스탄, 중국, 캄보디아, 태국, 필리핀의 국민과 결혼을 희망하는 경우 필수적으로 이수해야 하는 프로그램입니다.

2000년대부터 국제결혼이 급증하였고, 비록 2007년 「결혼중개업의관리에관한법률」을 제정하였으나 국제결혼중개업의 상업화로 경쟁적인 무분별한 영업, 허위 정보 제공, 인권침해 등이 여전히 문제가 빈번하게 발생하였습니다. 한국으로 이주해 온

166) 당시 한국인 배우자 대상 국제결혼 안내 프로그램과 결혼이민자(외국인 배우자) 대상 입국 전 사전 교육 두 부분으로 구성되었습니다. (자료 참조 https://www.socinet.go.kr)

결혼이민자들이 부당한 대우를 받거나, 이혼율이 높아지는 등 사회적 문제가 심화되었습니다. 결국 2010년 베트남 신부 살해 사건과 같은 국제결혼 관련 비극적인 사건들이 발생하였으며, 국제결혼을 단순히 개인적인 문제로만 볼 것이 아니라 사회적 차원에서 접근하고 해결해야 할 문제라는 인식의 확산을 불러왔습니다. 따라서 정부가 국제결혼의 건전화와 결혼이민자의 인권 보호에 대한 필요성을 절감한 결과 이를 해결하기 위해 제도적 장치로 국제결혼 안내 프로그램을 시행하였습니다. 이것은 국제결혼으로 인한 사회적 문제를 해결하고, 다문화가족의 안정적인 정착과 인권 보호를 위한 중요한 제도적 기반을 마련했습니다.

국제결혼 안내 프로그램은 처음에는 시범운영 또는 권고 사항으로 시작되었습니다. 그러나 국제결혼 과정에서의 정보 불균형 해소, 결혼 당사자 간의 충분한 이해 도움, 결혼이민자의 인권을 보호, 건강한 다문화가정을 형성에 기여 등의 목적으로 2011년 3월 7일부터는 국제결혼 안내 프로그램 이수는 비자 발급의 필수 요건으로 의무화되었습니다.

❷ 결혼중개업의 관리에 관한 법률 개정

▶2010년 11월 16일 개정의 핵심은 국제결혼 중개 과정의 투명성과 책임성을 강화하고, 이용자와 결혼 상대방의 인권 및 정보 접근권을 보장하는 것이었습니다. "국제결혼중개업 등록 기준 강화(자본금 1억 이상), 신상정보의 제공 의무화 및 강화(혼인경력, 건강상태, 직업, 범죄경력 등의 신상정보를 서면으로 제공), 통역·번역 서비스 제공 의무화, 거짓·과장 광고 및 차별·편견 조장 금지, 위반 시 처벌 강화"를 내용으로 했습니다. 이 개정은 국제결혼 중개 시장의 질서 확립, 결혼이민자들의 인권 보호, 건강한 다문화가정 형성에 기여를 위한 법적 조치였습니다.

▶2012년 2월 1일 개정은 2010년 4월 개정안에서 강화되었던 규정들을 더욱 구체화하고, 국제결혼중개업 관리의 실효성을 높이는 데 중점이 있었습니다. "국제결혼중개업 등록 기준 강화 및 자본금 요건 명확화, 국제결혼중개업체의 공시 의무화, 지

도점검 의무화, 신상정보 제공 의무 강화 및 증빙 방법 구체화, 집단 맞선 및 집단 기숙 금지 개인정보 보호 의무 명시"를 내용으로 했습니다. 이 개정은 국제결혼중개업의 투명하고 건전하게 운영하고, 결혼이민자들의 인권을 보호하기 위한 중요한 진전이었습니다. 이러한 개정으로 결혼중개업소 수는 2012년 1,370개였으나 2013년 521개로 급감했습니다.

(2) 제2차 다문화가족지원정책 기본계획

2012년 12월 11일 제6차 다문화가족정책위원회는 제2차 다문화가족지원정책 기본계획(2013~2017)을 심의·확정하였습니다. 제1차 기본계획 (2010~2012)이 다문화가족 지원의 기반을 다졌다면, 제2차 계획은 다문화가족이 한국 사회의 능동적인 구성원으로 자립하고 역량을 강화하는 데 주안점을 두었습니다. 즉 다문화가족의 안정적인 정착과 사회통합을 위해 수립한 정책입니다.

"활기찬 다문화가족, 함께하는 사회"의 비전 아래 "사회발전 동력으로서의 다문화가족 역량 강화와 다양성이 존중되는 다문화사회 구현"을 목표로 6대 정책영역과 86개 세부 과제로 구성되어 있습니다. 6대 정책영역은 "▶다양한 문화가 있는 다문화가족 구현, ▶다문화가족 자녀의 성장과 발달 지원 ▶안정적인 가족생활 기반 구축 ▶결혼이민자의 사회경제적 진출 확대 ▶다문화가족에 대한 사회적 수용성 제고 ▶다문화가족정책 추진체계 정비"입니다.

제2차 기본계획은 "자립 역량 강화로 전환, 생애주기별 맞춤형 지원, 사회적 수용성 제고 노력, 다문화정책의 질적 심화"의 특징이 있습니다.

❶ 결혼이민비자 심사 기준 개선

국제결혼 문화를 건전화하기 위한 결혼이민비자 심사 기준 개선은 국제결혼 증가와 함께 발생하는 위장결혼, 가정폭력, 언어 및 문화적 갈등으로 인한 부적응, 국제결혼 중개업체의 문제점 등 사회적 문제에 대응하기 위한 결혼이민자의 안정적 정착 지원과 비정상적인 국제결혼 관행 개선 등 목적이었습니다. 이것은 2013년 10월 10일 법무부가 개정된 「출입국관리법」 시행규칙을 공포하면서 발표되었으며, 6개월간의 유예기간을 거쳐 2014년 4월 1일부터 전면 시행되었습니다.

결혼이민비자 심사 기준 개선의 주요 내용은 다음과 같습니다.

"▶결혼이민자가 한국 입국 전부터 기초 수준의 한국어를 구사할 수 있어야 비자를 발급받을 수 있도록 한 결혼이민자의 한국어 구사 요건 강화 : 지정된 교육기관에서 한국어 초급 과정을 이수했거나 TOPIK 1급 이상을 요구하였고 예외 조항으로 부부 공통으로 상호 소통할 수 있는 제3국 언어 사용자, 부부 사이에 출생한 자녀가 있는 경우, 한국인 배우자가 외국인 배우자의 언어를 사용할 수 있는 자 등 의사소통에 문제가 없다고 판단되는 경우입니다.

▶한국인 배우자가 결혼이민자를 부양할 수 있는 최소한의 경제적 능력을 갖추도록 하여, 결혼이민자의 안정적인 국내 정착을 돕고 빈곤으로 인한 사회 문제 발생을 예방하기 위해 한국인 배우자의 소득 요건 신설 및 강화 : 이 소득 기준은 가구원 수에 따라 차등 적용되며, 매년 법무부장관이 고시하는 금액을 충족해야 합니다. 초청인의 소득이 최저생계비 120% 이상을 기준으로 설정하여 2014년 기준으로 2인 가구(초청인 + 결혼이민자)의 경우 약 1,479만 원 이상의 소득이 요구되었습니다. 인정되는 소득의 종류로는 근로소득, 사업소득(농림수산업 소득 포함), 부동산 임대소득, 이자소득, 배당소득, 연금소득의 합계이고 소득 요건을 충족하지 못하더라도, 초청인 명의의 일정 재산(예금, 보험, 증권, 채권, 부동산 등)이 있는 경우, 그 재산의 5%를 소득으로 인정하여 소득 요건을 보충할 수 있도록 했습니다. 예외 조항으로 부부 사이에 출생한 자녀가 있는 경우, 한국인 배우자가 결혼이민자의 국가에서 유학, 파견근무 등으로 장기 체류하여 교제한 경우 등 인도적인 사유가 있는 경우입니다.

▶이혼 후 단기간 내 재혼하여 다시 결혼이민자를 초청하는 사례를 방지하고, 국

제결혼 중개업체의 상업적인 행위를 견제하려는 목적으로 과거에 결혼이민자를 초청한 경험이 있는 경우 초청 제한 횟수 강화 : 초청인(한국인 배우자)이 비자 신청일 기준 과거 5년 이내에 다른 외국인 배우자를 결혼 동거 목적으로 초청한 사실이 있는 경우, 원칙적으로 초청이 제한되었고. 이는 위장 결혼이나 상업적 국제결혼 중개로 인한 폐해를 막기 위함이었습니다.

▶최소한의 주거 공간 확보 : 초청인 또는 초청인과 주민등록표상 세대를 같이하는 직계가족 명의로 소유하거나 임차한 주택임을 증명하는 부동산 등기부 등본 또는 임대차계약서 등을 제출해야 하고 고시원, 모텔 등 부부가 지속적으로 거주하기 부적합한 장소는 불허하였습니다."

2014년 4월 1일부터 시행된 이 개선은 비정상적인 국제결혼을 방지하고 결혼이민자의 안정적인 정착을 지원하는 효과가 기대되었고 이후 "▶국제결혼의 급속한 감소 : 주베트남 한국대사관 자료에 의하면 2014년 3월 488건이던 결혼비자 신청 건수가 9월에는 93건으로 80.94%나 감소, ▶한국어능력시험(TOPIK) 응시자 수 급증 : 베트남에서는 2013년 1,224명에서 2014년 3,041명으로 148.44% 증가, 필리핀에서 같은 기간 503명에서 977명으로 94.23% 증가, ▶위장결혼 및 상업적 중개 감소 및 초기정착 지원강화 ▶한국인 배우자가 저소득층이거나 외국인 배우자가 한국어를 학습할 여건이 안 되는 경우 비자를 받기 어려워짐, 비자 심사 과정에서 느끼는 좌절감이나 소외감에 의한 다문화 가정의 어려움 등의 부작용" 등이 나타났습니다.

❷ 국민대통합을 위한 다문화가족정책 개선방안

2014년 1월 15일 제8차 다문화가족정책위원회에서 다문화가족 증가에 따른 지원체계를 효율적으로 개선하고, 중복 사업을 조정하여 실질적인 사회통합을 이루는 것을 목표로 이것을 심의·확정하였습니다. 다문화가족정책위원회 보도자료에 의하면 개선방안은 "▶부처 간 협업을 통한 유사·중복 조정 및 협업 시스템 구축, ▶수요자 중심으로 전달체계 효율화, ▶정착 단계별 맞춤형 지원 강화, ▶이주관리정책과 다문화 가족육성정책 역할 정립으로 지원 체계화"의 4개 분야로 11개 주요정책 과제를 담았습니다.

이 방안은 다문화가족지원센터가 종합적인 지원 거점으로서의 역할을 충실히 수행할 수 있도록 인력 및 예산 지원을 확대하고, 전문성을 높이는 방안, 한국어교육의 지자체 이양 로드맵 마련과 일원화로 한국어교육 접근성 향상, 가정 내 이중언어 환경구축 및 다문화 어울림 교육사업을 통해 다문화가족에 대한 인식 제고 등이 논의되었습니다. 그리고 특히 건강가정지원센터와 통합하여 (가칭)가족통합지원센터로 개편하므로 한부모, 조손가구, 북한이탈주민 등 다양한 가족 형태를 포괄적으로 지원하도록 했습니다. 즉 다문화가족을 단순히 구별하여 지원하는 방식에서 벗어나 다양한 가족 형태 중 하나로 인정하고 지원 패러다임을 전환하여 사회통합을 촉진하는 방향입니다. 그러나 현장 실무자 및 다문화가족의 의견 조사나 반영 없이 법적 근거가 다른 다문화가족지원센터와 건강가정지원센터의 의도적 결합 시도는 많은 갈등을 낳았으며, 다문화사회 진입에 역행하는 그래서 다문화가족의 이민배경 특성을 고려하지 않은 동화주의 정책이라는 비판을 받아왔습니다.

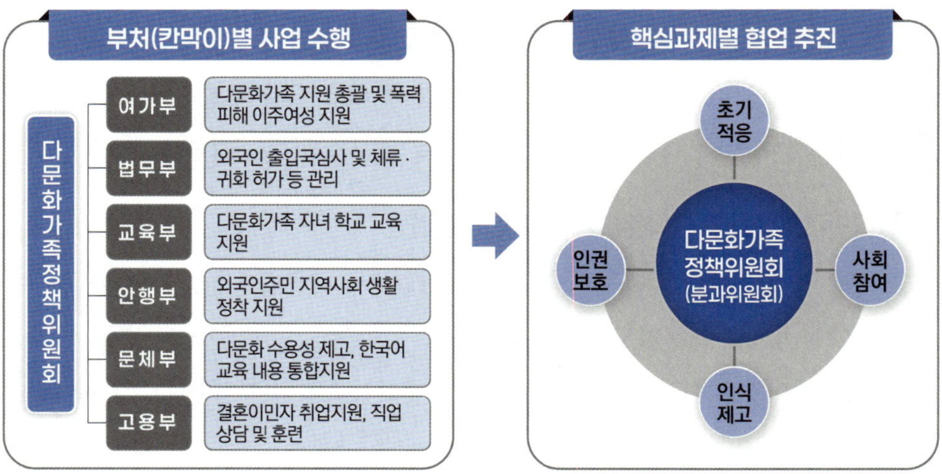

그림2-13 협업시스템 구축
(출처: 다문화가족정책위원회보도자료 2014.1.15.)

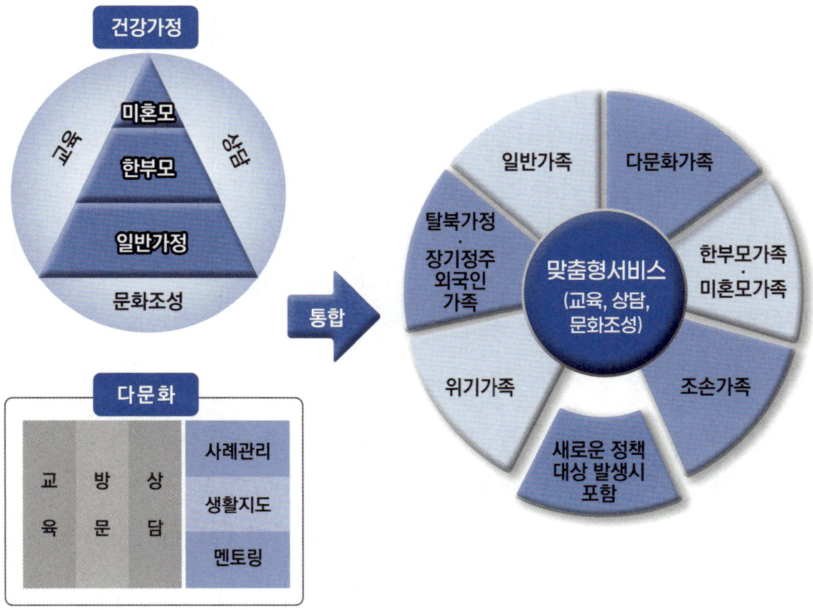

그림2-14 통합적 가족정책 전달체계 마련
(출처 : 다문화가족정책위원회보도자료 2014. 1. 15.)

❸ 다문화가족참여회의

수혜의 대상이 아닌 정책 참여의 주체로서 다문화가족의 역할을 강조한 다문화가족참여회의는 다문화가족 구성원들의 목소리를 직접 듣고, 이들의 현실적인 어려움과 정책 제안을 수렴하기 위해 마련되었습니다. 제1차는 2014년 5월 27일에 있었습니다. 2014년 다문화가족지원 사업안내에는 지자체 다문화가족지원협의회는 연 2회 개최를 원칙으로 하고 있습니다. 참여위원은 초기에는 결혼이민여성 중심으로 구성되었으나, 점차 참여 범위가 확대되어 결혼이민자, 배우자, 다문화가족 자녀 등 다문화가족 구성원 20명 이내로 구성됩니다. 사례로 2018년 제5차 다문화가족 참여회의는 제3기 다문화가족 참여회의 위원들의 위촉식이 있었고 위원은 11개국 출신 16개 시·도의 결혼이주여성 16명으로 구성되었는데, 이는 과거 9개국 출신

5개 권역 10명에서 확대된 규모였습니다. 2024년 10월 28일에는 제7기 다문화가족 참여회의 위원 20명이 위촉되었습니다. 여성가족부에서 각 시·도(17개)의 추천을 받아 최종 위원을 선정하며, 위촉일로부터 2년간 활동합니다. 주요 활동은 다문화가족 정책 및 사업 모니터링, 다문화가족 정책에 대한 의견 제시 및 자문, 다문화가족 정책 관련 토론회, 캠페인, 각종 프로그램 참여, 정기적인 회의 개최 등입니다.

❹ 다문화장병

국방부 부대관리훈령에 의하면 다문화 장병은 “장병의 부모 가운데 적어도 어느 한쪽이 대한민국이 아닌 외국 국적 출신인 장병”을 의미합니다. 과거에는 외관상 식별이 명백한 혼혈의 경우 징집 대상에서 제외되었으나, 2009년 병역법 개정으로 이러한 차별적 조항이 삭제되면서 한국 국적을 가진 다문화가정의 자녀는 다른 대한민국 국민과 동일하게 병역의무를 지게 되었습니다. 다문화장병은 2010년 51명, 2016년 634명, 2018년 약 1000명, 2019년 약 3000명이었고 향후 2025년 약 4,400여 명, 2030년에는 전체 입영 장병의 약 5% 수준인 1만여 명의 다문화 장병이 입대할 것으로 예상됩니다. 그리고 저출산으로 인한 병역자원 감소 추세 속에서 다문화가정 출신 청년들이 병역의무를 이행하게 되므로 다문화 장병이 핵심적인 병력자원이 될 것임을 시사합니다.

▶장교 임관선서문과 병사 입영선서문: 국방부는 2011년에 대한민국 장교 임관선서문과 병사 입영선서문의 민족이라는 용어를 국민으로 변경[167] 하였습니다. 이는 대한민국 군이 다문화 사회의 현실을 인정하고 포용적인 자세로 변화하려는 중요한 상징적인 조치였습니다. 다문화 장병들을 별도의 관리 대상이 아닌 대한민국 국적을 가진 다른 장병과 동등하게 대우받아야 할 국민으로 인정한 것입니다.

---

167) 변경 전 "대한민국의 군인(장교)으로서 국가와 민족을 위하여 충성을 다하고..." → 변경 후 "대한민국의 군인(장교)으로서 국가와 국민을 위하여 충성을 다하고..." 2011년 4월 말 군의장교 임관식부터 적용되기 시작했으며, 이후 병사 입영 선서문에도 동일하게 적용되어 2012년 2월부터 전면 시행

▶다문화 군대 대비 종합대책: 2013년 다문화 군대 대비 종합대책은 한국군 내 다문화가정 출신 장병 증가에 대응하기 위해 마련되었습니다. 이 대책은 다문화가정 출신 장병들이 군 복무에 잘 적응하고, 군 전체가 다문화 수용성을 높이는 것을 목표로 했습니다. 내용은 "다문화가정 출신 장병의 군 복무 적응을 돕기 위해 전담 상담 프로그램 및 문화 이해 교육을 확대, 다문화 장병의 원활한 군 생활을 위해 다문화 전문 교관 양성 및 표준교재 발간 추진, 다문화 장병의 고충을 해결하기 위해 고충 처리 시스템 정비 및 신병 교육 과정 내 다문화 이해 교육 포함, 독일, 스위스 등 다문화 군대 운영 사례를 분석하여 한국군에 적용 가능한 정책을 검토 등"입니다.

▶다문화 군대 대비책: 2016년 국방부의 다문화 군대 대비책 주요 내용은 "㉠ 2025년부터 2031년 사이에 연평균 8,518명의 다문화가정 출신 청년들이 입대할 것으로 예측: 저출산으로 인한 전체 병력 감소 추세 속에서 다문화 장병이 미래의 중요한 병력자원이 될 것임, ㉡ 다문화 장병들을 별도의 관리 대상이 아닌 대한민국 국적을 가진 다른 장병과 동등하게 대우받아야 할 국민으로 정의: 장병들의 다문화에 대한 인식 및 잘못된 차별의식 실태를 조사하고, 현 실정과 군 조직의 특수성을 반영한 장병 다문화 교육용 교재 연구·제작할 계획, ㉢ 군 전체의 다문화 수용성을 제고하기 위한 정책을 마련: 법적·제도적 기반 마련, ㉣ 다문화 장병에 대한 별도의 현황 조사를 하지 않는 정책을 2016년에도 유지: 부대관리훈령 제3장 122조에 명시된 병영 내 장병들에 대한 설문이나 별도 조사를 통해 다문화장병 식별활동을 할 수 없다는 조항에 기반한 것으로 다문화 장병을 식별하는 것 자체가 차별적인 행위가 될 수 있다는 판단 때문 ㉤ 육·해·공군 및 해병대 등 각 부대는 부대 자체적으로 지역사회 관련 기관과 협약하여 희망하는 다문화가정 및 다문화 장병 가족을 대상으로 부대개방 행사 또는 민간 다문화가정 지원 행사를 시행"입니다.

(3) 제3차 다문화가족지원정책 기본계획

2018년 2월 12일 다문화가족정책위원회의 심의를 거쳐 확정된 제3차 다문화가족정책 기본계획은 2018년부터 2022년까지 5년간 시행된 정책입니다. 제1~2차 기본계획 성과와 한계를 분석하고, 변화된 다문화가족의 특성과 정책 수요를 반영하여 수립되었습니다. 비전은 "참여와 공존의 열린 다문화사회"이며, 3대 목표 "모두가 존중받는 차별 없는 다문화사회 구현, 다문화가족의 사회·경제적 참여 확대, 다문화가족 자녀의 건강한 성장 도모" 아래 정책과제 5개 대과제 "다문화가족 장기 정착지원, 결혼이민자 다양한 사회참여 확대, 다문화가족 자녀의 안정적 성장지원과 역량강화, 상호존중에 기반한 다문화 수용성 제고, 협력적 다문화가족정책 운영을 위한 추진체계 강화"와 17개 중과제 및 70개 소과제로 구성되었습니다. 주요 특징으로 "도입 및 성장기에서 정착기로 패러다임이 변화하는 추세를 고려하여 계획수립, 안정된 가족생활을 도모할 수 있는 지원강화, 다문화가족 자녀의 학업 글로벌 역량·사회진출을 위한 지원을 강화, 취업지원 서비스를 내실화, 일반국민 대상 찾아가는 다문화 이해교육을 강화"입니다.

① 다문화가정 차별해소 위해 외국인배우자도 주민등록등본 표시

다문화가족의 외국인 배우자를 주민등록등본에 표시하는 제도는 2013년 1월 1일부터 시행되었습니다. 2013년 시행 당시에는 외국인 배우자의 정보가 등본 하단에 별도로 표기되었습니다. 따라서 2017년 7월 13일 입법예고에 의하면 "다문화가정의 외국인 가족 구성원이 주민등록표등본에 세대원으로 기록되지 않아 한부모가정 등으로 오해받는 등 생활의 불편을 겪는 문제를 시정하고, 차별을 해소하기 위한 목적"으로 「출입국관리법」에 따라 등록된 외국인과 재외동포의 출입국과 법적 지위에 관한 법률에 따라 국내거소신고를 한 외국국적동포 중 국민인 세대주나 세대원과 함께 거주하는 외국인 배우자 또는 직계혈족을 "세대별 주민등록표에 기록·관리할 수 있도록" 했습니다. 2018년 3월 20일부터는 외국인 배우자도 다른 세대원과 동일한 위치에 함께 표기될 수 있도록 주민등록법 시행령·시행규칙이 개정되었습니다. 이것은 다문화가족에 대한 차별 해소와 사회적 포용을 증진하려는 정부의 지속적인 노력이며, 다문화가족이 법적으로나 사회적으로 완전한 가족으로 인정받을 수 있도록 한 중요한 조치였습니다.

❷ 결혼이민제도 개선안 마련

2019년 8월 21일 발표된 "결혼이민제도개선안"(10.1시행)은 2019년 8월에 발생했던 "베트남 결혼이민자 폭행사건"을 계기로 결혼이민자의 피해 지원과 안정적인 국내 정착지원을 강화하기 위해 추진되었고, 결혼이민자의 안정적인 정착을 지원하고, 국제결혼 과정에서 발생할 수 있는 문제를 예방하는 데 초점을 맞췄습니다. 주요 내용으로 "가정폭력 피해 예방 및 지원 강화 (원 스트라이크 아웃제도 도입), 결혼이민자의 체류 안정성 강화 (선 허가 후 조사. 단, 위장결혼 등 특별히 의심되는 경우 선 조사 후 허가 원칙), 자녀를 양육하는 등 혼인의 진정성이 입증되는 경우 외국인등록 시부터 3년간의 체류기간 (1회 부여 상한)을 부여, 혼인관계가 유지되는 경우, 한국인 배우자를 동반하지 않아도 혼인관계증명서 및 주민등록등본 등 간단한 서류 제출만으로도 체류기간 연장을 허가 (결혼이민자 단독 신청 가능)하도록 함, 조기적응프로그램 의무 이수 및 국제결혼안내프로그램 개선, 국제결혼안내프로그램 면제 조건 강화, 재외공관으로 외국인 배우자 결혼이민 사증(F-6) 신청 시 신청인 본인이 직접 접수 (대리인 및 대행기관 대리접수 불가능) 등"입니다. 이것은 결혼이민자의 인권 보호를 강화하고 안정적인 국내 정착을 지원하며, 건전한 국제결혼 문화를 조성하려는 정부의 의지입니다.

❸ 결혼이주여성인권보호 내실화 방안

2019년 11월 22일 발표된 이 방안은 "베트남 결혼이민자 폭행사건"을 비롯한 몇몇 사건들을 계기로 결혼이주여성의 인권 보호 문제가 사회적 쟁점으로 크게 부각됨에 따라 마련된 방안입니다. 핵심은 "인권 침해적 국제결혼 예방, 가정폭력 신속대응 및 피해자 보호, 결혼이주여성 체류 안정 지원, 안정적 정착 및 참여 확대"입니다.

(4) 국민다문화수용성조사

국민다문화수용성조사는 한국 사회의 다문화화가 빠르게 진행됨에 따라 국민들이 다문화사회와 이주민에 대해 어떤 인식을 가지고 있는지를 객관적이고 종합적으로 진단하기 위해 실시되며, 다문화정책을 수립하고 평가하는 데 필수적인 국가 승인 통계입니다. 국민다문화수용성조사는 다양성, 관계성, 보편성 등 여러 차원을 포괄하는 개념으로 구성됩니다. 이것은 2025년 현재까지 5번 조사가 이루어졌는데, 2010~2019년에는 2012년, 2015년, 2018년 3번 조사되었고 2020~2025년에는 2021년, 2024년에 조사되었습니다.

❶ 2012년 국민다문화수용성조사

2011년 12월 ~ 2012년 1월까지 실시된 국민다문화수용성조사는 한국에서 최초로 전국적으로 실시된 일반 국민 대상의 다문화 수용성 조사였습니다. 전국 19세 이상 성인을 대상으로 하였습니다. 조사결과 일반 국민의 다문화수용성 지수는 51.17점 같은 해 별도로 실시된 청소년(중·고생) 대상 조사에서는 다문화수용성 지수가 60.12점으로 나타나, 청소년이 일반 성인보다 다문화에 훨씬 더 수용적인 경향을 보였습니다. 그리고 청소년들은 국민의 자격요건으로 혈통을 중시하는 비율이 40.1%에 그쳐, 성인 86.6%의 절반 이하 수준으로 낮게 나타났습니다.

❷ 2015년 국민다문화수용성조사

여성가족부가 한국여성정책연구원에 의뢰하여 실시한 "2015년 국민 다문화수용성 조사"는 통계청 승인을 받은 최초의 정기조사였습니다. 이 조사에서는 일반 국민 성인의 다문화 수용성 지수는 53.95점으로 나타났습니다. 이는 2011년 조사 51.17점 대비 2.78점 증가한 수치입니다. 청소년의 다문화수용성 지수는 67.63점으로 성인보다 훨씬 높았습니다. 젊은 연령층일수록 다문화에 더 수용적인 경향을 보였습니다. 청소년(중·고생) 67.63점 〉 20대 57.50점 〉 30대 56.75점 〉 40대 54.42점 〉 50대 51.47

점 〉 60대 이상 48.77점입니다. 다문화 교육, 행사 참여, 이주민 관련 자원봉사 등 다문화 관련 경험이 있는 경우 성인과 청소년 모두 다문화수용성 지수가 높았습니다. 이것은 다문화 이해교육과 다문화 관련 다양한 활동 참여가 다문화 수용에 긍정적인 영향을 미친다는 것을 보여줍니다. 그리고 특히 일방적 동화 기대가 낮아지므로 상호문화주의적 관점으로의 전환 모색의 필요를 시사했습니다.

❸ 2018년 국민다문화수용성조사

2018년 국민 다문화수용성 조사는 19세~74세 성인 4,000명과 전국 중·고교 재학생 4,225명을 대상으로 실시되었습니다. 다문화수용성은 크게 다양성, 관계성, 보편성 3가지 차원으로 구분하여 측정했으며, 조사결과는 2019년 4월 18일에 발표했습니다. 조사결과로 성인(일반 국민)은 52.81점으로 2015년 53.95점 대비 1.14점 하락하였고, 청소년은 71.22점으로 2015년 67.63점 대비 3.59점 증가했습니다. 성인과 청소년 간의 격차가 크게 벌어졌으며, 성인과 청소년 모두 연령이 낮을수록 다문화 수용성이 높은 경향이 나타났습니다. 이주민과의 관계 유무가 다문화 수용성에 큰 영향을 미치고 있었습니다. 그리고 단일민족 지향성은 하락하는 추세였습니다. 주변에 이주민이 없는 집단의 다문화수용성이 이주민과 관계를 맺고 있는 이들보다 낮은 수준을 보였습니다. 즉, 이주민과 실제로 접촉하고 관계를 맺는 경험이 다문화수용성을 높이는 데 긍정적인 영향을 미치는 것으로 나타났습니다. 그런데 이주민과 관계를 맺고 있는 사람들 가운데 이웃 관계를 맺고 있는 사람들의 다문화수용성 점수가 비교적 낮게 나타났습니다. 이것은 생활 밀착형 관계에서 발생하는 갈등 요인이 영향을 미쳤을 가능성이 있습니다. 다문화 교육이나 관련 활동에 참여한 사람들의 다문화수용성 점수가 미참여자보다 높게 나타났습니다. 청소년 참여자는 72.55점이고 미참여자 70.58점입니다. 성인은 참여자 57.70점이고 미참여자 52.57점이며, 이는 다문화 이해 교육 및 교류 활동이 다문화수용성을 높이는 데 효과적임을 시사합니다.

(5) 다문화가족실태조사

이것은 한국사회 내 다문화가족의 현황과 생활실태를 종합적으로 조사하여, 다문화가족지원정책 수립의 기초 자료로 활용하기 위해 실시됩니다. 다문화가족의 일반적인 특성, 결혼이민자, 한국인 배우자, 자녀의 생활실태 등을 조사합니다. 이것은 「다문화가족지원법」 제4조에 근거하여 3년 주기로 실시됩니다. 2025년 현재까지 2009년, 2012년, 2015년, 2018년, 2021년에 시행되었고, 2024년에도 조사가 이루어졌습니다.

❶ 2009년 전국 다문화가족 실태조사

2009년 7월 하순부터 8월 말까지 진행된 "제1차 전국 다문화가족 실태조사"는 한국 사회에서 다문화가족의 현황을 전국 단위에서 체계적으로 파악하려는 최초의 시도였으며, 이후 다문화 정책 수립의 중요한 기초 자료가 되었습니다. 전국 결혼이민자 약 15만 3천여 명을 대상으로 전수조사에 가까운 방식으로 진행되었습니다. 결혼이민자의 일반적 사항, 가족관계, 취업, 자녀양육, 건강 및 보건의료, 사회생활, 복지욕구 등 다문화가족의 전반적인 삶의 실태를 파악하는 광범위한 내용이 포함되었습니다. 조사결과 "▶전국 다문화가족 가구 수는 약 20만 가구 내외로 추정, ▶많은 결혼이민자가 한국어 소통에 어려움, ▶다문화가족의 상당수가 소득 수준이 낮음, ▶사회적 차별 경험, ▶자녀들의 한국어 발달 및 학교적응에 대한 부모들의 염려, ▶건강 및 의료 서비스 이용의 어려움, ▶한국어교육, 자녀 양육 지원, 경제적 지원, 사회적응 교육 등 다양한 분야에서 정부의 지원 요청" 등이 주요 내용입니다.

❷ 2012년 다문화가족실태조사

"다문화가족의 전반적인 현황과 실태를 심층적으로 파악하여, 이들을 위한 실효성 있는 정책을 수립하고 기존 정책의 효과를 평가하는 데 필요한 객관적인 통계 자료를 확보하는 것"을 목표로 2012년 7월 10일 ~ 2012년 7월 31일 약 3주간 진행되었습니다. "가구 구성, 소득 및 경제활동, 결혼 생활 만족도, 자녀 양육 및 교육, 한국어 능력, 사회생활 참여, 다문화 지원 서비스 이용 현황, 그리고 사회적 차별 경험 등 다문화가족의 삶 전반에 걸친 광범위한 내용"을 다루었습니다. 조사결과 "▶한국어 능력 부족, ▶결혼이민자들의 사회적 관계망 취약, ▶경제적 어려움과 자녀 양육 및 교육 관련 고충, ▶사회적 차별 경험, ▶높은 학업 중단 비율, ▶학교폭력 피해, ▶낮은 취학률 등"입니다. 이것은 제2차 다문화가족지원정책 기본계획(2013~2017) 수립에 실질적인 통계 자료를 제공하였습니다.

❸ 2015년 전국다문화가족실태조사는 전국 다문화가족 약 278,036가구였으며, 2015년 7월 22일부터 8월 18일까지 약 한 달간 조사원에 의한 면접조사 방식으로 진행했습니다. 조사결과 다문화가구 중 한부모 비율은 4.8%로 2012년 3.4% 대비 소폭으로 증가했습니다. 그러나 배우자로부터 양육비를 받고 있는 비율은 18.6%로 2012년 9.5%보다 약 2배 가까이 증가하여 다문화 한부모가정의 경제적 안정성이 다소 개선되었음을 보여줬습니다. 일상 대화가 가능하다는 비율이 82.7%로 2012년(72.7%) 대비 크게 증가했습니다. 이것은 2014년 4월부터 시행된 결혼이민비자 심사기준 강화 (한국어 요건)가 영향을 미쳤을 것으로 보입니다. 결혼이민자의 차별 경험은 41.3%로 나타났습니다. 그러나 차별에 대해 적극적으로 대응하는 비율이 증가(2012년 17.9% → 2015년 31.7%)하여 권리의식이 높아졌습니다. 다문화 자녀의 학교부적응 및 학업 중단율은 감소하는 추세였고 자녀의 한국어 능력도 전반적으로 향상되었습니다. 대체로 다문화가족이 한국 사회에 대한 정착이 안정화되고 있음을 보여주었습니다.

❹ 2018년 다문화가족실태조사

2018년 다문화가족실태조사는 2018년 8월 9일~8월 30일 전국 다문화가족 17,550가구 대상으로 이루어졌습니다. 조사결과 318,177가구로 추정되어, 2015년 278,036가구 대비 14.4% 증가했습니다. 이는 전체 가구 중 1.6%를 차지하는 비중입니다. 일상 대화가 가능하다'고 응답한 결혼이민자·귀화자 비율이 89.3%로 2015년 82.7% 대비 크게 증가했습니다. 결혼이민자·귀화자의 고용률은 60.1%로 2015년 61.2% 대비 1.1%p 소폭 하락했고, 결혼이민자·귀화자의 차별 경험은 38.6%로 2015년 41.3% 대비 소폭 감소했습니다. 차별 경험 시 적극적으로 대응하는 비율은 37.3%로 2015년 31.7%보다 증가하여 권리의식이 상승하였습니다. 다문화 자녀의 학교생활 적응은 전반적으로 개선되는 추세였고, 학교생활 만족도는 높은 편이며, 학업 중단율도 낮았습니다. 지난 1년간 한국에서 외국인이라는 이유로 차별받은 경험이 있다는 응답은 2015년 38.3%에서 2018년 24.6%로 감소했습니다. 주요 차별 경험 장소는 직장(39.7%), 상점·음식점·은행 등(35.5%) 순이었습니다. 2018년 실태조사에서는 다문화가족이 초기 정착 단계에서 중장기 정착 단계로 진입했음을, 정책의 초점을 "다문화가족 자녀의 건강한 성장지원, 결혼이민자의 경제적 자립 및 사회참여 확대, 그리고 사회 전반의 다문화 수용성 제고로 전환해야 한다는 정책적 시사점"을 제공했습니다.

(6) 결혼중개업실태조사

결혼중개업의 관리에 관한 법률에 근거하여 실시되는 국가승인통계이며, "국내 및 국제 결혼중개업의 운영 현황과 이용자의 실태분석, 그리고 피해 사례 분석 및 예방, 건전한 결혼문화 형성 기여 등을 종합적으로 조사"하여 관련 정책 수립 및 개선을 위한 기초 자료로 활용되고 있습니다. 이것은 3년 주기로 실시합니다. 2014년, 2017년, 2020년, 2023년에 조사를 실시했습니다.

❶ 2014년 국제결혼중개업실태조사

2014년 1월 1일 기준으로 총 449개의 국제결혼중개업체가 등록되어 운영 중이었고 2013년 1월 1일부터 2013년 12월 31일까지 1년간 국제결혼중개업체를 이용한 한국인 배우자는 총 5,744명이었습니다. 맞선부터 결혼까지 걸리는 기간이 평균 4.1일, 1일 만에 결혼하는 비율이 30.6%, 2일 만에 결혼하는 비율이 20.8%에 달해, 충분한 교류 없이 단기간 내에 결혼이 결정되는 비중이 높았습니다. 한국인 배우자가 국제결혼 중개업체에 지불하는 평균 총비용은 1,416만 원이었습니다. 국제결혼중개업체 이용자 중 13.6%가 피해를 경험했으며, 과도한 추가 비용 요구 34.0%, 허위·과장 광고 32.8%, 계약 내용과 다른 중개 30.6%, 환불 지연 또는 거부 23.7% 등이었습니다. 주요 부부간의 가장 큰 갈등 원인으로는 언어 및 의사소통의 어려움에 한국인 배우자 60.1%, 외국인 배우자 49.3%이며, 이는 문화적 차이 한국인배우자 39.1%, 외국인 배우자 38.6%와 함께 국제결혼 가정의 주요 어려움이었습니다.

2014년 국제결혼중개업 실태조사 결과는 2014년 4월 1일부터 시행된 결혼이민비자 심사 기준 강화 조치의 배경과 필요성을 명확히 보여주었으며, 특히 짧은 만남 후 결혼, 과도한 비용, 잦은 피해 사례 등은 국제결혼의 건전성을 해치는 주요 요인이었습니다.

❷ 2017년 국제결혼중개업실태조사

2017년 조사에서 등록된 중개업체 수는 2016년 말 기준 366개소로, 2013년 449개소 대비 26.7% 감소했습니다. 이는 국제결혼건수 감소와 비자 심사 강화 등의 영향으로 중개업계가 위축되었음을 보여줍니다. 2014년 1월 1일~2016년 12월 31일 국제결혼중개업체를 이용한 한국인 배우자는 2,331명으로, 2014년 조사 5,744명 대비 절반 이하 59.4% 감소했습니다. 과거에는 농촌 노총각이 주된 고객이었으나 조사 시점에는 도시 남성이 주 이용객으로 변화했고 중개업체를 통한 국제결혼에 지불하는 평균 총비용은 1,429만 원이었습니다. 출신국별로는 필리핀 1,527만 원, 캄보디아 1,442만 원, 베트남 1,424만 원, 중국 1,078만 원 순이었습니다. 이용자 중 피해를 경험한 비율은 7.5%로, 2014년 13.6% 대비 감소했고 이는 2014년 비자 심사 강화와 중개업 관리에 대한 정부의 노력이 어느 정도 효과를 거두었음을 시사합니다. 2014년에는 허위 정보 제공, 추가 비용 요구, 과장 광고 등의 문제가 많았으나 2017년에는 입국 지연 혹은 거부와 입국 후 가출 등 실제 결혼 생활과 관련된 문제가 새롭게 부각되었습니다. 이러한 새로운 유형의 피해에 대한 대응책 마련의 필요성이 제기되었습니다. 여전히 단기간 내 결혼 성사, 높은 중개 비용, 의사소통 문제로 인한 갈등 등 국제결혼중개업 전반의 구조적인 문제점은 지속되고 있었습니다.

2) 외국인정책

2010년대(2010~2019)에는 외국인정책 기본계획이 성장·발전한 시기였습니다. 제1차는 2008~2012년에 시행되었으며, 제2차는 2013~2017년 시행되었습니다. 그리고 제3차는 2018~2022년으로 연속으로 진행되고 있었습니다.

(1) 제2차 외국인정책 기본계획

2012년 11월 28일 외국인정책위원회를 개최하여 제2차 외국인정책 기본계획(2013~2017)을 확정했습니다. 제2차 외국인정책 기본계획은 2013년부터 2017년까지 시행되었습니다. 이것의 가장 특징은 기본계획의 의의에서 “대한민국 이민정책에 관한 범정부 차원의 국가계획이자, 정책지침서이며, 향후 5년간의 정책추진에 관한 기본설계도”라고 하여, 이민정책으로서 외국인정책임을 분명히 정의하고 있습니다. 즉 제2차 외국인정책 기본계획상 개념이 “국경 및 출입국관리, 국적부여 정책과 이민자 사회통합 정책을 포괄하는 개념으로 이민정책 (Immigration Policy, 국민의 해외 이주는 제외)을 의미”라고 정의하였습니다. 따라서 법무부는 조직 명칭에도 이민을 사용하기 시작하여 체류관리과를 이민조사과, 사회통합과를 이민통합과로 변경(2014.9)을 했습니다.

제1차 기본계획과의 차별성은 “제1차 기본계획에서 우수인재 유치, 이민자 사회적응 지원 등 새로운 정책분야가 도입되어 기반을 조성하였다면, 제2차 기본계획은 국민의 다양하고 상반된 요구들을 최대한 반영하여 균형잡힌 정책 기조 유지로 안정적인 미래준비 그리고 제1차 기본계획이 인권·다문화·민원편의 제공 등의 가치를 강조하였다면, 제2차 기본계획은 제1차 기본계획 가치의 지속추진과 함께 질서와 안전, 이민자의 책임과 기여를 강조하는 국민 인식 반영"에 있습니다.

비전 "세계인과 더불어 성장하는 활기찬 대한민국" 아래 개방 (경제 활성화 지원과 인재유치), 통합(대한민국의 공동가치가 존중되는 사회통합), 인권(차별방지와 문화다양성 존중), 안전(국민과 외국인이 안전한 사회구현), 협력(국제사회와의 공동 발전)의 5개 정책목표와 19개 중점과제를 제시하였습니다.

이 정책은 체류 외국인의 증가가 사회 갈등 요인이 아닌 국가 발전의 원동력이 되도록 하는 데 초점을 맞추고 있습니다.

❶ 이민자조기적응교육 프로그램

2012년 체류외국인 150만 명을 넘어서면서 한국 사회의 인구구성의 변화와 이민자 정책의 발전 필요성 등이 복합적으로 작용하였습니다. 정부는 이민자를 단순히 관리 또는 통제의 대상이 아닌, 한국 사회 구성원이자 국가 발전에 기여할 수 있는 인력으로 인식하는 방향으로 이민정책의 패러다임을 전환하면서 이민자들이 한국 입국 초기에 겪는 어려움을 최소화하고, 성공적으로 한국 사회에 안착하도록 돕기 위해 2015년 이민자 조기적응프로그램이 필수적인 교육과정으로 도입[168] 되었습니다. 기본적인 참여 요건은 국내에 장기체류할 목적으로 합법적으로 체류하고 있는 외국인입니다. 참여 대상은 외국인 노동자, 외국인유학생, 결혼이민자, 외국국적동포, 계절근로자, 재정착 난민, 외국인 연예인, 중도입국 청소년 등입니다. 이민자의 다양한 체류유형에 맞게 일반적인 국내 사회적응정보, 범죄예방, 산업안전교육 외

168) 이민자조기적응 프로그램에 대해 '사회통합정보망 www.socinet.go.kr'를 참고하면 많은 정보를 얻을 수 있습니다.

에 미래진로, 부부교육, 인권보호, 대한민국 구성원 되기 등 특화된 정보를 제공하고 있습니다.

❷ 경제활성화를 위한 외국인 정책 확대

제2차 외국인정책 기본계획(2013년~2017년)의 목표 중 하나인 "경제 활성화에 기여하는 외국인 정책 확대"의 일환으로 2014년 정부는 경제 활성화를 위해 외국인 정책을 적극적으로 확대하고 개편하려 노력했습니다. 정부는 저출산·고령화로 인한 생산가능인구 감소 문제에 직면하면서, 외국인력 및 투자가 경제 활력 유지에 필수적이라는 인식을 하였고 2014년 5월, 법무부는 외국인정책위원회를 통해 "투자이민제도 활성화 방안"을 제시했습니다. 이는 투자자 편의 도모 및 인센티브를 부여로 자본 유치 및 경제 활성화에 실질적 도움이 되도록 하는 데 목적이 있었습니다. "해외자본 유치를 용이하도록 해외기관을 통한 투자자 모집 및 절차 대행 허용하였고, 고액투자자 유치를 위해 조건부 영주권 제도 도입 그리고 외국인투자 규제혁신을 위해 세정지원을 강화하는 것"을 내용으로 하였습니다. 그리고 해외 우수 인재 및 전문 인력 유치 확대로 글로벌 창업 지원, 전문 인력 비자 제도 개선, 뿌리산업 외국인력 지원 강화, 전문 인력 가족 동반 허용, 우수 유학생 취업 지원 등의 정책을 확장했습니다. 또한 2014년의 이러한 정책들은 단순히 외국인 노동력을 확보하는 것을 넘어, 외국인 투자 유치를 통한 자본 확보, 우수 인재 유치를 통한 기술 및 경쟁력 강화, 관광 활성화를 통한 내수 진작 등 다각적인 측면에서 한국 경제의 활력을 불어넣는 데 중점을 두었습니다. 투자이민제에 대해 살펴보면, ▶2010년 2월 1일, 부동산 투자이민제(현 관광·휴양시설 투자이민제)가 제주도에 한해 5억 원 이상 투자 시 거주(F-2) 자격 부여, 5년 유지 시 영주(F-5) 자격 부여하는 형태로 처음 시행되었습니다. ▶2013년 5월 공익사업 투자이민제가 시행되었습니다. 법무부장관이 지정·고시한 공익 펀드에 일정 자본을 투자하는 방식입니다. ▶2014년 투자이민제도 활성화 방안이 법무부 외국인정책위원회를 통해 보고되었습니다. 고액 투자 유치를 통한 경제 활성화를 목표로 2014년 10월 고액투자이민제도가 시행되어 15억 원 이상 투자 시 즉시 영주(F-5) 자격 부여를 조건으로 하는 새로운 유형이 추가되었습니다. ▶2023년 5월, 부동산 투자이민제도를 관광·휴양시설 투자이민제로 명칭을 변경하고, 투자 기준금액을 기존 5억 원에서 10억 원으로 상향했습니다. (일부 유치 실적이 낮은 지역은 7억 원). 또한, 은퇴투자이민제도는 폐지되었습니다. 2023년 6월 공익사업 투자이민제도의 투자 기준금액도 상향되었습니다. 일반 투자이민은 5억 원 → 15억 원으로 상향 (F-2 자격 부여 후 5년 유지 시 F-5 전환), 고액 투자이민은 15억 원 → 30억 원으로 상향 (투자 동시 F-5 자격 부여). 이러한 개편은 해외 투기성 자본 유입 부작용을 방지하고, 실질적인 국가 경제 기여를 유도하기 위함이며, 동시에 투자이민제도 시행 기간은 계속해서 연장하여 제도의 연속성을 유지하고 있습니다.

❸ 동포방문 복수비자 C-3-8

2014년 4월 1일부터 재외동포법 시행령이 개정되면서 동포 단기방문 복수비자 C-3-8 (90일 체류, 5년 유효)를 신설해 발급해 주기 시작했습니다. 발급 대상은 재외동포의 입국과 법적지위에 관한 법률 제2조 제2호[169] 에 해당하는 외국국적동포로서 60세 이하인 자입니다. 만 60세 이상자는 2009년 12월부터 재외동포 체류자격을 부여해주었기 때문에 자유왕래가 허용되었습니다. C-3-8 비자는 재외공관에서 받아오는 비자이며, 국내에서는 발급받을 수 없습니다. 서류를 발급받으려면, "사증발급신청서, 여권 사본, 외국국적 동포임을 입증하는 국적국의 공적서류(거민증, 호구부 등), 해외범죄경력증명"입니다. 해외범죄경력증명 제출대상은 "14세 이상 외국국적동포로서 동포방문(C3-8) 사증을 신청하는 사람"이며, 범죄경력증명 서류요건은 "해당 국가의 권한 있는 기관이 발급한 3개월 이내 공적 문서로 자국 내의 모

169) 재외동포법 제2조 제2호 '대한민국의 국적을 보유하였던 자(대한민국정부 수립 전에 국외로 이주한 동포를 포함한다) 또는 그 직계비속으로서 외국국적을 취득한 자 중 대통령령으로 정하는 자(이하 "외국국적동포"라 한다)'

든 범죄 경력이 포함"되어 있어야 합니다. 6개월 이상 해외에서 거주한 경우에는 거주 기간 거주국 범죄경력 포함합니다. 제출면제대상은 "60세 이상인 사람, 13세 이하인 사람(형사 미성년자), 국가유공자(독립유공자와 그 유족, 특별공로(국익증진)) 동포"입니다. C-3-8 비자 자체로는 취업을 할 수 없기 때문에 취업하기 위해서는 일정한 요건을 갖춰서 체류자격 변경을 해야 합니다. 예로 방문취업(H-2), 재외동포(F-4)가 있습니다. H-2의 경우 "▶사회통합프로그램 사전평가 점수가 21점 이상 ▶사회통합프로그램을 1단계 이상 이수한 경우 (교육확인서 필요함), ▶한국어 능력시험(TOPIK) 성적이 1급 이상, ▶세종학당 초급1B 과정이상 수료증"이 필요한데 이들 4개 중 1개만 있으면 됩니다. F-4의 경우 국내 기능사 이상 자격증 소지 또는 일정 요건의 H-2가 있어야 합니다. C-3-8 비자는 주로 중국동포들이나 고려인들이 많이 이용합니다. C-3-8비자 신설로 중국동포, 고려인들의 자유왕래 문제가 완전히 풀리게 된 것입니다.

❹ 통계작성 이후 최초로 체류외국인 200만 명

2016년은 대한민국에 체류하는 외국인 수가 통계 작성 이래 최초로 200만 명을 돌파한 해로 기록되었습니다. 6월 30일을 기준으로 국내 체류 외국인 수가 2,001,828명을 기록하였습니다. 당시 우리나라 전체 인구의 약 3.9%에 해당합니다. 2007년에 체류 외국인이 100만 명을 넘어선 이후 불과 9년 만에 2배로 증가한 것입니다. 국적별 구성을 보면, 중국인이 전체의 절반가량인 약 101만 명(50.6%), 베트남 약 14.9만 명(7.3%), 미국 약 14만 명(6.8%) 순입니다. 체류 목적별로 보면 유학생은 2000년 4천여 명에서 2016년 10만여 명으로 25배 증가하였고, 결혼이민자는 2001년 2만 5천여 명에서 2016년 6월 기준 15만여 명으로 이 가운데 약 11만 명이 국적을 취득하였습니다. 이러한 현상은 한국이 다문화 사회로 진입이 가속화되었음을 의미합니다. 그리고 인구구조 변화에 따른 정책적 대응 요구 증가하였습니다. 그리고 당시 예측으로는 2011 ~ 2015년 체류외국인이 연평균 8%씩 증가한 것을 고려할 때 2021년 국내 체류외국인은 300만 명을 넘어서 전체인구의 5.82%가 될 것으로 예상했었습니다.

⑤ 계절근로자 E-8

농어촌지역의 계절적인 일손 부족 해결을 위하여 외국인 근로자들을 단기간 동안 (5~8개월) 합법적으로 고용할 수 있도록 하는 제도입니다. 2015년 충북 괴산군에서 시범 사업을 시작하면서 2017년부터 국내에 본격적으로 도입되었습니다. 2019년부터 계절근로 E-8비자가 신설되었습니다. 계절근로자는 계절근로 이외의 다른 활동을 위한 체류자격 외 활동이 허용되지 않습니다. 기본 원칙으로 "▶내국인 사전 구인 절차를 의무화하여 내국인 일자리 잠식 방지, ▶외국인 계절근로자의 인권침해 및 불법체류 방지, ▶고용허가제와 상충되지 않도록 운영, ▶농·어촌 상황을 반영할 수 있도록 지자체에 최대한 자율성 부여"입니다. 신청 주체는 기초자치단체장이고, 허용 업종은 "계절성으로 노동력이 집중적으로 필요한 농업 분야는 농림축산식품부, 어업 분야는 해양수산부에서 심사 후 법무부에서 최종 결정"합니다. 계절근로 외국인은 지자체별 상황에 맞게 도입할 수 있도록 다양화하여 "국내 지자체와 MOU를 체결한 외국 지자체가 추천한 외국인 (E-8-1 (농업) / E-8-3 (어업)), 지자체 관내 결혼이민자의 해외 거주 가족(4촌)(E-8-2 (농업) / E-8-4 (어업))"입니다. 기타 계절근로자 (E-8-5 등)는 "국내 체류 중인 외국인 중 계절근로 참여 요건을 갖춘 일부 체류자격(예: D-1, D-2, D-4, D-10, F-1, F-3 등) 소지자도 지자체 추천을 통해 참여"할 수 있습니다. 그리고 외국인 근로자 배정은 "배정심사협의회(법무부, 행정안전부, 농림축산식품부, 해양수산부, 고용노동부로 구성)에서 관리 능력, 이탈·인권침해 방지 대책 등을 감안하여 지자체별 총인원 배정하고 지자체에서 별도 기준에 따라 농·어가, 농업, 어업, 조합 법인, 농업회사당 배정"합니다. 비자 신청은 "지자체가 사증 신청 절차를 대행함으로써 농어가 부담 제거"하고 있습니다. 외국인 근로자는 재외공관에서 비자를 신청하고 발급받아 입국합니다. 고용주(농어업인) 자격 요건으로 "내국인 사전 구인 절차를 의무화하여 내국인 일자리 잠식을 방지, 근로기준법상 최저임금을 준수, 숙소 및 샤워 시설을 갖추고 지자체의 숙소 점검을 받아야 함, 산업재해보험에 의무적으로 가입, 휴일은 매월 2일 이상

보장, 농업경영체 등록을 한 농업인 또는 농업법인, 어업인 등"입니다. E-8 계절근로 비자는 농어촌 인력 부족 문제 해결에 기여하고, 외국인 근로자에게도 합법적인 소득 활동 기회를 제공하는 중요한 제도로서, 계속해서 개선 및 확대되고 있습니다.

❻ 다문화이주민+센터

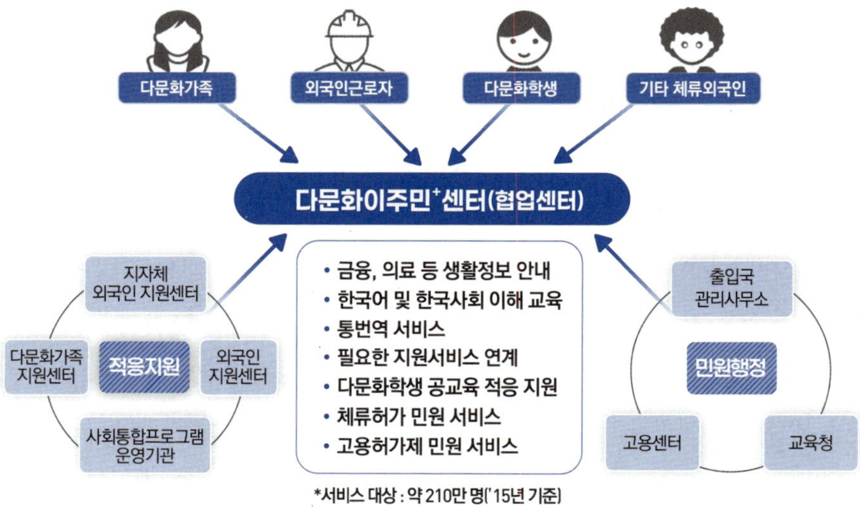

그림2-15 원스톱 서비스 전달체계도

(출처: 행정안전부 보도자료 2016.12.06.
다문화가족 · 외국인 정착지원 서비스, 한 곳에서, www.mois.go.kr)

2016년 12월 6일 행정안전부는 국무회의에서 "다문화가족·외국인 서비스 전달체계 효율화 방안"을 보고하고 2017년부터 "다문화이주민+센터"를 설치하여 기관 간 서비스 연계를 강화하여 통합적 다문화가족·외국인 서비스가 제공되도록 할 계획이라고 했습니다. 이것은 다문화가족, 외국인근로자, 유학생, 재외동포 등 한국생활에 필요한 정부의 각종 서비스 (한국어교육과 상담·통번역 등 적응을 지원하는 서비스와 체류관리·고용허가 관련 민원서비스)를 한 곳에서 받을 수 있게 다수부처

협업 모델(원스톱서비스)입니다. 협업센터는 하나의 공간에 여러 기관이 입주하거나, 기존 기관이 추가적 기능을 수행하는 방법으로 원스톱 서비스를 제공하게 되는데, 별도의 신규센터를 설치하는 것이 아니라 기존 집행기관을 활용하는 것입니다. 구체적으로는 정책대상과 지역여건 등을 고려하여 ▶다문화가족 지원센터 활용형, ▶출입국관리사무소 활용형, ▶지자체 외국인 지원센터 활용형 등 세 가지 유형입니다.

(2) 제3차 외국인정책 기본계획

제3차 외국인정책 기본계획은 2018년부터 2022년까지 시행된 대한민국의 외국인 정책에 관한 중장기 계획입니다. 여기서 외국인정책이란 "국경 및 출입국관리, 국적부여 정책과 이민자 사회통합 정책을 포괄하는 개념으로 이민정책(Immigration Policy)"을 의미합니다. 기본계획의 의의는 "대한민국 이민정책에 관한 범정부 차원의 국가계획이자, 정책지침서이며, 향후 5년 간의 정책추진에 관한 기본설계도"입니다. 제3차는 제1차와 제2차 시행을 바탕으로 연속된 정책입니다. 2018년 2월 12일 외국인정책위원회와 다문화가족정책위원회의 연석회의가 개최되었으며, 제3차 외국인정책 기본계획과 다문화가족정책 기본계획을 심의하고 확정했습니다. "국민공감 인권과 다양성이 존중되는 안전한 대한민국" 비전아래 핵심가치 상생, 통합, 안전, 인권, 협력에 5개의 정책목표 "국민이 공감하는 질서있는 개방, 이민자의 자립과 참여로 통합되는 사회, 국민과 이민자가 함께 만들어가는 안전한 사회, 인권과 다양성이 존중되는 정의로운 사회, 협력에 바탕한 미래 지향적 거버넌스" 그리고 18개의 중점과제로 구성되어 있습니다. 추진되었던 주요 과제로는 "비자발급 방식에서 온라인 발급 방식으로 전면 개선, 난민심의과를 신설하고, 난민과 명칭을 난민정책과로 변경하여 난민 정책의 전문성을 강화, 자동출입국 심사대 이용을 확대하는 등 외국인 관광객 유치를 위한 노력, 외국인 비자 연장 시 세금 체납 여부를 확인하는 제도를 전국적으로 확대 시행, 숙련기능인력 점수제 비자 도입, 모바일 외국인등록증 발급 시스템 구축 등"입니다. 제3차 외국인정책 기본계획은 경제 활성화와 사회 통합을 동시에 추구하고, 외국인의 인권 보호를 강화하는 데 중점을 두었습니다.

❶ 외국인비자 연장 전 세금체납 확인제도 전국 확대 시행

이것은 2017년 5월부터 주요 출입국관리사무소에서 시범 운영되었고, 이후 2018년 1월 29일부터 전국으로 확대 시행되었습니다. 이후 이 제도는 세금 체납뿐만 아니라 건강보험료 체납 및 부당이득금까지 확인하는 방향으로 확대되었습니다. 시행 배경으로는 외국인 체납액 징수 효율성 제고, 성실 납세 유도, 국내 체류 질서 확립, 국가 재정 누수 방지 등입니다.

❷ 출입국관리사무소 명칭 변경

2018년 5월 10일부터 기존 출입국관리사무소에서 출입국·외국인청과 출입국·외국인사무소로 변경되었습니다. 이것은 기존 출입국관리사무소라는 명칭에서 "관리"라는 단어가 외국인을 통제하고 규제한다는 다소 부정적인 인상을 줄 수 있고, 외국인의 인권을 존중하고 적극적인 행정 서비스를 제공하는 방향으로 정책 패러다임이 변화하면서 보다 친화적인 명칭의 필요 때문입니다. 그리고 업무 범위의 확대와 수요자 중심의 서비스를 반영했습니다.

❸ 외국인취업사전등록제

2019년 6월 11일 법무부가 가사·육아·간병 분야의 '외국인 취업 사전등록제'를 본격적으로 추진한다고 발표했습니다. 일반 가정에서 활동하는 외국인 가사·육아도우미가 지속적으로 증가하고 있었으나, 국민들이 이들의 신원 정보(범죄 경력, 취업 가능 여부 등)를 직접 확인하기 어렵다는 지적이 있었습니다.

이에 따라 외국인 가사·육아도우미, 간병인 등의 신원 관리를 강화하고, 외국인을 고용하는 국민의 알 권리를 보장하기 위해 도입되었습니다. 외국인 취업 사전등록제는 일반적인 고용허가제(E-9 비자)를 통해 제조업, 농축어업, 건설업 등에 도입되는 외국인력과는 별개로, 이미 국내에 체류 중인 외국인(주로 재외동포 H-2, F-4 등)이 가사·육아·간병 분야에서 취업할 때 적용되는 제도입니다. 적용대상은 주로 방문취업(H-2), 거주(F-2), 재외동포(F-4), 영주(F5), 결혼이민(F6) 등 현재 국내에 체류하며 해당 분야에서 취업이 가능한 비자를 소지한 외국인 이고 등록 대상 직종은 가사·육아도우미, 간병인, 산후조리원, 요양보호사 등 5개 직종입니다. 2023년 하반기부터는 서울시에서 외국인 가사근로자 도입 시범사업이 시작되었습니다.

❸ 건강보험 당연적용

과거에는 외국인이 국내 입국 즉시 직장가입자의 가족(피부양자)으로 등록해 보험료 납부 없이 고액의 진료를 받고 출국하는 사례가 종종 있었습니다. 따라서 2019년 7월 16일 대한민국에 6개월 이상 체류한 외국인 및 재외국민 (직장가입자 또는 직장가입자의 피부양자는 제외)을 대상으로 건강보험 당연적용 제도가 시행되었습니다. 보험료 체납 시 보험급여 제한과 미납 시 3회까지는 6개월 이내의 단기간 비자 연장만 허용하고, 4회째 미납 시에는 체류 허가가 불허될 수 있습니다. 외국인 건강보험 먹튀를 방지하고, 건강보험 재정 건전성을 확보하며, 외국인 체류 질서를 확립하는 데 목적이 있었습니다.

❹ 불법체류외국인 관리 대책 시행

2019년 당시 불법체류 외국인 수는 약 38만 8천여 명으로 역대 최고치를 기록했습니다. 강제 단속에 앞서 불법체류 외국인들이 자발적으로 출국하도록 유도하여 사회적 혼란을 최소화하고, 단속의 효율성을 높이고자 했습니다. 2018년 12월 11일부터 2019년 3월 31일까지 자진출국 특별기간을 운영했습니다. 자진출국 기간을 6월 30일로 연장하기도 했습니다. 이 기간 동안 자진하여 출국하는 불법체류 외국인에게는 입국 금지를 유예하거나 면제해주는 혜택을 부여했습니다. 자진출국 기간 종료 후, 법무부를 중심으로 경찰청, 고용노동부 등 관계기관이 참여하는 합동 단속을 대폭 강화했습니다. 불법 고용주에 대해 반복적으로 불법 고용 시 가중 처벌하는 삼진 아웃제 등을 검토했습니다.

❺ 외국인등록증에 한글 성명 병기

2019년 4월 11일부터 외국인등록증(영주증, 국내거소신고증 포함)에 한글 성명을 병기하도록 제도가 확대 시행되었습니다. 과거에는 일부 외국인등록증에 영문 이름만 표기되어 있었고, 한국에서 일상생활을 하거나 금융 거래 등을 할 때 종종 불편을 겪었습니다. 특히 한글 이름이 있는 외국국적동포나 재한화교 등의 경우 자신의 모국어 이름이 신분증에 없었기 때문이었습니다. 주요 대상은 중국국적동포, 재한화교, 과거 대한민국 국적을 보유했던 외국국적동포이었습니다. 이것은 본인 확인 편의성 증대, 일상생활 편의, 민족적 정체성 존중 등의 장점이 있었습니다. 행정안전부는 2024년 8월에 "외국인의 성명 표기에 관한 표준' 예규를 제정한다고 발표했습니다. 성-이름 순서로 대문자로 표기하며 성과 이름은 띄어 쓰는 것을 원칙 (예: HONG GILDONG), 그리고 한글 성명은 성-이름 순서로 표기하되, 성과 이름은 붙여 쓰는 것을 원칙 (예: 홍길동), 행정 문서에 외국인의 로마자 성명과 한글 성명을 함께 표기하는 것을 원칙으로 하였습니다.

❻ 외국국적 동포의 정체성 강화와 한국사회 적응지원

국내 체류 외국국적동포의 수가 급증함에 따라 이들의 안정적인 정착과 사회통합을 위한 필요성이 커졌기 때문에 2019년 7월 2일 재외동포의 출입국과 법적 지위에 관한 법률 시행령을 개정하였고 다음과 같은 조치를 하였습니다. ▶동포 범위 확대 : 과거 대한민국 국적을 가졌던 사람의 3세대(손자녀)까지만 인정하던 외국국적동포의 범위를 출생에 의하여 대한민국 국적을 보유했던 사람의 직계비속까지 확대하므로 4세대 이후 동포까지도 재외동포로 인정받을 수 있게 된 것입니다. ▶한국어능력 입증 서류 제출 의무화 (새로운 의무) : 2019년 9월 2일부터 재외동포(F-4) 비자 신청 또는 체류자격 변경/연장 시 일정 수준 이상의 한국어능력을 갖추었음을 입증하는 서류 제출을 의무화했습니다. 이는 외국국적동포의 정체성 강화와 한국

사회 적응을 지원하기 위함이었습니다. ▶해외 범죄경력증명 서류 제출 의무화 (새로운 의무) : 외국국적동포의 사증(비자) 발급 및 체류 허가 신청 시 해외 범죄경력증명 서류 제출을 의무화했습니다. 법 위반자에 대해서는 사증 발급 및 체류 허가를 불허함으로써 사회 안전을 도모하고자 했습니다.

❼ 외국인 전문인력제도 개선

2019년 제도 개선의 특징은 외국인력을 유치에서 우수 인력을 선별하고 안정적으로 정착하도록 지원하여 질적인 측면을 강화하고, 기업투자 및 기술창업 비자 개선, 숙련기능인력 비자 확대 등을 통해 국내 산업 현장의 인력난을 해소하고 새로운 성장동력을 확보하려했으며, 그리고 유학생 비자, 구직 비자, 전문인력 비자, 그리고 영주 자격으로 이어지는 단계적인 체류자격 연계 시스템을 보다 유연하게 운영하여 우수 외국인 인재들이 국내에 장기 체류하고 정착할 수 있도록 유도했습니다. 주요 개선점을 보면, ▶기업투자(D-8) 비자 요건 완화하고 기술창업 지원 확대하였습니다. 혁신적 기술을 가진 외국인들이 한국에서 창업할 수 있도록 신규 비자 제도(D-8-4, 기술창업 비자)가 신설되었고, 관련 절차 간소화 및 체류 지원이 강화되었습니다. ▶특정활동(E-7) 비자 개선 및 세분화입니다. E-7 비자는 직종별 특성과 필요성에 따라 관리를 세분화하고, 숙련기능인력(E-7-4) 확대하였습니다. 2019년 기준 1,000명 기준 선발이었습니다. ▶구직비자(D-10) 점수제 시행 및 취업 연계 강화입니다. 유학생에게 구직(D-10) 비자 발급 및 연장 시 점수제를 활용하여 우수 인력을 선별하고, 이들의 국내 취업 활동을 지원했습니다. 전문인력 전자고용추천제 도입 등 국내 기업이 우수 외국인력을 쉽게 채용할 수 있도록 비자 체계를 개선하였습니다. ▶2019년 7월부터 외국인 전문인력 역시 건강보험 의무 가입 대상에 포함되었습니다.

(3) 외국인의 인권 개선

2010년대(2010~2019)는 한국이 다문화 사회로 진입하면서 외국인의 인권개선 분야에서도 매우 진보된 시기라고 할 수 있습니다. 거기에는 국가인권위원회의 활발한 활동이 있었으며, 정부의 정책 및 시민단체들의 노력이 더불어 있었습니다. 그리고 사회 다양한 분야에서 외국인에 대한 긍정적인 방향으로 인식 변화가 진행되었습니다. 다음과 같이 몇 가지 사례들을 볼 수 있습니다.

❶ 체류외국인 지문등록제

"외국인 지문확인시스템 1단계 구축 및 시행"은 2010년 4월 개정된 "외국인의 지문 등록 의무화"에 관한 「출입국관리법」에 근거하여 외국인의 불법 입국 방지, 범죄 예방 및 수사지원, 국민 및 외국인의 안전 보호, 국경관리 등을 위해 도입한 제도입니다. 특히 G20 정상회의의 성공적인 개최 지원을 위해 신분 위조자 및 국익 위해자의 입국 차단이 필요했습니다. 2003년 인권침해 소지가 있다는 이유로 폐지되었던 외국인 지문 등록제가 2010년 7월 1일 장기 체류 외국인 대상 지문 등록 재개하였습니다. 국내에 91일 이상 장기 체류하려는 만 17세 이상의 외국인은 입국 후 최초 외국인 등록 시 10개 손가락 지문과 얼굴 정보를 등록하도록 했습니다. 그리고 이미 외국인 등록을 하고 장기 체류 중인 외국인에 대해서는 민원 불편을 고려하여 2012년 1월부터 순차적으로 지문 등록을 시행할 계획이었습니다. 외국인 지문확인 시스템 3단계 구축 사업을 통해 입국 외국인 대상 지문 및 얼굴 정보 등록 시스템 구축을 2010년 말 완료하고 2011년 1월부터 전면 시행했습니다. 국제 테러범과 인적 사항이 유사한 자, 위·변조 여권 소지자, 입국 목적이 불분명한 자 등이 주 대상이었습니다. 그리고 2011년 1월부터는 모든 공항과 항만에서 외국인 입국자를 대상으로 양손 검지 지문과 얼굴 정보를 확인하는 제도가 전면 시행되었습니다. 체류외국인 지문등록제 부활로 시행 초기 한 달 동안 12개 국적의 외국인 60명을 적발하였고, 적발된 외국인 중에는 과거 위조 주민등록증 사용, 성매매, 마약류 관련 범죄 등의 전력이 있는 사람들이 포함되어 있었습니다. 2012년부터 외국인 지문확인 시스템이 사실상 모든 외국인에게 전면적으로 적용되기 시작했습니다. 대한민국 내 모든 17세 이상 외국인의 지문 정보가 수집되는 시스템이 갖춰진 것입니다. 한편, 2012년 6월 13일부터 대한민국과 미국 간에 자동출입국심사 프로그램 상호 이용(한-미 자동출입국심사대 상호이용 프로그램 (SES-GEP))이 아시아 국가 중 최초로 전면 시행되었습니다. 이는 양국 간의 인적 교류 편의를 획기적으로 증진한 중요한 협정이었습니다.

❷ 이주아동 교육권 개선 권고

2010년대를 맞이하면서 한국은 빠르게 다문화사회로 진입하고 있었으나, 미등록 체류 이주아동을 포함한 일부 이주아동들은 법적 지위의 불확실성, 언어 문제, 차별적 시선 등으로 인해 교육을 받을 권리를 제대로 보장받지 못하는 경우가 많았습니다. 이에 국가인권위원회, 교육 시민단체, 유엔 등 국내외 기관에서 이주아동의 교육권 개선을 위한 권고와 노력이 활발하게 이루어졌습니다. 2010년에 실시한 "이주아동 교육권 실태조사" 결과를 바탕으로 국가인권위원회는 2011년 이주아동의 교육권 보장을 위해 교육권 개선 권고를 하였습니다. "▶이주아동에 대한 한국어교육을 강화하고, 학교생활에 대한 정보를 모국어로도 제공하도록 권고했습니다, ▶이주아동에 대한 차별이나 괴롭힘이 발생하지 않도록 예방 교육을 강화하고, 피해 발생 시 효과적인 구제 조치를 마련을 하도록 권고했습니다. ▶미등록이주아동이 해당 학년 또는 학기 동안 학업을 지속할 수 있도록 그 부모에 대한 강제퇴거 조치를 일시 유예하고, 이주민의 권리 보호나 구제를 업무로 하는 공무원 (특히 교육 공무원)에 대한 공무원 통보의무 적용을 유보하거나 면제할 수 있는 법적 규정 마련하도록 권고했습니다. ▶외국인 등록 사실 증명 외에 거주 사실 확인서 등을 통해 초·중등학교 입학이 가능하도록 관련 법령 정비할 것 권고했습니다. 여기에 대해서는 2010년 12월에 교육과학기술부가 법령을 정비하여 외국인등록 사실증명 외 전월세 계약서 사본 등으로도 입학 가능하도록 이미 조치했습니다.

❸ 외국인 보호시설 개선 권고

2010년과 2011년에 걸쳐 국가인권위원회가 보호외국인의 생활 환경, 처우, 인권 상황 등을 면밀히 살피기 위해 화성외국인보호소, 청주외국인보호소, 여수출입국관리사무소 등 외국인보호소에 대한 방문 조사를 실시하고, 그 결과를 토대로 외국인 보호시설의 인권 문제를 개선하기 위해 개선 권고를 발표했습니다. 권고 내용은 다음과 같습니다. ▶보호실의 쇠창살 구조 개선, 과밀 수용 문제 해결 및 사생활 보호 공간 확보, 응급상황에서 도움을 요청하기 쉽도록 비상벨 위치 조정, 특별계호실 내 냉방장치 및 변기와 생활공간 사이의 차폐 시설 설치 등을 권고했습니다. ▶보호외국인이 시설 내에서 운동, 종교, 독서 등의 활동을 보다 자유롭게 할 수 있도록 이동의 자유 확대, 보호외국인의 면회 등 외부 교통권 보장, 보호 외국인의 의료접근성 향상과 응급 의료체계 구축, 보호시설 내 영상정보처리기기 (감시 카메라) 설치 위치 조정 및 사생활 보호를 강화하고, 외국인보호규칙 시행세칙의 특별계호 사유 중 단식 삭제 등을 권고했습니다. ▶장기 보호외국인, 아동 보호 등 인권 취약 계층에 대한 특별한 고려와 처우 개선의 필요성 권고했습니다. 이 권고는 보호외국인의 기본권 보장과 인권 친화적 운영을 목표로 했습니다. 외국인보호시설이 단순히 강제퇴거 대기자를 수용하는 공간이 아니라, 인간으로서 최소한의 존엄과 권리가 보장되어야 하는 공간으로 이해한 것입니다.

❹ 고용허가제 개선 권고

2011년 당시 고용허가제는 기존의 산업연수생제도가 가지고 있던 송출비용 과다, 인권침해 등의 문제점을 개선하여 중소기업의 인력난 해소에 기여하고 외국인 근로자의 인권 보호에 긍정적인 영향을 미쳤다는 평가를 받았습니다. 따라서 5월에는 고용허가제가 UN 공공행정상 대상을 수상하였으며, 투명하고 공정한 외국인 근로자 도입 절차를 통해 송출 비리, 인권침해, 불법체류 등의 문제를 크게 개선한 점을 국제적으로 인정받기도 했습니다. 그러나 여전히 사업장 변경의 제한, 내국인 근로자 고용과의 상충 문제, 불법체류 문제 등이 지속적인 과제로 남아있었습니다. 국가인권위원회는 외국인근로자 인권 보호를 위해 산업연수생제도 폐지 (2002), 고용허가제 도입(2003), 고용허가제 개선(2008)등을 정부에 권고 했었습니다. 특히 2008년 고용허가제 개선 권고는 "사업장 변경 규정에 대한 해석지침 마련, 사업장 이동 횟수 제한 폐지 및 외국인근로자의 귀책 사유가 아닌 경우 사업장 횟수 미적용, 사업장 변경 기간 연장 등"입니다. 이 권고로 일부 개선이 있었습니다. 개선 내용은 "근로조건과 근로계약의 상이와 근로조건 위반 등의 사업장 변경 사유 추가, 휴업·폐업 등의 사유를 사업장 변경 횟수에 미산입, 사업장 변경 횟수 예외적 1회 추가, 사업장 변경 구직기간 연장 등"입니다. 그러나 외국인근로자의 부당한 근로환경, 퇴직금과 임금 체불문제 발생, 미등록자 발생 등 조사 결과를 바탕으로 2011년 12월 16일 외국인근로자의 인권 증진을 위해 권고 및 의견 표명을 했습니다. 따라서 논의된 개선 내용을 보면 대체로 다음과 같습니다. ▶취업활동 기간이 개선되었습니다. 2011년에는 재입국 특례 고용허가 제도를 통해 1회 재입국 후 다시 4년 10개월의 취업활동이 가능하도록 하여 최장 9년 8개월까지 국내 취업활동이 가능하도록 개선하였습니다. ▶출국만기보험 등의 적용 범위가 4인 이하 사업장으로 확대되었습니다. ▶재고용 만료자에게 문자 통지 시 재입국 특례 고용허가 대상자에 대한 신청 기간을 함께 안내하는 서비스가 강화되었습니다. 고용허가제의 가장 큰 문제점 중 하나로 외국인 근로자의 사업장 변경이 엄격하게 제한된다는 점이 꾸준히 지적되었습니다. 2011년에도 이에 대한 개선의견이 있었습니다. 사용자의 귀책사유로 인한 사업장 변경만을 인정하는 현행 제도가 계약 자유의 원칙, 직업의 자유 등을 침해한다는 지적이었습니다. ▶이외에도 고용허가서 반납 규정 폐지, 취업교육 시간 단축, 재고용 허가신청 기간 조정, 대행기관 업무 범위 조정 등이 있었습니다.

(4) 난민정책 선진화

2010년대 (2010~2009)는 대한민국의 난민 정책에 있어서 획기적인 전환점을 맞이함 시기였습니다. 「난민법」의 제정과 시행, 재정착 난민 도입, 예멘난민 사태로 국민적 인식 변화 등입니다.

2010년 3월 19일 난민 중 최초로 한국 국적 취득자[170] 가 나왔습니다. 대한민국이 1992년 「난민협약」에 가입해 난민 지위를 부여하기 시작한 이후 처음 있는 일이었습니다. 그리고 법무부는 5월 14일 「출입국관리법」을 개정하여 난민 인정 신청권의 실질적 보장을 위해 난민 신청자나 난민 불인정 결정에 대한 이의신청을 진행 중인 자에 대해서는 강제퇴거의 집행을 유보할 수 있도록 하는 근거 규정을 마련했습니다. 그리고 2009년부터 난민 인정 심사 기간이 대부분 1년 이내로 단축하였지만 심사 기한을 6개월 이내로 줄였습니다. 또한 이의신청을 담당하는 난민인정협의회에 민간 전문위원을 위원장에 임명할 수 있도록 제도를 개선하였습니다. 따라서 2010년 이후 한국의 난민 신청자 수는 꾸준히 증가했습니다. 2010년 8월 31일 기준 난민 신청자는 2,708명, 인정자는 213명이었습니다. 2010년부터 2020년까지 50,218건의 난민 지위 심사를 결정했으며, 이 중 655명을 난민으로 인정하여 인정률은 매우 낮은 1.3%였습니다.

2011년에는 한 해 동안 총 1,011명이 난민 신청을 하여 42명이 새로 난민 지위를 인정받았습니다. 이는 1994년 이후 가장 많은 신청자 수를 기록했고, 2007년 717명을 기록한 이후 매년 300~400명가량이 난민 신청을 하던 거에 비해 크게 늘어났습니다. 그리고 인도적 체류자는 21명이었습니다. 무엇보다 2011년 12월 29일 아시아

---

170) 에디오피아인 ㄷ(38)씨는 2001년 8월 21일 한국에 입국하였으며, 2002년 9월 4일 정치적 박해의 사유로 난민인정을 신청하여 2005년 9월20일 난민지위를 획득했고 2009년 3월3일 귀화 신청을 했습니다. 국적 심사가 보통 1년6개월 이상 걸리지만 「난민협약」 정신을 존중해 예외적으로 1년 만에 귀화를 허가했습니다.

최초로 독립적인 「난민법」이 국회 본회의를 통과했습니다. 이 법은 “난민 신청 절차, 출입국 항에서의 난민 신청, 난민 심사 과정에서 절차적 보호를 강화 (변호사 조력권), 통역 지원 등 절차적 권리 보장을 강화하고, 난민 인정자의 사회보장 및 의료접근성 개선, 난민 신청자도 보호의 대상으로 명시” 등 난민 처우에 대한 큰 변화를 예고했습니다.

2012년 「난민법」이 제정되었고, 이 법은 “난민인정 절차의 투명성을 높이고, 난민 신청자와 인정자의 권리를 보다 명확히 규정, 난민의 사회적 처우를 개선하는 것을 목표”로 했습니다. 그리고 2013년 7월 1일부터 시행되었습니다. 「출입국관리법」에 분산되어 있던 난민 관련 조항을 독립된 법률로 분리하여 난민 보호에 대한 한국정부의 의지를 천명하였습니다. 따라서 난민 신청이 가속화되어 2013년 한 해 동안 1,574명의 신청자가 나왔습니다. 특히 2011년부터 시작된 시리아 내전으로 시리아 출신 난민 신청자 295명이 몰리면서 크게 늘어났습니다. 난민 신청자 수는 급증했지만, 난민 인정률은 여전히 낮은 수준으로 누계 377명이었습니다.

2014년 한 해 동안 총 2,896명이 난민 신청을 하였습니다. 전년도 1,574명 대비 약 84% 증가한 수치였습니다. 난민 인정자 수는 94명이었고 인정된 난민 중에는 에티오피아 출신이 43명으로 가장 많았습니다. 이들 중 다수는 한국전쟁 참전용사 후손으로 한국국제협력단(KOICA) 초청으로 국내에 들어와 직업훈련을 받다 2013년 집단으로 난민 신청을 했던 사례였습니다. 그리고 2014년 2월 출입국·외국인지원센터를 운영하여 “난민 신청자 및 외국인 입·퇴소 관리, 입소자 대상 교육 프로그램 개발 및 운영, 상담, 직업훈련, 의료 및 복지 지원 제공, 한국 사회 조기 적응을 위한 법질서 교육 등”을 시작했습니다. 난민 보호에 대한 국제적 책임을 보다 적극적으로 이행하겠다는 의지를 보여주는 상징적인 조치였으며, 한국의 난민 정책을 선진화하기 위한 중요한 인프라 구축의 일환이었습니다. 출입국·외국인지원센터는 주로 난민 신청자와 난민 인정자, 그리고 재정착 난민을 위한 지원시설로 운영됩니다.

2015년 한 해 동안 총 5,711명이 난민 신청을 하였습니다. 이는 2014년 2,896명에서 약 2배 가까이 증가한 수치입니다. 하지만 심사관 부족, 심사 과정의 전문성 부족, 그리고 난민 심사의 엄격한 기준 적용 등의 복합적인 요인이 작용하여 심사 적체 현상이 심화되고 여전히 난민 인정률은 매우 낮았습니다. 그리고 특히 대한민국이 최초로 재정착 난민을 수용하기 시작했습니다. 제16회 외국인정책위원회(4월3일)에서 2015년부터 2017년까지 3년간 태국 및 말레이시아에 임시 체류하고 있는 가족 단위 미얀마 난민을 매년 30명 이내로 수용하는 재정착난민 도입 시범사업을 확정하였습니다. 2015년 12월 23일, 유엔난민기구(UNHCR)와 협력하여 태국 난민캠프에 있던 미얀마 카렌족 난민 4가구 22명이 한국에 입국했습니다. 또한 194명에게 인도적 체류 지위가 부여되었습니다. 이들 중 대부분 시리아 출신이었습니다.

2016년 한 해 동안 총 7,542명이 난민 신청을 하였고 11월에는 재정착 난민 2기(미얀마 카렌족 7가구 34명)가 한국에 입국했습니다. 난민으로 인정받은 사람은 98명, 인도적 체류 허가자는 283명이었습니다. 그리고 2017년에는

총 9,942명이 난민 신청을 하였습니다. 난민 지위를 인정받은 사람은 총 121명, 인도적 체류자는 2017년 말 기준 총 1,474명이었습니다. 그리고 2017년 7월 25일에는 재정착 난민 3기 미얀마 카렌족 및 로힝야족 포함 5가구 30명이 입국하였습니다.

2018년은 제주 예멘 난민 사태로 한국에서 사회적 논란과 난민에 대한 대중의 폭발적인 관심을 불러일으켰습니다. 청와대 국민청원 게시판에는 「난민법」 폐지를 요구하는 청원에 70만 명 이상이 동의하기도 했습니다. 5월부터 제주도에 예멘인 500여 명 이상 무사증(무비자) 입국 제도를 통해 입국하여 난민 지위를 신청했습니다. 제주 예멘 난민 신청자 484명에 대한 심사를 완료하고, 최종적으로 2명만 난민으로 인정하고, 412명에게는 인도적 체류 허가를 부여했습니다. 나머지는 난민 불인정 또는 직권 종료되었습니다. 제주 예멘 난민 사태 이후 난민 수용 반대 여론이 거세지면서, 정부는 「난민법」 개정 논의를 시작했습니다. 이는 주로 난민 신청 남용을 방지하고 심사 절차를 강화하려는 목적이었습니다. 2018년 8월, 재정착 난민 4기(미얀마 카렌족 8가구 35명)가 입국했습니다. 그리고 한 해 동안 총 16,173명이 난민 신청을

하였습니다. 난민으로 인정받은 사람은 총 120명이었고 누적 난민 인정자는 2018년 말 기준 696명이었습니다.

2019년 한 해 동안 총 15,452명이 난민 신청을 하였고 단 42명만이 난민 지위를 인정받았습니다, 인도적 체류자는 2019년 말 기준 누적 2,203명 (또는 2,217명)이었습니다. 재정착 난민이 한국에 입국했습니다. 특히 2018년부터는 미얀마 카렌족뿐만 아니라 친족, 카친족, 아프가니스탄인, 이란인 등 다양한 민족과 국적의 난민들이 재정착 난민으로 지속적 수용되었습니다. 2018년 예멘 난민 사태 이후 난민에 대한 사회적 관심이 높아지면서 「난민법」 개정 논의가 활발했습니다. 주로 난민 신청 남용 방지, 심사 절차 개선, 심사관 전문성 강화 등이 주요 내용으로 논의되었습니다.

(5) 외국인유학생 유치와 개선

2010년대의 외국인 유학생 정책은 기존의 양적 유치 목표 달성을 이루면서 질적 관리라는 새로운 방향성이 추가되던 시기였습니다. 2004년부터 시작된 Study Korea Project는 2010년까지 외국인 유학생 5만 명 유치를 목표로 삼았고, 2010년 국내 외국인 유학생 수는 83,842명으로 성공적으로 달성되었습니다. 이 프로젝트는 정부초청장학생 사업 확대, 재외공관의 유학생 유치 기능 강화, 유학생 수학 및 생활환경 개선 등을 주요 내용으로 했습니다.

그리고 2010년대부터 유학생을 단순히 학업 목적의 단기 체류자가 아닌 졸업 후 국내 산업 발전에 기여할 수 있는 잠재적 고도 인재로 보고 단기 체류인이 아닌 정주 가능성을 가진 인력으로 시각을 전환하고 인턴십 프로그램 활성화, 취업을 위한 체류자격 변경 허용 확대 등을 모색했으며, 외국인 유학생의 언어 불편을 최소화하기 위해 대학의 외국어 전용 강좌 및 한국어 연수 프로그램 개설 지원 등 수학 환경 개선 노력도 지속되었습니다. 유학생 수가 급증하면서 일부 부실 유학생 문제, 중도

탈락률 증가, 불법체류 등 부작용도 나타나기 시작했습니다. 이에 따라 양적 유치를 넘어 유학생의 질 관리, 학업 성과, 졸업 후 진로 등에 대한 관심이 높아졌습니다.

2010년 말부터 2011년 초에는 일부 대학의 외국인 유학생 관리 실태에 대한 교육과학기술부와 법무부의 합동 조사가 이루어져, 다수의 대학에서 학생·학사 관리 문제점이 발견되기도 했습니다. 따라서 2011년 도입된 교육국제화역량 인증제(IEQAS)[171]는 질적 관리의 필요성에서 논의되기 시작한 대표적인 정책입니다. 유학생 선발 및 관리가 잘 되는 대학에 대해 비자 발급 절차를 간소화, 정부 초청 외국인 장학생(GKS) 사업 대상 우선 고려 등 인센티브를 부여하여 대학의 자율성을 강화하고 질 관리를 유도 했습니다. 반대로 인증을 받지 못하거나 부실 대학으로 분류된 곳은 비자 발급이 제한되는 등의 불이익을 받았습니다.

2012년에는 유학생정보시스템을 구축하여 유학생 관리의 온라인화가 진행되었으며, 정부와 대학 간 유학생 정보 공유가 활발해졌습니다. 유학생의 성공적인 학업 및 생활 적응을 위해 한국어교육 강화하고, 생활 안내, 의료 혜택 (1인 1보험 가입 유도) 등 지원을 확대했습니다. 그리고 2013년에는 교육국제화역량 인증제의 영향이 본격적으로 나타나면서 유학생 유치 전략이 재조정되고, 장기적인 유치 목표가 새롭게 설정되었습니다. 대학들은 불법체류율, 중도탈락률 등 질적 지표 관리에 더욱 관심을 갖게 되었으며, 이는 부실 유학생을 줄이고 한국 유학의 신뢰도를 높이는 데 기여했습니다. Study Korea 2020 Project를 새롭게 수립하여 2020년까지 외국인 유학생 20만 명 유치를 목표로 설정했습니다. 유학생 맞춤형 지원을 강화하고, 유학생이 성공적으로 학업을 마치고 사회에 진출할 수 있도록 하는 관리 시스템을 구축하기 시작했습니다.

---

171) 3단계 평가방식은 '(1단계) 8개 정량지표를 통한 평가결과 상위 70% 이상의 대학에 대해 2,3단계 평가 실시→ (2단계) 인증대학과 비자제한대학을 선정하는 6개 절대지표를 제시 (절대지표 중 하나인 중도탈락률 (불법체류율 보완)은 인증신청 자격제한 요건으로도 활용)→ (3단계) 2단계까지 통과한 대학 (4년제 및 전문대) 중 인증위원회가 현장평가를 실시하고, 인증 및 비자발급제한 대학을 선정'입니다.

2014년은 Study Korea 2020 Project 일환으로 “전략적 유학생 유치 및 정주지원 방안 (3월 6일)”을 마련하여 이들이 국내에서 공부하고, 졸업 후에는 국내에 정주하여 경제 활동을 할 수 있도록 지원하는 데 초점을 맞추었습니다. 이 방안은 크게 전략적 유학생 유치 가속화, 학업·생활 적응지원 강화, 취업 지원 확대로 나뉘어 추진되었습니다. “▶전략적 유학생 유치 가속화로는 사증 발급 심사 간소화하고, 맞춤형 유치 전략, 한국교육원 활용, 장학사업 확대, 한국어 입학 기준 완화 (이공계 중심), ▶학업·생활 적응지원 강화로는 의료보험 가입 의무화, 기존 미가입 유학생 특례, 시간제 취업 허용 시간 확대, ▶국내 대학 졸업 외국인의 국내 취업 및 창업 지원으로 취업(E-7) 및 구직자격(D-10) 비자의 취득 요건 완화, 외국인 유학생의 기업 설립 환경 조성, 영주 자격 취득 요건 완화, 부모 초청 허용 신설 등입니다.

2015년은 한국의 외국인 유학생 정책에서 유학생 수의 증가세가 다시 전환되고, 질적 관리와 더불어 적극적인 유치 노력 및 정주 지원 방안이 강조된 해였습니다. 교육부는 2015년 7월 7일 국무회의에서 유학생 유치 확대 방안을 보고하여 2020년까지 외국인 유학생 20만 명 유치 목표 달성을 위한 세부 전략을 담았습니다. 3대 정책과제로 ▶대학의 유학생 유치·관리 역량 강화 : 유학생 특화과정 개설 지원, ▶우수 지방대 유학생 유치 활성화 : 정부초청 장학생(GKS)을 우수 지방대학으로 확대, ▶유학생 유치 지원 및 기반 구축 : 유학생의 정주 여건 개선 및 생활·취업 지원을 강화을 선정했습니다.

2016년은 외국인 유학생이 104,262명으로 양적 성장이 본격화되었고, 동시에 질적 관리와 졸업 후 국내 정주까지 고려하는 정책이 더욱 구체화 되었습니다. 외국인 유학생 유치·관리 역량 인증제가 2016년부터 교육 국제화 역량 인증제(IEQAS)로 명칭이 변경되고 평가 기준이 보완되었습니다. 권역별 유학생 종합 지원센터 운영, 통합 기숙사 건립 추진, 졸업 후 국내 취업 및 정주(영주 비자 취득)로의 연계를 강화하는 방안을 추진 등이 계속 논의되었습니다. 그리고 5월 16일에는 단기 유학 비자(D-2-8) 신설 하여 기존 관광비자로 출·입국을 반복하던 불편을 없애고 정규학위 과정 외 계절학기나 한두 학기의 짧은 과정도 유학비자를 받을 수 있게 했습니다.

단기유학 후 정규과정 유학을 원할 경우 국내에서 곧바로 비자 변경 가능하게 하였습니다. 또한 6월 1일에는 일·학습 연계비자 (D-2-7)를 신설하여 1회 3년 씩 비자 연장이 가능하도록 했으며, 정부초청 장학생으로 선발된 우수 유학생이 졸업 후 고용계약만 체결되면 업체의 국민고용 비율과 상관없이 곧바로 국내에서 원하는 일자리에 취업할 수 있도록 했습니다. 그리고 인증대학 석·박사과정 유학생에게 전자비자를 발급하여 유학비자를 받기 위해 재외공관을 여러 번 방문하는 불편이 없도록 했습니다. 그리고 2017년과 2018년은 유학생 유치 다변화, 질 관리 강화, 그리고 졸업 후 국내 정주지원을 위한 제도 개선이 주요 정책 방향으로 추진되었습니다.

2019년은 양적 목표 달성을 앞두고 유학생의 질적 관리와 더불어 이들이 한국 사회의 인적자원으로 활용될 수 있도록 졸업 후 진로 및 정주지원에 대한 정책을 구체적으로 강화했습니다. 외국안 유학생 대상 취업 박람회, 인턴십, 멘토링 프로그램 등을 확대하여 유학생의 국내 취업 가능성을 높였습니다. 그리고 2019년 3월 4일부터 다음과 같은 유학생 비자 제도를 개선하여 시행했습니다. 여기에는 유학생 유치·관리 역량 인증제 연계 강화, 베트남인 어학연수생 유학경비 보증제도 시범 도입 (신설), 대학부설 어학원에 대한 초청 기준 강화 (신설), 하위대학 학부생에 대한 어학능력 기준 강화, 전자비자 발급 대상 확대, 시간제 취업 허용 업종 확대, 건강보험 의무 가입 (2019년 7월 시행) 등이 있습니다.

(6) 외국인노동자제도 개선

❶ 외국인근로자특별한국어시험

2011년 12월부터 베트남 및 태국의 귀국 근로자 대상 시범 시행되었습니다. 한국에서 취업 기간을 마치고 자진 귀국한 외국인 노동자 가운데 재취업을 희망하는 숙련된 인력에게 재입국 기회를 제공하고 한국 중소기업의 인력 문제 해소, 숙련 인력의 확보, 불법체류 방지 등 목적이었습니다. 주요 대상은 취업 기간 만료일 이전에 자발적으로 귀국한 외국인 근로자 (E-9), (E-10)이었고, 2010년 1월 1일 이후 자진 귀국한 자로 제한하였습니다. 그리고 일반 한국어시험에 적용되는 연령 제한 (만 18세 ~ 39세) 등 기본 응시 자격을 갖춰야 했습니다. 우대조치로 특별한국어시험 (고용허가제 한국어능력시험 EPS-TOPIK의 일환)에 합격한 외국인 근로자는 출국 후 6개월 이내에 재입국하여 취업할 수 있는 기회를 얻도록 했습니다. 시행 국가는 태국, 베트남 등 15개 송출국(2011년 기준)입니다.

❷ 성실근로자 재입국 취업 제도

고용허가제(E-9, E-10 비자)로 일한 외국인 근로자 중, 성실하게 근무하고 자진하여 귀국한 숙련 인력에게 한국에 다시 입국하여 일할 기회를 주는 제도입니다. 이 제도는 외국인노동자의 성실성과 숙련도를 인정하는 것으로 2012년 7월 2일부터 시행되었으며, "숙련 인력의 계속 사용 지원, 불법체류 감소 유도, 외국인 근로자의 안정적인 재취업 지원 등"의 목적으로 도입되었습니다.

주요 대상은 E-9(비전문취업) 또는 E-10(선원취업) 자격의 취업활동 기간 (기본 3년 + 재고용 1년 10개월, 총 4년 10개월) 동안 사업장 변경 없이 한 사업장에서 계속 근무자이며, 단 사업장의 휴업·폐업 등 외국인 근로자의 책임이 아닌 사유로 사업장을 변경한 경우에는 마지막 사업주와의 근로계약 기간이 1년 이상 조건입니다. 농축산업, 어업, 또는 30인 이하의 제조업에서 근무해야 합니다. 뿌리산업의 경우 50인 이하까지 허용입니다. 재입국하여 근로를 시작하는 날부터 효력이 발생하는 1년 이상의 근로계약을 체결해야 하고 해당 사업장은 외국인 고용한도 등 고용허가서 발급 요건을 갖추고 있어야 하며, 내국인 구인 노력은 면제입니다.

주요 혜택으로 외국인 근로자는 한국어능력시험 및 취업교육 면제, 출국 후 1개월이 경과하면 재입국(과거에는 3개월이었으나, 2023년 9월 22일 기준 1개월로 단축)하여 최장 9년 8개월간 국내 취업 가능합니다. 사업주는 내국인 구인 노력 면제,

숙련 인력 확보, 신속한 인력 충원 등입니다. 재입국 대상에는 나이 제한이 없었습니다.

2020년부터 명칭에서 "성실"이라는 단어를 제외하고 "외국인 근로자 재입국 특례"로 변경했습니다. 이것은 일부 시민단체에서 ("성실"이라는 단어가 이주노동자에 대한 사업주의 종속성을 강화하고, 노동자의 사업장 변경 자유를 제한한다.)는 의견 제기로 고려된 것입니다.

❸ 숙련기능인력

2017년 8월 1일부터 본격적으로 시행된 숙련기능인력(점수제) 비자 E-7-4는 3개 직종 "뿌리산업체, 농림축산어업, 일반 제조업체 및 건설업체"에 해당되며, 비전문취업(E-9), 선원취업(E-10), 방문취업(H-2) 등의 비자로 국내에서 4년 이상 합법적으로 근무하였고 현재 근무처에서 정상 근로 중인 숙련도를 쌓은 외국인 근로자들(단, 사회통합프로그램 3단계 이상 이수 시 4년 미만도 가능)에게 장기 체류 및 정착의 기회를 제공합니다.

E-7-4 비자는 점수제를 기반으로 하며, 외국인 근로자가 해당 비자로 전환하기 위해서는 학력, 연령, 경력, 한국어 능력, 국내 산업 기여도, 관련 자격증, 소득 등 다양한 항목에서 일정 점수 이상을 충족해야 합니다. 현재 1년 이상 근무 중인 기업의 추천을 받아야 하고 신청일 기준으로 현재 근무 중인 사업장에서 연봉 2,600만 원 이상 (농축산업, 어업, 내항상선 종사자는 2,500만 원 이상)으로 E-7-4 비자로 2년 이상 계속 근무하는 고용 계약을 체결해야 합니다.

형사범, 세금 체납자(완납 시 신청 가능), 「출입국관리법」 4회 이상 위반자, 3개월 이상 불법체류 이력이 있는 자 등은 대상에서 제외됩니다. 총점 300점 만점(가점 포함) 중 200점 이상을 획득해야 합니다.

주요 평가 항목은 다음과 같습니다. 산업기여가치로 "연간 소득 점수 10점 이상, 한국어능력 점수 50점 이상", 미래기여가치로 "국내 학위 취득 여부 등에 따라 점수

부여, 특정 연령대 (예: 19~26세 등)에 따라 점수 부여”, 가점 선택항목으로 “국내 자격증 취득 여부, 근속기간, 보유자산, 중앙 혹은 지자체 추천, 숙련도, 사회봉사, 국내교육/연수경험 등”이고 반면 감점 항목으로 “벌금형, 조세 체납, 「출입국관리법」 위반 이력 등”에 따라 감점이 주어집니다. 비자의 혜택으로는 장기체류 및 영주 자격 연계로 E-7-4 비자를 취득하면 장기 체류가 가능하며, 이후 일정 요건을 충족하면 영주권(F-5) 신청 자격을 얻을 수 있습니다.

배우자 및 미성년 자녀를 초청하여 한국에서 함께 체류할 수 있습니다. 최근 지역 내에서 단순 노무 분야 취업도 가능합니다 (지역 특화형 E-7-4R). E-7-4 비자는 연간 쿼터(예: 2024년은 기존 2000명에서 대폭 상향되어 3.5만 명 수준입니다.)가 정해져 있으며, 선발은 정기적으로 이루어집니다. 신청은 주로 하이코리아 전자민원 시스템을 통해 이루어집니다.

E-7-4 비자는 한국의 저출산·고령화로 인한 생산가능인구 감소와 산업 현장의 인력 부족 문제를 해소할 수 있는 대안이기도 합니다.

3) 「국적법」 개정

(1) 복수국적의 허용

2010년 5월 4일 공포된 「국적법」 개정은 대한민국 「국적법」 역사상 제한적 복수국적을 최초로 허용한 중대한 변화였습니다. 과거의 단일 국적주의 원칙을 고수해오던 한국 국적 제도가 제한적이지만 복수국적 인정이라는 큰 변화를 가져왔습니다.

❶ 대한민국 내 외국국적 불행사 서약 제도의 도입

특정 복수국적자가 외국 국적을 포기하지 않고도 대한민국 국적과 함께 복수국적을 유지할 수 있도록 했습니다. 단 “대한민국 내에서 외국국적을 행사하지 않겠다”

라는 서약(외국국적 불행사 서약)을 해야 합니다. 복수국적 허용 대상자는 "▶선천적 복수국적자 (원정출산자는 제외), ▶혼인귀화자, ▶우수 외국인재 및 특별 공로자, ▶고령(만 65세 이상)의 영주귀국 재외동포, ▶해외입양인, ▶외국 법률 또는 제도로 인한 국적 포기 곤란자 ▶개정법률 시행 전에 외국 국적을 포기했던 사람에 대한 구제"입니다.

❷ 복수국적자 용어 변경 및 법적 지위 규정

기존 이중국적자라는 용어를 "복수국적자"로 변경하여 사용하기 시작하였고, 복수국적자는 국내법 적용에서 대한민국 국민으로만 처우하도록 명확히 규정하였습니다.

❸ 우수 인재의 경우, 국내 거주 기간에 관계없이 귀화 허용 조항 신설

❹ 국적 취득자의 외국 국적 포기 기간 6개월에서 1년으로 연장

❺ 국적선택의무 기간 명확화 및 상실 결정 조항 신설

2011년 4월 19일 첫 복수국적 허용 사례가 등장했습니다. 2010년 개정된 「국적법」에 따라 해외입양인 13명이 '외국국적불행사서약'을 통해 대한민국 국적을 회복하고 복수국적을 취득하였습니다. 그리고 국적 취득자의 외국 국적 포기 의무 기간을 연장 (6개월 → 1년)하였습니다.

2013년에는 병역의무와 관련된 국적 선택 및 국적이탈 관련 안내 강화하였습니다. 병역 기피를 막기 위한 2010년 개정 「국적법」의 내용이었습니다. "20세 전에 복수국적자가 된 남성은 18세가 되는 해의 3월 31일까지, 여성은 22세 전까지 하나의 국적을 선택해야 하고 원정출산으로 판단되는 경우 (부모가 외국에 영주할 목적 없이 체류한 상태에서 출생)에는 만 18세가 되는 해의 3월 31일이 지나기 전에도 국적이탈 신고를 할 수 없으며, 반드시 병역의무를 이행하거나 해소(면제·감면 등)한 후에만 한국 국적을 이탈할 수 있다." 그리고 국적선택 의무기간 내에 국적을 선택하지 않으면 법무부로부터 국적선택 명령을 받을 수 있으며, 명령을 받은 후 1년 내에 이행하지 않으면 한국 국적을 상실하게 되는 점도 재차 안내되었습니다.

(2) 국적취득 요건 강화

2017년 「국적법」 개정은 외국인의 국적 취득 요건을 강화하고, 귀화 절차에 국민선서와 귀화증서 수여를 도입하는 등 여러 중요한 변화를 담고 있었습니다. 이 개정안은 2017년 12월 1일 국회를 통과했고, 1년 후인 2018년 12월 20일부터 시행되었습니다.

❶ 영주권 전치주의의 도입

일반귀화자에게 영주권 전치주의를 도입하였습니다. 일반귀화를 신청하려면 단순히 5년 이상 거주한 것만으로는 부족하고, 영주할 수 있는 체류자격을 갖추어야 신청이 가능하도록 변경했습니다. 주요 목적으로 영주권 취득이라는 중간 단계를 통해 외국인이 대한민국 사회에 안정적으로 정착하고 기여할 수 있는 역량을 갖추었는지 사전에 확인, 준비가 부족한 외국인의 무분별한 국적취득을 방지하고, 영주권 단계를 통해 사회적 동의를 얻을 수 있는 기반마련, 숙련인력 유인 등을 고려해 볼 수 있습니다.

❷ 국민 선서 및 귀화증서 수여 제도 도입

귀화나 국적회복 허가를 받은 사람은 국민선서를 하고 귀화증서를 수여 받은 때 국적을 취득하게 되었습니다. 이는 국민으로서의 소속감과 자긍심을 높이기 위한 조치였습니다.

❸ 귀화 요건의 구체화 및 강화

품행 단정 요건에 대한 구체적인 판단 기준을 하위법령에 위임하고, 국가안보·질서유지·공공복리를 해치지 않는다는 점을 법무부 장관이 인정해야 귀화가 가능하도록 했습니다. 「국적법」 시행규칙에 따르면, 품행 단정의 요건은 다음과 같습니다. "▶금고 이상의 형을 선고받고 형 집행이 종료되거나 받지 않기로 한 날로부터 10년이 지나지 않은 경우에 해당하지 않아야 합니다. ▶금고 이상의 형을 선고받고 집행유예를 받은 경우, 유예기간이 종료된 날로부터 7년이 지나지 않은 경우에 해당하지 않아야 합니다. ▶법무부장관은 위 조건에 해당하더라도 외국인의 법령 위반 행위의 경위, 횟수, 공익 침해 정도, 대한민국 사회에 기여한 정도, 인도적인 사정 및 국익 등을 고려하여 품행이 단정한 것으로 인정할 수 있습니다."

6. 정책 전환기 (2020~ 2025)

1) 이주민 유입 차단 (2020~2022년)

2020~2022년에는 코로나19 팬데믹으로 이주민의 유입이 거의 차단된 시기이지만 제3차 외국인정책 기본계획과 제3차 다문화가족지원정책 기본계획이 정상적으로 시행되고 있었던 시기입니다. 따라서 상황에 맞게 노동시장 관리, 체류제도 개선, 출입국·이민관리청 설립 논의, 사회통합, 가족생활 지원 등 다양한 측면에서 변화와 조정이 있었습니다.

외국인정책에서는 코로나19 대응조치로 입국 제한, 비자 발급 중단, 자가격리 의무화 등 방역 중심의 출입국 정책이 시행되었습니다. 불법체류자 관리 강화, 외국인력 도입 유지, 사회통합 프로그램 운영 (온라인방식 도입), 조기적응프로그램 운영 등입니다. 2020년과 2021년에는 코로나19로 인해 국가 간 이동이 크게 제한되면서 사증면제(B-1), 관광통과(B-2), 단기방문(C-3) 등 단기체류 자격의 외국인 입국이 큰 폭으로 감소했으나 2022년부터 점차 회복세를 보였습니다. 체류 외국인 수[172]를 보면 2020년 2,036,075명, 2021년 1,956,781명으로 감소했다가 2022년 2,245,912명으로 회복세를 보였습니다.

다문화가족지원정책에서는 다문화가족지원센터 운영 강화, 비대면 서비스 확대, 다문화가족 자녀 교육지원, 사회통합교육 등이 지속적으로 진행되었습니다. 특히 결혼이민자 중심의 지원에서 다문화 한부모가족, 1인 가구, 중도입국자녀, 그리고 다문화 아동·청소년의 증가에 따른 지원 요구가 확장되었습니다. 다문화가족의

172) 2020~ 2022년 체류외국인은 2020년은 2,036,075명 (장기 1,610,323명, 단기 425,752명), 2021년은 1,956,781명 (장기 1,569,836명, 단기 386,945명), 2022년은 2,245,912명 (장기 1,688,855명, 단기 557,057명)입니다. 반면 유학생의 수는 증가했습니다. 2020년은 153,361명, 2021년은 163,699명, 2022년은 197,234명 입니다.

안정적인 한국 사회 정착을 돕고, 한국 사회 구성원들이 다문화에 대한 이해와 수용성을 높이는 데 중점을 두었습니다. 생애주기별 맞춤형 지원을 강화하였습니다. 2021년 전국 다문화가족 실태조사에 따르면, 다문화가족 자녀 중 만 9세부터 24세 자녀의 비중이 44.9%로 2018년 대비 증가했으며, 이 중 국내에서만 성장한 자녀가 90.9%에 달했습니다. 이 시기는 다문화가족 자녀 지원이 어느 때보다 강조되기 시작하는 시기였습니다.

(1) 이주배경 아동·청소년 지원

❶ 이주배경 아동·청소년 지원 내실화 방안

2020년 6월 26일 제18차 다문화가족정책위원회에서 전국 약 54만 7천 명으로 추산되는 이주배경 아동·청소년 지원 내실화 방안이 논의되었습니다. 그 내용을 보면,

▶공교육 체계로의 유입을 통한 균등한 교육 기회 제공입니다. 중도 입국한 청소년들이 학교에 진학하지 않거나(약 30%) 입학에 6개월 이상 소요되는 경우(약 43%)가 많으므로 시군 단위 교육청장에게 입학을 신청하면, 교육청장이 관할지역 내 결원을 고려하여 학교를 배정하도록 하여 취학 절차를 간소화하고, 학력 증명이 어려운 외국인 아동·학생의 경우에도 학력심의위원회 심의 대상에 포함하여 공교육 진입을 할 수 있도록 했습니다.

▶이중언어 재능개발 및 역량 강화입니다, 결혼이민자를 이중언어 코치로 양성하여 다문화가족이 가정 내에서 이중언어를 자연스럽게 사용할 수 있도록 부모 코칭 및 부모-자녀 상호작용 프로그램을 운영하였고, 특히 코로나19 팬데믹으로 인한 원격 교육 상황에서 다문화 학생들을 위한 교과 보조 교재(17종) 전자책 보급과 한국어 교육 원격수업 콘텐츠를 개발하여 배포하는 등 한국어 미숙으로 인한 학습권 침해 혹은 교육 공백을 방지하고자 노력했습니다.

▶맞춤형 진로 탐색 및 직업 설계 지원입니다. 이주배경 청소년을 위한 맞춤형 진로 탐색 및 직업 설계 프로그램을 확대하여 자립 지원, 성공적으로 한국 사회에 기여할 수 있도록 지원, 안정적 정착을 위한 종합 서비스 제공 등 특히 직업훈련과 연계된 프로그램을 강화했습니다.

▶심리·정서 지원 및 사회통합 촉진입니다. 결혼이민자를 다문화 상담사로 양성하여 부모-자녀 간 갈등 해소 및 소통을 위한 부모 상담과 결혼이민자가 이중언어 코치, 다문화 강사, 외국인 주민 명예 통장 등으로 활약하게 하여 사회참여를 확대시키며, 민·관·학 협의체를 구성하여 정책 사각지대를 해소하고자 노력했습니다. 그리고 이 방안은 이주 초기 적응지원에 집중하던 정책에서 이민자와 그 2대, 3대의 사회적 성취와 자립을 지원하는 데 중점을 두겠다는 정부의 의지를 보여주었습니다.

❷ 장기 미등록 체류 외국인 아동에게 조건부 체류자격 부여

2010년 초·중학교 재학 미등록체류 아동에 대한 학습권 보장하였고, 2013년 고등학교까지 확대했습니다. 2012년 초·중등학교 교직원의 불법체류 외국인 통보의 무면제 등 조치가 시행되어 왔습니다. 그리고 법무부는 2021년 4월 19일부터 "국내 장기체류 아동 교육권 보장을 위한 체류자격 부여 방안"을 시행했습니다. 이는 미등록 상태로 교육권을 보장받지 못하거나 불안정한 생활을 이어가던 아동들의 인권을 보호하고, 안정적인 성장을 지원하기 위한 중요한 조치였습니다.

2021년 당시 기준 체류자격 부여 대상 및 요건을 보면, 만 18세 미만 아동·청소년 기준 ▶2021년 2월 28일 이전 초등학교 졸업하고, 국내 출생 후 15년 이상 체류, 국내 중·고등학교 재학 중이거나 고교 졸업자이고 ▶재학 중인 경우 D-4(일반연수) 자격, 고교 졸업자 경우 G-1(기타) 자격으로 대학 진학 또는 취업 준비 가능하도록 했습니다. ▶아동의 부모는 출국조치가 원칙이며, 아동의 건전한 성장·발달을 위해 불가피한 조치로 불법체류 부모는 미성년 아동의 양육을 위해 아동이 성년이 될 때까지는 한시적으로 출국이 유예되었습니다. 아동이 성년이 되면 부모는 자진하여 출국해야 하고 다시 불법체류하는 경우 강제퇴거 등 법에 따라 엄중 조치하기로 했습니다.

❸ 외국인 아동 교육권 보장을 위한 체류자격 부여 대상 대폭 확대

법무부는 2022년 2월 1일부터 체류자격 부여 대상을 대폭 확대했으며, 2025년 3월 20일에는 2025년 3월 31일 종료 예정이던 제도를 2028년 3월 31일까지 3년 더 연장했습니다. 대상도 확대하여 기존 국내 출생 후 15년 이상 국내 체류 요건을 6년 이상 국내 체류하고 신청일 기준 국내 초·중·고교에 재학 중 혹은 고교를 졸업한 아동으로 그리고 기존 대상에서 제외되었던 영·유아기 이후 입국 아동도 포함하였습니다. 7년 이상 국내 체류에 신청일 기준 국내 초·중·고교에 재학 중 혹은 고교를 졸업한 아동에게도 체류자격을 부여했습니다.

국내에서 초·중·고교 교육과정을 이수한 외국인 청소년(이민 2세대 등)이 고등학교 졸업 이후 대학에 진학하지 않더라도 학력·경력 요건 없이 취업 목적의 체류자격(예: E-7-Y 비자)을 취득하여 국내에 정주할 수 있도록 하여 그간 성년이 된 외국인 청소년이 취업비자를 받기 위해 학사 학위나 장기 경력이 필요했던 어려움을 해소했습니다.

특히 인구감소지역에 일정 기간(예: 4년 이상) 구직·연수(D-10) 또는 취업(E-7-Y) 자격으로 거주할 경우, 지역특화 우수인재(F-2-R) 체류자격으로 변경하여 장기 정주를 유도하고 해당 아동의 미성년 형제·자매에게도 방문동거(G-1) 체류자격을 동시 부여하여 가족 단위의 안정적인 체류를 지원했습니다.

한편, 부모는 자녀의 교육 및 양육을 충실히 할 수 있도록 사회통합프로그램 등에 참여하는 조건도 부과했으며, 국내에서 아동을 실제로 보호·양육하지 않는 부모는 신청 대상에서 제외하므로 제도의 악용을 방지했습니다. 이러한 정책 확대 및 연장은 아동 인권 보호 강화, 사회 통합 증진, 미래 인력 확보와 같은 중요한 의미를 가집니다.

(2) 국제결혼중개업자에 대한 다문화 수용성 교육 강화

결혼중개업의 관리에 관한 법률 시행규칙은 여성가족부령 제161호로 일부 개정되어 2021년 1월 8일부터 시행되었습니다. 주요 내용으로 결혼중개 과정에서의 인권침해적 표시·광고를 금지하고, 국제결혼중개업자에 대한 다문화 수용성 교육을 강화하는 등 현행 제도의 운영상 나타난 미비점을 개선·보완하는 데 초점을 둔 개정이었습니다.

❶ 거짓 · 과장된 표시 · 광고의 범위 확대 및 규제 강화

▶성 상품화 및 인권침해적 광고 규제하였습니다. 소개하려는 상대방의 얼굴, 키, 몸무게 등 사진·영상 등을 통해 신체 정보를 표시·광고에 활용하는 행위를 명시적으로 규제. ▶차별·편견 조장 광고 금지하였습니다. 출신 국가, 인종, 피부색, 성별, 나이, 종교, 장애, 사회적 신분, 혼인 관련 사실(미혼·이혼·사별·재혼·사실혼), 임신 또는 출산 여부, 성적 지향, 학력 등을 이유로 특정한 사람을 우대·배제·구별하거나 불리하게 대우하는 내용의 표시·광고를 금지. ▶기타 인권 침해적 광고 금지하였습니다. 용모 등 신체적 결함 및 약점 등을 조롱하거나 희화화하는 내용, 다른 민족이나 문화를 모독하거나 조롱하는 내용, 과도한 비속어, 음란·선정적인 표현 등을 금지 등입니다.

❷ 국제결혼중개업 등록 절차 간소화

국제결혼중개업 등록 시 필요한 자본금(1억 원 이상) 산정을 위해 공인회계사 또는 세무사가 확인한 대차대조표로 할 수 있도록 하여 행정절차를 간소화했습니다.

❸ 결혼중개업체에 대한 정보 공개 강화

국제결혼중개업자 신규 등록 전 받는 교육 및 이용자 피해 예방 교육에 다문화 수용성 증진을 위한 과목·내용·시수를 추가했습니다. 범죄경력조회 신청서·회신서 아동학대 범죄회신 범위 현행화 등입니다.

(3) 다문화가족 포용대책

2020년 12월 11일 발표된 "다문화가족 포용대책"은 다문화가족에 대한 차별 해소와 인권 보호, 그리고 다문화 수용성 제고를 통해 모든 가족 형태가 차별 없이 포용되고 다양성이 존중되는 다문화사회를 구현하는 것을 목표로 했습니다. 다문화 가구원은 106만 명에 다문화 출생아 수는 1만 8,000여 명으로 다문화가족이 최근 한국 사회에서 차지하는 비중이 점점 커지고 있지만 다문화 수용성은 오히려 낮아져 차별과 소외가 심화되는 상황이었습니다. 또한, 코로나19 팬데믹으로 인한 언어 장벽 및 재난지원금 대상 제외 등 제도적인 사각지대도 발생하였습니다. 따라서 여성가족부는

"▶다문화가족들이 일상 속에서 겪는 차별 문제를 해소하기 위해 상호문화를 존중하는 사회적 환경 조성 ▶복지·고용·교육 관련 제도 사각지대 개선 ▶다문화가족의 동등한 출발선 보장 및 합리적 지원기준 도입으로 국민 공감대 형성" 이라는 세 가지 사항에 주안점을 두고 다문화가족 포용대책을 수립했습니다.

❶ 상호문화 존중을 통한 다문화 수용성 제고

정부간행물, 교육자료 등에 대한 다문화·인종차별적 요소 모니터링 강화, 주민센터 등 다문화가족 서비스 담당 공무원에게 '다문화 이해교육'을 의무화하고, 다양한 직역(교원, 사회복지시설 종사자 등)으로 확대, 특정 문화·인종·국가 관련 혐오 발언으로 다문화가족에 대한 차별이나 편견을 조장하지 않도록 법적 근거를 마련 등입니다.

❷ 인권보호 강화

국제결혼중개업 관리 강화는 2021년 결혼중개업의 관리에 관한 법률 시행규칙 개정으로 이어졌으며, 불법 온라인 광고 및 영상 상시점검 체계 구축, 가정폭력 피해 결혼이민자 보호를 위한 쉼터 지원을 강화하고, 임시 거소 지원 등을 통해 위기 상황에 처한 결혼이민자에 대한 안전망을 확보 등입니다.

❸ 균등한 기회 보장 및 포용사회 환경 조성

다문화가정 자녀를 대상으로 학습·진로·진학 지도를 지원, 결혼이민여성의 경력 개발 지원을 위한 통합 사례관리를 실시하고, 이중언어 인재 발굴 및 사회적 일자리 확대를 통해 사회 진출 기회를 확대, 다문화 장병의 정의를 확대하며, 일반 장병 대상 다문화 이해교육을 지속적으로 실시하여 군대 내 다문화 수용성 높이기 등입니다.

❹ 사각지대 없는 복지서비스 제공

다양한 가족 형태 포용으로 사실혼 관계에 있던 다문화 한부모도 한부모가족 지원을 받을 수 있도록 하고, 귀화자 1인 가구 등 지원 강화, 다문화가족지원센터의 접근성을 높이고, 한국 국적 아동이 방치되지 않도록 이동 상담소를 운영하는 등 지역사회 중심의 지원강화, 재난 상황 발생 시 다국어 통역 지원을 강화하고, 재난지원금 등 정부 지원에서 다문화가족이 소외되지 않도록 제도적 사각지대를 해소 등입니다.

(4) 코로나19 대응 조치

이 시기에는 코로나19 확산으로 인한 자국민 보호 및 방역 대책들이 있었습니다.

정부는 상황에 따른 적절한 정책들을 시행하였으며, 2022년 코로나19 팬데믹이 종료되자 11월부터 중단된 국내 무비자 입국 91국가 모두 허용하였습니다.

❶ 코로나19 확산 방지를 위한 사증면제협정 및 무사증입국 잠정 정지

한국은 상호주의 원칙을 바탕으로, 한국인의 입국을 금지하거나 제한하는 국가들에 대한 사증면제협정 및 무사증 입국을 잠정적으로 중단을 결정했습니다. 2020년 4월 5일까지 외국인에게 발급된 모든 유효한 단수/복수 단기 사증(90일 이내 체류)의 효력이 잠정 정지되었으며, 대한민국 국민의 입국을 금지하고 있거나 제한하는 국가/지역에 대해 사증면제 및 무사증 입국 허용이 잠정 정지되었습니다. 대상

국가는 90개국(사증면제협정 체결 56개국, 무사증입국 허용 34개국)에 달했습니다. 그리고 대한민국 사증을 신청하는 모든 외국인에게 진단서 제출 및 격리 동의서 제출을 의무화했습니다. 2020년 4월 1일 0시 이후 한국에 입국하는 모든 내·외국인에 대해 14일간의 격리가 의무화되었습니다.

❷ 코로나19 이민국경 안전 긴급 대응단 신설

2020년 초, 국내 코로나19 확진자 수가 급증하고 해외로부터의 유입 사례가 늘어나면서 "코로나19 이민국경 안전 긴급 대응단"을 신설하여 대한민국이 코로나19 초기 단계에서 해외 유입을 효과적으로 통제하고 방역 체계를 강화하는 데 중추적인 역할을 수행했습니다. 주요 활동으로 특별입국절차 시행, 사증면제협정 및 무사증 입국 잠정 정지, 외국인 입국자 격리 의무화, 외국인 방역 사각지대 해소 노력 등입니다.

❸ 코로나19로 외국인근로자 최대 1년 체류연장

코로나19 팬데믹 기간 동안 한국 정부는 외국인 근로자의 입출국 애로와 중소기업 및 농어촌 등의 인력난 해소를 위해 국내 체류 및 취업활동 기간이 만료되는 외국인 근로자(E-9 비전문취업, H-2 방문취업)의 체류 및 취업활동 기간을 최대 1년까지 연장했습니다. 단 합산하여 총 체류 기간이 6년을 초과하는 경우는 제외하고 이미 1년 연장을 받았던 근로자의 경우 추가로 50일 연장되기도 했습니다.

(5) 국내 체류 우크라이나인 특별 체류 조치

2022년은 러시아-우크라이나 전쟁이 발발한 해로 2월 28일부터 국내 체류 중인 우크라이나인들이 자국 귀국이 어려운 상황임을 고려하여 우크라이나 국민 3,843명에 인도적 특별 체류 조치가 있었으며, 이 조치를 통해 우크라이나 국적자는 체류기간 연장 및 체류자격 변경 등 인도적인 조치를 받을 수 있게 되었습니다.

긴급 피난 과정에서 여권을 소지하지 못한 우크라이나인(고려인 동포 및 국내 장기체류자 가족 포함)에 대해서는 여행증명서 발급 등 국내 입국 지원 조치도 이루어졌습니다.

우크라이나 동포 등의 초청 범위 확대 조치를 시행, 국내 체류 중인 우크라이나 고려인 동포 등이 전쟁으로 인해 피난길에 오른 현지 가족을 국내로 초청할 수 있도록 했습니다.

기존에는 F-4(재외동포) 비자 소지자의 배우자 및 미성년 자녀 등 일부 직계 가족만 초청이 가능했지만, 전쟁 상황을 고려하여 부모, 성년 자녀, 조부모, 손자녀 등 더 넓은 범위의 직계 가족까지 초청할 수 있도록 허용했습니다. 초청받아 입국하는 우크라이나 국적 동포 및 그 가족들에게는 단기 비자(C-3)를 발급하고, 국내 입국 후에는 상황에 따라 인도적 특별체류 허가 등 안정적인 체류 자격을 부여했습니다.

2) 조사 사업

(1) 국민다문화수용성조사

❶ 2021년 국민다문화수용성조사

2022년 3월 30일 발표된 국민다문화수용성조사의 조사 기간은 2021년 8월 23일~10월 31일이었습니다. 주요 결과는 다음과 같습니다.

▶성인과 청소년의 다문화수용성 격차가 확대되었습니다. 2021년 성인의 다문화수용성 점수는 52.27점으로, 2018년(52.81점) 대비 0.54점 하락했습니다. 청소년의 다문화수용성 점수는 71.39점으로, 2018년(71.22점) 대비 0.17점 소폭 상승했습니다. 결과적으로 성인과 청소년 간의 다문화수용성 격차가 19.12점으로 2018년

(18.41점)보다 더 커졌습니다. 이는 성인의 다문화수용성은 하락 추세이나, 청소년은 조사 이래 가장 높은 점수를 보였습니다.

▶성인과 청소년 모두 연령이 낮을수록 다문화수용성 점수가 높게 나타났습니다.

성인은 20대(54.40점) 〉 30대(52.98점) 〉 40대(52.77점) 〉 50대(51.80점) 〉 60대 이상(49.98점) 이고 청소년은 중학생(73.15점) 〉 고등학생(69.65점)입니다. 성인의 경우 20~ 40대는 2018년 대비 다문화수용성이 하락했으며, 50대 이상은 상승했습니다. 청소년의 경우 중학생은 상승했으나 고등학생은 소폭 하락하여, 성장 과정에서 다문화수용성이 지속적으로 유지되지 않을 수 있음을 시사했습니다.

▶코로나19 확산은 다문화수용성을 감소시켰습니다. 코로나19 확산은 이주민과의 교류 기회를 줄이고, 외부에 대한 개방성을 떨어뜨리는 요인으로 작용하여 다문화수용성에 부정적인 영향을 미친 것으로 나타났습니다. 길거리 등 일상생활에서 이주민을 본 적 없다는 응답이 성인 40.2% 증가, 청소년 36.7% 증가로 모두 크게 늘었으며, 이주민과의 접촉 기회가 감소했음을 보여주었습니다.

▶다문화교육 및 활동 참여의 긍정적 효과입니다. 성인과 청소년 모두 다문화교육 참여자의 다문화수용성 점수가 미참여자보다 높게 나타나, 다문화교육 참여가 수용성 증진에 긍정적인 영향을 미치는 것으로 확인되었습니다.

2021년 국민 다문화수용성 조사 결과는 성인의 다문화수용성 하락과 청소년과의 격차 확대였습니다. 특히 코로나19로 인한 이주민과의 교류 감소가 수용성에 미친 부정적 영향을 확인하였습니다. 따라서 다문화수용성 확대를 위해 다문화 이해교육 및 활동 참여 확대, 이주민과의 직접적인 교류 기회 확대, 다문화 포용 사회를 위한 인식 개선 노력 강화 등이 요구되었습니다.

❷ 2024년 국민다문화수용성조사

2025년 6월 5일 발표된 국민다문화수용성조사의 조사기간은 2024년 10월~12월입니다. 약 42,000가구를 무작위로 선정하여 방문 조사하였습니다. 성인(만 19~74

세) 6,000명, 청소년(중·고교 재학생) 5,000명으로 총 1만 1천 명을 대상으로 진행되었습니다. 주요 조사 결과는 다음과 같습니다.

▶성인과 청소년의 다문화수용성 변화입니다. 성인 다문화수용성은 상승했습니다. 성인의 다문화수용성은 53.38점으로, 2021년(52.27점) 대비 1.11점 상승했습니다. 2015년 이후 하락 추세였던 성인 다문화수용성이 9년 만에 반등하여 조사 이래 두 번째로 높은 수치를 기록했습니다.

▶청소년 다문화수용성은 하락했습니다. 청소년의 다문화수용성은 69.77점으로, 2021년(71.39점) 대비 1.62점 낮아졌습니다. 특히 고등학생(68.52점)이 중학생(71.00점)보다 낮게 나타났습니다. 연령이 낮을수록 다문화수용성이 높은 경향은 유지되었습니다.

▶접촉·교류 경험의 긍정적 영향을 미쳤습니다. 이주민, 외국인, 다문화가정 친구와의 상호작용이 빈번할수록 다문화수용성이 높게 나타났습니다.

▶갈등 경험이 있는 집단은 그렇지 않은 집단보다 수용도가 낮게 나타났습니다.

▶이주민 증가에 대한 인식 변화입니다. 국민 10명 중 7명은 이주민 증가가 인력난 해소, 일자리 해결 등 경제 전반에 긍정적인 영향을 미친다고 인식하는 것으로 나타나, 긍정적 인식이 높아졌음을 알 수 있습니다.

▶부정적 영향으로는 여전히 복지체계 부담(73.1%), 사회갈등 발생(58.0%), 범죄문제 악화(51.4%) 등이 꼽혔습니다.

▶다문화 교육 참여율은 성인(5.2%→14.0%)과 청소년(53.6%→62.2%) 모두 2021년보다 증가했습니다. 다문화교육 참여자의 다문화수용성이 미참여자보다 성인(4.39점)과 청소년(2.00점) 모두 높게 나타나, 다문화 교육 참여가 수용성 제고에 긍정적인 영향을 미치는 것으로 확인되었습니다.

(2) 다문화가족실태조사

2022년 6월 27일 발표된 다문화가족실태조사는 2021년 8월 2일~8월 31일 실시되었습니다. 2024년 10월~12월 실시된 조사는 아직 결과가 발표되지 않았습니다. 2023년도에 실시한 2024년 전국다문화가족실태조사 대비시험조사에서 다문화가족의 가정폭력 피해를 파악할 수 있는 설문문항을 개발하였습니다. 따라서 2022년 6월 27일 발표된 다문화가족실태조사의 조사대상은 전국 다문화가족 15,578가구(결혼이민자 또는 귀화자, 그 배우자, 만 9~24세 청소년 자녀 포함)이었습니다. 조사결과는 다음과 같습니다.

▶다문화가족 가구 특성 변화입니다. 결혼이민자 및 귀화자 중 한국 거주 15년 이상이 39.9%로 2018년(27.6%) 대비 크게 증가하여 다문화가족의 장기 정착 추세가 뚜렷했습니다. 다문화가족의 56.1%가 수도권에 거주하는 것으로 나타났습니다. 만 9~24세 청소년기 자녀의 비중이 43.9%로 2018년(35.6%) 대비 8.3%p 증가하여, 다문화가족 정책이 자녀의 성장단계별 지원에 더 초점을 맞춰야 함을 시사했습니다. 이 중 국내에서만 성장한 자녀는 90.9%에 달했습니다.

▶결혼이민자의 한국생활 적응도 향상입니다. 한국생활의 어려움이 있다는 응답이 2018년 70.1%에서 2021년 62.1%로 감소했습니다. 결혼이민자의 차별 경험이 2018년 30.9%에서 2021년 16.3%로 크게 감소했습니다. 특히 고용주·직장동료로부터의 차별 경험(2018년 28.1% → 2021년 4.3%)이 현저히 줄었습니다. 그리고 우리 사회 구성원으로 소속감을 느낀다는 응답이 2018년 대비 소폭 증가했습니다.

▶자녀 양육 및 교육 관련 어려움입니다. 만 5세 이하 자녀 양육의 어려움은 감소했으나, 만 6세 이상은 증가했습니다. 만 5세 이하는 한국어 지도(26.8%)가, 만 6세 이상은 학습 지도(50.4%)가 가장 큰 어려움으로 나타났습니다. 다문화가족 자녀의 고등교육기관(대학 이상) 취학률이 전체 국민에 비해 31.0%p 낮은 것으로 나타나, 교육 격차 해소를 위한 지원 필요성이 제기되었습니다. 만 9~24세 다문화가족 자녀는

학습 지원과 진로 상담에 대한 서비스 수요가 높게 나타났습니다. 만 15세 이상 자녀 중 학교에 다니지 않고 취업도 하지 않은 비율이 14%를 차지했으며, 이들은 주로 취업 준비를 하고 있었습니다.

▶가족생활 및 관계입니다. 부모와의 만족도는 2018년 대비 모두 하락했습니다. 아버지와 전혀 대화하지 않는다는 응답이 10.5%로 증가했고, 어머니와 대화 시간도 감소했습니다.

▶지원서비스 이용 및 요구입니다. 다문화가족 자녀교육 등 개인적 문제에 도움을 받거나 의논할 상대가 없다는 응답은 감소했습니다. 가족센터, 다문화가족지원센터 등 관련 서비스에 대한 인지도는 높아졌습니다.

2021년 다문화가족 실태조사 결과는 다문화가족 정책이 결혼이민자 초기 정착 지원을 넘어, 장기 정착자의 삶의 질 향상과 특히 다문화가족 자녀들이 미래 사회의 구성원으로서 건강하게 성장하고 역량을 발휘할 수 있도록 지원하는 방향으로 전환되어야 함을 강조했습니다.

(3) 국제결혼중개업실태조사

❶ 2020년 결혼중개업 실태조사

2020년 12월 23일 여성가족부 보도자료에 의하면, 조사 기준은 2017~2019년입니다. 국제결혼중개업 이용자의 연령은 40대 이상이 약 80%를 차지하며, 외국인 배우자는 20대가 가장 많았지만 2017년 조사 대비 감소 추세입니다. 중개 방식은 현지 맞선 시 짧은 시간 동안 여러 명과 일대일 만남을 선호하는 비율이 여전히 높았으나, 충분한 시간 동안 한 명과 일대일 만남을 선호하는 비율도 증가하는 경향입니다. 중 평균 중개 수수료는 약 1,300만원, 부대비용은 약 570만원으로 조사되었으며, 피해 경험에서는 이용자와 외국인 배우자 모두 중개업자의 맞선 상대방 정보

확인 소홀을 가장 많이 지적했습니다. 과장 광고 및 추가 비용 요구 등의 피해가 나타났습니다. 그리고 코로나19 팬데믹으로 인한 해외 출입 제한으로 2020년, 2021년 업체들의 맞선 주선 건수가 크게 감소한 것으로 나타났습니다.

❷ 2023년 결혼중개업 실태조사

2024년 5월 23일 여성가족부 보도자료에 의하면 조사 기준 2020년~2022년입니다. 국제결혼중개업 이용자 중 40대 이상이 86.5%로 지속 증가세를 보이며. 이용자의 학력은 과반 (50.6%)이 대졸 이상으로 2020년 조사보다 6.8%p 증가했습니다. 외국인 배우자도 26.0%가 대졸 이상으로 6.3%p 증가했고, 월 소득 400만원 이상의 중산층 이용자가 가장 많아졌습니다. 충분한 시간 동안 1명과만 일 대 일 만남이 56.6%로 2020년 대비 17.3%p 증가한 반면, 짧은 시간 동안 여러 명과 일 대 일 만남은 20.8%p 감소했습니다. 2020년 조사에 비해 중개 수수료가 약 91만원 증가 하였고, 부대비용이 약 190만원 증가했습니다. 이는 코로나19 시기 물가 상승과 맞선 여행 체류 기간 증가 등의 영향으로 분석됩니다. 국제결혼중개업체의 서비스에 만족한다는 응답이 61.4%로 2020년 (53.9%)보다 7.5%p 증가하였으며, 이용자 10.1% 및 외국인 배우자 3.6% 모두 중개업자의 맞선 상대방 정보 확인 소홀을 가장 많이 답했고, 그 다음으로 추가 비용 요구와 과장 광고를 지적했습니다. 최근 3년간 업체당 연간 매출액은 평균 2,180만 원, 맞선 주선 건수는 연평균 2건 미만으로 2020년 조사에 비해 하락하였고 특히 코로나19로 인한 해외 출입 제한이 영업 위축에 큰 영향을 미친 것으로 나타났습니다. 결혼중개업체의 공시 항목에 신고일·등록일, 영업·폐업·휴업 여부, 과태료 처분 일자·처분 내용 등을 추가하여 이용자의 알 권리를 강화하였고 (2021년 결혼중개업의 관리에 관한 법률 시행규칙 개정). 최근 3년간 결혼중개업법 위반으로 인한 행정처분은 총 50건으로, 신상정보 제공 위반이 주요 사유였습니다.

3) 제4차 다문화가족지원정책 기본계획

제4차 다문화가족정책 기본계획은 2023년부터 2027년까지 5년간 시행되는 계획입니다. 2023년 4월 26일 다문화가족지원정책위원회 심의를 거쳐 확정되었습니다. "다문화가족과 함께 성장하는 조화로운 사회"라는 비전 아래 2대 목표 "다문화 아동·청소년의 동등한 출발선 보장, 다문화가족의 안정적 생활환경 조성" 그리고 대과제 4개 "다문화 아동·청소년 성장단계별 맞춤형 지원, 결혼이민자 정착주기별 지원, 상호존중에 기반한 다문화 수용성 제고, 다문화가족정책 추진기반 강화" 중과제 14개로 구성되었습니다.

이번 제4차 기본계획은 기존의 결혼이민자 초기 적응 지원 중심에서 벗어나, 다문화 아동·청소년의 성장 단계별 지원과 교육 격차 해소에 특히 중점을 두고 있습니다. 또한, 다문화가족의 유형이 다양해짐에 따라 가구 상황별 맞춤형 지원을 강화하고, 우리 사회의 다문화 수용성 증진을 위한 노력도 중요하게 다루고 있습니다.

(1) 다문화가족자녀 교육활동비 지원 사업

다문화가족 자녀 교육활동비 지원 사업은 2024년부터 시작된 정책입니다. 2024년에는 약 4만 6천여 명의 자녀가 지원을 받았습니다. 저소득 다문화가족 자녀의 교육기회를 확대하고 학습 격차를 완화하며 진로 역량을 강화하기 위해 여성가족부에서 지원하는 사업입니다. 2025년에도 계속되고 있습니다. 지원 대상은 기준중위소득 100% 이하 다문화가족의 7세~18세 이하 자녀이며, 다만 교육급여 (기준중위소득 50% 이하)와는 중복지원이 불가하고 학교에 다니지 않는 자녀도 신청이 가능하도록 했습니다.

지원 금액은 초등학생 연 40만 원, 중학생 연 50만 원, 고등학생 연 60만 원입니다. 신청자 명의의 NH농협카드(채움)에 포인트로 지급되며, 현금화는 불가합니다.

사용처는 교재 구입, 독서실 이용, 예체능 및 직업훈련 실습을 위한 재료 구입, 자격증 지원 등 교육적 목적으로 사용이 가능합니다.

(2) 다문화 아동·청소년 지원 강화

2024년 1월 16일 여성가족부는 다문화 아동·청소년 지원 강화한다고 했습니다. 다문화 아동·청소년의 건강한 성장을 지원하기 위해 초·중·고생 성장단계 별로 기초학습, 진로설계, 이중언어 학습 및 교육활동비 등을 맞춤형으로 지원하고 취학 전·초등기 기초학습 지원을 168개 가족센터로 확대, 초등 저학년에서 초등 전학년으로 확대, 이중언어교육은 전문강사가 자녀에게 결혼이민자(부모)의 모국어를 교육하는 직접학습 지원(총 57억원 (+22억원 증액))을 강화하고 참여가 가능한 자녀 연령도 12세 이하에서 18세까지로 확대한다고 했습니다.

4) 제4차 외국인정책 기본계획

2023년 12월 27일 외국인정책위원회 심의를 거쳐 제4차 외국인정책 기본계획(2023~2027년)을 확정하여 발표했습니다. 제4차 기본계획은 제1~3차 기본계획을 통해 다양한 과제를 추진한 결과와 미비한 점과 한계들을 반영하고 이민자 유입·통합 정책을 체계화 및 범정부 이민정책 추진체계 구축을 강조한 계획입니다.

비전은 "국민과 이민자가 함께 도약하는 미래지향적 글로벌 선도국가"이며, 5대 정책 목표는 "(경제) 이민을 활용한 경제와 지역발전 촉진, (안전) 안전하고 질서있는 사회 구현, (통합) 국민과 이민자가 함께하는 사회통합, (인권) 이민자의 인권가치를 존중하는 사회 실현, (협력/인프라) 글로벌 스탠더드에 부합하는 이민행정 기반 구축"입니다. 그리고 18개 중점과제와 150개 세부과제를 제시했습니다.

제4차 외국인정책 기본계획은 특히 이민을 활용한 경제와 지역발전 촉진이라는 목표 아래, 유학생 유치 및 관리에 대한 중요성을 강조하고 있습니다. 이공계 특성화 기관 석·박사 학위 취득자에 대한 영주자격 및 국적 신속 취득 지원 (패스트트랙 활성화)는 Study Korea 300K Project에서 강조하는 부분과 일맥상통하며, 첨단 과학기술 분야 우수 인재를 유치하고 국내에 정착시켜 국가 경쟁력 강화에 기여하도록 했습니다.

(1) Study Korea 300K Project

2023년 1월 말 기준 어학연수 목적 등을 포함한 외국인 유학생은 모두 20만 5167명으로 유학생 20만 명 시대를 맞이하였습니다. 2023년 8월 발표된 Study Korea 300K Project는 2027년까지 외국인 유학생 30만 명 유치를 목표로, 대한민국을 세계 10대 유학 강국으로 도약시키기 위한 전략입니다.

국내 학령인구 감소 문제 해결과 첨단분야 글로벌 인재 양성의 두 목표를 동시에 추구합니다. 교육부는 유학생의 교육경쟁력 제고를 위해 단계별 4대 추진전략을 제시했습니다. ▶유학생 유치 관문을 혁신적으로 확장한다. 해외인재특화형 교육국제화특구 지정, 해외 한국교육원에 유학생 유치센터 설치, 교육국제화역량 인증제 개선 및 학사운영 제도 유연화 등입니다. ▶지역 맞춤형 전략으로 지역산업에 필요한 유학생을 유치한다. 지자체-대학-기업 협력체계 구축으로 지역산업 맞춤형 인재 유치, 한국어 교육 강화, 진로탐색 기회 확대, 저숙련·비전문 근로자의 진학 허용 등 유연한 진입 경로 마련 등입니다. ▶첨단·신산업 분야를 선도할 유학생을 전략적으로 유치한다. 정부초청장학생 사업 확대, 해외 우수인재 연구사업 강화, 영어트랙 확대, 석·박사 맞춤형 교육 콘텐츠 개발, 과학기술 인재 정착지원, 일자리 매칭 강화 등입니다. ▶잠재적 유학수요 확보를 위한 범부처 협력 기반을 구축한다. 해외 한국어교육 활성화, TOPIK 체제 개편, 해외 청소년·교사 교류 확대, 교육 ODA 연계, 한국유학종합시스템 개편으로 통합 정보 제공 등입니다.

Study Korea 300K Project는 외국인 유학생의 양적 성장뿐만 아니라 질적 성장을 목표로, 선택과 집중을 통해 첨단분야 글로벌 인재를 유치하고, 유학생들이 한국에서 성공적으로 학업을 마치고 사회에 기여할 수 있도록 전방위적인 지원을 아끼지 않겠다는 강력한 의지를 담고 있습니다.

(2) 외국인 건보 무임승차 방지 대책

2024년 4월 3일 시행한 외국인 건보 무임승차 방지 대책의 핵심은 피부양자 자격요건 강화입니다.

▶2024년 4월 3일 이후 입국하는 외국인과 재외국민은 국내에 6개월 이상 체류해야만 건강보험 직장가입자의 피부양자가 될 수 있습니다. 기존에는 직장가입자의 부모, 형제·자매 등 친인척까지도 입국 직후 피부양자로 등록하여 한국에서 고가의 치료나 수술 등 건강보험 혜택만 받고 다시 출국하는 사례가 있었습니다. 이러한 제도를 악용하는 것을 막기 위함입니다. 단 직장가입자의 배우자 및 만 19세 미만 자녀 (배우자의 자녀 포함)는 입국 직후에도 피부양자 자격을 얻을 수 있습니다. 유학(D-2), 일반연수 초중고생 (D-4-3), 비전문취업 (E-9), 영주 (F-5), 결혼이민 (F-6) 등 특정 비자를 가진 외국인들은 입국일(또는 외국인 등록일)부터 건강보험에 가입할 수 있습니다. ▶과다 의료 이용자 관리 강화입니다. 연간 365회를 초과하여 외래 진료를 받는 경우 본인부담률을 90%로 상향 조정하는 국민건강보험법 시행령 개정입니다. ▶2024년 5월 20일부터 모든 의료기관은 건강보험 가입자의 본인 여부와 건강보험 자격을 의무적으로 확인해야 합니다. 이는 타인의 건강보험 자격을 도용하여 진료받는 행위를 막기 위함입니다. ▶2025년 4월부터는 국민건강보험법 개정 및 시행령 신설에 따라, 외국인 지역가입자가 보험료를 1개월 이상 체납하거나 3회 이상 체납하는 경우 보험급여를 제한하는 등 세부 사항 강화입니다.

(3) 신출입국·이민정책 추진방안

2024년 9월 26일 법무부는 체류외국인 300만 시대에 대응하기 위한 신출입국·이민정책 추진방안을 발표했습니다. 이 정책은 단순한 외국인 관리에서 벗어나, 국가경쟁력 강화와 사회통합을 위한 전략적 이민정책으로 전환하는 데 중점을 두고 있습니다.

그 내용을 보면, "▶우수인재 유치 문호 확대 : Top-Tier 비자 신설하여 우수인재와 동반가족에게 출입국·체류 편의를 제공, 외국인 유학생의 유학-취업 연계를 강화, 청년 드림 비자 (Youth's Dream in Korea Visa) 신설하여 잠재력이 높은 한국전 국제연합(UN) 참전국, 주요 경제협력국 청년 등에게 국내 취업·문화체험 등 기회를 부여, 전문인력 등의 배우자로서 한국어능력 등 일정 요건을 갖춘 경우 가사·육아를 포함한 비전문 분야 취업을 허용, ▶지역자치단체·경제계 수요를 선제적으로 반영 : 민관합동심의기구를 신설하여 실용적인 비자정책 마련, 지역맞춤형 이민정책 추진, ▶이민자 사회통합 강화 : 사회통합기금 신설을 중장기 검토하고, 사회통합프로그램 수강료 일부를 유료화, ▶과학적·체계적인 외국인력 도입시스템 구축 : 비자 규모를 국민 일자리 침해가 없는 적정 수준에서 결정, 유입 단계 검증 강화." 입니다.

(4) 스타트업 코리아 특별비자 도입

스타트업 코리아 특별비자는 2024년 11월 대한민국 중소벤처기업부와 법무부가 공동으로 도입한 혁신 창업 인재 유치 전용 비자 제도입니다. 기존 기술창업 비자(D-8-4)보다 유연하고 실용적인 방식으로, 해외 유망 스타트업 창업가들이 한국에 진출할 수 있도록 설계되었습니다.

기존 기술창업 (D-8-4) 비자를 발급받기 위해서는 창업이민 인재양성 프로그램

(OASIS)에 참여하여 일정 점수 이상을 획득하거나, K-스타트업 그랜드챌린지 TOP 20에 선정 또는 정부 창업지원 사업에 지원 대상자로 선발되어야 했습니다. 그러나 스타트업 코리아 특별비자 (기업투자 D-8-4 비자의 세부 유형인 D-8-4(S))는 OASIS 프로그램이나 K-스타트업 그랜드챌린지 참여 없이도 신청 가능하도록 하여 기존 비자와 달리 정량적 요건을 최소화하고, 한국 진출을 희망하는 해외 스타트업의 사업성과 혁신성을 중점적으로 평가(정성평가)하여 비자를 발급하는 제도입니다.

'스타트업 코리아 특별비자'는 해외 유망 스타트업 창업가들이 한국에서 창업할 수 있도록 돕기 위해 2024년 말 도입된 새로운 비자 제도입니다. 기존 기술창업 비자(D-8-4)보다 요건이 간소화되었고, 사업성·혁신성 중심의 평가를 통해 발급됩니다. 신청 대상은 해외 유망 스타트업 창업가이며, 평가 방식은 민간 전문가로 구성된 평가위원회가 사업성, 혁신성, 한국 진출 가능성 등을 평가하고 추천 및 발급 절차는 중소벤처기업부가 추천하여 법무부가 심사 후 비자를 발급합니다. 최초 체류 기간은 6개월~ 2년, 이후 연장 가능합니다. 신청 기간은 매년 일정 기간 접수 (예: 2024년에는 11월 7일~20일). 신청 방법은 K-스타트업 포털 또는 글로벌 스타트업 센터에서 온라인 접수입니다. 이 비자는 단순히 체류를 위한 수단이 아니라, 한국 창업 생태계의 글로벌화를 위한 전략적 도구로 설계되었습니다.

(5) 불법체류 감축 5개년 계획

불법체류 감축 5개년 계획(2023~2027)은 불법체류 외국인의 수를 획기적으로 감소시키고 외국인 체류 질서를 확립하는 것을 목표로 합니다. 불법체류 외국인을 2023년 약 43만 명에서 2027년까지 20만 명대로 감축하는 것을 목표로 합니다. 이 5개년 계획은 크게 세 가지 축으로 진행되고 있습니다.

❶ 엄정한 단속 및 처벌 강화

정부합동단속 정례화입니다. 법무부, 경찰청, 고용노동부, 국토교통부, 해양경찰청 등 5개 부처가 참여해 정기적 대규모 단속을 합니다. 중점분야는 마약 등 불법체류 외국인 범죄, 유흥업소 종사자 등 특정 업종에서의 불법 취업, 건설업종 등 국민 일자리 잠식의 불법 취업, 불법 입국·취업·허위난민 알선 행위 등입니다. 단속에 적발된 불법체류 외국인은 강제 퇴거 및 입국 금지 조치되며, 불법 고용주에게는 범칙금 부과, 구속 등 엄중한 법적 조치가 취해집니다.

❷ 자진 출국 유도

특별 자진출국 기간 운영합니다. 불법체류 외국인이 자진하여 출국하는 경우 범칙금 면제 및 입국 규제 유예 등의 인센티브를 제공하여 자발적인 출국을 유도합니다. 그리고 자진출국 사전신고제도 운영입니다. 출국일 기준 3~15일 전에 체류지 출입국·외국인관서 또는 온라인으로 사전 신고하도록 하여 절차의 편의성을 높입니다.

❸ 재발 방지 및 제도 개선

불법체류율이 높은 국가의 주한 공관과의 협력을 강화하여 자국민의 신규 불법체류를 방지하도록 유도합니다. 입국 단계에서 불법체류율이 높은 국가나 불법체류 위험성이 있는 외국인에 대한 심사를 강화하여 원천적으로 불법체류를 차단합니다. 불법체류를 조장할 수 있는 비자 제도를 개선하고, 사증 발급 및 관리 체계를 강화합니다. 무사증 입국 외국인의 불법체류 발생을 차단하기 위해 K-ETA 제도를 적극적으로 운영하고 심사를 강화합니다.

불법체류 외국인은 2023년10월 43만명에서 2025년 1월 39만 4천명으로 감소했으며, 지속적인 단속과 병행하여 불법체류 외국인의 자진출국을 적극 유도하고 있습니다. 4만 6천여 명이 자진 출국했습니다.

연도	총 체류 외국인	불법체류외국인				불법 체류율
		소계	등록	거소	단기	
2015년	1,899,519	214,168	84,969	1,114	128,085	11.3%
2016년	2,049,441	208,971	75,241	941	132,789	10.2%
2017년	2,180,498	251,041	82,837	1,064	167,140	11.5%
2018년	2,367,607	355,126	90,067	1,015	264,044	15.0%
2019년	2,524,656	390,281	95,815	1,316	293,150	15.5%
2020년	2,036,075	392,196	108,665	1,674	281,857	19.3%
2021년	1,956,781	388,700	125,022	1,427	262,251	19.9%
2022년	2,245,912	411,270	138,013	3,725	269,532	18.3%
2023년	2,507,584	423,675	137,954	2,034	283,687	16.9%
2024년	2,650,783	397,522	134,580	2,124	260,818	15.0%
2024년 5월	2,432,888	415,230	136,414	2,288	276,528	17.1%
2025년 5월	2,692,729	381,216	132,410	2,334	246,472	14.2%
전년대비 증감률	10.7%	-8.2%	-2.9%	2.0%	-10.9%	

표2-8 불법체류외국인 연도별 불법체류율[173)] 증감 추이
(출처: 출입국외국인정책 통계월보 2025.5. www.immigration.go.kr)

173) 불법체류율(%) = 불법체류외국인(합계) ÷ 총체류외국인 × 100

제3장

다문화사회 구성원

1. 다문화가족
2. 북한이탈주민
3. 외국국적동포
4. 외국인유학생
5. 외국인노동자
6. 난민

제3장

다문화사회 구성원

이번 장에서는 한국의 다문화사회 구성원인 다문화가족, 북한이탈주민, 외국국적동포, 외국인유학생, 외국인노동자, 난민에 대해 앞장에서 언급하지 못했던 내용을 중심으로 그 특성과 현황 그리고 관련 법제도 및 정책 등에 대해 좀 더 상세하게 접근했습니다.

1. 다문화가족

다문화가족은 광의적 의미로 다양한 문화적 배경을 가진 사람들이 모여 이루어진 가족을 의미합니다. 이민자 가정, 난민 가정, 국제 입양 가정, 북한이탈주민 가정 등도 포함합니다. 그러나 한국에서는 주로 결혼이민자와 한국 국적자 사이에서 형성된 협의적 의미의 가족을 의미합니다. 「다문화가족지원법」에서는 "결혼이민자와 대한민국 국민으로 이루어진 가족 그리고 「국적법」에 따라 인지·귀화로 대한민국

국적을 취득한 자와 대한민국 국민으로 이루어진 가족"[174] 으로 정의하고 있습니다. 따라서 한국에서는 「다문화가족지원법」을 근거로 여성가족부를 중심으로 다문화가족을 체계적으로 지원하고 있습니다.

최근 KOSIS 국가통계포털에 (https://kosis.kr) 따르면 한국의 다문화 가구 및 다문화 인구는 지속적으로 증가하고 있습니다. 2015년 다문화가구는 299,241가구 그리고 다문화 인구는 887,804명이었고 2023년 기준 다문화 가구는 415,584가구 그리고 다문화 인구는 2023년 기준 1,191,768명, 다문화 자녀 수는 305,246명입니다. 상당히 많이 증가한 것을 알 수 있습니다.

2023년 기준 다문화 혼인은 20,431건으로 2022년 17,428건 대비 17.2% 증가, 다문화 이혼은 8,158건으로 2022년 7,853건 대비 3.9% 증가, 다문화 출생은 12,150명으로 2022년 12,526명 대비 3.0% 감소, 결혼이민자 수 (혼인귀화자는 제외)는 174,895명으로 2022년 169,633명 대비 3.1% 증가했습니다.

다문화 유형별 혼인은 2023년 기준 외국인 아내 14,268건이며 2022년 11,649건 대비 22.5% 상승하였고, 외국인 남편 3,659건이며 2022년 3,479건 대비 5.2% 상승, 귀화자 2,504건이며 2022년 2,300건 대비 8.9% 상승했습니다. 외국인 아내의 비중은 2022년보다 3.0% 상승했으나 외국인 남편의 비중은 2.1%, 귀화자의 비중은 0.9% 각각 감소했습니다.

성·연령별 혼인으로 다문화 혼인을 한 남편의 경우 45세 이상 33.2% 〉 30대 초반 18.6% 〉 40대 초반 17.0% 순입니다. 다문화 혼인을 한 아내의 경우 30대 초반 23.6% 〉 20대 후반 22.6% 〉 30대 후반 15.2% 순입니다.

---

174) 「다문화가족지원법」 제2조(정의) '1. 다문화가족이란 다음 각 목의 어느 하나에 해당하는 가족을 말한다. 가. 재한외국인 처우 기본법 제2조제3호의 결혼이민자와 「국적법」 제2조부터 제4조까지의 규정에 따라 대한민국 국적을 취득한 자로 이루어진 가족. 나. 「국적법」 제3조 및 제4조에 따라 대한민국 국적을 취득한 자와 같은 법 제2조부터 제4조까지의 규정에 따라 대한민국 국적을 취득한 자로 이루어진 가족'

다문화 혼인 중 남편과 아내 모두 초혼 56.4% 〉 모두 재혼 19.0% 〉 아내만 재혼 13.3% 〉 남편만 재혼 11.4% 순입니다.

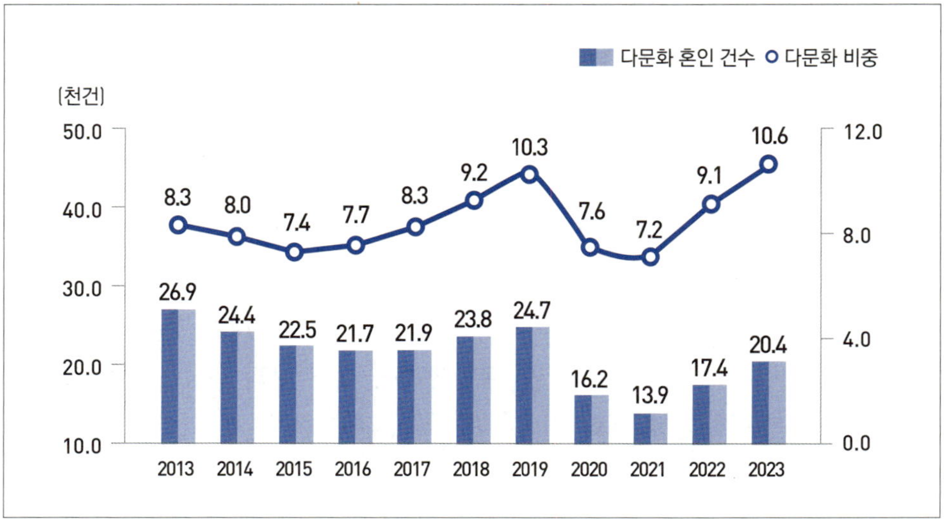

그림3-1 다문화인구동태 다문화 혼인 건수

(출처 통계청 2023년 다문화인구동태 통계 2024. 11. 7. 보도자료)

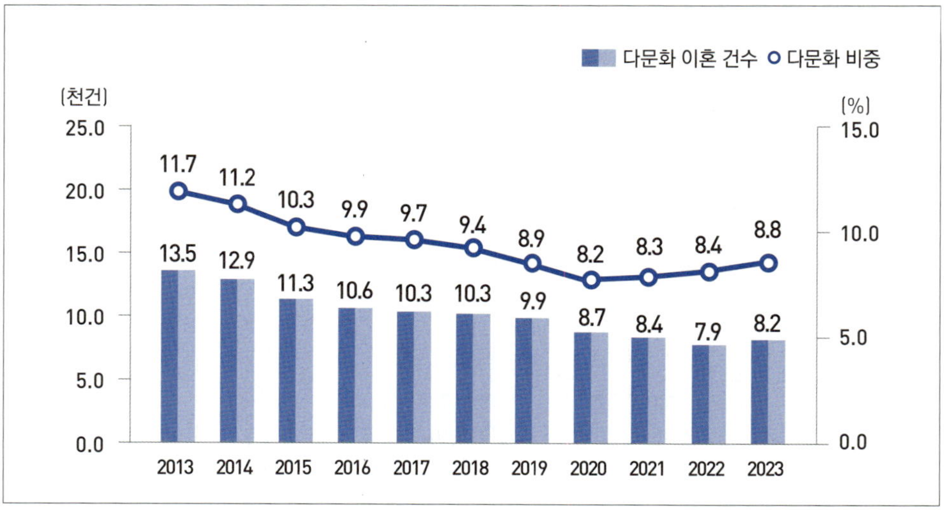

그림3-2 다문화인구동태 다문화 이혼 건수

(출처: 통계청 2023년 다문화인구동태 통계 2024. 11. 7. 보도자료)

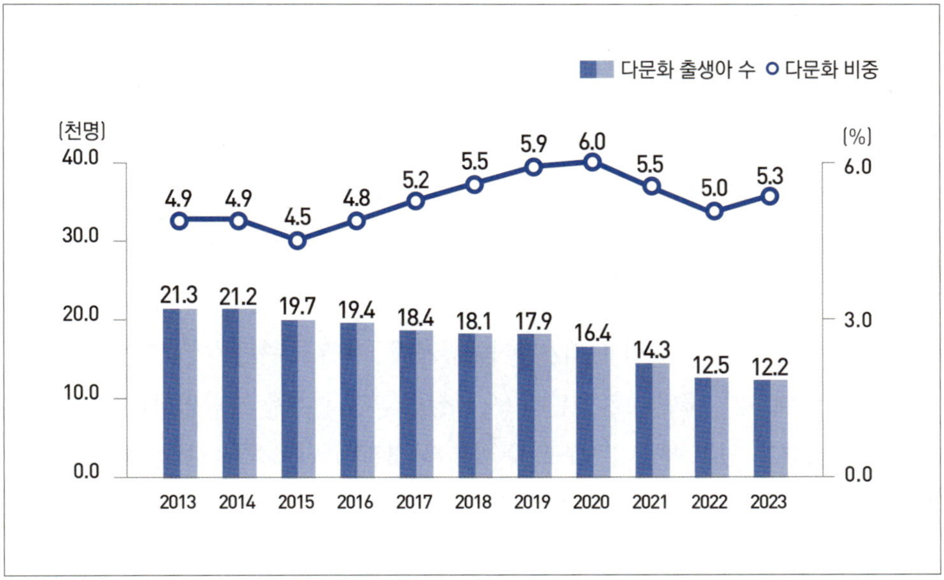

그림3-3 다문화인구동태 다문화 출생아 수

(출처: 통계청 2023년 다문화인구동태 통계 2024. 11. 7. 보도자료)

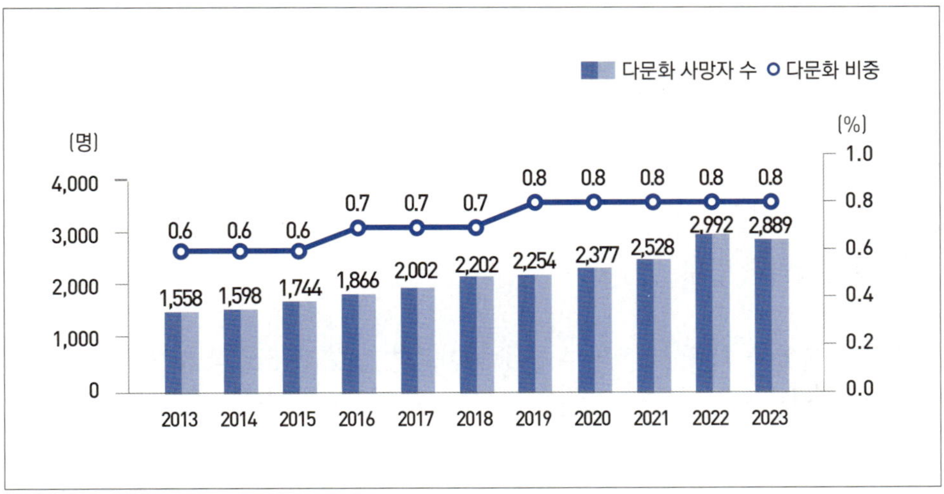

그림3-4 다문화인구동태 다문화 사망자 수

(출처: 통계청 2023년 다문화인구동태 통계 2024. 11. 7. 보도자료)

1) 결혼이민자

결혼이민자[175] 는 「재한외국인처우기본법」 제2조 제3호에 의하면 “대한민국 국민과 혼인한 적이 있거나 현재 혼인 관계에 있는 재한외국인”을 의미합니다. 여기서 “재한외국인”은 대한민국의 국적이 없는 자로서 대한민국에 합법적으로 체류하고 있는 외국인을 의미합니다. 즉, 결혼이민자란 결혼을 통해 한국에 와서 체류하고 있는 외국인 배우자를 지칭합니다.

「출입국관리법」 시행령 별표1의2 장기체류자격 (제12조 관련) 27. 결혼이민(F-6)에서 “국민의배우자, 국민과 혼인관계 (사실상의 혼인 관계를 포함한다)에서 출생한 자녀를 양육하고 있는 부 또는 모로서 법무부 장관이 인정하는 사람, 국민인 배우자와 혼인한 상태로 국내에 체류하던 중 그 배우자의 사망이나 실종, 그밖에 자신에게 책임이 없는 사유로 정상적인 혼인 관계를 유지할 수 없는 사람으로서 법무부 장관이 인정하는 사람”으로 규정하고 있습니다. 또한 「출입국관리법시행령」 제23조 외국인의 취업과 체류자격에서 “체류자격 구분에 따른 취업 활동의 제한을 받지 아니한다.”라고 규정하여 취업의 자유를 보장하고 있습니다.

결혼이민자는 다문화가족의 핵심을 이루며, 한국 사회의 중요한 구성원입니다. 결혼이민자는 한국 사회의 구성원으로서 다양한 문화적 배경을 가지고 있습니다. 결혼이민자는 한국 사회의 다문화 현상에 중요한 역할을 하고 있습니다.

(1) 결혼이민자 현황

법무부 출입국·외국인정책본부 통계에 따르면, 2025년 5월 국내 체류하는 결혼이민자는 약 184,165명이고 전년 대비 3.7% 증가했으며, 혼인귀화자 누계는 169,142

175) 「다문화가족지원법」 제2조(정의) ‘2. 결혼이민자 등이란 다문화가족의 구성원으로서 다음 각 목의 어느 하나에 해당하는 자를 말한다. 가. 재한외국인 처우 기본법 제2조 제3호의 결혼이민자 나. 「국적법」 제4조에 따라 귀화 허가를 받은 자’

명입니다. 거주 지역별로 1만 명 이상 지역을 보면, 경기도 56,986명 〉서울 28,714명 〉인천 13,729명 〉경남 11,490명 〉충남 10,054명 순입니다.

연 도	2020년	2021년	2022년	2023년	2024년	'24년 5월	'25년 5월
인 원	168,594	168,611	169,633	174,895	181,436	177,638	184,165
전년대비 증감률	1.5%	0.01%	0.6%	3.1%	3.7%		3.7%

표3-1 연도별 증감 추이

(출처: 출입국외국인정책 통계월보 2025.5. www.immigration.go.kr)

국적 / 구분	총계	중국[176]	한국계	베트남	일본	필리핀	태국	미국	캄보디아	기타
전체	184,165	60,735	(20,601)	42,685	16,541	12,884	10,137	5,444	4,893	30,846
	100%	33.0%		23.2%	9.0%	7.0%	5.5%	3.0%	2.7%	16.7%
남자	36,172	14,064	(8,073)	5,255	1,334	660	152	3,626	961	10,120
	19.6%									
여자	147,993	46,671	(12,528)	37,430	15,207	12,224	9,985	1,818	3,932	20,726
	80.4%									

표3-2 국적별·성별 현황

(출처: 출입국외국인정책 통계월보 2025.5. www.immigration.go.kr)

연 도	2019년	2020년	2021년	2022년	2023년	2024년	'25년 5월
혼인귀화자 (전체 누계)	135,056	141,773	148,118	154,926	161,357	166,941	169,142

표3-3 혼인귀화자(누계)

(출처: 출입국외국인정책 통계월보 2025.5. www.immigration.go.kr)

176) 한국계 포함

(2) 결혼이민자의 사증

결혼이민자는 체류외국인 중 국민의 배우자 체류자격을 가진 자입니다. 2009년 이전에는 F-2-1과 F-1-3 (국민의배우자)이었고, 2010년 이후 F-2-1과 F-5-2 (국민의 배우자), 그리고 2011년 11월 15일 이후 F-2-1, F-5-2, F-6-1, F-6-2, F-6-3 (결혼이민, 2011.12.15. 신설)입니다.

❶ 사증 발급 절차

▶사증 발급 절차는 다음과 같습니다.

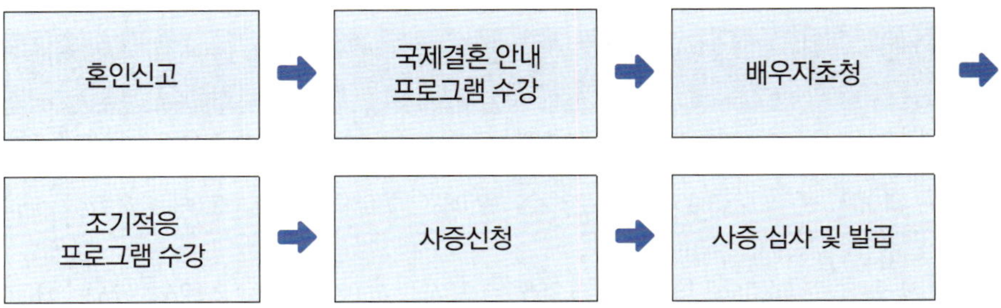

그림3-5 사증 발급 절차

▶조기적응프로그램의 이수에 관한 사항은 다음과 같습니다.

대상	결혼체류사증(F-6)을 소지하거나 결혼체류자격(F-6)으로 변경하고자 하는 국민의 외국인 배우자
과정	공통과목 4개 : 생활법률 · 질서, 범죄예방 교육, 산업안전 교육, 한국사회 적응정보 특 수 과 목 : 가족 간 상호이해, 성폭력 · 가정폭력 예방 및 신고절차
신청	사회통합정보망 “https://www.socinet.go.kr”에서 일정 및 장소를 고려해서 선택
혜택	결혼이민자가 최초 외국인등록 시 체류기간 2년을 부여하고, 사회통합 프로그램에 참여 시 교육이수 시간 2시간을 공제해 줍니다. 단 배우자와 관계에서 자녀가 있거나 임신 중인 경우 3년까지 부여

표3-4 조기적응프로그램 이수

▶국제결혼안내프로그램의 이수에 관한 사항은 다음과 같습니다.

국제결혼안내프로그램 시행기관, 비용지원 등 운영사항은 법무부장관이 고시	
대상	국민과 외국인의 결혼 이혼 현황, 결혼을 통해 한국 국적을 취득한 현황, 불법체류 외국인 현황 등을 종합적으로 고려하여 법무부장관이 고시한 특정국가(중국, 몽골, 태국, 베트남, 필리핀, 캄보디아, 우즈베키스탄)의 국민을 결혼 동거 목적으로 초청하려는 사람.
과정	국제결혼 관련 현지 국가의 제도 문화예절 등 소개, 결혼사증 발급절차 및 심사기준 등 정부정책 소개, 시민단체의 결혼이민자 상담 피해사례 및 국제결혼 이민자나 한국인 배우자의 경험담 등 소개, 인권교육(부부간 인권존중 및 갈등해소 노력, 가정폭력 방지 등)
일시 장소	출입국·외국인관서가 지정 공지한 교육일에 전국 17개 출입국·외국인관서 내 이민통합지원센터
면제	"외국인 배우자의 국가에서 6개월 이상 또는 제3국에서 유학·파견근무 등을 위해 장기 사증으로 계속 체류하면서 외국인 배우자와 교제한 경우", 외국인 배우자가 「출입국관리법」 시행령 별표 1의 2 "장기 체류자격으로 91일 이상 합법 체류하면서 초청인과 교제한 경우", "배우자 임신·출산·그 밖에 인도적인 고려가 필요하다고 인정되는 경우"
준비물	접수증, 본인 신분증(주민등록증, 운전면허증, 여권 등 본인 입증서류)

표3-5 국제결혼안내프로그램 이수

(출처: 사회통합정보망 www.socinet.go.kr)

❷ 사증심사 기준

「출입국관리법」 시행규칙 제9조의4 (결혼 동거 목적의 외국인 초청 절차 등)에 의하면 ▶배우자의 초청이 있어야 합니다. 배우자는 소정의 초청장 양식을 작성하여 제출해야 합니다. 초청인이 국제결혼안내프로그램을 이수하고 공관에 이수증을 제출 혹은 이수 번호를 기재해야 합니다. 교제 경위 및 혼인 의사 여부(혼인의 진정성) 확인을 위해 초청장 확인과 인터뷰 실태조사가 있습니다. 그리고 당사국의 법령에 따른 혼인의 성립 여부를 확인하고 한국에서 혼인이 유효하게 성립이 되는지는 민법, 국제사법에 따라 판단합니다. 또한 최근 5년 이내 다른 외국인 배우자를 초청한 사실이 있는지 여부에 따라 결혼목적으로 다시 초청 불가 혹은 가능이 결정되며, 초청 여부는 사증신청 여부로 판단합니다. 초청일은 사증 신청일입니다. 단, 최초 초청인이 혼인무효 판결을 받은 경우 당사자 사이에 출생 자녀가 있는 경우는 사증 발급이 가능합니다.

▶초청인의 소득요건 충족여부입니다. 현재 2025년 적용되는 국제결혼 초청인 소득 기준은 다음과 같습니다.

구분	2인 가구	3인 가구	4인 가구	5인 가구	6인 가구	7인 가구
소득 기준	23,595,948원	30,152,118원	36,586,638원	42,649,152원	48,388,830원	53,930,568원

표3-6 2025년 국제결혼 초청인 소득 기준 (법무부 고시)

초청인과 주민등록표상 세대를 같이 하는 직계가족 (초청인과 주민등록표상 같은 세대 직계가족)의 소득 합산 가능합니다. 그리고 외국인 배우자가 대한민국에 재산이 있다면 합산 가능합니다. 초청인 재산 (예금, 부동산 등)의 5%를 소득으로 인정합니다. 초청장에 기재된 소득 사항을 기초로 심사를 진행합니다. 지역 건강보험료 납부확인서 최근 1년 보험료로 추정 연소득을 확인합니다. 다만 당사자 사이에 자녀 출산, 1년 이상 외국에서 동거, 임신의 경우 면제합니다.

▶건강 상태 및 범죄경력 정보 등의 상호제공 여부입니다. 상호 제공하였더라도 공관장은 사증 발급억제 대상이면 불허 가능합니다. 사증 발급억제 대상 범죄 경력으로허위 혼인신고, 성폭력 및 아동청소년 성범죄, 특강 강력범죄 살인, 가정폭력(금고이상)=> 형의 집행을 마쳤거나 집행을 받지아니하기로 한날부터 5년입니다. 다

만 가정폭력 전과가 있는 한국인 배우자가 외국인 배우자를 초청하는 것을 원천적으로 불허하여, 입국 단계부터 가정폭력을 예방하겠다는 취지로 2019년 10월부터 국제결혼 원스트라이크아웃 제도를 도입하고 있습니다. 그리고 에이즈, 성병, 정신질환으로 정상적 혼인생활이 곤란한 경우 불허합니다.

▶피초청인의 한국어 구사요건 충족 여부입니다. 국제결혼으로 한국에 결혼이민(F-6) 비자를 받아 입국하려는 피초청인(외국인 배우자)은 기초 수준 이상의 한국어 구사 능력이 있음을 입증해야 합니다. 이는 부부 간의 원활한 의사소통을 통해 안정적인 결혼 생활을 돕고, 한국 사회에 정착하는 데 필수적인 요소로 판단되기 때문입니다. 인증방법은 TOPIK 1급 이상의 성적 증명서 (유효기간 내), 대한민국 재외공관이 요청하여 지정한 교육기관 또는 세종학당 등에서 한국어 초급 과정을 이수했음을 입증하는 이수증 (총 120시간 이상), 대학 또는 대학원에서 한국어 관련 학위를 취득한 입증 서류, 외국국적동포로서 한국어 사용 능력이 소명된 경우 (필요시 한국어 구사 능력 확인), 외국인 배우자가 과거 한국에서 1년 이상 계속하여 합법적으로 체류한 출입국기록, 사회통합프로그램(KIIP) 2단계 이상을 이수하고 이수증을 제출, 입증 자료를 제출하기 어려운 경우 해당 국가 주재 대한민국 재외공관에서 자체적으로 실시하는 한국어 시험을 통과(보통 60점 이상 합격) 등입니다. 제출 예외자는 제3국 언어로 소통 가능한 경우 등입니다.

▶정상적인 주거 공간 확보 여부입니다. 당사자가 지속적으로 함께 거주할 수 있는 정상적인 주거공간 단독주택, 아파트, 빌라, 오피스텔 등이 있어야 합니다. 협소한 고시원, 창고, 일용직 숙소 등은 주거 공간으로 인정되지 않습니다. 만약 초청인이 부모님 등 다른 가족과 함께 거주하는 경우, 외국인 배우자가 추가로 합류했을 때 모든 가족 구성원이 함께 생활하기에 무리가 없는 공간이어야 합니다. 부동산등기부, 임대차계약서를 기초로 판단하되, 필요한 경우 사진 등 제출을 요구합니다.

▶초청인이 혼인귀화로 국적을 취득한 날로부터 3년 경과해야 합니다. 초청인의 기본증명서를 통해 확인 (일반귀화, 특별귀화는 제외)합니다.

❸ 자격변경

▶국내 합법체류자 중 국민의 배우자(F-6-1)는 국내에서 결혼이민사증을 받는 효과와 동일하므로 사증 발급기준에 준하여 심사합니다. 단, 단기 사증소지자, 불법체류자, 출국 기한 유예자, 형사범은 제외합니다.

▶국민과 혼인관계에서 출생한 미성년자녀 양육(F-6-2)은 자녀가 국민과의 혼인관계에서 또는 사실혼 관계 포함 출생한 자녀인지 여부에 따라 부여합니다. 미성년자녀를 양육하는 경우만 해당합니다. 국내에서 양육을 해야하며 자녀가 해외에 있는 경우는 불허합니다. 면접교섭권 체류허가 특칙으로 혼인단절된 자로 국민배우자 사이에서 출생한 자녀에 대한 면접교섭권을 가진 경우 체류기간 1년 부여합니다. 자녀가 성년이 될 때까지 허가합니다. 자녀와 지속적인 면접, 교류가 있는지 확인합니다.

▶국민과 정상적인 혼인생활 유지하면서 배우자의 실종, 사망, 그밖에 자신의 책임이 없는 사유의 혼인단절(F-6-3)은 정상적인 혼인생활 중에 발생 여부 및 사망, 실종 입증 서류 제출해야합니다. 그 밖에 자신의 책임이 없는 사유로 이혼판결문, 조정조서, 화해권고 결정문, 협의이혼 사유서, 가출신고서, 진단서 등이 필요합니다.

* "귀책사유 판례란 한국인 배우자의 실종, 사망 등에 준할 정도로 그 배우자에게 전적으로 귀책 가능한 사유로 인해 정상적인 혼인관계를 유지할 수 없는 경우"를 말합니다. (서울행정법원)

▶혼인단절되었으나 F-6-3에 해당되지 않는 사람으로 국내 체류 필요(F-1-6)는 재산분할, 가사정리 등의 사유가 있을 경우 6개월 부여합니다. 단 부동산보증금 반환 등 소송의 경우 소송 종료시까지 연장 허가합니다.

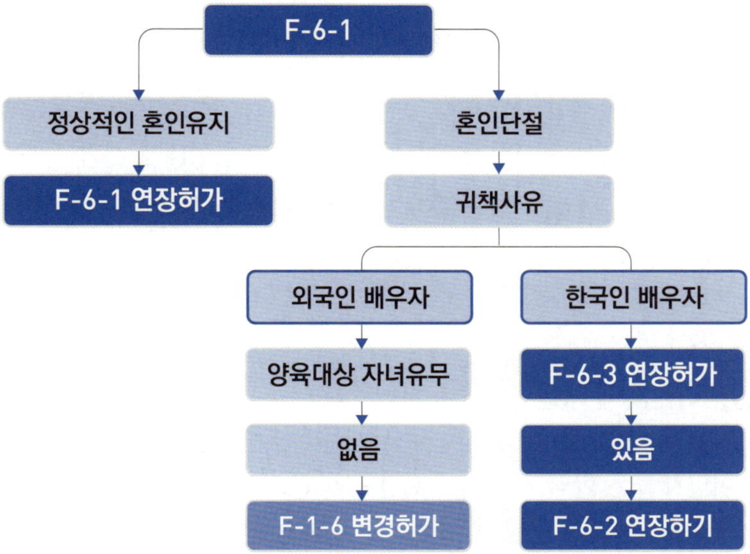

그림3-6 결혼이민자 자격변경

❹ 외국인 등록

외국인등록은 입국한 날로부터 90이내 혼인관계증명서 및 체류지입증서류 등을 준비하여 등록합니다. 입국 후 처음에는 1년 허가합니다. 조기적응프로그램 이수자는 2년 허가합니다. 혼인 진정성 여부에 따라 즉 둘 사이 임신, 자녀 출산 등에 따라 최대 3년까지 허가합니다. 혼인 지속 여부 의심될 경우 3~6개월 허가합니다. 별거, 이혼, 실종 등의 사유시 탄력적 허가를 합니다.

* 체류허가 특칙으로 가정폭력범죄의 처벌에 관한 특례법 제2조제1호의 가정폭력으로 재판, 수사, 그 밖의 권리구제절차가 진행 중인 국민의 배우자는 권리구제절차가 종료될 때까지 체류를 연장합니다.

❺ 재입국

재입국 허가 면제 대상은 결혼이민 (F-6, 기존 F-2-1 포함) 자격으로 등록을 필한 사람으로서 출국한 날로부터 1년 이내에 재입국하려는 사람으로 면제 기간은 1년입니다. 복수 재입국허가 대상은 결혼이민 (F-6, 기존 F-2-1 포함) 자격으로 등록을 필한 사람으로서 출국한 날로부터 1년 초과 2년 이내에 재입국하려는 사람입니다. 허가 기간은 2년 (단, 입국 규제자인 경우에는 본부 승인을 받아 재입국 허가 필요합니다.

(3) 결혼이민자에 대한 지원

결혼 이민자들은 한국 사회의 중요한 구성원으로서, 안정적인 정착과 행복한 삶을 위해 다양한 지원을 받을 수 있다. 각 지자체에 설치되어 있는 다문화가족지원센터(가족센터)를 꼭 이용해야 더 나은 혜택을 받을 수 있습니다. 한국어 교육, 이중언어 가족환경 조성, 교육활동비 지원, 상담 및 생활정보 제공, 직업 교육 및 취업 알선, 금융 교육, 가족 관계 향상 지원, 의료 및 건강 지원 등을 하고 있습니다. 또한 주거지 지역주민센터를 통해서도 복지혜택 정보를 얻을 수 있으며, 정부 24 홈페이지 (https://www.gov.kr/)에서 다양한 생활정보와 보조금 정보를 얻을 수 있습니다.

❶ 주요 사회보장제도상의 지원 기준

구분	부처	제도	국민에 대한 지원기준	결혼이민자에 대한 지원기준
공공부조	보건복지부	국민기초 생활보장	부양의무자 기준 및 소득재산	미성년자녀 양육 등 가구 유형에 따라 지원 결정
		장애인연금	만18세 이상 등록 중증장애인 중 소득 하위 70% 이하	지원 대상 아님
		긴급복지 지원	소득재산 기준	국민과 혼인 중인 경우, 이혼사별한 경우, 국적의 직계존비속을 돌보는 경우 지원
		기초 노령연금	만 65세 이상 소득 하위 70% 이하	혼인 신고 후 2년 미경과 외국국적 배우자
사회보험	보건복지부	국민건강 보험	국민은 가입자 또는 피부양자가 됨	직장·지역가입자, 외국인등록자, 거소신고자
		국민연금	만 18세 이상 60세 미만인 자	외국인 국민연금 당연가입 원칙, 상호주의 원칙
		노인 장기 요양보험	65세 이상 등 6개월 이상 일상생활을 수행하기 어려운 자 중 장기요양 등급 받은 자	외국인 중 국민건강보험 가입자
	고용노동부	산재보험	업무상 재해를 당한 자 등	업무상 재해를 당한 외국인, 단 유족보상금의 경우 외국에 거주하는 유족은 제외
		고용보험	실업급여 : 피보험기간이 180일 이상인 비자발적 이직자	F-6 체류자격 당연가입, 국민에 대한 지원 기준

표3-7 주요 사회보장제도상의 결혼이민자에 대한 지원 기준

❷ 결혼이민자에 대한 주요 지원 정보

▶찾기쉬운 생활법령정보: http://easylaw.go.kr/

▶다누리(다문화가족 포털): https://www.liveinkorea.kr/

▶법무부 출입국외국인정책본부: https://www.immigration.go.kr/

▶KOSIS 국가통계포털: https://kosis.kr

▶서울특별시 다문화가족 지원사업 현황: https://news.seoul.go.kr

▶경기도 결혼이민자 지원: https://www.gg.go.kr/

2) 다문화가족지원정책

다문화가족지원정책의 근거는 「다문화가족지원법」입니다. 주 수혜자는 다문화가족 구성원으로 구체적으로는 결혼이민자와 그 자녀, 귀화자, 한국인 배우자와 그 외의 가족 구성원입니다. 이들의 수요와 욕구에 기반을 두고 있습니다.

「다문화가족지원법」 제3조 4의 규정에 따라 설치한 다문화가족정책위원회에서 총괄·조정하고 관계 중앙부처 및 지방자치단체를 통해 전달되고 지자체의 규모나 상황에 따라 대부분 다문화가족지원센터를 통하여 집행하는 구조입니다. 다문화가족정책은 예산과 행정력 확보가 쉬운 복지 성격의 서비스 사업 위주로 구성되어 있으며, 대상 중심의 사업으로서의 성격 (김혜순, 2010)이 강합니다.

3년 주기로 전국다문화가족실태조사, 국민다문화수용성조사를 하고 있으며 정책수립에 필요한 기초통계자료 구축 중에 있습니다. 2010년 제1차 다문화가족지원정책 기본계획 (2010~2012)을 시작으로 2013년 제2차 다문화가족지원정책 기본계획 (2013~2017), 2018년부터 제3차 다문화가족지원정책 기본계획 (2018~2022)을 시행했습니다. 그리고 2023년부터 현재 제4차 다문화가족지원정책 기본계획 (2023~2027)을 시행하고 있습니다.

2004년부터 폭력피해 이주여성보호시설인 이주여성쉼터를 운영하여 폭력피해 이주여성 (동반아동 포함) 일시보호 및 의료·법률·출국 지원, 주거 제공, 직업훈련 등을 통해 자립을 지원하고, 인권보호를 위해 노력하고 있습니다.

2000년대 초반까지 국제결혼에 대해 개인의 사적 영역으로 간주 적극적인 개입정책을 펴지않았고, 다문화가족에 관한 정책적 대응은 결혼이민자의 사회문화적 부적응과 가족문제가 사회적 이슈로 등장하면서 본격화되었습니다. 비교적 짧은 기간 안에 신속하게 대응해 왔습니다.

통합적 가족서비스 구현을 위한 다문화정책 개선 방안으로 부처간 협업연계, 다문화가족지원 사업 효율화, 정착 단계별 맞춤형 지원 강화, 다문화가족 통합지원체계 마련 등을 하고 있습니다.

(1) 「다문화가족지원법」

「다문화가족지원법」은 다문화가족지원정책의 근간이 되는 법률로 “다문화가족이 안정적인 가족생활을 영위하고, 사회 구성원으로서의 역할과 책임을 다할 수 있도록 지원함으로써, 이들의 삶의 질 향상과 사회통합에 이바지함을 목적”으로 2008년 3월 21일 제정되고 그해 9월 22일부터 시행되었습니다. 이후 여러 차례 개정을 통해 다문화가족에게 좀 더 나은 정책과 서비스를 제공하고 있습니다.

❶ 제정 과정

2006년 여성가족부의 연구용역이 시행되었으며, 2007년 1월 26일 입법공청회 (국회인권정책연구회 (대표 장향숙))가 있었습니다. 여기서 발제자 박종보교수 (한양대학교)는 “다문화가족지원 목적은 그들이 한국사회에 조기에 적응해 사회를 통합하고, 국가 비전에 이바지하기 위한 것이고 동화주의를 기본으로 하되 다문화주의의 요소를 가미하는 것이 올바른 정책방향이다”, 그리고 “다문화가족이란 최소한 한 사람의 가족 구성원이 한국 국민인 가족 형태”로 정의했습니다.

발의된 여러 개의 법안들 중 고경화 의원이 발의한 “이주민가족의 보호 및 지원 등에 관한 법률안 (2007.3.8.), 장향숙의원이 발의한 「다문화가족지원법」안 (2007.5.2.)”을 여성가족위원회로 회부하여 병합 심사하고 이들 법률안의 내용을 통합·보완하여 여성가족위원장이 「다문화가족지원법」안 (대안)을 제안함으로써 현행 「다문화가족지원법」이 법률 8937호로 (2008.3.21.) 제정되었고, 2008년 9월 22일부터 시행되었습니다.

❷ 주요내용

「다문화가족지원법」 제1조는 “이 법은 다문화가족 구성원이 안정적인 가족생활을 영위할 수 있도록 함으로써 이들의 삶의 질 향상과 사회통합에 이바지함을 목적으로 한다.”라고 이 법의 목적을 명확히 밝히고 있습니다. 그리고 “제2조 다문화가족의 정의, 제3조 국가와 지방자치단체의 책무 그리고 다문화가족정책위원회 설치, 제4조 기본계획 및 실태조사, 제5조 다문화가족에 대한 이해 증진, 제6조 생활정보 제공 및 교육 지원, 제7조 평등한 가족관계의 조성, 제8조 가정폭력 피해자에 대한 보호·지원, 제9조 의료 및 건강관리 지원, 제10조 아동 보육·교육 지원, 제12조 다문화가족지원센터의 설치·운영, 제16조 민간단체 등의 지원" 등으로 구성되어 있습니다.

❸ 「다문화가족지원법」의 개정

법률이 제정된 이후 여러 차례 개정되었는데 주요 개정된 내용을 몇가지만 소개하면 다음과 같습니다.

▶다문화가족의 범위 확대 : 2011년 4월 4일 개정은 다문화가족의 범위를 확대함으로써, 그동안 정책적 사각지대에 놓여있던 귀화자 및 그 가족들에 대한 지원의 법적 근거를 마련했습니다. 개정의 전체 내용을 보면, "다문화가족 범위 확대, 다문화가족에 대한 이해 증진을 위한 교육 의무 강화, 생활 정보 제공 및 교육 지원 내용 구체화, 가정폭력 피해자 보호·지원 강화, 의료 및 건강관리 지원 내용 구체화, 다문화가족지원센터의 기능 명확화"입니다. 이 가운데 "다문화가족 범위 확대"가 핵심입니다. 즉 기존에는 "출생 시부터 한국인인 자와 외국인 또는 귀화자로 이루어진 가족"으로 다문화가족의 범위가 한정되어 있었습니다. 그러나 개정 후에는 "인지 또는 귀화로 인한 한국인과 외국인 또는 귀화자로 이루어진 가족"까지 다문화가족의 범위에 포함되었습니다. 이것은 다문화가족 정책의 사각지대를 해소하고, 다양한 형태의 다문화가족을 포괄적으로 지원하기 위함이며, 정책 대상이 기존의 결혼이민자 및 혼인귀화자 중심에서 기타 사유로 인한 귀화자까지 확대되었습니다.

▶다문화가족지원센터의 설치 및 위탁운영 : 2012년 2월 1일 개정은 "다문화가족지원센터의 설치 및 위탁운영에 대한 법적 근거를 명확히 마련"하였습니다. 이는 다문화가족 지원 서비스의 안정성과 효율성을 높이 역할을 했습니다. "다문화가족지원센터의 법적 지위 강화, 안정적인 운영을 위한 기반을 마련, 위탁운영의 절차와 기

준을 명확히 함으로써 투명성과 전문성을 확보, 지원센터가 수행해야 할 업무가 보다 구체적으로 명시, 전문인력 배치 및 보수교육 의무화 등의 목적"이었습니다.

▶다문화가족지원센터 지정 요건과 역할, 지방자치단체의 책무 강화 : 2013년 8월 13일 개정은 "다문화가족 자녀의 모국어 교육 지원 근거 마련, 다문화가족 지원센터의 유사 명칭 사용 제한, 이혼 등으로 해체된 다문화가족 자녀에 대한 적용 특례, 다문화가족 종합정보 콜센터 설치"를 내용으로 합니다. 이것은 "다문화가족 자녀의 언어 및 문화정체성 함양, 다문화가족지원센터가 공신력 있는 기관으로서 역할할 수 있도록, 부모의 국적이나 결혼 관계와 상관없이 자녀의 복리와 건강한 성장을 최우선으로 고려, 다국어로 상담과 통역이 가능한 다문화가족 종합정보 콜센터를 설치"의 의미를 가집니다. 이 개정에서 특히 강조되었던 것은 "이혼 등의 사유로 해체된 다문화가족 자녀에 대한 지원 특례 규정"입니다. "다문화가족이 이혼, 사별 등의 사유로 해체된 경우에도 그 구성원이었던 자녀에 대해서는 계속해서 지원을 받을 수 있도록 하는 것"입니다.

▶다문화가족 자녀의 교육권 보장과 차별 방지, 방문교육 서비스 운영 : 2014년 10월 8일 개정은 "아동·청소년으로 보호 대상을 확대하고, 이에 대한 정의 조항 신설, 교육기관의 차별 금지 및 필요한 조치 의무화, 사회통합 홍보영상 제작 및 송출 근거 마련, 방문교육 비용 차등 지원 근거 및 절차 마련, 결혼이민자 등의 사회 적응 교육 노력 명문화"를 내용으로 하고 있습니다. 이 개정의 의의는 "다문화가족 자녀들의 성장에 맞춘 지원, 교육 현장에서 다문화가족 자녀에 대한 잠재적 차별을 예방과 안전망 마련, 사회통합 홍보영상 제작 및 지상파방송의 공익광고에 송출 요청 근거 마련, 다문화가족의 경제적 상황을 고려한 실질적인 교육 기회 제공, 능동적인 사회통합을 위한 책임 부여"입니다.

▶교육의 형평성과 차별 방지, 그리고 사회적 인식 개선 : 2015년 11월 12일 개정은 2013년 8월 13일 개정 중 일부 내용들을 재정비하고, 아동·청소년 범위 확대와 관련하여 구체적인 조치를 명확히 하고 있습니다. "다문화가족 방문교육 비용의 소

득 수준 등 고려한 차등 지원 즉 다문화가족 방문교육 서비스에 수익자부담원칙을 적용하여 차등 지원, 다문화가족 아동에서 아동·청소년으로 보호범위 및 지원 조치 명확화, 사회통합 홍보영상 제작 및 송출 요청 근거 재확인, 결혼이민자 등의 사회 적응 교육을 위한 다문화가족 구성원 노력 명문화, 어린이집·유치원·학교 등 교육기관의 장이 다문화가족 아동·청소년이 차별받지 않도록 조치해야 한다는 조항 추가 등"을 내용으로 합니다. 이것은 "장기적인 관점에서 지속 가능한 지원 체계를 구축할 필요성, 다문화가족 자녀의 성장 주기 반영 및 심화된 지원, 사회적 인식 개선 노력 강화"라는 의의가 있습니다.

▶교육 현장의 다문화 감수성 강화와 가족 내 상호 이해 증진 : 2017년 11월 27일 개정은 유치원 및 초·중·고교원 대상 다문화이해교육 의무화를 위한 것입니다. 이 개정을 통해 「유아교육법」, 「초·중등교육법」, 「고등교육법」에 따른 학교의 교원 및 직원을 대상으로 하는 다문화 이해 교육의 실시가 명시적으로 의무화되었습니다. 교원 및 직원의 다문화 감수성을 높여 교육 현장에서 다문화가족 자녀가 더 잘 통합될 수 있도록 지원하려는 목적을 가지고 있습니다. 그리고 결혼이민자의 배우자 및 가족 구성원이 다문화 이해교육을 받을 수 있도록 국가와 지자체가 지원할 수 있는 법적 근거가 마련되었습니다.

▶다문화가족지원센터 위탁 기간 연장 : 2019년의 「다문화가족지원법」 개정은 다문화가족지원센터의 안정적 운영과 문화적 이해 증진을 위한 시행령 개정이 있었습니다. 다문화가족지원센터 운영의 안정성과 효율성을 높이기 위해 위탁운영 기간을 기존 3년에서 5년으로 개정되었습니다. 그리고 가족 구성원의 문화적 다양성 존중을 위해 국가와 지자체가 결혼이민자의 출신 국가의 역사·문화·언어 등에 대한 정보와 교육 자료를 제작·배포할 수 있도록 법적 근거가 마련되었습니다.

▶다문화가족지원센터의 기능을 명확히 : 2020년 5월 19일 개정은 "여성가족부장관은 다문화가족 지원을 위한 기본계획을 수립하면 지체 없이 국회 소관 상임위원회에 보고하도록 하고, 여성가족부장관이 비상업적 공익광고 편성비율의 범위에

서 홍보영상 송출을 요청할 수 있는 사업자를 지상파방송사업자에서 방송사업자로 확대하는 한편, 다문화가족지원센터의 기능을 명확히 하려는 것"입니다.

❹ 한계와 개선

「다문화가족지원법」은 다문화가족 지원의 법적 기반을 마련하고 초기 정착에 크게 기여했지만, 몇가지 한계가 지적되고 있으며, 개선 방안이 논의 중입니다. 첫째, 개념적 한계입니다. 다문화가족의 개념이 결혼이민자 중심으로 그 가족에 집중되어 있습니다. 외국인 유학생, 외국인 근로자, 외국 국적 동포, 난민 등 다양한 이주 배경을 가진 사람들을 포괄하지 못하고 있습니다. 즉 광의적 의미의 다문화가족이 아닌 협의적 의미의 다문화가족을 규정하고 그들만 정책과 서비스의 대상이 되고 있습니다. 둘째, 서비스의 중복과 분산입니다. 여성가족부 외에도 법무부 (출입국·체류), 고용노동부 (취업), 교육부 (자녀 교육) 등 여러 부처에서 다문화가족 관련 사업을 분절형태로 수행하여 정책의 일관성이 부족하고 사업이 중복되거나 연계가 미흡한 경우가 있습니다. 셋째, 법의 명칭이 다문화가족지원으로 되어 있고 지원의 대상이 약자 혹은 수혜자의 측면에 머무르는 경향이 있습니다. 다문화가족에 대해 편견과 차별로 대하는 사회적 인식이 존재하기에 개선이 필요합니다. 따라서 포괄적인 다문화사회 기본법(가칭)의 제정이라든가 「다문화가족지원법」의 전면 개편이 필요합니다. 그리고 부처분절형 정책을 극복하기 위해 총괄기구인 컨트롤타워 설립이 필요합니다. 또한 한국사회 구성원 모두를 향한 다문화 수용성 제고 노력을 확대하고 서비스전달체계의 핵심인 다문화가족지원센터의 기능을 강화할 필요가 있습니다.

(2) 다문화가족지원서비스 전달체계

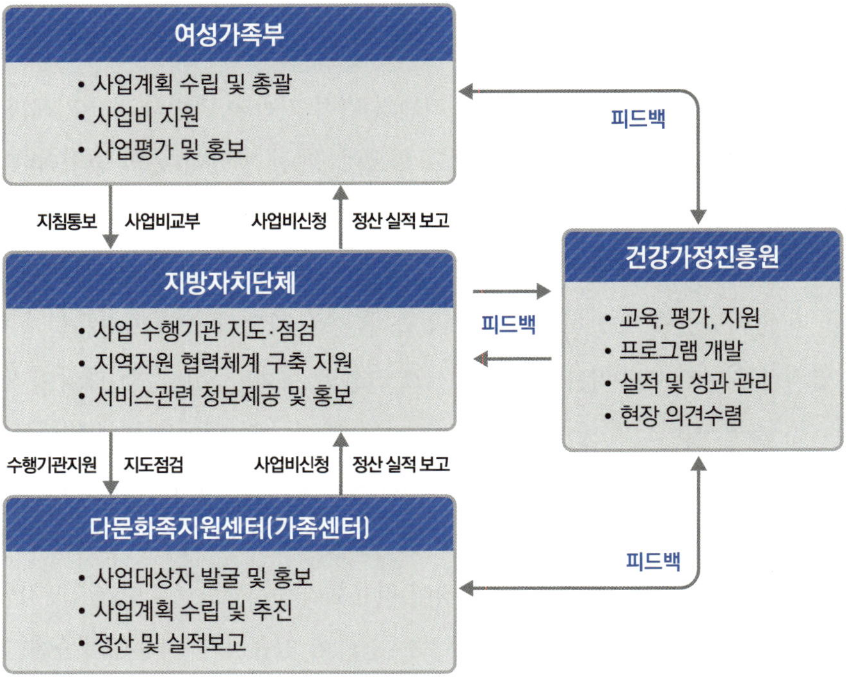

그림 3-7 다문화가족지원서비스 전달체계

다문화가족지원서비스 전달체계는 "다문화가족이 한국 사회에 안정적으로 정착하고 삶의 질 향상과 더불어 사회적 통합이 될 수 있도록 다양한 맞춤형 서비스를 제공하는 구조"입니다. 여성가족부가 주관 부처로서 주로 정책을 수립하고 다문화가족지원서비스 전달체계를 통해 서비스가 제공되는 방식으로 운영됩니다.

❶ 중앙 정부 (여성가족부)

여성가족부는 「다문화가족지원법」을 기반으로 다문화가족지원정책의 기본계획을 수립하며, 관련 부처의 사업을 조정 및 총괄합니다. 3년마다 다문화가족에 대한 실태조사를 통해 정책 수립에 활용하고, 시행 계획의 추진 실적을 점검하고 평가합니다. 한국건강가정진흥원 등 중앙지원기관을 통해 전국 다문화가족지원센터 (현 가족센터)의 사업 배정 및 평가를 관리합니다.

❷ 한국건강가정진흥원

한국건강가정진흥원은 여성가족부 산하 특수법인입니다. 전국의 가족센터(과거 건강가정지원센터와 다문화가족지원센터)를 총괄 관리하고 지원합니다. 그리고 다문화가족에게 필요한 정보 (생활, 교육, 취업, 법률 등)를 다국어로 제공하는 온라인 플랫폼인 다누리 포털 (www.liveinkorea.kr) 운영, 다문화가족과 이주여성을 위한 전화 지원 서비스로, 한국어, 영어, 베트남어, 중국어 등 13개 언어로 365일 24시간 상담 및 긴급 지원 제공의 다누리콜센터(1577-1366) 운영, 폭력 피해 이주여성 긴급지원, 그리고 다문화가족 지원 사업의 효과적인 운영을 위한 연구와 프로그램 개발을 합니다.

❸ 지방자치단체 (광역 및 기초)

지역 특성을 반영한 다문화가족 지원 조례 제정, 예산을 편성, 지역맞춤형 서비스 제공 등입니다. 한국건강가정진흥원과 협력하여 지역 내 가족센터 (다문화가족지원센터와 건강가정지원센터) 지정, 사업 위탁, 관리·감독 등입니다. 그리고 지역 내 고용센터, 교육청, 병원, 경찰서 등 유관기관과 연계하여 다문화가족에게 필요한 통합적인 서비스를 제공합니다.

❹ 지역 가족센터 (다문화가족지원센터)

가장 핵심적인 다문화가족서비스 전달체계입니다. 과거 다문화가족지원센터와 건강가정지원센터로 나뉘어 운영되던 것이 2014년부터 점차 통합되어 현재는 대부분 가족센터라는 이름으로 운영되고 있습니다. 다문화가족의 개별적인 필요와 문제점을 파악하며, 맞춤형 상담을 제공합니다. 필요하면 사례 관리를 통해 지속적으로 지원합니다. 결혼이민자와 그 자녀를 위한 “수준별 한국어 교육, 부부 및 자녀 관계 향상 교육, 부모 교육, 이중언어 가족환경 조성 프로그램 등"을 제공합니다. "언어 발달 지원, 학습 멘토링, 진로 상담, 다문화 자녀 돌봄 서비스 등"을 제공합니다. "한국 문화 이해 교육, 지역 사회 교류 프로그램, 다문화 인식 개선 활동 등"을 수행합니다. "취업 정보 제공, 직업 교육, 취업 알선 등을 통해 결혼이민자의 경제적 자립"을 돕습니다. 다문화가족에게 필요한 "각종 생활정보 (법률, 의료, 주거 등)를 제공하고, 전문 기관 (병원, 경찰, 변호사 등)으로 연계"합니다. 공공기관 방문 시, 자녀 교육 관련 상담 시 등 "통역 및 번역을 지원"하여 의사소통의 어려움을 해소합니다.

⑤ 유관기관과 민간단체

위의 주된 서비스 전달체계 외에 "유관 기관과 민간단체들이 다문화가족을 지원하며, 지역의 학교와 교육청에서 다문화 학생을 위한 특별 학급 운영, 방과 후 활동, 멘토링 등을 지원"합니다. 결혼이민자의 취업을 위해 취업성공패키지를 운영하며, 외국인 노동자 상담센터를 운영합니다. "체류 관리와 국적취득 관련 업무, 사회통합 프로그램 등을 통해 이주민들의 한국 사회 적응"을 돕습니다. "경찰서 외사과와 협력하여 다문화가족의 범죄 예방 및 피해자 보호를 지원합니다. 그리고 민간단체는 각 지역의 특성과 필요에 따라 자체적으로 다문화가족 지원 프로그램을 운영"하기도 합니다.

다문화가족지원서비스는 현재 "가족센터를 중심으로 통합적인 서비스를 제공하는 방향으로 전환"하고 있습니다. "다문화가족의 생애 주기별, 개인별 특성을 고려한 수요자 중심의 서비스를 제공하기 위해 노력"하고 있습니다. "지역사회 협력이 강화되고 있으며, 다문화사회의 변화와 다문화가족의 다양한 요구에 맞춰 전달체계 및 서비스 내용이 지속적으로 발전"하고 있습니다.

(3) 다문화가족지원센터

2006년 "결혼이민자가족지원센터를 시군구별로 21개소를 지정 시범운영"을 하였고, 2007년 "결혼이민자 아동양육지원 방문교육 시범사업이 29개소에서 추진"되었습니다. 2008년 "한국어교육과 아동양육 방문교육 사업을 통합하여 전국서비스전달체계를 구축했으며, 「다문화가족지원법」의 제정으로 결혼이민자지원센터는 다문화가족지원센터로 이름을 변경"하였습니다. 2009년부터 "다문화가족자녀 언어발달지원사업과 결혼이민자 통번역서비스를 실시하였으며, 사회복지사업법의 개정으로 다문화가족지원센터는 사회복지시설로 전환"하게 되었습니다. 2012년 "다문화가족자녀 생활서비스가 추진되었고, 센터 설치 및 위탁운영 근거가 마련"되었습니다. 2013년 "이혼 등의 사유로 해체된 다문화가족 자녀에 대한 지원특례 규정을 마련(8월)"했습니다. 2014년 다문화가족지원센터와 건강가정지원센터를 통합을 시도하여 "통합서비스를 하기 시작하였고 한국어교육 운영 지원체계를 개편했습니다. 다문화가족 이중언어환경 조성사업 실행방안이 마련되었고 시범사업이 실시"되었습니다. 2015년 「다문화가족지원법」 일부 개정으로 "방문교육비용 차등지원 근거를 마련(12월)하였으며, 다문화가족지원사업 사업영역 일부를 통합하였습니다. 성평등, 인권개별영역을 성평등·인권으로 통합"하였습니다. 2019년 「다문화가족지원법」 시행령 일부 개정으로 "다문화가족지원센터 설치·운영 위탁기간을 기존 3년에서 최대 5년으로 변경"하여 사업의 안정성을 더했습니다. 그리고 2020년 법률 개정으로 "다문화가족지원센터의 기능을 강화"하였습니다.

다문화가족지원센터는 다문화가족이 한국 사회에 안정적으로 정착하고 행복한 가정을 꾸릴 수 있도록 종합적인 서비스를 제공하는 현장 중심의 핵심 전달체계입니다. 주요 역할과 기능에는 초기 정착지원, 가족관계 증진, 자녀 성장 지원, 상담 및 사례 관리, 취업 및 자립 지원, 인권 보호 및 사회통합, 통번역 서비스, 정보 제공 및 홍보, 지역사회 연계 등입니다. 제공하는 주요 사업으로 한국어 교육, 가족 교육, 상담 사업, 취업 지원, 자녀 교육 지원, 정보 제공 및 통번역 서비스, 다문화 이해 교육, 사례 관리, 자조모임 활성화 등입니다.

(4) 폭력피해이주여성 보호시설

가정폭력, 성폭력, 성매매 등 피해이주여성 및 동반 아동을 일시적으로 보호하고, 의료·법률지원, 치료회복프로그램 운영, 주거 제공, 직업훈련 등을 통한 인권보호 및 자립을 지원[177] 합니다. 여성가족부는 폭력피해이주여성쉼터를 전국에 2025년 기준 33개를 운영하고 있습니다. 지역별로 보면 서울에 7개소, 경기도에 4개소, 경남·전남·경북에 각각 3개소가 있으며, 나머지 지역에도 1~2개소씩 분포되어 있습니다. 여기서는 "숙식제공, 심리적 안정과 사회적응을 위한 상담과 치료를 하고 있으며, 질병치료와 건강관리 (입소 후 1개월 이내의 건강검진을 포함)를 위한 의료기관에 인도 등 의료지원"을 합니다. 수사기관의 조사와 법원의 증인신문에도 동행하며 법률구조기관 등에 필요한 협조와 지원을 요청합니다. 자립자활교육의 실시와 취업정보의 제공 등을 합니다.

이외에도 그룹홈 3개, 자활지원센터 1개 등을 별도 운영하고 있으며, 폭력피해 이주여성과 동반 아동의 주거를 지원하고 있습니다.

그림3-8 가정폭력피해 지원기관

177) 'https://bojo24.com/이주여성 보호를 위한 폭력 피해 보호시설 운영 지원 (여성가족부)'를 참고 하세요.

3) 이주배경 자녀

이주배경 자녀란 그 정의가 부처마다 다소 다를 수 있으나 부모 또는 본인이 이주 경험을 가진 자녀를 의미합니다. 따라서 이 범주에는 다문화가족 자녀, 북한이탈주민 자녀, 외국인 가정 자녀, 그리고 미등록체류 자녀가 있습니다. 이들은 한국 사회의 중요한 구성원으로서, 한국의 미래를 이끌어갈 잠재력을 가진 주인공들입니다.

여성가족부 산하 이주배경청소년지원재단 (www.rainbowyouth.or.kr)

에서는 이주배경청소년이란 "부모 혹은 본인이 이주의 경험을 지닌 9세에서 24세 이하의 연령에 속하는 사람을 뜻합니다."라고 정의하고 있습니다. 그리고 국제결혼가정 자녀, 외국인가정자녀, 탈북청소년 자녀를 범주에 두고 지원을 하고 있습니다. 그런데 다문화가족 구성원인 일반귀화자 자녀와 인지에 의한 국적취득 자녀, 그리고 미등록체류 자녀에 대한 언급은 없습니다. 혹시나 이주배경 자녀들을 지원함에 있어 소외되는 자녀가 발생해서는 안될 것입니다.

국제결혼가정 자녀는 부모 중 한명이 한국인이고 국내출생 국제결혼가정 자녀와 국외출생 국제결혼가정 자녀로 분류하고 있으며, 외국인가정 자녀는 부모 모두 외국인으로서 국내출생 외국인가정 자녀와 국외출생 외국인가정 자녀로 분류하고 있습니다. 그리고 탈북청소년은 부모 중 한명 이상이 북한이탈주민이거나 부모 중 한명은 외국인 다른 한명은 북한이탈주민이고 남한출생 탈북배경청소년과 남한 외 지역출생에서 탈북청소년과 제3국출생 탈북배경청소년으로 분류하고 있습니다.

(1) 다문화가족자녀

다문화가족자녀는 국제결혼한 가정의 자녀, 부모의 일반귀화에 의한 자녀, 인지에 의한 국적취득 자녀가 있으며, 부모의 한국인 배우자와의 재혼, 일반귀화 등의 사유로 외국에서 출생하여 성장하다가 한국에 입국한 중도입국자녀가 있습니다. 다문화가족 자녀의 수는 꾸준히 증가하고 있으며, 연령 및 지역분포도 다양합니다. KOSIS 국가통계포털에 (www.kosis.kr) 따르면 2023년 다문화 자녀 수는 305,246명입니다.

다문화가족자녀는 종종 언어 발달 지연 현상이 있습니다. 특히 미취학 아동과 초등 저학년에서 한국어 읽기, 쓰기 능력에서 차이를 보이는 경우가 많습니다. 그리고 학교적응에 어려움을 겪는 경우도 있습니다. 간혹 학교폭력이나 사회적 편견으로 인해 정서적 상처를 입는 경우도 많습니다. 중도입국자녀의 경우 언어 장벽과 문화 차이로 인해 진학, 학업, 진로에서 큰 어려움을 겪기도 합니다. 따라서 정부와 지자체, 그리고 여러 기관에서는 다문화가족 자녀들이 건강하게 성장하고 한국 사회에 잘 적응할 수 있도록 다양한 지원 사업을 펼치고 있습니다. 교육지원, 심리정서지원, 사회적응지원 등을 하고 있습니다.

❶ **교육지원으로** "▶저소득 다문화가족 자녀에게 학업·진로 역량 개발을 위한 교육활동비 지원, ▶학교적응 및 학습 능력 향상을 위해 기초 한글, 수학 등 학습 지원, ▶지리적 접근성 등으로 집합 교육 참여가 어려운 가정을 대상으로 전문 지도사가 방문하여 한국어 교육, 가족 생활(부모 교육, 자녀 교육) 등을 지원, ▶자녀의 이중언어 역량 강화를 통해 글로벌 인재로 성장할 수 있도록 지원 등"

❷ **심리정서지원으로** "▶다문화가족 학령기 자녀(만 7세~18세)를 대상으로 전문적인 심리 상담 및 사후관리, 진로·취업 컨설팅을 연계, ▶개인, 가족, 부부 상담을 통해 가족 내 갈등 해소 및 관계 개선을 돕고, 복합적인 어려움을 겪는 가정에는 지역 자원 연계를 통한 맞춤형 서비스를 제공, ▶심각한 정신건강 문제를 겪는 경우 장기적이고 다년도 지원을 통해 추적 관찰하며 관리"

❸ **사회적응지원으로** "▶자녀의 문화적 편견을 줄이고 자신과 타인을 존중하는 태도를 가질 수 있도록 다문화 이해 교육, ▶또래 관계 형성 및 학교생활 적응을 위한 다양한 사회성 향상 프로그램을 운영, ▶중도입국청소년 및 다문화가정 자녀를

위한 진로·진학 프로그램 운영 및 대학입시 현장 상담, ▶다문화가족 자녀 및 배우자 등이 참여하는 자조모임을 지원하여 상호 문화 이해 증진 및 사회적 교류를 도움"

그러나 다문화가족 자녀들은 단순히 지원 대상이 아니라, 한국 사회의 다양성과 미래를 함께 만들어갈 소중한 자원이자 구성원입니다.

(2) 중도입국자녀

중도입국자녀는 "외국에서 태어나 성장하다가 부모의 재혼, 가족 재결합, 또는 기타 사유로 한국에 입국한 아동·청소년"을 말하며, 한국 사회 적응에 어려움을 겪을 수 있는 이주배경 자녀입니다. 중도입국자녀는 일반적인 다문화가정 자녀와는 구별되는 특성과 과제를 지니고 있습니다. 이들은 학령기 중도에 입국하는 경우가 많아 언어, 학업, 사회문화적 적응 등에서 더 많은 지원이 필요합니다.

중도입국자녀는 그 정의가 부처마다 다소 상이할 수 있으나, 일반적으로 다음과 같은 경우를 포함합니다. 결혼이민자가 한국인 배우자와 재혼하면서 본국에 있던 전혼 자녀를 한국으로 데려오는 경우, 한국인 부모를 둔 국제결혼가정의 자녀라도 외국에서 성장하다 청소년기에 한국으로 재입국한 경우, 부모 모두 외국인인 외국인 가정의 자녀가 외국에서 성장하다 한국으로 입국한 경우, 북한이탈주민이 외국인과 결혼하여 제3국에서 출생한 자녀를 데리고 한국에 입국하는 경우 등이 있습니다. 이들은 대개 한국어를 전혀 못하거나 서툴고, 한국문화에 대한 이해가 부족한 상태로 입국하기 때문에 한국에서 태어나 자란 다문화가족 자녀와는 다른 특성과 어려움을 가집니다.

❶ 중도입국자녀가 겪는 주요 어려움

"▶한국어가 미숙하거나 전혀 불가능한 경우가 많아 학교 수업을 따라가기 어렵고, 또래 관계 형성에 어려움 때문에 이는 학업 중단으로 이어지기도 합니다. 연령에 맞는 학년에 진입하지 못하거나 한국 교육 시스템에 대한 이해가 부족합니다. ▶본국 문화와 한국문화 사이에서 문화적 충격을 경험하고 자아정체감 형성에 혼란이나 소외감을 느낄 수 있습니다. ▶부모의 재혼 등으로 새롭게 형성된 가족과의 관계에서 어려움을 겪거나, 부모와 떨어져 생활하는 경우도 있어 심리적 불안정성을 보일 수 있습니다. 간혹 새로운 가정에 적응하지 못하여 독서실이나 숙소를 제공하는 곳에서 아르바이트하면서 지내기도 합니다. ▶외모나 언어의 차이, 문화적 배경의 다름으로 인해 또래 집단에서 따돌림이나 차별을 경험할 수 있는 등 사회적 관계 형성에 어려움을 겪습니다. ▶일부는 관광비자 등으로 입국해 체류 자격이 불안정하여 교육이나 복지서비스 접근 등 제도적 보호에서 소외되기도 합니다. ▶한국 사회에 대한 정보 부족, 학업 부진, 문화적 장벽 등으로 인해 진로 탐색 및 설정에 어려움을 겪으며, 비진학·비취업 상태에 놓이는 경우"도 있습니다.

❷ 중도입국자녀의 대한 지원

여성가족부는 "중도입국청소년을 위한 전문 지원 기관인 이주배경청소년지원재단 (무지개청소년센터)"을 통해 그리고 관련 다양한 기관과 협력하여 지원하고 있습니다.

"▶초기 한국어 능력 향상을 위한 레인보우 스쿨 및 특별 학급 운영 등 집중 한국어 교육 프로그램을 운영하여 학교적응 및 의사소통 능력을 지원합니다. ▶기초 학력 증진을 위한 방문 학습, 멘토링, 방과 후 학습 지원 등을 제공하여 학업 격차를 해소하고 학습 흥미를 유발합니다. ▶한국 사회 적응 과정에서 겪는 심리적 어려움을 해소하기 위한 상담 서비스, 또래 관계 형성 프로그램, 심리 치료 등을 제공합니다. ▶중도입국자녀의 특성을 고려한 맞춤형 진로 교육, 직업 체험, 취업 연계 서비스 등을 통해 사회 진출을 돕습니다. ▶한국 문화 이해를 돕는 체험 활동, 사회 적응 프로그램 등을 통해 한국 사회에 대한 이해를 높이고 주체적인 시민으로 성장할 수 있도록 돕습니다. ▶공교육 진입이 어려운 중도입국자녀를 위해 대안학교나 비인가 교육기관과 연계하여 교육 기회를 제공하기도 합니다. ▶전국 가족센터 및 다문화가족지원센터에서는 중도입국자녀를 포함한 다문화가족을 위한 다양한 프로그램과 정보를 제공하며, 상담 및 연계 서비스"를 받을 수 있습니다.

중도입국자녀는 단순히 도움이 필요한 대상이 아니라, 한국 사회의 다양성과 포용성을 확장할 수 있는 중요한 구성원입니다. 따라서 중도입국자녀에 대한 관심과 지원은 한국 사회의 지속 가능한 발전을 위한 중요한 과제입니다. 이들이 가진 잠재력을 개발하고 역량있는 한국 사회 구성원으로 성장하도록 돕는 다각적인 노력이 계속되어야 합니다.

(3) 다문화 학생 현황

교육부 2024년 교육기본통계 (2024.8.29.)에 따르면 다문화 학생은 국제결혼가정 자녀와 외국인 가정 자녀이고 국제결혼가정 자녀는 "한국인 부(모)와 외국인 모(부) 사이에 태어난 자녀로 국내출생과 중도입국으로 분류"합니다. 그리고 국내출생 자녀는 "국제결혼가정 자녀 중 국내에서 출생한 자녀"이고 중도입국 자녀는 "국제결혼가정 자녀 중 외국에서 태어나 부모와 함께 중도에 국내로 입국한 자녀"로 분류하고 있습니다. 또한 외국인가정 자녀는 외국인 사이에서 출생한 자녀입니다. 그런데 여기서는 「다문화가족지원법」에 의한 다문화가족인 일반귀화한가정의 자녀와 인지에 의한 국적취득자녀에 대한 언급은 없으며, 또한 미등록체류 자녀에 대한 언급은 없습니다.

2024년 교육기본통계에 의하면 각종학교 포함 초·중등학교 다문화 학생 수는 193,814명으로 2023년 181,178명 대비 12,636명(7.0%↑) 상승하였으며, 전체 학생 대비 다문화 학생 수 비율은 3.8%로 2023년 3.5% 대비 0.3%p 상승했습니다.

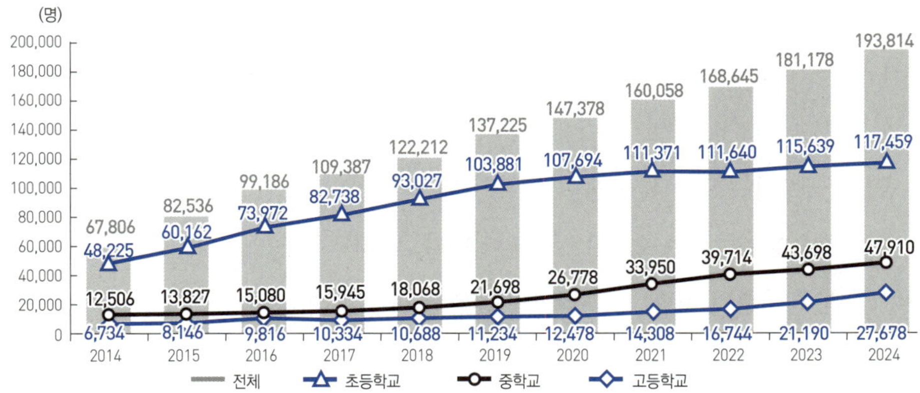

그림3-9 학교급별 다문화 학생 수
(출처: 교육부, 2024년 교육기본통계 www.moe.go.kr)

초등학교는 117,459명으로 2023년 대비 1,820명(1.6%↑) 상승했고, 중학교는 47,910명으로 2023년 대비 4,212명(9.6%↑) 상승했습니다. 그리고 고등학교는 27,673명으로 2023년 대비 6,483명(30.6%↑) 상승했고, 각종학교는 772명으로 2023년 대비 121명(18.6%↑) 상승했습니다. 학교급별 다문화 학생 비율은 초등학교가 4.7%로 2023년 대비 0.3%p 상승, 중학교는 3.6%로 2023년 대비 0.3%p 상승, 고등학교는 2.1%로 2023년 대비 0.4%p 상승했습니다. 유형별 다문화 학생 비율은 국제결혼가정(국내출생)이 134,817명에 69.6% 〉 외국인가정 47,010명에 24.3% 〉 국제결혼가정 (중도입국) 11,987명에 6.2% 순입니다.

(단위 : 명)

연도	국제결혼가정										외국인가정				
	국내출생					중도입국									
	소계	초등학교	중학교	고등학교	각종학교	소계	초등학교	중학교	고등학교	각종학교	소계	초등학교	중학교	고등학교	각종학교
2024	134,817	80,155	34,682	19,811	169	11,987	6,037	3,201	2,412	337	47,010	31,267	10,027	5,450	266
2023	129,910	82,491	32,210	15,063	146	10,896	5,617	3,108	1,928	243	40,372	27,531	8,380	4,199	262
2022	126,029	84,241	29,940	11,614	234	9,938	5,087	2,874	1,784	193	32,678	22,312	6,900	3,346	120
2021	122,095	86,399	25,368	10,183	145	9,427	4,953	2,773	1,519	182	28,536	20,019	5,809	2,606	102
2020	113,774	85,089	19,532	9,049	104	9,151	5,073	2,459	1,415	204	24,453	17,532	4,782	2,014	125
2019	108,069	83,602	15,891	8,464	112	8,697	5,148	2,131	1,220	198	20,459	15,131	3,671	1,550	107
2018	98,263	76,181	13,599	8,361	122	8,320	5,023	1,907	1,185	205	15,629	11,823	2,562	1,142	102
2017	89,314	68,610	12,265	8,335	104	7,792	4,843	1,722	1,063	164	12,281	9,280	1,958	936	107
2016	79,134	59,970	11,475	7,589	100	7,418	4,577	1,624	1,075	142	12,634	9,425	1,981	1,152	76
2015	68,099	50,191	11,054	6,688	166	6,261	3,965	1,389	723	184	8,176	6,006	1,384	735	51
2014	57,498	41,546	10,316	5,562	74	5,602	3,262	1,386	750	204	4,706	3,417	804	422	63
2013	45,814	32,823	9,162	3,793	36	4,922	3,006	1,143	565	208	5,044	3,531	975	500	38
2012	40,040	29,282	8,194	2,536	28	4,288	2,669	985	547	87	2,626	1,789	448	326	63

표3-8 다문화 학생 현황

(출처: 교육부 2024년 교육기본통계 www.moe.go.kr)

부모의 출신 국적별 다문화 학생 비율은 베트남이 61,333명 31.6% 〉 중국 (한국계 제외) 49,287명 25.4% 〉 필리핀 16,805명에 8.7% 〉 중국 (한국계) 11,227명에 5.8% 〉 일본 7,391명 3.8% 순입니다.

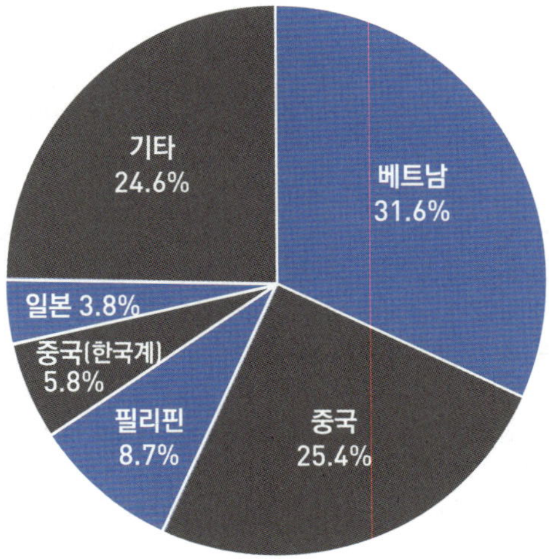

그림3-10 부모의 출신 국적별 다문화 학생 비율
(출처 : 교육부 2024년 교육기본통계 www.moe.go.kr)

국가	다문화 학생 수	비율
계	193,814	100.0
베트남	61,333	31.6
중국(한국계 제외)	49,287	25.4
필리핀	16,805	8.7
중국(한국계)	11,227	5.8
일본	7,391	3.8
기타	47,771	24.6

주 1) 기타에는 태국, 몽골, 캄보디아, 러시아, 미국, 대만, 인도네시아, 유럽, 아프리카, 중앙아시아, 중동, 기타 국가가 포함됨

표3-9 부모의 출신 국적별 다문화 학생(수) 비율
(출처: 교육부 2024년 교육기본통계 www.moe.go.kr)

2. 북한이탈주민

북한이탈주민이란 「북한이탈주민의보호및정착지원에관한법률」 제2조 제1호에서 다음과 같이 정의하고 있습니다. “군사분계선 이북지역(이하 북한이라 한다.)에 주소, 직계가족, 배우자, 직장 등을 두고 있는 사람으로서 북한을 벗어난 후 외국 국적을 취득하지 아니한 사람을 말한다.” 이 법률적 정의는 북한을 이탈하여 제3국을 거쳤더라도 외국 국적을 취득하지 않고 대한민국에 입국하여 보호를 요청하는 경우에 “북한이탈주민”으로 인정됩니다.

정부는 외국에 체류하고 있는 탈북자가 한국행을 희망하는 경우, 인도주의와 동포애 차원에서 전원 수용한다는 원칙하에 국내법과 「UN난민협약」 등 국제법에 부합되게 이들을 보호수용하고 있습니다.

1) 북한이탈주민 현황

(1) 용어의 변천

북한이탈주민은 시대적 상황과 사회적 인식변화에 따라 다르게 불렀습니다. 1950년대를 전후하여 실향민으로 불렸고, 1990년대 이전에는 국가 안보적 측면과 정치적 측면의 대북 선전의 의미가 강한 “귀순자, 귀순용사”라는 용어를 사용했습니다. 그리고 1990년대 중반에 이르러 북한의 경제난으로 생계형 탈북자가 증가하면서 귀순에 비해 개인의 선택적 이탈이라는 의미가 강한 “탈북자, 귀순북한동포”라는 용어가 쓰이기 시작했습니다. 그리고 1997년 「북한이탈주민의보호및정착지원에관한법률」이 제정되면서 법률적 용어로 “북한이탈주민”이 사용되기 시작하였고 2008년 이후 보편화되었습니다.

2005년 통일부는 "새터민"이라는 용어를 만들어 북한이탈주민들에게 사용하도록 권장했는데 이유는 "탈북자"라는 용어가 다소 부정적 표현 느낌을 주고 사람을 객체화시킨다는 지적에 따른 것이었습니다. 그런데 문제는 통일부가 새롭게 지어준 이름 새터민은 새로운 터전에 정착한 사람이라는 뜻으로 새로운 북한이탈주민보다 기존 북한이탈주민들에게 "이미 한국에서 자리 잡고 오래 살고 있는데 왜 계속 새터이냐?"라는 거부감을 심어 주었습니다. 그리고 한국 사회에서 영원한 이방인으로 구별되어진 차별적 의미로 전달된다고 하여 2008년 11월 북한이탈주민 단체 이 용어를 사용하는 것에 대해 거부하고 반납하였습니다.

그리고 북한이탈주민이라는 법률 용어는 탈북민으로 줄여 사용되기도 하며, 탈북자보다는 탈북민이 보다 중립적이고 포용적 의미를 담은 것으로 이해합니다. 나아가 주민이라는 용어 자체가 지역사회 구성원으로서의 가능성을 내포하여 한국 사회 구성원이라는 소속감을 갖게 하므로 현재는 보편적으로 사용되고 있습니다.

(2) 정착 현황

북한이탈주민의 현황은 통일부의 통계자료를 기반으로 파악할 수 있습니다. 1948년최초 귀순이 이루어진 이후 2007년 2월 누적통계 1만 명을 초과하였고, 2025년 3월 말 기준으로 국내 입국한 북한이탈주민의 누적 인원은 약 34,352명입니다. 2000년대 이후 지속적으로 증가하여 2003년~2011년에는 연간 2,000명~3,000명 수준의 높은 입국세를 보였습니다. 2012년 이후 연간 평균 1,300명대로 감소하였고, 특히 코로나19 팬데믹으로 인한 국경 봉쇄의 영향으로 2020년 229명, 2021년 63명, 2022년 67명으로 급감했습니다. 그리고 코로나19 팬데믹이 종료되면서 다시 증가하고 있습니다. 2023년 196명, 2024년 236명이 입국했습니다. 2025년 1분기(1월~3월)에는 38명이 입국했습니다.

북한이탈주민의 약 72.1%가 여성으로, 여성의 비중이 압도적으로 높습니다. 특히 최근 입국자 중 여성의 비율이 2024년 89.0%, 2025년 3월 잠정 97.4%입니다. 연령을 보면 30~40대 여성이 높은 비중을 차지합니다.

북한이탈주민은 수도권에 집중하여 거주하는 경향이 있습니다. 2024년 9월 기준으로 경기도에 1만 1,080명)으로 가장 많은 북한이탈주민이 거주하는 지역이며, 다음으로 서울시 6,391명, 인천시 2,988명 순입니다. 수도권 외 지역에서는 충남·세종, 충북, 경북, 경남 등에 비교적 많은 인원이 거주하고 있습니다.

2023년 실태조사 결과, 북한이탈주민의 고용률은 60.5%로 조사 이래 최고치를 기록했으며, 실업률은 4.5%로 최저치를 기록했습니다. 임금 근로자의 월평균 임금은 전년 대비 7.3만 원 증가하는 등 소득 수준도 개선되고 있습니다. 하지만 여전히 대한민국 전체 평균 경제활동 지표보다는 다소 낮은 수준이며, 지식이나 기술이 필요 없는 단순 노무직에 종사하는 비율이 높습니다.

2023년 조사에 따르면 "남한생활에 만족"한다고 답변한 북한이탈주민이 79.3%로, 조사가 시작된 2011년 이래 최고치를 기록했습니다. 남한 생활에 만족도가 높은 이유로 북한 생활보다 경제적으로 여유로움 22.6%, 내가 하고 싶은 일을 할 수 있다는 자유로운 삶 41.0%입니다. 그리고 일한 만큼 소득을 얻을 수 있어서 19.4% 등입니다. 반면 남한 생활에 불만족한 경우는 경제적으로 어려워서, 북한이탈주민에 대한 각종 편견 및 차별 때문으로 나타났습니다.

구분	남(명)	여(명)	합계(명)	여성비율
~1998	831	116	947	12.2%
~2001	565	478	1,043	45.8%
2002	510	632	1,142	55.3%
2003	474	811	1,285	63.1%
2004	626	1,272	1,898	67.0%
2005	424	960	1,384	69.4%
2006	515	1,513	2,028	74.6%
2007	573	1,981	2,554	77.6%
2008	608	2,195	2,803	78.3%
2009	662	2,252	2,914	77.3%
2010	591	1,811	2,402	75.4%
2011	795	1,911	2,706	70.6%
2012	404	1,098	1,502	73.1%
2013	369	1,145	1,514	75.6%
2014	305	1,092	1,397	78.2%
2015	251	1,024	1,275	80.3%
2016	302	1,116	1,418	78.7%
2017	188	939	1,127	83.3%
2018	168	969	1,137	85.2%
2019	202	845	1,047	80.7%
2020	72	157	229	68.6%
2021	40	23	63	36.5%
2022	35	32	67	47.8%
2023	32	164	196	83.7%
2024	26	210	236	89.0%
2025	1	37	38	97.4%
합계	9,569	24,783	34,352	72.1%

표3-10북한이탈주민 입국현황 북한이탈주민정책

(출처: 통일부, 2025.3. www.unikorea.go.kr)

지역	남	여	합계
서울	1,981	4,391	6,372
경기	2,798	8,367	11,165
인천	786	2,206	2,992
부산	207	628	835
경북	234	891	1,125
경남	234	817	1,051
대구	124	484	608
충북	290	1,133	1,423
충남·세종	373	1,474	1,847
광주	108	402	510
강원	222	705	927
대전	119	459	578
전남	136	550	686
전북	106	420	526
울산	113	340	453
제주	65	275	340
계	7,896	23,542	31,438

표3-11 지역별 거주 현황 북한이탈주민정책
(출처: 통일부, 2025.3. www.unikorea.go.kr)

제시된 문제점으로 경제 측면에서는 자본주의 시스템에 익숙하지 않고, 사람들의 차별 혹은 멸시하는 시선과 낮은 보수입니다. 취업 측면에서는 직무 수행 능력 부족, 직장 내의 무시나 편견, 노동강도와 경쟁 시스템부적응 등입니다. 문화적 측면에서는 자유주의, 개인주의, 경쟁주의 등에 익숙하지 않고 이질적인 언어사용에 적응하기 어려움입니다. 심리적 측면에서는 북한에 있는 가족에 대한 그리움과 외로움, 사회적 편견에 인한 심리적 불안감 등이 있습니다.

구분	생계급여 수급률	초·중·고 학업중단율	경제활동 참가율	고용률	실업률
2008	54.8	10.8	49.6	44.9	9.5
2009	54.9	6.1	48.6	41.9	13.7
2010	51.3	4.9	42.6	38.7	9.2
2011	46.7	4.7	56.5	49.7	12.1
2012	40.8	3.3	54.1	50	7.5
2013	35	3.46	56.9	51.4	9.7
2014	32.3	2.5	55.3	51.7	6.4
2015	25.3	2.2	59.4	54.6	4.8
2016	24.4	2.1	57.9	55	5.1
2017	24.4	2.0	61.2	56.9	7.0
2018	23.8	2.5	64.8	60.4	6.9
2019	23.8	3.0	62.1	58.2	6.3
2020	23.8	2.9	60.1	54.4	9.4
2021	22.8	1.2	61.3	56.7	7.5
2022	22.6	1.6	63.0	59.2	6.1
2023	22.7	1.9	63.4	60.5	4.5
2024	22.9	2.7	64.1	60.1	6.3

※ 학업 중단율 = (해당연도 학업중단자 총수/전년 재학생 총수)*100
(교육부자료)

※ 출처 : 남북하나재단 북한이탈주민 정착실태조사

표3-12 북한이탈주민 정착 현황 북한이탈주민정책
(출처: 통일부, 2025.3. www.unikorea.go.kr)

(3) 북한이탈주민과 다문화

북한이탈주민은 법적으로는 대한민국 국민이지만, 문화적·사회적 맥락에서는 일종의 다문화 집단처럼 경험됩니다. 이들도 이주 경험을 통해 한국 사회에 들어왔고 그들의 문화는 기존 한국문화를 배경으로 하고 있지만 오랜 시간 남북분단으로 단절되었고 남한 사람들에게 많은 부분에서 이질적 요소가 포함된 문화가 되었습니다. 이러한 문화를 소유하고 경험한 북한이탈주민의 유입은 광의적 의미의 한국 사회 다문화 현상에 있어 예외적일 수 없는 존재입니다.

이들은 생활 방식, 사고방식의 차이로 인한 의사소통 및 관계 형성의 어려움을 겪고 있습니다. 새로운 환경에 대한 불안감, 고립감, 정체성 혼란, 그리고 이주 과정에서 겪은 트라우마가 있습니다. 주류 사회의 이해 부족이나 인식 부족으로 인한 편견과 무시, 차별 경험들이 존재합니다. 언어는 동일하지만, 어휘나 어투, 그리고 사회주의 체제에서 형성된 사고방식과 남한의 민주주의, 자본주의 사회는 상당한 문화적 격차를 가집니다. 특히 제3국 (중국, 아시아)을 경유하여 입국한 북한이탈주민의 경우, 제3국의 문화적 영향도 받습니다. 같은 민족이지만 북한이라는 특수성 때문에 남한 주민들의 복잡한 시선 즉 연민이나 경계, 동정, 이해 부족 등에 직면합니다.

북한이탈주민은 다문화 현상에서 이주라는 공통 분모를 가지고 사회 적응의 어려움을 겪는다는 점에서 유사합니다. 이들은 이주의 경로, 법적 지위, 문화적 배경, 그리고 사회적 인식에서 뚜렷한 차이를 보입니다. 이들은 문화적 적응, 사회적 통합 측면에서 다문화가정과 유사한 어려움을 겪고 있습니다. 따라서 상호이해와 포용, 다문화 감수성과 사회적 통합교육이 필요한 존재들입니다. 이들도 다문화사회 구성원으로 자리잡고 있습니다.

2) 북한이탈주민지원정책

초기에는 귀순자에 대한 우대와 보상에 중점을 두었다면, 점차 대량 입국 시대에 맞춰 정착 지원과 사회통합으로 정책의 무게 중심이 이동했습니다.

1980년대 이전까지는 귀순자 우대 시대라고 할 수 있으며, 월남 귀순자에게 국가유공자와 동등한 지위를 부여했었습니다. 그리고 1990년대에 이르러서는 귀순자를 국가유공자에서 생활보호대상자로 전환하고 정착금 규모를 대폭 축소했습니다. 이는 1990년대 중반 이후 북한의 경제난 심화로 인한 대량 탈북 현상에 대응하기 위함이었습니다. 그리고 2000년대 이후 종합적인 정착지원 시스템 구축하였습니다. 1999년 하나원의 설립, 2010년 북한이탈주민지원재단 (현 남북하나재단) 설립, 정착지원 기본계획 수립 (2014년 법적 근거 마련, 2015년 1차 계획 시행) 등입니다. 정착 내용에 있어서도 "취업·자립 지원 강화, 교육 지원 확대, 사회보장제도 연계 강화, 심리·정서 지원 중요성 부각, 지역사회 기반 정착지원, 취약계층 맞춤형 지원, 인식 개선 및 사회 통합 노력 등"입니다.

최근에는 과거 분리 시혜적 정책에서 벗어나 북한이탈주민을 일반 국민의 일원으로 통합하려는 노력, 자립 및 사회 기여 지향이 강화되고 있습니다.

(1) 주요 법률의 변천

북한이탈주민 관련 법률은 1997년 「북한이탈주민의보호및정착지원에관한법률」이 제정된 이래로, 북한이탈주민의 특성과 사회적 환경 변화에 맞춰 꾸준히 개정되어 왔습니다. 특히 최근에는 제3국 출생 북한이탈주민 자녀에 대한 지원을 강화하는 방향으로 큰 변화를 보이고 있습니다.

기간	법률
1962.4~	• **국가유공자 및 월남귀순자특별원호법** - 국가유공자와 동등한 지위를 부여하여 원호대상자로 우대하며, 최초로 체계적인 지원 실시
1979.1~	• **월남귀순용사특별보상법** - 귀순자를 사선을 넘어 자유민주주의를 택한 귀순용사로 간주하며, 이전보다 더욱 체계화된 지원 실시
1993.6~	• **귀순북한동포보호법** - 귀순자를 국가유공자에서 생활능력이 결여된 생활보호 대상자로 전환하며, 정착금 하향 조정 등 지원 규모를 대폭 축소
1997.1~	• **「북한이탈주민의 보호 및 정착지원에 관한 법률」(1997.1.13)** - 자활 자립 능력 배양에 중점 (귀순→ 북한이탈로 대체)

표3-13 북한이탈주민 관련 법률의 변천

(2) 법률의 개정

1997년 1월 「북한이탈주민의보호및정착지원에관한법률」이 제정되었습니다. 이 법은 북한이탈주민이 급증하면서 이들의 보호 및 정착지원에 대한 체계적인 법적 근거 마련의 필요성이 커져 제정되었습니다. 이 법을 통해 "북한이탈주민"이라는 용어가 공식적으로 사용되기 시작했습니다. 이 법은 현재까지 20회 이상 개정되며 변화하는 정책 환경에 대응하고 있습니다. 주요 개정 내용은 다음과 같습니다.

법률의 개정은 북한이탈주민을 단순한 보호 대상이 아닌 우리 사회의 일원으로 포용하고 자립을 지원하려는 방향으로 나아가고 있다는 점에서 의미가 큽니다.

❶ 거주지 보호기간을 5년으로 연장

1999년 12월 28일 개정은 북한이탈주민에 대한 거주지 보호기간을 현행 2년에서 5년으로 연장하였고, 거주지로 전입한 후 최초 취업일로부터 실제 취업일수를 기준으로 2년간 이들을 고용한 사업주에게 임금의 2분의 1의 범위 안에서 고용지원금을 지급하는 등의 취업보호 실시, 자립기반 조성지원책으로 영농정착지원 규정 신설, 국민연금법의 특례조항으로 연금 혜택부여 등의 정착지원을 위한 개정이 있었습니다.

❷ 정착에 장애가 되는 각종 제도적 미비점을 개선

2007년 1월 26일 개정은 북한이탈주민의 정착에 장애가 되는 각종 제도적 미비점을 개선하였습니다. 정착지원시설 보호기간을 1년에서 1년 이내로 조정, 북한이탈주민대책협의회의 위원 정수를 20명에서 25명으로 증원, 북한이탈주민 보호결정의 제외기준을 체류국에서 10년 이상으로 구체화, 북한·외국에서 취득한 자격의 인정, 취업보호기간의 연장, 이혼특례 조항 신설, 정착금 또는 그에 상응하는 가액의 물품으로 지급할 수 있도록 함, 정착금의 압류·양도·담보 제공 금지, 이의신청의 제기기간을 60일에서 90일로 연장 등입니다.

❸ 한국 사회에 보다 효과적으로 정착할 수 있도록 기반 마련

2009년 1월 30일 개정은 북한이탈주민이 한국 사회에 보다 효과적으로 정착할 수 있도록 기반을 마련하였습니다. 북한이탈주민의 실태 파악, 북한이탈주민의 보호 및 지원을 강화, 정착지원시설의 기준 강화, 직업훈련 실시기간은 최소 3개월 이상 가능, 취업제한 규정의 정비, 주민등록번호를 현 거주지를 기준으로 정정 가능, 보호자가 없는 북한이탈청소년에 대한 보호, 북한이탈주민을 대상으로 초·중등교육을 하는 학교의 운영에 필요한 경비를 지원 등입니다.

❹ 북한이탈주민지원재단 설립

2010년 3월 26일 개정은 북한이탈주민의 수가 2만 명 시대에 진입함에 따른 개정이었습니다. 전문성 있는 기관·단체·시설을 지역적응센터로 지정·운영, 북한이탈주민을 채용하는 기업에 대하여 세금 감면 지원, 공무원 특별임용 요건 완화, 주거지원을 받는 보호대상자의 보호, 전문상담사 제도 운영, 탈북 청소년의 일반학교 진학을 지원하기 위하여 정착지원 시설 내에 예비학교를 설립·운영, 종전의 북한이탈주민후원회를 폐지하고 북한이탈주민지원재단의 설립 등입니다.

❺ 보호 및 정착지원에 관한 기본계획의 수립·시행

2013년 8월 13일 개정의 핵심은 보호대상자에 대한 실태조사 실시와 북한이탈주민의 보호 및 정착지원에 관한 기본계획의 수립·시행입니다. 매 3년마다 기본계획을 수립하고 연도별 시행계획을 수립·시행하도록 법률에 규정하여, 장기적이고 체계적인 정책 추진의 기반이 마련되었습니다. 그리고 취업보호 기간을 현행 2년에서 3년으로 늘렸습니다.

❻ 조속히 한국 사회에 통합할 수 있도록 하는 방안 마련

2014년 5월 28일 개정의 핵심은 북한이탈주민이 조속히 한국 사회에 통합할 수 있도록 하는 방안의 마련이었습니다. 그리고 보호대상자가 정착에 필요한 자산을 형성할 수 있도록 지원하게 하였습니다.

❼ 지방자치단체의 북한이탈주민정책 책무 강화

2021년 1월 5일 개정은 지방자치단체의 역할과 책임을 더욱 강화하여 지역 사회 단위에서의 밀착 지원을 유도했습니다. 이외에도 창업 자금 지원, 거주지 노출로 인한 신변 위협 발생 시 주거 이전 지원 등입니다.

❽ 매년 7월 14일을 북한이탈주민의 날로 지정

2024년 12월 20일 개정은 매년 7월 14일을 "북한이탈주민의 날"로 규정하였으며, 육아 환경의 조성 지원, 보호대상자별 특성에 맞는 지원, 외국에서 재외공관의 장에게 보호를 신청한 북한이탈주민에 대하여 국내 입국에 필요한 지원을 할 수 있는 근거 마련 등입니다.

❾ 교육지원의 대상 확대

2025년 3월 25일 공고된 「북한이탈주민의보호및정착지원에관한법률」 시행령 개정안 입법예고에서는 교육지원의 대상이 보호대상자에서 북한이탈주민과 그 자녀로 변경된 것에 대한 시행령의 위임 사항과 필요한 사항을 규정합니다.

(3) 북한이탈주민 정착지원 기본계획

북한이탈주민 정착지원 기본계획은 「북한이탈주민의보호및정착지원에 관한법률」에 따라 3년마다 수립·시행되는 범정부 차원의 종합계획입니다. 각 계획은 시대적 변화와 탈북민의 특성을 반영해 점점 더 포괄적이고 정교한 지원체계로 발전해 왔습니다.

❶ 제1차 북한이탈주민 정착지원 기본계획 (2015~ 2017년)

2014년 북한이탈주민법에 근거 규정이 마련된 이후, 정부 최초의 북한이탈주민 지원을 위한 3개년 중장기 계획입니다. 북한이탈주민의 안정적인 정착과 자립을 위한 정책적 기반을 마련했습니다.

"자립적 정착과 사회통합 기반 마련"의 비전 아래 5대 분야 "자립·자활 역량 강화, 탈북청소년 교육지원, 안정적 생활기반 구축, 사회통합 강화, 정책추진체계 정비", 그리고 20개 정책과제로 구성되었습니다.

핵심 내용으로 초기 정착지원 강화, 직업훈련 및 고용지원 확대, 지역사회 적응 지원, 심리·정서 지원 체계 구축, 탈북청소년 교육지원, 실태조사 제도화, 기본계획 및 시행계획 수립 의무화 등입니다. 성과로는 하나센터 전국 확대 운영, 탈북민 생계급여 수급률 2010년 51.3%에서 2015년 25.3% 감소, 탈북청소년 학업중단율 (2008년 10.8%에서 2015년 2.2% 감소입니다.

❷ 제2차 북한이탈주민 정착지원 기본계획 (2018~ 2020년)

"생활 밀착형 지원을 통해 북한이탈주민과 함께하는 따뜻한 사회 구현"의 목표 아래 제1차 계획의 성과를 토대로 변화하는 정착 환경과 북한이탈주민의 요구를 반영하고, 더욱 실질적인 지원을 제공하는 데 초점을 맞췄습니다. 제1차 계획보다 세분화된 7대 분야 "일자리, 교육지원, 민원 서비스, 거버넌스, 하나센터, 맞춤형 보호, 사회통합" 그리고 22개 정책과제로 구성되어 있습니다.

이 계획은 탈북민을 단순한 보호 대상이 아닌 생산적 기여자로 인식하고, 자립 기반을 강화하는 데 중점을 두었습니다. 따라서 2020년 주요성과 지표를 보면 탈북민의 경제적 자립 기반이 점차 강화되고 있으며, 사회적 인식 개선과 정책 체감도 향상이 이루어지고 있음을 보여줍니다.

경제활동참가율 62.1% (전년 대비 2.7%p 감소), 고용률 58.2% (전년 대비 2.2%p 감소), 실업률 6.3% (전년 대비 0.6%p 감소), 생활만족도 74.2% (전년 대비 1.7%p 증가), 차별·무시 경험률 17.2% (전년 20.2% → 감소 추세), 미래행복통장 가입자 수 510명 (2019년 기준), 탈북청소년 정규학교 재학률 86.7% 등입니다. 그리고 탈북청소년 학업 중단율은 지속 감소 추세입니다.

❸ 제3차 북한이탈주민 정착지원 기본계획 (2021~ 2023년)

사회통합형 정착지원을 목표로 수립된 중장기 정책입니다. 이 계획은 특히 심리·정서 지원, 지자체 역할 강화, 위기가구 보호 등 탈북민의 삶의 질을 높이는 데 중점을 두었습니다. "북한이탈주민이 이웃이 되는 따뜻한 사회 구현"의 비전 아래, 6대 분야 “탈북민을 포용하는 사회적 환경 조성, 탈북민 보호·지원 체계 내실화, 취약계층 생활밀착 서비스 확대, 맞춤형 일자리를 통한 자립·자활 지원, 탈북청소년 교육 및 건강한 가정 형성 지원” 그리고 24개 정책과제를 제시했습니다.

이 계획은 탈북민을 단순한 보호 대상이 아닌 통일의 동반자로 인식하고, 자립과 사회통합을 동시에 추구한 점에서 중요한 전환점이 되었습니다. 성과로는 위기가구 상시관리체계 구축, 하나원-하나센터 연계 강화, 심리정서 지원체계 정비 등이 있습니다. 특히 취약계층에 대한 지원을 강화하고, 지역사회 중심의 정착지원 체계를 더욱 공고히 하며, 자립·자활 역량을 높이는 데 주력했습니다.

❹ 제4차 북한이탈주민 정착지원 기본계획 (2024~ 2026년)

통일과 통합 중심의 정착지원 정책으로 새롭게 수립된 범정부 차원의 중장기 계획입니다. 정책적 특징은 가족 단위 지원 확대로 제3국 출생 자녀, 고령자, 여성 등 생애주기별 맞춤형 정책 강화, 경제적 자립 기반 강화로 고용의 질 개선, 장기근속 유도, 사회통합 촉진으로 인식 개선 캠페인 및 통합문화 확산, 민관 협력 강화로 탈북민 단체 및 지역사회와의 연계 확대 등이 있습니다.

"북한이탈주민과 함께하는 통일 한반도 구현"을 비전으로, 6대 전략 "탈북민을 포용, 통일의 동반자로 인식 전환, 전원수용 원칙 아래 보호 및 초기정착지원 강화, 미래세대(제3국 출생 등) 교육 및 건강가정 형성 지원, 질 좋은 일자리 공급 및 자립·자활 촉진, 사각지대 없는 촘촘한 안전망 구축, 북한이탈주민 정책 거버넌스 강화"

그리고 25개 정책과제로 구체화 되었습니다.

탈북민을 통일의 동반자이자 우리 사회의 기여자로 성장시키기 위한 전략적 전환점이라 할 수 있습니다.

(4) 북한이탈주민 실태조사

북한이탈주민을 대상으로 진행하는 북한이탈주민 실태조사에 사회통합조사, 북한이탈주민 정착실태조사 등이 포함되어 있습니다. 이들은 통일부 산하 남북하나재단에서 실시하고 있습니다.

북한이탈주민 실태조사 사회통합조사에서 13년 만에 처음으로 자녀 양육과 돌봄 조사항목이 추가되었습니다. 만 18세 미만의 자녀가 있는 경우는 전체의 35.3%에 해당하며, 평균 자녀 수는 1.6명으로 나타났습니다. 자녀 출생지는 남한 78.2% 〉 제3국 15.9% 〉 북한 5.9%입니다. 북한출생은 고등학교 36.4% 〉 기타 30.4%였고, 제3국 출생은 고등학교 34.3% 〉 중학교 26.5%입니다. 그리고 남한출생은 미취학 38.6% 〉 초등학교 36.2%입니다. 경제활동에서는 여성의 고용불안정성이 남성보다 높아졌고 고용률은 60.1%로 2023년(60.5%)보다 0.4%p 하락했습니다. 실업률은 6.3%로 2023년(4.5%)보다 1.8%p 증가하였습니다.

❶ 사회통합조사

이 조사는 2013년부터 실시되었으며, 북한이탈주민이 한국 사회에서 얼마나 잘 어우러져 살아가고 있는지, 즉 사회통합 정도를 파악하는 조사입니다. 북한이탈주민의 성공적인 사회통합은 개인의 삶의 질 향상뿐만 아니라, 남북한 주민이 함께 살아갈 통일 미래를 준비하는 데 매우 중요합니다. 이것은 정책 수립의 기초 자료, 정책 효과성 평가, 사회적 인식 개선, 통일 준비 등과 같은 목적에 활용됩니다.

2024 북한이탈주민 사회통합조사 조사항목으로 보건 및 건강, 교육, 가족, 자녀 양육과 돌봄, 사회적 관계망 등입니다. 그 내용을 보면 건강상태 자기 평가에서 나쁨 35.0% 〉 좋음 34.0% 〉 보통 31.0%입니다. 스트레스 정도에 대해 직장생활 58.8% 〉 전반적인 일상생활 56.8% 〉 학교생활 46.2% 〉 가정생활 45.5%입니다. 자살 충동 경험 여부에서 없음이 87.2%이고, 자살 충동 경험 있음은 여성 13.8% 〉 남성 10.0%입니다. 그리고 자살 충동 경험 이유에 대해, 신체적·정신적 질환·장애 29.6% 〉 경제적 어려움 27.5%입니다. 희망하는 교육 수준은 대학 4년제 이상 23.9% 〉 대학원(박사) 7.2% 〉 대학 4년제 미만 7.0% 등의 순입니다. 학생 자녀 기대 교육 수준에서는 대학 4년제 이상 66.6% 〉 대학원(박사) 13.4% 〉 고등학교 이하 8.1% 등의 순입니다. 함께 살고 있는 가족은 미혼 자녀 42.3% 〉 배우자 40.5% 〉 부모(배우자 쪽 포함) 6.9%입니다. 자녀 양육과 돌봄으로 남한에 만 18세 미만 자녀 유무에 있음은 35.3%이고 없음은 64.7%입니다. 학령기별로 살펴보면 미취학·초등학생은 62.3% 〉 중학생 18.0% 〉 고등학생 14.3% 등의 순입니다. 미취학·초등학생 자녀의 돌봄 형태(만 12세 미만)로 본인이 직접 돌봄 51.1% 〉 보육시설(어린이집) 30.8% 〉 학원 23.8% 〉 유치원 17.4% 〉 학습지, 방문과외 등 12.2% 등입니다. 자녀를 주로 양육하는 사람은 본인 77.6% 〉 배우자 18.8% 〉 조부모 2.4% 등입니다. 자녀 양육 관련 어려움 정도에 대해, 양육, 교육비용부담이 72.0% 〉 양육과 경제활동 병행 어려움 66.6% 〉 학습지도 어려움 64.4% 〉 양육 및 교육정보 부족 61.4% 등의 순입니다. 자녀 양육에 필요한 지원은 경제적 지원 55.3% 〉 자녀의 발달과 교육 지원 〉 17.4% 〉 긴급 아이 돌봄서비스 지원

10.9% 〉 양육 및 돌봄 관련 정보 제공 8.7% 등입니다. 특히 북한이탈주민 자녀는 학업 중단 비율이 일반 학생의 3배에 이를 정도로 교육 부적응 비율이 높습니다. 자녀들의 교육 격차 해소와 한국 사회 적응을 위한 체계적인 교육 및 심리 지원이 필수적입니다. 인간관계에서 도움받을 수 있는 사람 유무에 대해 낙심하거나 우울해서 이야기 상대가 필요한 경우가 74.5% 〉 몸이 아파 집안일을 부탁할 경우 71.6% 〉 감염병으로 격리치료 또는 자가격리 상태일 경우 60.9% 〉 갑자기 많은 돈을 빌릴 일이 생길 경우 42.8% 순입니다. 이것을 볼 때 정신건강에 더 많은 관심과 지원이 필요하고 정신건강 서비스에 대한 개선이 요구됩니다. 차별 경험 있음은 16.3%로 차별이나 무시당한 경험은 점차 감소하는 추세입니다. 그러나 "말투나 생활방식, 태도 등 문화적 소통방식이 다르다는 점 66.7%, 북한이탈주민에 대한 부정적인 인식 45.5%"로 여전히 어려움으로 작용합니다.

② 정착실태조사

이 조사는 2011년부터 진행해 왔으며, 국내에 입국한 만 15세 이상 북한이탈주민 중 표본 추출을 통해 이루집니다. 북한이탈주민의 한국 사회 정착과 삶의 질 현황을 객관적으로 파악합니다. 그리고 이를 바탕으로 실효성 있는 정책 수립과 지원 방향을 설정하는 데 중요한 기초 자료로 활용됩니다. 조사항목은 입국전 사항, 생활안정, 직업교육훈련, 일에 관한 사항, 구직에 관한 사항, 기타활동에 관한 사항, 이전 직장에 관한 사항으로 이루어져 있습니다.

2024년 북한이탈주민 정착실태조사 주요 결과로 전반적인 남한생활 만족도가 역대 최고치인 79.6%를 기록하고 있습니다. 만족 이유는 "자유로운 삶을 살 수 있어서"가 43.1%로 가장 많으며, 반면 불만족 이유는 "가족과 떨어져 살아야 하는 점 26.8%"이었습니다. 사회경제적 성취 만족도에 대해 만족한다가 61.3%이고 개인 사회경제적 지위 개선 가능성은 높음이 68.6%로 나타났습니다. "경제활동참가율"이 64.1%로 전년 대비(63.4%) 0.7%p 상승하였고 고용률이 60.1%, "실업률"이 6.3%입니다. 남성 고용률은 74.3%이고 여성 고용률은 55.4%입니다. 여성 실업률은 7.7%로 상승했습니다. 근속기간은 평균 37.7개월이고 월평균 임금은 261.6만 원 (전년 대비 6.5% 상승)입니다. 재직 사업체 유형에 대해 제조업 15.8% 〉 숙박 및 음식업은 15.4% 〉 보건업 및 사회복지서비스업 12.9% 〉 건설업 9.1% 등의 순입니다. 직업 유형으로 단순노무 종사자가 27.1%로 가장 높습니다.

(5) 북한배경학생 현황

통일부 산하 탈북청소년교육지원센터는 매년 4월 1일 기준으로 전국 학교에 재학 중인 북한배경학생(탈북청소년)의 현황을 조사하여 발표합니다. 2024년부터 기존의 탈북학생 개념을 확대하여 "북한배경학생"이라는 용어를 사용합니다.

2024년 4월 1일 기준 총 학생 수는 2,645명입니다.

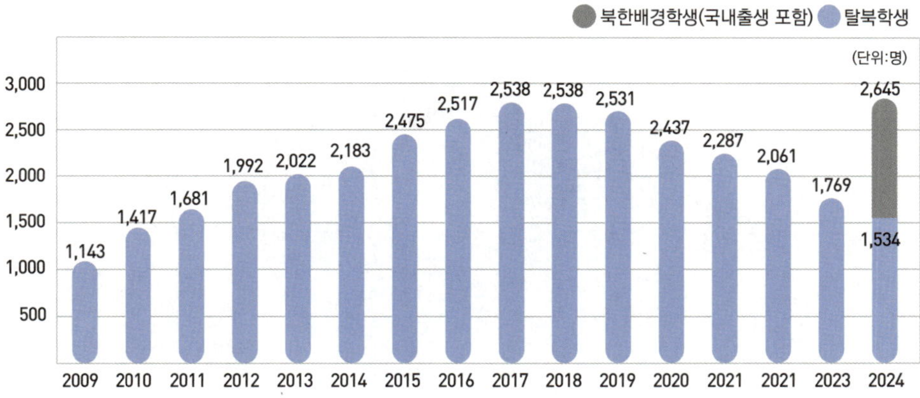

그림3-11 연도별 북한배경학생 수 변화
(출처: 탈북청소년교육지원센터 www.hub4u.or.kr)

초등학교 965명(34.1%) 〉 고등학교 748명(26.5%) 〉 중학교 699명(24.7%) 〉 기타학교 233명(8.2%)의 비율로 재학 중입니다.

앉습니다.

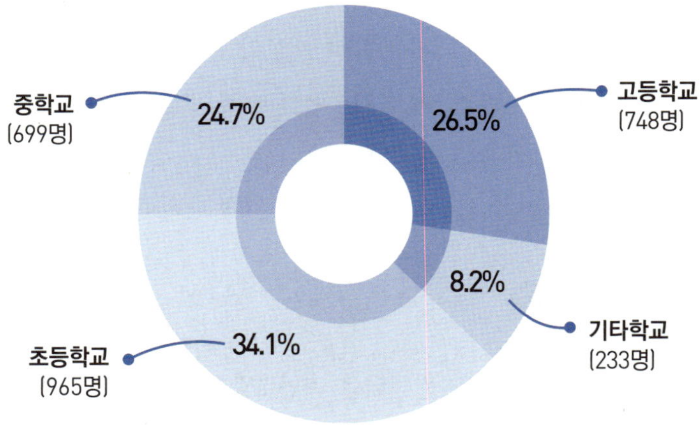

그림3-12 교육기관별 북한배경학생 현황
(출처 : 탈북청소년교육지원센터 www.hub4u.or.kr)

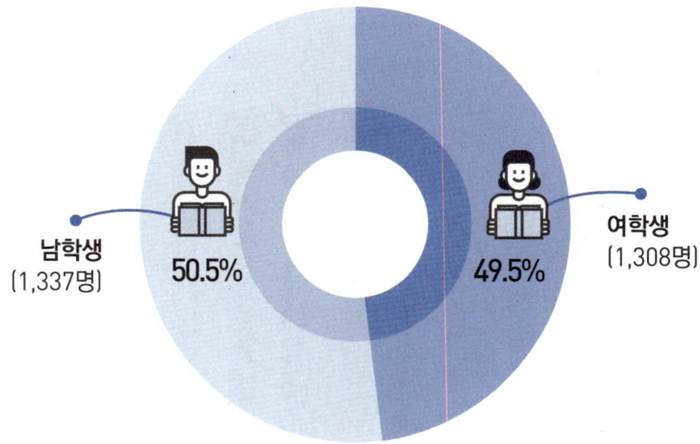

그림3-13 성별 북한배경학생 현황
(출처 : 탈북청소년교육지원센터 www.hub4u.or.kr)

북한배경 남학생은 1,337명(50.5%), 여학생은 1,308명(49.5%)으로 큰 차이가 나지 않습니다.

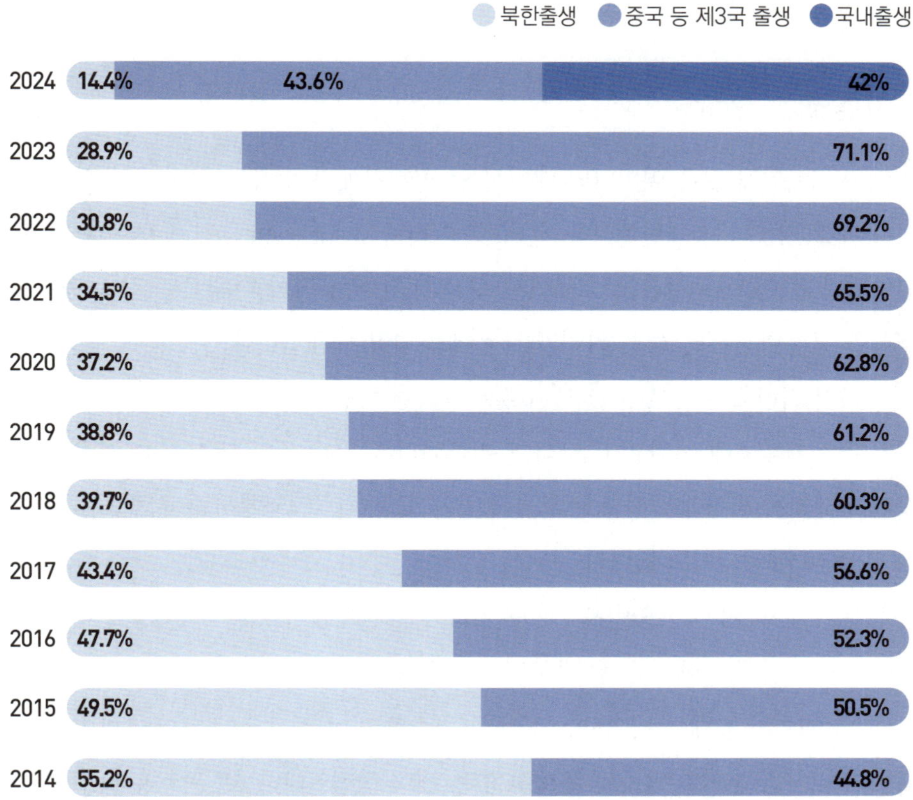

그림3-14 출생지별 북한배경학생 현황
(출처 : 탈북청소년교육지원센터 www.hub4u.or.kr)

국내 출생 43.6% 1,154명 〉 중국 등 제3국 출생 〉 42.0% (1,111명) 〉 북한 출생: 14.4% (380명)입니다.

3. 외국국적동포

1) 동포

“동포”는 원래 같은 어머니의 배에서 난 형제자매를 뜻하는 말이며, 혈연적·민족적 유대를 강조하는 표현입니다. 영어로는 compatriot, fellow countryman 등으로 번역됩니다. 동포는 시간이 흐르면서 그 의미가 확장되어 현대에는 같은 민족이나 조국을 공유하는 사람들을 가리키는 용어로 널리 사용됩니다.

광의적 의미에서 동포는 같은 민족적 뿌리를 가진 사람들을 총칭할 때 쓰입니다. 국적이나 거주지에 상관없이 하나의 민족이라는 유대감을 강조할 때 사용됩니다. 그리고 협의적 의미에서 동포는 드물게 같은 고향이나 지역에서 온 사람들을 친근하게 부를 때 사용되기도 합니다.

동포는 해외 거주 한국인을 가리키거나 남북관계에서 또는 이민 사회 내에 한인 디아스포라 같은 곳에서 종종 사용되고 있습니다.

한편, 혈연적 유대를 강조하는 동포와 비슷한 의미로 사용되고 있는 다양한 용어들이 뚜렷이 구분되지 않고 혼용되고 있는 것이 현실입니다. 비슷한 용어에는 교포, 교민, 한인, 한교, 민족, 한족, 한민족, 우리민족, 한국인, 조선인, 거민, 체류민 등이 있습니다. 예를 들면 교포라는 용어는 주로 해외에 거주하는 한국 국적자를 부를 사용합니다. 동포는 국적유무와 무관하게 사용되지만 교포는 한국 국적 유지의 조건이 있습니다.

현재 법률적 용어로는 “재외동포”가 구체화 되어 있습니다.

(1) 재외동포

일반적으로 재외동포란 해외에 살고 있는 한국 동포를 의미합니다. 그리고 좀 더 확장하여 대한민국과 특별한 관계를 맺고 있는 한국 민족의 구성원을 의미하는 포괄적인 개념입니다. 재외동포기본법 제2조 규정에 따르면 재외동포는 크게 두 가지 유형으로 나뉩니다. 재외국민은 “대한민국 국적을 가진 사람으로서 외국에 장기 체류하거나 영주권을 취득한 사람”이고, 유학생, 해외 주재원, 영주권자 등이 이에 속합니다. 외국국적동포는 “과거 대한민국 국적을 가졌던 사람 (대한민국 정부수립 전 이주자 포함) 또는 그 직계비속으로서 외국 국적을 가진 사람”입니다.

재외동포청에 의하면 2023년 기준 재외동포 수는 7,081,510명으로 외국국적동포(시민권자) 4,613,541명, 재외국민 2,467,969명입니다. 지역별 분포에서 중국에 약 2,109,727명, 미국에 약 2,615,419명, 일본에 약 802,118명이고, 캐나다, 러시아, 우즈베키스탄, 독일 등에도 다수 거주하고 있습니다.

(2) 재외동포 관련 주요 기관

❶ 재외동포청 (Overseas Koreans Agency)

2023년 6월 5일 신설된 중앙행정기관이며, 재외동포 정책 수립, 시행계획 관리, 실태조사, 협력센터 운영 등 재외동포 업무를 총괄합니다. 전 세계 700만 재외동포를 위한 정책을 총괄하는 컨트롤타워[178] 입니다.

주요 기능 및 역할로 “재외동포 정책 수립 및 시행, 동포사회 현안 해결을 위한 정책 연구, 국내 체류 동포 실태조사, 재외동포 단체 및 개인 지원, 차세대 동포

178) 재외동포청에 관한 좀 더 상세한 정보는 www.oka.go.kr에서 확인할 수 있습니다.

교육·문화·인권 증진, 재외국민 등록, 해외이주 신고, 아포스티유 발급 등 민원 서비스, 재외동포 비즈니스 네트워크 구축, 재외동포협력센터 운영 (문화·교육·홍보 사업 수행) 등"입니다.

❷ 외교부

외교부는 재외공관을 통해 재외동포 보호 및 영사 서비스를 제공합니다. 재외동포정책위원회를 주관 (장관이 위원장)하며, 재외동포청과 함께 범정부 차원의 정책 방향을 설정합니다. 외교부는 재외동포청과 함께 차세대 교육, 정체성 함양, 글로벌 네트워크 구축 등 다양한 사업을 공동 추진합니다.

❸ 재외동포정책위원회

범정부 차원의 재외동포 정책 심의·조정 기구로서 외교부 장관 소속이며, 실무위원회는 재외동포청장이 주관합니다. 2024년 1월, 외교부 장관 주재로 제1차 재외동포정책위원회가 개최되어 기본계획이 확정되었습니다.

❹ 재외동포협력센터

재외동포협력센터는 2023년 6월 재외동포청 출범과 함께 재외동포기본법 제11조에 따라 설립된 산하기관으로, 재외동포의 한민족 정체성 유지와 대한민국과의 유대감 강화를 위한 정책을 효율적·체계적으로 지원[179] 합니다. 재외동포 대상 교육·문화·홍보·연수 사업 수행하고 재외동포 이주 역사 조사 및 전시 등을 합니다. 이 센터는 단순한 행정기관이 아니라, 글로벌 한민족 공동체의 정체성과 연대를 이어주는 문화·교육 플랫폼 역할을 합니다.

179) 재외동포협력센터 좀 더 상세한 정보는 www.okocc.or.kr에서 확인할 수 있습니다.

2) 재외동포 정책

(1) 주요 재외동포 관련 법률

❶ 재외동포기본법

재외동포 정책에 대한 기본적인 사항을 규정하고 있는 “재외동포기본법”은 2023년 5월 9일 제정되어 2023년 11월 10일부터 시행되었습니다. 재외동포기본법은 재외동포정책 전반의 기본 방향과 체계를 제시하는 모법의 역할을 합니다. 이전에는 재외동포의 출입국과 법적 지위에 관한 법률 (약칭, 재외동포법)이 재외동포의 국내 체류 및 활동에 초점을 맞췄습니다.

재외동포법은 제1조에서 “재외동포와 대한민국의 공동 발전 환경 조성, 인류의 공동번영과 세계평화 증진 기여”를 목적으로 합니다. 그리고 제3조에서 “재외동포를 우리 민족의 소중한 자산으로 인식하고, 이들의 권익 신장 및 민족 정체성 함양을 국가의 책무로 명시”합니다.

제2조 재외동포의 정의는 기존 “재외동포법”의 정의와 동일하지만, 재외동포정책의 기본법에서 재외동포의 범위를 명확히 규정했습니다.

제4조에서 재외동포정책의 기본방향으로 “재외동포의 대한민국에서의 법적·사회적·경제적 권익 향상, 재외동포의 거주국에서의 정착 및 지위 향상 지원, 재외동포의 민족 정체성 제고, 재외동포와 대한민국 국민과의 교류활동 및 유대 강화, 대한민국과 재외동포사회의 공동발전을 위한 재외동포의 역량 활용”을 제시합니다.

기타 중요 내용으로 재외동포사회 현황에 대한 실태조사 실시 근거 마련 (제10조),

5년 단위 기본계획 수립 및 시행계획 의무화, 세계한인의 날(10월 5일) 및 세계한인주간 지정 (10월 3일부터 10월 9일까지), 재외동포협력센터 (구 재외동포재단) 등 재외동포 지원 관련 단체에 대한 법적 근거 명확화 등입니다.

❷ 재외동포의 출입국과 법적 지위에 관한 법률 (약칭: 재외동포법)

이 법률은 재외동포의 출입국과 대한민국 내 법적 지위를 보장하기 위해 제정되었습니다. 1949년에 제정되어 1999년 전부 개정되었고 2007년 전문개정 이후 여러 차례 개정을 거쳐 현재까지 시행되고 있으며, F-4 체류자격, 국내거소신고, 경제활동 권리 보장 등을 핵심 내용으로 담고 있습니다. 이 법은 2023년 재외동포기본법이 제정되기 전까지 재외동포 정책의 핵심적인 법률이었으며, 현재도 재외동포의 국내 체류 및 활동에 관한 실질적인 사항들을 규정하는 중요한 법률로 기능하고 있습니다.

❸ 「재외국민등록법」

「재외국민등록법」은 "외국에 거주하거나 체류하는 대한민국 국민을 등록하도록 하여, 재외국민의 현황을 파악하고 국내외 활동의 편익을 증진하며, 재외국민 보호 정책 수립에 기여하기 위해" 제정된 법률입니다. 1999년 제정 이후 여러 차례 개정을 거쳐, 현재는 재외동포청이 주관하고 있습니다.

등록 대상은 외국의 일정한 지역에 계속하여 90일을 초과하여 거주하거나 체류할 의사를 가지고 그 지역에 체류하는 대한민국 국민이고, 그 국민은 이 법에 따라 자신의 주소나 거소를 관할하는 대한민국 재외공관(대사관, 총영사관 등)에 등록해야 합니다. (제2조). 그리고 90일을 초과하는 기간 동안 계속하여 국내에 거주 또는 체류할 의사를 가지고 귀국한 경우에는 귀국일로부터 90일 이내에 재외동포청장에게 귀국 신고를 해야 합니다 (제9조의2)

❹ 재외국민의 교육지원 등에 관한 법률

재외국민의 교육지원 등에 관한 법률은 2005년 11월 7일 제정안이 국회에 제출되어 통과되었으며, 외국에 거주하는 대한민국 국민(재외국민)의 학교교육 및 평생교육을 지원하기 위해 제정된 법률입니다. 이 법은 한국학교, 한글학교, 한국교육원 등 재외교육기관의 설립·운영 및 지원에 관한 사항을 규정하고 있습니다. 재외국민의 교육지원 등에 관한 법률은 700만 재외동포 자녀들이 해외에서도 대한민국의 교육과정을 이수하고 민족정체성을 함양할 수 있도록 하는 국가 차원의 중요한 제도적 장치입니다.

이 외에도 「국적법」, 「출입국관리법」, 「외국환거래법」, 「건강보험법」, 「국가유공자예우법」 등 다수의 법률이 재외동포의 국내 활동과 권익 보호에 영향을 미치고 있습니다.

(2) 재외동포정책의 변화

재외동포정책은 대한민국이 해외에 거주하는 자국민과 한민족 혈통을 가진 이들을 국가의 소중한 자산으로 인식하고, 이들의 권익 신장, 민족 정체성 함양, 그리고 모국과의 유대 강화 및 국가 발전에 기여할 수 있도록 지원하는 모든 정책적 노력을 의미합니다.

재외동포정책의 궁극적인 목표는 재외동포가 거주국에서 안정적으로 정착하고, 동시에 한민족으로서의 정체성과 자긍심을 유지하며, 모국과의 유대를 강화함으로써 모국과 재외동포사회 모두가 호혜적으로 발전하는 것입니다.

❶ 1980년대 중반 이전

냉전 이데올로기 시대에는 주로 재외국민 관리에 초점을 맞추었습니다. 북방지역동포를 대상으로 사회교육방송을 통해 친지 찾기 사업, 재일동포의 북송 문제 등이 주요 현안이었습니다.

❷ 1980년대 후반~ 1990년대 에는 7.7선언 (1988)을 계기로 공산권 국가의 한인동포들 (고려인, 조선족)과의 교류가 시작되면서 해외동포 개념이 확장되었습니다. 신교포 정책을 통해 재외동포 정책을 통일 정책과 분리하여 독립적인 영역으로 다루기 시작했으며, 재외동포재단(현 남북하나재단)이 설립(1997)되고 재외동포의 출입국과 법적 지위에 관한 법률 (1999)이 제정되면서 법적 기반이 마련되었습니다.

❸ 2000년대~ 2010년대

재외동포의 수가 증가하고 다양화되면서, 정착 지원, 교육, 문화 교류 등 다방면에서의 지원이 확대되었습니다. 재외동포 참정권 부여(2012년) 등을 통해 국내 정치 참여도 확대되었습니다. 재외동포사회와의 네트워크 구축과 상호 호혜적 발전에 중점을 두었습니다.

❹ 제1차 재외동포정책 기본계획 (2024~ 2028)

2023년 11월 10일 재외동포기본법이 시행되면서, 2024년 1월 30일 재외동포정책위원회 심의를 거쳐 제1차 재외동포정책 기본계획 (2024~ 2028년)을 심의·확정했습니다. 이 계획은 재외동포청이 출범한 이후 처음으로 수립된 5개년 범정부 종합계획입니다.

"전 세계 재외동포의 든든한 울타리이며 재외동포 사회의 대변자"의 비전 아래 5대 정책 목표 "재외동포정책 강화체계 확립, 재외동포 정체성 함양, 국격에 걸맞은 동포 보호·지원 강화, 한인 네트워크 구축, 글로벌 중추국가 실현에 기여" 그리고 14개 중점 과제 (총 99개 세부 과제)로 구성되어 있습니다.

제1차 기본계획은 재외동포를 대한민국의 외연 확장과 글로벌 역량 강화의 핵심 파트너로 인식하는 방향을 갖고 있습니다.

3) 외국국적동포의 국내 체류

외국국적동포가 대한민국에 체류하기 위해서는 체류 목적에 맞는 비자 및 체류 자격을 취득하고, 일정 요건을 충족해야 합니다.

최근 법무부 출입국·외국인정책본부 통계에 따르면, 국내 체류 외국국적동포의 수는 꾸준히 증가하고 있습니다. 2017년 841천 명, 2023년 849천 명, 그리고 2025년 5월 말 기준 864,921명입니다. 그리고 외국국적동포 중 거소 신고자는 2018년 441,107명이었으며, 2025년 5월 기준 553,008명입니다.

통계청의 2024년 5월 이민자 체류실태 및 고용조사 결과에 따르면, 재외동포(F-4)의 경우 60세 이상 비중이 가장 높습니다(37.7%). 거주 지역으로는 전체 외국인의 59.0%가 수도권에 거주하며, 특히 재외동포(F-4)는 76.9%가 수도권에 집중되어 있고, 그중에서도 경기도에 43.9%가 거주하여 가장 높은 비중을 보입니다.

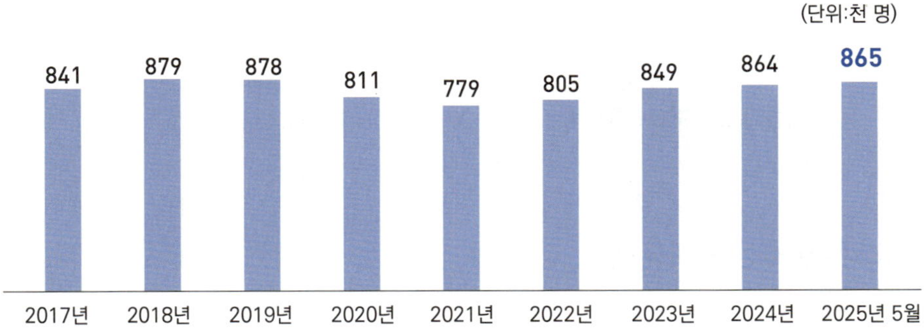

그림3-15 연도별 추이

(출처: 출입국외국인정책 통계월보 2025.5. www.immigration.go.kr)

구 분	2018년	2019년	2020년	2021년	2022년	2023년	2024년	2025년 5월
인 원	441,107	459,996	464,783	475,945	499,270	533,295	553,664	553,008
증감률	7.2%	4.3%	1.0%	2.4%	4.8%	6.8%	3.8%	1.7%

표3-14 외국국적동포 중 거소신고자 연도별 증감추이

(출처: 출입국외국인정책 통계월보 2025.5. www.immigration.go.kr)

총 계	중 국	미 국	러시아	우즈베키스탄	캐나다	카자흐스탄	기 타
553,008	387,400	51,700	33,117	29,036	17,674	14,736	19,345

표3-15 외국국적동포 중 거소신고자 국적별 현황

(출처: 출입국외국인정책 통계월보 2025.5. www.immigration.go.kr)

계	서울	부산	대구	인천	광주	대전	울산	세종	
553,008	146,740	7,489	5,510	44,545	6,123	3,364	6,450	1,419	
	경기	강원	충북	충남	전북	전남	경북	경남	제주
	239,372	4,117	16,245	34,135	4,241	4,071	10,782	14,857	3,548

표3-16 외국국적동포 중 거소신고자 거주지역별 현황(시도)
(출처: 출입국외국인정책 보통계월 2025.5. www.immigration.go.kr)

(1) 외국국적동포 체류자격

외국국적동포 체류자격에는 체류목적에 따라 다양합니다. 주로 F-4(재외동포) 체류자격을 중심으로 구성되어 있으며, 그 외에도 상황에 따라 다양한 비자 유형이 적용될 수 있습니다.

❶ F-4 재외동포 비자

재외동포의 출입국과 법적 지위에 관한 법률에 따라 외국국적동포에게 부여되는 가장 핵심적인 체류자격입니다. 재외동포 F-4 체류자격을 받을 수 있는 주요 요건으로 대한민국 국적을 보유했던 본인 또는 그 직계비속, 국내외 전문학사 이상의 학위 소지자, 기능사 이상의 자격증 소지자, 만 60세 이상 동포, OECD 국가 영주권 소지자, 일정 요건을 갖춘 개인 투자자 및 기업인, 과거 재외동포 자격 소지자, 전문직 종사자 (대학교수, 중고등학교 교사, 의사, 변호사 등), 특정 체류자격 (D-1, D-5, D-9, E-7 등)으로 국내에 6개월 이상 체류했던 자, 지방 제조업 등에서 일정 기간 이상 근속한 자 등에게 부여됩니다. 단, 병역의무 등 일부 제한 요건이 있습니다. 일부 국가는 별도 심사 기준 적용 (예: 중국, 구소련 출신 동포 등)합니다.

활동 범위는 단, 일부 제한 직종 제외하고 대부분의 경제활동이 가능하고 장기

체류가 가능합니다. 통상 5년 유효한 복수비자가 발급되며, 한 번 입국하면 최대 2년까지 체류할 수 있습니다. 보통 2~3년 단위로 연장합니다. 원칙적으로 국내에서 취업 활동이 자유롭습니다. 다만, 단순 노무 행위 (예: 건설 현장 단순노무, 식당 보조 등), 선량한 풍속 기타 사회질서에 위반되는 행위 (예: 유흥업소 종사), 그 밖에 공공의 이익이나 국내 취업 질서 등의 유지를 위해 취업을 제한할 필요가 있다고 인정되는 경우 취업이 제한됩니다.

❷ H-2 방문취업 비자

주로 중국 및 구소련 지역(CIS) 외국국적동포 중 일정 요건을 충족한 자에게 부여되는 체류자격입니다. 주요 요건으로 한국어 능력시험 또는 기능사 자격증 등 일정 조건 충족해야하고 특례고용허가제에 따라 지정된 업종에서만 취업이 가능합니다. 체류기간은 보통 3년, 최대 4녀 10개월까지 연장이 가능합니다. 취업개시신고 및 근무처 변경신고는 15일 이내에 해야 합니다.

❸ C-3-8 단기방문 체류자격

관광, 친지 방문 등 단기 목적으로 대한민국을 방문하려는 외국국적동포에게 부여됩니다. 유효기간 5년 범위 안에서 입국 시마다 최대 90일까지 체류가 가능합니다. 이 체류자격으로는 원칙적으로 국내에서 취업활동을 할 수 없습니다.

❹ 방문동거(F-1)

F-4 비자 소지자의 가족 등과 동거를 목적으로 입국하는 경우 대체로 부모에게 부여될 수 있습니다. 그리고 외국국적동포로서 국적 취득 요건을 갖추어 영주자격(F-5-7)을 신청한 사람의 가족 배우자와 미성년자녀에게도 부여될 수 있습니다. 경제활동은 제한되며, 주로 가족과의 동거가 목적입니다.

❺ 동반(F-3)

재외동포(F-4) 자격을 취득한 자의 배우자와 미성년자녀에게 부여될 수 있습니다. 방문취업(H-2) 자격을 취득한 자의 배우자와 미성년자녀에게도 부여될 수 있습니다.

❻ 영주(F-5) 체류자격

영주권은 체류 기간 제한이 거의 없으며, 국내에서 거의 모든 경제 활동을 자유롭게 할 수 있습니다. 단순 노무 제한도 없습니다. 통상 F-4 체류자격으로 2년 이상 국내에 거주하고, 일정 소득 및 자산 요건, 한국어 능력 요건 등을 충족해야 합니다. 범죄 경력이 없어야 합니다.

이 외에도 외국국적동포가 유학(D-2), 어학연수(D-4), 특정활동(E-7) 등의 자격으로 체류할 수도 있습니다. 더 자세한 요건이나 신청 절차는 출입국외국인정책본부 "www.immigration.go.kr" 혹은 하이코리아 사이트 "www.hikorea.go.kr"에서 확인할 수 있습니다.

체류자격	설명	체류 범위
F-4 (재외동포)	과거 한국 국적을 가졌거나 그 직계비속인 외국국적동포에게 부여	- 대부분의 경제활동 가능하나 단순 노무는 제외 - 최대 3년 체류 기간, 연장가능 - 국내 거소 신고 필요
H-2 (방문취업)	중국·CIS 지역 동포 대상, 정부 허용 업종에서 취업 가능	- 최대 3년의 체류, 추가로 1년 10개월까지 체류 가능 - 제조업, 농축산업, 간병 등 지정 업종에 취업 가능
F-5 (영주권)	장기체류 요건 충족 시 신청 가능	- 체류기간 제한 없음, 내국인과 유사한 권리
F-1 (방문동거)	가족과의 동거 목적 등 인도적 사유	- 경제활동 제한, 거주 중심 체류
D-2 (유학)	학업	- 학업 중심, 제한적 아르바이트 - 학위 과정별 상이
E-7 (특정활동)	전문직	- 지정된 직종에서만 취업 가능 - 1~3년 (갱신 가능)

표3-17 외국국적동포 주요 체류자격

(2) 체류자격별 현황

비자 신청은 재외공관 또는 전자비자 시스템(visa.go.kr) 이용하며, 입국 후 90일 이상 체류 시 반드시 90일 이내 거소신고를 해야합니다. 체류기간 연장은 체류 만료 전 출입국관리사무소에 신청하고, 자격변경은 일정 요건 충족 시 F-4, F-5 등 변경이 가능합니다.

2025년 5월 기준 외국국적동포의 체류 현황은 다음과 같습니다.

계	중국	미국	우즈베키스탄	러시아	캐나다	카자흐스탄
864,921	668,473	53,396	42,162	37,835	18,190	22,309
	호 주	키르기즈	우크라이나	타지키스탄	투르크메니스탄	기타
	5,878	4,114	3,215	511	570	8,268

표3-18 국적별 체류현황

(출처: 출입국외국인정책 통계월보 2025.5. www.immigration.go.kr)

자격 / 계	재외동포 (F-4)	방문취업 (H-2)	영주 (F-5)	방문동거 (F-1)	기타
864,921	555,485	90,393	154,038	23,308	41,697

표3-19 체류자격별 현황

(출처: 출입국외국인정책 통계월보 2025.5. www.immigration.go.kr)

계	중국	미국	러시아	우즈베키스탄	캐나다	카자흐스탄
555,485	388,712	52,223	33,333	29,139	17,741	14,785
	호 주	키르기즈	우크라이나	타지키스탄	투르크메니스탄	기타
	5,654	2,861	2,342	378	522	7,795

표3-20 재외동포(F-4)자격 소지자 국적별 현황

(출처: 출입국외국인정책 통계월보 2025.5. www.immigration.go.kr)

계	중 국	우즈베키스탄	카자흐스탄	우크라이나
90,393	77,849	7,145	4,321	373
	키르기즈	타지키스탄	투르크메니스탄	기 타
	614	77	6	8

표3-21 방문취업(H-2)자격 소지자 국적별 현황
(출처: 출입국외국인정책 통계월보 2025.5. www.immigration.go.kr)

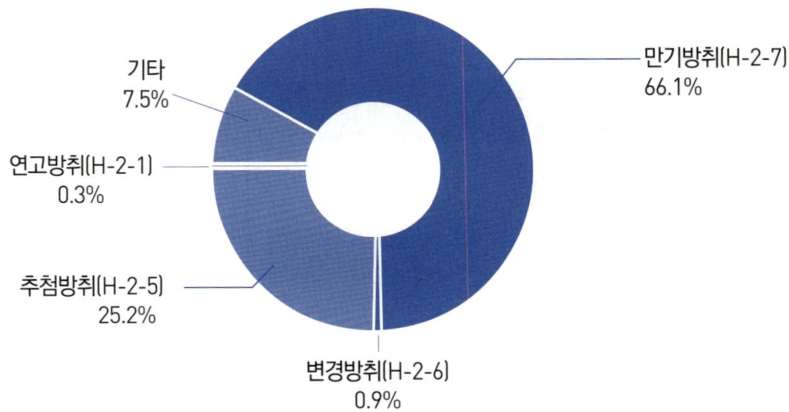

그림3-16 방문취업자(H-2) 유형별 분포도
(출처: 출입국외국인정책 통계월보 2025.5. www.immigration.go.kr)

계	중국	우즈베키스탄	러시아	미국	캐나다	카자흐스탄
154,038	147,461	2,113	1,727	947	423	545
	호 주	키르기즈	우크라이나	타지키스탄	투르크메니스탄	기타
	209	127	101	13	12	360

표3-22 영주(F-5)자격 소지자 국적별 현황
(출처: 출입국외국인정책 통계월보 2025.5. www.immigration.go.kr)

4. 외국인유학생

한국 사회에서 외국인유학생은 단순한 교육 수혜자를 넘어, 그 수의 증가와 함께 다문화사회로의 전환을 이끄는 중요한 구성원으로 자리 잡고 있습니다. 외국인유학생은 교육, 문화, 종교, 지역사회 등 다양한 영역에서 다양한 영향을 미치며 다문화적 변화를 촉진하고 있습니다. 외국인유학생은 한국의 다문화사회 진입을 상징하는 존재이자, 문화적 다양성과 포용성의 시험대라고 할 수 있습니다.

외국인유학생은 한국사회의 미래를 형성하는 중요한 구성원이며, 이들을 성공적으로 포용하는 것은 한국이 선진 다문화사회로 나아가는 데 필수적인 요소 가운데 하나입니다. 그러므로 한국 정부는 외국인유학생을 중요한 인적자원으로 인식하고 있으며, 외국인유학생 유치를 국가 전략으로 삼고 이를 통해 국가 경쟁력을 강화하고, 글로벌 교육 허브로 도약하려는 다양한 정책을 추진하고 있습니다. 유학에서 취업, 나아가 정주까지 이어지는 선순환 구조를 구축하기 위해 다각적인 노력을 하고 있습니다.

1) 외국인 유학생의 유치

1990년대 전반까지 한국은 외국인유학생에 대한 정책적 관심도 크지 않았습니다. 이 시기는 주로 재외교포 학생들의 모국 유학을 지원하는 데 초점이 맞춰져 있었습니다. 그리고 국내 외국인유학생 정책에 있어서 교육을 하나의 서비스로 보기 시작한 것은 "1995년 WTO의 서비스교역에 관한 일반협정 (General Agreement on Trade in Service: GATS)[180]"이라고 할 수 있습니다.

---

180) GATS는 1986년부터 1994년까지 진행된 우루과이라운드(UR) 협상의 결과물 중 하나로, 과거에는 비교역재로 간주되었던 서비스 분야의 국제 교역에 대한 최초의 구속력 있는 다자간 규범입니다. GATS는 서비스를 크게 12개 분야로 분류하고 있으며, 그 중 교육 서비스(Education Services)가 한 분야로 명시되어 있습니다.

따라서 1997년 한국은 외국인유학생의 입학을 대학 자율에 맡기면서 대학들이 외국인유학생 유치에 적극적으로 나설 수 있는 기반이 마련되었으며, 2001년 "외국인유학생 유치 확대 종합방안"을 수립하면서 고등교육의 국제 경쟁력 강화와 국제수지 개선 등을 목표로 외국인유학생 유치 확대의 필요성이 인식되기 시작했습니다. 그리고 2004년 "Study Korea Project"는 국가 차원의 본격적인 유학생 유치 정책이 시작된 중요한 전환점입니다. 이후 한국은 현재까지 체계적으로 외국인유학생 정책을 시행해 오고 있습니다.

외국인유학생의 유치는 단순히 학생 모집이라는 양적 성장을 넘어 학령인구의 감소에 대응하기 위함이고 지방대학의 존립과 지역 활성화를 위한 주요 대안이 될 수 있습니다. 그리고 유학생 1인당 경제효과는 1,700만 원 이상의 경제효과를 추정할 수 있으며, 대학의 글로벌 가치상승과 해외 연계망 확대를 통해 국제화 역량을 강화하는 효과를 기대할 수 있습니다.

(1) 외국인유학생의 개념

한국에서 외국인유학생의 개념은 주로 「출입국관리법」과 「고등교육법」 등 관련 법규에서 정의되고 관리됩니다.

「출입국관리법」 제19조 4항에서 외국인유학생이란 "유학이나 연수활동을 할 수 있는 체류자격을 가지고 있는 외국인"으로 규정하고, 「출입국관리법」 시행령에서 "일반연수, 한국어연수 비자를 부여 후, 유학자격에 해당하는 학술연구기관 및 교육기관 외에도 교육 또는 연수를 받을 뿐 아니라 연구 활동에 종사하고자 하는 자"라고 규정하고 있습니다.

그리고 「고등교육법시행령」 제29조 제2항 제6, 7호에 따라 외국인유학생을 "외국인 또는 재외국민으로서 국내의 대학 및 대학원에서 수학하거나 연구하는 학생"으로 규정하며, "▶북한이탈주민 및 부모가 모두 외국인인 외국인, ▶외국에서 우리

나라 초·중등교육에 상응하는 교육과정을 전부 이수한 다음 각 목의 사람. 가. 재외국민 나. 외국인 다. 「국적법」 제6조 제2항에 따라 귀화허가를 받은 사람"으로 규정합니다.

또한 관련 주요 법령으로는 「출입국관리법」, 「고등교육법」, 「초·중등교육법」, 「재한외국인처우기본법」, 「국민건강보험법」, 「도로교통법 및 자동차관리법」 등이 있습니다. 「출입국관리법」에서는 비자 발급, 체류자격, 외국인등록 등 유학생의 입국·체류 전반 규정하고 있으며, 고등교육법에서는 대학·대학원 입학 요건, 교육과정 등 고등교육 관련 사항을 규정하고 초·중등교육법에서 외국인유학생의 초·중·고 입학 요건 등을 규정하고 있습니다. 그리고 「재한외국인처우기본법」에서 외국인의 국내 생활 지원 및 권리 보호, 「국민건강보험법」에서 유학생의 건강보험 가입 의무 및 혜택, 「도로교통법 및 자동차관리법」에서 운전면허 취득, 차량 등록 등 생활 관련 규정 등을 정의하고 있습니다.

외국인유학생은 단순히 교육 대상이 아니라, 법적으로 보호받고 관리되는 체류자로서 다양한 법률의 적용을 받습니다.

외국인 유학생의 유학 절차는 대체로 다음과 같은 순으로 진행됩니다.

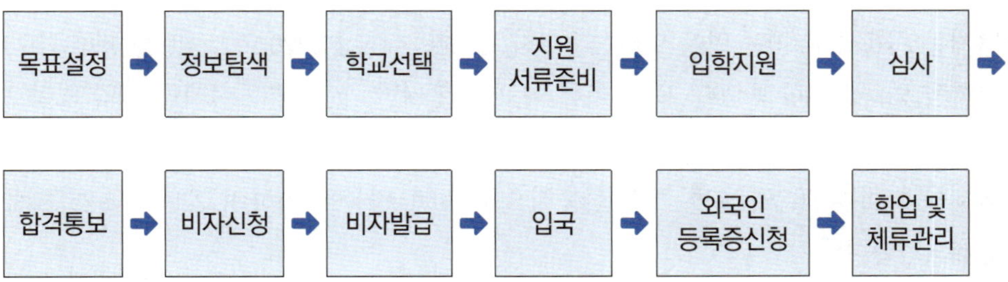

그림3-17 외국인유학생의 유학 절차

(2) 외국인유학생 유치 역사

한국의 외국인유학생 유치는 1967년 정부 초청 외국인 장학생 사업(GKS 전신)이 출발점이라 할 수 있습니다. 이것은 한국의 고등교육 발전에 기여하고, 친한 인사를 양성하는 데 목적이 있었습니다. 이 시기에는 주로 재외교포 학생들의 모국 유학을 지원하는 데 초점이 맞춰져 있었으며, 정책적 관심이 적은 편이었고 전반적으로 외국인유학생 수는 많지 않았습니다.

1997년에는 외국인유학생의 정원 외 입학을 대학 자율에 맡기면서 유학생 유치기반이 형성되었고 2001년 외국인유학생 유치확대 종합방안을 수립하였습니다. 그리고 한국을 아시아 교육 허브로 만들겠다는 비전으로 2004년 Study Korea Project를 통해 2010년까지 외국인유학생 5만 명 유치를 목표로 설정했습니다. 그런데 Study Korea Project는 2007년에 5만 명 목표를 조기 달성하여, 2008년에는 2012년까지 10만 명 유치 목표로 상향 조정되었습니다. 유학생 유치를 위한 한국어 연수 과정 확대, 정부초청장학생 규모 확대 (2007년 581명 → 2012년 3,000명), 유학생 유치국 다변화, 유학생정보시스템 구축, 생활환경 개선, 졸업 후 체류 지원, 외국인유학생을 위한 편의 제공 등 다양한 유치 프로그램이 추진되었습니다.

2011년에는 교육국제화역량 인증제 도입, Study Korea 2020 Project (2013~2023) 시행 등으로 외국인유학생의 질적 관리의 중요성이 강조되었고 그 결과 2016년에는 처음으로 10만 명을 넘어섰습니다. Study Korea 2020 Project 를 통해 2020년까지 외국인유학생 20만 명 유치를 목표로 했지만, 코로나19 팬데믹 등의 영향으로 목표 달성이 지연되어 목표 기한이 2023년까지 연장되기도 했습니다. 하지만 회복세를 보이며 2024년 4월 기준 최종적으로 20만 명을 돌파하여 20만 8,962명으로 집계되었습니다.

한국 정부는 외국인유학생들이 한국에서 학업을 마치고 국내에서 취업하여 정착할 수 있도록 지원하는 정책적 논의가 활발해졌습니다. 이는 지역 소멸 위기 및 첨단 산업 분야 인력 부족 문제와도 연계됩니다. 따라서 2023년에는 Study Korea 300K Project를 발표하고 2027년까지 외국인유학생 30만 명 유치를 목표로 하며, 한국을 세계 10대 유학강국으로 만들겠다는 비전을 제시했습니다. 이것은 단순한 유치뿐만 아니라 외국인유학생 유치부터 교육, 취업, 정주까지의 전 주기를 아우르는 체계적인 지원을 강조하고 있습니다.

2025년 현재는 지방 대학의 신입생 충원율 문제와 지역 소멸 위기에 대응하여 지역 산업과 연계한 지역 특화형 외국인유학생 유치 및 취업 지원 방안이 적극적으로 모색되고 있습니다. 첨단산업 인재 유치, 정주형 비자 제도, 다문화 수용성 확대 등 새로운 방향으로 진화 중입니다. 이처럼 한국의 외국인유학생 유치는 단순한 숫자 확대를 넘어, 국가 경쟁력 강화와 지역 균형 발전을 위한 전략으로 발전해 왔습니다.

(3) 외국인유학생과 다문화

한국 사회에서 외국인유학생은 다문화사회로의 전환을 이끄는 중요한 구성원입니다. 외국인유학생은 한국에 체류하는 외국인 인구의 상당 부분을 차지하며, 이는 한국 사회의 인구구성을 더욱 다양하게 만듭니다. 출입국외국인정책 통계월보 2025년 5월 기준 275,580명으로 전체 체류외국인 인구 중 약 10%를 차지하고 있습니다.

저출산·고령화 시대에 학령인구 감소와 생산 가능 인구 부족 문제를 겪는 한국은 외국인유학생을 잠재적인 인력으로 인식하며 유치에 적극적입니다. 지방대학의 신입생 충원 문제와 지역 소멸 위기 속에서 외국인유학생은 중요한 대안으로 떠오르고 있습니다. 이들이 지역 대학에서 교육을 받고 졸업 후 해당 지역에 취업, 정착하여 지역 경제 활성화에 기여하는 모델이 주목받고 있습니다. 일부 대학은 다문화 교육과정, 글로벌 캠퍼스 조성, 지역 연계 봉사활동 등을 통해 유학생과 지역 주민 간의 교류를 촉진하고 있습니다. 지역 종교단체나 NGO는 다문화 선교, 언어 교환, 문화 체험 프로그램 등을 통해 유학생의 사회통합을 지원하고 있습니다. 외국인유학생들은 각자의 모국 문화(음식, 의복, 명절, 예술 등)를 한국 사회에 소개하고, 한국인들은 이를 경험하며 세계 여러 문화에 대한 이해와 수용성을 높입니다. 대학 축제나 지역 행사에서 유학생들의 문화 공연이 다채로워지는 것을 볼 수 있습니다. 외국인유학생들은 각자의 모국 문화를 한국 사회에 소개하고, 한국의 문화를 경험하며 상호이해를 증진시킵니다. 이는 대학 캠퍼스뿐만 아니라 지역사회 전반에 걸쳐 문화적 다양성을 풍부하게 합니다.

외국인유학생들과의 접촉은 한국인들에게 다른 문화에 대한 이해와 존중을 높이는 기회가 됩니다. 특히 젊은 세대인 대학생들 사이에서 외국인유학생과의 교류는 다문화 감수성을 함양하는 데 긍정적인 영향을 미칠 수 있습니다. 다문화수용성 조사에서 보듯이 이주민과의 접촉이 많은 사람일수록 다문화수용성이 증가하듯이 친화력이 있고 우수한 인재들인 외국인유학생과의 잦은 접촉은 소통 역량을 강화시키고 다문화수용성을 증가시킵니다.

외국인유학생들이 학업을 마친 후 한국 사회에 성공적으로 정착할 수 있도록 취업 연계, 비자 전환, 주거지원 등 체계적인 지원이 필요합니다. 한국에서 교육받고 좋은 경험을 한 외국인유학생들이 지역사회에 정주할 때 지역 산업의 새로운 인력 공급원이 될 수 있고 본국으로 돌아가더라도 한국의 국가 이미지 제고와 국제관계 강화에 장기적으로 기여할 수 있습니다. 외국인유학생의 증가는 한국 사회가 필연적으로 맞이하는 다문화현상의 중요한 축입니다. 이들은 학령인구 감소와 지역 소멸이라는 한국의 당면 과제에 대한 해답의 한 부분이자, 한국사회의 국제적 역량과 문화적 다양성을 심화시키는 긍정적인 잠재력을 가지고 있습니다. 이들이 한국사회의 일원으로서 자부심을 가지고 살아갈 수 있는 환경을 조성하는 것이 중요합니다.

(4) 외국인유학생 현황

연 도	2020년	2021년	2022년	2023년	2024년	'24년 5월	'25년 5월
총 계	153,361	163,699	197,234	226,507	263,775	234,452	275,580
유 학(D-2)	101,810	111,178	134,062	152,094	178,519	161,760	194,051
한국어연수(D-4-1)	51,545	52,506	63,146	74,361	85,173	72,606	81,461
외국어연수(D-4-7)	6	15	26	52	83	86	68
전년대비증감률	-14.9%	6.7%	20.5%	14.8%	16.5%		17.5%

표3-23 연도별 증감 추이

(출처: 출입국외국인정책 통계월보 2025.5. www.immigration.go.kr)

2024년 4월 1일 기준 국내 외국인유학생 수는 20만 8,962명을 기록하여 처음으로 20만 명을 돌파했습니다. 법무부 통계에 따르면 2024년 말 기준 국내 유학생은 263,775명으로 전년 대비 16.5% 증가한 것으로 나타났습니다. 2025년 5월 기준 275,580명입니다.

구분	총계	유학 (D-2)	한국어연수 (D-4-1)	외국어연수 (D-4-7)
총계	275,580	194,051	81,461	68
베트남	103,224	47,503	55,719	2
중국[181]	72,801	67,203	5,598	0
(한국계)	(183)	(178)	(5)	(0)
몽골	16,946	11,718	5,228	0
우즈베키스탄	16,969	14,935	2,033	1
네팔	13,010	12,769	219	22
미얀마	8,170	4,297	3,873	0
일본	4,363	3,190	1,173	0
인도네시아	2,389	2,078	311	0
방글라데시	3,236	3,015	179	42
러시아(연방)	2,474	1,568	906	0
미국	2,421	2,139	282	0
프랑스	2,131	1,827	304	0
인도	2,084	1,786	298	0
파키스탄	2,102	1,977	125	0
(타이완)	1,580	1,103	477	0
카자흐스탄	1,532	1,228	303	1
말레이시아	1,245	1,089	156	0
키르기즈	1,951	1,270	681	0
기타	16,952	13,356	3,596	0

표3-24 국적(지역)별 현황

(출처: 출입국외국인정책 통계월보 2025.5. www.immigration.go.kr)

181) 한국계 포함

2) 외국인유학생정책

한국은 외국인유학생 유치를 통해 국가 경쟁력 강화, 지역 소멸 위기에 대응, 국제 교육 교류를 활성화 등 다양한 목표를 가지고 외국인유학생정책을 추진하고 있습니다. 주요 정책들은 다음과 같습니다.

(1) 외국인유학생 비자 제도

외국인유학생 비자 정책은 시대의 흐름과 함께 점진적으로 유연하고 실용적인 방향으로 변화해 왔습니다. 특히 최근 몇 년간은 외국인유학생의 학업 지속, 취업 연계, 정착지원을 강화하는 쪽으로 정책이 진화하고 있습니다.

2001년에는 외국인유학생 유치 확대 종합방안 수립되면서 D-2(유학), D-4(연수) 비자 체계를 정비하였고, 유학생 수 급증에 따라 비자 발급 기준 및 체류 관리가 강화되기 시작했습니다. 2016년에는 정부초청 장학생의 국내 취업 연계 지원하는 D-2-7 (일·학습 연계 비자)과 계절학기 등 단기 교육과정 대상으로 D-2-8 (단기유학 비자)을 신설하였습니다. 2019년에는 인증대학은 우대하고 비인가대학은 심사를 강화하여 비자심사를 차등화 했으며, 유학경비 보증제도 시범 도입 및 어학연수생 관리 기준을 강화했습니다. 2023년 7월에는 대대적인 비자제도 개선을 통해 재정능력 기준을 완화하고 한국어 능력 입증 방식을 다양화, 시간제 취업 허용 확대, 전공 관련 인턴십 허용, 외국인 근로자의 학업 병행 허용 등 정책을 강화했습니다. 그리고 8월에는 졸업 후 3년간 취업 전면 허용, 조선업 등 특정 분야 E-7 전환 허용, 지방 정착형 유학생 유도를 위한 지역특화비자(F-2-R) 확대했습니다.

❶ 2019년 3월 4일 외국인유학생 비자제도 개선

외국인유학생 수의 급증에 따라 발생한 불법체류, 외국인유학생 관리 미흡 문제에 대응하기 위한 유학제도의 내실화이었고, 동시에 우수 외국인유학생 유치와 정착 지원을 위한 기반 마련이기도 했습니다. 세부 항목별 주요 내용을 보면 다음과 같습니다.

▶비자심사 차등 적용하였습니다. 교육국제화역량 인증평가에서 인증대학은 비자 발급을 우대하고 비자제한대학 및 컨설팅대학은 비자 심사를 강화하며, 대학의 외국인유학생 관리 수준에 따라 비자 발급 기준을 차등화하여 관리 책임 강화했습니다.

▶유학경비 보증제도를 시범 도입했습니다. 베트남인 어학연수생의 불법체류율이 급격히 증가하고 있었는데, 이는 현지 유학 브로커가 유학경비를 돌려막기 하는 행태가 주된 원인으로 지목되었습니다. 베트남인 어학연수생 대상으로 시범 운영하였고, 재정능력 입증을 강화했습니다.

▶대학부설 어학원 초청 기준을 강화하였습니다. 어학연수생 초청 시 출석률, 수료율, 관리계획 등을 기준으로 심사하고 관리 미흡 대학은 초청 제한이 가능하도록 했습니다. 한국어 강사에게 국립국어원 발급 3급 강사 자격증 소지를 의무화했고, 강사 1명당 유학생 수를 30명 이내로 제한하였으며, 어학연수생 총정원을 인증 대학은 학부과정 신입생 모집 정원의 100% 이내, 하위 대학은 30% 이내로 제한했습니다.

▶어학능력 기준을 상향하였습니다. 하위대학 학부생의 경우 TOPIK 등급 요건 강화하였습니다. 이는 한국어 능력이 부족한 학생의 무분별한 입학 방지 목적이었습니다. 불법체류 다발 국가로 고시된 21개국 및 중점 관리 5개국 국민이 하위 대학 학부 과정에 입학하고자 할 경우, 한국어능력시험(TOPIK) 3급 이상 또는 TOEFL 530점(CBT 197점, IBT 71점) 이상의 어학능력 요건을 반드시 구비하도록 했습니다.

▶전자비자 발급 대상을 확대했습니다. 기존 인증대학 석·박사 과정 유학생에 한해 전자비자 발급에서 법무부 지정 불법체류율 1% 미만 우수 인증대학(50개)의 학부 과정 유학생과 정부 초청 장학생(인증대학 여부와 무관)에 대해서도 온라인 전자비자 발급을 확대했습니다.

▶시간제 취업 허용 업종을 확대했습니다. 기존 단순노무 중심에서 전공 관련 분야로 확대하고, 방학 중 인턴십 허용 및 표준 현장실습학기제 참여 시 별도 허가가 불필요하도록 했습니다. 외국인유학생의 제조업 분야에 대한 시간제 취업을 허용하되, 국립국제교육원 주관 한국어 능력 검증시험에서 TOPIK 4급 이상을 취득한 경우에 한해 제한적으로 허용했습니다.

이러한 조치는 외국인유학생의 질적 수준을 높이고, 불법체류를 예방하며, 동시에 우수 외국인유학생의 국내 정착을 유도하기 위한 다층적 접근이었습니다.

❷ 2023년 7월 3일 외국인유학생 비자제도 개선

이것은 외국인유학생의 진로 탐색, 국내 정착, 지방대학 유치 활성화를 목표로 한 전방위적 개편이었습니다.

▶비자 발급 요건 완화입니다. 재정능력 기준을 기존 달러 기준에서 원화 기준으로 변경하고 학위과정은 2,000만 원, 어학연수는 1,000만 원, 지방대학 유학생은 학위과정은 1,600만 원 어학연수생과정은 800만 원으로 완화했습니다.

▶외국인노동자의 학업 병행 허용입니다. E-9(비전문취업), E-10(선원취업) 외국인노동자도 국내 대학 진학이 가능하게 했습니다. 향후 E-7-4(숙련기능인력) 전환 시 학력·경력 요건 충족에 도움이 되도록 했습니다.

▶한국어능력 입증 방식의 다양화입니다. 기존 TOPIK 성적 외에 사회통합프로그램 이수, 세종학당 한국어 기준도 인정하도록 했습니다.

▶시간제 취업 허용 시간 확대입니다. 전문학사·학사 과정 외국인유학생은 기존 주당 20시간에서 25시간으로 확대. 성적 및 한국어 능력 우수자는 추가 5시간 허용(최대 30시간)으로 조정했습니다. 단, 제조업, 건설업, 영어 키즈카페 등 일부 업종은 여전히 제한됩니다.

▶전공 관련 인턴십 허용입니다. 방학 중 전공 분야 인턴 활동 가능, 표준 현장실습학기제 참여 시 별도 허가 없이 내국인과 동일한 실습 가능하도록 했습니다. 이러

한 개선은 단순한 외국인유학생 수 확대를 넘어, 외국인유학생을 산업과 지역사회에 기여할 수 있는 인재로 육성하려는 것입니다.

▶교육국제화역량 인증제의 심사 지표를 개선하여 대학의 외국인유학생 유치 및 관리 역량을 더욱 정교하게 평가했습니다.

❸ 외국인유학생 체류자격

비자유형	대상	설명
D-2-1	전문학사 과정	전문대학 등에서 2~3년제 학위과정 이수
D-2-2	학사 과정	4년제 대학 학사과정 등록자
D-2-3	석사 과정	대학원 석사과정 등록자
D-2-4	박사 과정	대학원 박사과정 등록자
D-2-5	연구 과정	학술연구기관 또는 대학 부설 연구소에서 특정 연구를 수행하는 과정 (학위 취득 목적이 아닌 경우)
D-2-6	교환학생	자국 대학과 한국 대학 간 협정에 따라 단기 수학
D-2-7	일 학습 연계	정부초청 장학생 등 우수 유학생의 국내 취업 연계 목적 (예: 뿌리산업 등 특정 분야)
D-2-8	단기 유학	계절학기, 1~2학기 단기 수학 등 비학위 단기 교육과정 참여자 (단, D-2-6 교환학생과 유사하나, 정식 학위과정 입학 전 예비 과정이나 단순 체험 목적인 경우가 있음)
D-4-1	한국어 연수	
D-4-7	외국어 연수	

표3-25 D-2, D-4의 세부 유형
(출처: 하이코리아 www.hikorea.go.kr)

외국인유학생이 취득할 수 있는 비자는 주로 학위과정 D-2(유학)과 어학연수 D-4(일반연수) 비자로 나뉘며, 각각의 세부 유형과 신청 요건이 다릅니다. 외국인유학생 D-2 비자를 발급받기 위해 각 요건에 대한 세부 서류는 주한 대사관/영사관 또는 하이코리아(Hi-Korea) 웹사이트에서 확인해야 합니다. 외국인유학생(D-2) 비자는 1회 2년의 체류 기간을 부여하고 있으며, 계열에 따라 다르게 연장을 허용하고 있습니다. D-2 비자를 발급받기 위한 기본적 요건은 정식 입학 허가(입학허가서 Admission Letter), 재정 능력 입증, 학력 요건, 한국어 능력 또는 영어 공인 성적, 건강 관련 서류 등이 있습니다.

입학 허가서에는 지원자의 이름, 생년월일, 전공, 학위 과정, 입학일, 학기 시작일, 예상 졸업일 등이 명시되어야 합니다. 재정 능력 입증에서 일반적인 기준으로 학위과정 (D-2-1 ~ D-2-4)은 2,000만 원 (KRW) 이상의 본인 명의 은행 잔고 증명서 (3개월 이상 예치된 것이 원칙), 지방 대학 입학 시: 1,600만 원 (KRW) 이상으로 완화, 어학연수 후 학위과정 전환 시: D-4에서 D-2로 변경할 때도 해당 기준을 충족해야 합니다. 정부초청장학생 (GKS) 등 장학생은 장학금 증명서로 재정 능력 입증이 대체됩니다. 본인 명의가 아닌 경우, 후원인(부모 등)의 재정 증명서와 가족관계증명서, 후원 동의서 등이 필요합니다. 일반적으로 한국어능력시험(TOPIK) 3급 이상을 요구합니다. 학사 3급, 석사 4급, 박사 4급 이상이 일반적이나, 대학/전공별로 상이합니다. 법무부 지정 의료기관에서 발급받은 결핵 진단서 는 필수입니다.

(2) 시간제 취업

D-2 비자 소지자는 아르바이트를 시작하기 전에 반드시 관할 출입국·외국인청(사무소)으로부터 시간제 취업 허가를 받아야 합니다. 무허가 취업은 불법 체류로 간주되어 벌금, 강제 추방 등 심각한 불이익을 초래합니다.

과정	학년	시작 시기	한국어 능력 기준 ① TOPIK ② 사회통합프로그램 ③ 세종학당		허용 시간		인증 대학·성적 우수, 한국어 우수 (주중)
					주중	주말·방학	
어학 연수	-	6개월 이후 가능	① 2급 ② 2단계 이상 이수 또는 사전평가 41점 이상 ③ 초급2 이상 이수	X	10 시간		10 시간
				O	20시간		25시간
전문 학사	-	즉시 가능	① 3급 ② 3단계 이상 이수 또는 사전평가 61점 이상 ③ 중급 1 이상 이수	X	10 시간		10 시간
				O	25시	무제한	30시간
학사	1~2 학년	즉시 가능		X	10 시간		10 시간
				O	25시	무제한	30시간
	3~4 학년		① 4급 ② 4단계 이상 이수 또는 사전평가 81점 이상 ③ 중급 2 이상 이수	X	10 시간		10 시간
				O	25시	무제한	30시간
석·박사	-	즉시 가능		X	15 시간		15 시간
				O	30시	무제한	35시간

표3-26 외국인유학생 시간제 취업
(출처: www.studyinkorea.go.kr)

기본자격으로 입국 후 6개월 경과 (어학연수생 D-4는 6개월 경과 및 TOPIK 2급 이상), 직전 학기 평균 성적 C학점 (2.0/4.5) 이상, 한국어 능력 (TOPIK 등) 기준 충족 등입니다. 허용 업종은 일반적으로는 서빙, 번역, 통역, 사무 보조, 한국어 교육 보조 등 학업에 지장이 없는 단순 업무입니다. 제한 업종은 건설업, 제조업 (일부 예외), 유흥업 (유흥주점, 무도장 등), 개인 과외 교습, 산업 기밀 관련 첨단 기술 분야 등은 원칙적으로 금지됩니다. 첨단 기술 분야는 E-7 등 별도 비자가 필요합니다.

(3) 장학금제도

한국에서 외국인유학생을 위한 장학금제도는 매우 다양하며, 정부, 대학, 기업 및 민간 재단 등 여러 기관에서 운영하고 있습니다.

❶ 정부초청외국인장학생 (GKS: Global Korea Scholarship)

정부초청외국인장학생 (GKS)는 국립국제교육원 (NIIED)이 주관하는 대표적인 정부 장학금 프로그램입니다. 학부, 대학원 정규과정, 연구 과정 등 다양한 분류로 연간 약 1,500명을 선발하며, 항공료, 정착 지원금, 생활비 (월 90~120만 원), 의료보험료, 한국어 연수 비용, 등록금 전액 등을 지원합니다. 출신국 주재 한국대사관 또는 지원 대학을 통해 신청합니다.

❷ TOPIK 우수 외국인 장학생

한국어 능력 시험(TOPIK) 5~6급 취득자를 대상으로 하며, 학기당 최대 500만 원을 최대 1년간 지원합니다. 소속 대학 국제교류처를 통해 신청합니다.

❸ 한국국제교류재단 (KF) 장학 프로그램

국제 학술 교류 및 한국 이해 증진을 위해 한국학 및 한국 관련 연구를 지원하며, 학비 전액, 생활비, 연구비, 논문 출판 지원 등을 제공합니다.

❹ 기업 장학금

삼성 글로벌희망장학금, 포스코 아시아 펠로십, 아시아나항공, 롯데 국제장학금, LG연암재단, 미래에셋 박현주재단 등 다양한 기관에서 특정 국가나 전공의 우수 학생을 대상으로 장학금을 지원합니다.

❺ 대학 장학금

서울대의 글로벌인재장학금, 연세대의 외국인특별장학금, 고려대의 KU글로벌리더장학금, 성균관대의 성균글로벌장학금, 부산대의 외국인유학생장학금 등 각 대학에 따라 장학제도가 있습니다.

❻ 기타 장학금

이 외에도 지방자치단체 장학금, 세종학당 장학금, KOICA 개발도상국 장학금 등이 있습니다.

(4) 졸업 후 진로 변경

D-2 비자로 학업을 마친 후 한국에서 계속 체류하며 취업을 희망하는 경우, 반드시 다른 체류자격으로 변경해야 합니다. 주요 변경 가능 비자는 다음과 같습니다.

❶ D-10-1 (구직 비자)

D-10-1은 졸업 후 일정 기간 동안 한국에서 구직 활동을 할 수 있도록 허용하는 비자입니다. 2023년 개선으로 한국어 능력을 갖춘 우수 졸업생의 D-10 비자 체류기간이 최대 2년까지 상향 조정되었습니다. 일정 요건 충족 시 시간제 취업이 가능합니다. TOPIK 4급 이상이어야 하고 졸업 후 3년 이내 그리고 법 위반 이력 없어야 합니다. D-10-1 신청을 위한 제출 서류에는 신청서, 여권, 외국인등록증, 졸업증명서 또는 학위증, 구직활동계획서, 체류지 입증서류, TOPIK 4급 이상 성적표 또는 사회통합프로그램 이수증 등이고 연장 시에는 점수제 적용하여 총 60점 이상 필요합니다. 체재비 입증에는 6개월 기준 약 690만 원 이상 잔고증명이 필요합니다.

❷ E-7 (특정활동 비자)

E-7은 한국에서 전문 분야에 취업할 경우 발급받는 비자입니다. 기업과의 고용계약이 필수이며, 특정 직종에 한정됩니다. 제출 서류로 고용계약서, 사업자등록증, 고용추천서, 학위증, 자격증, 경력증명서 등입니다. 신청 조건으로 고용계약 체결, 전공과 직무의 관련성 필요 (전문학사 이상), 고용기업의 규모 및 고용비율 요건 충족 등입니다.

❸ F-2 (거주 비자) 또는 F-5(영주권)

F-2 (거주 비자) 또는 F-5(영주권)은 특정 요건(점수제 등)을 충족하는 우수 인재에게 장기 거주를 허용하는 비자입니다. 유학생 졸업생도 요건을 충족하면 F-2-R(지역특화형) 비자 등으로 전환할 수 있습니다. D-2-7와 E-7 경력자는 일정 요건 충족 시 F-5 신청 가능합니다.

(5) 외국인유학생 유치 정책 전면 개편 추진

2025년부터 시행될 외국인유학생 유치 정책 전면 개편안은 한국의 고등교육 국제화를 강화하고, 지역 정주형 글로벌 인재를 육성하기 위한 방향으로 대대적인 변화가 예고 되고 있습니다. 교육부는 이를 위해 "교육국제화역량 인증제 및 실태조사 4주기(2025~2028)" 개편 방안을 마련하고 공청회를 통해 의견을 수렴 중입니다.

기존 인증제가 외국인유학생 유치에 기여했지만, 일부 대학의 관리 부실로 인한 불법체류 문제, 평가지표의 복잡성, 그리고 일반대학과 전문대학의 특성 차이를 충분히 반영하지 못한다는 지적이 있었으며, 지역 소멸 위기 대응과 지역 맞춤형 인재 유치의 필요성이 커지면서 새로운 평가 기준이 필요해진 것입니다. 주요 개편 방안은 다음과 같습니다.

❶ 대학 유형별 맞춤 평가입니다.

일반대학과 전문대학을 분리평가하며, 전문대학은 고등직업 교육국제화역량 지표를 신설, 등록금 부담률, 중도 탈락률 등 일부 지표를 완화하여 적용합니다.

❷ 평가지표 간소화 및 합리화입니다.

불법체류율 산정 방식을 기존 신규 입국자 대비에서 재적 유학생 대비로 조정하고, 성폭력 예방교육과 법령이해교육은 통합하고 유학생 상담률 지표는 삭제했습니다.

❸ 지역 정주형 인재 유치 강화입니다.

지역기업 취업 지원 지표 신설하며, 공인 언어능력 기준 상향합니다. 인증제는 신입생 기준 30%에서 40% (2026년부터)로 상향하고, 실태조사는 10%에서 15%로, 그리고 입증 방식은 어학연수 1년과 학교 평가도 인정합니다.

❹ 외국인유학생 학사관리 및 질 관리 강화입니다.

대면 수업 비율은 학년별 최소 50% 이상 의무화하고, 어학연수생 TOPIK 2급 취득률 지표 신설 (30% 이상)합니다. 비자 심사 강화 대학 지정제도 도입하여 중대한 법령 위반 시 최대 3년간 지정합니다.

❺ 인증대학 혜택 확대입니다.

GKS 장학생 수학 대학 우선 선정, 사증(비자) 발급 간소화 대상 국가 확대, 외국 정부 및 유관 부처에 인증대학 명단 제공 등입니다.

이 개편은 특히 지역 특화형 인재 양성과 정주 지원을 강화함으로써 지역 소멸 위기에도 대응하는 전략적 접근입니다.

5. 외국인노동자

외국인노동자는 자국 국적을 가지지 않고 다른 나라에서 노동 활동을 하는 사람을 통칭하는 개념입니다. 외국인노동자는 그 맥락에 따라 이주노동자, 이민 노동자, 외국인근로자 등 다양한 용어로 불리기도 합니다. 외국인노동자는 글로벌화 시대에 국경을 넘어 이동하며 노동력을 제공하는 중요한 인적자원으로, 그들은 해당 국가의 법률에 따라 취업을 목적으로 하는 특정 비자나 체류 허가를 받아야 합니다. 그들은 언어 및 문화 차이, 차별, 인권 침해, 임금 체불 등 다양한 법적, 사회적 문제에 직면할 수 있어 그들의 권리 보호와 사회통합은 국제사회 및 각 국가에서 중요한 과제입니다.

한국에서 외국인노동자는 경제 발전과 인력난 해소에 중요한 역할을 하는 인력자원입니다. 외국인노동자는 주로 고용허가제를 통해 합법적으로 국내에 들어와 다양한 산업 분야에서 일하고 있습니다. 외국인노동자는 주로 제조업, 농축산업, 어업, 건설업 등 내국인 인력 확보가 어려운 분야에서 일하고 있으며, 최근에는 서비스업(음식점, 돌봄 등)으로도 점차 확대되는 추세입니다. 외국인노동자는 근로기준법, 최저임금법, 산업안전보건법 등 국내 노동 관련 법규를 내국인과 동일하게 적용받습니다. 사회보장 관련 법규에서도 다양하게 외국인노동자의 권리를 보호하고 있습니다.

출입국·외국인정책 통계자료에 의하면 2024년 말 기준 국내 체류 외국인은 약 265만 명이며, 이 중 취업 자격으로 체류하는 외국인은 약 56만 7천 명으로 전년 대비 8.5% 증가했습니다. 외국인노동자들은 한국 사회의 산업 현장을 지탱하는 중요한 인력일 뿐만 아니라, 그들의 문화, 언어, 종교가 한국 사회에 유입되면서 사회의 문화적 다양성을 증진시키는 역할을 합니다. 외국인노동자 중 일부는 한국인과 결혼하여 다문화가정을 형성합니다. 외국인노동자 가운데는 본국에 있는 가족이 한국으로 이주해 오거나, 한국에 정착한 후 가족을 초청하는 방식으로 다문화가정을 형성하기도 합니다. 결혼이민자와 외국인노동자가 포함된 다문화가족은 한국 다문화사회의 중요한 축을 이룹니다.

1) 외국인 노동자의 취업

외국인노동자가 대한민국에서 합법적으로 취업하려면, 「출입국관리법」에 따라 취업 가능한 체류자격을 취득해야 합니다. 체류자격은 외국인의 신분과 활동 범위를 규정하는 법적 지위입니다. 취업활동은 체류자격에서 정해진 범위에 한정됩니다. 취업이 가능한 체류자격으로 입국한 외국인근로자는 외국인등록을 해야 하며, 그 체류자격과 체류기간 내에서 취업활동을 할 수 있습니다.

(1) 외국인노동자의 개념

외국인노동자는 단순히 "외국에서 온 근로자" 이상의 의미를 지니며, 법적·사회적·역사적 맥락 속에서 다양한 개념으로 정의됩니다. 여기서 외국인노동자와 외국인근로자는 같은 의미의 용어입니다. 외국인노동자는 일반적으로 사용되는 표현이고 외국인근로자 법률상 용어입니다.

이주노동자는 국제기구 및 학계에서 주로 사용하며, 국경을 넘어 취업을 목적으로 이주한 사람의 의미로 사용됩니다. 그리고 외국인 인력은 단순 기능직뿐 아니라 전문직까지 포함하는 넓은 개념으로 사용됩니다.

❶ 국제적 정의

국제노동기구 (ILO)는 "자영업이 아닌 타인에게 고용될 목적으로 한 국가에서 다른 국가로 이주한 사람"으로 정의하고 있으며, UN(국제연합)은 "자신의 본국이 아닌 나라에서 유급 활동에 종사하거나 종사할 예정인 사람"이라고 합니다. 이러한 국제적 정의는 이주노동자 (migrant worker)라는 용어와 연결됩니다.

❷ 한국의 법적 정의

"외국인근로자의 고용 등에 관한 법률" 제2조에서 "외국인근로자란 대한민국 국적을 가지지 아니한 사람으로서 국내에 소재한 사업 또는 사업장에서 임금을 목적으로 근로를 제공하고 있거나 제공하려는 사람"이라고 규정하고 있습니다. 여기서 외국인노동자는 임금 목적의 근로 제공 여부가 핵심 기준으로 하고 있습니다.

❸ 한국의 역사적 배경

한국은 1980년대 후반부터 외국인노동자의 유입이 시작되었습니다. 그리고 1990년대 전반 산업연수생 제도의 도입으로 많은 외국인 인력이 연수생 신분으로 유입되기 시작하였고, 처음에는 외국인노동자로서 법적 권리를 보장받지 못하다가 명동성당 농성(1994년, 1995년) 이후 어느 정도 법적 권리를 획득하게 되었습니다. 그러나 여전히 그들은 산업연수생 신분이었습니다. 2000년대 들어서면서 연수취업제도가 시행되었고 1년 혹은 2년의 한정된 기간 동안 외국인노동자 신분으로 취업을 할 수 있었습니다. 그리고 2004년 고용허가제도가 시행되면서 외국인 인력들은 법적으로 외국인노동자 신분으로 유입되기 시작하였고 2007년 방문취업제 전면 시행과 산업연수생제도 폐지로 이후 외국인노동자는 제조업, 농축산업, 건설업 등에서 한국경제의 중요한 노동력으로 자리 잡았습니다.

(2) 주요 취업 가능 체류자격

외국인이 대한민국에서 취업하려면 「출입국관리법」에 따라 취업활동을 할 수 있는 체류자격 (「출입국관리법」 제18조 제1항)을 받아야 합니다. 취업활동을 할 수 있는 체류자격을 받지 않은 외국인이 취업하면, 3년 이하의 징역 또는 3천만 원 이하의 벌금(「출입국관리법」 제94조 제8호) 처분을 받습니다. 취업활동을 할 수 있는 체류자격을 받지 않은 외국인을 고용하거나 그 고용을 업으로 알선 또는 권유하면,

3년 이하의 징역 또는 3천만 원 이하 벌금(「출입국관리법」 제94조제9호, 제10호) 처분을 받습니다. 외국인이 취업활동을 할 수 있는 체류자격은 다양합니다. 예로 C-4 단기취업, D-10 구직활동이며, E-1~ E-10 중 E-9과 E-7은 지정된 사업장에서만 취업이 가능하고 변경 시 법무부 허가 필요합니다. F-2 거주, F-4 재외동포, F-5 영주, F-6 결혼이민 등은 비교적 자유로운 취업 가능하나 단, 일부 업종 제한 있습니다. H-2 방문취업은 일정 업종에 한 해 취업 가능 등이 있습니다. 목적과 업종에 따라 적합한 비자를 선택하는 것이 중요합니다. 주요 취업 가능 체류자격은 다음과 같습니다.

❶ 비전문취업 (E-9)

고용허가제를 통해 한국 정부(고용노동부)의 허가를 받은 사업장에서만 취업이 가능합니다. 가장 일반적인 외국인 노동자 비자. 내국인을 구하기 어려운 제조업, 건설업, 농축산업, 어업, 서비스업(일부) 등에서 일할 수 있습니다. 최근에는 일부 서비스업(예: 음식점 주방 보조, 요양보호사)으로 확대되는 추세입니다.

자격 요건으로 만 18세 이상 39세 이하, 송출국에서 한국어능력시험(EPS-KLT) 등 기본적인 한국어 능력을 갖추고 범죄 경력이 없어야 합니다. 사업주가 고용노동부로부터 외국인 고용 허가를 받아야 합니다.

❷ 방문취업 (H-2)

E-9 비자와 유사하게 비전문 분야에서 취업이 가능하며, 특례고용허가제를 통해 한국 정부(고용노동부)의 허가를 받은 사업장에서만 취업이 가능합니다. 비교적 자유롭게 구직 및 취업이 가능하며, 주로 재외동포 (중국, 구소련 지역 동포 등)에게 부여되는 비자입니다. H-2 비자로 일정 기간 체류하며 특정 요건을 충족하면 F-4 비자로 변경하여 취업 활동의 폭을 넓힐 수 있습니다.

❸ 특정활동 (E-7)

전문 지식, 기술 또는 기능을 가진 외국인에게 부여되는 비자입니다. 원칙적으로 관련 분야의 학력 (석사 이상, 또는 학사 + 1년 이상 경력) 또는 5년 이상의 경력을 요구합니다. 기업의 필요에 따라 특정 직무에 대한 전문 인력을 초청하는 방식으로 이루어집니다. "전문인력 (E-7-1), 준전문인력 (E-7-2), 일반기능인력 (E-7-3), 숙련기능 점수제 (E-7-4)"가 있습니다.

E-7-4 (숙련기능 점수제)의 경우 E-9, E-10, H-2 비자로 국내에서 5년 이상 성실하게 취업 활동을 한 외국인 중, 소득, 한국어 능력, 학력, 자산, 국내 체류 기간 등 일정 요건(점수제)을 충족하면 E-7-4 비자로 전환하여 장기 체류하며 전문직으로 활동할 수 있는 기회가 주어집니다. 이는 우수 외국인 인력의 국내 정착을 유도하는 제도로 농어업 경력, 연령 제한 (주로 만 25세~ 50세 이하) 등이 있을 수 있습니다.

❹ 계절근로 (E-8)

농어촌 지역의 단기 인력난 해소를 위한 비자입니다. 대부분 한국 지자체와 외국 지자체 간의 MOU 체결을 통해 선발됩니다. 농작물 재배, 수확, 수산물 원시 가공 등 특정 농어업 분야에서만 근무 가능합니다.

❺ 재외동포 (F-4) 비자

대한민국 국적을 가졌던 사람 또는 그 직계비속인 외국 국적자에게 부여되는 비자입니다. 본인 또는 직계존속이 한국 국적을 가졌던 사실을 증명할 수 있어야 합니다. 단순 노무행위를 제외한 대부분의 직종에서 자유로운 취업 활동이 가능합니다. 제한되는 직종은 단순 노무직 (건설 현장 일용직, 주방 보조 중 단순 설거지/청소, 노점상 등), 선량한 풍속을 해치거나 공공의 이익에 반하는 직종 (유흥업소 종사자, 마사지업 등) 등입니다. 단, 지역 특화형 비자 사업을 통해 특정 지역에서는 F-4 비자 소지자의 단순 노무직 취업도 허용되는 경우가 있습니다.

❻ 결혼이민 (F-6) 비자

대한민국 국민의 배우자로서 한국인 배우자와의 혼인 관계가 유효하며, 소득 및 주거 요건 등 심사 기준을 충족해야 합니다. 모든 직종에서 자유로운 취업 활동이 가능하며, 별도의 취업 허가나 제한이 없습니다.

❼ 영주 (F-5) 비자

모든 직종에서 자유롭게 취업 활동이 가능하며, 사실상 한국 국민과 동일한 수준의 경제 활동 자유를 가집니다. 한국 사회의 완전한 구성원으로서 안정적인 생활을 보장받습니다.

체류자격	주요 대상	취업 가능 업종
E-9 (비전문취업)	고용허가제 대상자	제조업, 농축산업, 건설업 등
E-7 (특정활동)	전문기술 인력	IT, 기계설계, 항공정비 등
E-8 (계절근로)	단기 농어업 인력	농작물 수확, 수산물 가공 등
H-2 (방문취업)	중국, 구소련지역 재외동포	농업, 제조업, 건설업 등
F-2 (거주)	국민의 배우자, 난민 등	업종 제한 없이 가능
F-4 (재외동포)	외국국적 동포	단순노무 제외, 자유로운 취업
F-6 (결혼이민)	국민의 배우자	업종 제한 없이 가능

표3-27 체류자격별 취업 가능 유형

(3) 취업자격 체류외국인 현황

한국의 외국인 노동자는 저출산·고령화로 인한 생산가능인구 감소와 특정 산업 분야의 인력난 심화로 인해 그 중요성이 더욱 커지고 있습니다. 외국인 노동자 현황은 변화하는 경제 구조와 인구 구조를 반영하며, 국가의 지속적인 성장과 사회의 다양성 증진에 핵심적인 요소입니다.

전문인력	총계	단기취업 (C-4)	교수 (E-1)	회화지도 (E-2)	연구 (E-3)	기술지도 (E-4)	전문직업 (E-5)	예술흥행 (E-6)	특정활동 (E-7)
	97,400	3,311	1,828	13,217	3,230	204	218	4,567	70,825
단순 기능인력 및 기타	총계	계절근로 (E-8)	비전문취업 (E-9)	선원취업 (E-10)	방문취업 (H-2)	관광취업 (H-1)			
	511,897	60,535	339,815	21,154	90,393	3,986			

표3-28 취업자격 체류외국인
(출처: 출입국외국인정책 통계월보 2025.5. www.immigration.go.kr)

구분	총계	거주 (F-2)	재외동포 (F-4)	영주 (F-5)	결혼이민 (F-6)
취업활동의 제한을 받지 않는 자격 체류외국인	982,788	64,031	555,485	212,196	151,076

표3-29 취업활동의 제한을 받지 않는 자격 체류외국인
(출처: 출입국외국인정책 통계월보 2025.5. www.immigration.go.kr)

계	중국	베트남	네팔	캄보디아	인도네시아	필리핀	미얀마
613,283	93,576	97,258	59,101	58,690	54,745	39,204	36,699
	태국	스리랑카	우즈베키스탄	방글라데시	미국	라오스	파키스탄
	31,703	29,180	24,694	18,080	8,158	14,980	6,185
	몽골	카자흐스탄	동티모르	인도	남아프리카공화국	일본	기타
	5,290	4,491	4,537	3,280	3,951	3,406	16,075

표3-30 취업자격 체류외국인 국적별 현황
(출처: 출입국외국인정책 통계월보 2025.5. www.immigration.go.kr)

(4) 외국인노동자와 다문화

외국인노동자는 단순히 노동력 수급과 경제적 기여의 문제를 넘어, 한국 사회의 구조적 변화와 언어·종교·생활양식 등 문화적 다양성을 반영하는 중요한 주제입니다. 외국인노동자는 주로 제조업, 농축산업, 건설업 등 내국인이 기피하는 업종에서 일하며, 한국 경제의 필수 인력으로 자리잡았습니다. 이들의 장기 체류와 결혼, 자녀 출산 등으로 인해 다문화가정이 증가하고 있습니다. 외국인노동자와 다문화는 이제 한국 사회의 주변 이슈가 아닌 중심 과제입니다. 다문화 사회의 성숙도는 이들 외국인 노동자의 삶과 사회 통합에 지대한 영향을 미칩니다.

외국인노동자는 중소기업과 농어촌 등 인구 감소가 심각한 지역에서 인력난을 해소하며, 연간 1조 원 이상의 경제적 효과를 만들어 내고 있습니다. 외국인노동자의 음식, 언어, 생활양식, 예술 등 다양한 문화가 지역사회에 스며들고 있습니다. 외국인 밀집 지역에는 다양한 국가의 음식점, 상점, 종교 시설 등이 생겨나면서 지역의 문화적 지형을 변화시키고 있습니다. 하지만 일부 영역에서는 외국인에 대한 부정적 인식과 갈등이 여전히 존재합니다. 외국인 노동자 중 일부는 한국인과 결혼하여 다문화가정을 형성하며, 외국인노동자의 자녀들은 언어·문화 차이로 인해 학업 부진과 사회적 고립 문제가 발생하기도 합니다.

그러므로 외국인 노동자와의 일상적인 교류가 필요합니다. 이것은 한국인들이 다양한 문화를 경험하고 이해할 기회를 제공하고 장기적으로 사회 전반의 다문화 수용성을 높여줍니다. 따라서 정부와 지방자치단체, 민간단체들은 외국인 노동자의 권익 보호와 이민자 사회적 통합을 위한 다양한 노력을 기울이고 있습니다. 이들에 대한 사회통합 프로그램을 강화하고 있습니다. 한국어 교육, 문화 이해, 노동권 교육, 상담, 문화체험, 자녀교육지원 등 확대하고 있습니다. 고용허가제를 통해 취업한 노동자에게 한국 대학에 유학할 수 있는 고등교육의 기회도 이미 주어졌습니다. 인구절벽 시대를 대비한 장기 체류자 및 우수 인재 유치 전략을 세우고 시행하고 있습니다. 학교 교육 과정에 다문화 시민 교육을 포함하고, 미디어 캠페인 등을 통해 국민들의 다문화 이해와 수용성을 높이려는 노력이 있습니다. 외국인과 내국인이 함께 참여하는 문화 행사, 자원봉사 활동 등을 통해 상호이해의 폭을 넓히고 있습니다. 외국인노동자 밀집 지역에서 공동체 형성 및 문화 다양성 확대하고 있습니다.

2) 외국인노동자 정책

한국의 외국인 노동자 정책은 저출산·고령화로 인한 심각한 인력난 해소를 최우선 목표로 하면서, 동시에 외국인 노동자의 인권 보호 및 사회통합을 지향하는 복합적인 양상을 띠고 있습니다.

(1) 외국인노동자 도입

가장 핵심적인 외국인 노동자 도입 제도는 고용허가제입니다. 정부는 매년 외국인력정책위원회를 통해 다음 연도의 도입 쿼터와 운영 계획을 확정합니다. 2024년 16.5만 명이었고 2025년 외국인력(E-9) 도입 규모는 13만 명입니다. 쿼터는 업종별 쿼터(9.8만 명)와 탄력배정분(3.2만 명)으로 나뉘어 운영되어, 실제 현장의 수요에 따라 유연하게 배정되고 있습니다.

기존 제조업, 농축산업, 어업, 건설업 등 내국인이 기피하는 업종을 넘어, 최근에는 서비스업 분야로도 확대되고 있습니다. 2024년에는 한식업 주방보조원, 임업 단순종사원, 광업 단순종사원 (채굴, 운반, 가공) 등이 고용허가제 신규 업종으로 추가되었으며, 향후 돌봄 서비스 분야 등으로도 확대 예정입니다.

사업주의 내국인 구인 노력 기간을 단축 (일부 업종 14일→ 7일)하는 등 외국인력 도입 절차를 간소화하였고 사업주가 외국인노동자의 한국어 능력과 직무 능력을 충분히 확인할 수 있도록 관련 정보제공을 강화하고 있습니다.

(2) 외국인노동자 지원

외국인 노동자가 한국 사회에 안정적으로 정착하고, 차별 없이 권리를 누릴 수 있도록 다양한 지원 정책을 시행하고 있습니다.

❶ 노동권 및 인권 보호

근로기준법, 최저임금법, 산업안전보건법 등 국내 노동관계 법령을 내국인과 차별없이 동일하게 적용하여 외국인 노동자의 권리를 보장합니다. 임금 체불 시 고용노동부 신고, 대지급금 신청 등 구제 절차를 지원하고, 사업주의 임금체불 보증보험 가입을 의무화했습니다. 외국인 근로자 기숙사 기준을 강화했습니다.

❷ 사회 적응 및 생활 지원

입국 전후 한국어와 한국문화에 대해 의무적 교육을 실시하고, 한국어 능력 향상을 위한 다양한 학습 프로그램을 제공합니다. 사회통합프로그램(KIIP)을 통해 한국사회이해교육을 제공하고 수료하면 비자 혜택을 부여합니다. 건강보험 가입을 의무화하고, 외국인 전용 진료소 등을 통해 의료접근성을 확대하고 있습니다. 외국인력상담센터(1577-0071), 다누리 헬프라인(1577-1366) 등을 통해 다국어로 고충상담, 법률·의료·생활정보 등을 제공합니다. 전국 각지의 외국인노동자원센터, 다문화가족지원센터 등에서 한국어교육, 문화교류, 자녀 교육지원 등 종합적인 서비스를 제공합니다. 최근 다문화이주민+센터를 통해 정부의 각종 서비스를 원스톱으로 통합 제공합니다. 외국인 자녀도 체류자격과 관계없이 의무교육 대상인 초·중학교에 입학할 수 있도록 지원합니다.

❸ 외국인노동자를 위한 시설 및 기구

고용허가제 전자계약 시스템을 도입하여 근로계약서, 숙소 정보, 기숙사비 공제 내역 등을 모국어로 제공하여 투명성 강화하고 있습니다. 공공 지원시설로는 전국 40여 곳 외국인력지원센터를 통해 통역, 법률상담, 노동권 및 생활법률교육, 생활안내, 고충상담, 정보화교육 등을 제공합니다. 대표 외국인노동자지원센터는 서울, 수원, 대구, 창원, 천안 등에 위치합니다. 외국인노동자 공공주거시설로 고용노동부는 2025년부터 지자체와 협력해 공공형 기숙사를 지원합니다. 외국인력상담센터는 전화상담을 통해 신속하게 고충을 해결합니다. 노동자 단체, 사용자 단체, 외국인노동자 단체 등으로 구성되는 외국인노동자 권익보호협의회는 외국인노동자와 사용자 간 갈등 해소, 지원방안 등을 협의합니다. 그리고 외국인노동자 쉼터, 법률지원단체, 의료지원단체 등이 임금체불, 폭행피해, 불법체류자 상담 등을 수행하며 제도 밖 사각지대를 보완하고 있습니다. 이주노동자 노동조합 (MTU)은 노동권 보호, 산업재해 대응, 법률 지원 등 활동을 하고 있습니다.

(3) 정책 방향

제조업, 농축산업 등 인력난 심화 업종에 대한 외국인력 도입을 확대와 E-7-4와 같은 숙련인력 유치와 국내 정착을 유도하고 있습니다. 노동시장의 변화와 산업별 특성을 고려하여 현장 수요에 신속하게 대응하고 외국인력 도입 규모와 업종을 더욱 탄력적으로 조정 운영하고 있습니다. 불법체류 외국인 감소를 위한 노력, 합법적인 외국인 노동자들의 인권 보호와 지원을 강화하고 있습니다. 단순한 복지 지원을 넘어 사회통합을 실질적으로 강화하고 제도적 기반을 마련하고 있습니다. 인구절벽시대를 대비한 장기체류자 및 우수인재유치 전략들을 발굴하고 있으며, 지속 가능하고 포괄적인 이민정책 및 거버넌스 시스템 구축을 위해 방안을 모색 중입니다. 무엇보다 외국인노동자의 안정적인 정착과 다문화사회의 사회적 통합을 위해 정부의 정책적 노력과 함께, 사회 구성원 모두의 다문화수용성 증진과 상호이해 노력이 지속되어야 합니다.

6. 난민

난민의 국제적 보호는 다양한 국제협약과 국내법을 통해 규율됩니다. 이것은 개인을 다양한 요인의 박해로부터 보호하고 기본적인 권리를 보장하기 위한 국제사회의 인도주의적 노력입니다.

난민의 국제적 보호 관련 법 및 규정으로 1933년 「난민의국제적지위에관한조약」과 1950년 「유엔난민기구(UNHCR)규정」이 있습니다. 그리고 난민의 정의, 권리, 그리고 국가의 의무를 규정하는 「1951년 난민의지위에관한협약」이 있습니다. 이 협약의 제33조에는 강제송환금지원칙 (non-refoulement)을 명시하여, 난민을 박해의 위협이 있는 국가로 돌려보내는 것을 금지합니다. 그리고 「1967년 난민의 지위에 관한 의정서」는 「난민지위에관한협약」이 1951년 1월 1일. 이전 발생 사건으로 인해 난민이 된 경우에만 적용되므로 모든 사람들에게 적용하기 위한 것입니다.

지역적인 것으로 1969년 「아프리카난민문제의특정상황에관한OAU」 (아프리카 통일기구 협약)과 1984년 「카타헤나선언」 (미주기구 난민선언)"이 있습니다. 「카타헤나선언」은 "보편화된 폭력, 외부 침략, 국내 소요, 대량 인권침해로 인한 자신의 생명, 안전이나 자유를 위협받는 경우" 난민으로 인정하고 있습니다.

이외에도 국제인권법이 있으며, 여기에는 「세계인권선언, 「국제인권규약, 「아동의 권리에대한협약」, 「여성차별철폐협약」, 「고문방지협약」, 「인종차별철폐협약」 등이 있습니다.

UN의 난민관련 기구에는 국제난민구제기관 (IRO)이 1946년 2차 회기 시 UN총회에서 설립되었으며, UN구제부흥기관의 업무 인수 후 난민의 등록, 보호, 재정착, 송환 등의 책무를 임시로 맡았으나 정치적 긴장으로 인한 논쟁 및 자금 부족 등으로 난민 문제에 대한 국제적인 노력을 위해 후속 기구의 설립에 관한 논의 시작되었습니다. 그리고 UN난민고등판무관실 유엔난민기구 (UNHCR)입니다. 이것은 UN총회의 부속기구로 난민 발생 예측 및 난민 문제의 항구적 해결책 마련하고 있습니다. "강제적 본국송환 방지, 난민신청과 지원, 법률적 자문 및 지원, 신체적 안전을 위한 제도, 자발적 본국 송환의 권장 및 지원, 재정착 지원 등"입니다.

이와 더불어 한국은 난민 보호를 위해 아시아 최초로 독립적인 「난민법」을 제정한 국가입니다. 이처럼 난민 보호는 국제협약과 국내 법률이 함께 작동하여, 박해로부터 사람들을 보호하고 인간다운 삶을 보장하는 데 목적이 있습니다.

1) 난민의 개념

난민은 국제법에 따라 정의되고 보호받습니다. 난민의 가장 핵심적인 정의는 1951년 「난민의지위에관한협약」 (Convention Relating to the Status of Refugees)과 1967년 「난민의지위에관한의정서」 (Protocol Relating to the Status of Refugees)에 명시되어 있습니다. 이 협약과 의정서는 난민의 자격요건과 권리, 국가의 의무 등을 규정하는 국제 「난민법」의 기본 틀입니다.

그리고 전쟁이나 심각한 내란, 공공질서의 심각한 교란 등으로부터 피한 사람들을 난민으로 인정하는 지역적 협약도 있습니다. 예로 1969년 「아프리카통일기구난민문제의특정측면을규율하는협약」과 1984년 「카타헤나선언」이 있습니다.

또한 대한민국은 1992년에 「난민협약」과 의정서에 가입하였고, 2012년 아시아 최초로 「난민법」을 제정하여 2013년부터 시행하고 있습니다.

(1) 국제협약에서 난민

「난민의지위에관한협약」 제1조에서 난민은 "1951년 1월 1일 이전에 발생한 사건의 결과로서, 또한 인종, 종교, 국적 또는 특정 사회집단의 구성원신분 또는 정치적 의견을 이유로 박해를 받을 우려가 있다는 충분한 이유가 있는 공포로 인하여 국적국 밖에 있는 자로서 그 국적국의 보호를 받을 수 없거나 또는 그러한 공포로 인하여 그 국적국의 보호를 받는 것을 원하지 아니하는 자 및 이들 사건의 결과로서 상주국가 밖에 있는 무국적자로서 종전의 상주국가로 돌아갈 수 없거나 또는 그러한 공포로 인하여 종전의 상주 국가로 돌아가는 것을 원하지 아니하는 자."로 규정하고 있습니다. 즉 난민은 "인종, 종교, 국적, 특정 사회집단의 구성원 신분 또는 정치적 의견을 이유로 박해를 받을 것이라는 충분한 근거가 있는 공포로 자국을 떠나 보호를 받을 수 없거나 받기를 원하지 않는 사람"으로 정의됩니다.

난민의 정의에서 핵심 요건을 살펴보면 ▶박해에 대한 충분히 근거 있는 공포입니다. 이것은 단순한 불편함이나 차별이 아니라, 생명, 자유 또는 기본적인 인권에 대한 매우 심각한 침해와 위협에 대한 두려움을 의미합니다. ▶박해의 요인입니다. 박해는 생명·신체·자유에 대한 중대한 침해를 의미합니다. 박해의 요인으로 인종(미얀마의 로힝야족처럼 특정 민족이나 인종 집단에 대한 차별과 폭력), 종교 (특정 종교를 믿거나 믿지 않는다는 이유로 체포, 고문, 강제 개종 등), 국적 (특정 국가의 국적 혹은 시민권을 가졌다는 이유뿐만 아니라, 민족적·문화적 정체성까지 포함하여 차별받는 경우), 특정 사회집단의 구성원 신분(성 소수자, 특정 가족 구성원, 특정 직업군, 여성, 장애인, 특정 직업군 등 사회적 특성으로 인해 박해받는 집단), 정치적 의견(정부 정책에 대한 반대, 야당 활동, 시위 참여, 반체제 활동 등으로 정치적 견해 표명했다는 이유로 체포·고문·살해 위협 등 박해)가 있습니다. ▶본국의 보호를 받을 수 없거나 원하지 않음입니다. ▶국경을 넘어 다른 국가에 있어야 합니다. 난민은 반드시 국가의 경계(국경)를 넘어 다른 국가로 피신한 자를 의미합니다.

(2) 한국 「난민법」에서 난민

한국의 「난민법」 제2조는 난민에 대해 "난민이란 인종, 종교, 국적, 특정 사회집단의 구성원인 신분 또는 정치적 견해를 이유로 박해를 받을 수 있다고 인정할 충분한 근거가 있는 공포로 인하여 국적국의 보호를 받을 수 없거나 보호받기를 원하지 아니하는 외국인 또는 그러한 공포로 인하여 대한민국에 입국하기 전에 거주한 국가(이하 "상주국"이라 한다)로 돌아갈 수 없거나 돌아가기를 원하지 아니하는 무국적자인 외국인을 말한다."라고 규정합니다. 이 정의는 1951년 유엔 난민협약의 정의를 국내법에 반영한 것으로, 박해의 사유와 공포의 정당성, 그리고 국적국 또는 상주국의 보호를 받을 수 없다는 것이 핵심 요소입니다.

한편, 「난민법」 제2조에서는 난민 인정자, 인도적 체류자, 난민 신청자에 대해서도 함께 정의하고 있습니다. "난민 인정자란 「난민법」에 따라 난민으로 인정을 받은 외국인", "난민신청자란 대한민국에 난민인정을 신청한 외국인으로서 심사가 진행 중인 사람, 난민불인정 결정이나 난민불인정 결정에 대한 이의신청의 기각결정을 받고 이의신청의 제기 기간이나 행정심판 또는 행정소송의 제기 기간이 지나지 아니한 사람, 난민 불인정 결정에 대한 행정심판 또는 행정소송이 진행 중인 사람”, 그리고 “인도적 체류자란 난민에는 해당하지 아니하지만 고문 등의 비인도적인 처우나 처벌 또는 그 밖의 상황으로 인하여 생명이나 신체의 자유 등을 현저히 침해당할 수 있다고 인정할 만한 합리적인 근거가 있는 사람으로서 체류 허가를 받은 외국인”으로 각각 규정하고 있습니다.

(3) 무국적자와 난민

무국적자와 난민은 국제법상 다른 개념이지만, 모두 국경과 정체성의 경계에서 살아가는 사람들이고, 둘 다 특별한 보호가 필요한 취약계층이라는 공통점을 가집니다.

기본적인 인권 보장에 취약하고 국제법상 보호 대상입니다. 보호 주체는 유엔난민기구(UNHCR)와 수용국 정부입니다.

차이점은 무국적자는 “국적이 없는 상태”에 초점을 맞추지만 난민은 “박해를 피해 국경을 넘어 도피한 이유”에 초점을 맞춘다는 점입니다. 간혹 무국적자이면서 동시에 난민인 경우도 있습니다. 예를 들어, 특정 국가에서 무국적자로 태어나 어떠한 국적도 가지지 못했는데, 그 국가에서 박해를 받아 본국을 떠나 다른 나라로 피난온 사람이라면 무국적이면서 난민으로 분류될 수 있습니다.

한국은 「난민법」을 통해 난민을 보호하고 있으며, 무국적자에 대해서도 인도적 체류 허가나 출생 등록 제도 개선 등을 통해 보호를 강화하고 있습니다. 하지만 무국적자에 대한 법적 정의나 통계는 아직 부족한 것은 사실입니다.

(4) 난민 현황

한국의 난민 현황은 출입국외국인정책 통계를 통해 파악할 수 있습니다. 1994년 난민 제도 시행 이후 2024년 12월 31일 현재 122,096건에 달합니다. 2013년 「난민법」

시행 이후 난민 신청이 급증하는 추세입니다. 2023년 한 해 동안 18,837건으로 역대 최대치를 기록했습니다. 그러나 2023년 한 해 동안 난민 심사 완료 5,452건 중 난민으로 인정된 사람은 101명으로, 2023년 기준 인정률은 약 1.9%입니다. 「난민협약」과 「난민법」이 정하는 사유에 해당하여 난민으로 인정받은 사람은 출입국·외국인정책 2025년 5월 통계자료에 의하면 누적 총 1,598명 (인정률 2.7%)입니다.

1994년~2021년		2022년		2023년		2024년		2025년 1~5월	
총 계	73,383	총 계	11,539	총 계	18,837	총 계	18,336	총계	5,520
중국	7,452	카자흐스탄	2,456	러시아	5,750	러시아	4,546	러시아	902
카자흐스탄	7,181	인도	1,278	카자흐스탄	2,094	중국	1,571	인도	553
러시아	6,923	튀르키예	1,188	중국	1,282	인도	1,403	카자흐스탄	378
파키스탄	6,613	러시아	1,038	말레이시아	1,205	카자흐스탄	1,347	중국	325
이집트	5,063	중 국	772	인도	1,188	말레이시아	1,113	말레이시아	280
인도	3,925	미얀마	390	몽골	836	몽골	1,015	파키스탄	246
말레이시아	3,583	파키스탄	349	튀르키예	564	튀르키예	785	베트남	217
방글라데시	3,222	방글라데시	304	우즈베키스탄	477	파키스탄	775	우즈베키스탄	198
나이지리아	2,802	이집트	288	파키스탄	476	방글라데시	394	몽골	190
네팔	2,048	모로코	271	키르기즈	372	베트남	392	이집트	185
기타	24,571	기타	3,205	기타	4,593	기타	4,995	기타	2,046

표3-31 국적별 난민신청자 현황

(출처: 출입국외국인정책 통계월보 2025.5. www.immigration.go.kr)

구분	총계	종교	정치적 의견	특정사회 구성원	인종	국적	가족 결합	협약 외 사유
총 누계	127,614	24,328	25,600	11,066	5,727	1,217	5,461	54,215
당해 연도	5,520	844	1,093	286	186	56	250	2,805

표3-32 사유별 난민신청 현황

(출처: 출입국외국인정책 통계월보 2025.5. www.immigration.go.kr)

연도＼구분	심사완료	난민인정(보호)					불인정
		소계	인정	인도적체류	인정률	보호율	
총계	59,594	4,301	1,598	2,703	2.7%	7.2%	55,293
1994~2015년	7,498	1,488	580	908	7.7%	19.8%	6,010
2016년	5,665	350	98	252	1.7%	6.2%	5,315
2017년	5,874	437	121	316	2.1%	7.4%	5,437
2018년	3,954	651	144	507	3.6%	16.5%	3,303
2019년	5,060	308	79	229	1.6%	6.1%	4,752
2020년	6,237	223	69	154	1.1%	3.6%	6,014
2021년	6,842	121	72	49	1.1%	1.8%	6,721
2022년	4,891	230	175	55	3.6%	4.7%	4,661
2023년	5,452	221	101	120	1.9%	4.1%	5,231
2024년	5,096	205	105	100	2.0%	4.0%	4,891
2025년 1~5월	3,025	67	54	13	1.8%	2.2%	2,958

표3-33 난민신청 심사결과

(출처: 출입국외국인정책 통계월보 2025.5. www.immigration.go.kr)

연도 \ 구분	1차					이의신청			
	신청	심사종결				신청	심사종결		
		소계	심사 결정	직권 종료	자진 철회		소계	심사 결정	자진 철회
총 계	127,614	100,043	68,344	20,638	11,061	50,987	42,236	39,546	2,690
'94~'15년	15,250	11,938	10,131	1,081	726	7,566	5,422	5,225	197
2016년	7,541	7,061	6,326	572	163	5,277	4,356	4,276	80
2017년	9,942	6,416	5,219	1,017	180	3,723	4,463	4,415	48
2018년	16,173	6,600	4,295	1,735	570	3,110	2,691	2,584	107
2019년	15,452	10,012	5,874	2,620	1,518	4,066	3,557	3,431	126
2020년	6,684	14,031	8,102	4,013	1,916	5,954	4,093	3,792	301
2021년	2,341	9,675	5,982	2,167	1,526	4,718	5,307	4,997	310
2022년	11,539	8,120	5,461	2,020	639	3,748	3,386	3,079	307
2023년	18,837	9,654	7,087	1,431	1,136	5,248	3,645	3,143	502
2024년	18,335	10,880	6,746	2,292	1,842	5,152	3,504	3,002	502
2025년 1~5월	5,520	5,656	3,121	1,690	845	2,425	1,812	1,602	210

표3-34 난민신청 처리현황

(출처: 출입국외국인정책 통계월보 2025.5. www.immigration.go.kr)

(5) 난민과 다문화

한국의 다문화 현상은 주로 자발적 이주를 통한 다양성 증대에 초점을 맞추고 있으나 난민은 박해를 피해 온 비자발적 이주자로서 특별한 보호를 필요로 합니다. 하지만 난민도 한국 다문화사회 구성원이라는 것은 의심의 여지가 없습니다. 난민들은 「난민법」에 따른 독자적인 법적 지위를 가지고 있지만 다른 이주민 그룹과 유사한 통합 문제를 겪으며, 한국 사회의 다양성에 기여하고 있습니다.

난민으로 인정되어 한국 사회에 정착하는 사람들은 기존의 국제결혼 이민자나 이주노동자처럼 한국 사회의 다양성을 구성하는 새로운 인구 집단이 됩니다. 이들은 문화적 배경, 언어, 생활 방식 등에서 기존 한국 사회와 다른 점을 가지며, 이는 다문화 현상의 일부로 볼 수 있습니다. 그리고 난민 역시 한국 사회에 통합하는 과정에서 언어, 문화, 고용, 교육 등의 문제에 직면합니다. 이들 또한 사회 적응을 위한 지원 시스템이 필요합니다.

따라서 한국에서는 난민을 "다문화가족 범주"에 포함시키려는 시도와 관련된 법안 논의가 몇 차례 있었습니다.

❶ 2020년 11월 인재근 의원이 대표 발의한 「다문화가족지원법」 전부개정법률안

▶「다문화가족지원법」의 제명을 이주가족지원법으로 변경하는 것을 제안했습니다. 이는 "다문화가정"이라는 용어가 특정 집단 (주로 국제결혼 이민자)을 가리키며, 차별적인 낙인으로 오용될 수 있다는 지적에 따라, 더 포괄적이고 중립적인 개념으로 대체하려는 의도였습니다. ▶다문화가족 범주에 기존의 결혼이민자뿐만 아니라 북한이탈주민, 난민 인정자, 그리고 귀화자까지 "이주자 가족"의 범위에 포함시키도록 했습니다. 난민 인정자 포함의 배경에는 "그 자녀들이 교육 등에서 차별받을 수 있다."는 문제의식이 반영되었습니다. ▶중도입국 아동·청소년 교육 지원, 난민 자녀나 제3국 출생 탈북청소년 등도 교육·사회 적응 지원을 받을 수 있도록 내용을 포함했습니다.

❷ 이자스민 법안

이자스민 전 국회의원은 의정 활동 기간 내내 다문화·이민·난민 정책에 주력하며, 「난민법」·「외국인근로자고용등에관한법」·「다문화가족지원법」 개정안 등에는 난민을 더 포괄적으로 수용하고 지원하는 방향으로 보완하는 내용을 담고 있었습니다.

❸ 시민사회

한국회복적정의협회(KARJ)는 "난민 인정자도 「다문화가족지원법」의 보호 대상에 포함되어야 한다"고 주장하고 있습니다. 이들이 한국 사회의 한 구성원으로서 안정적으로 생활하고 사회통합을 이룰 수 있도록 기존의 다문화가족지원 인프라(예: 다문화가족지원센터의 한국어교육, 심리 상담, 자녀 교육 지원 등)를 활용할 필요가 있다고 합니다. 한국회복적정의협회는 "난민을 포함한 다양한 이주민들이 한국 사회에 안정적으로 정착하고, 기존의 다문화가족지원 시스템을 통해 필요한 지원을 받으며, 모두가 함께 존중하며 살아가는 포용적인 사회를 만드는 데 기여해야 한다."라고 주장합니다.

❹ 상호주의 관점의 다문화 이해와 실제 (최순자, 2022)

이 책은 난민을 단순한 보호 대상이 아닌 한국 사회의 구성원으로 존중해야 한다는 상호주의적 접근을 강조합니다. 예멘 출신 난민 가족을 다문화 사례로 포함해, 난민도 다문화사회의 일원으로 이해해야 한다는 관점을 제시했습니다. 이처럼 난민을 다문화가족 범주에 포함시키려는 시도는 법률, 정책, 학술, 시민사회 등 다양한 층위에서 이루어지고 있지만, 아직 제도적으로는 공식 포함되지 않은 상태입니다.

2) 난민정책

한국 사회가 난민을 처음 마주하게 된 사건은 베트남전쟁 종전(1975.4.30.) 이후 발생한 베트남 난민입니다. 당시 한국은 「난민협약」에 가입하지도 법률도 준비되지 않은 상황이어서 베트남 난민을 재난상륙자 혹은 무국적자로 대우했었고 "국내 거주 월남 난민의 체류 관리에 대한 지침(1979)"을 통해 이들을 관리했습니다. 1977년

부산에 세워진 월남난민보호소를 1993년까지 운영하면서 이들의 임시 거주 지원과 본인들의 희망에 따라 미국, 호주, 프랑스 등 제3국으로 보내졌습니다.

그리고 「난민지위에관한협약」(1951) 및 「난민의정서」(1967)에 1992년 12월 3일에 가입하였으며, 1993년 12월 10일에는 「출입국관리법」 상 난민관련 조항을 최초로 신설하고 1994년 3월부터 난민인정 심사 업무 시작하였습니다. 그리고 6월 30일에는 「출입국관리법」 시행령에 난민인정 조항을 신설하여 난민인정제도를 도입하고 난민지위인정 신청을 받기 시작했습니다. 2001년 2월 13일 드디어 한국 최초 난민인정자가 나왔습니다. 1997년 한국에 입국하여 종교적 박해 사유로 2000년 7월 난민신청 접수를 한 에디오피아인 데구씨 (현재 외국 거주)였습니다.

2008년 12월 19일에는 난민정책 선진화를 위한 「출입국관리법」의 개정이 있었으며, 2009년 6월 16일 「출입국관리법」 개정을 통해 "난민의 인정을 받지 못한 사람 중 인도적 고려가 필요한 외국인에 대한 체류 허가를 위한 세부 규정을 신설"하였습니다. 그리고 2010년 5월 14일 「출입국관리법」의 개정을 통해 "난민 심사 중인 사람에 대한 강제퇴거의 집행 정지"하도록 했습니다.

2010년 3월 19일 난민인정자 중 최초로 한국 국적 취득자가 나왔습니다. 에디오피아 출신 ㄱ 씨(38세)로 그는 2001년 8월 21일 한국에 입국하였고 2002년 9월 4일 정치적 박해 사유로 난민인정 신청을 하여 2005년 9월 20일 난민지위를 획득했습니다. 그리고 2009년 3월 3일 귀화신청을 하여 1년 만에 한국 국적을 취득했습니다. 일반귀화는 통상 1년 6개월이 걸리지만 편의 제공 차원에서 한국 정부는 배려했습니다. ㄱ 씨는 한국 국적을 취득 소감으로 "안전이 보장되고 복종 없이 신념대로 살 수 있는 대한민국 국민이 되어 행복하다."라고 했습니다.

2012년 2월 10일 아시아 최초로 「난민법」을 제정하고 2013년 7월부터 시행하였습니다. 이에 2013년 6월 법무부는 난민과를 신설하여 「난민법」을 기반으로 한 난민정책을 시행하기 시작했습니다. 「난민법」을 근거로 2015년부터 재정착난민 도입이 시작되었습니다.

2018년 9월 18일 난민인정자의 영주자격 취득요건 중 거주기간을 현행 5년 이상에서 2년 이상으로 단축하였습니다. 그리고 1918년 제주 예멘 난민 사태가 발생하고 난민신청자들이 급증하자 2019년 9월 5일에는 2020년에 난민심사과를 신설하기로 결정하였습니다. 이에 2020년 02월 10일 난민심의과를 신설하고 난민과 명칭을 난민정책과로 변경하고 업무를 확대하였습니다. 2022년 2월 28일 국내 체류 우크라이나인 3,843명에 인도적 특별 체류 조치를 하여 체류 기간 만료자 등 임시체류기간을 연장해 주고 취업도 허용했습니다. 이들의 난민 수용 여부엔 "외교부와 긴밀히 상의"하기로 했습니다.

2025년 현재 난민전문통역인 인증제 사업을 통해 36개 언어 운영하고 있으며, 난민면접 통역의 공정성과 전문성 강화 기대하고 있습니다.

(1) 출입국외국인지원센터

한국의 난민 정책이 발전하고 난민 신청자 증가에 대한 실질적인 지원 필요성이 대두되면서 추진된 출입국외국인지원센터(난민지원시설)는 2009년 인천시 중구 운북동 933의 22 일대를 출입국지원센터 입지로 선정하고 2011년 5월 착공하여 2013년 11월 1일 신설 시행하였고 2014년 2월 12일 제한적 운영을 시작으로 난민 신청자 입주 및 종합 서비스를 2015년 3월 10일부터 본격적으로 시작했습니다.

출입국외국인지원센터 (난민지원시설)는 「난민법」 제45조 및 시행령 제19조에 의거 재정착난민과 난민 신청자들에게 기본적인 생활 지원과 임시 거주 공간을 제공하고 사회 적응에 필요한 교육프로그램 운영함으로써 난민 보호 시스템을 강화하는 데 중요한 역할을 하는 시설입니다.

출입국외국인지원센터 운영은 난민 보호의 실질적 강화, 인도주의적 책임 이행, 사회적 갈등 완화 및 통합 기반 마련, 한국 난민 정책의 선진화 등의 의미를 가집니다.

(2) 재정착 난민 도입

재정착 난민 도입제도는 해외 난민캠프 등에 있는 난민 중 한국으로 재정착을 희망하는 자에 대해 UNHCR 추천을 받아 심사를 거쳐 난민으로 수용하는 제도입니다. 수용 대상은 태국 및 말레이시아 내 일시 체류하고 있는 미얀마인 같은 아시아권 거주이고 문화적 배경이 유사할 것 등입니다. 2015~2017년 3년간 90명 이내 가족단위 수용 시범사업 실시, 수용 및 정착에 대한 평가를 거쳐 정식사업 추진 결정할 예정이었습니다. 이는 「난민법」 제24조에 근거하여[182] "한국이 국제사회에서 책임 있는 역할 분담 및 난민문제 해결 적극 동참과 위상 제고"를 추진 배경으로 하고 있습니다.

따라서 법무부와 유엔난민기구(UNHCR)가 공동으로 2014년 10월 29일(수) 오후 2시에 서울 강남구 코엑스 컨퍼런스룸에서 "재정착 희망난민제도 도입을 위한 공청회"를 개최했습니다. 논의 내용으로는 "한국형 재정착 희망난민제도 도입 방안, 제도 운영에서 시민단체와 지방자치단체의 유기적 협력 방안, 국제이주기구(IOM)의 난민 재정착 프로그램, 재정착난민 선정 시 인도적 지원 필요성, 사회통합 가능성, 개인의 자립 가능성 고려 여부 등"입니다.

법무부는 공청회를 통해 수렴된 각계의 의견을 바탕으로 한국 현실에 적합한 재정착 난민제도를 마련하는 데 적극 반영하겠다고 했으며, 이는 한국이 국제사회의 일원으로서 난민 문제 해결에 기여하고 난민보호에서 인도주의적 책임을 다하려는 의지를 보여주는 것이었습니다. 이를 바탕으로 대한민국은 2015년 4월 3일 제16회 외국인정책위원회를 통해 재정착난민 도입 시범 사업을 확정하였습니다. 그리고

182) 「난민법」 제24조 '법무부장관은 재정착희망난민의 수용 여부와 규모 및 출신지역 등 주요 사항에 관하여 재한외국인 처우 기본법 제8조에 따른 외국인정책위원회의 심의를 거쳐 재정착희망난민의 국내 정착을 허가할 수 있다.'

2015년부터 미얀마 난민을 시작으로 재정착 난민을 실제 수용하기 시작했습니다. 이것은 일본이 2010년부터 시범사업으로 재정착난민을 수용한 것에 이어 아시아에서 2번째로 수용입니다.

2015~2022년 12월까지 총 9차례에 걸쳐 수용된 재정착 난민은 총 69가구 236명입니다. 1~3기 (2015~2017년)에 16가구 총 86명은 미얀마의 소수민족인 카렌족으로, 한국입국 전 태국 국경의 맬라 (Mae La) 난민촌과 움삐얌마이 (Umphiem Mai) 난민촌에서 거주하였고, 한국 입국 후 부평 지역에 정착하였습니다. 4~7기 (2018~2021년)는 28가구 총 82(1명 사망)명은 이전과 달리 다양한 민족으로 구성되어 카렌족뿐만 아니라 친족, 카친족, 아프가니스탄인, 이란인 등입니다. 한국 입국 전 말레이시아의 도시 지역에서 거주하였으며, 인천(2명), 부천(5명), 김포(77명)에 정착하였습니다. 2022년도에 5월, 7월, 8월에 입국한 8기 14가구 42명(1명 김포)은 시흥시에 정착하였고, 2022년 12월에 입국한 9기는 미얀마 (9가구 24명) 및 무국적자(3명)이며, 시흥시(김포 1명 가족 결합)에 정착했습니다.

2025년 6월 기준 약 200여 명 이상의 재정착 난민이 한국에 수용되어 정착을 지원받고 있습니다.

(3) 난민신청 절차

대한민국에서 난민 인정을 신청하는 절차는 크게 출입국항에서 신청하는 경우와 대한민국 내 체류 중 신청하는 경우로 나눌 수 있습니다. 「난민법」에 따라 각 상황에 맞는 절차와 규정이 적용됩니다.

❶ 출입국항에서의 난민 신청 절차

외국인이 공항이나 항만 등 출입국항에서 입국심사를 받을 때 난민 신청을 하는 경우입니다. 외국인이 입국심사를 받는 때에 출입국항을 관할하는 지방출입국·외국인관서의 장에게 난민인정신청서를 제출해야 합니다. (「난민법」 제6조 제1항) 입국심사가 끝난 후 입국이 불허된 상태에서는 신청할 수 없습니다. 난민 신청은 반드시 입국심사 과정에서 이루어져야 합니다.

제출 서류로 난민인정신청서, 여권 또는 여권을 제시할 수 없는 사유서, 외국인등록증(있는 경우), 박해를 입증할 수 있는 자료 (신문기사, 판결문, 사진 등), 최근 6개월 이내 사진 1장 등입니다. 심사 절차는 7일 이내에 난민심사 회부 여부 결정하고 회부 결정 시 입국허가 및 난민심사를 개시합니다. 불회부 시 일반 입국심사로 전환합니다.

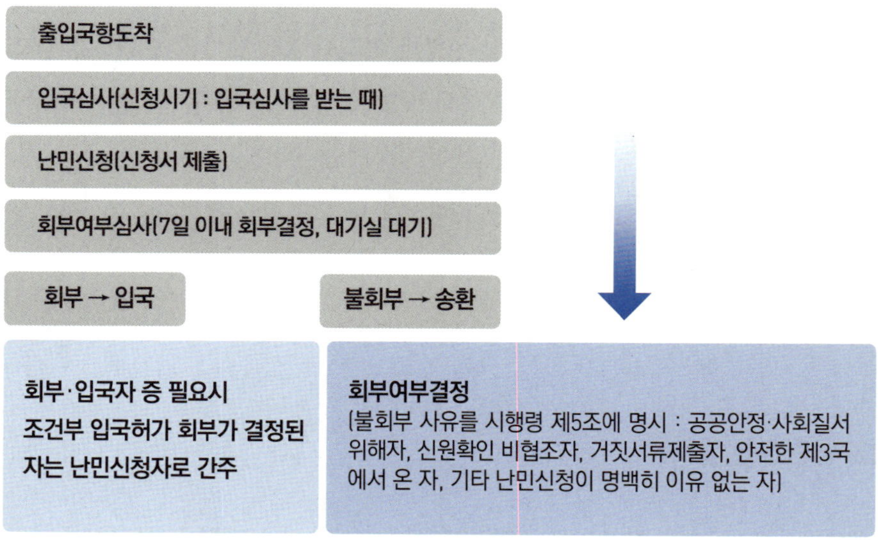

그림3-18 출입국항 난민신청

❷ 대한민국 내 체류 중 난민 신청 절차

대한민국 안에 있는 외국인으로서 난민인정을 받으려는 사람은 법무부장관에게 난민인정 신청을 할 수 있습니다. 이 경우 외국인은 관할 지방출입국·외국인관서의

장에게 난민인정신청서를 제출해야 합니다. (「난민법」 제5조 제1항)

일반적으로 한국에 입국한 날로부터 60일 이내에 신청하는 것을 권장하지만, 60일이 지나더라도 신청은 가능합니다. (다만, 체류 허가를 받을 수 있는 사유가 없어 불법체류 신분이 된 경우에도 난민 신청은 가능합니다.)

심사 절차로 1차 심사는 출입국·외국인청장이 결정하고 불복 시 법무부 난민위원회 심의를 통해 법무부장관이 최종 결정합니다. 심사 중에는 국내 체류가 허용되며, 인도적 체류 허가도 가능합니다.

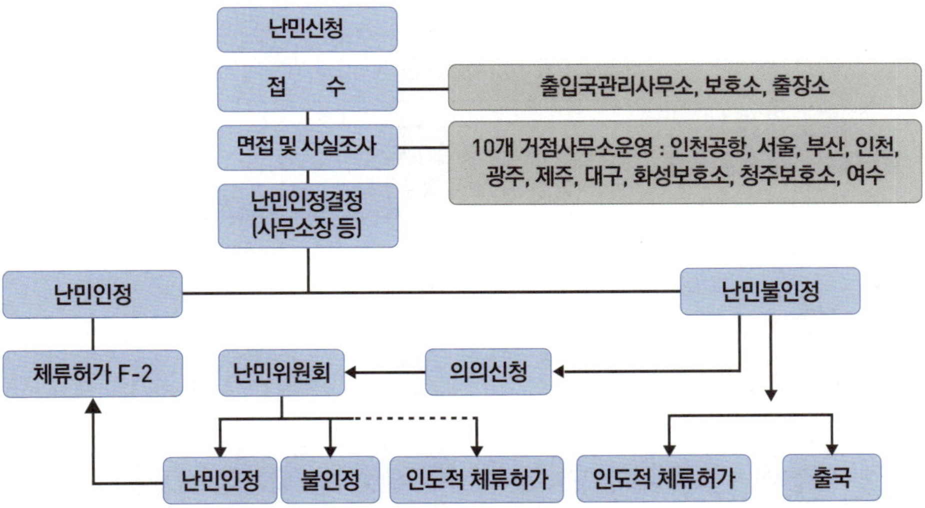

그림3-19 체류지 난민신청

(4) 난민심사 절차

난민심사 절차는 난민신청자의 자격을 판단하기 위한 공식적인 과정으로, 난민인정신청 접수→ 면담 및 조사→ 1차 심사→ 이의신청 30일 이내 (불복 절차)→ 행정심판 또는 소송 (선택적) 순으로 진행됩니다.

이의신청 결과에도 불복할 경우, 행정심판 또는 행정소송 제기 가능합니다. 난민 심사 중에는 국내 체류가 허용되며, 필요시 인도적 체류 허가도 가능합니다.

면접준비

- 난민신청 등 검토
- 국가정황 조사
- 예비 면접질문서 작성

면접일정 확정 및 출석요구

- 통역인 및 난민신청자와 면접일정 조율
- 난민전문통역인 24개언어 174명 활동(2018.4.기준)
- 면접일자확정 및 출석 요구

면 접

- 난민신청 사유 등에 대하여 면접
- 중요사안의 경우 난민심사관(과장)이 면접에 참여
- 입증자료 추가제출 요청

심사보고서 작성

- 진술의 신뢰성 및 귀국 시 박해 가능성
- 난민법상 난민인정 여부 검토

그림3-20 난민심사 절차

(5) 권리와 처우

난민 인정자, 인도적 체류자, 그리고 난민 신청자는 대한민국 「난민법」에 따라 각기 다른 권리와 처우를 받습니다. 이들의 지위는 난민인정 심사 과정과 그 결과에 따라 결정됩니다.

❶ 난민 인정자

난민인정 결정과 동시에 F-2-4(거주) 비자를 부여받으며, 한국에 장기적으로 체류할 수 있는 안정적인 지위를 얻게 됩니다. 한국인과 동등하게 자유로운 취업 활동을 할 수 있습니다. (「난민법」 제31조) 국민연금, 건강보험, 산업재해보상보험 등 한국인과 동등한 수준의 사회보장 혜택을 받을 수 있습니다. (「난민법」 제32조) 본인 및 자녀가 한국인과 동등하게 교육을 받을 수 있습니다. (｢난민법｣ 제33조) 대한민국 외의 국가로 여행할 필요가 있을 경우 난민여행증명서를 발급받아 해외를 방문할 수 있으며, 재입국 허가는 면제입니다. (｢난민법｣ 제34조), ｢국민기초생활보장법｣에 따른 생계·주거·의료·교육급여 신청이 가능합니다. 배우자 및 미성년 자녀의 가족결합이 허용됩니다. 외국인근로자 등과 같은 소외계층 의료서비스 지원 혜택을 받을 수 있습니다. “근로자직업능력 개발법”에 따른 직업훈련을 받을 수 있습니다. 외국에서 이수한 학력과 취득한 자격을 인정합니다. 사회통합프로그램 참여 가능하며, 사회적응교육을 받을 수 있습니다. 일정 기간 한국에 거주하고 요건을 충족하면 영주권(F-5)을 신청하거나 한국 국적을 취득할 수 있습니다.

❷ 인도적 체류자

인도적 체류자 난민인정 요건에는 해당하지 않지만, 본국으로 돌아갈 경우 생명이나 신체의 자유 등을 현저히 침해당할 수 있다고 인정되어 임시적으로 한국에 체류할 수 있도록 허가받은 외국인을 의미합니다. 기타(G-1-6) 자격 부여되며, 체류는 1년 단위 연장 가능합니다. 포괄적 취업활동 허가 가능하나 일부 제한 업종 제외합니다. (｢난민법｣ 제39조) 외국인근로자 등 소외계층 의료서비스 등 의료 혜택을 받을 수 있습니다. 미성년 자녀는 초등 및 중등 교육을 받을 수 있습니다. 난민 인정자와 달리 사회보장 혜택에 일부 제약이 있을 수 있습니다. 예로 기초생활보장 수급 등입니다.

난민 인정자에 비해 영주권 또는 국적 취득이 어렵습니다.

❸ 난민 신청자

난민 신청자는 난민인정을 신청하여 심사가 진행 중인 외국인을 의미합니다. 기타(G-1-5) 자격 부여됩니다. 신청 후 6개월 경과 시 체류자격 외 활동 허가로 취업 가능합니다. 다만, 특정 업종에 제한이 있을 수 있으며, 허가를 받아야 합니다. (｢난민법｣ 제38조) 생계비, 주거시설, 의료지원 등 조건부로 일부 지원 가능합니다. 자녀의 초·중등 교육 보장하고 국선 변호사 조력 받을 권리가 있습니다. 난민 심사 기간 동안에는 본인의 의사에 반하여 강제로 본국으로 송환되지 않습니다. (농 르풀망 원칙[183]) 난민 인정자와 달리 사회보장 혜택(국민연금, 건강보험 등)에 제약이 있을 수 있습니다. 법무부에서 운영하는 난민지원시설(출입국·외국인지원센터)에 입소하여 일정 기간 숙식 및 초기 정착 지원을 받을 수 있습니다.

(6) 제주 예멘 난민 사건

2018년 제주 예멘 난민 사건은 한국 사회에 난민 문제를 본격적으로 제기한 중요한 계기였습니다. 2014년부터 시작된 예멘 내전은 수많은 민간인 사상자와 수십만 명이 난민이 되었습니다. 많은 예멘인들이 무비자 입국이 가능한 말레이시아로 피신했지만, 장기 체류가 어려워지자 또 다른 무비자 입국 가능지였던 제주도로 이동했습니다. 2018년 상반기에만 예멘 국적자 561명이 제주도로 입국했고, 이 중 519명이 난민 신청을 했습니다.

이 사건은 한국 사회에서 난민 문제에 대한 공론화가 본격적으로 이루어진 계기가 되었습니다. 난민에 대한 혐오와 오해, 그리고 인권과 국제적 책임 사이의 갈등이 드러난 사건이었습니다. 이후 「난민법」과 관련 제도의 개선 필요성이 제기되었고, 제주 무사증 제도도 일부 조정되었습니다. 예멘인들의 난민 신청이 급증하자, 법무부는 2018년 4월 30일부터 예멘을 제주도 무비자 입국 불허 국가로 지정하고, 이미 제주에 입국한 예멘인들에 대해서도 육지로 나가는 것을 제한하는 "출도제한 조치"를 시행했습니다.

최종 심사 결과 난민인정 2명이었고 이들은 언론인 출신으로 본국에서 박해 가능성이 높은 것으로 판단하였습니다. 인도적 체류 허가 412명, 단순 불인정 56명, 직권종료로 자진 출국 등은 14명이었습니다. 0.41%라는 매우 낮은 난민 인정률은 국제인권 단체와 시민사회로부터 비판을 받기도 했습니다.

183) 농 르풀망 원칙 (Non-Refoulement Principle)은 국제 인권법과 「난민법」의 핵심 원칙 중 하나로, 박해를 받을 위험이 있는 사람을 그 나라로 강제로 돌려보내서는 안 된다는 원칙입니다. 난민뿐 아니라, 고문이나 비인도적 처우를 받을 위험이 있는 모든 사람에게 적용됩니다.

참고목록

- 강기정·박수선(2014) 다문화시대 사회통합 관점에서의 다문화가족정책 및 전달체계에 관한 전문가 의견 조사: 다문화가족지원 사업을 중심으로

- 강동완(2007). 다문화 수용 관점을 통한 북한이탈주민 정착지원 방안. 서울행정학회 춘계학술회의 발표자료. 서울행정학회.

- 구견서(2003). 다문화주의의 이론적 체계, 현상과 인식, 한국일본학회

- 국가인권위원회 번역(2003.10). 난민보호의제 제 3 개정본

- 국가인권위원회(2017). 사이버인권교육 보조교재. 이주민과 인권, 국가인권위원회

- 국가인권위원회(2019). 제2차 이주인권가이드라인

- 국회미래연구원(2019). 20대의 정책 미래 선호에 관한 질적 연구–노동이민정책·가족정책·외교안보정책을 중심으로, 연구보고서 19-04. 국회미래연구원.

- 권순희(2010), 다문화 가족의 이중언어교육 필요성과 정책 제안

- 권오경 외 5명(2023). 한국사회의 다문화현상 이해, 한국학술정보

- 김경식, 김춘경 외(2021). 다문화사회의 이해 (2판), 신정

- 김경학(2013) 국제지역연구 제17권 제4호 중앙아시아 고려인의 한국 이주와 정착: 광주 '고려인마을'을 중심으로*

- 김도혜(2019). 교육수혜자에서 초국적 청년 이주자로, 다문화콘텐츠연구, 제31집,

참고목록

- 김범수 외 7명(2013) 다문화사회복지론, 평택대학교다문화가족센터. 양서원
- 김수진(2018). 한국 다문화사회에 관한 고찰: 다문화정책, 사회적 자본 부패 중심으로. 한국부패학회보, 23(1), 95-120.
- 김수진(2019), 한국 다문화사회의 사회통합에 관한 연구. 동아대학교 대학원 박사학위논문,
- 김영순(2017). 다문화교육의 이론과 이론가들. 북코리아.
- 김원숙(2012) IOM이민정책연구원 우리나라 이민정책의 역사적 전개에 관한 고찰
- 김유휘외 5명(2022). 연구보고서 2022-31 이주민의 사회서비스 보장에 대한 연구 - 해외 주요국 사례분석을 중심으로. 한국보건사회연구원
- 김용필(2022.8) 시기별로 본 재한중국동포사회의 변화와 특징분석 한중수교 30주년 특집 삼강포럼 총서, 중국동포사회 편
- 김정열 외 2명(2014). 다문화가족의 상담과 실제, 공동체
- 김종세(2019). 다문화가족지원을 위한 대상자 범위의 문제점과 개선방안. 법학논총 36(2).
- 김주아(2016). 화교·화인디아스포라와 신이민, 영호남 동계학술대회(2017.12.08)발표
- 김진열 조예신(2017), 재한조선족의 정체성 위기와 재편에 관한 연구: 포용적 동화주의 다문화정책을 중심으로, 한민족문화연구, 제58집, pp. 192-193.

참고목록

- 김진열 외 3명(2019). 한국사회 다문화현상의 이해, 높이깊이.
- 김태환(2015), 다문화사회와 한국 이민정책의 이해, 집사재출판사,
- 김정민(2014), 중도입국 다문화 가정 청소년의 다문화 대안학교 학습경험 탐색, 단국대학교 대학원 박사논문, pp.84-89.
- 김현정, 박선화(2016), 다문화정책 관점에서 본 북한이탈주민 문제, 통일인문학, 66, pp. 161-196,
- 김혜림·김재남(2017), 여성결혼이민자의 인권보호에 관한 고찰, 법이론실무연구 제8권 2호, pp. 81-112
- 김희석(2017). 다문화시대의 사회통합에 관한 연구: SNS를 활용한 사회자본 형성을 중심으로, 동국대학교 대학원 박사학위논문.
- 노호창(2017). 이주여성과 사회보장법제. 이화젠더법학 9(2).
- 마르티니엘로, 마르코 · 윤진(역)(2022). 현대사회와 다문화주의: 다르게 평등하게 살기. 서울: 한울, 2002, p.88. pp.72-93.
- 박미정(2015). 사회통합을 위한 이주배경청소년 정책에 관한 연구: 사회적 지지가 사회적응력에 미치는 영향을 중심으로, 성결대학교 일반대학원 박사학위논문.
- 박상준(2011). 외국의 다문화교육의 동향 분석. 법과인권교육연구. 4(1), pp. 1-24.
- 박선영(2004)근대동아시아의 國境認識과 間島- 지도에 나타난 한중 국경선 변화를 중심으로 -포항공대

참고목록

- 박승우(2019). 다문화 교육과 정책의 이해. 영남대학교출판부(知YU智).
- 박은정(2020). 결혼이주여성의 사회통합에 영향을 미치는 요인 연구. 숙명여자대학교 대학원 박사학위논문.
- 박이분(2018). 한국인의 이주민에 대한 수용성과 결혼이주여성의 적응에 관한 연구. 국민대학교 일반대학원 박사학위논문.
- 박인현(2021). 인권적 관점에서 본 대한민국 국적법의 제·개정. 법과 인권교육 연구, 14(1), 1-23.
- 박종대(2017). 한국 다문화교육정책 사례 및 발전 방안 연구: 상호문화주의를 대안으로, 한국외국어대학교 대학원 박사학위논문.
- 박지윤(2020). 장기체류 외국인근로자의 한국 내 삶의 경험에 관한 현상학적 연구. 동신대학교 일반대학원 박사학위논문.
- 박지현(2018). 스토리텔링을 활용한 세계시민교육프로그램의 개발 및 적용. 서강대학교 교육대학원 석사학위논문.
- 박진경·원숙연, 중앙정부 공무원의 다문화정책 정향성에 작용하는 영향요인. 한국행정학보, 44(3), 2010, pp. 191-217.
- 박하나(2015). 다문화 감수성 관련 연구동향 분석. 다문화교육연구, 8(2), pp. 47-68.
- 법무부(2021). 2021년 통계연보 용어사전.
- 베넷(2009). 김옥순 외 9명번역, 다문화교육 이론과 실제, 학지사.

참고목록

- 뱅크스(Banks). 방명애, 김혜인 역(2016), 다문화교육의 세계동향. 시그마프레스
- 석원정(2010), 이주아동의 교육권 실태조사 종합보고 및 정책제안, 국가인권위원회, 이주아동 교육권 현황 및 개선방안 토론회, 국가인권위원회의, p.25.
- 설동훈 외(2017). 2017년 국제결혼중개업 실태조사 연구. 여성가족부
- 손병덕(2014). 외국인다문화정책론, 성광문화사
- 손주희(2017). 한국 체류 난민의 사회적응에 관한 연구: 난민지원정책의 조절효과를 중심으로, 성결대학교 일반대학원 박사학위논문.
- 송샘, 이재묵(2018). 다문화사회 이주민의 정치참여 활성화를 위한 민주시민교육, 아태연구, 25(1), pp. 61-91.
- 스티븐카슬 마크밀러. 한국이민학회(2013), 이주의시대, 일조각
- 신유리(2023) 한소 수교 이후 고려인의 시기별 특징 변화와 영향 요인 분석 : '빅카인즈' 아카이브의 1990~2022년 신문기사를 중심으로. The Korean Journal of Archival, Information and Cultural Studies vol.17, December. pp. 157~186.
- 신윤정 외(2018) 인구 변화 대응을 위한 포용적 다문화 정책 방안: 이주배경 아동의 발생·성장 환경 분석. 한국보건사회연구원
- 심양섭(2016). 한국사회의 반다문화 담론의 쟁점과 실제 그리고 대응-여론 조사 자료를 중심으로, 한국정치외교논총, 37(2), 137-170.

참고목록

- 안진숙, 조경자(2023). 한국사회의 다문화현상 이해. 동문사
- 양승태(2007), 똘레랑스, 차이성과 정체성, 민족정체성, 그리고 21세기 한국의 민족주의, 정치사상연구 13-1, 2007, p. 55.
- 양정아(2020), 상호문화주의 교육의 정당화: 한국 다문화교육의 방향 탐색, 성균관대학교 일반대학원 박사학위논문,
- 유네스코아시아태평양 국제이해교육원(2013), 다문화 사회의 이해, 동녘, 2013, p.88.
- 윤여상, 윤인진(2017). 국민통합을 위한 탈북민, 다문화가족, 이민자 의식조사. 국민대통합위원회.
- 윤인진(2012). 디아스포라 초국가주의의 고전 및 현대 연구 검토, 재외한인연구 vol.28 no. - 재외한인학회, pp. 7-47.
- 윤인진(2013). 동북아시아의 국제이주와 다문화주의, 파주: 한울아카데미.
- 이경윤(2021). 건강한 다문화사회의 이해, 이담북스
- 이규용 외 5명(2014). 체류외국인 및 이민자노동시장 정책과제. 한국노동연구원
- 이규용 외 3명(2018). 한국사회의 이민과 통합 연구, 한국노동연구원
- 이광석 외(2014). 다문화행정론, 도서출판 조명문화사
- 이금순(2003). 통일연구원, 북한이탈주민 적응실태 연구
- 이상호(2023). 다문화 교육의 이해, 경상국립대학교출판부.

참고목록

- 이성순 외 7명(2019). 다문화사회복지, 양서원(2023). 한국사회의 다문화 현상 이해, 양서원
- 이연옥 외(2016). 외국인 고용법상 사업장변경 제한에 관한 연구. 법과 인권교육연구, 9(1).
- 이윤수(2014). 새터민 인식에 대한 사회경제적 결정요인, 입법과 정책 vol. 6 no. 2, 국회입법조사처, pp. 197-222.
- 이은영 외 2명(2023). 다문화사회의 이해와 실천(3판), 도서출판 창지사.
- 이은주(2010). 다문화사회복지실천, 학지사
- 이제봉(2012). 한국의 민족주의와 다문화주의, 다문화교육연구 제5권, p. 201.
- 이종구 외(2011). 이주민의 에스니시티와 거주지역분석. 이담북스.
- 이춘희(2024). 정부의 이민정설립정책에 관한 소고, 법종책이슈브리핑, 지평법정책연구소(2024.3.29.)
- 이현수(2019). 개정 국적법상 귀화허가의 주요 쟁점. 토지공법연구, p. 87.
- 인재개발정보센터(2019). 북한이탈주민에 대한 정착지원정책에 관한 연구.
- 인천공항출입국관리사무소(2014). 대한민국출입국심사60년사 1954~2014
- 임동진·박진영(2012). 다문화주의와 다문화정책에 대한 정책참여자들의 태도와 성향 분석: 공무원, 민간사업자, 전문가집단을 중심으로, 한국정책과학학회보, pp.29-62.
- 임선일(2012). 한국사회 이주노동자의 문화변용. 예담북스.

참고목록

- 장명선, 장은애(2010). 다문화가족지원서비스 전달체계의 효율화 방안 연구. 서울시여성가족재단
- 장한업(2010). 유럽의 상호문화교육, 한울.
- 잭 런던(2011). 1904년 러일전쟁 종군기 조선사람 엿보기. 번역 윤미기, 한울
- 전경옥외 7명(2013). 다문화사회한국의 사회통합, 예담.
- 전광희(2014). 한국의 인구와 이민정책 : 인구감소시대의 활로로 이민정책이 나아갈 방향. 이민정책, pp. 8-13.
- 정기선(2016). 외국인정책 정책용어 개념논란과 이해. 이슈브리프 No. 2016-08. IOM 이민정책연구원.
- 정기선 엮음(2011). 한국이민정책론의 이해. 백산서당.
- 정기원, 김만지(1993) 우리나라입양의 실태분석, 한국보건사회연구원
- 정봉수(2016). 외국인근로자의 고용허가제 변천. 노동법률, 7월호 Vol. 302, pp. 102-103.
- 정영훈(2001), 단일민족의식의 위기, 정신문화연구, 제24권 제4호, p.193.
- 정장엽(2014), 한국 다문화 가족정책의 성격분석, 순천대학교 대학원, 박사학위논문.
- 정장엽. 정순관(2014), 한국 다문화 가족정책의 정향성 분석: 동화주의와 다문화주의, 지방정부연구, 제17권 제4호, pp. 121-142.
- 정해식(2014). 보건복지포럼(2014.12). 국민통합의 개념과 필요성

참고목록

- 조영희(2017). 이민자 맞춤형 사회통합교육 및 사회정착지원을 위한 연구. 법무부
- 조흥국(2009). 한국과 동남아시아의 교류사, 소나무
- 주정(2014), 가족서비스 전달체계의 효율적인 개선방안에 관한 연구: 건강가정지원센터와 다문화가족지원센터의 통합개편에 관해서
- 최명민 외 3명(2019). 다문화 사회복지론, 학지사
- 최승은(2020). 국내 외국인 유학생의 문화적응 경험에 관한 현상학적 연구. 열린교육연구, 28(1), pp. 143-167.
- 최영미(2019). 경기도 거주 고려인 생활실태 및 정착방안 정책보고서. (재)경기도가족여성연구원 2019-21
- 최영은, 남상문(2014). 다문화사회화 요인이 국가 정체성에 미치는 영향에 관한 연구. 교육문화연구, 20(4), pp. 241-279.
- 최윤철(2016). 한국 이주법제의 변천과 전망 일감법학 p. 33.
- 최현수(2015). 여성결혼이민자 보호에 관한 제도개선방안, 동아대학교 박사논문, p. 148.
- 최현미 외 5명(2010). 다문화가족복지론, 양서원
- 한국노동연구원(2020). 월간 노동리뷰 2020년 4월호 통권 제181호, 한국노동연구원.
- 한국다문화교육연구학회(2014). 다문화교육 용어사전. 교육과학사.

참고목록

- 한국법제연구원(2008). 다문화사회 문화적 지원을 위한 법률제정안 연구 연구용역 결과보고서. 문화체육관광부
- 한국이민학회(2018. 12.). 외국인 단기계절근로자 제도실태분석 및 종합 개선 방안연구
- 한승준, 프랑스 동화주의 다문화정책의 위기와 재편에 관한 연구, 한국행정학보, 제42권 제3호, 2008, pp.463-486; 정장엽· 정순관, 한국 다문화 가족정책의 경향성 분석: 동화주의와 다문화주의, 지방정부 연구, 17권 4호, 2014, pp. 121-123.
- 허동현 발행(2009). 한국 근대에서 단일민족신화의 역사적 형성과정. 동북아역사재단.
- 홍규호(2016). 이주노동자가족 인권실태와 복지사각지대 해소를 위한 방안. 월간복지 동향, 209, pp. 35-38.
- 홍서연, 손병덕, 손주희(2018). 국민의 다문화 인식이 사회통합정책 수용에 미치는 영향에 관한 연구: 수도권거주 국민을 중심으로, 다문화와 평화, 12(3), pp. 300-324.
- 황갑진(2015). 한국 다문화사회의 특성과 사회적 갈등·인터넷 신문에 나타난 차별 내용을 중심으로, 사회과교육연구, 22(3), pp. 13-29.
- 황복선(2019). 중도입국청소년의 진로 의사결정 영향 요인에 관한 연구: 사회 통합정책을 중심으로, 성결대학교 일반대학원 박사학위논문.
- 황정미(2015). 결혼이주여성의 가정폭력에 피해에 대한 재고찰. 한국여성학, 31(4), pp. 1-39.

- Avtar Brah(1996). Cartographies of Diaspora : Contesting Identities
- Banks, J. A.(1984). Teaching Strategies for Ethnic Studies(3rd ed.). Boston, MA: Allyn & Bacon, Inc.
- Banks, J. A.(1991). The dimensions of multicultural education. Multicultural Leader, 4, 5-6.
- Banks, J. A.(2003). Teaching Strategies for Ethnic Studies(6th ed.). Boston, MA: Allyn and Bacon.
- Banks, J. A.(2004). Multicultural Education: Historical Development, Dimensions, and Practice. In J. A. Banks, & C. A. M. Banks(Eds.), Handbook of Research on Multicultural Education(2nd ed.), pp. 3-29. San Francisco, CA: Jossey-Bass.
- Banks, J. A.(2006). Cultural Diversity and Education: Foundation, Curriculum, and Teaching. Boston: Pearson Education.
- Banks, J. A.. & Banks, C. A. M. (Eds.). (2007). Multicultural education: Issues and perspectives(6th ed.). New York: Wiley.
- Banks, J. A.(2008). An Introduction Multicultural Education(6th ed.). Boston: Pearson Education.
- Banks, J. A.(2009). Globalization, multicultural society, and education. Seoul: The Korean Association for Multicultural Education.
- Bennett, J, M.(1993), Cultural marginality: Identity issues in intercultural training. In R,M, Paige (Ed.), Education for the intercultural experience (2nd ed), Yarmout h, ME: Intercultural Press, pp. 109-135,

참고목록

- Bennett, M. J.(1993). Towards ethnorelativism: A developmental model of intercultural sensitivity. In R. Paige (Ed.), Education for the intercultural experience, pp. 21–71. Yarmouth, ME: Intercultural Press.
- Bennett, J.M(2004), & Bennett, M.J., Developing intercultural sensitivity. Landis, D., Bennett, J., Bennett, M. (red.), Handbook of Intercultural Training, pp. 147–165,
- Bennett, C. I.(2007). Comprehensive Multicultural Education: Theory and Practice. Boston: Alyn & Bacon.
- Bennett, C. I.(2009). Comprehensive multicultural education: Theory & practice (6th Ed.). Boston: Alyn & Bacon.
- Bennett, C. I.(2011). Comprehensive Multicultural Education: Theory & Practice (7th ed.). p. 123). Boston: Allyn and Bacon.
- Bennett, C. I.(2007). Comprehensive Multicultural Education: Theory and Practice. Boston: Alyn & Bacon.
- Benett, C.I.(2003). Comprehensive multicultural education: Theory and practice(5th ed.). Boston: Allyn and Bacon.
- Berry, J. W.(1997). Immigration, acculturation, and adaptation. Applied psychology, 46(1),5–34.
- Berry, J. W.(2001). A Psychology of Immigration, Journal of Social Issues, 57(3), 615–631.

참고목록

- Bhikhu Parekh(2000). “Rethinking Multiculturalism : Cultural Diversity and Political Theory”
- Castles and Miller(1988), The Age of Migration: International Population Movements in the Modern World, London: Macmillan, pp. 171-201.
- Charles Taylor(1992) “The Politics of Recognition”
- Claude Lévi-Strauss(1952) Race and History, published by UNESCO.
- Inglis, C.(1996). Multiculturalism: New policy responses to diversity (Vol. 4). (2009). “Power, Pleasure and Community in a Learning Society. United Nations Educational, Scientific and Cultural Organization.
- IOM(2011). 이주용어사전 제2판, 편집자 Editor, Richard Perruchoud. Geneva
- IOM(2015). How the World Views Migration.
- Kallen, Horace M.(1915), “Democracy versus the Melting-Pot: Part II” The Nation, vol. 100, no. 2591.
- Kymlicka, Will(2012), “Multiculturalism: Success, Failure, and the Future”, In Rethinking National Identity in the age of
- Migration, edited by Migration Policy Institute, Berlin: Verlag Bertelsmann Stiftung, 2012.pp.33-78. pp.357-359.
- Marilyn Achiron(2005). 국적과 무국적 : 국회의원을 위한 편람. 국제의회연맹

참고목록

- Martiniello, M.(2002), "Belgium's Regularization of Undocumentaed Aliens in 2000: Sign of a New Immigration Policy?" , in Withol de Wenden C., Mohsen-Finan K. (Eds.), New European Identity and Citizenship, Aldershot, Ashgate, pp. 72-93.
- Portes, Alexandro(1981), Mode of Incorporation and Theories of Labor Migration, in Mary M. Kritz, Chatle B, Keely and Silvano M, Tomasi (eds.), Global Trend in Migration: Theory and Research on International Population Movements, New York: Center for Migration Studies, pp. 279-297.
- Portes, A. & M. Zhou(1993), The New Second Generation: Segmented Assimilation and Its Variants, The Annals of the American Academy of Political and Social Science, 530(1), pp. 74-96;
- M. Zhou(1997). Segmented Assimilation: Issues, Controversies, and Recent Research on the New Second Generation, International Migration Review, 31(4), pp. 975-1008.
- Raz, Joseph(1995), Ethics in the Public Domain, Oxford: Clarendon Press, pp. 175-173.
- Troper, H.(1999). Multiculturalism. Encyclopedia of Canada's Peoples, ed. Paul Robert Magocsi. Toronto: University of Toronto Press, pp. 997-1006.
- Tropper, H.(1999). Theorizing Multiculturalism: A Guide to the Current Debate. New York: Blackwell.

- Tylor, E. B.(1871). Primitive culture: Researches into the development of mythology, Philosophy, religion, art and custom (Vol. 2). J. Murray.
- UNDP(1994). HUMAN DEVELOPMENT REPORT 1994 인권개발보고서
- Watson, I.(2010). Multiculturalism in South Korea: A critical assessment. Journal of Contemporary Asia, 40(2), pp. 337-346.
- Zhou, M.(1997), Segmented assimilation: issues, controversies, and recent research on the new second generation, Annals of Association Academy of Political and Social Science, 620, pp. 37-61.

정부 보도자료 및 각종 생산 자료 참고

고용노동부

- 2022. 12 .12. 보도자료. 국제노동기구 사무국의 서한(intervention)은 의견조회일뿐 협약 위반에 대한 판단이 아님

국가인권위원회

- 2007. 1. 22. 보도자료, 인권위, 고용허가제도 운영체계 방안 개선 권고
- 2011. 12. 16. 보도자료.
  "사업장 내 인권침해 예방 위해 외국인근로자 사업장 변경 사유 확대 필요" – 외국인근로자 인권 증진 위해 고용 허가제 개선 권고

국무조정실국무총리비서실

- 2023. 4.27. 보도자료.
  다문화 가족 112만명 시대, 학습·진로·생활 등 맞춤형 지원

교육부

- 2011. 2 2011년 다문화가정 학생 교육 지원계획(안)
- 2013. 2 2013년 다문화학생 교육지원계획
- 2018. 2. 2018년 다문화교육 지원 계획,
- 2020. 2 2020년 다문화교육 지원계획
- 2021. 2 2021년 다문화교육 지원계획
- 2022, 2 2022년 다문화교육 지원계획
- 2023. 8. 16. 보도자료. 유학생 교육경쟁력 제고방안(Study Korea 300K Project) 발표

- 2023. 2　　2023년 다문화교육 지원계획(안)
- 2024. 8. 29.　보도자료. 2024년 교육기본통계 조사 결과 발표
  2024년 교육기본통계 주요 내용
- 2025. 2　　2025년 다문화교육 시행계획

남북하나재단

- 2021. 5.　　제3차 북한이탈주민 정착지원 기본계획 (2021~2023)
- 2024. 12. 27.　보도자료. 2024년 북한이탈주민 실태조사,
  2024년 북한이탈주민사회통합조사,
  2024년 북한이탈주민정착실태조사

문화체육관광부

- 2017 문화다양성 정책 연차보고서.
- 2018 문화다양성 정책 연차보고서.
- 2021. 5. 6. 보도자료.
  문화다양성을 통한 창의와 혁신의 문화국가 만든다.
  제1차 문화다양성 보호 및 증진 기본계획 2021~2024년
- 2023. 9. 15. 2022문화다양성정책연차보고서
- 2024. 9. 15. 2023문화다양성연차보고서

법무부

- 2005. 10.　외국국적동포 정책 방향검토
- 2006. 11.　방문취업제도 설명자료
- 2007. 2.　외국국적동포 포용을 위한 방문취업제도
- 2008. 12. 17.　제1차 외국인정책 기본계획 2008~2012
- 2012. 11. 28.　제2차 외국인정책 기본계획 2013~2017
- 2018. 2. 12　제3차 외국인정책 기본계획 2018~2022
- 2020. 4. 19.　보도자료. 법무부, 장기체류 외국인 아동에게 조건부 체류자격 부여
- 2022. 1. 20.　보도자료. 법무부, 외국인 아동교육권 보장을 위한 체류자격 부여 대상 대폭확대
- 2022. 7. 26.　법무부 업무보고
- 2023. 1. 26.　2023년 주요업무 추진계획
- 2023. 12. 28.　보도자료. 제4차 외국인정책 기본계획 확정
- 2023. 4　제4차 외국인정책 기본계획 (2023~2027)
- 2025. 2. 7.　보도자료. 법무부, 외국인 체류 질서 확립을 위한 지속적 단속으로 불법체류 외국인 다시 30만명 대로 감소
- 2025. 5.　사증발급 안내 매뉴얼(체류자격별 대상 첨부서류) 외국인체류 안내매뉴얼
- 2025. 5.　2025년 5월 법무부출입국·외국인정책본부 통계월보

보건복지부

- 2005. 국제결혼 이주여성 실태조사 및 보건·복지 지원 정책방안
- 2015. 2015 보건복지통계연보

여성가족부

- 2011. 3. 11. 제1차 다문화가족지원정책 기본계획(2010~2012)
- 2012. 12. 12. 제2차 다문화가족지원정책 기본계획(2013~2017)
- 2014. 1. 15. 보도자료. 국민 대통합을 위한 다문화가족정책 개선
- 2018. 3. 제3차 다문화가족정책 기본계획 (2018~2022)
- 2018. 2018년 전국다문화가족실태조사 연구.
- 2020. 다문화가족정책 시행계획.
- 2023. 4. 제4차 다문화가족정책 기본계획(안)(2023~2027)
- 2024. 1. 4. 보도자료. 다문화 아동·청소년 맞춤형 지원 강화를 위한 협력방안 논의
- 2024. 1. 16. 보도자료. 2024년 다문화 아동·청소년 지원 강화한다.
- 2024. 3. 13. 보도자료. 2024년 전국다문화가족실태조사에서 다문화가족의 가정폭력 피해 현황을 파악할 예정입니다.
- 2025. 4. 21. 보도자료. 2025년 다문화가족 자녀 교육활동비 지원받고 미래의 꿈 키워요
- 2025. 6. 5. 보도자료. 2024년 국민 다문화수용성 조사 결과 발표
- 2024. 국민 다문화수용성 조사 주요 결과

정부 보도자료 및 각종 생산 자료 참고

재외동포청

- 2024. 1. 30. 제1차 재외동포정책 기본계획 확정

통계청

- 2021. 11. 8. 2020년 다문화 인구동태 통계
- 2023. 11. 29. 2022년 다문화 인구동태 통계
- 2024. 11. 7. 2023년 다문화인구동태
- 2024. 9. 26. 2024년 고령자통계
- 2025. 2. 26. 2024년 인구동향조사 출생·사망통계(잠정)

통일부

- 2018. 4. 2. 제2차 북한이탈주민정착지원 기본계획(2018~2020)수립

행정안전부

- 2016. 12. 6. 보도자료 다문화가족·외국인 정착지원 서비스, 한 곳에서!
- 2024. 10. 24. 2023 지방자치단체 외국인주민 현황
- 2024. 11. 7. 2023년 다문화 인구동태 통계
- 2024. 12. 17. 2024년 이민자체류실태및고용조사 결과

신문기사 참고

- 재외동포신문(2018. 12. 18.), 2018년 시행되는 개정 국적법에서 변화된 사항들, 법률신문(2019. 11. 21.). 법무부 「난민법」 개정안, '강제송환금칙 원칙' 무력화 우려.
- 연합뉴스(2018. 7. 3.). 김병수, "[난민, 세계의위기] ① 폭증하는 난민, 글로벌 최대 이슈로 부상"

정부 보도자료 및 각종 생산 자료 참고

홈페이지자료 참고

- 경기도 결혼이민자 지원 (https://www.gg.go.kr)
- 교육부 (https://www.moe.go.kr)
- 국가통계포털 KOSIS (https://kosis.kr)
- 나무위키(https://namu.wiki/w/
- 남북하나재단 (https://www.koreahana.or.kr)
- 다누리(다문화가족 포털) (https://www.liveinkorea.kr)
- 다음백과 (https://100.daum.net)
- 대한민국 정책브리핑 (www.korea.kr)
- 두산백과 (https://www.doopedia.co.kr)
- 법무부 사회통합정보망 (https://www.socinet.go.kr)
- 법무부 출입국·외국인정책본부(https://www.immigration.go.kr)
- 보건복지부 (www.mw.go.kr)
- 서울특별시 다문화가족 지원사업 현황 (https://news.seoul.go.kr)
- 세계한민족문화대전 (http://www.okpedia.kr)
- 여성가족부 (www.mogef.go.kr)
- 온라인행정학사전 (www.kapa21.or.kr)
- 외교부 (https://www.mofa.go.kr/www/index.do)
- 위키백과 (https://ko.wikipedia.org/wiki)

정부 보도자료 및 각종 생산 자료 참고

- 위키실록사전 (http://dh.aks.ac.kr/sillokwiki/index.php)
- 이주배경청소년지원재단 (https://www.rainbowyouth.or.kr)
- 재외동포청 (https://www.oka.go.kr)
- 재외동포협력센터 (https://www.okocc.or.kr)
- 정부 24 (https://www.gov.kr/)
- 정부입법지원센터(https://www.lawmaking.go.kr)
- 찾기쉬운 생활법령정보 (http://easylaw.go.kr)
- 탈북청소년교육지원센터 (https://www.hub4u.or.kr)
- 통계청 (https://kostat.go.kr)
- 통일부 (https://www.unikorea.go.kr)
- 한경 경제용어사전 (https://dic.hankyung.com)
- 한국민족문화대백과사전 (http://encykorea.aks.ac.kr)
- 한국민족문화대백과사전 encykorea.aks.ac.kr/문화
- 한국사총설 DB 재외동포사 (https://db.history.go.kr)
- 한국산업인력공단 태국 EPS센터 (https://hrdkoreathailand.com)
- 한국어교수학습센터 (https://kcenter.korean.go.kr)
- 한국어토픽 (https://www.topik.go.kr)
- 행정안전부 (https://www.mois.go.kr)

표목차

1) 불법체류율(%) = 불법체류외국인(합계) ÷ 총체류외국인 × 100

표목차

그림목차

그림목차

한국사회의

다문화현상 이해

2025년 9월 1일 발행

저　　자 김승일
발 행 처 한남대학교 탈메이지교양 · 융합대학(글누리)
대전광역시 대덕구 한남로 70
Tel. 042) 629-7722
인 쇄 처 디자인 세연 Tel. 042-482-6420
I S B N 978-89-7066-433-0 03300

〈정가 36,500원〉